i Robinson / Letture

Sulle nuove tecnologie
nelle nostre edizioni:

Sara Bentivegna
Politica e nuove tecnologie della comunicazione

a cura di Ottorino Cappelli
Mezzo mondo in rete. Internet per gli area studies

Fabio Ciotti - Gino Roncaglia
Il mondo digitale. Introduzione ai nuovi media

Ferdinanda Cremascoli - Mara Gualdoni
La lavagna elettronica. Guida all'insegnamento multimediale

Luca De Biase
Edeologia. Critica del fondamentalismo digitale

Valerio Eletti
Manuale di editoria multimediale

Mario Fierli
Tecnologie per l'educazione

Giuseppe O. Longo
Il nuovo Golem. Come il computer cambia la nostra cultura

Roberto Maragliano
Nuovo manuale di didattica multimediale

Fabio Metitieri - Riccardo Ridi
Biblioteche in Rete. Istruzioni per l'uso

Domenico M. Pisanelli
Il medico in rete

Marco Calvo
Fabio Ciotti
Gino Roncaglia
Marco A. Zela

Internet 2004

Manuale per l'uso della rete

Editori Laterza

Prima edizione 2003

Finito di stampare nell'ottobre 2003
Poligrafico Dehoniano -
Stabilimento di Bari
per conto della
Gius. Laterza & Figli Spa
CL 20-6604-1
ISBN 88-420-6604-4

«Internet 2004» è dedicato con affetto e gratitudine alla memoria di Giuseppe Gigliozzi, fondatore del Centro Ricerche Informatica e Letteratura (CRILET) dell'Università di Roma «La Sapienza», che è stato maestro e amico prezioso per tutti noi.

Introduzione
(come è fatto questo libro)

Con *Internet 2004* questo manuale – ultima incarnazione dell'ormai lontano *Internet '96* – giunge al suo sesto appuntamento. Negli otto anni trascorsi dalla sua prima apparizione, molte, moltissime cose sono cambiate: sia in rete, sia (inevitabilmente) nella struttura e nei contenuti del libro. Qualcosa, però, è rimasta costante: un'impostazione un po' particolare, che speriamo e crediamo possa essere ancora valida. L'idea che un manuale dedicato al mondo di Internet non debba essere solo uno strumento *tecnico*, un insieme di istruzioni sull'uso di programmi e risorse di rete, ma debba essere anche (e forse innanzitutto) uno strumento *culturale*. Uno strumento capace di aiutare, per quanto possibile, nella comprensione non solo dei meccanismi di funzionamento della rete, ma anche delle sue caratteristiche specifiche come veicolo per la creazione, la distribuzione, la condivisione di conoscenze.

Per capire meglio le ragioni delle nostre scelte – e forse anche per stabilire con il lettore un rapporto un po' più diretto di quello possibile attraverso una semplice raccolta di 'istruzioni per l'uso' – può essere opportuno ricordare brevemente la storia del libro che avete in mano, nelle sue varie edizioni.

Gli autori di *Internet 2004* si sono conosciuti all'inizio degli anni '90 per via telematica, attraverso il progetto Manuzio: un'iniziativa volta a favorire la libera distribuzione di testi letterari e saggistici in versione elettronica. Internet era allora una sigla nota in Italia solo a pochi 'iniziati', le pagine colorate e accattivanti di World Wide Web non esistevano ancora, e ricordiamo bene l'emozione provata quando ci rendemmo conto per la prima volta che la rete poteva essere lo strumento ideale per i nostri scopi, allargando su scala globale quelle possibilità di scambio dell'informazione che caratterizzavano già, su scala locale, i primi sistemi amatoriali di messaggistica elettronica.

All'inizio del 1994 la ancora ristretta comunità di rete fu scossa da una novità la cui importanza fu percepita molto presto: si iniziava a parlare di World Wide Web, un progetto nato qualche anno prima al CERN di Ginevra, e cominciavano a diffondersi i primi programmi per navigare sul Web: innanzitutto *Mosaic*, sviluppato l'anno prima presso il *National Center for Supercomputer Application* (NCSA) dell'Università dell'Illinois, e subito dopo *Netscape*. Dal canto nostro, molto più in piccolo, il progetto Manuzio iniziava ad attirare interesse e volontari, ma anche a incontrare i primi problemi di crescita: volendo restare del tutto gratuito per gli utenti, aveva bisogno di qualche – pur limitata – fonte di finanziamento.

Pensammo così di scommettere sullo sviluppo di Internet anche nel nostro paese e di organizzare, con la collaborazione di un circolo ARCI, dei brevi corsi di introduzione all'uso della rete. Corsi a 'prezzi politici', il cui ricavato sarebbe servito a finanziare il progetto. Andò bene: pochi mesi dopo, di Internet iniziarono a occuparsi anche stampa e televisione, e i corsi si affollarono di neofiti curiosi, molti dei quali avrebbero fatto parte della prima, fondamentale ondata di utenti Internet in Italia.

Nel corso del 1994 e del 1995 le dispense dei corsi – inizialmente pochi fogli fotocopiati – crebbero man mano di volume e, grazie anche al 'feedback' del pubblico e alla percezione progressivamente più chiara di quali fossero gli argomenti di maggiore interesse e i problemi più diffusi, cominciarono ad acquisire una struttura didatticamente funzionale. Perché non trasformarle in libro? I pochi manuali allora disponibili sulla rete erano per lo più traduzioni dall'inglese, privi o quasi di riferimenti alla situazione italiana, e – per i nostri gusti – decisamente poco attenti alla dimensione non solo tecnica ma anche culturale e sociale di Internet. Pensammo di provare a scrivere qualcosa di diverso, che unisse all'impostazione pratica di un manuale anche qualche considerazione più 'saggistica', che partisse dalla situazione del nostro paese e non da quella statunitense, che lasciasse trasparire anche gli aspetti problematici e non solo la retorica delle 'nuove meraviglie' della rete.

Sicuramente, non tutti gli obiettivi che ci eravamo posti sono stati pienamente raggiunti; ma – grazie anche alla scelta coraggiosa della casa editrice Laterza, che accettò di avventurarsi in un terreno per lei del tutto nuovo e fino ad allora appannaggio quasi esclusivo di editori o collane fondamentalmente 'tecniche' – l'idea ha avuto successo. La prima versione di questo manuale, *Internet '96*, ha esaurito in pochi mesi l'intera tiratura. I successivi *Internet '97* e *Internet '98* hanno esaurito anch'essi quattro edizioni ciascuno, e *Internet 2000* di edizioni ne ha avute ben otto, alle quali va aggiunta la sorta di 'aggiornamento' parziale costituito da *Frontiere di rete*, uscito nel 2001. Complessivamente diciotto edizioni in otto anni, e questo nonostante le tirature siano andate progressivamente crescendo. Il libro che avete in mano nasce dunque con un'eredità impegnativa: quella del manuale di introduzione a Internet più diffuso in Italia. Un dato che ci fa naturalmente piacere, ma che sentiamo anche come una precisa responsabilità.

Un aspetto importante di questa responsabilità riguarda la scelta del pubblico al quale rivolgerci, e il livello di approfondimento tecnico della trattazione. Otto anni fa, dovevamo di necessità rivolgerci a una schiera piuttosto ristretta di 'pionieri'. Oggi il pubblico dei lettori di un manuale come questo è sicuramente cambiato. Ormai Internet fa parte della vita quotidiana di milioni di persone. E tuttavia la pratica dell'uso della rete resta spesso limitata a poche operazioni fondamentali (e in fondo ripetitive): spedire un messaggio di posta elettronica, consultare pochi siti familiari. È un po' come se, avendo a disposizione un'imbarcazione adatta ai viaggi più complessi e avventurosi, la usassimo solo per brevi tragitti in prossimità della costa. D'altro canto, milioni di altre persone non hanno neanche questa pratica limitata, e si trovano – chi per curiosità, chi per necessità di lavoro – a doversi avvicinare, con un certo timore, a uno strumento almeno in parte nuovo. Chi appartiene a quest'ultima categoria, quella dei neofiti, guarda spesso con una certa invidia gli appartenenti alla prima, che sanno già come navigare in rete e lo fanno con apparente disinvoltura. Eppure, a ben guardare, se è certo vero che queste due fasce di utenza hanno esigenze almeno in parte diverse, molti dei problemi che esse devono affrontare per poter passare allo 'status' più ambito, quello di utilizzatori consapevoli e produttivi della rete, sono comuni.

Il libro che avete in mano cercherà di fornire le risposte a questi problemi. Per poterlo fare, tuttavia, esso deve chiedere la collaborazione del lettore, e soprattutto del lettore meno esperto. Inevitabilmente, dovremo presentare strumenti e concetti che potranno risultare poco familiari, e ai quali corrispondono nomi ostici e misteriosi (World Wide Web, URL, client, server...). Occorrerà non farsi intimidire dall'aspetto 'tecnico' di alcune parti della trattazione: una volta affrontati con un minimo di calma e attenzione, gli argomenti discussi non dovrebbero porre a nessun lettore, per quanto inesperto, difficoltà eccessive. Se qualcosa risultasse poco chiara, il consiglio è di proseguire nella lettura, e tornarvi sopra in seguito: i vari aspetti e le varie funzionalità di Internet corrispondono spesso a tessere di un mosaico, ciascuna delle quali acquista il proprio significato anche attraverso la relazione con le altre.

Anche al lettore che ha già qualche esperienza di navigazione in rete dobbiamo chiedere, tuttavia, una specifica forma di collaborazione. Chi frequenta la rete con una certa regolarità può infatti pensare che certe nozioni siano inutili per l'utilizzazione pratica di Internet: perché dovrebbe preoccuparsi di capire qual è la differenza fra client e server, o come va 'letto' un indirizzo di rete? Non bastano le poche, elementari informazioni necessarie a spedire e ricevere la posta elettronica e a visualizzare le pagine di un sito?

Ebbene, se queste informazioni bastano a poter dire di 'usare Internet', non bastano se l'obiettivo è quello di usare *bene* Internet. Non si tratta solo – per quanto anche questo scopo non sia affatto disprezzabile – di acquisire qualche informazione teorica in più, utile a capire meglio come funzionano i programmi che usiamo. Si tratta anche di raggiungere quel minimo di familiarità con la rete, la sua struttura, le tipologie di informazione disponibili e gli strumenti per utilizzarle, che sola permette di usare Internet in maniera davvero produttiva: evitando di perdere inutilmente un'infinità di tempo nel cercare di fare le cose giuste con gli strumenti sbagliati (o, peggio, di fare direttamente le cose sbagliate); evitando di aspettarsi dalla rete ciò che la rete non può dare; e, soprattutto, comprendendo cosa la rete sia effettivamente in grado di offrire, e quale sia la strada migliore per ottenerlo. Insomma: per ricavare i risultati migliori dalla lettura di questo libro, anche chi si sente già 'navigatore' dovrà essere disposto a qualche sforzo – soprattutto di curiosità – e a qualche sperimentazione.

In molti casi il lettore, neofita o no, dovrà anche cercare di collegare gli esempi e le informazioni fornite – che saranno spesso necessariamente generali – ai propri specifici campi d'interesse e alla propria esperienza personale. La risposta da dare alla domanda "a cosa può servirmi questa informazione?" può venire solo dalla riflessione personale, e si tratta di una risposta che avrà spesso implicazioni sorprendenti.

Negli ultimi anni, Internet è cresciuta a ritmi velocissimi: nel numero di utenti, nel numero di siti e di risorse, nelle funzionalità e nella tipologia dei programmi disponibili per utilizzarla. Nel 1996, quando lavoravamo alla prima edizione del nostro libro, qualcuno poteva ancora pensare a Internet come a una moda passeggera; oggi, la portata radicale dei cambiamenti introdotti dalle 'autostrade dell'informazione' nel mondo della comunicazione interpersonale è generalmente riconosciuta, anche se la consapevolezza della loro natura e delle conseguenze di medio e lungo periodo è ancora spesso carente. La stessa 'crisi della new economy', erroneamente percepita da molti come una vera e propria 'crisi di Internet', non ha in realtà arrestato in alcun modo la diffusione dell'uso della rete: il numero degli utenti, il tempo medio che essi trascorrono in rete, la quantità e la qualità delle operazioni che vengono svolte attraverso Internet, la velocità dei collegamenti, hanno continuato a crescere in maniera assai rapida anche nel periodo 2001-2003, nonostante il deciso arretramento nel valore di mercato dei titoli tecnologici.

La diffusione della rete fra strati di utenti sempre più larghi comporta naturalmente alcuni problemi: proprio come l'enorme quantità di informazioni disponibile attraverso Internet richiede strategie spesso raffinate per ricercare e selezionare i dati che effettivamente interessano, così l'abbondanza (e in alcuni casi la sovrabbondanza) di informazioni disponibili sull'argomento 'Internet' sotto forma di libri, articoli, CD-ROM, dispense settimanali, riviste specializzate, e naturalmente siti Web, corre il rischio di disorientare chi frequenta solo marginalmente un mondo che sembra restare almeno in parte 'per iniziati'.

In questo contesto sicuramente affollato, *Internet 2004* si pone quattro compiti fondamentali, gli stessi che erano alla base delle precedenti versioni del manuale. Quattro compiti ai quali vorremmo rispondere con accresciuta efficacia, in alcuni casi anche attraverso il ricorso a strumenti nuovi, facendo tesoro dell'esperienza e dei suggerimenti fin qui raccolti.

Innanzitutto, lo sforzo di massimo aggiornamento. Se si considerano le sue prime 'incarnazioni' come rete militare e di ricerca, Internet ha ormai oltre trent'anni di storia alle spalle. Ma le modalità di accesso alla rete e gli strumenti di navigazione hanno conosciuto e conoscono un'evoluzione talmente veloce che il rischio di obsolescenza delle informazioni è in questo campo fortissimo. Questa rapida obsolescenza non riguarda solo aspetti o strumenti settoriali, ma anche – pur se in misura un po' meno accentuata di quanto non sia avvenuto fra il 1996 e il 2000 – le procedure di base che ogni utente della rete deve conoscere per effettuare operazioni fondamentali, quali la spedizione di posta elettronica o la ricerca di informazioni. Un manuale di introduzione alla rete *deve* dunque essere il più aggiornato possibile: inevitabilmente invecchierà anch'esso – ma per lo meno non sarà già vecchio nel momento in cui vede la luce.

Abbiamo cercato di rispondere a quest'esigenza su diversi piani. Innanzitutto, la stesura del testo che avete in mano si è svolta sfruttando le possibilità di scambio informativo in tempo reale offerte dalla telematica: gli autori hanno raccolto la maggior parte delle informazioni direttamente attraverso la rete, controllandone fino all'ultimo momento l'aggiornamento e conservando una struttura generale del libro flessibile e aperta a modifiche e integrazioni. Accordi particolari con l'editore, e la gestione completamente informatizzata di tutte le fasi di preparazione del libro – dalla stesura alla stampa – hanno permesso, come già nel caso dei manuali precedenti, di ridurre al minimo l'intervallo fra la consegna del testo e la sua uscita in libreria. Abbiamo inoltre cercato di esercitare per quanto possibile la difficile arte dell'anticipazione, decidendo struttura ed equilibrio delle parti del testo con un occhio particolarmente vigile a quella che riteniamo potrà essere l'evoluzione futura della rete, almeno sul breve e medio periodo. Un compito forse rischioso, ma enormemente facilitato dal fatto di lavorare 'a otto mani', con la possibilità di discutere fra noi (e spesso con altri amici presenti in rete) gli argomenti affrontati, e confortato dal 'successo' di molte fra le previsioni che avevamo avanzato nelle precedenti edizioni del libro. Dobbiamo poi riconoscere il nostro debito verso le diverse case produttrici – a cominciare da Microsoft e Apple – che in molte occasioni ci hanno messo a disposizione versioni preliminari dei loro programmi, permettendoci di dare un'occhiata in anteprima a sviluppi e tendenze degli strumenti di navigazione su Internet.

L'obiettivo del massimo aggiornamento, unito all'interesse per la sperimentazione di una forma di interazione fra editoria tradizionale ed editoria in rete del tutto inedita per il nostro paese, ci aveva spinto, in accordo con l'editore, a operare già con *Internet '96* una scelta innovativa: quella di rendere disponibili su Internet aggiornamenti e materiali di corredo al libro. L'iniziativa era stata accolta assai bene, sia dai lettori, sia dalla stampa specializzata. La decisione di continuarla anche con *Internet '97* era quasi obbligata, e in quella occasione decidemmo di fare un passo avanti: inserire in rete non solo materiali di corredo al testo, ma l'intero libro, permettendone a chiunque, gratuitamente, la consultazione e il 'mirroring' (la possibilità cioè di copiare e rendere disponibile il testo anche su altri siti). L'operazione poteva rivelarsi commercialmente rischiosa: un libro disponibile gratuitamente in rete, avrebbe trovato clienti in libreria? Eravamo convinti di sì, e i risultati – sia nel caso di *Internet '97* sia in quelli di *Internet '98*, di *Internet 2000* e di *Frontiere di rete* (disponibile gratuitamente anche in formato e-book) – ci hanno dato ragione, rivelandosi anzi ancor più positivi di quanto noi stessi avessimo previsto. Anche *Internet 2004*, dunque, sarà disponibile gratuitamente in rete, e lo sarà con una novità rilevante. Ma su questa scelta, e sulle sue implicazioni, torneremo tra breve.

Un secondo proposito che ha accompagnato la stesura del libro è quello di mirare alla massima chiarezza espositiva. A questo scopo, abbiamo cercato di far tesoro sia delle osservazioni e dei commenti ricevuti dai lettori e dai recensori delle edizioni precedenti, sia dei suggerimenti raccolti da chi ha frequentato il sito in rete, sia della concreta esperienza didattica dalla quale, come si è accennato, il libro stesso è nato: i corsi di introduzione a Internet svolti a partire dal 1994, a sostegno del progetto Manuzio, dall'associazione culturale Liber Liber (**http://www.liberliber.it**) e in seguito anche dalla società *E-text* (**http://www.e-text.it**). Questi corsi – in forme diverse – proseguono ormai da oltre otto anni, hanno coinvolto complessivamente migliaia di persone, e speriamo ci abbiano aiutato a individuare le difficoltà e i problemi più comuni che incontrano gli utenti della rete, e le strategie espositive più efficaci per aiutare a superarli. Il termine 'manuale' che compare in copertina vuole dunque esprimere l'intenzione di costruire un testo dotato anche di una specifica valenza didattica. Il fatto che le precedenti edizioni di questo libro siano state adottate in numerosi corsi, anche universitari, ha rappresentato per noi, da questo punto di vista, uno dei riconoscimenti più ambiti.

In terzo luogo, ci siamo proposti di approfondire in maniera particolare alcuni argomenti che ormai cominciano a trovare spazio in pubblicazioni specialistiche, ma ai quali raramente è dedicata un'attenzione più che occasionale da parte della letteratura di introduzione all'uso della rete: le diverse tipologie dell'informazione presente su Internet e le corrispondenti strategie di ricerca, il ruolo della rete come risorsa culturale e come strumento di interazione sociale ed economica, l'ingresso di Internet negli uffici e il suo uso come strumento di lavoro, le possibilità aperte a chi vuole non solo ricevere ma anche offrire informazioni e servizi. Alla base di questa scelta sono proprio le considerazioni con le quali abbiamo aperto questa introduzione: così come, per usare un paragone nautico, un manuale dedicato alla navigazione a vela non può limitarsi alla discussione delle sole caratteristiche della barca e delle vele, un testo di introduzione a Internet non può limitarsi a considerare i soli strumenti tecnici di navigazione, ma deve soffermarsi anche sulle caratteristiche dell'ambiente nel quale si naviga, e sui possibili obiettivi della missione per la quale ci si è imbarcati. Caratteristiche e obiettivi che influenzano in maniera spesso determinante la scelta degli strumenti di volta in volta più adatti.

A questa esigenza non forniscono una risposta adeguata i puri elenchi di risorse, spesso compilati con una struttura analoga agli elenchi telefonici o alle 'pagine gialle'. Si tratta di strumenti talvolta utili, ma rapidamente obsoleti e che possono soffrire di quello che è insieme il pregio e il vizio fondamentale di Internet: l'abbondanza (o sovrabbondanza) di informazioni grezze, che rende difficile il reperimento di quelle informazioni di 'secondo livello' (i cosiddetti 'metadati') di tipo descrittivo, organizzativo e in alcuni casi anche valutativo, delle quali avremmo più bisogno per scegliere la rotta della nostra navigazione in rete. Non a caso, la diffusione in formato cartaceo di puri elenchi di risorse, dopo un certo successo iniziale, sembra suscitare oggi assai meno interesse, man mano che gli utenti iniziano a sfruttare in maniera più consapevole gli strumenti di ricerca – ben più ricchi e aggiornati – che la rete stessa mette a disposizione.

Per questo motivo, pur parlando di molte risorse disponibili in rete, l'abbiamo fatto in modo poco tradizionale: nessun elenco alfabetico, nessuna lunga lista di indirizzi poco o per nulla commentati, ma un'analisi ragionevolmente dettagliata di poche risorse 'chiave', privilegiando le cosiddette 'metarisorse', le risorse cioè utili alla ricerca e al reperimento di informazione. Riteniamo che questo possa rendere più facile e fruttuosa la navigazione a chi si avvicina per la prima volta alla rete. Col tempo e con la pratica sarà poi l'utente stesso ad allargare il proprio panorama, in maniera assai più consapevole e completa di quanto potrebbe offrirgli un qualunque testo a stampa di rassegna generale.

Infine, ci è sembrato opportuno dedicare un'attenzione particolare alla realtà italiana, soffermandoci quando possibile su risorse e servizi che possono presentare uno specifico interesse per gli utenti del nostro paese. Risorse di questo tipo sono molto più numerose di quanto una letteratura fortemente orientata al mondo anglosassone potrebbe far ritenere, e crescono con rapidità impressionante. Si tratta spesso di iniziative interessanti e ricche di contenuto informativo. Certo, per molti aspetti la 'lingua franca' di Internet resta l'inglese. Ma per le altre lingue nazionali, inclusa la nostra, resta comunque uno spazio assai ampio, e la maggior parte degli utenti, dopo le comprensibili preoccupazioni iniziali per quella che poteva sembrare (e in parte era) una sorta di 'colonizzazione culturale' per via telematica, inizia ormai a rendersene conto.

A questi quattro obiettivi dobbiamo aggiungere, come promesso, qualche considerazione più direttamente legata al sito Internet del libro. Come si è accennato, già le edizioni precedenti di questo manuale disponevano di un proprio sito Internet. Nel caso di *Internet '96*, il sito aveva essenzialmente due scopi: da un lato consentire il massimo aggiornamento delle informazioni contenute nel testo, dall'altro permettere ai potenziali lettori di consultarne, prima dell'acquisto, l'indice complessivo e alcune sezioni 'di assaggio', in modo da valutare meglio la rispondenza del libro alle loro specifiche necessità e interessi.

Si trattava di un esperimento, e – come spesso accade in un campo interamente nuovo – man mano che lo portavamo avanti ci venivano nuove idee, e il desiderio di esplorare nuove possibilità. Abbiamo così aggiunto, ad esempio, una lista (il lettore scoprirà di cosa si tratta nella sezione del libro destinata alla posta elettronica), che permette a chi lo desideri di essere informato direttamente e automaticamente sulla disponibilità di aggiornamenti in rete. Abbiamo aggiunto una rassegna delle recensioni del libro. Abbiamo potuto verificare come l'interazione coi lettori (che attraverso il sito potevano e possono inviarci osservazioni e commenti) sia uno strumento prezioso per capire quali sezioni del libro sia bene sviluppare, quali possano essere rese più chiare, quali errori possano essere corretti. E abbiamo cominciato ad accarezzare un'idea apparentemente un po' folle: quella – poi realizzata con tutti i manuali successivi – di mettere in rete non solo gli aggiornamenti e qualche capitolo d'assaggio, ma *tutto il libro*, disponibile gratuitamente per chiunque, nel momento stesso della sua uscita in libreria.

Perché? Innanzitutto, perché un libro come questo ha due scopi: quello di essere *letto* – magari in poltrona, davanti al camino, per capire cosa è Internet e come usarla – e quello di essere *usato* durante le navigazioni in rete, per svolgere ricerche e raggiungere risorse informative.

Per il primo di questi due scopi, il libro su carta è ancora insostituibile (per nostra fortuna: sia perché siamo incalliti bibliofili, sia perché altrimenti avremmo problemi a venderlo). Può essere portato in giro facilmente, lo si può leggere ovunque, lo si può sottolineare e annotare senza problemi, se cade a terra non si rompe...

Per il secondo scopo, invece, la disponibilità in rete del testo elettronico può costituire un vantaggio decisivo: il lettore può raggiungere direttamente le risorse delle quali parliamo, con un semplice 'click' del mouse, senza bisogno di ricordarsi o di copiare indirizzi spesso lunghi e complessi.

Ma il nostro obiettivo è in un certo senso più generale: come si è accennato in apertura, tutti e quattro gli autori di questo libro collaborano, attraverso l'associazione culturale *Liber Liber*, alla prima biblioteca di testi elettronici italiani in libera distribuzione attraverso la rete: il progetto Manuzio. Uno dei presupposti fondamentali del progetto è che, almeno nella fase attuale, testo a stampa e testo elettronico possano essere alleati e non concorrenti, permettendo di soddisfare esigenze in parte complementari. Avevamo una buona occasione per cercare di dimostrare questa tesi: non potevamo lasciarla sfuggire.

Naturalmente la decisione di inserire in rete, a disposizione gratuita di chiunque, il testo completo di un libro che si sta proprio in quel momento mandando in libreria, può essere difficile per un editore. Siamo perciò particolarmente grati alla casa editrice Laterza, che ha accolto con grande prontezza, e con la nostra stessa curiosità, questo esperimento. Negli ultimi sei anni, come abbiamo accennato, l'esperimento ha avuto un esito senz'altro positivo. Evidentemente, l'effetto promozionale dell'iniziativa e la possibilità per i lettori di verificare l'interesse del libro prima di comprarlo hanno più che compensato l'eventuale perdita di copie rappresentata da quei lettori che – come è loro pieno diritto – possono aver rinunciato all'acquisto del libro 'fisico' accontentandosi di quello elettronico presente gratuitamente in rete. Chissà che questo dato non possa contribuire a ridurre la pervicace diffidenza con la quale molti editori 'cartacei' continuano a guardare alla rete!

Il successo dell'iniziativa ci spinge naturalmente a rinnovarla per *Internet 2004*. L'indirizzo del sito resta lo stesso di quello inaugurato con *Internet '98* (**http://www.laterza.it/internet/**), e resterà immutato anche per le eventuali nuove edizioni. In questo modo i lettori di qualunque edizione del manuale sapranno sempre dove trovare la versione più aggiornata del testo.

Rispetto a *Internet 2000*, tuttavia, *Internet 2004* presenta tre novità. Innanzitutto, abbiamo rinunciato al CD-ROM che avevamo allegato alla versione precedente di questo manuale. La diffusione di connessioni alla rete relativamente veloci rende infatti assai più conveniente rivolgersi direttamente al Web come fonte di materiali integrativi e complementari, che affianchino il testo su carta che avete in mano. Il CD-ROM per sua natura propone un contenuto 'statico', offre un'istantanea che non rende giustizia alla continua evoluzione degli strumenti di rete. Un'istantanea che risultava comunque preziosa in una situazione in cui i collegamenti a Internet erano ancora assai lenti, ma che rappresenterebbe ormai un inutile aggravio dei costi di produzione (e dunque di vendita) del libro. Il contenuto principale del CD-ROM era costituito dalla versione elettronica e 'attiva' del testo, pronta a essere utilizzata in qualunque momento e arricchita non solo dalle versioni 'a colori' delle immagini ma anche da filmati e animazioni create con l'obiettivo di aiutare a meglio comprendere alcune procedure (ad esempio la configurazione dei principali programmi) spesso più complesse da descrivere a parole che da mostrare a schermo. Ebbene: tutti questi contenuti possono ormai essere offerti (e aggiornati) attraverso Internet, e sono presenti nel sito del manuale.

Proprio il nostro sito Web offre la seconda delle novità alle quali accennavamo: chi raggiungerà la sezione dedicata a *Internet 2004* troverà infatti pagine assai più 'dinamiche' di quelle presenti in precedenza. Utilizzando il meccanismo dei cosiddetti *weblog* (una delle principali novità della rete: ne parleremo in dettaglio nel seguito del libro), e grazie anche al lavoro di uno scelto drappello di amici e collaboratori, saremo in grado di aggiungere in maniera assai più semplice notizie, integrazioni, segnalazioni. Il risultato sarà, speriamo, un sito più dinamico e aggiornato di quello che avevamo potuto offrire ai lettori delle versioni precedenti del libro.

La terza novità riguarda, ancora una volta, la sfera della gestione dei diritti sulla versione elettronica del libro. Abbiamo già parlato della scelta di inserirne in rete il testo integrale, a disposizione per la consultazione libera e gratuita di tutti: di chi ha acquistato l'edizione su carta del libro (e speriamo siate in molti!), ma anche di chi non l'ha acquistata. Ebbene: con *Internet 2004* la versione elettronica del testo sarà distribuita con un tipo particolare di licenza, denominata *Creative Commons*, che consente agli utenti di fare molto più che consultarla gratuitamente: sezioni del testo potranno ad esempio essere riprese liberamente su siti diversi, utilizzate per corsi scolastici e universitari, copiate e distribuite, senza bisogno di chiedere ogni volta un permesso alla casa editrice. L'unica condizione è che sia sempre citata la fonte, che il testo non sia alterato o modificato (ma può essere liberamente integrato con altri materiali), e che non venga venduto a scopo di lucro. La versione a stampa del testo – il cui prezzo abbiamo sempre cercato di mantenere contenuto – resta invece sottoposta alle normali normative vigenti (noi e la casa editrice dobbiamo sopravvivere...). Non esagerate quindi con le fotocopie ☺, e ricordate che il libro è comunque più bello, più comodo e spesso anche più economico di una massa di fogli A4 rilegati fortunosamente!

Vorremmo concludere questa premessa con qualche suggerimento su *come leggere* questo libro. I campi dell'informatica e della telematica tendono spesso a spaventare molto il lettore non specialista. Va detto subito che questi timori sono spesso giustificati. Si tratta di settori in cui viene usato un linguaggio in genere per iniziati, pieno di sigle strane e di termini misteriosi (per di più, normalmente in inglese). E si tratta di settori in cui i 'livelli' di competenza, anche delle persone che si considerano principianti, possono variare molto, con la conseguenza che ciò che è scontato per uno può risultare incomprensibile all'altro.

Per questi motivi, scrivere un manuale come quello che avete in mano non è facile – soprattutto se si vuole fornire un testo che possa essere utile sia al principiante, sia a chi su Internet ha già iniziato a navigare, e vuole approfondire le proprie competenze. Abbiamo cercato di rispondere a questo problema costruendo un manuale 'a strati': le prime sezioni del libro e l'Appendice A (dedicata a chi deve risolvere i problemi spesso più difficili per un neofita: la scelta del computer, dei programmi e del fornitore di accesso alla rete, e la configurazione del tutto) sono scritte con un linguaggio il più possibile chiaro e semplice, evitando o cercando sempre di spiegare sigle e termini tecnici. Nelle altre sezioni, il libro riprende e allarga le competenze di base già acquisite, attraverso una seconda parte di approfondimento che comprende sia indicazioni su come sfruttare al meglio gli strumenti fondamentali già introdotti, sia sezioni relative ad argomenti più avanzati, scritte avendo in mente lettori un po' più smaliziati, anche se, speriamo, sempre in maniera chiara e accessibile. Cercheremo insomma di 'prendere per mano' il lettore neofita, e di farci raggiungere ben presto, lungo la strada, da chi non è più alle prime armi.

Perciò, se leggendo questo libro vi capitano pagine che sembrano presupporre concetti per voi poco familiari, non lasciatevi scoraggiare. Vedrete che tornandovi sopra, man mano che 'digerite' le sezioni più introduttive e i concetti base di Internet, molte difficoltà scompariranno gradualmente. D'altro canto, saltate pure le sezioni che vi sembrassero troppo 'facili', o dedicate a tematiche per voi già familiari: nel seguito troverete comunque (almeno, lo speriamo!) argomenti di vostro interesse.

Il libro che avete in mano è frutto di un lavoro collettivo. Nell'organizzare il lavoro, pur discutendo insieme sulla struttura generale del volume e su moltissime fra le tematiche trattate, è stato tuttavia indispensabile ripartire fra i vari autori le sezioni principali del testo. In particolare, a **Marco Calvo** si devono i capitoli sul World Wide Web, FTP, Peer to Peer e Telnet, oltre all'appendice dedicata alla pubblicazione di informazione in rete. A **Fabio Ciotti** si devono i capitoli sulla storia di Internet, su biblioteche, musei, editoria e informazione in rete, sull'architettura del World Wide Web, sulla dimensione sociale di Internet, sulle tecnologie Java e Active X, sui libri elettronici, sui portali; a **Gino Roncaglia** si devono i capitoli dedicati a posta elettronica, newsgroup e conferenze, agli strumenti di comunicazione in tempo reale, alla ricerca in rete, alla dimensione politica ed economica di Internet, all'uso di Internet per la didattica, al mondo dei weblog, e l'appendice *Internet e l'11 settembre*; a **Marco Zela** si devono le sezioni sui concetti base della telematica, sul collegamento alla rete attraverso strumenti diversi dal computer, su sicurezza e privacy, e l'appendice *Internet da zero*.

Il sito Internet del libro (**http://www.laterza.it/internet/**) è realizzato e gestito dalla E-text S.r.l., su progetto di **Marco Calvo**.

Antonietta Bufano, Marisa Cimino, Lauro Colasanti e Grazia Farina ci hanno fornito un prezioso aiuto nella revisione delle bozze; gli errori e le imprecisioni che sicuramente saranno sfuggite ad ogni controllo restano, naturalmente, nostra intera responsabilità.

Internet 2004

Mappa del libro

Come si è accennato nell'introduzione, *Internet 2004* vorrebbe rivolgersi sia ai lettori alle prime armi, sia a quelli che hanno già qualche esperienza di navigazione. Questa seconda categoria di utenti si è enormemente allargata negli ultimi anni, e anche per questo motivo ci sembra utile permettere a ciascuno di costruirsi il proprio 'itinerario di lettura' dando un'idea, in apertura del volume, della struttura che abbiamo dato alla trattazione.

Suggeriamo a tutti i lettori di leggere l'*Introduzione* (che presenta un po' la 'filosofia' del libro) e di dare almeno un'occhiata alla prima sezione (*Navigare in Internet: alcune considerazioni generali*), che fornisce alcune premesse generali su natura e uso della rete.

La seconda sezione, dedicata agli *Strumenti*, comprende un capitolo – molto elementare – sul primo incontro con la rete, che può essere tranquillamente saltato da chi rientra già nella schiera dei navigatori abituali. Seguono i capitoli dedicati a posta elettronica, World Wide Web, conferenze e newsgroup, servizi informativi, strumenti di comunicazione in tempo reale, e l''eredità' rappresentata da FTP. Ognuno di questi capitoli è costruito, nelle intenzioni, passando dalle applicazioni più semplici a quelle più complesse e avanzate: il lettore non dovrebbe avere difficoltà a individuare di volta in volta il proprio 'livello', saltando o scorrendo in maniera veloce gli argomenti già familiari, e soffermandosi su quelli per lui nuovi o meno chiari.

La terza sezione è dedicata a *Come si fa ricerca in Internet* e presenta strumenti e modalità della ricerca di rete. Ci sentiamo di consigliarne la lettura anche a chi avesse già qualche esperienza di navigazione: una buona padronanza dei concetti e degli strumenti che sono presentati in questa sede permetterà infatti un uso di Internet molto più consapevole e produttivo.

La quarta sezione è stata intitolata *Temi e percorsi* e affronta i campi – vastissimi – della storia e della dimensione sociale, politica, economica e culturale della rete. Come è facile capire, questi capitoli non possono certo pretendere di fornire una trattazione esauriente e completa di tutti i temi affrontati. Rappresentano piuttosto delle brevi introduzioni a temi che ci sembrano di fondamentale importanza, e il loro scopo è soprattutto quello di fornire al lettore spunti e suggestioni per ulteriori approfondimenti, e di suggerire alcune fra le (meta)risorse di rete più importanti. La sezione comprende un capitolo completamente nuovo rispetto alle versioni precedenti del manuale, dedicato al mondo dei weblog, dei feed RSS e degli aggregatori di notizie: molti utenti forse non ne hanno ancora sentito parlare (anche se i weblog stanno diventando sempre più popolari), ma si tratta del settore di Internet che ha conosciuto nell'ultimo anno l'evoluzione più rapida, e che ha suscitato maggiori entusiasmi. Vedrete che non si tratta di entusiasmi ingiustificati.

Abbiamo intitolato la quinta sezione *Tecnologie*, non senza qualche perplessità: non vorremmo infatti che il titolo scoraggiasse i lettori più timorosi. Siamo infatti convinti che avere almeno un'idea generale su cosa ci sia 'dentro la scatola', su come funzioni lo scambio di dati fra i computer collegati alla rete, su quali siano le novità più avanzate e le prospettive dell'immediato futuro, possa servire a tutti i navigatori. Suggeriamo insomma di guardare a questi aspetti dell'uso della rete più con curiosità che con timore reverenziale: usare uno strumento senza sapere nulla dei principi in base ai quali funziona è possibile, ma non contribuisce certo a produrre utenti attivi, in grado di fare in maniera consapevole le scelte che è spesso opportuno fare. In questa sezione abbiamo incluso anche la discussione di alcune possibilità, come l'uso di Internet attraverso computer palmari o attraverso un telefonino GPRS o UMTS, che probabilmente interesseranno soprattutto i lettori in possesso dei relativi strumenti tecnologici.

Nella prima appendice (*Internet da zero*) abbiamo raccolto alcune fra le principali informazioni necessarie al 'neofita' alle prese col problema, non sempre banale, di scegliere e acquistare tutto ciò che serve per collegarsi a Internet e di configurare correttamente i relativi programmi. Un lettore anche alle prime armi che però disponesse già, a casa o in ufficio, di un collegamento funzionante alla rete, potrà risparmiarsene la lettura.

La seconda appendice (*Pubblicare informazioni su Internet*) fornisce una rapida guida di riferimento alle strategie e ai principali strumenti per la pubblicazione di informazione in rete, nonché al linguaggio utilizzato nella creazione di pagine per World Wide Web. Una delle caratteristiche più importanti di Internet, come avremo più volte occasione di sottolineare nel corso del testo, è la facilità con la quale è possibile fare il 'salto' da puro utente passivo a produttore di informazione destinata agli altri. Questa appendice può aiutare chi volesse avventurarsi su questa strada, che prima o poi, ne siamo convinti, verrà percorsa da una larga fascia degli utenti della rete.

La terza appendice (*Internet e l'11 settembre*) affronta un 'caso di studio' che ci è sembrato particolarmente interessante, e anche particolarmente utile nel comprendere le caratteristiche comunicative della rete: la reazione di Internet agli attentati dell'11 settembre 2001.

La quarta appendice fornisce infine un glossario di termini essenziali, accompagnati dal riferimento alle relative sezioni del manuale.

Navigare in Internet: alcune considerazioni generali

Cos'è Internet e a che cosa serve? Sono questi probabilmente i primi e fondamentali interrogativi ai quali chi si avvicina alla 'rete delle reti' vorrebbe trovare risposta. Si tratta tuttavia di interrogativi ai quali può essere molto difficile rispondere in maniera adeguata. Le risposte formalmente più corrette sono in qualche misura 'tecniche' e, nel corso del libro, cercheremo di fornirle in maniera per quanto possibile chiara e completa. Tuttavia, molto spesso chi formula l'interrogativo non cerca – o non cerca in primo luogo – una risposta tecnica. Vorrebbe invece una sorta di 'intuizione' complessiva, un quadro di riferimento in grado di incasellare in qualche modo, dando loro un significato, tutte le informazioni sparpagliate (e non sempre corrette) che riguardano Internet e che gli piovono addosso attraverso i media più disparati, a cominciare da televisione e giornali e magari dalle prime, timide esperienze di navigazione, in ufficio o in casa di amici. E vorrebbe sapere se, come e perché tutto questo può riguardare lui, la sua attività lavorativa, la sua vita quotidiana.

Immagini e analogie possono essere fuorvianti (ed è bene che il lettore lo tenga presente, dato che nelle pagine che seguono vi ricorreremo abbastanza spesso), ma sono anche uno strumento prezioso per agevolare la comprensione, giacché accostare ciò che ci è meno noto a ciò che conosciamo meglio costituisce una delle strategie fondamentali dei nostri processi di apprendimento. Iniziamo dunque a pensare alla rete telefonica: una realtà familiare, con la quale Internet ha molti punti di contatto (e non si tratta di una analogia accidentale, giacché – come vedremo – proprio la rete telefonica costituisce uno dei canali di trasmissione utilizzabili per accedere a Internet). Una spiegazione esauriente di cosa sia in realtà la rete telefonica richiede una serie di informazioni tecniche spesso non banali. Ma il suo uso è per noi talmente abituale da permetterci una comprensione 'intuitiva' delle sue caratteristiche generali. Ad esempio, possiamo dire senza timore di sbagliare che la rete telefonica è uno strumento di comunicazione, e che questa caratteristica non è accidentale, ma è anzi la sua stessa ragion d'essere.

Anche la rete Internet è in primo luogo uno strumento di comunicazione. Proprio come la rete telefonica, Internet nasce per permettere la comunicazione e lo scambio di informazioni. Le informazioni scambiate su Internet tuttavia non sono suoni – o meglio, non sono solo suoni. Sono informazioni dello stesso tipo di quelle che un qualunque personal computer è in grado di utilizzare e manipolare: testi scritti, ma anche immagini e suoni digitalizzati (trasformati cioè in lunghe catene di 0 e 1, con procedimenti analoghi a quelli impiegati, ad esempio, per i compact disc musicali). E naturalmente programmi, cioè insiemi di istruzioni che il nostro computer potrà, a richiesta, eseguire.

Internet è dunque simile a una rete telefonica, una rete telefonica nata per far comunicare fra loro dei computer. Ma naturalmente dietro gli schermi e le tastiere dei computer collegati a Internet ci sono delle persone, ed è questo che rende il tutto più interessante. Considerare Internet solo come una rete di computer (o, per essere più precisi, come una rete di reti telematiche) sarebbe riduttivo: Internet è anche – e in primo luogo – una rete di persone collegate attraverso i computer. Si tratta di un dato importante, da tener presente per capire la caratteristica forse fondamentale di Internet: quella di essere insieme una risorsa informativa e un luogo di interazione culturale, sociale, economica.

Internet come risorsa informativa

Chi collega per la prima volta il proprio computer a Internet e inizia a 'navigare' nella rete ha spesso una idea molto vaga di quanta, e quanto variegata, sia l'informazione raggiungibile. Nel corso della nostra esperienza didattica, ci è capitato spesso di discutere questo problema con persone che vedevano in Internet soprattutto uno strumento per accedere a banche dati o a pochi siti fortemente strutturati, cioè a 'depositi' di informazione ragionevolmente ordinata e organizzata: ad esempio il catalogo di una biblioteca, o l'archivio di articoli di un giornale, o una raccolta di dati di borsa. Queste persone tendono a vedere Internet come un veicolo, un canale per raggiungere la (spesso singola) risorsa informativa di loro interesse. E sono naturalmente sconcertate – e in fondo anche irritate – dalla varietà di strumenti di navigazione, di funzionalità, di protocolli di comunicazione disponibili; dal fatto insomma che Internet non si presenti immediatamente e semplicemente come un mezzo per 'telefonare' alla banca dati prescelta.

Si tratta di un equivoco tanto più pericoloso, in quanto è vero che Internet permette di raggiungere *anche* singole banche dati, singoli 'serbatoi' di informazione specifica e organizzata. Ma fermarsi a questo (che non è poco) vorrebbe dire cogliere solo uno dei lati della medaglia, e forse non il più importante. Innanzitutto perché accanto all'informazione 'organizzata' di una banca dati o di un sito fortemente strutturato, Internet offre una ricchezza enorme – anche se di più difficile fruizione – di informazione occasionale, non organizzata, dispersa. La vera rivoluzione di Internet consiste nel fatto che chiunque può mettere informazione in rete: molti lo fanno già, moltissimi lo faranno nel prossimo futuro. Un imprenditore può raggiungere in maniera semplice ed economica un mercato globale, e sperimentare forme innovative di vendita di beni e servizi. Chi opera nella pubblica amministrazione può migliorare la quantità e la qualità dei servizi offerti dal proprio ufficio raggiungendo in maniera diretta e immediata gli utenti, può semplificare le procedure di gestione burocratica dell'informazione, e – fattore non trascurabile – può rendere più creativo e interessante il proprio lavoro. Un docente universitario può inserire in rete le dispense dei propri corsi, esercitazioni per gli studenti, versioni preliminari (o conclusive!) dei propri lavori, o magari un quesito sul quale richiedere aiuti e suggerimenti ai colleghi. Un giornalista 'free lance' può utilizzare Internet per farsi conoscere e per diffondere i propri articoli, oltreché – a sua volta – per ricercare informazione e contatti. Una radio, una televisione, un giornale, una casa editrice, possono inserire in rete programmi, anticipazioni ed estratti dei servizi realizzati, oppure aggiornamenti, integrazioni, reazioni ai programmi trasmessi o ai testi pubblicati. E possono prepararsi al giorno, non troppo lontano, in cui l'editoria in rete, la Web radio o la Web TV non saranno più solo esperimenti ma una realtà consolidata, in grado di raggiungere una vastissima utenza, su scala planetaria. Uno studente appassionato di musica, o di letteratura, o di cinema, può diffondere le proprie personali recensioni, realizzare pagine di informazione sull'autore preferito, curare un *weblog*, ovvero uno spazio continuamente aggiornato nel quale inserire segnalazioni, riflessioni, articoli. Sarebbe sbagliato sottovalutare il potenziale interesse di queste risorse: spesso le notizie raccolte da appassionati sono più complete, più illuminanti e più originali di quanto viene pubblicato attraverso i canali tradizionali e ufficiali. Non a caso, uno dei dibattiti più accesi e recenti su Internet riguarda proprio il rapporto fra queste risorse 'personali' e il giornalismo tradizionale. E non a caso anche molti giornalisti professionisti si stanno affacciando sul Web non solo come utenti, o come collaboratori di una testata, ma anche come voci autonome, capaci di gestire un *proprio* spazio informativo. Scoprendo magari – accanto a strumenti e risorse preziose – che non è affatto facile seguire il passo, e in qualche caso anche la qualità, del lavoro di tanti utenti meno noti e 'blasonati'.

Informazioni di questo tipo naturalmente generano spesso un 'rumore' non indifferente: trovare il dato che ci interessa può rivelarsi un compito difficile e frustrante. Torneremo più volte su questo problema nel corso del libro. Ma è bene capire subito che in questa pluralità di offerta informativa risiede l'essenza stessa della rete. Chi utilizza Internet solo per collegarsi da casa o dall'ufficio al catalogo di una biblioteca, o al sito di un giornale in rete o della squadra del cuore, o ancora per scambiare un messaggio di posta elettronica occasionale con il collega o con l'amico lontano, sfrutta certo potenzialità innovative di estremo rilievo, e sarà probabilmente d'accordo nel considerare la rete come uno strumento di lavoro e di svago utile e ormai perfino indispensabile. Ma finché non esplorerà in maniera più completa la complessità informativa di Internet, finché non inizierà in prima persona a utilizzare la rete per diffondere e non solo per raccogliere informazione, difficilmente potrà cogliere la vera portata della rivoluzione in atto, e – fattore non meno importante – capire i problemi, le difficoltà, le scelte che questa rivoluzione inevitabilmente comporta, per il singolo e per la società nel suo complesso.

Un aspetto centrale di questa rivoluzione, e una delle principali ricchezze di Internet come risorsa informativa, risiede nella vera e propria ragnatela di interconnessioni che possono essere stabilite fra il materiale diffuso attraverso la rete. Internet, e in particolare World Wide Web, non sono semplicemente organizzati secondo la metafora dell'ipertesto: *sono* un ipertesto. Il lettore al quale termini come 'World Wide Web' o 'ipertesto' risultassero oscuri non deve allarmarsi: non mancheranno, nel seguito, spiegazioni dettagliate. Deve però sapere fin d'ora che fino a quando non avrà capito almeno nelle linee essenziali cos'è un ipertesto, e perché tanta parte dell'informazione distribuita attraverso Internet ha una forma ipertestuale (o, per essere più esatti, ipermediale), non potrà dire di aver compreso cos'è Internet.

Internet come villaggio globale

Dietro all'informazione che circola su Internet ci sono, si è detto, delle persone. Ogni scambio informativo è una forma di interazione sociale, e la rete è dunque luogo di innumerevoli interazioni sociali. Chi parla (o scrive) di Internet da questo punto di vista, tuttavia, ha in genere in mente alcune tipologie 'classiche' di uso sociale della rete. Ricordiamone brevemente le principali.

Innanzitutto, vi è lo scambio di posta elettronica. Concettualmente, un messaggio di posta elettronica non è troppo diverso da una normale lettera inviata attraverso i canali postali tradizionali. La velocità di trasferimento dell'informazione, la semplicità della preparazione e dell'invio del messaggio – che fanno sì che spesso l'intera operazione avvenga, come si dice, 'on-line', e quindi senza la più tranquilla (e a volte laboriosa) preparazione che accompagna in genere la stesura di una lettera – rendono tuttavia la posta elettronica una sorta di ibrido fra la telefonata e la lettera tradizionale. Correndo il rischio di una qualche generalizzazione possiamo dire che, rispetto al contatto telefonico, il messaggio elettronico recupera la dimensione propria del testo scritto, 'costruzione' intenzionale di un singolo autore. Ma è un testo spesso scritto al volo, immediato, che sollecita una risposta altrettanto veloce.

D'altro canto, come vedremo in dettaglio nel seguito, molte possibilità offerte dalla posta elettronica sono sconosciute alla posta tradizionale. Così, ad esempio, l'interazione resa possibile da una lista di distribuzione postale, attraverso cui mantenere in contatto un gruppo di persone che condividono un interesse comune e il desiderio di discuterne insieme nella forma neo-epistolare appena descritta, costituisce sicuramente un fenomeno nuovo e interessante.

Anche i siti World Wide Web, le familiari pagine colorate che uniscono testo, grafica, brevi animazioni e magari suoni e filmati, e costituiscono probabilmente il volto più noto di Internet, rappresentano naturalmente uno straordinario strumento di interazione sociale. Basti pensare che spesso attorno a un sito si raccolgono vere e proprie comunità di utenti, e che nella maggior parte dei casi strumenti quali forum e gruppi di discussione sfruttano ormai come interfaccia una normale pagina Web. E negli ultimi anni la comunicazione via Web ha se possibile ulteriormente accentuato questa caratteristica di strumento di comunicazione globale, mostrando un'impressionante capacità di adattamento alle necessità, anche improvvise, dei suoi utenti. L'esempio forse più indicativo è stato offerto nelle ore immediatamente successive ai drammatici eventi dell'11 settembre 2001: dopo che, nei primissimi istanti successivi all'attacco, la posta elettronica si era rivelata veicolo di comunicazione d'emergenza in certi casi più resistente della stessa telefonia mobile, sono stati i siti Web (e non solo quelli istituzionali), sottoposti a un immenso sovraccarico di richieste, a reagire con estrema rapidità, semplificando o abolendo la grafica, e riuscendo a costruire una rete di comunicazione di emergenza in tempo reale che ha consentito a milioni di persone di seguire gli avvenimenti con una immediatezza e una ricchezza di contenuti informativi senza precedenti. Il mondo (e in particolare gli Stati Uniti) ha visto in televisione il crollo delle Twin Towers, ma – forse per la prima volta – ha usato soprattutto Internet per raccogliere i frammenti di informazione disponibili, cercare di capire cosa stava succedendo, costruire una reazione prima emotiva e poi organizzativa.

Ma su questi aspetti dell'uso del Web torneremo ampiamente nel seguito del libro. Per ora, proseguendo questa rassegna rapida e introduttiva delle principali funzionalità di Internet, ricordiamo come un altro strumento ben noto di interazione sociale in rete sia rappresentato dai newsgroup: immense bacheche elettroniche, ciascuna (ne esistono migliaia) dedicata a uno specifico argomento. Chiunque, da ogni punto della rete, può accedervi per leggere i messaggi lasciati dagli altri e per inserirne a sua volta. Palestre di discussione pubblica e generalmente non moderata, i newsgroup – pur cambiando in parte il loro volto – sono sopravvissuti all'evoluzione prepotente del Web, e continuano a rivelarsi, in forme diverse, istruttivi, provocanti, offensivi o stimolanti.

Vi sono poi le chat, divenute ormai una vera e propria moda soprattutto fra i giovanissimi. In una stanza chat, i partecipanti sono collegati contemporaneamente a uno o più 'ripetitori' che rendono possibile una interazione in tempo reale: quanto viene digitato sulla tastiera da un utente compare sul video degli altri, che possono a loro volta 'parlare' (sempre via tastiera) con altrettanta immediatezza. Si tratta di una comunicazione che avviene fra interlocutori reali (non è dunque, come a volte si tende a dire, una interazione 'virtuale'[1]), ma gli aspetti fisici della normale interazione sociale vengono meno. I partecipanti possono così assumere

[1] Considerazioni interessanti sul rapporto fra reale e virtuale sono svolte da Furio Colombo in un'intervista alla trasmissione *MediaMente* di RAI Educational; il testo è disponibile in rete alla URL **http://www.mediamente.rai.it/home/bibliote/intervis/c/colomb02.htm**.

il ruolo che preferiscono, il nome che preferiscono, difendere posizioni che non accetterebbero nella vita reale. Questo 'gioco di ruolo', la cui possibilità è insita in molte forme di rapporto interpersonale attraverso la rete, ha colpito naturalmente la fantasia degli interpreti.

Infine, strumenti più recenti – e in particolare i programmi per audio e videoconferenze – offrono alla rete la possibilità di far viaggiare, in tempo reale e a prezzo assai più basso di quello tradizionale, un tipo di comunicazione ancor più diretta. Che le 'telefonate via Internet' non siano solo una curiosità per tecnofili appassionati, è dimostrato dal fatto che già oggi una quota assai consistente delle comunicazioni telefoniche e videotelefoniche internazionali avviene sfruttando tecnologie digitali, e viaggiando quindi attraverso canali telematici. Internet e la rete telefonica tendono dunque a integrarsi sempre più strettamente, e negli ultimi anni numerosi operatori (in prima fila Fastweb) hanno avviato un'offerta mista fonia-dati nella quale le conversazioni telefoniche, digitalizzate, sfruttano gli stessi canali e gli stessi protocolli dei dati di rete.

Su tutte queste modalità di comunicazione in rete, e sui programmi necessari per sfruttarle al meglio, ci soffermeremo dettagliatamente nel corso del libro. Ci preme però sottolineare fin d'ora che l'interazione sociale che si realizza attraverso Internet non rientra solo nelle categorie fin qui ricordate. Ogni informazione immessa in rete, ogni pagina su World Wide Web, ogni file reso disponibile alla comunità degli utenti, costituisce una forma di interazione sociale. Pensiamo, solo per fare qualche esempio, ad alcuni fra gli usi della rete che si sono sviluppati negli ultimi anni: vendita di beni e servizi; riviste e giornali elettronici; scuole e università che utilizzano Internet per distribuire materiale didattico e favorire l'interazione fra docenti e studenti; pubblicità; distribuzione di informazione di interesse politico e sociale; creazione di gruppi di iniziativa e di pressione; raccolte di fondi o di adesioni a progetti, appelli, associazioni; realizzazione di lavori artistici (nei più diversi campi, dalle arti visive alla letteratura, o alla musica) aperti al commento o alla collaborazione altrui; giochi...

Ognuna di queste iniziative – e delle molte altre che si potrebbero citare – costituisce una forma di interazione sociale. E generalmente si tratta di interazioni sociali 'aperte', rivolte cioè non a un gruppo precostituito di utenti ma a un pubblico potenzialmente vastissimo ed eterogeneo, le cui caratteristiche specifiche prendono forma man mano che l'iniziativa si sviluppa.

Da questo punto di vista, concentrare l'attenzione unicamente su alcune forme di interazione sociale – l'esempio tipico è costituito dalla posta elettronica o dalle chat – e considerarle 'tipiche' della comunicazione interpersonale su Internet può rivelarsi fuorviante. Solo considerando il quadro più vasto rappresentato dall'insieme delle funzionalità informative e comunicative della rete se ne comprende appieno la portata sociale. E ci si rende conto di quanto la metafora del 'villaggio globale' (si potrebbe anzi parlare di insiemi interconnessi di villaggi globali) spesso applicata a Internet sia appropriata, e si dimostri sempre più adeguata man mano che passano gli anni e le funzionalità della rete aumentano.

Naturalmente, anche questa medaglia ha una doppia faccia. Il villaggio globale costituito da Internet è solo sotto certi profili egualitario e addirittura 'anarchico' come viene spesso presentato. Innanzitutto perché i suoi abitanti restano comunque, anche nel 2003, una ben precisa élite culturale ed economica. La maggior parte degli utilizzatori di Internet è abbastanza giovane e proviene dalle fasce sociali benestanti e culturalmente più avanzate dei paesi industrializzati. La stessa competenza informatica e telematica che li caratterizza contribuisce ad accentuare il divario che separa il 'cittadino delle reti' dal resto del mondo.

La divisione fra 'Nord' e 'Sud' informativo, fra paesi ricchi e paesi poveri di risorse e capacità nel campo della telematica e dell'informazione distribuita, purtroppo non costituisce semplicemente un rischio: è ormai una realtà consolidata, che va tenuta sempre presente e che occorre cercare di superare. Altrettanto reale è il 'gap' esistente fra la generazione che precede e quella che segue la rivoluzione informatica. E se è vero che differenze anche profonde di interessi e conoscenze fra generazioni diverse sono una costante della storia occidentale negli ultimi secoli, è a nostro avviso fuorviante (e forse pericolosamente consolatorio) ricondurre a questa 'tranquillizzante' tipologia il 'gap' con il quale abbiamo attualmente a che fare nel campo delle tecnologie informatiche. Si tratta invece di un salto radicale, che avviene con una velocità che è figlia solo del secondo dopoguerra. La generazione dei nostri figli vivrà – se riusciremo a mantenere il fragile equilibrio attuale – in un mondo profondamente diverso da quello che abbiamo conosciuto. Ma in quel mondo dovranno e vorranno vivere anche molti di noi, perché la durata media della vita si allunga, e con essa cresce la sovrapposizione fra generazioni diverse potenzialmente attive e concorrenti sul mercato del lavoro.

Internet come mercato globale

Abbiamo già accennato alla vendita di beni e servizi attraverso la rete parlando di Internet come strumento di interazione sociale – giacché naturalmente ogni transazione economica è anche una interazione sociale. Ma il rilievo economico che Internet ha ormai assunto merita qualche considerazione specifica. Il termine 'mercato globale' non è nuovo, ed è stato finora usato a indicare soprattutto l'interconnessione che si è venuta a stabilire nel corso degli ultimi decenni fra i mercati finanziari di tutto il mondo: un aumento o una discesa nel prezzo del petrolio saudita influenza la borsa di New York come quella di Milano, la caduta nel valore dei titoli guida delle borse asiatiche ha immediate ripercussioni a Francoforte e a Wall Street, le grandi banche compiono ormai da tempo operazioni di acquisto e vendita di valute e titoli anche su piazze lontanissime da quelle di pertinenza.

Internet ha fatto fare all'idea di 'mercato globale' un salto di qualità in almeno due direzioni. Da un lato, per quello che riguarda i mercati finanziari, la stessa possibilità di interconnessione e mobilità operativa che era finora limitata a soggetti economici di particolare rilievo (governi, banche, grandi società) è stata estesa ai singoli investitori, anche piccoli, abbattendo drasticamente sia il costo dell'informazione finanziaria, sia quello delle singole transazioni, che possono essere compiute direttamente attraverso la rete. Avevamo scritto in *Internet 2000* che "questa possibilità avrà evidentemente riflessi, non tutti e non sempre positivi, sui mercati, sulla loro stabilità, sulle loro caratteristiche". Quando scrivevamo queste parole la crisi della new economy era ancora di là da venire, ma oggi è generalmente riconosciuto che fra i (molti) fattori che hanno contribuito prima all'eccessiva crescita delle quotazioni e poi alla crisi dei titoli tecnologici (e non solo dei titoli tecnologici) vi è anche anche il cambiamento che proprio la diffusione degli strumenti di investimento via rete ha provocato nelle forme e nelle modalità di gestione degli investimenti azionari.

D'altro canto, non è solo il mercato finanziario a essere diventato globale: se voglio comprare un disco, un libro, un capo di abbigliamento, la mia scelta non è più limitata ai negozi sotto casa. Ho a disposizione cataloghi in rete con una profusione di articoli che nessun negozio 'fisico' sarebbe in grado di offrire, con modalità di acquisto assai più semplici di quanto non avvenisse nelle vecchie forme di vendita postale. I costi di transazione non sono così bassi come poteva sembrare in un primo momento, ma restano comunque – soprattutto quando la vendita riguarda servizi informativi anziché beni fisici – abbastanza contenuti. Se voglio prenotare un viaggio o organizzare una vacanza, ad esempio, posso farlo senza la mediazione di una agenzia viaggi, e pagando spesso di meno. Certo, sappiamo ormai che il commercio via Internet rappresenta un'alternativa reale agli acquisti compiuti in negozi fisici solo per alcune categorie di merce: nonostante diverse catene di supermercati abbiano provato a offire servizi di vendita anche via Internet, nella maggior parte dei casi la spesa è comunque più semplice farla al supermercato all'angolo. E tuttavia, almeno per alcuni settori, la comodità rappresentata per l'utente (e per le imprese, giacché anche buona parte delle transazioni commerciali da impresa a impresa, 'Business to Business', avvengono ormai via rete) dalle transazioni via Internet è indubbia, e rappresenta anche, come è facile capire, un rischio non da poco per alcuni settori del mercato del lavoro.

Capire cosa è Internet vuol dire anche cercare di capire *quali* mutamenti la rete stia portando nel mondo delle interazioni economiche, e *come* questi mutamenti stiano avvenendo. Un manuale su Internet non può ormai prescindere da queste tematiche, e su di esse ci soffermeremo più volte nel corso del libro.

Siamo convinti che Internet sia l'esempio più rappresentativo – o almeno uno degli esempi più rappresentativi – dello sviluppo economico, culturale, tecnologico e sociale che ci aspetta. Di più: siamo convinti che Internet diventerà con sempre maggior chiarezza il 'luogo' nel quale una parte rilevante di questo sviluppo prenderà forma. Anche per questo è importante imparare a conoscere la rete e le sue potenzialità. Ed è quello che speriamo di aiutarvi a fare.

Strumenti

Il primo incontro con la rete

Prima di tutto, collegatevi

Come si è accennato nella 'mappa' del libro, questo capitolo presuppone che disponiate di un collegamento a Internet (in caso contrario, rimandiamo all'Appendice A, 'Internet da zero'), e che non sappiate come utilizzarlo al meglio. Quali operazioni occorre compiere per levare l'ancora e avventurarsi nella prima navigazione in rete?

La prima cosa che occorre capire è se il vostro collegamento alla rete è *permanente* (come quello di norma disponibile nelle università, nella maggior parte degli uffici, e ormai – grazie a tecnologie come ADSL e le fibre ottiche – anche in un numero crescente di abitazioni private) oppure *temporaneo*, realizzato attraverso un modem e una linea telefonica (è la norma per i collegamenti da casa e dagli uffici più piccoli), oppure un telefono cellulare dotato di modem incorporato. Se non siete sicuri, chiedete agli altri utenti del vostro computer o ai responsabili del vostro ufficio, oppure – nuovamente – consultate l'Appendice A.

Se disponete di un collegamento permanente, potete saltare direttamente al paragrafo denominato 'Gli strumenti di navigazione'.

Se disponete di un collegamento temporaneo, la prima operazione da fare è naturalmente quella di collegarsi. Fate doppio click sull'icona del vostro 'browser'[1], ovvero il programma *Microsoft Internet Explorer* oppure *Netscape*, oppure *Opera*, o qualsiasi altro 'browser' avrete scelto di utilizzare. L'apertura del browser attiverà automaticamente una procedura per la connessione che assume vari nomi e vari aspetti a se-

[1] Il termine 'browser' ricorrerà spesso in questo manuale, divenendo presto familiare. Nella pagine seguenti inoltre si parlerà diffusamente di alcuni dei browser più diffusi; tuttavia, in caso di difficoltà consultate il piccolo glossario disponibile in appendice.

conda della versione del browser e del sistema operativo che state utilizzando (ad esempio 'Connessione di rete remota' in Windows XP, procedura di 'Accesso remoto' in Windows 95/98/ME, ecc.). In sostanza, in questa fase il vostro computer *telefona* all'Internet Service Provider al quale vi siete abbonati e chiede una connessione. Con i sistemi operativi più recenti, le procedure di connessione sono più semplici e con un numero maggiore di funzionalità, ma con qualche sforzo è possibile connettere anche le macchine più obsolete. Per ulteriori informazioni, fate ancora riferimento all'Appendice A.

A questo punto avete davanti un computer collegato a Internet e un browser aperto. Avete bisogno di altri programmi per poter navigare? Sì, per poter sfruttare al massimo le potenzialità della rete avrete bisogno di altri strumenti. Perciò, prima di esaminare in modo più approfondito l'uso dei browser, vediamo rapidamente quali altri tipi di programmi sono disponibili.

Gli strumenti di navigazione

I ferri del mestiere necessari all'utilizzatore evoluto di Internet sono numerosi, e molteplici le possibilità: si va dalla navigazione nel World Wide Web (tramite i già citati browser) alla partecipazione a una conferenza pubblica, dalla scrittura di un messaggio di posta elettronica allo spostamento in mondi tridimensionali virtuali creati con VRML, dalla partecipazione ai giochi multiutente alla videotelefonata a un amico.

Si tratta naturalmente di operazioni assai diverse, sulle quali ci soffermeremo ampiamente in seguito (non vi preoccupate quindi se alcune delle sigle usate vi risultassero oscure). Quello che va subito sottolineato è che spesso a operazioni così eterogenee corrispondono programmi diversi. L'internauta evoluto, che voglia sfruttare al meglio le possibilità offerte dalla rete, difficilmente potrà limitarsi a usare un singolo strumento software (tipicamente il 'browser'): probabilmente avrà bisogno di una propria 'borsa degli attrezzi' contenente numerosi programmi. La scelta degli attrezzi da inserire nella propria borsa varierà da persona a persona, a seconda delle funzionalità di Internet più utilizzate, delle preferenze personali, della maggiore o minore disponibilità a 'mantenersi aggiornati'.

Questa almeno parziale eterogeneità degli strumenti di navigazione usati può inizialmente disorientare. Non esiste dunque una singola ricetta, non esistono istruzioni univoche e precise per scrivere, ad esempio, un messaggio di posta elettronica? In effetti, no: utenti diversi potranno utilizzare allo scopo programmi diversi, più o meno specializzati. I concetti di base resteranno ovviamente gli stessi, ma il modo di compiere singole operazioni potrà variare.

Si tratta di un fattore di confusione? Forse, ma in questo campo la varietà è preziosa: intanto perché l'evoluzione dei programmi e dei prodotti informatici dipende indubbiamente anche dalla concorrenza fra case produttrici e prodotti diversi. Poi perché la scelta fra possibilità alternative permette a ciascuno di dotarsi dei programmi più adatti alle proprie specifiche esigenze.

Una prima decisione che dovrete prendere riguarda proprio il livello di specializzazione degli strumenti software che utilizzerete. Infatti, anche se non esiste (e probabilmente non esisterà mai) un singolo programma 'onnicomprensivo', in grado di sommare in sé tutte le funzionalità necessarie a qualunque utilizzatore della rete, esistono *suite* di programmi, che – un po' come un coltellino multiuso – consentono di svolgere in un singolo ambiente di lavoro operazioni diverse.

Le più famose sono certamente Internet Explorer[2] e Netscape, che oltre alla funzione fondamentale di *browser*, ovvero di strumento per 'sfogliare' le pagine informative del World Wide Web (eseguendo, se del caso, i piccoli programmi a esse collegati – ne parleremo ampiamente in seguito), permettono, fra l'altro, di ricevere e spedire posta (ad es. tramite Outlook Express), trasferire file, dialogare in diretta con altri utenti, e altro ancora. Ma per altri compiti, anche le collezioni di programmi di Internet Explorer e Netscape hanno bisogno d'aiuto: o attraverso aggiunte specifiche di componenti software che si integrano con la loro interfaccia di lavoro (è il caso dei cosiddetti programmi 'plug-in': una sorta di utili 'parassiti' che una volta installati si comportano come se fossero parte del programma di base), o attraverso ulteriori programmi esterni, da lanciare al momento opportuno. E naturalmente anche per svolgere compiti per i quali si potrebbe usare il nostro programma di base – ad esempio per la spedizione della posta elettronica – molti utenti preferiranno far ricorso a un software specifico, che magari risponda meglio alle loro particolari esigenze.

[2] Microsoft Internet Explorer è utilizzato da oltre il 90% degli utenti Internet, sia in virtù della forza commerciale della Microsoft, sia – bisogna riconoscerlo – in virtù della buona qualità del programma. Questo semi-monopolio, tuttavia, sul lungo periodo può recare danno allo sviluppo della Rete e dei servizi a essa connessi.

Dare consigli, in questo caso, è assai difficile. Nel seguito del libro esamineremo i principali programmi – sia specifici sia 'multiuso' – che consentono di utilizzare le varie funzionalità di Internet. Tenete presente tuttavia che si tratta di un campo nel quale la scelta è spesso soggettiva, e l'evoluzione è assai rapida: un nuovo programma può imporsi in pochi mesi, per magari scomparire altrettanto rapidamente quando la concorrenza si adegua, oppure quando nascono nuove funzionalità che rendono obsolete le vecchie. Senza contare che, come in quasi tutti gli aspetti dell'attività umana, anche su Internet le mode hanno la loro importanza, e le mode di rete nascono e si bruciano con i tempi brevissimi caratteristici del mondo dell'informatica e della telematica.

World Wide Web

World Wide Web (cui spesso ci si riferisce semplicemente con *Web* o con l'acronimo *WWW*) è stato cronologicamente l'ultima funzionalità di Internet a essere sviluppata. Ma il successo della 'ragnatela mondiale' è stato tale che attualmente, per la maggior parte degli utenti (e dei mass-media), essa coincide con la rete stessa. Sebbene questa convinzione sia tecnicamente scorretta, è indubbio che gran parte del 'fenomeno Internet' sia dovuto proprio alla diffusione del Web.

La storia di World Wide Web inizia intorno al 1990, quando Tim Berners-Lee – ricercatore presso il CERN di Ginevra – concepisce l'idea di realizzare un sistema di distribuzione dei documenti sulla rete destinato alla comunità dei fisici delle alte energie. Per alcuni anni lo strumento ideato e sviluppato da Berners-Lee rimane un'applicazione alquanto esoterica, impiegata a malapena nel luogo in cui è nata. L'impulso decisivo alla sua diffusione, infatti, viene solo agli inizi del 1993, quando Marc Andreessen ed Eric Bina, ricercatori presso il *National Center for Supercomputing Applications* (NCSA) dell'Università dell'Illinois, realizzano la prima interfaccia grafica multipiattaforma per l'accesso ai documenti pubblicati su World Wide Web: *Mosaic*. La semplicità di uso di Mosaic e le caratteristiche innovative dell'architettura informativa del Web, nel giro di pochissimi mesi, conquistano tutti gli utenti della rete, dando inizio a un processo di espansione tecnologica senza pari nel passato. Attualmente il numero di documenti presenti sul Web è valutato nell'ordine dei miliardi, e in centinaia di milioni gli utenti che quotidianamente ne fanno uso.

Il successo di World Wide Web ha naturalmente suscitato l'interesse di una enorme quantità di autori ed editori telematici. Su di esso è possibile trovare le pagine dei centri di ricerca universitari che informano sulle proprie attività e mettono a disposizione in tempo reale pubblicazioni scientifiche con tanto di immagini, grafici, registrazioni; quelle dei grandi enti che gestiscono Internet, con le ultime notizie su protocolli e specifiche di comunicazione, nonché le ultime versioni dei software per l'accesso alla rete o per la gestione di servizi; ma è possibile trovare anche riviste letterarie, gallerie d'arte telematiche, musei virtuali con immagini digitalizzate dei quadri, biblioteche che mettono a disposizione rari manoscritti altrimenti inaccessibili; e ancora informazioni sull'andamento della situazione meteorologica, con immagini in tempo reale provenienti dai satelliti, fototeche, notizie di borsa aggiornate in tempo reale e integrate da grafici... ma è meglio fermarci qui, perché parlando di World Wide Web ci troviamo nella situazione di Achille nel ben noto paradosso di Zenone: nuovi servizi e nuove fonti di informazioni nascono in continuazione, e qualsiasi enumerazione sarebbe incompleta prima ancora di essere terminata.

Naturalmente si sono accorte delle potenzialità del Web anche le grandi e piccole aziende: per molti analisti economici Internet è la nuova frontiera del mercato globale. Per prime sono arrivate le grandi ditte produttrici di hardware e software, dotate ormai tutte di un proprio sito Web attraverso il quale fornire informazioni e assistenza sui propri prodotti, annunciare novità, e (cosa assai utile dal punto di vista degli utenti) rendere disponibili aggiornamenti del software. Poi sono arrivati anche negozi di dischi, agenti immobiliari e artigiani della ceramica, librerie e cataloghi di alimentazione naturale... si vende via Internet, si acquista (in genere) con carta di credito. Ma di questo parleremo nel capitolo 'La dimensione economica e commerciale della rete'.

Le caratteristiche peculiari che hanno fatto di World Wide Web una vera e propria rivoluzione nel panorama degli strumenti di comunicazione possono essere riassunte nei seguenti punti:

- la sua diffusione planetaria;
- la facilità di utilizzazione delle interfacce;
- la sua organizzazione ipertestuale;
- la possibilità di trasmettere/ricevere informazioni multimediali;
- la semplicità di gestione per i fornitori di informazione.

Dal punto di vista dell'utente finale il Web si presenta come uno sconfinato spazio informativo costituito da documenti multimediali interconnessi tramite una rete di collegamenti a formare un cosiddetto 'ipertesto distribuito'. Tali documenti (cui ci si riferisce con il termine 'pagine Web') sono memorizzati in speciali formati che permettono di specificarne tanto la struttura quanto l'aspetto, oltre che la presenza di servizi e collegamenti: il più diffuso e noto di questi linguaggi è l'HTML, ma vanno diffondendosene altri come XML e i suoi innumerevoli sottolinguaggi specifici. Sempre più spesso, inoltre, le pagine Web sono create in maniera dinamica dal computer che ospita il sito, in risposta alle richieste dell'utente o come risultato di un vero e proprio lavoro di programmazione: incontriamo così sigle piuttosto criptiche, come ASP, PHP, JSP, ecc. Ma su tutti questi temi – o almeno su quelli più rilevanti dal punto di vista dell'utente – avremo occasione di tornare in seguito.

In questo spazio informativo l'utente può facilmente muoversi alla ricerca di informazioni, testi, immagini, dati, curiosità, prodotti usando dei programmi che vengono correntemente definiti *browser*[3]. Si tratta di programmi multifunzionali in grado di accedere in maniera del tutto trasparente a una varietà di risorse. Nelle pagine seguenti ne approfondiremo la conoscenza.

I browser

Comprese le potenzialità del World Wide Web, e visto come collegarsi alla rete, non rimane che approfondire l'uso dei browser, e cioè dei programmi usati per navigare al suo interno.

Una volta lanciato il vostro programma – Internet Explorer, Netscape, Opera o qualsiasi altro browser utilizziate –, questi si indirizzerà, da solo, verso la sua pagina di avvio. Ciò avviene perché è possibile indicare al browser una pagina dalla quale partire ogni volta che si accede alla rete: in caso non abbiate modificato i settaggi originali, Netscape cercherà di collegarsi, con scarsa originalità, a una pagina del sito della Netscape stessa, e Internet Explorer cercherà di collegarsi, non meno banalmente, a una pagina del sito Microsoft Network. Per il solo fatto di costituire la 'home page' preimpostata dei browser più diffusi, queste pagine – sulle cui caratteristiche di 'portali' torneremo in seguito – ricevono centinaia di migliaia di visitatori al giorno. A quanto pare, infatti, molti utenti della rete sono troppo pigri (o troppo po-

[3] Il W3C, l'organizzazione che si occupa di stabilire gli standard di Internet, promuove anche un altro termine: 'user agent'.

co informati) per impostare come home page del proprio browser un indirizzo più interessante, e magari un po' più vicino agli interessi personali. Nel seguito spiegheremo come modificare questa impostazione.

Se la pagina visualizzata dal browser resta tristemente bianca, provate a inserire voi stessi un indirizzo. Nelle figure che seguono potete vedere l'aspetto della finestra principale di Netscape e di Internet Explorer; in entrambi i casi noterete, verso l'alto, un campo bianco, affiancato (nel caso di Internet Explorer) dalla dicitura 'Indirizzo'. Qui è dove potete inserire l'*indirizzo* della pagina che volete raggiungere. Discuteremo in seguito la forma e la natura di questi indirizzi (detti anche 'URL', acronimo di *Uniform Resource Locator*). Per ora, basti sapere che spesso (ma non sempre) iniziano con l'ormai familiare 'www', a ricordare che la pagina che cerchiamo si trova su World Wide Web. Bene, inserite in questo campo un qualunque indirizzo, ad esempio quello del sito di questo libro: **http://www.laterza.it/internet/**. Potete omettere la parte 'http://' (vedremo in seguito cosa si-

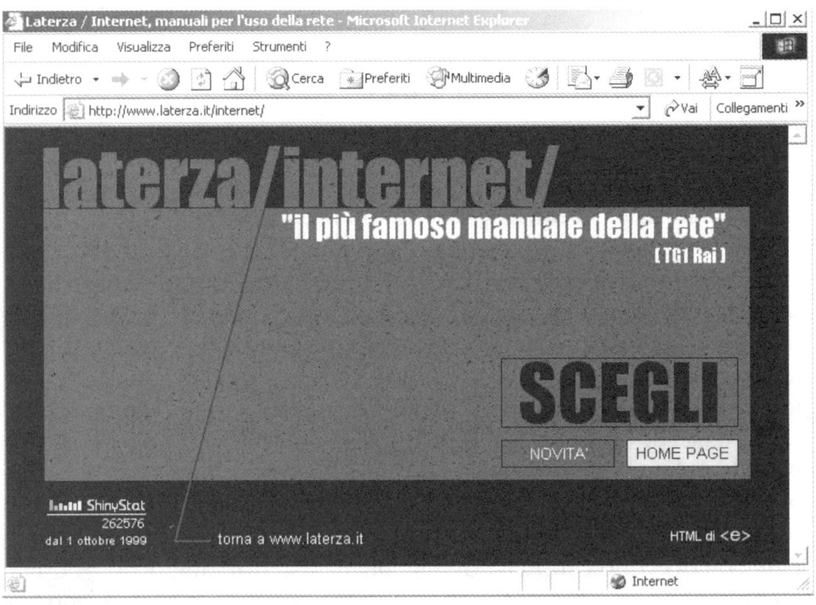

Figura 1 Internet Explorer, versione 6.0.2, che visualizza la pagina http://www.laterza.it/internet/. Notate nella parte alta della figura il campo dell'indirizzo

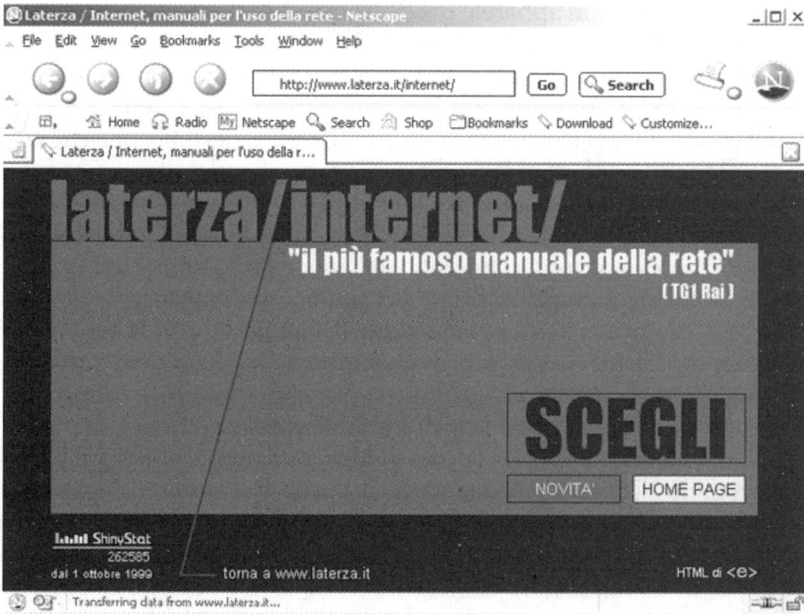

Figura 2 La stessa pagina, aperta con Netscape 7. Anche qui, è facile individuare (nella parte alta della figura) la barra degli indirizzi

gnifichi, per ora non preoccupatevene): se scrivete solo '**www.laterza.it/internet**', provvederà il browser ad aggiungere di sua iniziativa l'indicazione 'http://'.

A questo punto, più o meno velocemente a seconda della velocità della vostra connessione e del traffico presente sulle linee e sul server di destinazione, dovreste vedere la pagina di destinazione apparire, un elemento dopo l'altro, sullo schermo del vostro browser. Siete sul Web!

Può anche succedere, però, che qualcosa non sia andato a buon fine, e che al posto della pagina che volevate visualizzare vi troviate alle prese con un messaggio di errore. Provate qualche altro indirizzo, stando ben attenti a inserirlo nella forma corretta: senza spazi, e con punti di separazione ed eventuali barre diagonali al posto giusto. Se nessuno funziona, le cause più probabili sono due:

- credete di essere collegati, ma in realtà *non* lo siete. Per verificarlo, su alcune versioni di Windows potete dare un'occhiata alla barra delle applicazioni: accanto all'orologio, nell'angolo in basso a destra, dovrebbe apparire l'icona di due minuscoli computer collega-

ti fra loro. Se non appare è possibile che abbiate sbagliato qualcosa nelle procedure di collegamento[4];
- nel predisporre il collegamento non avete indicato correttamente il vostro DNS (*Domain Name Server*), l'‘ufficio postale' che si occupa di capire dove si trova, nella rete, l'indirizzo di destinazione che avete digitato, e spiega al browser come raggiungerlo.

In entrambi i casi, passate all'Appendice A (‘Internet da zero'), dove spieghiamo dettagliatamente le procedure da seguire per il collegamento, e provate a configurare nuovamente i varî parametri.

Se tutto funziona come dovrebbe, potete invece iniziare a esplorare la rete. Per prima cosa, approfondite la familiarità con la barra degli indirizzi del vostro browser: provate a inserire qualche altro indirizzo, magari preso da questo libro. Se ne avete voglia, venite a visitarci anche sul sito di Liber Liber: **http://www.liberliber.it**.

Ogni volta che finite di scrivere l'indirizzo e premete invio, il browser cercherà di trovare, all'interno della rete, il computer e le pagine corrispondenti all'indirizzo che avete digitato (l'operazione di ricerca dovrebbe richiedere pochi secondi); richiederà al computer remoto i dati presenti sulla pagina e, infine, inizierà a visualizzarli. Scoprirete che alcuni siti vengono visualizzati più velocemente di altri: probabilmente hanno una grafica meno complessa, oppure il ‘percorso' di rete necessario a raggiungerli è più ampio o meno affollato. Alcuni indirizzi potrebbero non rispondere affatto, o rispondere con un messaggio di errore: se altri siti funzionano, e se avete digitato correttamente l'indirizzo, probabilmente il problema non dipende da voi: il server che state cercando di raggiungere potrebbe essere inattivo, l'indirizzo potrebbe essere non aggiornato, oppure potrebbe esserci un ‘ingorgo' sui tratti di rete che lo raggiungono.

Figura 3 In Windows, in basso a destra nella barra delle applicazioni, trovate una serie di piccole icone, relative ad applicazioni attive. Quando siamo connessi alla rete – se l'apposita opzione è stata settata – compare una piccola icona raffigurante due computer collegati (i cui schermi lampeggiano alla ricezione e alla trasmissione dei dati)

[4] Ribadiamo ancora una volta che non sempre l'icona con i due minuscoli computer appare; dipende dalla versione di Windows in uso e dalla sua configurazione.

Il passo successivo è quello di acquistare familiarità con il meccanismo dei rimandi ipertestuali da pagina a pagina. Si tratta di un compito assai più difficile da spiegare a parole che da eseguire in pratica: alcune zone delle pagine visualizzate dal browser sono di norma 'attive', e con un click del mouse rimandano ad altre pagine o risorse in rete. Il rimando può partire da una porzione di testo, che in questo caso è spesso (ma non sempre!) sottolineata e appare in carattere blu, o da un'immagine o una porzione di un'immagine. Quando il puntatore del mouse passa su una di queste zone attive ('link'), perde la familiare forma di freccia per diventare una 'manina che indica'. In questo caso, un click del mouse indicherà al browser di interrompere il caricamento della pagina al momento visualizzata (se tale caricamento non era già completo) e di 'saltare' alla nuova pagina collegata alla zona attiva prescelta. Così, ad esempio, i nomi dei singoli articoli presentati in un catalogo di vendita on-line possono essere attivi e rimandare ciascuno a una specifica pagina di descrizione, i titoli delle relazioni presenti nel programma di un congresso possono rimandare ciascuno a un breve riassunto, l'immagine di una carta geografica dell'Europa può essere usata in modo tale che il click su un singolo paese rimandi a una pagina di informazioni sul paese stesso, e così via. Provate a partire da una qualsiasi pagina e ad esplorarne i link: in pochi minuti, vi ritroverete a seguire catene di collegamenti, a volte perfettamente logici, a volte inattesi e sorprendenti, che non di rado vi porteranno in pochi passi assai lontano dall'informazione di partenza.

Ben presto, vi accorgerete di desiderare un meccanismo che permetta di 'tornare indietro' da un link già esplorato, o per voi poco interessante, per prendere una strada diversa, seguendo un altro link. Potete farlo attraverso il pulsante di ritorno indietro del browser: lo trovate, sia in Netscape sia in Explorer, all'inizio della barra superiore dei pulsanti, caratterizzato da una intuitiva freccia a sinistra. Se il pulsante 'freccia a sinistra' ripercorre all'indietro la storia della vostra navigazione, il simmetrico pulsante 'freccia a destra' la ripercorre in avanti.

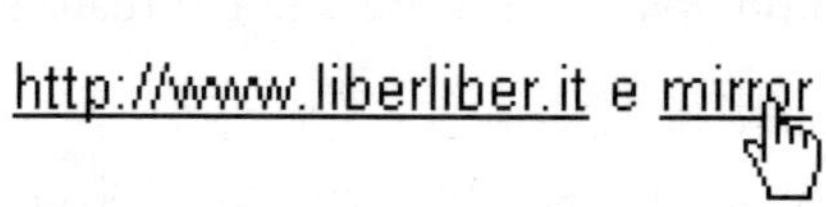

Figura 4 Link ipertestuali: quando è posizionato su un oggetto o una porzione di testo 'attiva', il puntatore del mouse diventa una manina che indica. Se in questo momento fate click col tasto sinistro del mouse, vi sposterete dalla pagina corrente a quella indicata dal link

Campo degli indirizzi, meccanismo dei link ipertestuali e pulsanti di 'avanti' e 'indietro' costituiscono gli ingredienti di base di ogni navigazione su Web: fate un po' di pratica nel loro uso, e scoprirete che si tratta di strumenti semplici e intuitivi.

Gli aspetti comuni ai principali browser

Nei prossimi paragrafi passeremo in rassegna in modo più dettagliato alcuni tra i più diffusi browser Web attualmente disponibili. In particolare ci soffermeremo sui già citati *Internet Explorer*, il browser sviluppato dalla Microsoft, integrato nei sistemi operativi della potente azienda di Bill Gates (da Windows 95 OSR2 in poi) e *Netscape*. Questa scelta è stata orientata dal livello tecnologico e dalla diffusione dei programmi rilevata al momento di scrivere il manuale[5]. Prima, però, esaminiamo alcune caratteristiche che sono comuni a praticamente tutti i browser grafici dell'ultima generazione.

Cominciamo con gli elementi dell'interfaccia utente; la figura 5 si riferisce a Internet Explorer, ma quanto diremo si applica nelle grandi linee agli altri browser. In primo luogo la barra del titolo, nella parte superiore più alta della figura, permette di leggere il titolo del documento e il nome del browser (nel nostro caso: 'Liber Liber: Biblioteca – Microsoft Internet Explorer'). Ci sono poi la consueta barra dei menu ('File', 'Modifica', 'Visualizza', ecc.), quella dei pulsanti ('Indietro', 'Avanti', 'Termina', ecc.), a cui si aggiungono la già citata barra che mostra l'indirizzo (la URL, nel nostro caso: 'http://www.liberliber.it/biblioteca/index.htm') del documento visualizzato, e – a fianco – i bottoni 'Vai' e 'Collegamenti'.

Il documento Web viene visualizzato nella finestra principale in modalità grafica. Le varie sezioni del testo sono formattate con stili e tipi di carattere diversi. In particolare le porzioni di testo che attivano i link sono in genere evidenziate dal cambiamento di colore del carattere, eventualmente associato alla sottolineatura. Il colore standard dei link disponibili in una pagina è il blu; ma chi realizza un sito può, vo-

[5] Si ricordi tuttavia che nel mondo della telematica qualsiasi tentativo di sistematizzazione è vano. Ogni consiglio su quale client scegliere, ogni illustrazione particolareggiata di uno di essi, rischia una rapida obsolescenza. L'unico consiglio che ci sentiamo di dare senza timore è questo: la via migliore per imparare a utilizzare tutti gli strumenti del mondo di Internet è quella di usarli, spinti da una buona dose di curiosità. O, per dirla con Galilei, "provando e riprovando".

lendo, modificare tale colore, per armonizzarlo con le impostazioni grafiche dell'insieme del sito stesso. Per attivare un collegamento è sufficiente posizionare il puntatore su una porzione di testo o su un'immagine attive (e cioè collegate ipertestualmente ad altri documenti in rete), e premere il tasto sinistro del mouse (l'unico tasto nel caso dei computer Macintosh). In genere, nel momento in cui il cursore transita su una porzione di testo o su un'immagine attive, la sua forma cambia da quella di una freccia a quella di una mano che indica.

Oltre ai link ipertestuali all'interno del documento, i browser mettono a disposizione una serie di strumenti di supporto alla navigazione. Le altre operazioni fondamentali che l'utente può effettuare sono le seguenti:

- indicare direttamente il documento o il server al quale collegarsi, digitando la URL corrispondente all'interno di una apposita finestra di dialogo, o direttamente nella barra della URL;
- tornare indietro di un passo, ripercorrendo in senso inverso la catena di link seguita, o procedere seguendola in avanti;
- vedere la storia di una navigazione (*history*), ovvero la sequenza dei

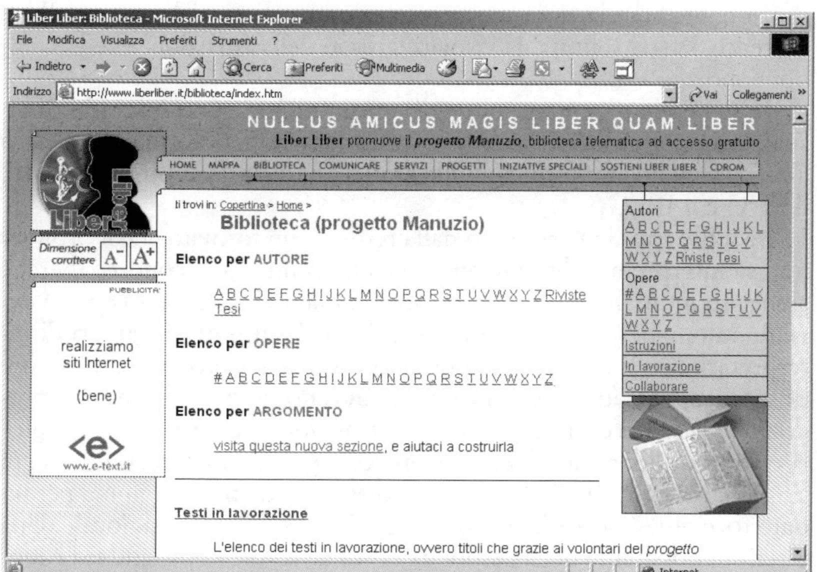

Figura 5 Internet Explorer 6.0.2

link seguiti durante la navigazione, ed eventualmente ritornare direttamente a una pagina già visitata;
- tornare alla *home page*, ovvero alla pagina adottata come 'partenza standard' dal browser (questa pagina è configurabile dall'utente);
- costruire una lista di 'bookmark' (o *preferiti*, per usare la terminologia di Internet Explorer), ovvero una sorta di segnalibri che puntano agli indirizzi più usati; una lista facilmente aggiornabile ed eventualmente strutturabile, in cui l'utente annota i siti che ritiene di voler visitare nuovamente in futuro.

Queste funzioni sono attivabili attraverso la barra di pulsanti o i comandi dei menu a tendina. La lista dei bookmark è uno degli strumenti più utili. Si tratta di una lista di puntatori che può essere richiamata, in qualsiasi browser, tramite un menu o una apposita finestra. Le voci dei bookmark contenute nel menu corrispondono ai titoli delle pagine nella barra del titolo. Ogni utente dovrebbe avere cura di costruire una lista adatta alle proprie esigenze, e dovrebbe sfoltirla periodicamente dalle voci non più interessanti, per preservarne la natura di strumento di rapida consultazione. Tutti i principali browser consentono di personalizzare la propria lista di bookmark, strutturandola in cartelle e sottocartelle.

Oltre ai comandi per la navigazione, sono disponibili anche alcune funzionalità standard: la memorizzazione su disco della pagina Web corrente, la sua stampa, la visualizzazione delle istruzioni che la compongono.

In generale i browser, oltre alle pagine Web, sono in grado di visualizzare autonomamente file di testo in semplice formato ASCII o TXT, e almeno i tre formati di file grafici più diffusi su Internet: il GIF, il PNG e il JPEG.

Se il file che viene ricevuto dalla rete è in un formato che il browser non sa interpretare direttamente, ma che comunque 'conosce' perché associato a un altro programma disponibile nel sistema, esso può avviare automaticamente delle applicazioni di supporto in grado di interpretarlo: se si tratta di un file sonoro verrà avviato un riproduttore di suoni, se si tratta di un video verrà avviato un programma di riproduzione video, e così via. L'utente può aggiungere quanti visualizzatori esterni desidera, attraverso le procedure di configurazione di ogni singolo browser. Qualora non fosse disponibile un programma per un dato formato, è possibile memorizzare il file sull'hard disk locale. Una ulteriore possibilità nella gestione di formati di file non standard è rappresentata dall'installazione di moduli software che si integrano pienamente con il browser: ne parleremo in dettaglio in seguito.

La maggior parte dei browser condividono anche alcune caratteristiche tecnologiche che rendono più efficiente l'accesso on-line alle pagine, specialmente per chi usa una linea telefonica:

- gestione avanzata di testi e immagini
- uso di memoria di deposito locale, detta *cache*
- interazione con un *proxy server*.

La prima caratteristica si riferisce al modo in cui il browser gestisce i file che vengono inviati dal server remoto, e alle precedenze nella composizione a video della pagina. Infatti, i file HTML sono dei semplici file composti di solo testo. Questo significa che un documento testuale su Web, anche se molto lungo, ha una dimensione in byte molto contenuta. I file grafici invece, anche se usano uno dei cosiddetti *algoritmi di compressione*, sono molto più esosi nell'occupazione di spazio. Quando una pagina Web viene inviata, il file di testo arriva quindi molto più velocemente dei file grafici eventualmente a corredo. Per evitare tempi morti, e poiché si può assumere che un utente sia, in genere, interessato alla lettura del testo prima che alla visione delle immagini, molti browser cominciano subito a visualizzare il testo, anche prima che tutte le immagini vengano ricevute completamente. E il testo stesso viene visualizzato progressivamente, man mano che arrivano i dati, senza aspettarne la ricezione completa. Questo meccanismo aumenta notevolmente la velocità di navigazione.

La memoria di deposito, o *cache memory*, è invece una sorta di duplicato locale di piccole sezioni del World Wide Web già visitate dall'utente. L'uso della cache permette di velocizzare un eventuale nuovo accesso a pagine o a file già caricati. Ogni volta che il browser riceve dalla rete una pagina, fa una copia di tutti i file che la compongono sul disco rigido locale. Se nel seguito della navigazione l'utente contatta di nuovo quella medesima pagina, il programma carica i file memorizzati nella cache, piuttosto che richiederli al server remoto. Il meccanismo funziona anche se lo stesso file ricorre in più pagine: ad esempio le icone che si ripetono su tutte le pagine di un certo sito. La disponibilità e la dimensione della memoria cache sono modificabili attraverso i comandi di configurazione del browser (lo vedremo nei casi specifici). Dopo un determinato periodo di tempo, o quando lo spazio disponibile sul disco viene esaurito, il browser cancella i file più vecchi, per fare spazio a quelli nuovi.

I *proxy server* estendono il meccanismo della memoria cache locale. Un proxy server è un software che viene di norma installato su uno dei computer di una rete locale collegata a Internet. La sua funzione è quella di conservare in un apposito archivio una copia di ogni file richiesto da tutti gli utenti che accedono alla rete (l'archivio può avere dimensioni variabili a seconda della capacità di memoria del sistema su cui risiede). Quando un utente richiede di accedere a una data risorsa, il suo browser contatta in primo luogo il proxy server (come dice il nome, prossimo, e dunque molto più veloce): se le informazioni sono già presenti nella memoria locale, il proxy le invia senza stabilire il collegamento con i computer remoti (o meglio: stabilendo un collegamento assai rapido al solo scopo di verificare che i file richiesti non siano nel frattempo stati modificati); altrimenti effettua la normale procedura di trasferimento remoto, e prima di recapitare i dati al computer chiamante ne conserva una copia.

L'uso del proxy server ha naturalmente senso solo se esso si trova sulla stessa sottorete del browser. Si dimostra particolarmente utile per i provider che forniscono collegamenti attraverso la rete telefonica, poiché consente di aggirare in parte i rallentamenti della rete Internet, garantendo nel contempo un'alta velocità di utilizzo all'utente finale e un minore flusso di dati sui canali pubblici, con vantaggio per tutti. Solo alcuni fornitori commerciali offrono questo tipo di servizio. Per fare in modo che il browser sfrutti questa tecnologia, qualora fosse disponibile, occorre configurarlo adeguatamente: vedremo in seguito come farlo nel caso dei due programmi presi in considerazione in questa sede.

Internet Explorer

Internet Explorer è il browser Web realizzato dalla Microsoft. Il programma è stato sviluppato specificamente per Windows (da Windows 95 in poi), ma ne sono state rilasciate anche versioni per Macintosh: tutte disponibili gratuitamente presso il sito Web della Microsoft all'indirizzo **http://www.microsoft.com/windows/ie/**.

Sebbene l'azienda di Redmond sia arrivata con un certo ritardo nell'universo Internet, le sue enormi risorse le hanno permesso di recuperare in breve tempo il terreno perduto. A partire dalla versione 4 Internet Explorer è divenuto un ottimo programma, e le versioni 5 e 6 hanno introdotto notevoli innovazioni. In particolare, l'uso delle tecnologie COM e .NET permette una notevole integrazione fra il browser e le altre applicazioni utilizzate nel proprio computer (in particolare con le applicazioni sviluppate da Microsoft: una impostazione che le altre case produttrici hanno ovviamente criticato), mentre la capacità di gestione dei fogli stile CSS (si tratta di una tecnologia sulla quale ci soffermeremo in seguito) permette di visualizzare pagine dall'aspetto grafico professionale, e il supporto all'XML (anche sulle funzioni di questo linguaggio torneremo ampiamente in seguito) è tra i più vicini alle specifiche del W3C, l'organismo che propone gli standard di Internet.

Concentreremo ora la nostra attenzione sulla versione 6 di Internet Explorer. Per una guida all'uso delle versioni meno recenti, si può fare riferimento alle precedenti edizioni di questo manuale, disponibili (gratuitamente) sul sito Internet: **http://www.laterza.it/internet/**.

L'integrazione tra sistema operativo e browser è, per chi utilizza le recenti incarnazioni di Windows, il vero punto di forza del programma: si può senz'altro dire che Internet Explorer è una sorta di estensione 'orientata a Internet' del sistema operativo. Non a caso, la presenza di Internet Explorer porta dei cambiamenti ben visibili al nostro PC anche quando il collegamento alla rete non è attivo. Perfino le tradizionali finestre di Windows sono diventate 'navigabili', mentre le icone collegate ai file del nostro disco rigido possono essere trattate in maniera analoga a dei link ipertestuali. Il desktop di Windows acquista esso stesso la capacità di integrarsi con contenuti tratti dal Web (una tec-

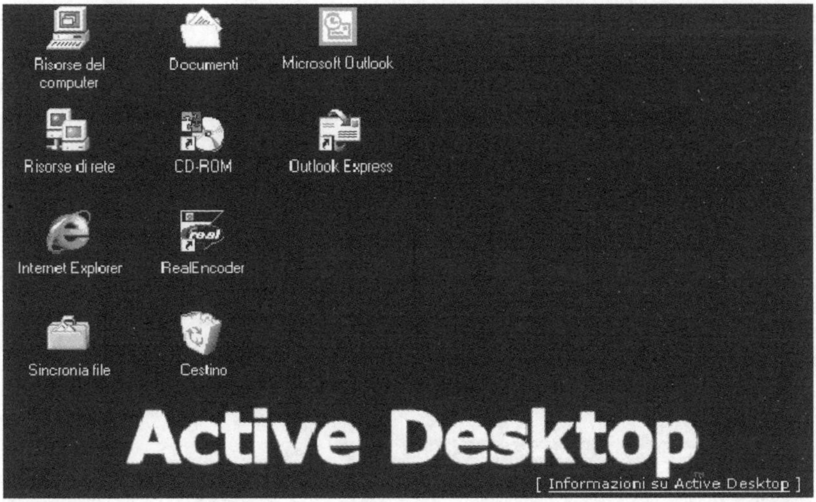

Figura 6 L'active desktop è presente già in Windows 95 (purché vi sia stato installato Internet Explorer 4): lo sfondo delle familiari icone dei programmi è in realtà una pagina HTML, completa di link e di oggetti attivi

nologia introdotta con il nome 'active desktop'); il che permette, volendo, di usare come suo sfondo una pagina HTML, con tanto di link attivi, icone animate ed eventuali programmi.

Le dimensioni e la collocazione delle barre dei pulsanti, dell'indirizzo e dei collegamenti di Internet Explorer sono personalizzabili. Nella figura 7 ne vediamo una possibile configurazione.

L'uso dei pulsanti è intuitivo, e corrisponde a grandi linee a quanto si vede in altri browser, come Opera o Netscape. Ricordiamo che per 'avviare' il browser basta digitare l'indirizzo (URL) di una risorsa Internet nell'apposita casella bianca 'indirizzo', e premere il tasto 'Invio' (oppure fare click su 'Vai', a destra dell'indirizzo). La barra dei collegamenti, personalizzabile, comprende una serie di bottoni che rimandano direttamente a siti di uso particolarmente frequente. In particolare segnaliamo la funzione 'Schermo intero', attivabile con l'omonimo comando disponibile nel menu 'Visualizza' (o, più rapidamente, con il tasto funzione 'F11'), che nasconde tutte le barre e i bottoni non indispensabili, consentendo di navigare sfruttando la massima area disponibile.

Il controllo completo del programma si ottiene attraverso i menu, che è quindi bene analizzare un po' più in dettaglio. Il menu 'File' consente di aprire (con la voce 'Nuovo'), oltre a una nuova finestra, a un nuovo messaggio di posta elettronica e al modulo per la lettura dei newsgroup, anche la rubrica degli indirizzi ('Nuovo contatto') e, attraverso l'opzione 'Chiamata via Internet', il programma *NetMeeting* (o, nelle versioni più recenti, *MSN Messenger*), destinato a rendere possibili, fra l'altro, telefonate e videoconferenze attraverso la rete: un argomento sul quale avremo occasione di tornare.

Opzioni Internet

Nelle schede di 'Opzioni Internet', raggiungibili attraverso il menu 'Strumenti', troviamo numerose novità rispetto alle precedenti edizioni del programma. Nella scheda 'Protezione' troviamo un modulo che permette di scegliere il livello di protezione da adottare durante la navigazione. Possiamo ad esempio scegliere il massimo livello, e avere la

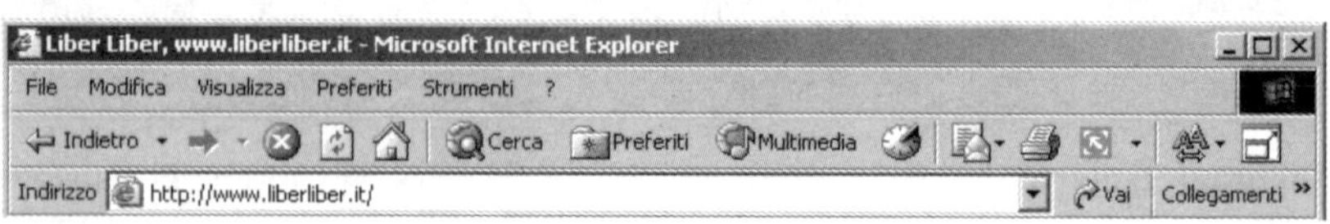

Figura 7 Internet Explorer: barre dei pulsanti

certezza di non andare incontro a inconvenienti; tuttavia in questa modalità alcuni siti, anche non pericolosi, non saranno pienamente navigabili; oppure possiamo personalizzare i livelli di protezione sia a seconda dell'applicazione, sia a seconda dell'ambiente: rete locale, Internet, ecc. Completamente rinnovata è poi la scheda 'Avanzate', che permette, attraverso un menu a discesa, l'impostazione di un gran numero di opzioni per il 'controllo fine' del programma.

Barra di Explorer

Per quanto riguarda la barra dei bottoni, vale la pena segnalare il gruppo di comandi 'Cerca', 'Preferiti', 'Multimedia' e 'Cronologia', che offrono una comoda interfaccia che divide lo schermo in due sezioni verticali. Ad esempio, per quanto concerne il bottone 'Cerca', Internet Explorer a sinistra, in quella che chiama 'Barra di Explorer', colloca la lista delle risorse reperite, a destra la singola risorsa di volta in volta selezionata. È così possibile 'esplorare' uno dopo l'altro i link ottenuti come risultato di una ricerca (nella sezione 'Ricerca in rete' torneremo su questa funzionalità). In modo analogo, il bottone 'Preferiti' colloca alla sinistra i nostri indirizzi selezionati, e a destra, una per una, le relative schermate. 'Multimedia', invece, visualizza una collezione di contenuti multimediali (video, brani musicali, interviste, ecc.) tratti dal sito Internet WindowsMedia.com. 'Cronologia', infine, visualizza la storia delle nostre navigazioni, permettendoci di tornare in modo molto semplice e intuitivo a una pagina visitata pochi istanti prima o anche qualche giorno prima.

Netscape

Netscape è il secondo browser più diffuso, dopo Internet Explorer (sebbene la maggiore diffusione di Internet Explorer sia schiacciante). Nasce nel 1994, quindi diversi anni prima di Internet Explorer, dal lavoro di un gruppo di programmatori distaccatisi dal *National Center for Supercomputing Applications* (NCSA), il centro di ricerca responsabile dello sviluppo di *Mosaic*, il primo programma per navigare su World Wide Web ad aver conosciuto una larga diffusione.

In pochi mesi, tra il 1994 e l'inizio del 1995, Netscape ingaggiò e vinse la lotta con il 'genitore' Mosaic, e la società fondata dai suoi programmatori, la *Netscape Communication Corporation*, si trasformò in uno dei colossi del panorama informatico mondiale, tanto che l'elevata quotazione in borsa delle azioni della società rappresentò, nell'autunno 1995, un vero e proprio caso economico e finanziario.

Nel momento in cui, a cavallo fra fine 1995 e inizio 1996, la Microsoft mostrò con chiarezza di voler rispondere alla sfida ormai rappresentata dalla Netscape Corporation, molti analisti ritennero che il fenomeno Netscape avesse i giorni contati. L'acquisto della Netscape Corporation da parte di una potente società statunitense, *America Online*, la sua caratteristica di prodotto pienamente multipiattaforma (disponibile cioè, con funzionalità analoghe, non solo per Windows ma anche per Macintosh e per sistemi Unix/Linux), la scelta della distribuzione gratuita del programma (quasi obbligata per rispondere all'analoga politica del prodotto concorrente di casa Microsoft) e addirittura – a partire dal gennaio 1998 – del suo codice sorgente, gli hanno consentito di resistere, benché a partire dal 2001 la percentuale di utenti Netscape sia scesa sotto la soglia del 10% (riducendosi ulteriormente, nel corso del 2002, sotto il 5%).

L'attenzione intorno a Netscape non è tuttavia venuta meno. In particolare, attorno al codice di Netscape è nato un vero e proprio lavoro collaborativo di una vasta comunità di programmatori che ha dato vita a un nuovo browser denominato 'Mozilla' (dal nome del simpatico drago adottato come mascotte nelle prime versioni di Netscape), i cui progressi possono essere seguiti collegandosi al sito **http://www.mozilla.org**. Nel corso del 2002 ne è stata rilasciata la prima versione ufficiale, ma solo i prossimi anni potranno dirci se e in quale misura questa reazione sarà coronata da successo, o se la forza commerciale della Microsoft – e l'eccezionale passo in avanti indubbiamente rappresentato dalle versioni di Internet Explorer successive alla 4 – avrà ragione di questo nuovo avversario.

Tornando a Netscape, nel momento in cui scriviamo la versione più aggiornata è la 7.02, che utilizza un 'motore' per la visualizzazione delle pagine completamente nuovo (lo stesso di Mozilla). Può essere prelevata dalla URL **http://www.netscape.com/**. Del programma esiste anche una versione italiana, che tuttavia, sempre nel momento in cui scriviamo, è ferma alla release 6[6]. Per le versioni ancora più vecchie si può fare riferimento alle precedenti edizioni di questo manuale, disponibili (gratuitamente) sul sito Internet **http://www.laterza.it/internet/**.

La finestra principale di Netscape è caratterizzata dalla presenza di tre ordini di pulsanti. La prima serie, più grande e denominata 'Navi-

[6] Capita con frequenza che i ritmi di uscita delle versioni nazionali dei programmi seguano di qualche mese quelli delle corrispondenti versioni in inglese.

Figura 8 La 'Navigation Toolbar' di Netscape

gation Toolbar', contiene i comandi fondamentali per la navigazione, seguiti dalla tradizionale barra che mostra la URL della pagina attiva.

I bottoni della 'Navigation Toolbar' sono, da sinistra:

- una piccola linguetta, utile a nascondere (o ripristinare) tutta la serie di bottoni;
- il tasto 'Back', che permette di tornare al documento precedente;
- il tasto 'Forward', che fa passare al documento successivo;
- il tasto 'Reload', che permette di ricaricare la pagina visualizzata;
- il tasto 'Stop', simboleggiato da una 'X' che, se premuto, interrompe il caricamento della pagina.

A destra di questi bottoni si trova la barra che mostra la URL della pagina visualizzata, seguita dall'indicazione 'Go'. Qui potremo inserire l'indirizzo Internet della nostra pagina di destinazione. Se si tratta di una pagina del World Wide Web, potremo omettere l'indicazione iniziale del protocollo (ovvero la scritta 'http://'): il programma la inserirà per noi. Lo stesso vale per indirizzi telnet, FTP o gopher 'canonici' (che inizino cioè rispettivamente per 'telnet.', 'ftp.' o 'gopher.').

La piccola icona che precede il campo dell'indirizzo funziona da 'appiglio' per trascinare e depositare (*drag and drop*) un rimando alla pagina visualizzata sia all'interno del menu 'Bookmarks' (sul quale torneremo in seguito), sia sullo schermo principale (desktop) di Windows, sia in una qualsiasi directory a nostra scelta fra quelle accessibili al sistema, o addirittura, come link, in una pagina HTML che si stia realizzando con Netscape Composer (il modulo per comporre pagine Web incluso in Netscape; ne parleremo in dettaglio nell'Appendice B). Quando il puntatore del mouse 'sorvola' questa icona si trasforma in una mano pronta ad afferrare: premendo e tenendo premuto il tasto sinistro del mouse l'oggetto afferrato sarà 'trascinato' fino al momento in cui rilasciamo il tasto.

Ancora più a destra troviamo il bottone 'Search'. La grafica del bottone è tale da indurre a credere che inserendo dei termini di ricerca nella barra degli indirizzi e facendo click su questo bottone anziché su 'Go', si attivi una ricerca. In realtà, così facendo non si ottiene altro che un errore. Un difetto di funzionamento (assente nella versione 7.0 di Netscape) piuttosto vistoso che sarà probabilmente corretto nelle prossime versioni del programma.

Concludono la serie di bottoni della 'Navigation Toolbar', il bottone per la stampa (cliccando sulla piccola freccia a destra del bottone stesso si apre un menu a cascata con il quale ottenere una utile anteprima di stampa e il collegamento ad alcune pagine – meno utili – contenenti pubblicità a servizi legati alla stampa) e il classico e noto logo della Netscape. Cliccandolo ci si porta sul sito della Netscape. Da notare che il logo Netscape, mentre si ricevono dati, si anima (è una utile spia dell'attività del browser).

La seconda barra (denominata 'Personal Toolbar'), subito sotto quella dei pulsanti, è composta da:

- una piccola linguetta, utile a nascondere (o ripristinare) tutta la serie di bottoni;
- 'My Sidebar', che permette di aprire o chiudere la 'sidebar' (sulla quale torneremo in seguito);
- 'Home', che consente di scegliere la pagina di partenza, quella che viene visualizzata all'apertura del browser. Si può associare a questo bottone un qualsiasi sito Internet, o anche un file HTML memorizzato sul proprio hard disk. Per specificare il nuovo indirizzo di partenza fare click su 'Edit', poi su 'Preferences...', quindi su 'Navigator' e infine scriverlo nel riquadro denominato 'Home page'.
- 'Radio', per ascoltare Radio@Netscape, una raccolta di circa 175 stazioni suddivise per genere;
- 'My Netscape', che fa accedere a un portale che la Netscape ha realizzato in collaborazione con vari fornitori di informazioni e servizi (come Google, CNN, ecc.). La caratteristica di questo portale è che, a seguito di registrazione, ricorda le preferenze degli utenti (quali notizie leggere, dove collocarle, ecc.);
- 'Search', che apre una pagina con link a diversi motori di ricerca ('Ask Jeeves', 'Looksmart', ecc.);
- 'Shop', che conduce a un portale, facente parte del 'Netscape network', tramite il quale fare acquisti presso numerosi negozi on-line. I prodotti sono accessibili per categoria o per ricerca libera. Vale la pena soffermarsi un momento su pulsanti come questo: pur essendo perfettamente legali, e pur essendo talvolta utili, qualche motivo di perplessità lo danno. Di fatto, fanno sì che sul video di milioni di utenti compaiano, volenti o no, link a determinati negozi

Figura 9 La 'Personal Toolbar' di Netscape

(quelli che hanno stipulato accordi con la Netscape) e non ad altri. Indebolendo, sia pure in piccola parte, la libera concorrenza e condizionando le navigazioni degli utenti. I motivi di perplessità si rafforzano quando il browser è largamente diffuso: non sono infatti mancate polemiche quando anche la Microsoft ha introdotto nel proprio browser una serie di link preimpostati;

- 'Bookmarks', per aprire un menu a tendina che permette di aggiungere o modificare i bookmark inseriti, e ne fornisce l'elenco verticale. Si è parlato dei bookmark nelle pagine introduttive di questa sezione. Ulteriori informazioni sono fornite più avanti;
- 'Download', che ha la funzione di aggiornare il browser stesso, scaricando da Internet gli aggiornamenti o acquistando il relativo CD-ROM;
- 'Customize', l'ultimo dei bottoni, ci fa collegare a un sito che contiene le istruzioni per personalizzare i bookmark di Netscape. Le istruzioni, nel momento in cui scriviamo, fanno ancora riferimento alla versione 6 del browser. Si ha la sensazione che alcuni dettagli di Netscape 7.02 debbano ancora essere messi a punto.

La terza barra, denominata 'Tab bar', visualizza tante linguette (tab), quante sono le pagine Web aperte nel browser. Il primo bottone presente su questa barra serve a creare una nuova linguetta vuota, da dove iniziare una nuova navigazione senza chiudere le pagine precedenti. Si tratta del cosiddetto 'tabbed browsing', che consente di lavorare con facilità su più siti aperti contemporaneamente e sembra rappresentare una delle 'nuove tendenze' nel settore dei browser.

Da segnalare anche i sottili pulsanti verticali che si trovano all'inizio delle tre barre, con alla base una minuscola freccia: ognuno di essi serve a eliminare dallo schermo la relativa barra, inserendo al suo posto solo un pulsante orizzontale, altrettanto sottile, che potrà essere premuto per farla riapparire. Si tratta di uno strumento utile nei casi in cui volessimo concentrarci sul contenuto informativo di una pagina, visualizzandone a schermo la porzione più ampia possibile ed eliminando quindi ogni 'sovrappiù' nell'interfaccia.

I bookmark

Vale la pena spendere qualche parola in più sui bookmark. Come già detto nell'introduzione, i bookmark rappresentano l'equivalente informatico dei tasti dei 'numeri utili' disponibili su alcuni telefoni evoluti, attraverso i quali comporre automaticamente un numero telefonico.

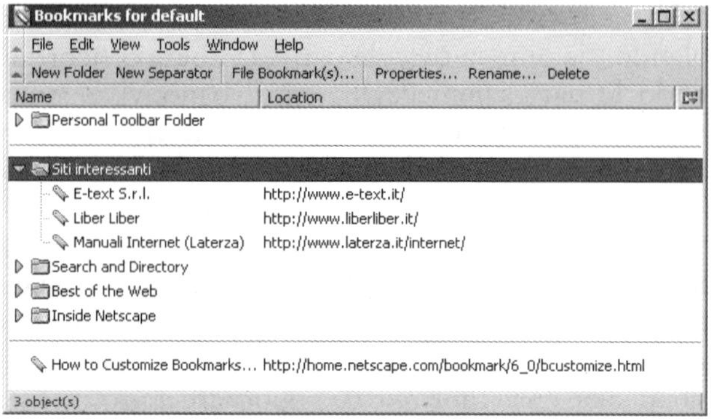

Figura 10 La finestra di gestione della lista di bookmark di Netscape

Nel nostro caso, i bookmark permettono di 'chiamare' automaticamente una determinata pagina Internet.

Netscape consente di raggruppare le varie voci della nostra lista in menu e sottomenu a cascata. Sia l'elenco, sia gli strumenti di gestione dei bookmark sono accessibili attraverso il pulsante 'Bookmarks' presente nella seconda fascia di pulsanti (la 'Personal Toolbar'). I due comandi più importanti di questo menu sono: 'Bookmark This Page', che aggiunge il titolo e l'indirizzo della pagina corrente all'elenco, e 'Manage Bookmarks', che invece attiva la finestra di gestione della lista, che presenta la classica struttura ad albero con voci e raccoglitori.

La manipolazione delle varie voci (possibile grazie al comando 'Manage Bookmarks') viene effettuata attraverso il trascinamento con il puntatore del mouse. È possibile creare nuovi raccoglitori tramite il bottone 'New Folder', inserire linee di separazione tra raccoglitori o tra bookmark tramite 'New Separator', mentre con 'File Bookmark(s)' è possibile archiviare i bookmark o i raccoglitori selezionati all'interno di altri raccoglitori (in modo, va detto, poco intuitivo e con qualche problema di visualizzazione). Tra gli altri comandi disponibili vale la pena citare 'Export...' e 'Import...', disponibili nel menu 'Tools'. Servono, rispettivamente, a esportare e importare i bookmark, così da poterli condividere con amici o poterseli portare dietro da un computer all'altro.

My Sidebar

'My Sidebar' è una delle novità più vistose della versione 7 di Netscape. Consiste in una serie di linguette che compare sul lato sinistro dello schermo. Tra le altre: 'What's related', che individua i siti potenzialmente collegati a quello che si sta visualizzando e 'Search', che contiene una utile scorciatoia ai principali motori di ricerca. Con il bottone 'Tabs', visibile nella parte in alto a destra della 'sidebar', è possibile modificare l'elenco di linguette disponibili (comando 'Customize My Sidebar'), scegliendo all'interno di un catalogo abbastanza ampio. Le più interessanti e utili si trovano raggruppate nella categoria 'Recommended': qui vi sono infatti le linguette che consentono una visualizzazione alternativa dei bookmark (la linguetta è denominata 'Bookmarks') e quella che ospita la cronologia dei siti visitati ('History'). Le altre linguette preimpostate sono meno utili: per lo più si tratta di servizi erogati da partner della Netscape, pensate più per pubblicizzare le attività di queste aziende che per rendere un vero servizio agli utenti. Tuttavia, la possibilità di personalizzare la sidebar offre prospettive interessanti: sono già state realizzate, in gran parte da fornitori di servizi in rete o dagli stessi utenti, sidebar capaci di offrire notizie in tempo reale (ricavandole dalle principali agenzie di informazione), o strumenti di ricerca particolari (ad esempio l'interfaccia per la consultazione del catalogo di una biblioteca, o di un dizionario).

Il menu principale

Consideriamo adesso alcune delle funzioni raggiungibili dal menu principale del programma. Netscape è dotato della possibilità di aprire molte finestre contemporaneamente, in due modalità: con il comando 'New Navigator Window' nel menu 'File' apre pagine diverse in diverse sessioni di Netscape, con il comando 'New Navigator Tab' apre pagine diverse all'interno della stessa applicazione. In questa seconda modalità, come si è già accennato, le pagine sono raggiungibili grazie ad altrettante linguette che compaiono nella parte alta dello schermo. Grazie a queste possibilità si possono consultare più pagine contemporaneamente, o consultare un documento mentre se ne sta ricevendo un altro.

È naturalmente possibile salvare i file HTML, attraverso il classico comando 'Save Page As...' del menu 'File'. Invece le immagini presenti in una pagina si possono salvare posizionandovi sopra il cursore e premendo il tasto destro del mouse (o tenendo premuto per circa un secondo il singolo tasto del mouse nei Mac): comparirà un menu contestuale con, tra gli altri, il comando 'Save Image As'. Attraverso questo menu è anche possibile, volendo, trasformare l'immagine visualizzata nello sfondo (*wallpaper*) di Windows: il comando da usare in questo caso è 'Set As Wallpaper'.

Tornando al menu 'File', va rilevato che esso permette anche di stampare una pagina ('Print') e, se installato, di trasferirla automaticamente all'editor *Composer* per modificarla (la funzione da usare è in questo caso 'Edit Page'). Naturalmente le modifiche avranno effetto solo sulla copia della pagina memorizzata sul nostro computer: potremo comunque immetterla in rete, attraverso le normali procedure (e cioè in genere via FTP) o utilizzando l'apposita funzione 'Publish' raggiungibile attraverso il menu 'File' di Netscape Composer, ma solo disponendo dell'autorizzazione all'accesso in scrittura sul sito che ospita la pagina.

Il menu 'Edit' consente, fra l'altro, di effettuare ricerche nella pagina (ricordiamo che Netscape ha rinunciato a inserire il bottone 'Find' nella barra dei pulsanti, e quindi le ricerche andranno fatte attraverso questo menu, o usando la combinazione di tasti 'CTRL' + 'F'), e soprattutto di modificare le impostazioni generali del programma (voce 'Preferences'). Si tratta di una funzionalità essenziale, anche perché qualunque utente si troverà, prima o poi, nella necessità di intervenire su queste configurazioni.

Preferences

La voce 'Preferences' del menu 'Edit' permette di raggiungere una serie di scelte ulteriori. L'interfaccia è divisa in due zone: a sinistra, una rappresentazione ad albero delle finestre di configurazione raggiungi-

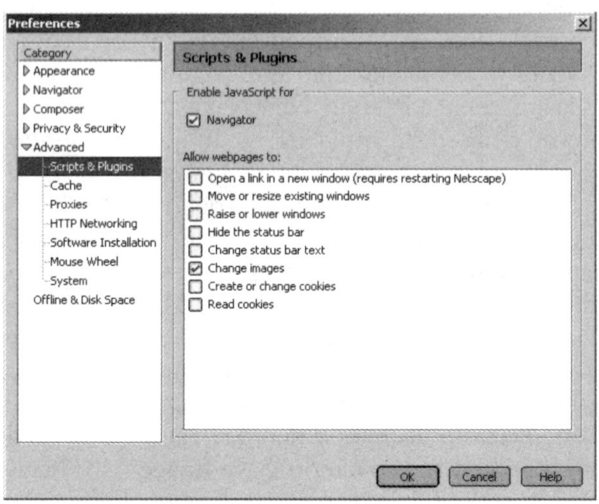

Figura 11 Finestra di configurazione delle preferenze relative a 'Scripts & Plugins' in Netscape

bili; a destra, la scheda relativa alla finestra selezionata. Fra le scelte disponibili, vale la pena soffermarsi sulle seguenti:

- 'Appearance': porta alle schede di impostazione delle caratteristiche relative all'aspetto delle pagine visualizzate (colori, font di caratteri usati, e così via);
- 'Navigator': da queste schede è possibile, se lo vogliamo, definire l'indirizzo della nostra pagina di partenza (*home page*). In questa scheda ci sono anche le opzioni atte a determinare per quanto tempo Netscape dovrà tenere traccia delle pagine visitate (History). La sottoscheda 'Languages' indicherà le nostre preferenze linguistiche nel caso di visualizzazione di pagine multilingua;
- 'Composer': porta alle schede di impostazione delle preferenze per l'uso del modulo Editor;
- 'Advanced': porta alle fondamentali schede di configurazione relative alla navigazione e all'accesso alla rete: scelta dei proxy, abilitazione e disabilitazione dei cookies e degli script Java, e altro.

In 'Advanced', alla voce di menu 'Scripts & Plugins', è particolarmente apprezzabile la possibilità di disabilitare l'apertura di link in nuove finestre del browser: una opportunità di cui alcuni webmaster abusano, provocando un proliferare di finestre sul nostro schermo. L'opzione è identificata dalla dicitura: 'Open a link in a new window (requires restarting Netscape)'.

Sempre in 'Advanced', troviamo la finestra di configurazione della memoria tampone ('Cache'). Netscape usa due tipi di memoria tampone o di deposito: una su disco rigido, permanente, e una in memoria RAM, molto veloce, ma volatile. Naturalmente la scelta della dimensione dipende dalle risorse a disposizione nel computer di ogni singolo utente. In linea generale, a meno di disporre di una grande quantità di RAM, è bene non modificare le impostazioni standard della cache in memoria. Netscape, come Internet Explorer, permette di determinare se e quando verificare che un file memorizzato in cache non abbia subito modifiche sul server remoto. È preferibile lasciare questa impostazione su 'When the page is out of the date'; se invece volessimo poter ripercorrere le nostre navigazioni più recenti anche a computer scollegato dalla rete, dovremo impostare questa funzione su 'Never' (ricordandoci però di riportarla a 'When the page is out of the date' al momento di ricollegarci a Internet). Lo stesso risultato, tuttavia, si ottiene più comodamente selezionando la voce 'Work offline' dal menu 'File'.

Merita un cenno anche la scheda 'Privacy & Security'. Attraverso di questa, infatti, è possibile controllare la ricezione dei cookies. Di cosa si tratta?

I '*cookies*', o 'biscottini', sono dei piccoli insiemi di dati (in genere, stringhe di pochi caratteri) che possono essere trasmessi dal computer remoto (server) verso il nostro computer, e ritrasmessi indietro dal nostro computer al server in un momento successivo. L'utilità di questo scambio di dati sta nel fatto che il protocollo usato per la navigazione in rete non consente al computer remoto altre forme di riconoscimento di un visitatore. Se perciò nella pagina principale di un sito Internet effettuiamo una selezione (ad esempio, personalizziamo l'aspetto delle pagine di un quotidiano in rete per evidenziare le informazioni che ci interessano di più), senza l'utilizzo dei cookies al successivo collegamento il server non avrebbe modo di sapere quali opzioni abbiamo impostato.

È facile capire che un meccanismo di questo tipo è in certi casi prezioso, ma può anche presentare problemi di privacy. Potrebbe essere usato, ad esempio, per tener conto di quante volte si accede al sito, di quali siano le nostre preferenze in fatto di acquisti, e così via. Possiamo scegliere (in 'Privacy & Security', scheda 'Cookies') di essere informati ogni volta che ci viene spedito un cookie (attivando il pulsante 'Ask me before storing a cookie'), in modo da decidere se accettarlo o no, anche se questo meccanismo rallenta notevolmente la navigazione e di norma ci dice assai poco sulla *funzione* del cookie che riceviamo.

Chiudiamo questa rassegna ricordando che Netscape integra dei sistemi molto efficienti di sicurezza delle transazioni, basati sulla cifratura dei dati che si scambiano client e server. Affinché una transazione sia sicura, naturalmente, è necessario che il server supporti i medesimi sistemi di cifratura riconosciuti dal browser: ne parleremo nel capitolo 'Sicurezza e privacy' nel seguito del manuale. Quando si stabilisce un collegamento sicuro, Netscape ce ne informa attraverso un apposito messaggio, mentre nella parte in basso a destra dello schermo un piccolo lucchetto si chiude.

Durante la visualizzazione di una pagina sicura, attraverso la piccola icona del lucchetto potremo visualizzare in ogni momento una serie di informazioni sul livello di sicurezza della trasmissione di dati, e su chi certifica (e per quanto tempo) tale sicurezza.

Altri browser grafici

I browser grafici di cui abbiamo parlato sono gli esempi più rappresentativi di una classe di strumenti che è in realtà più vasta. Se intendete vederne degli altri vi consigliamo di visitare la pagina dedicata ai browser da un catalogo dei siti World Wide Web come *Yahoo!*[7], o da un deposito di programmi come *TuCows* (**http://www.tucows.com**). Si tratta di elenchi di link dai quali potrete raggiungere le home page dei vari programmi, ed eventualmente scaricarli e provarli. La maggior parte sono freeware o shareware, e offrono le medesime funzionalità di base viste finora, anche se in genere le funzionalità avanzate sono molto meno sviluppate di quelle offerte da Netscape o da Internet Explorer.

Tra essi, tuttavia, alcuni meritano almeno qualche cenno di approfondimento. In primo luogo segnaliamo il browser *Opera*, sviluppato dalla omonima azienda norvegese (**http://www.opera.com**). Si tratta di un vero e proprio gioiello di efficienza e compattezza, che richiede poche risorse di sistema per funzionare senza alcun problema. Opera perciò è il browser adatto per chi non ha un computer molto re-

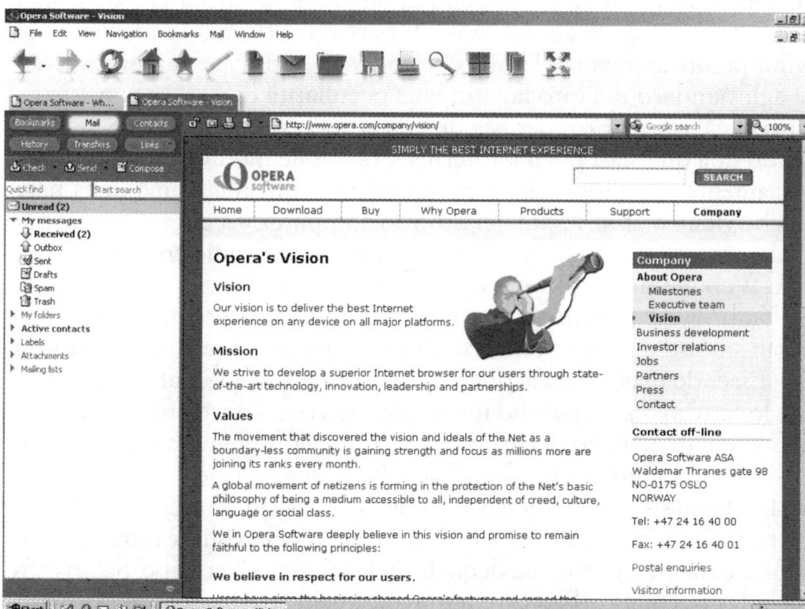

Figura 12 Opera, grazie al suo codice compatto, è un browser adatto anche a chi non ha un computer molto recente

[7] L'indirizzo preciso di questa pagina è **http://dir.yahoo.com/Computers_and_Internet/Software/Internet/World_Wide_Web/Browsers/**.

cente, ma anche per portatili e sub-notebook. E tutto ciò senza rinunciare ad avere le caratteristiche dei browser più potenti (le versioni più recenti supportano Java, Javascript e i fogli di stile CSS) e con una ottima velocità operativa. La versione più recente è la 7.01, ed è disponibile in varie lingue, italiano compreso. A differenza di Internet Explorer o di Netscape, Opera è a pagamento. Bisogna tuttavia considerare che la Opera Software non ha altri mezzi per continuare a sviluppare il programma. Il costo è del resto ridotto: 39$, con un forte sconto per scuole, istituti educativi e studenti (per questi utenti il costo scende a 20$). Il programma è disponibile per i sistemi operativi: Windows, Linux, Mac, Symbian OS, OS/2 e FreeBSD.

Amaya (**http://www.w3c.org/Amaya/**), invece, è un browser sviluppato dal W3C (World Wide Web Consortium) per testare i nuovi standard tecnici del Web nel corso della loro formalizzazione. Come tale, esso promette la piena compatibilità con le specifiche e gli standard promossi dallo stesso W3C. È perciò lo strumento ideale per gli sviluppatori di pagine HTML che vogliono verificare la piena aderenza agli standard del loro lavoro. Una peculiarità di Amaya consiste nel fatto che è sia un browser, sia un editor; ovvero mentre si sta visualizzando una qualsiasi pagina Internet è possibile modificarla, anche se – ovviamente – le modifiche avranno effetto solo sulla copia della pagina che viene memorizzata nel proprio computer. In questa ottica, può anche essere visto come un ottimo editor per chi vuole crearsi delle pagine Web nel pieno rispetto delle direttive del W3C.

Un browser recentissimo, concepito appositamente per i Macintosh basati sul sistema operativo OSX, è *Safari* (**http://www.apple.com/safari/**). Essendo realizzato dai programmatori della Apple, Safari si presenta con le carte in regola per sfidare ad armi pari i suoi più diffusi concorrenti. E in effetti, almeno in termini di velocità, il programma supera le prestazioni sia di Internet Explorer sia di Netscape. Anche l'organizzazione dei bookmark – simile a quella dei brani musicali in iTunes, un programma probabilmente familiare a tutti gli utenti Macintosh – è molto pulita e sicuramente più funzionale di quella di Explorer o Netscape. Safari offre anche la possibilità di bloccare automaticamente le fastidiose finestre pop-

Figura 13 La barra di navigazione di Safari, il nuovo browser Apple per Macintosh. Il pulsante arancione attiva la funzione SnapBack

up (le finestre generalmente pubblicitarie che si aprono automaticamente e al di fuori del nostro controllo navigando alcuni siti). Una funzionalità particolare, denominata SnapBack, permette all'utente di tornare con un singolo click al punto di partenza di ogni particolare navigazione: l'ultimo indirizzo digitato per esteso o l'ultimo bookmark selezionato.

Ricordiamo infine *NeoPlanet* (**http://www.neoplanet.com/**). In questo caso non abbiamo a che fare con un browser vero e proprio, ma con un modulo che si appoggia su un browser gia installato modificandone l'interfaccia utente. Ci si potrebbe chiedere a quale fine un utente potrebbe desiderare questa trasformazione. La risposta è: per puri fini estetici, oltre che per alcune comode funzionalità aggiuntive fornite dal NeoPlanet. Infatti lo stile uniforme e lineare delle interfacce dei moderni sistemi operativi e delle relative applicazioni, ha ormai stancato alcuni utenti di computer. Ne è un indizio il successo delle interfacce di alcuni programmi multimediali come i riproduttori di file MP3 o Windows Media Player: bottoni multiformi, linee curve, colori di mille sfumature.

NeoPlanet, dunque, si appoggia su Explorer, da cui eredita le funzionalità specifiche di interpretazione e visualizzazione delle pagine Web, ma ne sostituisce l'interfaccia utente, ovvero la 'pelle' (*skin*). Anzi, per la precisione NeoPlanet di pelli ne può assumere molte, ognuna con uno stile diverso, ma pur sempre distanti mille miglia dalla piatta interfaccia standard. Sul sito di riferimento vi è un archivio di temi, e ciascuno può scegliere quelli che preferisce.

Oltre al pur importante aspetto estetico, NeoPlanet integra il browser con alcune funzionalità aggiuntive di comunicazione personale (tra cui l'accesso a un *chat* multiutente e un sistema di messaggistica istantanea) e con una sorta di sistema Push basato su canali. Il tutto viene fornito gratuitamente, anche se molti dei servizi aggiuntivi impongono il passaggio sul sito Web della NeoPlanet, opportunamente corredato da *banner* pubblicitari.

Programmi con interfaccia a caratteri

Ovviamente, per utilizzare un sistema informativo come World Wide Web e per sfruttarne pienamente le caratteristiche ipertestuali e multimediali, è necessario adoperare un client con una interfaccia grafica. Ma l'esperienza di navigare almeno su parte del World Wide Web, sebbene in maniera assai limitata, può essere provata anche da chi disponga di sistemi informatici 'antichi', o privi di interfaccia grafica. Esistono infatti dei browser basati su interfaccia a caratteri che possono essere utilizzati anche attraverso una semplice connessione terminale. È sufficiente un qualsiasi programma di comunicazione con VT100 o VT102, due emulazioni terminale diffusissime, e un modem, anche non particolarmente veloce, per collegarsi con l'host.

Naturalmente è necessario che sull'host al quale ci si connette sia installata una versione del client. Per sapere se il proprio fornitore di accesso alla rete ne dispone, occorre chiedere direttamente al sistemista, o all'assistenza clienti nel caso di un provider commerciale.

Il miglior client a caratteri per muoversi su World Wide Web è probabilmente *Lynx* (**http://lynx.browser.org/**). Il programma è stato scritto da tre programmatori dell'Università del Kansas, Michael Grobe, Lou Montulli e Charles Rezac, e ne esistono versioni per molte piattaforme, compresa una per DOS. Per maggiori informazioni al riguardo, rimandiamo il lettore alle edizioni precedenti del nostro manuale, al già citato indirizzo Web **http://www.laterza.it/internet/.**

Le frontiere multimediali

World Wide Web, abbiamo detto, è costituito da una rete di documenti multimediali. In effetti, nella sua versione originale, la multimedialità si limitava all'integrazione di testo formattato e immagini in una pagina Web. Per quanto riguardava altri formati, la loro riproduzione era assai più complicata (si trattava di specificare delle applicazioni esterne che venivano avviate dal browser) e non era affatto integrata con il resto della pagina. Per ovviare a questi limiti, nel corso degli ultimi anni sono state sviluppate alcune tecnologie che hanno notevolmente allargato le frontiere multimediali del Web. In questo capitolo esamineremo in particolare tre di esse: i plug-in, VRML e la realtà virtuale in rete, e i sistemi di *streaming* audio e video. Altre tecnologie che hanno una funzione simile saranno analizzate nel capitolo 'L'architettura del World Wide Web'.

Plug-in e moduli accessori

La tecnologia dei *plug-in* è stata introdotta da Netscape ormai parecchi anni fa (le prime applicazioni risalgono alla versione 2.0 del programma), al fine di aumentare le capacità di visualizzazione ed elaborazione dei browser. Successivamente è stata accolta anche da Microsoft, sebbene l'azienda di Redmond abbia in seguito sviluppato tecnologie proprietarie (controlli ActiveX, architettura .NET) per integrare funzionalità aggiuntive in siti e programmi di navigazione, consentendo un'espansione modulare del browser e dello stesso sistema operativo. Ma vediamo meglio cosa sono i plug-in.

Normalmente i browser Web sono in grado di visualizzare direttamente un ristretto numero di formati di file: HTML per i testi, GIF, JPEG, PNG per le immagini. Rimangono esclusi dunque moltissimi formati multimediali correntemente usati nelle applicazioni locali e molti altri sviluppati appositamente per la rete.

Il problema è stato inizialmente affrontato attraverso i programmi di supporto, che continuano comunque ad essere assai diffusi. Si tratta di programmi esterni al browser, dotati di una loro finestra e di interfacce utente proprietarie.

Un plug-in invece è un modulo software che si integra pienamente con il browser stesso, e ne estende le funzionalità, come se facesse parte del programma originale. Una volta installato un plug-in che gestisce un dato formato, il browser è in grado di visualizzare nella sua finestra i dati codificati in quel formato. In generale un plug-in può integrare nel browser con cui interagisce anche nuovi comandi e capacità elaborative, il tutto in una unica interfaccia utente.

La maggior parte di questi moduli aggiuntivi sono sviluppati da aziende diverse da quelle che producono i browser, dunque vanno scaricati dall'utente e installati. L'installazione è talvolta automatica o semi-automatica (viene comunque richiesto il nostro consenso), talvolta basata su procedure guidate analoghe a quelle di qualunque altro programma. Se una pagina contiene un riferimento a un plug-in non installato sul disco rigido, il browser avverte l'utente, e in genere gli dà l'opportunità di scaricare immediatamente il software necessario. Naturalmente si deve tenere presente che i plug-in sono dipendenti dal browser e dalla piattaforma: un modulo che è stato compilato per Windows non potrà funzionare su Macintosh, e viceversa. Netscape, tramite il comando 'About Plug-ins' nel menu 'Help', permette anche di vedere l'elenco dei moduli installati.

I plug-in possono funzionare in tre modalità: annidata, a pieno schermo, o nascosta. Un plug-in in modalità annidata è in grado di funzionare all'interno di una pagina Web, come avviene per le normali immagini.

Ad esempio, utilizzando un plug-in come *QuickTime* (ne parleremo in dettaglio in seguito), un video digitale può essere riprodotto direttamente all'interno della finestra della pagina Web. Come potete vedere nella figura 14 il plug-in fornisce anche i consueti comandi di gestione video: volume, play/pausa, riavvolgimento, ecc.

Un plug-in a pieno schermo invece assume totalmente il controllo della finestra del browser, aggiungendo eventualmente pulsanti e barre di controllo. Un plug-in nascosto, infine, svolge la sua funzione in background. Plug-in di questo tipo sono utilizzati ad esempio per riprodurre file audio, o suoni dal vivo in modo sincrono.

L'elenco dei plug-in disponibili è molto lungo: ci sono visualizzatori per i vari formati video (MPEG, RealVideo, QuickTime...), audio (MIDI, Wav, MP3, WMA, RealAudio...), di grafica vettoriale (CGM, Corel Draw, AutoCAD...); ci sono plug-in che permettono di visualizzare applicazioni multimediali e interattive prodotte con software come Macromedia Flash (ne parleremo tra breve), Adobe Page Maker, Asymetrix Toolbook; ci sono infine dei plug-in che permettono di integrare all'interno delle pagine Web intere applicazioni come fogli di calcolo, o di sfruttare le tecnologie di interazione tra applicazioni come il famoso *Object Linking and Embedding* (OLE) di Windows.

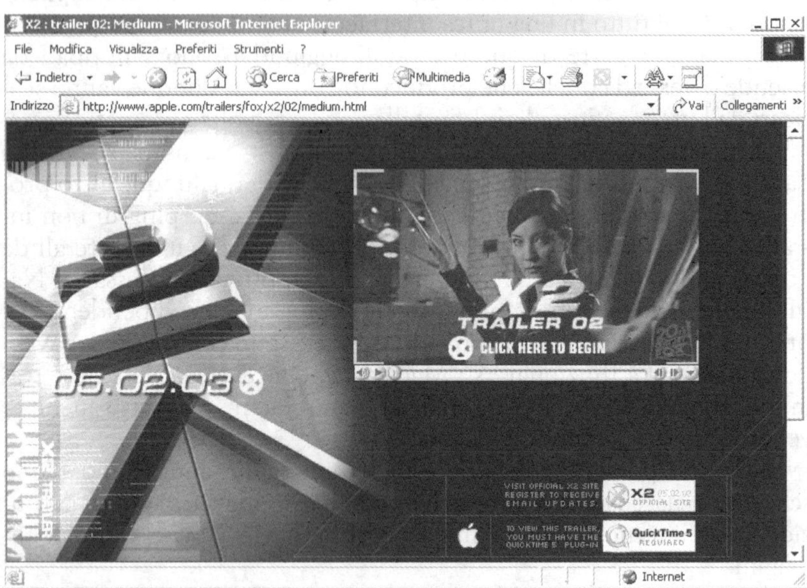

Figura 14 Una pagina Web (dedicata al film 'X-men 2') che permette la visualizzazione di un filmato attraverso il plug-in QuickTime

In questa sede, per ovvi motivi di spazio, è impossibile vedere le funzionalità e le caratteristiche specifiche di ognuno. Abbiamo dunque scelto di illustrarne solo alcuni fra i più diffusi e importanti. In linea generale la loro utilizzazione è piuttosto immediata, specie per i visualizzatori di file multimediali. Ricordiamo comunque che tutti i plug-in sono distribuiti con un adeguato corredo di documentazione, alla quale ricorrere per eventuali approfondimenti.

Macromedia Shockwave

Shockwave è una tecnologia sviluppata dalla Macromedia, che permette di visualizzare animazioni e applicazioni multimediali realizzate con *Director* (**http://www.macromedia.com/software/director/**).

Director è un programma nato originariamente per fare animazioni su piattaforma Macintosh; portato successivamente anche in ambiente Windows, è stato sviluppato fino a divenire uno dei più potenti e diffusi software di *authoring* multimediale. Oltre ad avere pregevoli funzioni di animazione digitale, è dotato di un linguaggio di programmazione object-oriented, dal suggestivo nome *Lingo*, e può essere usato per costruire complesse applicazioni interattive. I requisiti tecnici, e il fatto di essere nativamente disponibile su entrambe le piattaforme dominanti nel personal computing, ne hanno fatto uno degli standard nel mercato multimediale su CD-ROM. Il plug-in Shockwave è in grado di interpre-

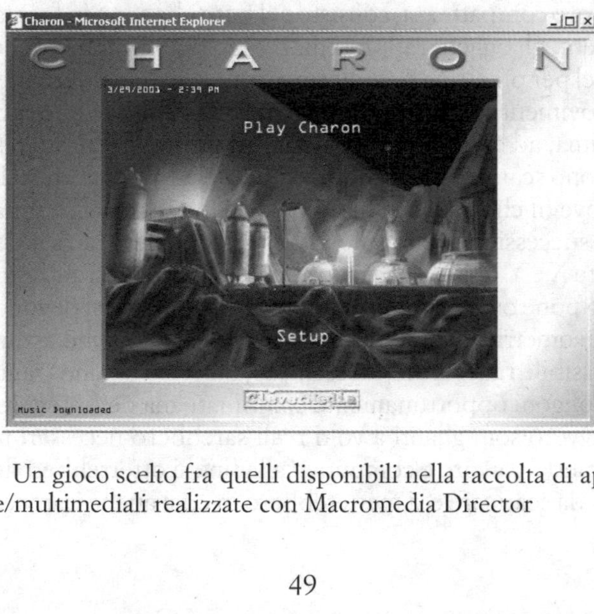

Figura 15 Un gioco scelto fra quelli disponibili nella raccolta di applicazioni interattive/multimediali realizzate con Macromedia Director

tare anche tutti i formati delle altre applicazioni grafiche e multimediali della Macromedia, e può ricevere suono in tempo reale da Internet.

Da una sapiente mistura di Director e JavaScript è stata realizzata una serie di applicazioni multimediali/interattive particolarmente avanzate: sul sito Internet della Macromedia (**http://www.macromedia.com/software/director/special/inspiration/**) si potrà ascoltare musica dal vivo, vedere filmati e persino giocare con un videogame, utilizzando tranquillamente una finestra del nostro comune browser.

Macromedia Flash

Oltre all'originario Shockwave, la Macromedia ha sviluppato altri prodotti e plug-in destinati alla rete. *Flash* (**http://www.macromedia.com/software/flash/**), in particolare, permette di attivare applicazioni multimediali e interattive in modalità streaming. Grazie alla dimensione contenuta dei file generati con Macromedia Flash e grazie alla possibilità di integrare in modo relativamente facile immagini, suoni e animazioni, questo plug-in è diventato uno dei più noti e diffusi.

A favorire ulteriormente la diffusione di questo formato sono intervenuti diversi editor, d'uso estremamente semplice, anche se più limitati dell'editor Flash originale. Tra questi, vale senz'altro la pena segnalare *Swish* (**http://www.swishzone.com/**), che con pochi click del mouse consente di realizzare scritte animate e semplici filmati.

La principale caratteristica delle animazioni in formato Flash, e motivo della loro compattezza, consiste nel fatto che sono in formato vettoriale. Ovvero, gli oggetti rappresentati sono figure geometriche descritte non pixel per pixel, ma semplicemente grazie a formule matematiche. Anche i movimenti sono formule matematiche: quando uno di questi oggetti si anima, ad esempio spostandosi orizzontalmente sullo schermo, non si devono scaricare nel proprio computer i fotogrammi dell'oggetto che si muove (il che equivale di solito a decine se non a centinaia di immagini in successione), ma solo la descrizione geometrica dell'azione (coordinate X e Y di partenza, coordinate X e Y di destinazione, ecc.).

Questo pone ovviamente dei limiti: i filmati Flash si devono limitare a oggetti geometricamente piuttosto semplici. Non che astrattamente non sia possibile raffigurare, ad esempio, un volto umano tramite un insieme di poligoni opportunamente combinati; ma per ottenere dei volti digitali davvero somiglianti a volti reali sarebbero necessari milioni di poligoni, mesi di lavoro e comunque alla fine si otterrebbero filmati assai pesanti da scaricare e si metterebbero in crisi anche i processori grafici più veloci e potenti. Quando tuttavia la complessità di ciò che si deve rappresentare non è eccessiva, Macromedia Flash svolge il suo lavoro ottimamente. Fra l'altro, sin dalla prime versioni, Flash è in grado di incorporare anche immagini 'bitmap' (fotografie, disegni, ecc.), che possono essere usate, ad esempio, come fondale per dare maggiore realismo alle scene. Flash è anche in grado di applicare semplici effetti a queste immagini bitmap, come la rotazione, lo zoom, lo sfumato, e così via. Effetti che con un uso sapiente possono dare l'impressione di una 'telecamera' che si muove a destra e a sinistra, avanza, ecc.

Nel 2003, con la versione MX del programma, la Macromedia – oltre ad ampliare ulteriormente le potenzialità del programma – ha intelligentemente introdotto anche alcune funzioni utili a rendere più accessibili i filmati Flash, consentendo così anche ai disabili la navigazione nei siti Internet costruiti con questo strumento. La speranza è che tutti i webmaster approfittino delle nuove funzioni e le adottino nei propri filmati.

Adobe Acrobat Reader

Acrobat è un sistema sviluppato dalla Adobe, la maggiore azienda nel settore del *desktop publishing*, e permette di distribuire documenti elettronici impaginati e formattati. Si basa su un particolare formato di file, il *Portable Document Format*, simile al linguaggio *PostScript* usato dalle stampanti professionali. A differenza di altri formati, un documento PDF mantiene inalterata la sua impostazione grafica originale in ogni condizione di visualizzazione.

Per visualizzare un file PDF è necessario utilizzare un apposito programma di lettura, *Acrobat Reader*, disponibile per molte piattaforme (Macintosh, Windows, e vari Unix). Mentre il sistema di creazione dei file è un software commerciale, Acrobat Reader può essere distribuito gratuitamente: la Adobe lo mette a disposizione all'indirizzo **http://www.adobe.com/acrobat/**.

La versione più recente rilasciata dalla Adobe è la 5, che può funzionare sia come visualizzatore *stand alone* sia come plug-in per Internet Explorer e Netscape. In questo modo i file PDF possono essere distribuiti su Internet. L'installazione è completamente automatizzata, e rileva la presenza del browser Web (o di entrambi, se presenti sul disco), collocando i moduli plug-in nelle apposite directory.

Una volta installato, Acrobat Reader viene avviato ogni volta che da una pagina Web si attiva un link che punta a un file PDF. Normalmente il plug-in Acrobat funziona in modalità pieno schermo. Un documento PDF può anche essere inserito all'interno di una pagina Web.

Nella figura 16 potete vedere una edizione elettronica de *La coscienza di Zeno* di Italo Svevo all'interno di Internet Explorer. La finestra del browser viene arricchita da una serie di pulsanti che permettono di navigare nel documento, e di modificarne le condizioni di visualizzazione e di ingrandimento. La parte sinistra della finestra può contenere un indice cliccabile dei contenuti o un elenco delle pagine. È inoltre possibile selezionare e copiare testo e grafica (se chi ha impaginato il documento non ha inibito tali funzioni).

I file PDF sono in grado di includere informazioni multimediali, come immagini, suoni, animazioni e anche filmati. Nelle ultime versioni è inoltre possibile inserire link ipertestuali che collegano elementi interni al documento, o che rinviano ad altre pagine o risorse su Web. È anche possibile 'proteggere' i documenti PDF da accessi o copie non autorizzate: tecnicamente si parla a questo proposito di sistemi di *Digital Rights Management* (DRM), ovvero di gestione automatica dei diritti sull'opera digitale.

La dimensione di un documento PDF, a parità di contenuto, e nonostante gli accorgimenti introdotti nelle versioni più recenti, è di solito molto superiore a quella di una semplice pagina HTML o XML. Per ottimizzare l'accesso ai file PDF su Internet, alcuni server HTTP pos-

Figura 16 Il plug-in Acrobat Reader della Adobe ha aggiunto dei bottoni a questa pagina Web (visibile sotto la serie di lettere dell'alfabeto ABCD..., ecc.)

sono inviare solo le pagine richieste esplicitamente dall'utente. In caso contrario, prima di visualizzare il documento, il plug-in deve attendere che l'intero file venga trasferito.

In conclusione, vale la pena ricordare che il PDF è un formato proprietario. A questo proposito va detto che, mentre è sicuramente lecito che sia utilizzato da privati cittadini e imprese, è inopportuno che sia utilizzato dalle pubbliche amministrazioni. Il formato PDF può sembrare lo strumento più adatto per fornire documenti e moduli ai cittadini, in realtà così utilizzato produce un illecito. Infatti, quando lo Stato lo utilizza, ad esempio per distribuire i moduli per il pagamento di una tassa, di fatto lo impone ai cittadini, che si vedono costretti a installare il visualizzatore e quindi a sottoscrivere il contratto d'uso della Adobe. Il fatto che la licenza dell'Acrobat Reader sia gratuita, non rende meno discutibile la scelta. Inoltre, in questo modo lo Stato crea una turbativa di mercato: favorendo la Adobe piuttosto che un'altra impresa produttrice di programmi per l'impaginazione. Alternative più corrette sul piano etico e giuridico esistono: la stragrande maggioranza dei documenti e dei moduli può essere distribuita in semplice HTML (un formato standard e non proprietario). Laddove fosse indispensabile una impaginazione più sofisticata, o una forte strutturazione logica del documento, si può ormai ricorrere all'XML o, ancora una volta, all'HTML integrato da fogli di stile (nei capitoli successivi avremo modo di parlare più approfonditamente di tali formati).

Streaming: audio e video in tempo reale

Una tecnologia che ha conosciuto negli ultimi anni un'enorme espansione, anche grazie al diffondersi di connessioni Internet sempre più veloci, è rappresentata dalla diffusione, attraverso World Wide Web, di contenuti multimediali (e in particolare audio e video) in tempo reale.

Sappiamo già che le pagine Web possono ospitare al loro interno informazioni di tipo diverso: immagini, suoni, animazioni, grafica vettoriale, filmati. In condizioni normali, per visualizzare queste informazioni il nostro programma di navigazione è obbligato ad attendere che la ricezione del file che le contiene sia terminata. Ma sappiamo bene che alcuni tipi di informazione, soprattutto sonora e visiva, tendono ad essere molto esosi in fatto di spazio. Di conseguenza, l'utente che non ha la fortuna di possedere un collegamento Internet ad alta velocità sarebbe costretto ad attendere diverse decine di minuti per vedere pochi secondi di immagini in movimento, in una piccola finestra del suo schermo... magari per accorgersi che non ne valeva proprio la pena. Inoltre, le tecniche tradizionali di trasferimento – che richiedono lo scaricamento completo di un file prima di poterne utilizzare il contenuto – impediscono la trasmissione e la ricezione 'in diretta' di audio e video, impediscono insomma l'*Internet broadcasting*.

Per ovviare a queste limitazioni è stata sviluppata una classe di tecnologie che viene collettivamente indicata con il termine di *data streaming*, flusso di dati; in particolare ci interessano qui le tecnologie di streaming audio e video. Si tratta di un sistema che permette di inviare filmati o suoni digitali sotto forma di un flusso continuo di dati, che un programma client è in grado di interpretare in tempo reale, man mano che i dati stessi vengono ricevuti. In questo modo la riproduzione può iniziare immediatamente, mentre la ricezione della parte restante dell'informazione avviene simultaneamente, in background.

Lo streaming, dunque, rende possibile applicazioni come la telefonia, la radiofonia e la televisione via Internet, senza richiedere alcuna infrastruttura straordinaria. Infatti, per conseguire una riproduzione abbastanza fluida è sufficiente disporre di una banda passante sufficientemente ampia e costante: per uno streaming audio di discreta qualità, e per uno streaming video non certo ottimale ma comunque utilizzabile, i requisiti di larghezza di banda sono in genere alla portata degli attuali modem, e in particolare dei modem ISDN (anche se non sempre questo si può dire dei grandi canali di connessione della rete, che soffrono quasi endemicamente di congestione e sovraffollamento). Un collegamento ADSL e soprattutto un collegamento in fibra ottica con adeguata banda passante permettono ovviamente un notevole salto di qualità, percepibile soprattutto nel caso del video. I collegamenti a banda larga e con cablatura diretta di *Fastweb* sono stati i primi a introdurre in Italia per utenze private un'ampiezza di banda adeguata alle necessità di una vera TV via rete, quasi paragonabile dal punto di vista qualitativo alle normali trasmissioni televisive via etere.

Per avvalersi dello streaming audio e video, ovviamente, è necessario far uso di software dedicati. Infatti i file utilizzati in queste applicazioni sono codificati in formati speciali, ottimizzati e compressi per aumentare l'efficienza e la stabilità del flusso di dati. Le soluzioni proposte in quest'ambito sono diverse, e poiché si tratta di un settore in continua evoluzione, è assai difficile dire con certezza quale si affermerà come standard. Per quanto riguarda i programmi client, l'aspetto che maggiormente ci interessa in questa sede, possiamo dire che molti di essi hanno la duplice forma di programmi autonomi, e di plug-in capaci di integrarsi nella finestra del browser.

Nei prossimi paragrafi ci occuperemo in particolare dei sistemi di streaming unidirezionale – quelli, cioè, che permettono l'Internet broadcasting e attraverso i quali all'utente è riservato il solo ruolo di destinatario di informazione –, che possono essere considerati una estensione di World Wide Web. Abbiamo dedicato invece un capitolo a parte alle applicazioni di telefonia e videotelefonia su Internet.

RealOne Player

Nel settore dello streaming video e audio il protagonista indiscusso è stato negli ultimi anni *RealOne Player*, sviluppato dalla RealNetworks. Si tratta di un'applicazione che permette la ricezione in tempo reale di file sonori e audio/video tramite Internet, rendendo possibile la creazione di vere e proprie stazioni radio e televisive digitali in rete.

La qualità del suono digitale in formato Real è funzione della velocità di connessione: buona se si dispone di una connessione veloce (come ISDN e soprattutto ADSL), comunque discreta anche con un normale modem. Naturalmente la qualità effettiva della riproduzione dipende anche dalla scheda sonora installata sul computer e dai diffusori a essa collegati, nonché dalla situazione del traffico di rete, che spesso impedisce di sfruttare appieno la velocità del modem. La qualità dei video, invece, è ancora scadente, e – checché ne dicano alcuni provider – resta poco più che mediocre anche quando si disponga di collegamenti veloci come l'ADSL, ma è comunque sufficiente a seguire un telegiornale o una lezione a distanza.

RealOne Player è disponibile su Web all'indirizzo **http://www.real.com/**, per piattaforme Windows, Macintosh e Linux. Il programma esiste in due versioni: quella gratuita, dalle funzionalità più limitate ma comunque perfettamente in grado di ricevere streaming sia audio sia video e adatta alla maggior parte delle situazioni, e la versione Plus, a pagamento. Nel momento di scaricare il programma, tenete presente che, sul sito Real, la visibilità della versione a pagamento è molto maggiore di quella gratuita: se cercate quest'ultima, seguite i link verso 'RealOne Player gratuito' e non quelli (continuamente riproposti) verso 'RealOne Player Plus'.

RealOne Player funziona sia come lettore autonomo, sia come plug-in per Netscape o controllo ActiveX per Internet Explorer. Il processo di installazione è molto semplice: il programma individua in modo automatico i browser disponibili sul computer, e guida l'utente in tutti i passi necessari. Da notare che è piuttosto invadente. Piazza proprie icone un po' ovunque: sul desktop, nella barra di avvio veloce, nella barra delle applicazioni, ecc. Inoltre tende a 'imporsi' come riproduttore predefinito per numerosi formati audio e video, e in una forma o nell'altra propone molta (troppa) pubblicità. Se desiderate contenere tanta invadenza, verificate sempre, durante l'installazione, di deselezionare tutte le caselle relative alla ricezione di contenuti pubblicitari o informativi aggiuntivi, e preparatevi a deselezionare un bel po' di opzioni anche dalle preferenze del programma (una volta installato, andate in 'Tools' e poi su 'Preferences').

I siti che trasmettono, in diretta o in differita, file audio o video in formato RealOne Player sono numerosi. Normalmente l'accesso avviene mediante normali pagine Web, nelle quali sono stati inseriti dei link ipertestuali, o dei comandi per l'invio automatico dello streaming di dati. Ad esempio, nella figura seguente potete vedere una pagina Web che permette di ricevere l'audio e il video di una recensione alla precedente edizione di questo manuale: 'Internet 2000'. La finestra che vedete sovrapposta alla pagina web è quella di RealOne Player, che vie-

Figura 17 Video streaming attraverso RealOne Player: la recensione a 'Internet 2000'

ne avviato automaticamente appena inizia il trasferimento del file. L'inizio vero e proprio della riproduzione può richiedere qualche secondo, in quanto appena avviato il programma 'prova' la velocità della connessione e si garantisce un piccolo 'buffer', conservando in una memoria tampone la prima porzione del file, in modo da garantire che minimi rallentamenti nel flusso di dati non pregiudichino la continuità dell'ascolto.

Come potete vedere nella parte in basso a destra della figura, l'interfaccia del programma è molto semplice, con i classici controlli 'Play/Pausa' (bottone grande con le due barre verticali), 'Stop' (bottone con il quadratino), 'Inizio filmato', 'Fine filmato'. Se vogliamo saltare avanti e indietro nel video possiamo usare il cursore orizzontale al centro (ogni volta, occorrerà comunque attendere che RealOne Player si 'sintonizzi' sulla porzione corretta del filmato), mentre a destra troviamo il controllo del volume. La finestra grande al centro è quella nella quale compare il video.

Uno dei punti di forza di RealOne Player, di cui si sente la mancanza negli altri player multimediali, consiste nella possibilità di forzare la visualizzazione di un video all'interno del programma, anche quando l'autore del sito Internet che stiamo consultando lo ha innestato in una pagina Web. Per operare questa scelta, è sufficiente cliccare con il tasto destro sul video e poi su 'Play in RealOne Player'. Questa è una possibilità apprezzabile perché quando un filmato è innestato in una pagina Web non è possibile modificarne le dimensioni. Estraendolo dalla pagina, invece, per rimpicciolire o ingrandire il tutto è sufficiente cliccare sull'angolo in basso a destra del video e trascinare il mouse. Non è raro, poi, che si voglia continuare a navigare nel Web mentre si vede o ascolta un file multimediale. Quando il file è riprodotto all'interno di RealOne Player, l'operazione risulta semplice in quanto non è più necessario tenere bloccato il browser sulla pagina che contiene il video o il brano audio. Inoltre, è possibile fare in modo che il programma rimanga sempre in 'primo piano' (click su 'View' e poi su 'On Top While Playing'), così da non venire coperto dalle pagine HTML che stiamo consultando.

I contenuti video in formato Real presenti in rete sono ormai moltissimi. Infatti, la Real ha stretto accordi con una serie di fornitori di contenuti (soprattutto informativi, ma anche videoclip musicali, trailer cinematografici, filmati sportivi, ecc.) per la fornitura di materiali video sia gratuiti sia a pagamento. A quest'ultima categoria appartengono in particolare il *RadioPass*, che al prezzo di circa 8 euro al mese consente la ricezione di circa 3.200 canali radio via Internet (attenzione però: la maggior parte di questi canali è perfettamente ricevibile anche gratuitamente!), e il *SuperPass*, che al prezzo di circa 10 dollari al mese consente la ricezione di video da fonti quali CNN, ABC News e simili. Il SuperPass ha conosciuto un certo successo nel periodo della guerra in Iraq, grazie al servizio di ottima qualità offerto 24 ore su 24 da ABC-News con un'innovativa formula 'Quad Screen', attraverso la quale seguire in contemporanea quattro piccole finestre video scegliendo di volta in volta quale ingrandire e di quale ascoltare l'audio.

Windows Media Player

Anche la Microsoft ha realizzato un proprio prodotto per la ricezione di informazione multimediale attraverso le tecnologie streaming: si tratta di *Windows Media Player*, che – nel momento in cui scriviamo – è arrivato alla versione 9. Windows Media Player, fornito di serie nelle più recenti versioni di Windows e fortemente integrato nel sistema operativo, può essere scaricato gratuitamente dal sito Microsoft all'indirizzo **http://www.microsoft.com/windows/mediaplayer/download/allplayers.asp**.

Il programma è in grado di riconoscere e riprodurre automaticamente numerosi formati di file sonori e visivi, sia in tecnologia streaming sia 'normali', e laddove si imbattesse in un formato non riconosciuto offre la possibilità di collegarsi al sito Microsoft e scaricare il 'codec' (ovvero il set di istruzioni) adatto. Va detto che nonostante questa possibilità, alcuni formati, in particolare il formato DivX (molto in voga tra chi duplica, talvolta illegalmente, i DVD) non sono supportati direttamente.

Windows Media Player, analogamente a RealOne Player, è in grado di collegarsi tramite la porta USB o seriale del PC con alcuni riproduttori portatili di musica MP3 e WMA e sincronizzare così il proprio archivio di musica digitale con questi dispositivi tascabili. Permette inoltre la conversione e la masterizzazione diretta dei propri file musicali su un CD audio, e – volendo – la gestione dei relativi diritti d'autore attraverso un sistema di DRM (per ora disattivabile, ma che in futuro potrebbe imporre l'acquisto di una licenza per qualunque contenuto musicale scaricato dalla rete).

QuickTime

Un altro dei plug-in più diffusi è il visualizzatore di video digitali nel formato *QuickTime* della Apple (**http://www.apple.com/quicktime/**), arrivato al momento in cui scriviamo alla versione 6. I file QuickTime possono contenere animazioni e clip video con audio incorporato. Anche in questo caso si tratta di un formato nato su piattaforma Macintosh, portato successivamente in ambiente Windows.

Accanto alla codifica digitale di immagini in movimento, QuickTime include una tecnologia che permette di simulare l'esplorazione interattiva di uno spazio tridimensionale (da cui il suffisso VR, *Virtual Reality*). In realtà non si tratta di un vero e proprio sistema di realtà virtuale; la scena infatti è costituita da una immagine panoramica che l'utente, usando il mouse, può scorrere, come se stesse seduto su una sedia girevole. In tal modo si ha l'impressione di trovarsi nel mezzo di un ambiente, e di guardarsi intorno. Inoltre è possibile anche applicare un effetto di zoom, che rende l'illusione di un movimento in avanti, anche se ovviamente determina un degrado nella qualità dell'immagine. Un ambiente QuickTime VR può contenere a sua volta anche dei link attivi, che possono rinviare ad altri ambienti o in generale ad altre pagine Web.

Il principale difetto di questo programma consiste nell'impossibilità di aprire i video inseriti in pagine Web nel client vero e proprio, così da poterne modificare le dimensioni di riproduzione (ad esempio portandole a tutto schermo). Troviamo poi molto discutibile la scelta di inserire d'autorità, nella barra delle applicazioni di Windows, l'icona del programma, e di forzare il precaricamento dell'applicazione a ogni avvio del computer (una operazione che lo rallenta) senza dare la possibilità all'utente di disabilitare queste funzionalità.

Fra i punti di forza dell'ultima versione, invece, il supporto per uno dei formati video più avanzati, MPEG-4, che garantisce un ottimo rapporto fra qualità video e dimensione dei relativi file.

Alcuni siti da visitare

Come si è già accennato parlando in particolare di RealOne Player, i siti che offrono servizi video e audio streaming sono molti, e aumentano costantemente. In alcuni casi si tratta di vere e proprie radio o televisioni che trasmettono in tempo reale; in altri si trovano registrazioni in differita. Talvolta i servizi offerti sono gratuiti, talvolta a pagamento. Per avere un elenco (parziale!) di queste risorse, consigliamo di visitare la *Real Guide*, all'indirizzo **http://home.real.com/**, oppure *WindowsMedia*.com, all'indirizzo **http://www.windowsmedia.com/**. Per quanto riguarda l'Italia, le 'emittenti' in formato Real sono numerose: tra queste – per chi dispone almeno di un collegamento ADSL – vale la pena citare *RAI Click* (**http://www.raiclick.rai.it/**), prodotto dalla RAI, che sebbene sia un sito tecnicamente piuttosto discutibile, ha dato il via al primo serio esperimento di *TV on demand* in Italia. Per quanto riguarda il mondo delle radio, sono interessanti i siti Internet di *RTL* (**http://www.rtl.it/**), che offre anche uno streaming in alta qualità per chi ha una connessione ADSL, *m2o* (**http://www.m2o.it/**), che punta molto sull'interazione con gli ascoltatori, e *Radio24* (**http://www.radio24.it**), una radio totalmente dedicata all'informazione (specialmente finanziaria). Non mancano su Internet le trasmissioni 'casalinghe' realizzate da appassionati. Anche noi abbiamo utilizzato lo streaming per inserire, sul sito Internet di questo libro (**http://www.laterza.it/internet/**), alcune recensioni audio e video alle precedenti edizioni di questo manuale.

Alta fedeltà in rete: MP3

Una delle innovazioni più interessanti che abbiamo visto affermarsi in questi ultimi tre anni nel campo della musica digitale, è lo standard per la codifica e decodifica MPEG Layer III, noto come *MP3*.

Questo nuovo formato ha raccolto subito ampi consensi grazie alla qualità audio garantita, simile a quella di un CD tradizionale, e alle dimensioni relativamente compatte dei file: un brano musicale in formato MP3 occupa in genere un dodicesimo dello spazio occupato dal medesimo brano in formato CD audio (WAV).

Le dimensioni ridotte dei file MP3[8] sono state determinanti per il successo dello standard, perché hanno finalmente consentito la fruizione di brani musicali in 'alta fedeltà' anche via Internet. Un modem recente (V. 90) è in grado di prelevare un brano MP3 della durata di 4-5 minuti in poco più di 15 minuti, una attesa tutto sommato accettabile. Sono state sviluppate anche delle tecnologie *streaming*, che consentono agli utenti dotati di connessione a Internet sufficientemente veloce, ad esempio ADSL, di ascoltare i brani MP3 senza attese. Da visitare a questo proposito il sito **http://www.shoutcast.com/**, che propone una lista di 'stazioni radio' MP3.

Come prevedibile, Internet è stata subito invasa da brani musicali in questo formato. Il panorama è molto variegato: troviamo sia brani di gruppi musicali 'emergenti', che considerano questo canale di distribuzione molto più accessibile ed economico di quelli tradizionali, sia

[8] Un brano audio, campionato stereo a 44.100 Hz, della durata di 4 minuti, occupa circa 3,6 Mb.

brani di musica classica, liberi da copyright, sia brani commerciali, distribuiti più o meno clandestinamente e visti con grande preoccupazione dalle case discografiche.

Inutile aggiungere che i siti dedicati a MP3 sono numerosissimi. Il più noto, e uno dei più completi, è probabilmente **http://www.mp3.com** (richiede una registrazione), ma vale senz'altro la pena citare anche **http://music.lycos.com/**, uno dei più completi motori di ricerca specializzati nella ricerca di brani audio.

Il software

Per ascoltare un brano MP3 potremo utilizzare un lettore portatile specializzato, come vedremo più sotto, oppure il nostro personal computer, purché dotato di scheda audio e del software adatto. I programmi disponibili sono numerosi: utile ricordare il già citato Windows Media Player e *Winamp*, uno dei primi *player* realizzati e tutt'ora senz'altro fra i migliori, prelevabile all'indirizzo **http://www.winamp.com/**.

Se oltre ad ascoltare brani MP3 vogliamo anche crearne, dobbiamo dotarci di un *encoder*, ovvero di un programma in grado di convertire, ad esempio, un file WAV in MP3, e magari anche di un *ripper*, ovvero di un programma in grado di estrarre la traccia audio dai CD. Esistono diversi programmi in grado di compiere queste operazioni, come ad esempio il *RealJukebox* della RealNetworks, **http://www.real.com/products/realjukebox/**, la stessa ditta che ha realizzato il noto *RealPlayer,* o *Music Match*, reperibile all'indirizzo **http://www.musicmatch.com/**.

Sempre ricorrendo a tali programmi, se disponiamo di un masterizzatore, possiamo compiere anche l'operazione inversa, cioè trasformare un brano MP3 in un file WAV da riversare su un CD audio (che potremo ascoltare su un qualunque impianto stereo). La natura digitale dei brani MP3 preserverà la qualità iniziale del brano, indipendentemente dal numero di passaggi e di trasformazioni operate (anche se, lo ricordiamo, la qualità dei file MP3 è leggermente inferiore a quella dei file WAV utilizzati dai CD audio). Proprio questa possibilità, assieme all'ormai larga diffusione dei masterizzatori (i dispositivi hardware in grado di scrivere CD in formato audio o CD-ROM), spiega in parte la notevole preoccupazione con la quale il mercato discografico guarda allo sviluppo di MP3.

L'hardware

Il successo di MP3 non si è fermato alle soluzioni software, ma ha prodotto una nuova generazione di lettori portatili. I principali vantaggi di questi nuovi prodotti consistono in una elevata autonomia (non avendo parti meccaniche in movimento, garantiscono una lunga durata delle batterie) e in una grande flessibilità: è infatti possibile riversare nel lettore, tramite collegamento al computer o – per alcuni modelli – a un impianto stereo, una qualsiasi successione di brani.

La scelta è ormai ampia: si va da modelli che memorizzano i brani su un vero e proprio hard disk interno, arrivando a una capacità di immagazzinamento notevole (modelli con hard disk da 40 Gb e dal costo di circa 600 euro sono in grado di archiviare ben 680 ore di musica in qualità 128 kilobit per secondo di musica, ovvero una qualità non lontana da quella dei tradizionali CD audio), ai più economici riproduttori che usano come supporto smart media, memory stick, CD-ROM e altri ancora. A questo proposito, paradossalmente, è forse proprio l'ampia gamma di supporti disponibili a disorientare gli utenti e frenare una ulteriore diffusione di questi apparecchi, se si può dire frenato il boom di vendite cui si assiste da qualche mese a questa parte.

Il concorrente Windows Media

Constatato il successo di MP3, e ascoltate le preoccupazioni delle case discografiche, la Microsoft ha deciso di varare un suo formato audio, con caratteristiche simili a quelle del formato MP3, ma con molti più accorgimenti tecnici finalizzati a 'blindare' il brano audio e a impedirne la duplicazione abusiva: il formato Windows Media (che assume vari suffissi, il più usato dei quali è WMA).

Allo scopo di favorirne la diffusione, la Microsoft ha integrato il pieno supporto a questo formato nel suo già citato Windows Media Player; ma affinché la strategia della nota software house statunitense abbia successo, occorre che l'intero ciclo di vita della musica digitale passi per canali protetti: è necessario che siano inattaccabili sia le fonti che distribuiscono i brani audio (ad esempio, i siti Internet dei negozi di musica digitale), sia i dispositivi che li riproducono, comprese le varie periferiche di lettura/scrittura e di input/output che li compongono (dagli hard disk ai masterizzatori, dalle porte USB alle FireWire). Questo processo di blindatura, ancora lontano dal compiersi perché richiede tutta una nuova generazione di computer, periferiche e lettori portatili, non ha mancato di sollevare polemiche e di suscitare la preoccupazione di chi vi vede una minaccia alla privacy e alla libertà degli utenti.

Il tempo ci dirà se la legittima preoccupazione delle case discografiche di tutelare i propri interessi commerciali sia davvero in conflitto con il nostro diritto alla privacy, o se non siano possibili alternative, magari grazie a una maggiore apertura mentale e strategie commerciali più innovative da parte di chi dirige le multinazionali dell'intrattenimento.

Alta qualità e formato aperto: Ogg Vorbis

In linea generale, e a parità di dimensione dei file, il formato Windows Media offre una migliore qualità audio di quella garantita dal formato MP3. Il carattere fortemente 'proprietario' del formato e le politiche della Microsoft in materia di gestione dei diritti incontravano tuttavia l'opposizione di molti utenti. Anche per questo è nato negli ultimi anni un nuovo formato, ancora relativamente poco diffuso ma molto apprezzato dagli 'audiofili di rete' più esigenti: si tratta del formato *Ogg Vorbis* (**http://www.vorbis.com/**), le cui specifiche sono state poste nel pubblico dominio e che è quindi liberamente utilizzabile (e migliorabile) da chiunque. Tale formato è supportato da un numero crescente di player, a partire da Winamp (nella versione 2.8), e consente lo streaming audio.

VRML: una promessa mancata?

Nell'immaginario della più recente letteratura di fantascienza, a partire almeno da *Neuromancer* di William Gibson, le reti di computer sono sempre state viste come ricchi ambienti tridimensionali in cui gli utenti si muovono virtualmente attraverso elaborati alter-ego digitali. La realtà, almeno per ora, è ben diversa, per quanto alcune sperimentazioni per creare in rete veri e propri spazi tridimensionali condivisi non manchino.

Le prime applicazioni di realtà virtuale in rete sono state costruite utilizzando VRML (*Virtual Reality Modelling Language*), il linguaggio di modellazione per la realtà virtuale ideato da Mark Pesce, Tony Parisi e Dave Raggett e promosso dalla Silicon Graphics, una delle massime industrie nel campo della grafica computerizzata.

L'idea di base è ambiziosa: creare in rete ambienti tridimensionali ai quali sia possibile collegarsi così come ci si collega a una normale pagina informativa su World Wide Web; ambienti che possano essere 'navigati' in maniera analoga a quanto accade in videogiochi 3D quali

Quake e Tomb Rider, nei quali sia possibile visualizzare gli altri utenti collegati insieme a noi e interagire con loro, e in cui, al posto dei legami ipertestuali realizzati rendendo attive zone di testo, vi siano legami ipermediali realizzati rendendo attivi oggetti (ed eventualmente personaggi) della scena.

Nella figura qui sotto vedete un mondo VRML interessante: la galleria virtuale del Philadelphia Museum of Art, che ospita una esposizione sulla 'Mademoiselle Pogany' di Brancusi. Naturalmente l'immagine bidimensionale presenta in maniera assai poco significativa una navigazione in un mondo 3D: vi consigliamo quindi di visitare direttamente il sito, all'indirizzo **http://www.narrativerooms.com/pogany/vr/index_a.html**.

Gli ideatori di VRML sapevano bene che trasmettere attraverso la rete immagini di ambienti tridimensionali, aggiornate secondo dopo secondo così come richiesto dalla necessità di rendere fluido e naturale il movimento, costituiva un compito lontanissimo dalle possibilità della Internet di allora (e anche della Internet odierna, per quanto sensibilmente più veloce). La soluzione adottata per ovviare al problema fu semplice: trasferire non già immagini ma sintetiche descrizioni geo-

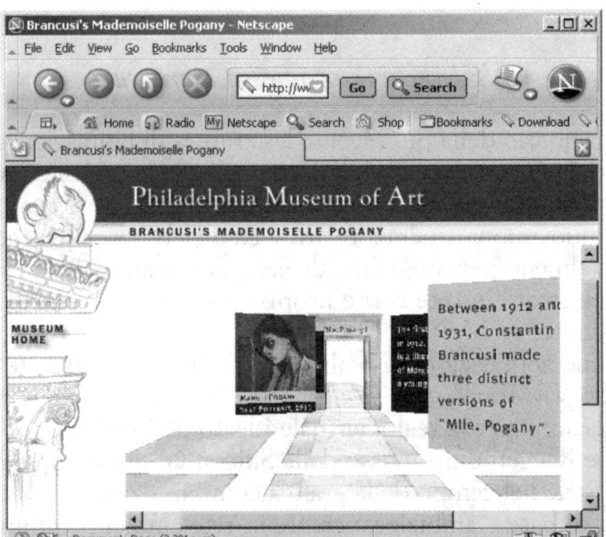

Figura 18 Un mondo VRML particolarmente interessante: le sale in realtà virtuale del Philadelphia Museum of Art

metriche dell'ambiente e degli oggetti che vi si trovano, lasciando al programma client, installato sul computer del singolo utente, il compito di tradurre queste descrizioni in immagini tridimensionali, in maniera non troppo dissimile da quanto fa ad esempio Netscape quando visualizza una pagina HTML sulla base delle indicazioni fornite dai codici di marcatura.

Perché il programma client possa correttamente interpretare le descrizioni dell'ambiente, queste devono evidentemente essere scritte in un linguaggio standard – ed è qui che entra in gioco VRML. In parte basato su *Open Inventor*, un linguaggio di descrizione grafica che era stato elaborato dalla Silicon Graphics, VRML comprende istruzioni per descrivere un certo numero di oggetti-base (ad esempio cubi, sfere, piramidi), la loro posizione rispetto agli assi cartesiani, posizione e intensità delle fonti luminose che li illuminano, caratteristiche di opacità o trasparenza delle superfici, e così via. A differenza di HTML, VRML non è dunque un linguaggio di marcatura (nonostante la sigla VRML sia nata come acronimo di Virtual Reality Mark-up Language), giacché non c'è nulla di simile al testo base che viene 'marcato' in HTML, ma un vero e proprio linguaggio di descrizione (per questo 'Modelling' ha poi sostituito 'Mark-up' nell'acronimo che scioglie la sigla). VRML comprende le istruzioni di base per rendere 'attivi' gli oggetti che si desidera collegare ad altre risorse informative in rete (siano esse pagine HTML, altri mondi VRML, file sonori, immagini, testi...). E la sintassi di queste istruzioni è assai simile a quella delle istruzioni corrispondenti in HTML.

In questa sede non possiamo naturalmente entrare nei dettagli tecnici di VRML; segnaliamo tuttavia, per gli interessati, due risorse al riguardo: il libro *The Annotated VRML Reference Manual*, di Rikk Carey e Gavin Bell e il sito Internet **http://www.web3d.org/** (o **http://www.vrml.org/**), promosso dal *Web3D Consortium*, una organizzazione impegnata nella creazione di una 'nuova generazione' degli standard per la realtà virtuale in rete, cercando di trarre beneficio dalle possibilità aperte da XML e dalle emergenti tecnologie.

Un nuova generazione di standard necessaria anche a rilanciare il progetto, che negli ultimi anni è cresciuto assai meno del previsto.

I client 3D

Come si è detto, per poter visualizzare un mondo VRML e navigare al suo interno è richiesto un programma client specifico, capace di interpretare la descrizione del mondo ricevuta attraverso Internet, di visualizzare l'ambiente tridimensionale, di aggiornare lo schermo in tempo reale in corrispondenza dei movimenti dell'osservatore (guidati dal mouse o dalla tastiera), e di reagire correttamente alla attivazione da parte dell'utente di collegamenti ipermediali.

L'arena dei browser VRML, dopo un primo periodo di espansione, si è assestata su pochi prodotti. Un indirizzo utile a seguire le ultime novità è il *Web3D Repository*, raggiungibile all'indirizzo: **http://www.web3d.org/vrml/browpi.htm**. Tra i programmi realizzati vale la pena menzionare *Webspace*, della Silicon Graphics, il primo 'vero' client VRML; *WorldView*, della InterVista Software, il primo disponibile per il grande pubblico in una versione per Microsoft Windows; *Cosmo Player* (non più aggiornato), per essere stato per qualche anno il più noto, e infine il *VRML Viewer 2.0*, il tentativo Microsoft di creare un visualizzatore di mondi VRML, un esperimento che tuttavia da qualche anno a questa parte sonnecchia.

Posta elettronica

Concetti di base

Avete dunque compiuto i primi passi sul Web, iniziando a esplorare il volto di Internet probabilmente più popolare e accattivante. Ma il Web non è certo l'unica funzionalità della rete, e del resto, come si è già accennato, la capacità di utilizzarlo in maniera efficiente ed efficace richiede diverse conoscenze ulteriori. Proseguiamo dunque l'esame sistematico delle varie funzionalità messe a disposizione da Internet, partendo da quella che, storicamente, è stata una delle prime e che resta sicuramente una delle più importanti: la posta elettronica, o *e-mail*. Tramite la posta elettronica è possibile scambiarsi in tempi estremamente ridotti sia messaggi di puro testo, sia – utilizzando gli opportuni strumenti – ogni altro tipo di file.

Indirizzo e casella postale

Condizione indispensabile per lo scambio di un messaggio attraverso la posta elettronica è che mittente e destinatario siano entrambi 'su Internet', dispongano cioè di un proprio 'indirizzo' (*e-mail address*).

L'indirizzo ci è di norma assegnato dal nostro fornitore di connettività, e corrisponde a una sorta di casella postale che è in genere ospitata dal sistema informatico al quale 'telefoniamo' nel momento di collegarci a Internet: in sostanza, uno spazio sul suo disco rigido, nel quale i messaggi che ci sono indirizzati vengono depositati automaticamente.

Questo significa, fra l'altro, che non c'è bisogno che il nostro computer sia sempre acceso e perennemente collegato a Internet, in attesa dei messaggi che ci potrebbero arrivare: è il computer del fornitore di connettività che si assume questo incarico per noi. Anche nei casi sempre più frequenti in cui disponiamo di un collegamento permanente alla rete (come accade ad esempio con i collegamenti ADSL), è di norma più semplice lasciare che sia qualcun altro, e cioè appunto il nostro provider, a occuparsi di installare e configurare un *mail server*, e cioè il programma-ufficio postale che si occupa dello smistamento della posta. Sul nostro computer sarà assai più semplice utilizzare un semplice *mail client*, una sorta di programma-postino, attraverso il quale ricevere e inviare i nostri messaggi. Sarà proprio il nostro mail-client che, oltre a permetterci di scrivere e inviare i nostri messaggi, controllerà nella nostra casella postale (sul server del provider) se c'è posta per noi: in sostanza, il computer di chi ci fornisce l'accesso a Internet funziona un po' da segreteria telefonica, ricevendo per noi i messaggi che arrivano e informandocene alla prima occasione.

I mail-client possono essere di due tipi: veri e propri programmi autonomi, installati sul nostro computer (l'esempio più diffuso – ma come vedremo non certo l'unico – è Microsoft Outlook), o programmi la cui componente principale risiede anch'essa sul sito del nostro fornitore di connettività, e che consentono di leggere e scrivere messaggi utilizzando un semplice browser Web come Explorer o Netscape. La prima soluzione è molto più potente, giacché un buon programma per la gestione della posta elettronica offre molte più funzionalità di quelle disponibili utilizzando un servizio via Web. La seconda è più flessibile, perché ci consente di consultare la nostra posta in qualsiasi momento e da qualsiasi computer che disponga di un collegamento alla rete, senza la necessità di programmi particolari (un browser Web è ormai presente in ogni computer).

Ma prima di esaminare a fondo queste due tipologie di strumenti, vediamo meglio come funziona la posta elettronica. E vediamolo cominciando dall'elemento più semplice: l'indirizzo e-mail.

La forma generale di un indirizzo di posta elettronica è la seguente:

```
nomeutente@nomecomputer
```

La parte di indirizzo alla sinistra del simbolo @ (detto 'chiocciola' o, con riferimento al suo significato all'interno di un indirizzo Internet, 'at') identifica l'utente in maniera univoca *all'interno del sistema informatico che ospita la sua casella di posta elettronica*. Di norma si tratterà del sistema informatico del provider che fornisce all'utente l'accesso a Internet; ma come si è accennato potrebbe anche trattarsi di un sistema esterno, ad esempio un servizio di Web-mail. Il nome utente potrà essere il nostro cognome (o nome e cognome), un codice, o un nomignolo che ci siamo scelti. L'importante è che non ci siano due utilizzatori *di quel sistema* con lo stesso identificativo. La parte di indirizzo a destra del simbolo @ identifica invece in maniera univoca, *all'interno dell'intera rete Internet*, il particolare sistema informatico presso il quale la casella postale dell'utente è ospitata, e corrisponde all'indirizzo simbolico dell'host. Quello degli 'indirizzi dei computer' è un tema molto importante per capire come funziona Internet: lo affronteremo in dettaglio nella sezione dedicata alle tecnologie di rete. Per ora, limitiamoci a osservare che l'indirizzo di un utente denominato 'Pippo' collegato all'host denominato giannutri.caspur.it sarà dunque

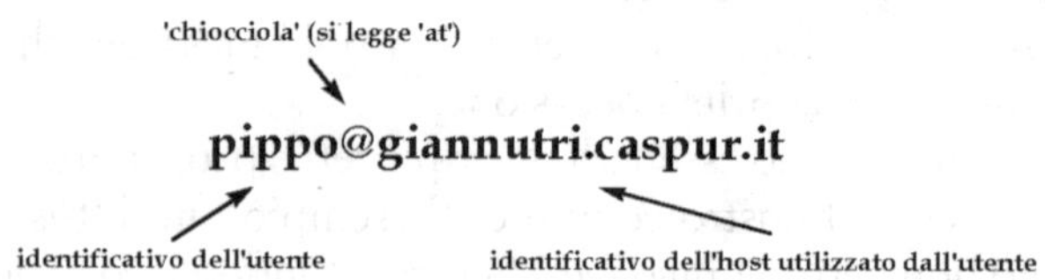

Figura 19 Un indirizzo Internet

Come è facile comprendere, la procedura appena descritta di 'costruzione' di un indirizzo di posta elettronica garantisce che esso identifichi univocamente l'utente all'interno dell'intera rete Internet.

Di norma il nostro indirizzo di posta elettronica ci viene indicato dal fornitore di connettività al momento di stipulare il contratto di abbonamento (o, nel caso di un fornitore istituzionale come un centro di calcolo universitario, al momento dell'attivazione amministrativa del nostro accesso). Se invece utilizziamo un servizio di posta su Web, creando il nostro indirizzo su siti come Hotmail o Yahoo mail (ne parleremo fra breve), la prima parte dell'indirizzo – e cioè il nome utente – corrisponderà al nome utente che scegliamo al momento dell'iscrizione, mentre la seconda parte, quella dopo la chiocciola, corrisponderà al servizio che utilizziamo (avremo così un indirizzo quale pippo@hotmail.com, o simili). In ogni caso sarà proprio l'indirizzo completo, quello che comprende sia la parte precedente sia quella successiva alla chiocciola, che dovremo comunicare ai nostri corrispondenti, e magari far stampare sul nostro biglietto da visita.

Le funzionalità di un programma client per la posta elettronica: Outlook Express

Come vedremo meglio in seguito, le operazioni da fare per spedire e ricevere messaggi di posta elettronica variano (anche se non molto) a seconda del tipo di programma che abbiamo scelto di utilizzare. Per usare la posta elettronica possiamo infatti ricorrere alle relative componenti di Netscape ed Explorer, oppure a programmi separati, nati apposta per questo compito, come Eudora, The Bat! o Incredimail, o ancora – come si è detto – a un servizio via Web. Nel seguito di questo capitolo torneremo su queste diverse possibilità, discuteremo la struttura di un messaggio e-mail e presenteremo alcuni usi avanzati della posta elettronica, come le liste di discussione. Prima però è opportuno vedere insieme, utilizzando a mo' di esempio un programma particolarmente semplice, come il programma stesso deve essere impostato per utilizzare il nostro indirizzo e-mail, e come compiere le operazioni più importanti: da un lato scrivere e spedire, dall'altro ricevere e leggere un messaggio. A questo scopo faremo riferimento a *Outlook Express*, che – essendo distribuito assieme a Internet Explorer ed essendo quindi compreso in tutte le più recenti versioni del sistema operativo Windows – è probabilmente il programma client più diffuso per la gestione della posta elettronica. Le funzionalità di base che esamineremo in questa sede, con riferimento a Outlook Express 6 per Windows XP, sono disponibili anche nelle sue versioni precedenti, nonché in tutti gli altri programmi di gestione della posta elettronica che abbiamo appena menzionato, e le modalità da seguire per il loro uso non sono troppo diverse.

La prima volta che si utilizza Outlook Express – come del resto qualsiasi altro programma di gestione della posta elettronica – occorre configurarlo; la configurazione del programma è dunque il primo passo che dobbiamo affrontare per poter spedire e ricevere messaggi. Ricordate che i parametri inseriti potranno essere modificati in ogni momento. Nel caso di Outlook Express la configurazione è guidata da una procedura interamente automatica, che si avvia quando utilizziamo per la prima volta un collegamento a Internet o quando utilizziamo per la prima volta il programma. Come accade spesso nel caso di programmi client da utilizzare su Internet, la configurazione è forse l'operazione più delicata da compiere: in caso di errore, infatti, non riusciremo a 'collegarci' con la nostra casella postale per ricevere o spedire posta. Se avete problemi, anche in questo caso il metodo migliore è quello per tentativi ed errori: provate a cambiare qualcosa, e siate pazienti.

Molto probabilmente, come accennavamo, vi troverete davanti alla procedura di configurazione del vostro account di posta elettronica al momento di impostare il vostro accesso a Internet, o al primo avvio del programma. In ogni caso, potete avviare la procedura anche manualmente: il primo passo è lanciare Outloox Express. Troverete la sua icona nel menu che si apre cliccando sul pulsante 'Start' di Windows XP, o all'interno della cartella 'Programmi' accessibile anch'essa attraverso il pulsante 'Start'.

Figura 20 L'icona di Outlook Express 6 in Windows XP

Una volta aperto Outlook Express, dovrete scegliere la voce 'Account' del menu 'Strumenti'

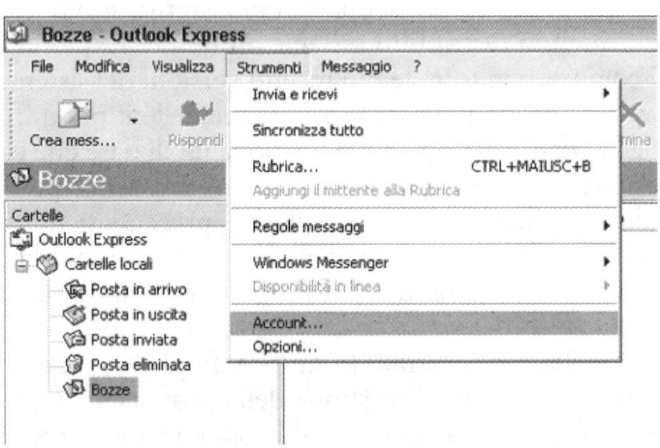

Figura 21 Outlook Express 6: per impostare o modificare i parametri di configurazione, occorre utilizzare la voce 'Account' del menu 'Strumenti'

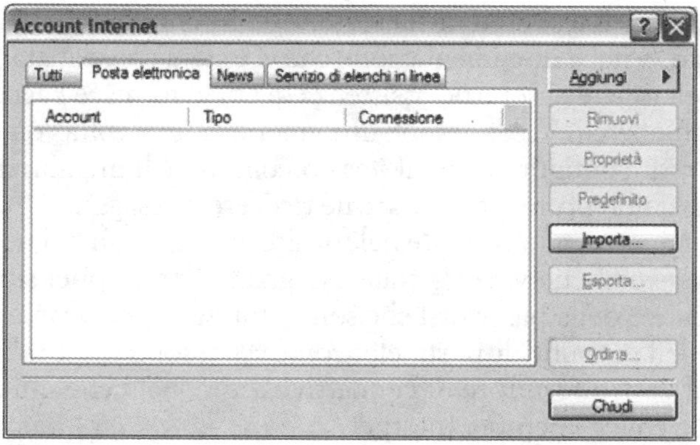

Figura 22 Outlook Express 6: da questa finestrella è possibile aggiungere o modificare le impostazioni di un account di posta elettronica

Si aprirà una nuova finestra, nella cui parte destra troverete il pulsante 'Aggiungi'. Cliccandolo, vi verranno offerte diverse opzioni. Voi sceglierete, naturalmente, 'Posta elettronica'.

La procedura vi chiederà a questo punto prima il vostro nome e cognome (potete inserire quello che volete: tenete presente che il nome e il cognome che avrete fornito compariranno accanto al vostro indirizzo di posta elettronica nei messaggi che spedirete) e poi il vostro indirizzo di posta elettronica (ne abbiamo parlato poc'anzi). Due risposte che non dovrebbero crearvi grosse difficoltà. Più problematica, invece, può risultare la richiesta successiva, quella relativa ai 'Nomi dei server della posta'. Di cosa si tratta? Abbiamo visto che molte operazioni relative alla distribuzione della posta elettronica vengono gestite per voi da un programma-ufficio postale, installato sul computer del sistema remoto che vi ha fornito l'indirizzo e-mail. In realtà, più che di un programma singolo si tratta di un insieme di moduli con scopi diversi. I moduli principali sono quelli che si occupano della ricezione dei messaggi in arrivo e della spedizione di quelli in partenza. Questi due moduli hanno nomi piuttosto enigmatici: quello che si occupa della posta in arrivo si chiama in genere *POP server* (POP vuol dire *Post Office Protocol*), quello che si occupa della posta in partenza – quella che spedite all'esterno – si chiama invece *SMTP* (*Simple Mail Transfer Protocol*). Ognuno di questi moduli ha un suo indirizzo. Ma come fate a sapere quali sono gli indirizzi del POP server e dell'SMTP server del sistema che utilizzate? Ebbene: questi dati vi devono essere forniti dal vostro fornitore di connettività:

probabilmente li troverete nella sezione 'assistenza' o 'configurazione' del suo sito, o nella documentazione che vi è stata consegnata. Se non li trovate, telefonate al servizio assistenza di chi vi fornisce l'accesso a Internet, e chiedeteli. Vi serviranno una volta sola (una volta completata la procedura di configurazione, il vostro computer li memorizzerà), ma senza di essi non potrete né inviare né ricevere messaggi.

L'ultimo passaggio consiste nel fornire al programma il nome utente e la password che vi sono state assegnate. Attenzione: si tratta del nome utente e della password che sono utilizzati specificamente per la gestione dell'account di posta elettronica: possono essere diversi (dipende dal vostro fornitore di connettività) da quelli che utilizzate per il semplice collegamento a Internet.

Outlook Express vi chiederà anche se desiderate memorizzare la password: potete marcare la relativa casella se il computer che utilizzate è sotto il vostro diretto controllo – ad esempio a casa vostra – e non c'è quindi il rischio che qualche 'ficcanaso' non autorizzato possa scaricare la vostra posta. Se il computer si trova invece in ufficio, o in un luogo pubblico, è meglio non impostare la memorizzazione della password: il programma ve la chiederà ogni volta, al momento di controllare la posta.

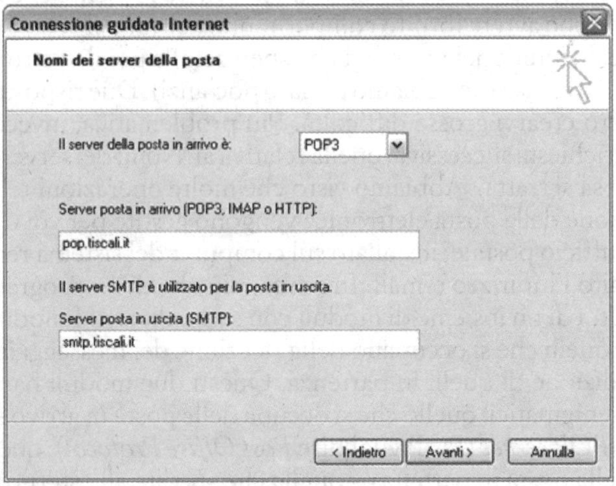

Figura 23 Outlook Express 6: la schermata della procedura di configurazione relativa ai Nomi dei server della posta. I dati che vedete si riferiscono a un account Tiscali; voi dovrete inserire quelli relativi al provider che ospita la vostra casella di posta elettronica

A questo punto, diamo un'occhiata alla schermata principale di Outlook Express.

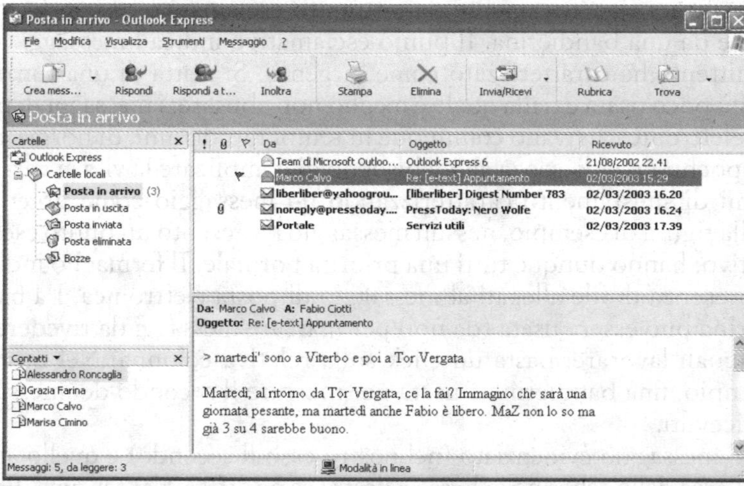

Figura 24 Outlook Express 6: la schermata della procedura di configurazione relativa all'indicazione del nome utente e della password

Come vedete, l'interfaccia del programma è basata su un menu, una pulsantiera (che consente di eseguire con un solo click del mouse le operazioni più frequenti) e quattro aree principali. La prima, in alto a sinistra, denominata 'Cartelle', offre una rappresentazione schematica del vostro 'archivio postale': una serie di cartelle (potete pensarle come raccoglitori) nelle quali andrete man mano ordinando i messaggi spediti e ricevuti. Potete crearne facilmente di nuove, in modo da suddividere nel modo per voi più comodo i messaggi ricevuti e quelli inviati, posizionandovi sulla cartella radice (o sulla sottocartella al cui interno volete operare) e scegliendo nel menu 'File' la voce 'Nuovo', sottovoce 'Cartella'.

L'area più ampia, in alto a destra, offre invece una lista dei messaggi compresi nella cartella che state prendendo in considerazione; assai spesso, si tratterà della cartella 'Posta in arrivo', nella quale sono automaticamente inseriti tutti i messaggi di posta elettronica che vi arrivano, fino a quando non li avrete 'evasi'. Guardiamo questa lista un po' più da vicino. I campi principali in cui è suddivisa sono

‘Da’ (il mittente del messaggio), ‘Oggetto’ (l’argomento, o titolo del messaggio) e la data in cui il messaggio è stato ricevuto dal server della posta in arrivo. Sulla sinistra sono presenti tre colonne più strette, identificate rispettivamente da un punto esclamativo, da un fermaglio e da una bandierina. Il punto esclamativo indica i messaggi che il mittente ha caratterizzato come ‘urgenti’. Si tratta di una funzionalità poco usata e della quale è meglio non abusare: i messaggi di posta elettronica arrivano comunque in tempi rapidissimi, di norma entro pochi secondi, senza alcun bisogno di complicare la vita ai vari sistemi di smistamento caratterizzando un messaggio come urgente. Nella figura di esempio, nessun messaggio ha accanto un punto esclamativo: hanno dunque tutti una priorità normale. Il fermaglio indica la presenza di file allegati al messaggio di posta elettronica. La bandierina può essere usata (da noi) per marcare messaggi da rivedere o sui quali lavorare: basta un click sulla relativa colonna. Nel nostro esempio, una bandierina è usata per marcare il secondo dei messaggi ricevuti.

Il messaggio evidenziato (nel nostro caso il secondo) è quello attivo: l’area dello schermo in basso a destra ce ne offre un’anteprima. Possiamo usare quest’area per leggere il messaggio, oppure possiamo aprirlo a tutto schermo con un semplice doppio click del mouse sulla riga relativa dell’elenco messaggi.

Infine, la piccola area ‘contatti’ in basso a sinistra offre una sorta di rubrica dei nostri corrispondenti. Per aggiungere un nuovo nome, basta fare un click del mouse sul triangolino nero accanto alla scritta ‘Contatti’ e scegliere, nel menu che comparirà, la voce ‘Nuovo contatto’. Per inviare un messaggio a una qualunque delle persone incluse nella rubrica contatti basterà un doppio click sul suo nome.

I pulsanti che si trovano nella barra alta sotto i menu dei comandi permettono, nell’ordine, di creare un nuovo messaggio, rispondere al messaggio evidenziato, rispondere al messaggio evidenziato inviando una copia della nostra risposta a tutti i destinatari del messaggio originale, inoltrare a qualche altro utente il messaggio evidenziato, stampare il messaggio evidenziato, cancellarlo, inviare e ricevere la posta, aprire in una finestra indipendente la rubrica dei contatti, trovare ‘in archivio’ un messaggio partendo dal mittente, dall’oggetto o da una parola che vi compare. Numerose altre funzionalità sono poi raggiungibili attraverso il menu superiore: per una loro descrizione rimandiamo all’aiuto in linea del programma, che può essere consultato in ogni momento – come accade nella grande maggioranza dei programmi per

Windows – premendo il tasto F1 o selezionando l'ultima delle voci di menu, identificata da un punto interrogativo.

Esaminati gli aspetti principali dell'interfaccia di Outlook Express (assai simile, come si è già accennato, a quella di molti altri programmi avanzati di gestione della posta elettronica), proviamo ora a vedere quali operazioni è necessario compiere per spedire un messaggio. Abbiamo visto che il pulsante da usare è il primo da sinistra. Premendolo, ci troveremo davanti all'equivalente elettronico di un foglio di carta da lettere, pronto per essere scritto (figura 25).

I campi 'A:' e 'Oggetto' servono, come è facile capire, a indicare il destinatario e l'oggetto del messaggio. Il campo mittente non serve: grazie alla configurazione iniziale, Outlook sa già chi siamo. Il campo 'Cc:' (copia carbone) serve a indicare gli indirizzi delle persone alle quali volessimo eventualmente spedire per conoscenza una copia del messaggio stesso. Con un click sull'iconcina di una rubrica aperta presente accanto ai campi 'A' e 'Cc' possiamo aprire la rubrica e selezionare dal suo interno i destinatari del messaggio. Se lo facciamo, scopriremo di avere a disposizione anche una categoria ulteriore di destinatari, identificati dalla sigla 'Ccn', ovvero 'copia carbone nascosta'. Se aggiungiamo dei destinatari nel campo Ccn, questi riceveranno una copia del messaggio senza che nessuno degli altri destinatari lo venga a sapere.

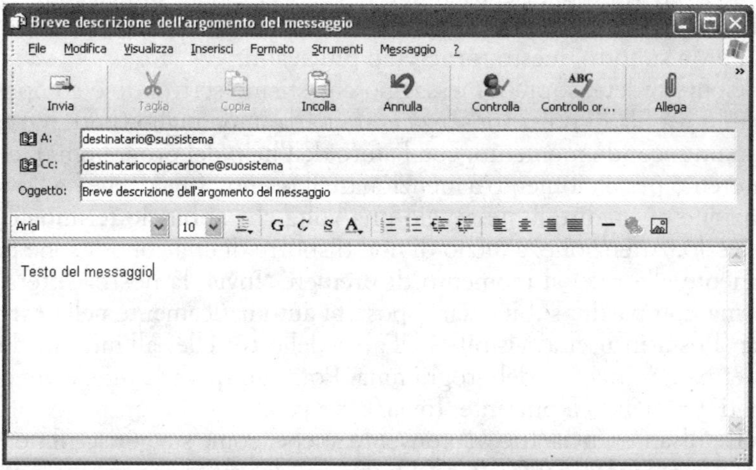

Figura 25 Il modulo per scrivere un messaggio di posta elettronica, in Outlook Express 6

Subito sopra l'area di testo del messaggio, sono presenti una serie di pulsantini familiari: assomigliano molto a quelli di un qualunque programma di videoscrittura, e consentono di 'formattare' il messaggio selezionando il tipo e le dimensioni del carattere e aggiungendo corsivi, grassetti, testo colorato, immagini, collegamenti ipertestuali. Tutte ottime cose, che però appesantiscono notevolmente il nostro messaggio. A meno di non averne bisogno, il nostro consiglio è di non utilizzare queste caratteristiche e di selezionare invece, nel menu 'Formato', la voce 'Testo normale'. Questo impone qualche sacrificio (ad esempio, per garantire la corretta visualizzazione del messaggio su qualunque tipo di sistema è meglio sostituire le vocali accentate con le corrispondenti vocali seguite da apostrofo), ma permette un invio e una ricezione più rapidi del messaggio, diminuisce lo spazio occupato sul nostro disco rigido dall'archivio dei messaggi, ed evita di intasare inutilmente le linee di rete facendovi transitare informazione superflua.

Tra i pulsanti, segnaliamo quello a forma di fermaglio: serve ad aggiungere al messaggio dei file allegati, ad esempio un documento Word o una fotografia. Ricordate però che è buona norma evitare di spedire in questo modo file troppo lunghi: allegati di dimensioni superiori a 1-2 Mb possono essere rifiutati da alcuni sistemi, e – a meno che entrambi i corrispondenti non dispongano di connessioni veloci alla rete, e che i relativi sistemi consentano allegati di grandi dimensioni – sarebbe meglio trasferirli utilizzando altri strumenti, quali il protocollo FTP. Ma su tutto questo torneremo più avanti.

Come vedete, sopra il messaggio che stiamo scrivendo è comparsa una nuova fila di pulsanti; senza esaminarla in dettaglio (potremo farlo in un secondo momento, con l'aiuto dell'help del programma), ci limiteremo per il momento a menzionare il primo, 'Invia', che ha l'ovvia funzione di spedire il messaggio una volta che abbiamo terminato di scriverlo. Attenzione: a meno di non disporre di una connessione permanente alla rete, al momento di premere 'Invia' la nostra lettera di norma non partirà subito: sarà spostata automaticamente nella cartellina 'Posta in uscita' visibile nell'area delle cartelle, all'interno della schermata principale del programma. Potremo spedirla, una volta collegati, premendo il pulsante 'Invia/Ricevi'.

Il pulsante 'Invia/Ricevi' consente anche, come suggerisce il nome, di ricevere i messaggi in attesa. I messaggi ricevuti compariranno nella cartellina 'Posta in arrivo' (i messaggi non letti vi compaiono in grassetto), e saranno elencati nella forma già vista sopra.

Oltre che attraverso il pulsante 'Crea messaggio', è possibile arrivare alla schermata di composizione di un messaggio di posta elettronica anche attraverso i pulsanti 'Rispondi' o 'Rispondi a tutti', una volta selezionato il messaggio al quale vogliamo rispondere. Come si è già accennato, la prima opzione ci permette di rispondere solo al mittente del messaggio originale, la seconda anche agli eventuali altri destinatari. In entrambi i casi non avremo bisogno di compilare il campo 'A:': i destinatari sono infatti ricavati automaticamente dal messaggio al quale stiamo rispondendo. Sempre automaticamente, il corpo del nostro messaggio potrà contenere la citazione completa di quello al quale rispondiamo, in modo da facilitare la costruzione di una 'risposta' precisa e puntuale: l'uso di questo tipo di citazioni all'interno della posta elettronica è assai frequente e può rivelarsi utilissimo, ma occorre non abusarne (talvolta, capita di ricevere messaggi che riportano decine e decine di righe di testo citato, con la sola aggiunta di una osservazione del tipo "sono d'accordo"!).

Una possibilità preziosa offerta dalle nuove versioni di Outlook Express è quella che consente di gestire più di una 'identità' di posta elettronica. In questo modo, persone diverse che utilizzino uno stesso computer possono conservare separatamente i propri messaggi, disponendo di un minimo di riservatezza (è possibile impostare una password per ogni identità, anche se il meccanismo utilizzato per l'archiviazione dei messaggi non è comunque tale da garantire una privacy assoluta). Per attivare nuove identità, basterà selezionare la voce 'Identità' del menu 'File': ovviamente, per ciascuna identità creata occorrerà passare per la procedura di configurazione che abbiamo già discusso. Un'altra voce del menu 'File', e cioè 'Cambia identità', ci consentirà di passare da un'identità all'altra. Ogni identità può inoltre disporre di più di un account di posta elettronica (questa funzionalità può essere utile, ad esempio, per distinguere un indirizzo e-mail di lavoro da uno personale). Per creare un nuovo account basterà eseguire una seconda volta la procedura di configurazione: il nuovo account verrà aggiunto automaticamente al precedente.

Per ogni identità si può anche configurare una 'firma' standard che Outlook Express aggiungerà automaticamente alla fine di ogni messaggio. Lo si fa dalla finestra che consente di controllare le (moltissime!) opzioni del programma, attraverso la voce 'Opzioni' del menu 'Strumenti'. La barra 'firma' di tale finestra permette di inserire il testo che desideriamo utilizzare: potremo in tal modo preparare una sorta di

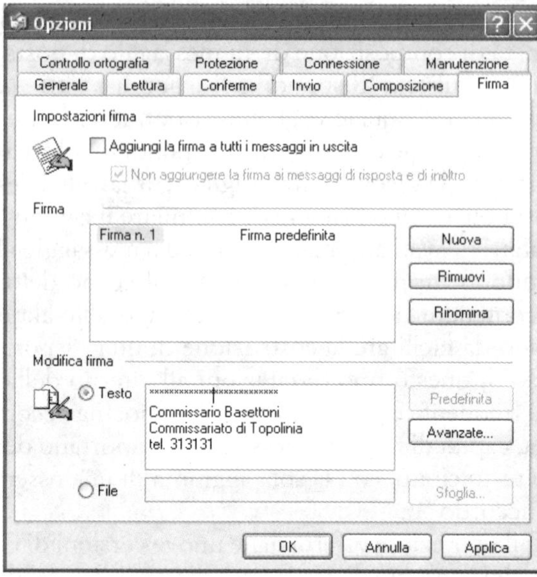

Figura 26 Come inserire una firma in Outlook Express 6

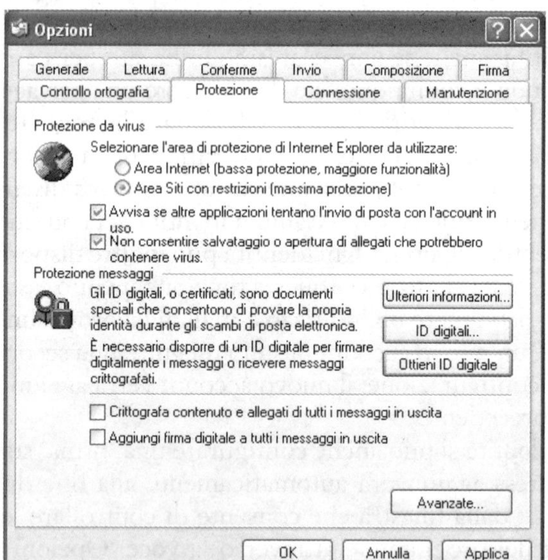

Figura 27 La scheda di gestione delle ID digitali in Outlook Express 6

'biglietto da visita' elettronico, comprendente, oltre al nostro nome, informazioni quali indirizzo, telefono e così via.

Questa firma, inserita in chiaro alla fine di un messaggio, non va confusa con un'altra, importante funzionalità: quella costituita dalla cosiddetta 'firma digitale'. La firma digitale non è un testo scritto ma una sorta di 'sigillo' elettronico che garantisce l'identità del mittente e, volendo, permette di crittografare un messaggio in modo che esso possa essere letto solo dal suo effettivo destinatario. Si tratta di due funzionalità molto importanti, in particolare in vista della progressiva – e già avviata – estensione dell'uso della posta elettronica all'interno della pubblica amministrazione e nei rapporti fra pubblica amministrazione e cittadini. Per sfruttarle, occorre creare preventivamente (una volta per tutte) le proprie 'chiavi' (o ID) digitali: un tema sul quale torneremo nel momento in cui parleremo di sicurezza e privacy in rete. Anche in questo caso occorre far ricorso alla voce 'Opzioni' del menu 'Strumenti'. La scheda da visualizzare sarà in questo caso quella relativa alla 'Protezione'.

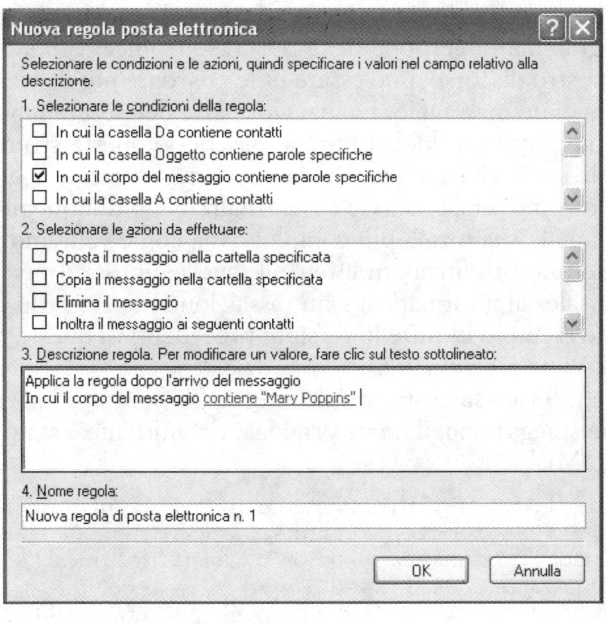

Figura 28 La creazione di filtri sui messaggi in Outlook Express 6. Nell'esempio, abbiamo deciso di cancellare automaticamente tutti i messaggi che parlano di Mary Poppins

Avviando la procedura di creazione di una ID digitale, viene automaticamente aperta dal browser una pagina che aiuta passo passo l'utente nelle operazioni necessarie, mentre la rubrica permette di associare, sia alla nostra scheda sia a quelle dei nostri corrispondenti, le relative chiavi o ID digitali.

Un'ultima funzione sulla quale può essere utile soffermarsi brevemente riguarda la possibilità di 'filtrare' i messaggi ricevuti: possiamo ad esempio scegliere di cestinare direttamente, senza neanche leggerli, i messaggi provenienti da determinati mittenti, o di rispondere automaticamente (una possibilità da usare sempre con una certa cautela!) ai messaggi provenienti da altri. Naturalmente, per poter sfruttare queste possibilità occorrerà impostare le relative regole: lo si fa dalla finestra di dialogo raggiungibile attraverso il menu 'Strumenti', voce 'Regole messaggi', sottovoce 'Posta elettronica'.

Come è fatto un messaggio di posta elettronica?

Abbiamo visto le funzioni fondamentali (e anche qualcosina in più...) di un programma di gestione della posta elettronica. Prima di proseguire nel nostro discorso, può essere utile guardare più da vicino la *vera* struttura di un messaggio. La maggior parte dei programmi 'moderni', come appunto Outlook Express, nasconde questa struttura, per non complicare la vita agli utenti. Ma noi siamo curiosi, e vogliamo capire meglio come funzionano le cose. Analizziamo dunque una lettera elettronica nella sua forma più completa, ma come vedremo per certi versi anche più 'primitiva': in effetti, il messaggio usato per il nostro esempio risale all'informaticamente assai lontano 1994 (lo abbiamo usato come esempio in tutte le versioni precedenti di questo manuale, e ormai ci siamo affezionati...).

I numeri di riga sulla sinistra del messaggio sono stati aggiunti per facilitare la spiegazione, il nome originale del mittente è stato sostituito con 'NOME'.

```
01 From ammi.mclink.it!hkucc.hku.hk!nome Mon Oct 3
02 1:24:16 1994 remote from ax433
03 Received: from hkucc.hku.hk by ammi.mclink.it id
04 aa24617; 3 Oct 94 1:24 CET
05 <01HHU06GJ7ME0020RP@hkucc.hku.hk>; Mon, 3 Oct 1994
06 Date: Mon, 03 Oct 1994 08:29:37 +0800
07 From: NOME@hkucc.hku.hk
08 Subject: Mesino
```

```
09 To: MC3430@mclink.it
10 Message-id: <01HHU06GJ7MG0020RP@hkucc.hku.hk>
11 X-Envelope-to: MC3430@mclink.it
12 X-VMS-To: IN%"MC3430@mclink.it"
13 MIME-version: 1.0
14 Content-transfer-encoding: 7BIT
15
16 Dear Gino,
17 I was interested to hear that Mesino takes the
18 cassatio/ungrounded approach, and wonder what he
19 would have made of the `strengthened' Liar. If you
20 could send me your papers about Mesino, I'd be
21 grateful.
22 Best wishes
23 (Firma)
```

Esaminiamo la lettera più da vicino.

La sezione iniziale, da riga 01 a riga 14, è chiamata 'header', intestazione (in italiano è a volte usato anche il termine 'busta'). Serve a identificare il messaggio e a fornire informazioni sulla sua spedizione, specificandone fra l'altro mittente (a riga 07), destinatario (a riga 09), oggetto (a riga 08), data e ora di invio (a riga 06), e la 'strada' che il messaggio ha percorso nella rete per arrivare dal mittente al destinatario, con l'indicazione delle principali tappe fatte e dei relativi orari di ricezione (da riga 01 a riga 04). La riga 10 fornisce un codice identificativo univoco del messaggio, le righe 11-14 forniscono ulteriori indicazioni delle quali in questa sede non ci preoccuperemo.

Il messaggio vero e proprio va da riga 16 a riga 23.

L'identificazione del mittente (riga 07) e del destinatario (riga 09) del messaggio è fatta utilizzando il loro indirizzo di posta elettronica (e-mail address).

Le informazioni che abbiamo visto in questo esempio (e spesso anche diverse altre) fanno parte di ogni messaggio di posta elettronica, anche se i programmi che usiamo per leggere e spedire i messaggi possono 'impaginarle' in forma diversa, e ometterne alcune considerate meno importanti per l'utente. Come abbiamo visto, di ogni messaggio fanno dunque parte due componenti distinte: il testo vero e proprio (l'informazione che il mittente vuole trasmettere al destinatario), e un insieme di *meta-informazioni* relative alla natura e alla spedizione del messaggio stesso. Questa distinzione fra informazioni e meta-informazioni tornerà molto spesso nell'uso di Internet, ed è bene abituarvisi da subito.

Un'ultima nota: questo messaggio, ormai quasi 'preistorico', scarno e sintetico, può sembrare molto diverso da un messaggio più recente, che magari utilizza caratteri colorati, link ipertestuali, immagini. Ma le informazioni che viaggiano su Internet sono sempre dello stesso tipo: una lunga catena di caratteri (o meglio: una lunga catena di 0 e 1 che codificano caratteri), 'impacchettata' e spedita seguendo criteri del tutto analoghi. Dobbiamo abituarci a svincolare l'aspetto esterno di un messaggio – che può dipendere dal programma usato per leggerlo, dal computer che stiamo adoperando, e da altri fattori accidentali – dal suo contenuto informativo.

Creazione di account gratuiti

L'uso di un qualunque programma di gestione della posta elettronica presuppone che l'utente disponga di un proprio indirizzo (collegato, come si è già detto, a una certa quantità di spazio su un disco rigido del sistema che fornisce l'indirizzo, spazio che fungerà da 'cassetta postale' per ospitare temporaneamente i messaggi in arrivo, fino a quando essi non vengano scaricati sul computer locale dell'utente) e dell'autorizzazione a usare i server per la posta in entrata e in uscita (POP server e SMTP server) messi a disposizione anch'essi dal sistema che ci ospita.

In molti casi, il sistema che ci fornisce l'indirizzo di posta elettronica e ospita la nostra cassetta postale è lo stesso che ci fornisce l'accesso a Internet: in sostanza, il computer remoto che si occupa della nostra posta fa capo allo stesso sistema (e talvolta è fisicamente lo stesso) del computer al quale 'telefoniamo' per collegarci alla rete. Capita spesso, però, che un collegamento alla rete sia usato da più persone: ad esempio, per collegare a Internet il computer di casa può essere stato stipulato un singolo contratto con un solo fornitore di connettività, ma il collegamento è poi usato da tre o quattro componenti diversi della famiglia. O ancora: a un ufficio è stato assegnato un singolo indirizzo, ma le persone che vi lavorano sono diverse. In una scuola o in un'università ci puo' essere il problema di consentire a tutti gli studenti di avere un indirizzo di posta elettronica, ma si dispone di un unico collegamento. In tutti questi casi, sarebbe comodo – sia per praticità, sia per motivi di privacy – che ogni utente potesse disporre di un proprio indirizzo di posta elettronica, anziché condividerne forzatamente uno.

Un'altra situazione che si può presentare frequentemente è quella di un utente che già disponga di un indirizzo di posta elettronica, e ne desideri un secondo per motivi di privacy, o per differenziare tipologie diverse di messaggi (ad esempio, posta di lavoro e posta privata).

Fortunatamente, la soluzione a questi problemi esiste. Ormai da diversi anni, numerose società operanti in rete offrono infatti la possibilità di creare gratuitamente account di posta elettronica. In cambio, ne ricavano pubblicità: sia in termini di immagine, sia vendendo spazi pubblicitari sulle pagine Web usate per gestire l'account e controllare la posta, sia, spesso, attraverso una o due righe aggiunte automaticamente a ogni messaggio spedito. Il mercato di questi account gratuiti di posta elettronica è cresciuto enormemente, e con esso la potenza e le funzionalità dei sistemi utilizzati per la creazione, la gestione e l'invio dei messaggi via Web.

Ormai, i servizi gratuiti di attivazione di indirizzi di posta elettronica sono centinaia, e c'è solo l'imbarazzo della scelta (un elenco – parziale – è consultabile nella sezione 'Free Email' di Yahoo!, all'indirizzo **http://dir.yahoo.com/Business_and_Economy/Business_to_Business/Communications_and_Networking/Internet_and_World_Wide_Web/Email_Providers/Free_Email/**). Ricordiamo che in questi casi viene fornito un indirizzo di posta elettronica e un determinato spazio per ospitare i messaggi in arrivo, ma non un accesso a Internet: si presuppone che l'utente ne disponga per altra via.

I servizi di posta elettronica gratuita si possono dividere in due grandi categorie: quelli (la maggioranza) che offrono la possibilità di controllare e spedire la propria posta solo attraverso pagine Web, e quelli (pochi, a meno di non pagare qualcosa) che offrono anche la possibilità di usare dei veri e propri client di posta elettronica, come quelli visti finora. In linea di massima, suggeriamo di orientarsi verso questi ultimi: il controllo della posta attraverso pagine Web è molto comodo se ci si trova spesso a utilizzare un computer 'volante' (ad esempio in un cybercafé all'estero) al posto di quello di casa o di ufficio, ma la flessibilità e la comodità di un vero e proprio client di posta elettronica, con tutte le sue funzionalità avanzate, e soprattutto con la possibilità di scrivere con calma messaggi fuori linea e con la disponibilità di un archivio 'sicuro' delle proprie mail, sono difficilmente rimpiazzabili da un servizio via Web. La scelta migliore è dunque a nostro avviso rappresentata da un servizio (possibilmente non troppo invasivo in termini di pubblicità) che offra la gestione via Web ma anche l'uso 'normale' di un POP server e di un SMTP server per la ricezione attraverso un programma client come Eudora, Outlook o Netscape Messenger. Un servizio italiano con queste caratteristiche è ad esempio Freemail di Supereva, raggiungibile all'indirizzo **http://www.supereva.it/email**. Anche gli account gratuiti che possono essere creati sul sito delle Poste Italiane (**http://www.poste.it**) permettono il controllo della posta via web o via client. Molti dei servizi che offrono account di posta elettronica gratuiti esclusivamente via Web, permettono comunque di trasformarli in account 'misti' (Web + ricezione 'normale' attraverso un POP server) dietro pagamento di una quota mensile o annuale.

Va anche ricordato che ormai da diversi anni – seguendo l'esempio pionieristico di Tiscali (**http://www.tiscali.it**) – la maggior parte dei fornitori di accesso a Internet offrono gratuitamente un account utilizzabile non solo per la gestione della posta elettronica, ma anche per collegarsi via modem alla rete, al solo prezzo di una chiamata urbana. Anche un account di questo tipo può naturalmente essere usato come comoda soluzione per disporre di indirizzi e-mail aggiuntivi.

Controllare la posta elettronica via Web

Abbiamo già accennato più volte alla progressiva diffusione dei servizi che consentono di controllare la posta, archiviare ed inviare messaggi utilizzando semplicemente un server web. Servizi del genere sono offerti praticamente da tutti i fornitori di connettività, gratuiti e a pagamento, e ormai anche da moltissime strutture aziendali e organizzazioni pubbliche e private. È molto probabile che, se disponete di un account di posta elettronica, disponiate anche della possibilità di controllarlo e gestirlo via web.

Le interfacce web per la gestione della posta elettronica sono innumerevoli, ma offrono tutte gli stessi servizi di base: la possibilità di controllare se sono arrivati nuovi messaggi, di leggerli, di cancellarli o archiviarli, di scrivere e inviare messaggi. Molti ormai dispongono anche di funzionalità avanzate, come la configurazione di filtri contro lo spam (ne parleremo fra breve) o la gestione di una rubrica dei vostri corrispondenti.

Ovviamente, il modo di usare queste funzionalità varia da sistema a sistema: non è quindi possibile dare indicazioni uniformi. Le interfacce sono comunque di norma semplici e assai intuitive, e non dovrebbero presentare particolari difficoltà (sono comunque quasi sempre presenti funzioni di aiuto e pagine di istruzioni). Un solo suggeri-

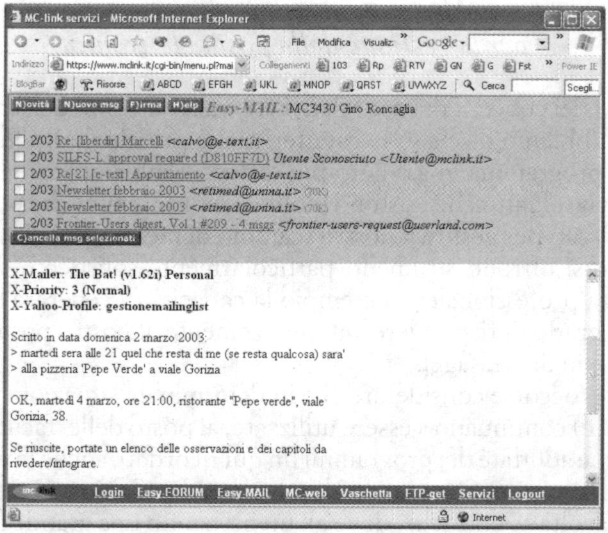

Figura 29 Gestione della posta elettronica via Web: lettura di un messaggio nel client web di MC-link

mento: anche se è molto comodo poter leggere la nostra posta da dovunque (un Internet Point, un albergo, la palestra, la casa di un amico...), teniamo conto che in alcuni casi questa operazione può avvenire da computer sui quali non abbiamo un diretto controllo, e che dopo di noi potrebbero essere usati da utenti curiosi o ficcanaso. Molti sistemi di web mail usano una serie di espedienti (rinnovo della richiesta di password dopo un certo periodo di inattività, impossibilità di tornare a una pagina già vista utilizzando il tasto 'Indietro' del browser...) per limitare questo rischio. Ma per precauzione, se vogliamo essere più tranquilli sulla nostra privacy – che su un computer gestito da altri non è comunque mai assoluta – ricordiamoci sempre di chiudere la sessione di lavoro sul sistema di web mail (è sempre presente un pulsante o un link che permette di farlo), di chiudere il browser e di svuotarne la memoria tampone (su Internet Explorer l'operazione si compie attraverso il pannello 'Generale' delle 'Opzioni Internet', selezionando il pulsante per la cancellazione dei file temporanei; su Netscape selezionando dal menu 'Edit' la voce 'Preferences', aprendo nelle preferenze la sezione 'Advanced' e scegliendo l'opzione 'Clear Memory Cache').

Altri programmi e strumenti per la gestione della posta elettronica

Parlando dei concetti di base relativi al funzionamento della posta elettronica, abbiamo discusso le caratteristiche principali di Outlook Express, il programma in assoluto più diffuso. Abbiamo anche accennato, tuttavia, al fatto che esistono molti altri programmi che possono essere utilizzati per gestire il nostro scambio di messaggi via Internet. Alcuni di essi offrono strumenti particolarmente sofisticati, destinati a un'utenza professionale: ad esempio la capacità di generare filtri complessi in grado di rispondere automaticamente al nostro posto ad alcune tipologie di messaggi.

Infine, occorre considerare che in determinate situazioni (in verità, ormai rare) continuano a essere utilizzate, al posto delle 'facili' interfacce grafiche adottate dai programmi fin qui ricordati, anche le vecchie interfacce a caratteri. Questo accade talvolta, ad esempio, nei centri di calcolo di facoltà scientifiche, dove gli utenti hanno una grande familiarità con gli strumenti informatici e preferiscono usare programmi dall'apparenza più spartana, che permettono tuttavia di risparmiare risorse di calcolo e garantiscono una grande stabilità delle applicazioni. Interfacce a caratteri permettono inoltre l'uso a distanza della posta elettronica anche nei paesi tecnologicamente meno avanzati, quando le risorse informatiche disponibili sono poche e relativamente primitive.

Nelle pagine che seguono, ci soffermeremo brevemente su alcuni fra i programmi più diffusi: *Microsoft Outlook*, che è un po' il fratello maggiore di Outlook Express ed è parte di Microsoft Office; *Netscape Mail*, ovvero il modulo per la gestione della posta elettronica di Netscape; *Eudora*, che è stato uno fra i primi client autonomi e rimane un programma abbastanza valido; l'ottimo *The Bat*! e il divertente e 'giocoso' *IncrediMail*. Non parleremo invece di interfacce a caratteri: chi fosse interessato a questo tema troverà le relative informazioni nelle edizioni precedenti di questo manuale, disponibili gratuitamente in rete.

Naturalmente, il lettore potrà scegliere fra le sezioni seguenti solo quelle che lo interessano direttamente, riservandosi di tornare sulle altre nel momento in cui ne avvertisse l'effettiva necessità. Il dato fondamentale da ricordare è che in ogni caso – qualunque sia il programma che si sta utilizzando – per configurarlo la prima volta saranno necessari i dati che abbiamo già discusso in precedenza e che devono essere comunicati dal fornitore di connettività: indirizzo di posta elettronica, username, password, indirizzi di POP server e SMTP server.

Microsoft Outlook

Al momento in cui scriviamo, l'ultima versione di Outlook è quella compresa nel pacchetto Office XP, denominata *Outlook XP*. La maggior parte delle indicazioni che forniremo si applica comunque anche alla versione precedente, Outlook 2000.

Le funzionalità di base offerte per la gestione della posta elettronica sono le stesse già viste nel caso di Outlook Express, e il vero punto di forza della versione completa del programma risiede nell'integrazione con gli altri prodotti del pacchetto e nelle funzionalità di pianificazione e gestione d'agenda. L'interfaccia del programma, nella sua configurazione standard, è quella rappresentata nella figura che segue: oltre alla tradizionale riga dei menu e alla pulsantiera, troviamo una prima fascia verticale che permette di selezionare la funzionalità che di volta in volta ci interessa. I pulsanti presenti in tale fascia verticale rispecchiano la pluralità di funzioni alla quale abbiamo appena accennato: le voci 'Attività' e 'Calendario' permettono di utilizzare Outlook XP come strumento (assai sofisticato) di pianificazione delle attività, e si integrano con la rubrica dei 'Contatti'. Quest'ultima, a sua volta, permette non solo di archiviare informazioni sui nostri corrispondenti e di inviare messaggi di posta elettronica ma anche – ad esempio – di invi-

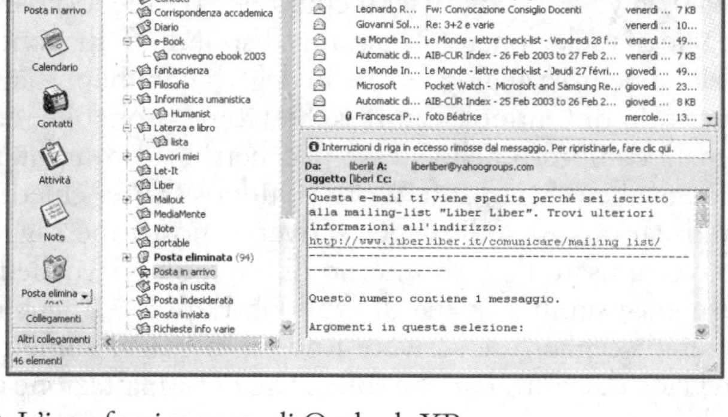

Figura 30 L'interfaccia utente di Outlook XP

tare automaticamente a una riunione (fisica o via videoconferenza) programmata attraverso il calendario un sottoinsieme dei nostri corrispondenti, di allegare a un contatto documenti e file, di personalizzare i campi della scheda aggiungendone di nuovi, e così via.

Naturalmente, in questo contesto la funzione che ci interessa più direttamente è quella della posta, e l'icona di riferimento nella colonna di sinistra è quella 'Posta in arrivo'.

Una seconda fascia verticale comprende l'elenco delle cartelle: oltre a quelle, standard, relative alla posta in arrivo e in uscita e alla posta eliminata, e alle ulteriori cartelle preimpostate relative alla posta spedita e alle bozze, possiamo creare – come in tutti gli altri programmi per la gestione della posta – cartelle personali che suddividano la nostra posta nel modo per noi più conveniente. Lo si fa attraverso il pulsante 'Nuovo' (cliccando sul triangolino nero alla sua destra), oppure – proprio come in Outlook Express – dal menu 'File', voce 'Nuovo', sottovoce 'Cartella'.

Il riquadro in alto a destra comprende l'elenco dei messaggi contenuti nella cartella selezionata (assai spesso, si tratterà della cartella 'Posta in arrivo'), presentati in un formato assai simile a quello già visto nel caso di Outlook Express. Come nel caso di Outlook Express, infine, il riquadro in basso a destra ci consente di dare una prima scorsa al testo dei singoli messaggi.

Per controllare se c'è posta per noi, useremo anche nel caso di Outlook XP il pulsante 'Invia/Ricevi' (o la voce 'Invia/Ricevi' del menu 'Strumenti'). Per scrivere un nuovo messaggio, possiamo usare il pulsante 'Nuovo' (oltre che a creare cartelle e nuovi messaggi di posta elettronica, se agiamo sul triangolino al suo fianco questo pulsante permette di scrivere anche fax, note, promemoria relativi ad appuntamenti, e così via), la voce 'Nuovo' del menu 'File', o, volendo rispondere a un messaggio già selezionato, i pulsanti 'Rispondi' o 'Rispondi a tutti', il cui funzionamento è analogo a quello degli omonimi pulsanti già esaminati parlando di Outlook Express. Se (come probabile, dato che il programma è compreso nello stesso pacchetto) sul computer che utilizziamo è installato Microsoft Word, Outlook XP ci chiederà se vogliamo utilizzarlo come editor per scrivere i nostri messaggi; in caso contrario, verrà usato l'editor interno di Outlook XP, dalle funzionalità di base assai simili a quelle di Outlook Express. Anche in questo caso, potremo scegliere se scrivere i nostri messaggi come testo normale, privi cioè di caratteristiche sofisticate di formattazione ma con la garanzia di occupare meno spazio e di assicurare una ricezione corretta da parte di tutti i destinatari, o come testo in HTML, con possibilità di formattazione assai più avanzate ma con un maggiore spreco di bit, o ancora in formato RTF, un formato di scambio utilizzato da tutti i principali programmi di videoscrittura. La scelta fra queste possibilità avviene all'interno della finestra di creazione del messaggio, selezionando la voce desiderata nel menu 'Formato'. L'inserimento di un file allegato avviene attraverso il familiare pulsante con l'icona di un fermaglio.

La rubrica di Outlook XP è, come si accennava, più sofisticata di quella di Outlook Express; vi si accede dalla voce 'Contatti' della barra verticale, o attraverso la voce 'Contatti' della barra delle cartelle, e permette una integrazione notevole con gli strumenti di pianificazione offerti dal programma. Sempre attraverso la rubrica, è possibile creare liste di distribuzione per l'inoltro automatico di uno stesso messaggio a più destinatari (una volta selezionato 'Contatti', voce 'Nuova lista di distribuzione' del menu 'Azioni').

Anche Outlook XP permette di 'autenticare' il proprio messaggio attraverso una firma digitale e/o di crittografarlo, attraverso le apposite voci della scheda 'Protezione' all'interno della finestra di 'Opzioni' (vi si arriva dal menu 'Strumenti'). Se siete nella modalità di controllo della posta elettronica, sempre nel menu 'Strumenti' la voce 'Creazione guidata regole' vi consentirà di creare – proprio come nel caso di Outlook Express – filtri assai sofisticati per eliminare messaggi indesiderati o compiere determinate azioni in seguito alla ricezione di un messaggio; gli utenti con qualche pratica di programmazione potranno poi divertirsi a creare vere e proprie macro, o programmi in Visual Basic per scopi particolari. Un'altra funzionalità sulla quale può essere utile richiamare l'attenzione è fornita dalla voce 'Organizza' del menu 'Strumenti', che permette di riorganizzare in maniera automatica la distribuzione dei messaggi all'interno delle cartelle.

Infine, una parola sugli strumenti per ricercare e archiviare i nostri messaggi. La ricerca sull'insieme dei messaggi ricevuti (o su quelli contenuti in una singola cartella o in un gruppo di cartelle) è possibile attraverso il pulsante 'Trova' presente nella pulsantiera. Cliccandovi, si apre subito sopra l'elenco dei messaggi una sottile barra all'interno della quale digitare il testo da cercare, o attraverso la quale attivare la funzionalità di ricerca avanzata. Consigliamo sempre di utilizzare quest'ultima: come si vede dalla figura 31, consente un controllo estremamente raffinato su cosa vogliamo cercare, e dove.

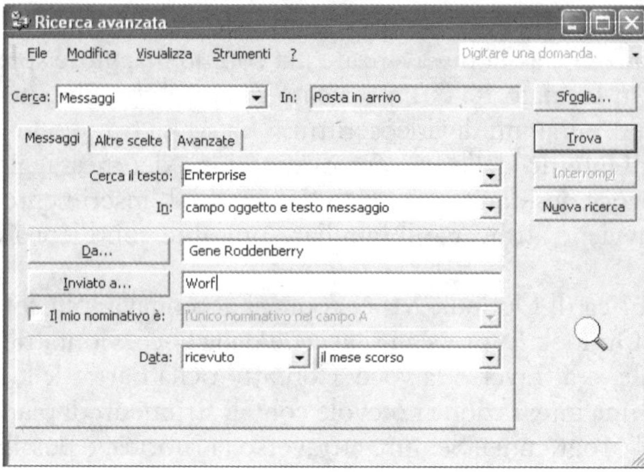

Figura 31 La ricerca avanzata fra i messaggi di Outlook XP

Quanto all'archiviazione, è bene innanzitutto sapere che il file archivio che contiene i vostri messaggi di posta elettronica si chiama Outlook.pst: lo potrete trovare utilizzando l'opzione 'Cerca' o 'Trova' dal menu 'Start' di Windows, e svolgendo una ricerca per nome di file. Ovviamente – dato che contiene tutta la vostra posta – si tratta di un file prezioso: non cercate di aprirlo con programmi diversi da Outlook, e fatene spesso delle copie di sicurezza. Dato che come abbiamo visto la posta elettronica è utilizzata sempre più spesso anche come strumento per l'invio di file (sotto forma di allegati), la dimensione di questo file può crescere molto rapidamente. Per questo, Outlook vi chiederà di tanto in tanto di procedere all'archiviazione automatica, che sposterà i messaggi più vecchi (ed anche gli appuntamenti più vecchi nel vostro calendario) in un file diverso, denominato 'Archive.pst'. Il meccanismo non è proprio intuitivo, e va detto che non è troppo piacevole affidare la nostra posta a un sistema di file un po' criptici e in formato proprietario: sarebbe senz'altro preferibile che la gestione degli archivi di posta fosse più trasparente e più semplice. In ogni caso, anche del file 'Archive.pst' sarà bene fare spesso delle copie di sicurezza. Se cercate messaggi molto vecchi, che il sistema ha archiviato e che non sono quindi più disponibili nelle cartelline in cui li avevate collocati, potrete recuperarli aprendo manualmente il file archivio: lo si fa dal menu 'File', voce 'Apri', sottovoce 'File di dati di Outlook'. L'archivio, suddiviso in cartelle, comparirà nell'elenco cartelle di Outlook.

Netscape Mail

Fin dalle sue prime versioni, anche Netscape comprende un modulo integrato per la gestione della posta elettronica, che – oltre a quelle di base – offre numerose funzionalità avanzate, compresa la possibilità di filtrare automaticamente i messaggi. Il modulo, denominato *Netscape Mail*, viene automaticamente installato assieme alla versione completa di Netscape (al momento in cui scriviamo, si tratta della versione 7.02), scaricabile gratuitamente dall'indirizzo **http://download.netscape.com/**. Di Netscape 7 non è per ora disponibile una versione italiana: faremo quindi riferimento ai comandi di quella inglese (è probabile che la versione italiana sia disponibile nel momento in cui leggete queste pagine: non dovreste comunque incontrare particolari difficoltà nell'adattarvi le nostre indicazioni)

Per utilizzare Netscape Mail, il primo passo consiste naturalmente nella configurazione dei soliti dati essenziali: indirizzo di posta elettronica e nome dell'utente, indirizzi di POP server e SMTP server. Lo si può fare attraverso una procedura guidata che si apre la prima volta che viene lanciato il programma, oppure, dall'interno del modulo della posta, selezionando la voce 'Mail & Newsgroup Account Settings' del menu 'Edit'. Vediamo brevemente quest'ultima procedura, che può essere utilizzata in qualunque momento anche per cambiare i dati.

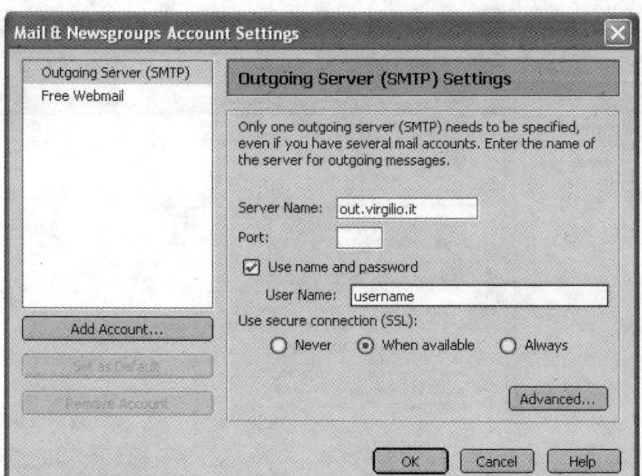

Figura 32 Configurazione di Netscape Mail 7: indicazione del server SMTP

La prima informazione che viene chiesta riguarda il server della posta in uscita. La relativa schermata – che vedete nell'immagine precedente – permette di inserire il nome del server SMTP, la porta utilizzata (lasciate tranquillamente questo dato in bianco, a meno di non aver ricevuto indicazioni particolari dal vostro provider), e il nome utente. Di norma, quest'ultimo dato può essere omesso (e si può quindi evitare di spuntare la casella 'Use name and password'): la maggior parte dei provider infatti permette di utilizzare il proprio server della posta in uscita senza una procedura di autenticazione. Ciò si spiega con il fatto che il sistema sa già chi siete, dato che è proprio attraverso il vostro provider che siete collegati a Internet. Il discorso cambia, ovviamente, se volete utilizzare l'SMTP server di un sistema diverso da quello attraverso il quale siete collegati a Internet: in questo caso dovrete fornire anche nome utente e password

Una volta forniti i dati relativi al server SMTP, dovrete premere il pulsante 'Add Account' per fornire tutti gli altri: la procedura vi guida passo passo.

Vediamo adesso come funziona la gestione vera e propria della posta elettronica, partendo dalle due funzionalità di base: la ricezione e l'invio di messaggi. La finestra principale di Netscape Mail è riportata nella figura 33.

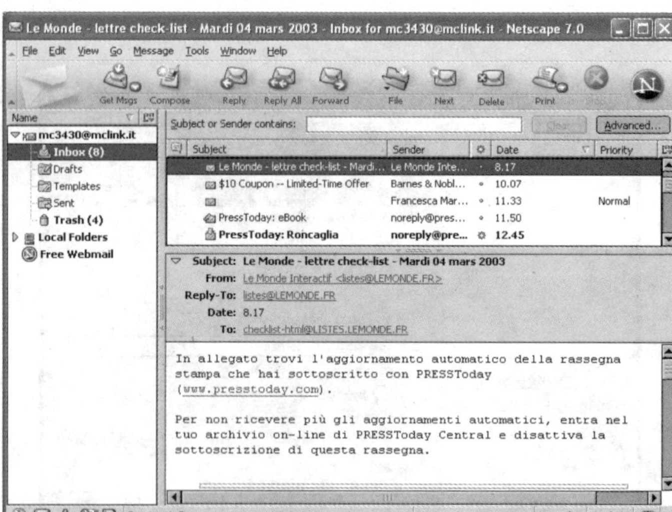

Figura 33 Netscape Mail 7: schermata principale

Come si noterà, l'interfaccia ricorda molto da vicino quella già vista nel caso degli altri programmi fin qui considerati. Vi troviamo barra dei menu, pulsantiera, e tre riquadri (frame) comprendenti rispettivamente: nel frame di sinistra un elenco delle cartelle nelle quali sono organizzati i messaggi (del quale fanno parte automaticamente le cartelle 'Inbox', per i messaggi in arrivo, 'Drafts' per le bozze di messaggi non ancora spediti, 'Sent' per i messaggi spediti, 'Trash' per quelli cancellati, 'Templates' per i modelli di messaggio); nel frame superiore di destra un elenco dei messaggi conservati nella cartella selezionata; nel frame inferiore di destra, un'anteprima del messaggio selezionato. I pulsanti compresi nella barra superiore permettono, nell'ordine, di ricevere la posta in giacenza ('Get Msgs'), scrivere un nuovo messaggio ('Compose'), rispondere al mittente ('Reply') o al mittente e a tutti gli altri destinatari ('Reply all') del messaggio selezionato, inoltrarlo ('Forward') a un altro destinatario, archiviarlo in una cartella, passare al messaggio successivo (fra quelli non letti), cancellare o stampare il messaggio corrente, e infine (l'icona con la 'X') interrompere il caricamento o la spedizione dei messaggi.

L'elenco dei messaggi contenuto nel frame superiore destro è organizzato in colonne verticali; la prima serve – volendo – a organizzare i messaggi ricevuti in 'thread' (catene) accomunate da uno stesso argomento: in sostanza, il programma genera automaticamente 'famiglie' di messaggi con lo stesso subject, o che siano l'uno la risposta all'altro. La seconda colonna comprende l'oggetto ('Subject') del messaggio, la terza permette di distinguere i messaggi letti (pallino piccolo) da quelli non letti (pallino verde), ed eventualmente di marcare come non letto un messaggio letto, o viceversa (basta fare click col mouse sul pallino corrispondente), la quarta riporta il mittente. Seguono colonne per la data e l'ora, il livello di priorità (se non compare nulla, si tratta di messaggi con priorità normale), lo status (sarà indicato, ad esempio, se abbiamo risposto al messaggio, o se lo abbiamo reindirizzato a qualcun altro), la lunghezza del messaggio, il numero di messaggi non letti e complessivi che compongono una determinata catena. Inoltre, una bandierina arancione può essere usata come marcatore ('flag') per raggruppare messaggi, e ad ogni messaggio può essere assegnata una etichetta o 'Label' (lo si fa cliccando col tasto destro sulla riga del messaggio) che ci ricordi cosa dobbiamo farne; i messaggi possono anche essere colorati diversamente a seconda delle loro caratteristiche (messaggi urgenti, messaggi ai quali dobbiamo rispondere, messaggi che richiedono una qualche azione particolare...). Normalmente, non tutte queste colonne sono visibili: potete scegliere quelle che vi sembrano più comode attraverso un click sul triangolino grigio rovesciato presente nell'ultima casellina a destra della riga comprendente i nomi delle colonne (subito sopra la barra di scorrimento verticale, utilizzata per scorrere i messaggi ricevuti).

Come si è accennato, per ricevere la posta in attesa sul server del nostro fornitore di connettività basta il solito click sul pulsante 'Get Msgs' (ma si può usare anche la voce 'Get New Messages' del menu 'File', o premere la combinazione di tasti Control-T). La posta ricevuta sarà parcheggiata nella cartella 'Inbox', in attesa di essere letta ed eventualmente smistata in altre cartelle (per creare cartelle in cui smistare i messaggi si usa la voce 'New', sottovoce 'Folder', del menu 'File').

Per spedire un nuovo messaggio, il pulsante da usare è 'Compose' (in alternativa, si può usare la voce 'New', sottovoce 'Message', del menu 'File'). Si aprirà una finestra come quella riportata nella figura seguente, le cui funzionalità principali sono assolutamente intuitive. Anche in questo caso, è assai semplice allegare al messaggio dei file: basta usare il pulsante 'Attach', caratterizzato dall'abituale icona di un fermaglio, e selezionare all'interno del nostro disco rigido il file o i file che vogliamo allegare.

Netscape Mail è in grado, come tutti gli altri programmi dei quali ci occupiamo, di ricevere e inviare messaggi scritti usando il linguaggio

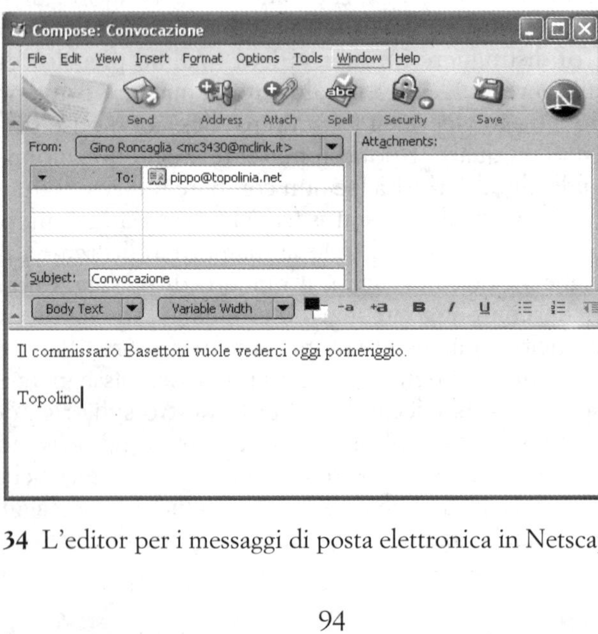

Figura 34 L'editor per i messaggi di posta elettronica in Netscape Mail 7

HTML. Questo significa che potete dare ai vostri messaggi un aspetto ben più accattivante di quello tradizionale, cambiando ad esempio dimensioni, colore e tipi di carattere, inserendo immagini, ecc. Per farlo, la finestra di creazione di un nuovo messaggio mette a disposizione tutti i pulsanti ai quali ci ha abituato il nostro programma di videoscrittura: corsivi, grassetti, sottolineature, scelta del font, e così via. Sarà poi il programma a 'convertire' tutto questo in HTML, senza alcun intervento da parte nostra. In termini un po' più tecnici, questo significa che Netscape Mail include le caratteristiche di un vero e proprio editor HTML in modalità WYSIWYG ('What You See Is What You Get'). Il che non deve stupire, dato che il modulo di gestione della posta eredita queste caratteristiche da Composer, l'editor HTML integrato in Netscape (ne parleremo nell'Appendice B). Come si è già accennato, le possibilità aperte dall'uso di HTML nella creazione di messaggi di posta elettronica, pur se affascinanti, vanno usate con una certa cautela: il messaggio infatti risulterà più pesante, occuperà più spazio negli archivi della posta vostri e dei vostri corrispondenti, impiegherà più tempo per essere ricevuto e trasmesso, e potrebbe non essere visualizzato correttamente da utenti che disponessero di sistemi particolarmente 'primitivi'. Per scrivere messaggi di posta elettronica 'normali', che non utilizzino le funzionalità avanzate di HTML, occorre selezionare l'opzione 'Convert the message to plain text' all'interno della scheda di preferenze relativa a 'Mail & Newsgroups', sottovoce 'Send Format': alle preferenze si arriva dal menu 'Edit', voce 'Preferences'.

Come risulterà già chiaro da quanto visto finora, in Netscape Mail ritroviamo molte delle funzionalità avanzate che abbiamo già incontrato in Outlook Express e Outlook XP. In particolare, il programma dispone di una buona rubrica degli indirizzi ('Address book': vi si arriva attraverso il relativo pulsante nella finestra di composizione del messaggio, o la voce 'Address book' del menu 'Window'), e della possibilità di impostare filtri sui messaggi (lo si fa attraverso la voce 'Message Filters' del menu 'Tools'). Nella finestra di composizione del messaggio, il triangolino sotto il pulsante 'Security' (o la selezione della voce 'Security' all'interno del menu 'Options') permette di aggiungere al messaggio una firma digitale che ne garantisca la provenienza, o di crittografarlo: due possibilità anch'esse già incontrate parlando dei programmi di casa Microsoft, e sulle quali torneremo più ampiamente in seguito. Infine, una segnalazione merita la funzionalità di ricerca dei messaggi ricevuti o archiviati: quella basata su mittente e oggetto, possibile attraverso la casella posta sopra l'elenco dei messaggi, è rapidissima, mentre la ricerca avanzata (il relativo pulsante è subito a destra del campo per la ricerca di base) è estremamente flessibile.

Eudora

Eudora, della Qualcomm (**http://www.eudora.com**), è uno dei programmi di posta elettronica più 'anziani' e per molto tempo ha conteso ai moduli mail di Microsoft e Netscape il dominio del settore. Negli ultimi anni, tuttavia, la fama di Eudora si è un po' appannata. Il programma resta comunque assai valido, ed ha fra i propri punti di forza la facilità d'uso. Al momento in cui scriviamo, l'ultima versione disponibile è la 5.2, che consente la scelta fra tre modi di funzionamento del programma: a pagamento (la registrazione costa circa 40 dollari), sponsorizzata (con tutte le funzionalità della versione a pagamento, ma con spazi pubblicitari nell'interfaccia utente) e 'lite' (gratuita e senza pubblicità, ma limitata nelle funzioni).

La configurazione di Eudora avviene al primo avvio del programma, attraverso un modulo che consente di impostare tutti i dati ormai familiari: nome utente, password, POP e SMTP server. Alla finestra di configurazione si arriva anche dal menu 'Tools', voce 'Options'. In quest'ultimo caso le opzioni di configurazione sono molto più numerose, e consentono un 'controllo fine' del programma davvero notevole. Per fare solo un esempio, è possibile impostare Eudora in modo che legga ad alta voce mittente e oggetto di ogni nuovo messaggio in arrivo, o impostare font diversi per la lettura di un messaggio sullo schermo e per la sua stampa sulla stampante. È anche possibile impostare etichette ('labels') personalizzate, caratterizzate da colori diversi, da applicare a piacere ai messaggi per distinguerli secondo i criteri per noi più comodi.

La finestra principale di Eudora è anch'essa altamente personalizzabile, ma nella sua forma standard non è troppo dissimile da quella già vista nel caso degli altri programmi fin qui considerati. Le aree nelle quali è normalmente divisa la finestra del programma sono tre: l'albero delle caselle postali (sulla sinistra), l'elenco dei messaggi presenti nella cartella evidenziata (sulla destra in alto), e infine (sulla destra in basso) il testo del messaggio corrente. Attraverso le linguette inferiori, l'area di sinistra può visualizzare, anziché l'albero delle caselle postali, l'elenco di file e directory presenti nel proprio disco rigido, l'elenco delle 'firme' che possono essere allegate automaticamente ai messaggi di posta elettronica (è possibile definirne più di una), un elenco di messaggi-modello (di facile creazione, un messaggio-modello è molto comodo quando ci si trova a spedire spesso messaggi dal contenuto analogo), e una lista delle proprie 'identità' postali, cioè degli account di posta elettronica dei quali si dispone e che possono essere controllati in successione dal programma (nella modalità gratuita non sponsorizzata il programma permette invece di gestire un unico account di posta elettronica).

Le funzioni dei pulsanti e dei menu sono piuttosto intuitive; in particolare, il quarto pulsante (che rappresenta una lettera in arrivo) serve a controllare la presenza di nuova posta, e il quinto (una lettera con riflesso brillante) serve a scrivere un nuovo messaggio. Una funzione curiosa di Eudora è l'indice dei... peperoncini rossi. In base a un'analisi del testo del messaggio, Eudora segnala automaticamente (con un numero di peperoncini rossi che va da uno a tre) quelli con contenuto 'piccante' o offensivo. Molto probabilmente si tratta di 'spam', cioè di pubblicità indesiderata, spesso relativa a siti pornografici. Pubblicità che in questo modo può essere evidenziata ed eliminata più rapidamente. Nella schermata che segue, ad esempio, il primo messaggio è caratterizzato da due peperoncini, ed è effettivamente un messaggio di spam pornografico (sul tema dello spam torneremo comunque in seguito). Il meccanismo funziona solo sui messaggi in inglese.

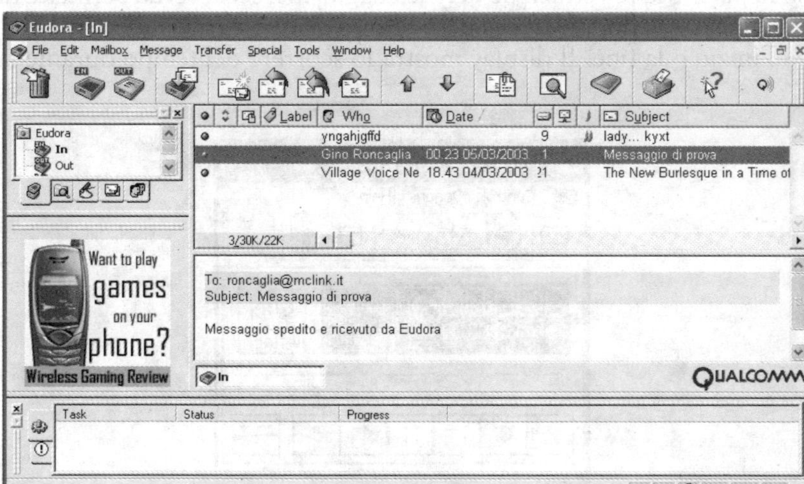

Figura 35 La schermata principale di Eudora 5.2 in versione sponsorizzata

Eudora comprende molte delle funzionalità avanzate che abbiamo già visto in Outlook e Netscape Mail: può creare sofisticati filtri per la gestione automatica della posta, comprende una rubrica per l'organizzazione dei dati relativi ai nostri corrispondenti, e permette di creare e visualizzare messaggi in HTML a formattazione complessa. Inoltre, Eudora è in grado di gestire messaggi crittografati utilizzando lo standard più diffuso per lo scambio sicuro via web, ovvero il Secure Socket Layer (SSL). Una segnalazione particolare merita la funzione di ricerca di testo sui messaggi presenti in archivio, davvero ottima: è possibile impostare ricerche complesse anche attraverso l'uso combinato di operatori booleani, trasformando il nostro archivio di messaggi in una vera e propria banca dati interrogabile a piacimento.

Un'altra caratteristica interessante di Eudora è la possibilità di spedire in maniera assai semplice messaggi vocali, tramite il modulo 'Pure-Voice' che fa parte delle componenti incluse nella distribuzione del programma. L'installazione del modulo avviene automaticamente (a meno di non deselezionare l'apposita casellina) nel momento in cui installiamo Eudora. L'uso è semplicissimo: per collegare un brano audio a un normale messaggio di posta elettronica, occorrerà innanzitutto cliccare sul pulsante 'Pure Voice', che aprirà la finestrella di registrazione. L'uso dei comandi principali di tale finestra è assolutamente intuitivo: come in qualunque registratore, il pulsante con il cerchio rosso fa partire la registrazione del messaggio, la freccia verde permette di ascoltarlo, e le doppie frecce permettono di muoversi velocemente verso l'inizio o la fine. Il display mostra lo scorrere del tempo durante la

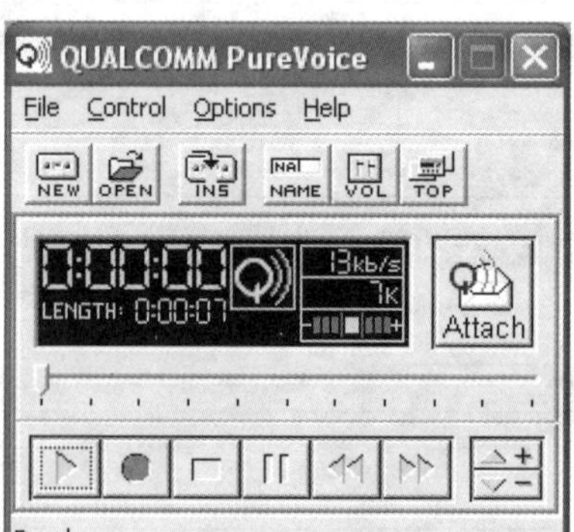

Figura 36 La finestra del programma Pure Voice, fornito di serie con Eudora

registrazione. Il pulsante ‘Attach’ permette di collegare il brano sonoro a un messaggio di posta elettronica.

Attenzione però: per poter ascoltare il nostro messaggio, chi lo riceve deve disporre egualmente del programma Pure Voice: si può scaricare gratuitamente il modulo di registrazione/riproduzione, che può essere utilizzato per ascoltare i messaggi anche da chi non dispone di Eudora, all’indirizzo **http://eudora.qualcomm.com/purevoice**.

The Bat!, IncrediMail e altri programmi per la gestione della posta elettronica

Oltre a quelli fin qui ricordati, esistono numerosissimi altri programmi per la gestione della posta elettronica: un elenco aggiornato può essere ricavato da qualsiasi mirror di TuCows (ad esempio quello presente all’indirizzo **http://tucows.mclink.it/**), nella sezione ‘Internet’, sottosezione ‘E-mail Tools’, categoria ‘E-mail Clients’.

Fra i vari programmi disponibili, ci sembra che due meritino una particolare segnalazione. Innanzitutto *The Bat!*: è un programma shareware (costa 25 dollari per studenti, 35 dollari per utenti privati e 45 per utenti commerciali) per Windows dalle dimensioni relativamente contenute (la versione completa dei moduli internazionali ‘pesa’ meno di 4 Mb: l’ideale per computer portatili nei quali non vi sia troppo spazio a disposizione). Nonostante questo, The Bat! comprende funzionalità in grado di fare invidia a molti dei suoi fratelli ‘maggiori’: gestione di account di posta elettronica multipli, gestione dei messaggi direttamente sul server (senza la necessità di scaricarli sul proprio computer locale), possibilità di configurare filtri assai sofisticati e sistemi di risposta automatica ai messaggi, supporto multilingue con visualizzazione dei messaggi anche se essi includono caratteri diversi da quelli compresi nell’alfabeto latino, visualizzazione dei messaggi ricevuti attraverso una barra scorrevole (ticker) che può essere tenuta sullo schermo anche a programma chiuso, possibilità di integrarsi con PGP (ne parleremo in seguito, nel capitolo dedicato alla sicurezza e alla privacy) per generare messaggi crittografati o autenticati attraverso firma digitale, capacità di gestire liste di utenti, capacità di utilizzare modelli per i messaggi inviati più di frequente, e soprattutto un’ottima resistenza ai virus. The Bat! infatti – pur essendo in grado di visualizzare messaggi in HTML – non usa tutti quei moduli proprietari di casa Microsoft (in primo luogo il visualizzatore HTML di Explorer) che si sono rivelati storicamente i più vulnerabili agli attacchi. La home page del programma è all'indirizzo **http://www.ritlabs.com/the_bat/**. Al momento in cui scriviamo, la versione disponibile è la 1.62r.

L'altro strumento di gestione della posta elettronica che vogliamo segnalare si chiama *IncrediMail* (**http://www.incredimail.com**). Il programma – disponibile anche in italiano – è gratuito, ma durante l'uso propone alcuni banner pubblicitari, per fortuna non troppo intrusivi. Ne esiste una versione priva di pubblicità e con alcune funzioni aggiuntive, che costa 30 dollari.

A differenza di The Bat!, nel caso di Incredimail l'accento non è sulle funzionalità sofisticate e sulla compattezza ma sulla 'spettacolarità' dell'interfaccia e dei messaggi. Davanti a messaggi che sfruttano intensivamente colori, immagini, suoni, molti 'puristi' storceranno il naso. E confessiamo di condividere anche noi alcune di queste perplessità: IncrediMail non è certo fatto per risparmiare banda o per generare messaggi leggeri ed efficienti. Gli utilizzatori intensivi della posta elettronica faranno bene a tener presente che gli archivi dei messaggi spediti

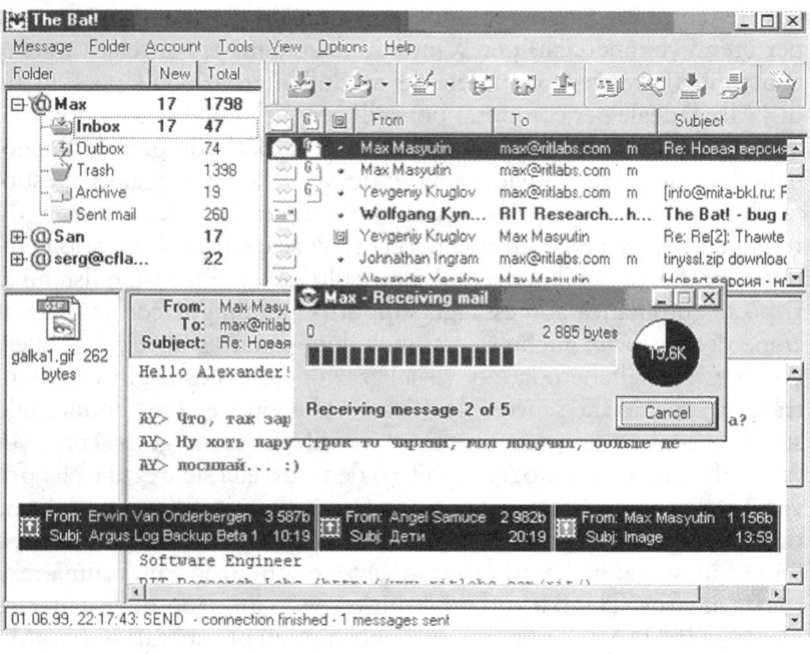

Figura 37 Piccolo ma potente: The Bat!

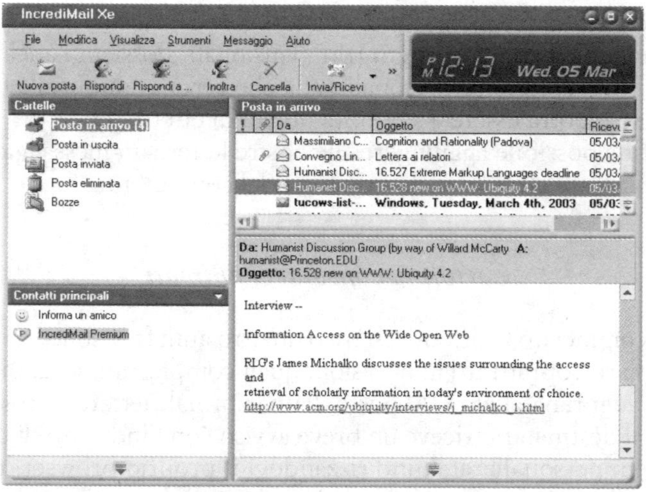

Figura 38 Per chi ama giocare: IncrediMail

e ricevuti possono facilmente raggiungere dimensioni poco maneggevoli. E tuttavia il fascino di IncrediMail è indubbio, soprattutto per gli utenti più giovani, o per chi non vuole rinunciare a un aspetto 'giocoso' anche nella gestione della propria posta.

L'installazione di IncrediMail è semplicissima, e se l'utente dispone già di un altro programma di gestione della posta, IncrediMail è in grado di importare automaticamente la relativa configurazione. Altrimenti basterà seguire la procedura guidata, che richiederà i soliti dati: nome, indirizzo e-mail, server SMTP e POP, e password per l'accesso. Anche l'interfaccia del programma dovrebbe risultare abbastanza familiare, essendo organizzata in maniera assai simile a quella di Outlook Express: menu, pulsantiera, e quattro aree principali: le cartelle della posta, i messaggi ricevuti, l'anteprima del messaggio selezionato e la rubrica dei contatti.

Le caratteristiche peculiari di IncrediMail si notano fin dal primo messaggio ricevuto: a informarci dell'arrivo di nuovi messaggi è infatti un compassato maggiordomo in livrea, che entra dalla destra dello schermo e ci porge il messaggio in un piatto d'argento. Se preferiamo, possiamo sostituirlo con un piccione viaggiatore, una fanciulla in costume da bagno o con uno qualunque di diversi altri personaggi animati. Al momento di comporre un nuovo messaggio, accanto a una finestra di scrittura abbastanza tradizionale si aprono menu animati che ci permettono di scegliere sfondi colorati, icone e faccine animate, suoni di accompagnamento, effetti tridimensionali. Possiamo anche creare una firma calligrafica personalizzata, che verrà aggiunta alla fine del messaggio e potrà essere a sua volta dotata di effetti 3D.

È infine possibile aggiungere alle nostre lettere un messaggio vocale, da registrare attraverso il microfono del computer.

Cartoline e messaggi animati

Hanno cominciato a diffondersi tre o quattro anni fa, e sono rimasti assai popolari (soprattutto in occasioni quali compleanni, festa di S. Valentino, auguri natalizi...). Al posto di una normale lettera di posta elettronica, il destinatario riceve un breve avviso con l'indirizzo di una pagina Web 'personalizzata': indirizzandovi il proprio browser, troverà una cartolina, in genere animata e con sottofondo musicale. I siti che permettono di creare e spedire cartoline elettroniche di questo tipo sono ormai numerosissimi, ma il più popolare (e uno dei più ricchi nell'offerta di modelli di cartoline per tutte le occasioni) resta il veterano *Bluemountain* (**http://www.bluemountain.com**). È possibile utilizzarlo gratuitamente (con una scelta fra un numero limitato di cartoline) oppure attraverso un abbonamento annuo di 14 dollari. Esistono comunque moltissimi altri siti che permettono di spedire cartoline elettroniche in maniera totalmente gratuita: scorrendo la categoria di Yahoo! **http://dir.yahoo.com/Entertainment/Virtual_Cards** se ne troveranno davvero per tutti i gusti. Dal canto nostro, segnaliamo l'ambientalista *E-cards* (**http://www.e-cards.com**) e il francese *Casterman* (**http://bd.casterman.com/ecards**), le cui cartoline elettroniche utilizzano la grafica davvero notevole dei fumetti di qualità pubblicati dall'omonima casa editrice.

Anche il popolare programma ICQ (lo presenteremo in seguito, parlando di comunicazione in tempo reale) permette nelle sue ultime versioni di preparare e spedire cartoline via Web.

I rischi della posta elettronica: virus e spam

Una delle più diffuse preoccupazioni riguardanti l'uso della posta elettronica è quella di poter ricevere attraverso di essa un qualche insidioso virus informatico, in grado di distruggere tutti i dati conservati sul nostro disco rigido. Si tratta di una preoccupazione fondata? Per capirlo, ricordiamo brevemente che un virus è un programma, spesso annidato all'interno di un programma 'portatore' dall'apparenza innocua, che una volta lanciato esegue azioni più o meno dannose: si va dalla comparsa di scritte sullo schermo al danneggiamento di file e alla cancellazione di dati, fino alla modifica delle porzioni del disco rigido che contengono una sorta di 'indice' del suo contenuto, rendendone assai difficile il recupero. Un virus, comunque, può danneggiare solo l'informazione presente sul disco rigido o su floppy, e non le componenti fisiche del nostro computer. Anche se gli istituti di ricerca hanno catalogato alcuni virus per Macintosh e Linux, il problema dei virus riguarda soprattutto il mondo Windows (i cosiddetti macrovirus – ai quali faremo cenno fra breve – possono però in alcuni casi 'migrare' da una piattaforma all'altra).

Essendo un programma, un virus non può mai essere trasmesso attraverso un puro messaggio 'testuale' di posta elettronica. Un messaggio testuale è dunque sempre sicuro. Il vero rischio è invece dato dai file che possono essere collegati al messaggio, i cosiddetti *attachment*, e dai messaggi in HTML. Possiamo dividere in due grandi categorie i virus che possono diffondersi attraverso gli attachment a messaggi di posta elettronica: programmi eseguibili dall'apparenza innocua (uno dei primi virus di questo tipo era contenuto in un programma che apparentemente si limitava ad aprire una finestra con fuochi d'artificio e gli auguri di buon anno), in genere caratterizzati dall'estensione .exe o .scr, e macrovirus, collegati ad esempio a documenti Word o Excel. Quanto ai virus collegati a messaggi in HTML, essi sfruttano il fatto che una pagina HTML può contenere porzioni di codice 'attive' (come gli script). Attraverso l'uso 'maligno' di questa caratteristica, il messaggio può essere costruito in modo da svolgere azioni potenzialmente pericolose sul computer del destinatario.

Per difendersi dal primo tipo di virus basta in genere un po' di attenzione: non lanciate mai senza precauzioni programmi eseguibili collegati a messaggi provenienti da persone che non conoscete, e guardate con un qualche sospetto anche i messaggi che sembrino provenire da vostri conoscenti, ma che abbiano un'apparenza strana (perché mai il mio morigerato capoufficio, notoriamente incapace di spiccicare una parola in qualunque lingua straniera, mi dovrebbe mandare un messaggio in inglese che promette, con un click del mouse sul documento in attachment, una ricca lista di siti porno?). Con un'astuzia degna degli alieni di un film di fantascienza di serie B degli anni '50, infatti, alcuni virus 'rubano' gli indirizzi contenuti nel programma di gestione della posta elettronica presente sul computer infetto e li usano per 'spedire' proprie repliche ai corrispondenti dell'ignaro proprietario, che si troverà così nello scomodo ruolo dell'untore involontario e inconsapevole.

Dal canto loro, i macrovirus sfruttano il fatto che molti dei programmi più diffusi – e in particolare Word ed Excel – possono far uso delle cosiddette *macro* per automatizzare una serie di operazioni di uso frequente. Istruzioni macro possono essere salvate all'interno di normali documenti Word (o tabelle Excel): in questo caso, chi apre il documento in questione potrà trovarsi a eseguirle automaticamente. Il rischio, naturalmente, è che le macro (che possono, ad esempio, modificare i menu del programma, rendere inaccessibili alcune funzioni, o addirittura cancellare documenti) facciano danni anziché svolgere compiti utili. Accorgersi dei macrovirus può essere a volte difficile: in passato, documenti 'infetti' sono stati addirittura diffusi (naturalmente in maniera inconsapevole) da siti ufficiali quali quello del Ministero degli Esteri! Per fortuna, le ultime versioni di Microsoft Office offrono una discreta protezione contro i macrovirus, avvisando sempre della presenza di macro e permettendo di disabilitare l'esecuzione di macro 'insicure'. Questo ha portato a una riduzione del numero di macrovirus in circolazione, rispetto ai 'picchi' registrati alla fine degli anni '90.

In aumento, invece, sono i virus 'nascosti' in una e-mail che faccia uso di codice HTML. Ad aggravare il problema è il fatto che in questi casi spesso basta l'anteprima automatica del messaggio, offerta da molti programmi di gestione della posta elettronica, per avviare il virus.

Come proteggersi? In Windows, è innanzitutto sempre opportuno non 'abbassare' le opzioni di protezione previste nella linguetta 'Protezione' della finestra di 'Opzioni Internet' (la si raggiunge dal pannello di controllo o dal menu 'Strumenti' di Internet Explorer).

In generale, tuttavia, la migliore difesa contro ogni tipo di virus, proveniente o no da Internet, è installare sul proprio computer un buon antivirus e tenerlo aggiornato. Nella sezione antivirus di un buon sito di programmi shareware, come il già ricordato *TuCows* (voce 'Security', sottovoce 'Antivirus Scanners'), o nei CD allegati alla maggior parte delle riviste di informatica in edicola, sono presenti numerosi antivirus in grado di controllare automaticamente la posta elettronica che riceviamo e di offrire un ottimo livello di protezione: ricordiamo fra gli altri gli antivirus McAfee (**http://www.mcafee.com**), Norton (**http://www.nor-**

ton.com), F-prot (**http://www.f-prot.com**), Panda (**http://www.pandasoftware.com**). Attenzione, però: ricordatevi sempre di abilitare la funzione di aggiornamento automatico dell'antivirus, o di procedere all'aggiornamento manuale almeno una volta la settimana. Ogni antivirus, infatti, deve essere periodicamente informato sui nuovi 'ceppi virali' identificati dai ricercatori. Utilizzare un programma antivirus che non sia stato aggiornato negli ultimi mesi riduce notevolmente il livello di sicurezza: è come se nel vaccinarci contro l'influenza ricorressimo al vaccino dell'anno precedente!

Due parole, infine, su un tipo di 'virus' in genere poco pericoloso ma decisamente fastidioso: i messaggi che informano dell'esistenza di pretesi e inattaccabili nuovi virus, suggerendo di diffondere l'avviso fra i vostri conoscenti e magari di cancellare dal computer questo o quel file. Nove volte su dieci, questi messaggi sono fasulli (il virus è il messaggio!) e i file che vi viene suggerito di cancellare sono file di sistema magari non indispensabili ma comunque utili. Prima di prendere anche solo in considerazione un messaggio del genere (si chiamano *hoax*, bufale), controllate sempre sul sito di un buon antivirus. Un elenco di hoax è alla pagina **http://vil.mcafee.com/hoax.asp.**

I messaggi pubblicitari che sommergono la vostra casella di posta elettronica esaltando le virtù di questo o quel prodotto miracoloso, pubblicizzando siti pornografici sempre e singolarmente gratuiti o casinò e lotterie on-line dalle vincite stratosferiche, o ancora proponendo vantaggiosi affari sul filo della legalità con personaggi altolocati di un qualche paese africano (non cascateci!), pur non essendo virus rappresentano anch'essi un fastidio non da poco. Tecnicamente questi messaggi vengono detti *spam*, termine derivato da una famosissima 'gag' dei Monty Python basata sul nome (e sulla pubblicità) di una nota marca americana di carne in gelatina, prodotto distribuito massicciamente e dalle assai dubbie virtù gastronomiche.

Il primo interrogativo che un utente si pone davanti a un messaggio di spam è in genere "come diavolo avranno fatto a ottenere il mio indirizzo?". Ebbene, esistono decine di strade diverse che possono aver portato il vostro indirizzo nelle mani degli 'spammers'. Potete ad esempio averlo aggiunto in un messaggio inviato in un forum web (esistono programmi in grado di 'catturare' automaticamente indirizzi e-mail all'interno di una pagina o di un sito web); oppure può darsi che abbiate registrato – fornendo il vostro indirizzo di posta elettronica – il prodotto di un'azienda con pochi scrupoli o con una cattiva politica di privacy; o ancora che abbiate risposto (magari col miraggio di un concorso) a un questionario in rete che aveva in realtà lo scopo di raccogliere un indirizzario di utenti. Può darsi perfino che abbiate semplicemente chiesto la vostra cancellazione da un indirizzario (avete presenti le rassicuranti parole presenti in tanti messaggi di spam: "se non vuole più ricevere comunicazioni da noi, mandi una mail con scritto solo 'rimuovi' a questo indirizzo"? Ebbene, molto spesso la vostra risposta non solo non servirà a interrompere la spedizione di mail pubblicitarie, ma fornirà una preziosa conferma che il vostro indirizzo e-mail è ancora attivo).

In questa situazione, si può certo raccomandare una certa attenzione nel diffondere all'esterno il proprio indirizzo di posta elettronica, ma si deve anche avere la consapevolezza che – a meno di non voler diventare assolutamente paranoici – è probabile che prima o poi qualunque utente 'normale' della rete sia destinato a diventare bersaglio degli spammer.

Come difendersi, allora? Un primo rimedio consiste nell'uso dei filtri presenti in tutti i migliori programmi di gestione della posta elettronica. Individuate le parole e le espressioni più comuni presenti nei messaggi di spam che ricevete (ovviamente deve trattarsi di parole e espressioni che non vi aspettate di incontrare in un messaggio di posta elettronica proveniente da uno dei vostri corrispondenti abituali), e istruite il vostro programma a cestinare automaticamente i messaggi che le contengono, o magari a spostarli in una cartella apposita, che scorrerete velocemente per un'ultima verifica prima di cancellare il tutto.

Spesso, però, questo rimedio non basta. Se i messaggi di spam che ricevete sono davvero tanti (gli autori di questo manuale, ad esempio, ne ricevono circa un centinaio al giorno...), occorrerà ricorrere a un apposito programma-filtro. I programmi antispam ricorrono in genere a una combinazione di criteri diversi: liste 'bianche' di mittenti autorizzati (i vostri corrispondenti abituali); liste 'nere' di mittenti considerati spammer abituali (molti programmi antispam sono in grado di aggiornare automaticamente via Internet queste liste, proprio come fanno i programmi antivirus con le 'tracce' dei virus), espressioni ricorrenti nei messaggi di spam, e studio 'statistico' – per gli esperti di statistica preciseremo che vengono applicati dei filtri bayesiani – del contenuto dei messaggi. Purtroppo, i migliori programmi antispam costano qualcosa (in genere, una trentina di dollari), ed essendo di produzione anglosassone sono assai più efficaci nell'eliminare i messaggi di spam in inglese di quanto non lo siano con quelli in italiano. È però sempre possibile aggiungere filtri e regole personalizzate, e con un po' di pratica la difesa assicurata è più che discreta. Fra i migliori, ricordiamo il modulo antispam della McAfee (denominato *SpamKiller*: **http://www.mcafee.com/myapps/msk/**), *NoMoreSpam* della Dewqs (**http://www.dewqs.com/**) e *SpamInspector* della Giant Company (**http://www.antispam-software.net/products.htm**).

Un altro fattore da tener presente è che anche il vostro provider potrebbe e dovrebbe fare qualcosa contro lo spam: esistono infatti programmi antispam da applicare direttamente ai server della posta, in grado di bloccare un buon 50% dei messaggi indesiderati. Controllate sul sito del vostro provider se sono applicate politiche antispam, e quali, e preferite i provider che danno maggiori garanzie al riguardo.

Infine, il consiglio più ovvio: non comprate *mai* prodotti o servizi pubblicizzati attraverso messaggi di spam, e guardate con sana diffidenza chi propaganda i propri prodotti o le proprie idee in questo modo incivile. Un paio di anni fa, l'ex-rettore di una importante università italiana, che puntava alla riconferma nella carica, ha avuto la poco brillante idea di inviare a tutti i propri potenziali elettori un messaggio di posta elettronica per propagandare la propria candidatura. Oltre a bloccare per due giorni il sistema di posta interna dell'università, questa valanga di messaggi non richiesti ha probabilmente contribuito a far sì che l'interessato *non* venisse riconfermato. La discussione e l'informazione sono strumenti preziosi per diffondere le proprie idee (e in un caso di questo tipo la costruzione di un sito Web sarebbe andata benissimo), ma la propaganda indiscriminata attraverso messaggi non richiesti dimostra solo una scarsa comprensione dei meccanismi di funzionamento della rete, o (cosa più grave) uno scarso rispetto verso il prossimo.

Il mondo delle liste

Finora, abbiamo considerato i semplici messaggi da persona a persona. Di norma, tutti i sistemi capaci di inviare posta elettronica permettono anche di inviare, in maniera assai semplice, gli equivalenti informatici delle 'lettere circolari': messaggi cioè con lo stesso testo e con più di un destinatario. In genere ciò avviene inserendo nel campo del destinatario, anziché un singolo indirizzo, un elenco di indirizzi separati da virgola. Non serve invece replicare più volte il corpo del messaggio: sarà il sistema di gestione della posta elettronica che si preoccuperà di farlo per noi. Molti programmi di gestione della posta elettronica permettono di semplificare ulteriormente questo meccanismo, creando vere e proprie liste personali di distribuzione: in genere, questo avviene associando a un unico nome della propria rubrica un elenco di più destinatari. Naturalmente, le circolari andranno usate con parsimonia: è bene evitare di affollare le mailbox di conoscenti e colleghi con messaggi collettivi inutili, non richiesti, e talvolta intrusivi e fastidiosi (del resto, è proprio questo il meccanismo alla base dello 'spam' di cui abbiamo appena parlato). Ma su questo tema, collegato al cosiddetto 'galateo di rete', torneremo fra breve.

Un passo ulteriore avviene con le cosiddette 'liste di distribuzione postale', o *mailing-list*, che permettono lo scambio di comunicazioni all'interno di un gruppo di persone. L'idea è semplice: supponiamo che fra gli utenti Internet ve ne siano alcuni che condividano un appassionato interesse per, ad esempio, le piante grasse, o la poesia romantica tedesca, o la musica di Debussy. Queste persone possono entrare in contatto reciproco e scambiarsi messaggi (in modo tale che ogni messaggio spedito da una di loro sia ricevuto da tutte le altre) iscrivendosi a una lista dedicata all'argomento di loro comune interesse.

Come suggerisce il nome, una mailing list non è altro che un elenco di indirizzi di posta elettronica. Un elenco ospitato da un nodo della rete (che fungerà dunque da 'server' della lista), e al quale chiunque è interessato a iscriversi alla lista può aggiungere automaticamente il proprio nome.

Proprio come una persona, una lista dispone di un indirizzo di posta elettronica, al quale vanno inviati i messaggi che vogliamo siano distribuiti agli iscritti. In sostanza, si tratta di una sorta di servizio gratuito di fotocopie e spedizione. Ogni messaggio spedito alla lista da uno qualunque degli iscritti viene automaticamente 'rimbalzato' a tutti gli altri.

A occuparsi di tutte le operazioni connesse alla gestione di una lista (o di più liste) – dall'aggiornamento dell'elenco degli iscritti all'inoltro automatico dei messaggi – è un programma denominato *listserver*, che risiede sullo stesso computer che ospita la lista. Come funziona un listserver? Semplice: ha anch'esso un proprio indirizzo di posta elettronica (*diverso da quello della lista!*), al quale è possibile scrivere messaggi per iscriversi a una delle liste da esso gestita – o per dimettersene. Questi messaggi – normalissimi messaggi di posta elettronica, analoghi a quelli che scriveremmo a una persona – devono tuttavia avere *una forma standard*, in genere:

```
SUBSCRIBE NOMELISTA
```
per iscriversi alla lista, e
```
UNSUBSCRIBE NOMELISTA
```
oppure
```
SIGNOFF NOMELISTA
```
per dimettersene.

Per avere un elenco completo dei comandi riconosciuti dal listserver (ve ne sono infatti diversi altri, ad esempio quello che permette di ricevere l'elenco degli iscritti alla lista, o quello che permette di 'sospendere' per un certo periodo – ad esempio per le vacanze – la ricezione dei messaggi, senza tuttavia dimettersi) basta di norma mandare al suo indirizzo di posta elettronica un messaggio contenente la sola parola HELP. Va tenuto conto, comunque, che ormai molte liste di distribuzione postale offrono anche un'interfaccia Web: una pagina dalla quale è possibile iscriversi o dimettersi dalla lista, e impostare le preferenze relative a formato e gestione dei messaggi.

Una volta ricevuta – via e-mail o via Web – la nostra richiesta di iscrizione, il listserver aggiunge automaticamente il nostro nome all'elenco degli iscritti alla lista che ci interessa. D'ora in poi, riceveremo copia di ogni messaggio inviato alla lista da uno qualunque dei suoi membri.

È importante comprendere che il funzionamento delle liste si basa sull'uso di *due distinti indirizzi di posta elettronica*: quello della lista, a cui spedire i messaggi indirizzati a tutti gli iscritti, e quello del listserver, a cui spedire solo i messaggi che, utilizzando i comandi riconosciuti dal programma, richiedono di effettuare operazioni ammi-

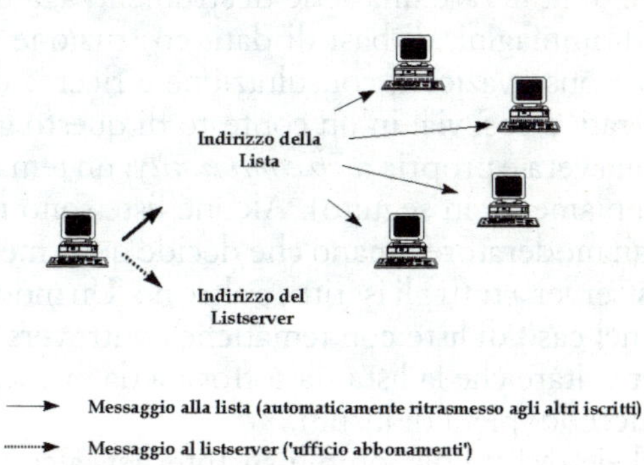

Figura 39 Il meccanismo di funzionamento delle liste

nistrative quali l'iscrizione alla lista, le dimissioni, ecc. La situazione è analoga a quella di una rivista: se vogliamo che una nostra lettera sia pubblicata e letta da tutti gli abbonati, la invieremo alla rubrica delle 'lettere al direttore' (una lista è fatta tutta di 'lettere al direttore', e, se la lista non ha un moderatore, tutte le lettere vengono automaticamente pubblicate); se vogliamo abbonarci, disdire l'abbonamento, comunicare una variazione di indirizzo, ecc., manderemo invece una lettera alla segreteria abbonati. Così, la lettera 'da pubblicare' va all'indirizzo della lista, quella con richieste amministrative va all'indirizzo del listserver.

Il primo esempio che abbiamo fatto è quello di una lista sulle piante grasse. Un esempio scherzoso? Per niente! Su Internet esiste effettivamente – assieme a migliaia di altre, che coprono praticamente ogni campo dello scibile umano – anche una lista sulle piante grasse.

L'elenco delle liste esistenti è sterminato, e cresce al ritmo di numerose liste al giorno. Ci sono liste sulle piante carnivore e sui pesci tropicali, sui romanzi di Umberto Eco e sui racconti di fantasmi; liste su usi e costumi di un numero immenso di popolazioni, dagli Oromo agli Eschimesi; liste su religioni di tutti i tipi (compresa qualcuna sviluppatasi su Internet); liste scientifiche, liste economiche, liste politiche; naturalmente, centinaia di liste riguardano l'informatica (liste per gli utilizzatori di un determinato programma, o di un determinato modello di computer). Vi sono liste pubbliche e liste riservate (ad esempio, liste destinate a tenere in contatto fra loro i dipendenti di un'azienda, magari sparsi per il mondo); liste che si affidano interamente e unicamente alla posta elettronica, e liste – sempre più numerose – collegate a siti Web che permettono non solo di gestire iscrizioni e dimissioni ma anche di utilizzare una serie di strumenti aggiuntivi (condivisione di file, di immagini, di basi di dati; costruzione cooperativa di pagine di link; conservazione, consultazione e ricerca degli archivi di messaggi arretrati, e così via: in un contesto di questo genere la lista è al servizio di una vera e propria *web community*: un tema del quale parleremo più ampiamente in seguito). Alcune liste sono moderate, possiedono cioè un moderatore umano che decide quali messaggi far 'rimbalzare' dal listserver a tutti gli iscritti, e altre no. Un moderatore è spesso necessario nel caso di liste con tematiche controverse – ad esempio politiche – per evitare che la lista sia soffocata da messaggi polemici, o addirittura (succede) pieni di insulti.

Fra le migliaia di liste disponibili su Internet, alcune sono a 'forte traffico' (potete aspettarvi di ricevere anche diverse decine di messaggi al giorno), altre sono tranquille (uno o due messaggi la settimana). Si tratta veramente di un mare di informazione, che si aggiunge a quello rappresentato dalle conferenze, sulle quali ci soffermeremo tra breve. Non stupisce che, parlando di Internet, si usino metafore quali 'esplorare' e 'navigare'!

Come trovo le liste che mi interessano?

La domanda sorge spontanea, davanti a un'offerta di informazione tanto abbondante e tanto disordinata.

Fino a quattro o cinque anni fa, uno strumento utile era la 'lista di liste' reperibile un po' ovunque sulla rete. Ormai, si tratta di elenchi talmente estesi da risultare di lettura quasi impossibile. Comunque, alla URL **http://paml.net/** trovate uno di questi elenchi in una forma accessibile, indicizzato per parole chiave. Nell'agosto 2002 (ultima data di aggiornamento), ne facevano parte circa 7000 liste – e non si tratta affatto di uno degli elenchi più completi!

Un'altra strada per trovare liste (e relativi listserver) è quello di consultare elenchi 'settoriali' di liste e risorse su temi specifici: ne esistono numerosi (dall'agricoltura all'astronomia, dalla letteratura all'economia), e un buon posto per trovarne è l'*Internet Public Library* (**http://www.ipl.org**), che nel 2002 ha assorbito un'altra delle risorse 'storiche' del settore, e cioè la directory di metarisorse denominata Argus Clearinghouse.

Ma la strada in assoluto migliore è probabilmente quella di esplorare il Web, armati di adeguati strumenti di ricerca (ne parleremo nella sezione sulla ricerca in rete), cercando siti e risorse dedicati agli argomenti di nostro interesse. Fra i mille riferimenti e le mille informazioni che troveremo, non mancheranno sicuramente, in una forma o nell'altra, anche le liste di distribuzione postale.

Buona educazione, e cattive maniere

Nello scrivere messaggi di posta elettronica, sia privati sia pubblici (indirizzati ad esempio alle liste o ai newsgroup, sui quali ci soffermeremo in seguito), è buona norma seguire con scrupolo quelle regole di correttezza e cortesia che dovrebbero essere familiari a chiunque. Va tenuto presente che non sempre il testo scritto permette di cogliere e valutare elementi quali l'eventuale valore ironico di una frase. Non a caso, gli utenti della rete hanno sviluppato nel tempo alcuni meccanismi per supplire alla difficoltà di comunicare reazioni emotive. Ad esempio, il tono scherzoso di un'osservazione viene spesso segnalato esplicitamente attraverso uno 'smile' – cioè una faccina sorridente ruotata di 90 gradi e realizzata usando i due punti, il trattino orizzontale e la parentesi chiusa, così **:-)**.

Esistono moltissime 'emoticons' di questo tipo, ma nell'utilizzarle va tenuto presente che non sempre l'interlocutore ne conosce il significato! Lo stesso discorso vale per le decine di abbreviazioni sviluppate soprattutto dal 'popolo delle chat', e utilizzate spesso anche nei messaggi di posta elettronica. Se in un messaggio inserite di punto in bianco il commento 'ROFL', un 'chattatore' incallito non avrà difficoltà a comprendere il significato dell'abbreviazione (Rolling On the Floor Laughing: più o meno "mi sto sbellicando dalle risate"), ma un utente normale resterà probabilmente assai perplesso.

Un altro fattore da considerare è che accenni polemici o disaccordi anche lievi, che passerebbero del tutto inosservati in una corrispondenza personale, diventano assai più delicati – e possono suscitare reazioni assai più violente – una volta contenuti in messaggi pubblici. In questi casi, rischia di iniziare uno scambio di messaggi in cui i vari interlocutori, diventati ormai contendenti, 'rilanciano' con attacchi sempre più pesanti, portando a vere e proprie battaglie epistolari.

Evitiamo quindi i messaggi polemici e gli insulti (i cosiddetti 'flame') rivolti agli altri, e cerchiamo di esercitare il massimo di tolleranza e di spirito conciliante verso le critiche che ritenessimo di individuare in messaggi rivolti a noi.

Infine, ricordiamo che spesso anche utenti animati da ottime intenzioni hanno la tentazione (insana) di utilizzare Internet come veicolo per un 'bombardamento informativo' dei propri amici e corrispondenti – e talvolta anche di perfetti sconosciuti – attraverso circolari e appelli di ogni genere. Anche se lo scopo è nobile, l'uso dello strumento – oltre a massificare e svilire la stessa portata del messaggio che si vorrebbe diffondere – finisce per trasformarsi in una violazione invadente e ripetuta della privacy altrui. Il meccanismo delle cosiddette 'Catene di S. Antonio' tende a sfuggire facilmente di mano (trasformandosi facilmente in puro spam) e di norma, tranne pochissime eccezioni, *non è* un meccanismo funzionale o raccomandabile di diffusione delle proprie idee: le presenta anzi, presso la gran maggioranza delle persone che vorremmo sensibilizzare o informare, in una pessima luce.

Le mille strade della comunicazione circolare

Discutere, e non solo: dai newsgroup ai webgroup

Dopo aver esaminato alcuni fra i molti volti di World Wide Web, la funzionalità di Internet sicuramente più popolare, e i principali strumenti disponibili per la gestione della posta elettronica, rivolgiamo ora la nostra attenzione a un aspetto della rete per certi versi meno popolare, ma non meno interessante: il mondo variegato degli strumenti per la discussione in rete, a partire dalla sua più antica (e tuttora più che vitale) manifestazione: le conferenze, o *newsgroup*. Parlando della posta elettronica avevamo già considerato uno strumento di interazione 'di gruppo' attraverso la rete: le liste di distribuzione postale. Ma nell'universo delle comunicazioni telematiche ci sono altri sistemi, oltre alle liste postali, per creare un 'forum' di discussione elettronica fra persone che condividano comuni interessi o curiosità. Il più semplice è rappresentato proprio dai cosiddetti newsgroup: aree di discussione pubblica che ricordano, come meccanismo di funzionamento, le bacheche di una università o – per chi ha un passato di impegno politico – i tazebao degli anni della contestazione.

Vediamo un po' più da vicino di cosa si tratta.

L'idea di base è semplice, ed è stata sperimentata per anni (e in particolare nel decennio compreso più o meno fra il 1983 e il 1993) dai sistemi telematici amatoriali, le cosiddette BBS (Bulletin Board System): offrire a tutti gli interessati uno spazio – in genere dedicato a un tema specifico – in cui scrivere messaggi. A differenza dei messaggi postali, quelli inviati a una conferenza non hanno un vero e proprio destinatario: sono semplicemente 'affissi' su una bacheca virtuale. Chi passa di lì, ed è interessato all'argomento, può leggerli, commentarli, rispondere. Naturalmente il tutto avviene in maniera elettronica: per consultare una bacheca dobbiamo conoscere il suo nome e fornirlo a un programma capace di 'muoversi' per noi, andando a recuperare, in rete, la lista dei messaggi che vi sono contenuti. A partire da questa lista potremo poi leggere i singoli messaggi che ci interessano. E naturalmente potremo in ogni momento inserirne di nostri.

Sfruttando questo tipo di meccanismo, alcuni Internet provider offrono ancora delle conferenze locali (accessibili cioè solo agli utenti del sistema). Si tratta di risorse spesso utili, ma la diffusione innanzitutto dei newsgroup allargati, raggiungibili e utilizzabili da qualunque utente di Internet, e poi dei forum e delle comunità su Web, ne hanno in qualche modo limitato la diffusione: a creare una comunità di utenti non sono più fattori in parte accidentali quali il ricorso a questo o quel fornitore di connettività, ma l'esistenza di un'effettiva vicinanza di interessi, indipendentemente dalla localizzazione geografica e dai mezzi di connessione utilizzati.

I newsgroup: concetti di base

Esaminiamo dunque le conferenze Internet per eccellenza, i newsgroup pubblici. Per motivi storici (questo tipo di scambio di informazione si è inizialmente sviluppato in una sottorete di Internet denominata Usenix Network) i newsgroup sono spesso chiamati *gruppi Usenet*, o conferenze Usenet.

Di cosa si tratta? Come nel caso delle conferenze locali, i newsgroup su Internet sono fondamentalmente bacheche elettroniche, dedicate ciascuna a uno specifico argomento. Come vedremo, gli argomenti discussi sono i più vari – dal tiro con l'arco ai film di Woody Allen, dalla birra agli acquari – e i newsgroup esistenti sono moltissimi: un censimento è difficile, si calcola ne esistano ormai diverse decine di migliaia. Come si consultano? Collegandosi via Internet a una sorta di 'stanza delle bacheche', denominata *news server*, e scegliendo la conferenza (o le conferenze) che ci interessano. Per farlo, occorrerà naturalmente utilizzare un programma client; come nel caso della posta, la scelta sarà tra tre possibilità: un programma dedicato, il modulo per la consultazione dei newsgroup di un programma multifunzione come Netscape o Internet Explorer, e un servizio di consultazione su Web. Molti dei programmi più recenti integrano la navigazione sui newsgroup con la gestione della posta elettronica, dato che in entrambi i casi si tratta di sistemi di messaggistica. Anche per questo, è importante aver chiara la differenza esistente fra i due strumenti: nel caso della posta elettronica la comunicazione fra mittente e destinatario (o destinatari) è diretta, nel caso dei newsgroup è 'mediata' dall'affissione all'interno di una bacheca tematica. Il destinatario di un messaggio di posta elettronica non può scegliere di non ricevere un messaggio (anche se come abbiamo visto può naturalmente cestinarlo, magari in maniera automatica e attraverso i filtri), mentre il frequentatore di un newsgroup può scegliere liberamente se e quando visitare una certa bacheca. Il messaggio di posta elettronica è in genere privato, il messaggio 'affisso' in un newsgroup è in genere pubblico.

Dal momento che i newsgroup hanno carattere internazionale, si potrebbe supporre che esista un'unica, immensa 'sala delle bacheche', un unico news server. Una soluzione del genere sarebbe tuttavia assai poco economica e per nulla razionale: il traffico generato da un sito del genere sarebbe insostenibile, e i tempi di accesso lentissimi. In termini un po' metaforici, si può dire che l'affollamento dei lettori sarebbe tale da impedire di trovar posto nella sala di lettura.

La strada seguita è dunque diversa: sparsi per il mondo esistono migliaia di news server, che si tengono costantemente aggiornati scambiandosi informazioni sui nuovi messaggi ricevuti. In questo modo, le varie 'sale delle bacheche' saranno *abbastanza* simili l'una all'altra, e in ciascuna ritroveremo, *in linea di massima*, gli stessi messaggi.

Va detto, tuttavia, che l'offerta informativa dei vari news server non è mai esattamente la stessa, e questo per due motivi fondamentali.

Da un lato, perché l'aggiornamento non è mai veramente in tempo reale. In genere, esso avviene a scadenze prefissate e sfruttando il più possibile i 'momenti di calma', in cui l'affollamento dei lettori non è eccessivo. Inoltre, perché un messaggio inserito in un newsgroup attraverso un news server, poniamo, giapponese arrivi a essere riflesso da un news server italiano, saranno necessari alcuni passaggi intermedi, ciascuno dei quali (proprio perché l'aggiornamento non è in tempo reale) richiederà un certo tempo.

D'altro canto, non è detto che un news server intenda rendere accessibili *tutti* i newsgroup esistenti. Di regola, il gestore del sistema opererà una selezione, scegliendo solo i gruppi e le 'gerarchie' (vedremo fra un attimo di cosa si tratta) che ritiene più interessanti per i suoi utenti. Le esclusioni sono motivate da esigenze pratiche (difficilmente, ad esempio, un news server italiano sarà interessato a rimbalzare una gerarchia di newsgroup giapponesi, comprendente per lo più messaggi scritti in giapponese), dalla necessità di economizzare spazio e risorse (che porta a tralasciare molti newsgroup considerati 'minori') e da vere e proprie forme di censura. Esiste infatti un certo numero di newsgroup 'maledetti', ad esempio a carattere erotico o dichiaratamente pornografico, o dedicati allo scambio di copie illegali di programmi, o ancora relativi all'attività dei vari gruppi di 'hacker' (i cosiddetti 'pirati' informatici, spesso animati da nobilissime intenzioni, ma talvolta dediti ad attività poco condivisibili) sparsi per la rete.

L'effetto combinato di queste restrizioni fa sì che il numero dei newsgroup ritrasmessi da un determinato news server sia molto più basso di quello teoricamente possibile. Un news server normale distribuirà quindi fra i tre e i quindicimila newsgroup.

Quale news server usare? La scelta più comoda è in genere quella di utilizzare il news server indicatoci dal nostro fornitore di connettività. Di norma, infatti, un news server accetta solo accessi da parte di utenti 'riconosciuti', che si collegano attraverso lo stesso sistema (o gruppo di sistemi) del quale il news server stesso fa parte. Se la politica di gestione dei newsgroup operata dal nostro fornitore di connettività non ci trova d'accordo, non ci resta che cambiare fornitore di connettività, o sottoscrivere un abbonamento a parte presso un news server alternativo (il più noto è probabilmente *Supernews*: **http://www.supernews.com**), o ancora di utilizzare uno dei pochi news server pubblici esistenti (i relativi indirizzi cambiano spesso e sono abbastanza difficili da reperire; date comunque un'occhiata alla pagina **http://www.newzbot.com**). In alternativa, si può utilizzare uno dei diversi 'newsgate' che consentono di accedere alle conferenze Usenet attraverso una pagina Web: ne parleremo più ampiamente in seguito.

Dovremo ricordarci dell'esistenza dei news server e della loro funzione al momento di discutere la configurazione dei programmi di lettura del newsgroup. Ma è ora arrivato il momento di soffermarci qualche istante proprio sui newsgroup. Quali sono gli argomenti affrontati? E cosa sono le gerarchie delle quali si parlava poc'anzi?

Diversi elenchi in rete, periodicamente aggiornati, forniscono il nome e una breve descrizione (spesso ironica) della maggior parte dei newsgroup o conferenze Usenet esistenti. Per consultarli, potete fare riferimento alla raccolta di indirizzi presente su Yahoo!, alla pagina **http://dir.yahoo.com/Computers_and_Internet/Internet/Chats_and_Forums/Usenet/Newsgroup_Directories**. Un ottimo elenco è fornito da Newzbot, il cui indirizzo abbiamo indicato poco sopra. Vediamo qualche riga scelta a caso da uno di questi elenchi.

```
alt.3d Discussions of 3 dimensional imaging.
alt.angst Anxiety in the modern world.
alt.aquaria The aquarium & related as a hobby.
alt.archery Discussion of archery.
alt.astrology Twinkle, twinkle, little planet.
alt.atheism Discussions of atheism.
alt.beer Good for what ales ya.
alt.bonsai For discussion of Bonsai gardening.
alt.boomerang Technology and use of the boomerang.
alt.sb.programmer Programming of the Sound Blaster tm.
bionet.neuroscience Research in the neurosciences.
```

```
bit.mailserv.word-mac Word Processing on the Macintosh.
comp.sys.mac.digest Apple Macintosh: info & uses.
comp.unix.amiga Minix, SYSV4 & other *nix on Amiga.
rec.arts.movies Discussions of movies and m. making.
rec.crafts.winemaking The tasteful art of making wine.
```

Le gerarchie e i newsgroup 'binari'

Come avrete notato, il nome di un newsgroup è composto da più 'pezzi' separati l'uno dall'altro da un punto. La prima sezione del nome è la più generale, e indica la categoria alla quale appartiene il gruppo; la seconda è un po' più specifica, e individua una sottocategoria; questo meccanismo prosegue fino all'ultima sezione del nome. In tal modo, con un meccanismo gerarchico assai simile a quello utilizzato per l'attribuzione dei nomi ai nodi della rete (ne parleremo in seguito), è possibile individuare a colpo d'occhio la 'classificazione' del newsgroup. Ad esempio, il newsgroup rec.arts.movies è un newsgroup che appartiene alla categoria 'Recreational' (riguarda cioè attività ricreative), sottocategoria 'Arts', settore 'Movies' (film).

Ma quali sono le categorie principali? La stringa iniziale 'alt.' identifica i newsgroup appartenenti alla gerarchia 'alternative' che si occupa programmaticamente di 'modi alternativi di guardare al mondo'. Si tratta a volte di gruppi alquanto bizzarri, che includono ad esempio arene per i fan di moltissimi personaggi del mondo dello spettacolo, della religione o della politica, per gli appassionati degli hobby più strani, per varie forme di espressione artistica e no. Fra le altre gerarchie, ricordiamo: 'comp.' per l'informatica e i computer, 'news.' per le notizie d'attualità (di tutti i tipi, ma in particolare quelle riguardanti la rete), 'rec.' per le attività ricreative, 'sci.' per il mondo della scienza, 'soc.' per la discussione di problemi sociali, 'talk.' per ogni tipo di dibattito, su argomenti che spaziano dall'ambiente alla religione; 'misc.' (un po' di tutto), 'bit.' per i gruppi BitNet (una sottorete di Internet i cui newsgroup si segnalano per il fatto di archiviare anche un certo numero di liste postali), 'de.' per i gruppi (in genere in tedesco) che riguardano la Germania, e così via.

Nel caso dell'Italia, le gerarchie disponibili sono due: la 'storica' gerarchia 'it.', nata nel gennaio 1995, e la più recente gerarchia 'italia.', che comprende conferenze direttamente collegate alle realtà locali e in particolare alle reti civiche presenti sul territorio del nostro paese (informazioni specifiche sulla gerarchia 'italia.' sono all'indirizzo **http://www.news.cineca.it/italia**). Nel marzo 1996, quando scrivevamo la prima versione di questo volume, i newsgroup italiani erano una quarantina, e potevamo inserirne in queste pagine l'elenco completo. Già nel febbraio 1997 questo numero si era più che quadruplicato, e in *Internet '97* citavamo la ragguardevole cifra di circa 170 newsgroup. Nel corso degli anni successivi la crescita è continuata: a inizio 2003 i newsgroup della gerarchia it. sono 425, mentre quelli della gerarchia 'italia.' sono 170, per un totale di quasi 600 conferenze. Siamo quindi costretti a rimandarvi, per consultarne l'elenco completo, alle relative FAQ (Frequently Asked Questions); si tratta di un documento ricco di utili informazioni e raggiungibile (assieme a diversi altri che riguardano il mondo dei newsgroup italiani) attraverso la URL del gruppo di coordinamento News-it: **http://www.news.nic.it/news-it**. Tenete anche presente che alla URL **http://bertola.eu.org/usenet/faq/main.htm** troverete i link a un gran numero di FAQ e documenti informativi e di aiuto in italiano, dedicati un po' a tutti gli aspetti di Internet e con un'ampia sezione relativa ai newsgroup del nostro paese.

Un'osservazione importante relativa alle gerarchie: negli ultimi anni si sono moltiplicate, all'interno di molte di esse, le sottogerarchie caratterizzate dal termine 'binaries'. I messaggi al loro interno contengono in genere file binari (e dunque immagini, musica, programmi...), opportunamente codificati e 'allegati' al messaggio con un meccanismo abbastanza simile a quello utilizzato quando alleghiamo un file a un messaggio di posta elettronica. Quando – come accade spesso – gli allegati sono piuttosto lunghi, possono essere compressi e quindi suddivisi in diversi messaggi, e addirittura in diversi gruppi composti ciascuno da diversi messaggi. In questi casi, perché sia possibile ricostruire l'allegato occorre un programma scompattatore. Il formato di compressione più usato nei newsgroup non è il familiare .zip ma il più efficiente .rar, ottimo per la suddivisione automatica di un file compresso in un gruppo di archivi numerati (i nomi assomiglieranno a qualcosa tipo pippo.r00, pippo.r01, pippo.r02..., oppure pippo.part1.rar, pippo.part2.rar e così via). Il più usato programma di decompressione per questo formato si chiama *WinRAR* (ne esiste anche una versione per Linux), ed è ottimo anche per la decompressione dei normali file zippati. Si può scaricare in versione di prova, ed eventualmente registrare al prezzo di 33 euro, all'indirizzo **http://www.winrar.it** (l'indirizzo del server ufficiale statunitense è **http://www.rarlab.com**). Se state scaricando file di grosse dimensioni, è probabile che accanto ai file .rar troviate anche dei misteriosi file .par: sono preziosi, giacché permettono di ricostruire il file-archivio anche se ne manca qualche sezione (funzionano un po' come un file-jolly, capace – tramite un algoritmo tanto complesso quanto geniale – di sostituire le sezioni mancanti). Per sapere come usarli, e in generale per avere qualche informazione in più sullo scambio dei file attraverso i newsgroup, potete consultare l'ottima guida disponibile (in inglese) all'indirizzo **http://www.slyck.com/ng.php**.

Un altro, recentissimo formato utilizzato per la compressione di file binari nel mondo Usenet è denominato *yEnc*. Il principale vantaggio di yEnc, accanto alle ottime capacità di gestione di archivi suddivisi, è nel fatto di essere completamente di pubblico dominio. Informazioni al riguardo, e sugli strumenti per codificare e decodificare file in questo formato, sono all'indirizzo **http://www.yenc.org**. Agent, il newsreader di casa Forté del quale parleremo tra breve, è in grado di codificare e decodificare automaticamente i file yEnc.

Ricordate comunque che – come accade con tutti gli strumenti di scambio di file – quello che si apre è un mondo affascinante ma anche piuttosto rischioso: copie pirata di programmi, file musicali, addirittura interi DVD, ma anche pornografia della peggior specie, e una discreta diffusione di virus di ogni genere. Dunque, non lanciate mai un file eseguibile scaricato da un newsgroup senza un preventivo controllo con un antivirus aggiornato... e tenete conto che anche un file privo di virus potrebbe comportarsi in maniera un po' diversa da come vi aspettereste.

Alcune conferenze che è bene conoscere

I newsgroup sono moltissimi, ma alcuni hanno un ruolo particolarmente importante: quello di fornire 'metainformazioni' sul funzionamento dell'intera rete Usenet. Ricordiamo in particolare **news.announce.important**, che fornisce notizie di interesse generale; **news.announce.newsgroups**, che fornisce informazioni sui nuovi newsgroup; **news.announce.newusers**, particolarmente dedicato ai navigatori Internet alle prime armi (una sede più informale per gli stessi argomenti è data dai newsgroup **alt.newbie** e **alt.newbies**); **news.groups** e **news.groups.questions**, ricchissimi di domande e risposte a ogni genere di problema. Discussioni generali sui gruppi Usenet trovano posto anche in **news.misc**. Altri newsgroup che possono offrire aiuti sono **rec.answers** e **alt.internet.services**. Citiamo anche **news.lists**, il newsgroup che fornisce informazioni sulle nuove liste che appaiono quasi quotidianamente su Internet. E non scordate la conferenza internazionale 'ufficiale' sull'Italia: **soc.culture.italian.**

Per quanto riguarda la gerarchia it., vanno ricordate almeno le conferenze **it.news.gruppi**, con la discussione su tutto quanto riguarda i newsgroup italiani, e **it.news.aiuto**, ottima sede per chiedere (e trovare) aiuto in italiano su tutto quello che riguarda il mondo Usenet. Prezioso per chi avesse problemi informatici di qualunque tipo è anche **it.comp.aiuto**. Infine, se trovate che nella gerarchia it. manchi un gruppo che considerate essenziale, e volete promuoverne la creazione, ricordate che alla già citata URL **http://www.news.nic.it/news-it** troverete moltissimo materiale sui newsgroup italiani e dettagliate istruzioni su come e dove presentare la vostra proposta.

Gli strumenti per accedere ai newsgroup

Veniamo adesso agli strumenti da utilizzare per accedere alle 'sale conferenze', ovvero per consultare i newsgroup presenti su Internet ed eventualmente per inviarvi i nostri messaggi. Come abbiamo già accennato, possiamo suddividerli in tre categorie: programmi dedicati (in inglese si chiamano *newsreader*), programmi multifunzione che dispongono di un modulo per la lettura dei newsgroup, e siti Web che consentono la lettura (e talvolta anche l'invio) dei messaggi. Ci occuperemo innanzitutto delle prime due categorie, strettamente collegate, rimandando al paragrafo conclusivo una discussione sulla terza, nella quale come vedremo si sono avute negli ultimi anni le novità più rilevanti.

Inizieremo la nostra rassegna dal modulo di gestione dei newsgroup di Netscape, proseguendola quindi con il suo omologo Microsoft (integrato in Outlook Express) e con il programma Free Agent: uno dei più vecchi e gloriosi newsreader, che alla sua nascita ha indubbiamente determinato un nuovo standard in materia di potenza e semplicità d'uso, e che, nonostante la concorrenza di diversi programmi più recenti, rimane uno dei punti di riferimento del settore. Non si tratta comunque in alcun modo dei soli programmi esistenti: per avere una rassegna completa, suggeriamo di consultare la sezione 'Internet' – 'E-mail' – 'News Readers' della già ricordata biblioteca shareware del sito TuCows (**http://www.tucows.com**). Strumento utile è anche il newsgroup **news.software.readers**: vi compaiono periodicamente informazioni e documenti sui newsreader più diffusi.

Netscape e i newsgroup

In Netscape, come del resto in Outlook, la gestione dei newsgroup e quella della posta elettronica avvengono attraverso un unico modulo software. Vi si arriva dalla finestra principale del programma, scegliendo dal menu 'Window' l'opzione 'Mail & Newsgroups', o direttamente attraverso Netscape Mail, che la procedura di installazione avrà aggiunto all'elenco dei programmi, nel gruppo 'Netscape'.

Anche la consultazione dei newsgroup richiede un minimo di configurazione iniziale del programma; se nel caso della posta elettronica avevamo dovuto indicare gli indirizzi del POP server e del server SMTP, per poter consultare i newsgroup dovremo indicare l'indirizzo del news server. Per farlo, da Netscape Mail occorre selezionare la voce 'Mail & Newsgroup Account Settings' del menu 'Edit'. A questo punto, dovremo premere il pulsante 'Add Account' e selezionare la voce 'Newsgroup Account'. Ci verranno richiesti nome utente e indirizzo e-mail (saranno utilizzati per 'firmare' i messaggi che volessimo inviare a un newsgroup), nonché il nome del news server. Molto spesso, come news server basterà inserire l'indicazione 'news.vostroprovider.it', sostituendo a 'vostroprovider' il nome del vostro provider, così come appare nel vostro indirizzo di posta elettronica (ad esempio 'tiscali', 'virgilio', 'tin', 'mclink' e simili). Se questo metodo non funzionasse, dovrete richiedere al vostro fornitore di connettività l'indirizzo del news server da utilizzare, o inserire l'indirizzo di un news

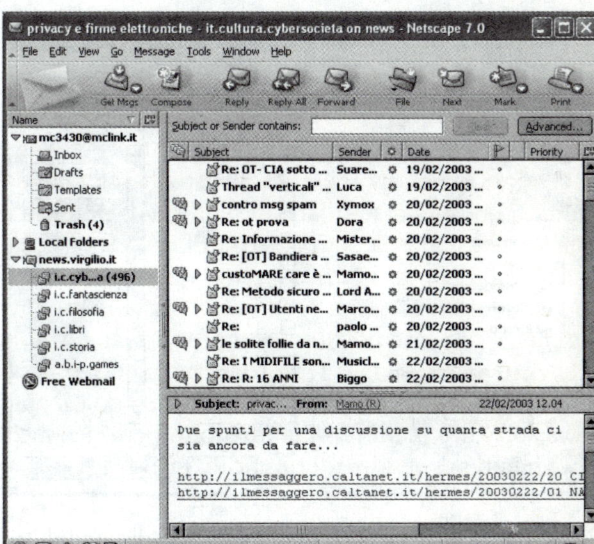

Figura 40 Consultazione dei newsgroup in Netscape Mail 7

server pubblico (come già accennato, dovreste trovarne qualcuno all'indirizzo **http://www.newzbot.com**). Come tutti i newsreader avanzati, Netscape permette l'indicazione di più news server: basta ripetere per ciascuno la procedura appena vista. I news server per i quali avremo inserito un account saranno elencati, nella finestra principale di Netscape Mail, nello stesso albero che comprende le cartelle relative alla posta elettronica, come si può vedere dalla figura 40.

Fatto questo, per partire all'esplorazione dell'universo dei newsgroup vi basterà scegliere il news server preferito e, al suo interno, il newsgroup da consultare. Per visualizzare i newsgroup disponibili su un determinato news server basta un click col tasto destro del mouse sul nome del news server, scegliendo quindi l'opzione 'Subscribe...'. La prima volta, prima di visualizzare l'elenco dei newsgroup disponibili occorrerà aspettare qualche secondo (e a volte qualche minuto), mentre Netscape Mail lo scarica dal news server: in questo caso, la scritta 'Receiving Newsgroups' sulla barra di stato del programma vi informa sull'operazione in corso. L'elenco dei newsgroup è organizzato ad albero: un click sul triangolino accanto al nome di una gerarchia apre la corrispondente sottogerarchia, e così via fino a individuare i singoli newsgroup. Per visualizzare i messaggi di un determi-

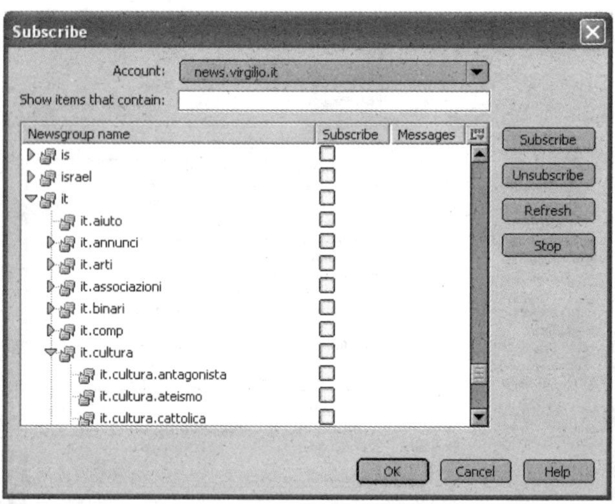

Figura 41 Netscape Mail 7: l'elenco dei newsgroup disponibili su un determinato news server; per aggiungerne uno all'albero delle cartelle, basta un click sul quadratino accanto al nome

nato newsgroup basta spuntare la corrispondente casellina nella colonna 'Subscribe'.

I newsgroup che avete selezionato appariranno nella finestra di Netscape Messenger assieme alle vostre cartelle di posta elettronica.

Per leggere i singoli messaggi, basterà un doppio click sul newsgroup che vi interessa. Arriverete in tal modo alla stessa, familiare schermata di gestione della posta elettronica. Solo che questa volta i messaggi che compaiono nell'elenco sono quelli presenti nel newsgroup che avete scelto. Come nel caso della posta elettronica, anche per i messaggi di newsgroup Netscape è in grado di interpretare correttamente le codifiche HTML. Naturalmente, oltre a leggere i messaggi 'affissi' nel newsgroup o nei newsgroup di vostro interesse potete anche spedirne di vostri: lo si fa attraverso il familiare bottone 'Compose', che vi porterà alla finestra dell'editor dei messaggi, lo stesso utilizzato per la posta elettronica. L'unica differenza è nel destinatario: al posto del campo 'To:' troveremo un campo 'Newsgroup:', già riempito per noi con il nome del newsgroup che stiamo consultando.

Abbiamo visto che Netscape – come del resto la maggior parte dei programmi di lettura dei newsgroup – permette una sorta di 'abbonamento' (subscribe) ai gruppi che ci interessano. Si tratta di una funzione da non confondere con l'abbonamento a una lista di distribuzione postale: mentre nel caso della lista l'abbonamento implica che riceveremo attraverso la posta elettronica tutti i messaggi scambiati, nel caso dei newsgroup indica semplicemente che Netscape – una volta attivata la finestra relativa ai newsgroup e selezionato il newsgroup che ci interessa – andrà a controllare automaticamente quanti messaggi sono disponibili.

Ricordiamo anche che i messaggi sono di norma raggruppati – da Netscape come dagli altri newsreader – per 'thread', o catene. In sostanza, i messaggi che nascono in risposta a un messaggio già esistente in bacheca vengono visualizzati immediatamente al di sotto del messaggio di origine. Questo consente di dare un qualche ordine ai messaggi disponibili, e di seguire facilmente i dibattiti che più ci interessano, ignorando gli altri.

Il testo del messaggio visualizzato nella zona in basso ha due importanti caratteristiche: innanzitutto, Netscape si accorge se da qualche parte è citato l'indirizzo di una URL, e lo rende attivo: in questo modo, anche i messaggi dei newsgroup si inseriscono nella struttura ipertestuale di World Wide Web. Basterà un click del mouse sull'indirizzo, e saremo portati automaticamente al sito indicato. Inoltre, Netscape è capace di decodificare automaticamente i file binari (ad esempio le immagini), che vengono trattati in maniera analoga agli allegati di posta elettronica. Se il file binario incluso in un messaggio è quello di un'immagine, essa viene direttamente visualizzata all'interno del messaggio.

Outlook Express e i newsgroup

Anche Internet Explorer, attraverso Outlook Express, consente un'efficace navigazione all'interno del mondo dei newsgroup. Alla gestione delle news si può accedere direttamente dall'interno di Explorer, scegliendo nel menu 'Strumenti', all'interno della voce 'Posta elettronica e news', la sottovoce 'Leggi news'. Come si è già accennato, il programma è lo stesso che si utilizza per la gestione della posta elettronica: per leggere e scrivere messaggi personali e messaggi destinati ai newsgroup si usano dunque anche in questo caso strumenti analoghi.

Una volta in Outlook Express, l'impostazione del news server (o dei news server, qualora se ne utilizzi più di uno) potrà avvenire attraverso la voce 'Account' del menu 'Strumenti'. Selezionando la scheda 'News', arriverete a una finestra simile a quella illustrata nella figura che segue. Potete scegliere il pulsante 'Aggiungi' per aggiungere un nuovo server, o il pulsante 'Proprietà' per modificare le impostazioni relative a un server esistente.

Proprio come in Netscape Mail, il news server impostato comparirà nell'albero delle cartelle, nell'area di sinistra della schermata principale

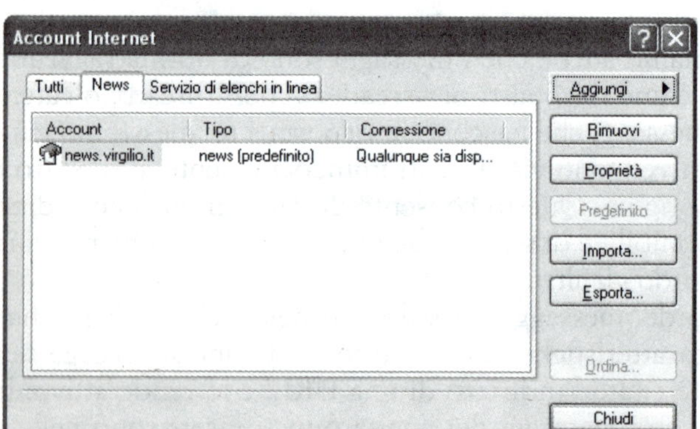

Figura 42 La scheda di gestione dei news server in Outlook Express 6

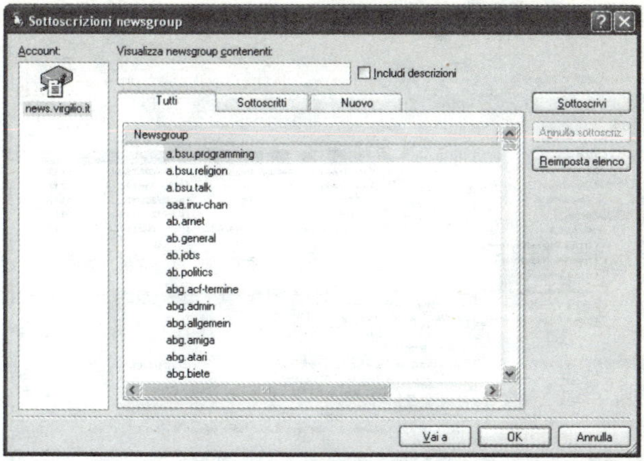

Figura 43 La finestra di selezione dei newsgroup in Outlook Express 6

di Outlook Express. Come fare a scegliere i newsgroup da seguire? Basterà un click sul nome del news server: vi verrà chiesto se volete visualizzare un elenco dei newsgroup disponibili (allo stesso elenco potete arrivare con un click sul pulsante 'Newsgroups' che comparirà nell'area di destra della finestra). L'elenco è simile a quello che vedete nella figura 43. Dal suo interno potete selezionare se visualizzare tutti i newsgroup, solo quelli ai quali si è abbonati, o solo quelli aggiunti dal news server con l'ultimo aggiornamento dell'elenco. È anche possibile ricercare, all'interno dell'elenco dei newsgroup, quelli il cui nome contiene una determinata stringa di testo. I pulsanti 'Sottoscrivi' e 'Annulla sottoscrizione' permettono di selezionare i gruppi che ci interessa seguire: i newsgroup in tal modo prescelti saranno direttamente accessibili dalla finestra principale del programma. Il pulsante 'Vai a', infine, ci permette l'accesso diretto al singolo newsgroup selezionato.

E veniamo proprio alla finestra principale del programma (figura 44); le sue caratteristiche dovrebbero esserci ormai familiari: nell'albero gerarchico sulla sinistra, assieme alle nostre caselle postali, sono elencati i news server e i relativi newsgroup che abbiamo scelto di seguire attraverso l'opzione 'Sottoscrivi'. Nell'area superiore destra c'è la finestra che contiene l'elenco dei messaggi presenti nel newsgroup prescelto, in quella inferiore una anteprima del testo del messaggio selezionato. È comunque possibile cambiare questa disposizione, attraverso la voce 'Layout' del menu 'Visualizza'.

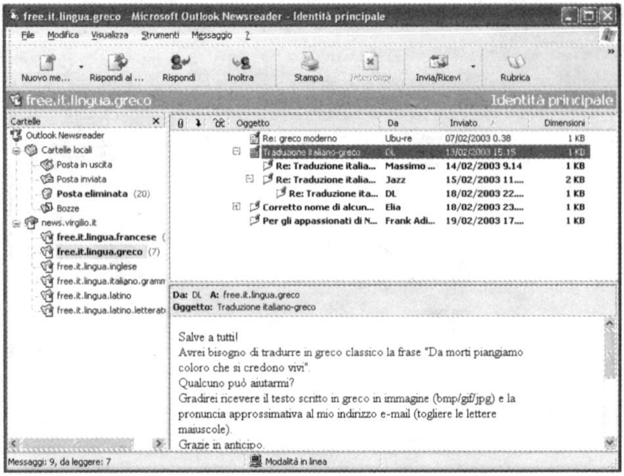

Figura 44 La finestra principale di Outlook Express 5, utilizzato come strumento per la lettura di newsgroup

Quanto ai pulsanti, essi permettono, nell'ordine, di scrivere un nuovo messaggio, preparare una risposta da inviare al newsgroup, rispondere direttamente all'autore, far procedere il messaggio verso un nuovo destinatario, stampare il messaggio corrente, sospendere il caricamento dei messaggi. A seguire troviamo poi i familiari pulsanti per la gestione della posta. Se nella finestra di sinistra, anziché essere selezionato il nome di un newsgroup, è selezionato il nome di un news server, l'area di destra ospiterà invece tre larghi pulsanti: 'Sincronizza account', per scaricare dal news server le informazioni relative ai nuovi messaggi presenti nei newsgroup che abbiamo sottoscritto; 'Newsgroup', per arrivare alla finestra – già esaminata – per la consultazione dell'elenco dei newsgroup e la loro eventuale sottoscrizione, e 'Impostazioni', che permette di decidere individualmente le opzioni di sincronizzazione per i singoli newsgroup sottoscritti.

Agent

Agent è un piccolo capolavoro. Creato dalla Forté, una software house californiana, al suo apparire, all'inizio del 1995, ha rivoluzionato la fruizione dei newsgroup, all'epoca considerati una risorsa tutt'altro che multimediale. Non è un caso che proprio al modello rappresentato da Agent si siano ispirati tutti i newsreader più recenti, fra cui quelli integrati in Netscape e in Internet Explorer dei quali abbiamo appena parlato. Va detto, tuttavia, che Agent rimane ancora un programma dalle notevolissime potenzialità: la sua capacità di costruire automaticamente (e in maniera altamente configurabile) un database dei newsgroup esistenti e di quelli frequentati, dei messaggi letti e di quelli da leggere, e la facilità di gestione degli eventuali file allegati, anche se suddivisi in più messaggi, continua a renderlo uno degli strumenti migliori per la navigazione fra i newsgroup. Inoltre, molte operazioni possono essere effettuate off-line, minimizzando i tempi (e i costi) di connessione a Internet. Nell'ormai lontano *Notizie dalle reti*, Giuseppe Salza notava correttamente che «Il ciclo evolutivo del Net è rapidissimo. Nel febbraio 1995, Usenet richiedeva ancora una notevole dose di pazienza e sofferenza per tutti coloro che non volevano pagare bollette telefoniche astronomiche. Nel giro di poche settimane, Agent ha provocato una gigantesca rivoluzione culturale [...] e ha scagliato i primi sassi che conducono all'universalizzazione della norma multimediale MIME»[9]. Ebbene, gli effetti di quella rivoluzione si sentono ancor oggi; del resto, nel mondo di Internet non sono molti i programmi che continuano felicemente a evolversi otto anni dopo la loro prima apparizione!

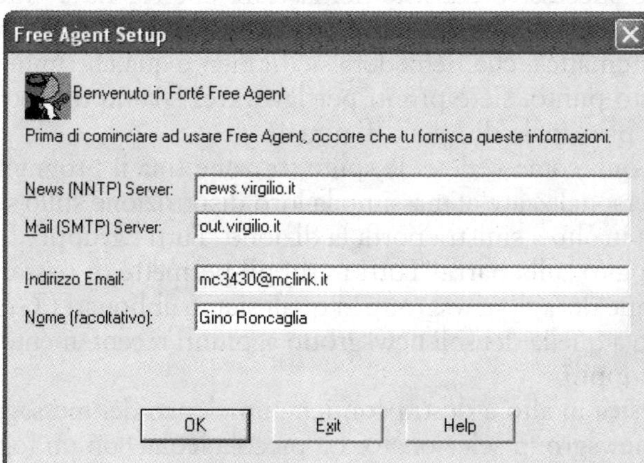

Figura 45 La finestra di configurazione di Free Agent 1.11

[9] G. Salza, *I nuovi percorsi di Internet*, in «Notizie dalle Reti» 1, Roma 1995, p. 15.

Agent esiste in due versioni: quella commerciale, che include anche un avanzato gestore di posta elettronica e costa la cifra non certo eccessiva di 29 dollari, e una versione totalmente gratuita, Free Agent. Entrambe le versioni possono essere scaricate direttamente via Internet, partendo dalla pagina su World Wide Web della Forté, alla URL **http://www.forteinc.com**. Nel momento in cui scriviamo, la distribuzione più recente di entrambe le versioni è la 1.93, mentre la versione 2.0 (assai promettente, almeno a giudicare dalle prime indiscrezioni) è annunciata a breve. Sia Agent sia Free Agent esistono anche in versione italiana.

Anche Agent, naturalmente, va configurato; vediamo come (le istruzioni si riferiranno a Free Agent, ma la versione commerciale è in questo analoga). Al momento di lanciarlo per la prima volta, Agent ci presenterà la finestra che vedete nella figura 45.

La funzione delle varie informazioni richieste dovrebbe ormai risultarvi chiara (l'indicazione dell'SMTP server serve per inviare messaggi a un newsgroup; potremo usare la stessa che abbiamo già fornito al nostro programma di gestione della posta elettronica). Naturalmente, dovrete sostituire ai dati forniti come esempio quelli indicati dal vostro fornitore di connettività. Potrete cambiare in qualsiasi momento queste impostazioni dalla voce 'Preferenze generali' del menu 'Opzioni'.

Il passo successivo consiste nel lasciare che Agent si 'informi' sui newsgroup disponibili presso il vostro news server; si tratta di una operazione automatica, che richiederà sicuramente qualche minuto.

A questo punto, siete pronti per lavorare. Diamo un'occhiata alla schermata principale di Agent (figura 46).

Anche qui, come vedete, le solite tre zone (ma il programma consente di personalizzare al massimo la loro disposizione sullo schermo). La finestra in alto a sinistra porta la dizione 'Tutti i gruppi'. Il triangolino blu in alto sulla barra 'Tutti i gruppi' permette di passare alla visualizzazione dei soli newsgroup ai quali siamo abbonati ('Gruppi sottoscritti') o a quella dei soli newsgroup aggiunti recentemente alla lista ('Nuovi gruppi').

La finestra in alto a destra contiene un elenco dei messaggi disponibili nel newsgroup selezionato. La piccola icona con un foglio scritto che compare a lato di alcuni messaggi indica che il loro testo è già stato 'scaricato' sul nostro computer – il che significa che potremo leggerli anche off-line, dopo esserci scollegati da Internet. Durante il collegamento, possiamo in ogni momento richiedere che uno o più messaggi vengano resi disponibili in questo modo: basterà selezionarli, e

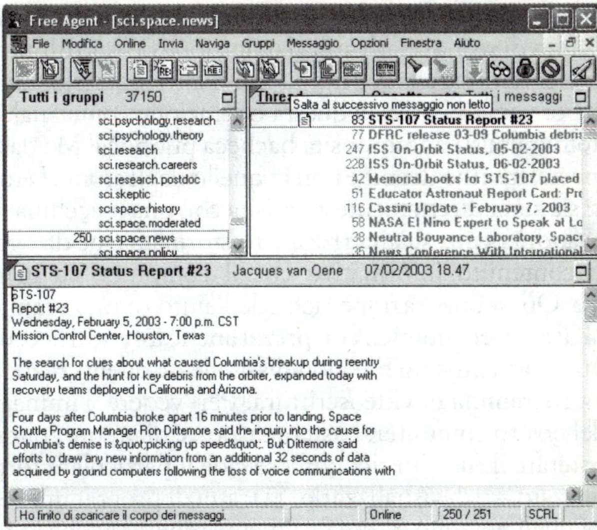

Figura 46 La finestra principale di Free Agent 1.93

utilizzare l'opzione 'Scarica il corpo dei messaggi marcati per il recupero' del menu 'Online'.

Fra le altre informazioni fornite vi è la lunghezza in righe del messaggio (si tratta del numero che lo precede) e l'esistenza di eventuali 'catene' di messaggi dedicati alla discussione di uno stesso argomento (indicata da una freccia che contiene il simbolo '+'; in questo caso, il numero fra parentesi quadre che segue indica quanti sono i messaggi che compongono la catena).

Infine, la finestra inferiore contiene il testo del messaggio. Quello che abbiamo scelto come esempio è un messaggio proveniente dal newsgroup sci.space.news; si tratta dell'aggiornamento del 5 febbraio 2003 sulle cause della tragedia dello Shuttle Columbia, inviato dal Centro Controllo Missione della NASA.

Agent dispone anche di una ricca pulsantiera, che non possiamo qui esaminare dettagliatamente – basta comunque posizionare il puntatore del mouse su un qualunque bottone per ottenere una descrizione sommaria della sua funzione.

Agent è capace di tradurre automaticamente immagini, suoni e programmi inviati in formato MIME, e di lanciare a richiesta l'applicazione loro associata. Vediamo di capire meglio cosa questo significhi. Supponiamo di voler spedire, nel newsgroup dedicato ai fan di Woody Allen, una inedita foto di scena relativa alla lavorazione del suo ultimo film, capace sicuramente di fare la felicità di molti altri appassionati. Concettualmente, possiamo pensare a questa operazione come analoga all'affiggere la fotografia su una apposita bacheca pubblica. Ma dal momento che siamo nel mondo dei bit e non in quello degli atomi, la foto (a meno che non sia stata direttamente acquisita con una macchina fotografica digitale) andrà prima scannerizzata: trasformata cioè da oggetto fisico a puro contenuto informativo che il computer sia in grado di interpretare. Questa operazione richiede l'aiuto di uno scanner (ve ne sono ormai di assai economici, con prezzi anche inferiori ai cento euro), e produce un normalissimo file, non dissimile da quelli creati, ad esempio, da un programma di videoscrittura. Per 'vedere' l'immagine sullo schermo del nostro computer, basterà disporre di un programma capace di interpretare il file – di riconoscere cioè il particolare formato immagine utilizzato – e di visualizzarlo. Si tratta di programmi assai diffusi, molti dei quali possono essere facilmente reperiti anche in rete.

Fin qui, dunque, nessun problema. Ma come inviare l'immagine al newsgroup? Come la posta elettronica, i messaggi inviati ai gruppi Usenet devono di norma limitarsi all'uso dell'ASCII stretto. Non possiamo dunque semplicemente inviare il file con la nostra immagine: prima dobbiamo codificarlo. Agent lo fa per noi, usando appunto la codifica MIME. Ma c'è un problema in più: un'immagine è ricchissima di informazioni (per ogni 'puntino', o 'pixel' dell'immagine, bisogna indicare il colore e la luminosità, e un'immagine dettagliata contiene moltissimi 'puntini'), e il file relativo è spesso di dimensioni piuttosto consistenti. In questi casi, sia per permetterne la ricezione 'a rate', sia per non tagliare fuori gli utenti di sistemi che non accettano la trasmissione o la ricezione di messaggi superiori a una certa lunghezza, è buona norma suddividere il nostro file codificato in più messaggi numerati. Bene: al momento della decodifica, Agent provvederà in maniera automatica o semi-automatica a 'raggruppare' questi messaggi, decodificare il file contenuto (la versione commerciale di Agent è in grado di decodificare automaticamente anche il nuovo ed efficientissimo formato di compressione yEnc, del quale abbiamo già parlato), e – se gli abbiamo indicato dove trovare il programma adatto – a visualizzarlo sullo schermo (nel caso di un'immagine o di un filmato) o a farlo ascoltare attraverso gli altoparlanti del computer (se si tratta di un file sonoro). Per farlo, basterà selezionare i messaggi interessati, e scegliere dal menu 'File' il comando 'Lancia l'allegato'.

Le funzionalità di decodifica di questi 'file attachment' è presente, va detto, anche nei moduli news di Netscape e di Outlook. Ma le capacità di Agent in questo campo restano ancora di tutto rispetto, soprattutto per quanto riguarda i file attachment 'spezzettati' in più messaggi. Come è facile capire, un programma di questo tipo trasforma il mondo dei newsgroup Usenet – nato per la trasmissione di messaggi testuali, e dunque apparentemente dalle possibilità multimediali piuttosto limitate – in una vera e propria miniera di multimedialità distribuita. Con tutti i rischi che questo comporta (la maggior parte delle discussioni sulla presenza in rete di immagini pornografiche riguarda proprio i newsgroup, e praticamente non vi è newsgroup – tranne quelli strettamente moderati – in cui non vengano inviati con regolarità messaggi di pubblicità di siti pornografici), ma anche con le immense potenzialità di una distribuzione su scala planetaria, libera e alla portata di tutti, di informazioni non solo testuali ma anche visive e sonore. Come vedremo nel seguito, oltre ai newsgroup vi sono varie altre funzionalità di Internet che permettono operazioni di questo tipo. Ma i newsgroup, che possono essere utilizzati anche da chi non dispone di un proprio spazio macchina su un server in rete, costituiscono sicuramente uno dei primi, più accessibili e più resistenti sistemi per sfruttare le potenzialità di Internet non solo per il reperimento, ma anche per la diffusione di informazione multimediale. Basti pensare alla diffusione dei file musicali in formato MP3, distribuiti attraverso i newsgroup ben prima che si cominciasse a parlare del controverso programma *Napster* per lo scambio diretto da utente a utente, e che continuano a essere distribuiti attraverso i newsgroup ben dopo la morte (o l'assassinio...) di Napster stesso.

Accesso ai newsgroup via Web

Abbiamo già accennato al fatto che anche il Web è divenuto negli ultimi anni uno strumento potente per accedere ai newsgroup Usenet e al loro contenuto. L'utilizzazione 'via Web' dei newsgroup si è tuttavia sviluppata in due direzioni piuttosto diverse, che è forse bene considerare separatamente:

- accesso ai newsgroup considerati come strumento di discussione. In questo caso l'enfasi è in primo luogo sui messaggi testuali, eventualmente integrati da immagini e file di piccole dimensioni;
- accesso ai newsgroup considerati come strumento per lo scambio di file, e in particolare di file di grandi dimensioni (ad esempio file-im-

magine di CD, VideoCD, DVD), da parte di utenti con collegamenti Internet ragionevolmente veloci (ADSL, linee dedicate).

Nel primo caso, ciò che serve è un sito Web che funga da punto d'accesso ai messaggi dei newsgroup. Il più noto è sicuramente *Google*, che – dopo l'acquisizione e l'assorbimento di *Deja News* (un servizio di ricerca su newsgroup che possedeva un prezioso 'archivio storico' dei messaggi scambiati fin dalle origini di Usenet) – ha dedicato proprio ai newsgroup un'attenzione particolare e particolarmente meritevole. Dal sito **http://groups.google.it** è così possibile accedere non solo – attraverso un apposito motore di ricerca – a un archivio di oltre 700 *milioni* di messaggi scambiati su Usenet a partire dal 1981 (fra gli altri, l'annuncio del primo personal computer IBM o della prima versione di Windows...) ma anche ai messaggi più recenti di tutte le principali gerarchie internazionali. È inoltre possibile inviare nuovi messaggi. Non è invece possibile accedere a nessuno dei file binari inviati attraverso i newsgroup.

Funzionalità in parte analoghe sono offerte da numerosi 'gateway' (e cioè punti di scambio) Web/Usenet. Un elenco – non sempre aggiornato – è compreso ad esempio nella directory di Google, all'indirizzo **http://directory.google.com/Top/World/Italiano/Computer/Usenet/News_Gateway**. Fra i servizi italiani di questo genere, uno dei più antichi e funzionali (soprattutto per i newsgroup europei) è *Mailgate*, all'indirizzo **http://www.mailgate.org**. Una buona interfaccia di consultazione dei newsgroup italiani è ospitata anche da Libero, all'indirizzo **http://usenet.libero.it**. Anche questi strumenti non consentono di norma lo scaricamento di file binari.

Se invece i newsgroup ci interessano soprattutto come enorme strumento per il reperimento o lo scambio di file, il servizio di cui abbiamo bisogno è diverso. In tal caso, ci serve uno strumento in grado di semplificare un lavoro che, anche con il migliore newsreader, non è proprio semplice e immediato: l'individuazione dei messaggi che contengono attachment binari, nonché la decodifica e l'accorpamento automatico di questi attachment, in modo che l'operazione richiesta all'utente – pur trattandosi di file le cui dimensioni possono talvolta superare le centinaia di megabyte – sia per quanto possibile simile al normale 'click and download' utilizzato per scaricare un qualsiasi file sfruttando il link inserito in una pagina Web.

È chiaro che un servizio di questo tipo, che mette a disposizione di utenti con collegamenti veloci alla rete archivi di migliaia di gigabyte, non può essere gratuito. Tuttavia, alcuni fornitori lo offrono a prezzi più che ragionevoli. Una lista comparativa è disponibile alla pagina **http://www.newsgroupservers.net**; fra i più noti ed efficienti, ricordiamo *Easynews* (**http://www.easynews.com**) e *Giganews* (**http://www.giganews.com**). Il prezzo è compreso fra i 10 e i 12 dollari ogni 6-8 gigabyte di file scaricati.

È appena il caso di ribadire a questo punto una considerazione già fatta: i file che si possono scaricare attraverso uno di questi servizi sono file di tutti i generi, e sono quasi sempre relativi a materiali sotto copyright, che è dunque illegale scambiare via Internet. CD musicali, film appena usciti nelle sale... si trova di tutto, ma questo non vuol dire che tutto possa essere liberamente scaricato senza il rischio di incorrere in sanzioni. Eppure, a nostro avviso sarebbe sbagliato bollare lo scambio di file binari attraverso i gruppi Usenet come pura distribuzione via rete di materiali illegali. Si tratta anche di una immensa finestra sui contenuti digitali che il popolo del Web considera più interessanti: il film più recente, ma anche l'inchiesta giornalistica trasmessa su un qualche canale americano la sera prima; pornografia, ma anche i classici radiodrammi della BBC; l'ultimo videogioco di successo, ma anche l'audiolibro di un saggio sulla filosofia greca. Il tutto digitalizzato e condiviso – con uno sforzo collettivo non indifferente – in nome di un'utopia estranea e anzi pericolosa rispetto alle logiche di

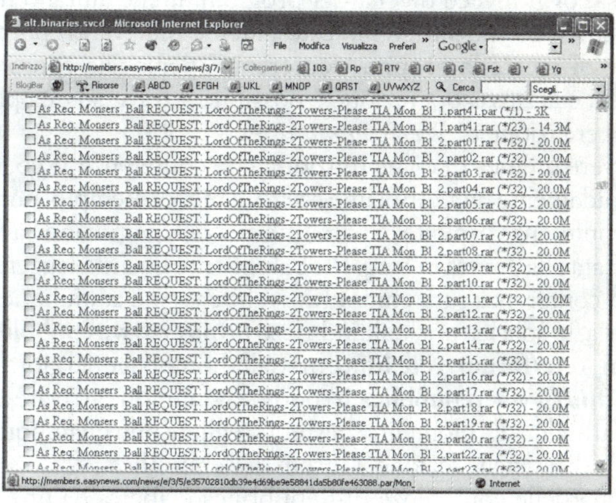

Figura 47 *Il Signore degli Anelli 2*, diviso in blocchi da 20 Mb e pronto per il download da Easynews, pochi giorni dopo la sua uscita nelle sale statunitensi

mercato, ma affascinante: l'idea che l'informazione, *tutta* l'informazione, dovrebbe essere liberamente condivisa. Pur percependone il carattere in parte 'irregolare', ci dispiacerebbe che questa finestra fosse chiusa...

I forum Web

Accanto ai veri e propri newsgroup, negli ultimi anni si è ampiamente diffuso in rete un altro strumento di discussione basato sulla metafora della 'bacheca elettronica': le cosiddette conferenze via Web, o *forum Web*. Si tratta di siti Internet, o meglio, di un gruppo di pagine all'interno di un sito, che permettono appunto di visualizzare un elenco di messaggi, di leggere i singoli messaggi 'affissi' in bacheca e di scriverne di nuovi, sia in risposta a quelli precedenti, sia su argomenti completamente nuovi.

Se per le liste e i gruppi Usenet esistono elenchi e cataloghi, per quanto parziali, una rassegna completa delle conferenze via Web è impossibile: non esiste infatti alcuna risorsa centralizzata alla quale tali conferenze facciano capo, e la loro apertura o chiusura è totalmente affidata all'iniziativa dei gestori dei rispettivi siti. Fino a quattro o cinque anni fa la creazione di conferenze di questo tipo era tecnicamente assai complessa, oggi invece diversi dei programmi che aiutano nella creazione di siti Web (ne parleremo estesamente più avanti) permettono a chiunque di creare la propria 'conferenza' personale con pochi click del mouse, e la stessa operazione è possibile attraverso una pluralità di siti per la creazione di *Web communities*.

Per avere un'idea di come funzionino le conferenze Web, esaminiamone rapidamente una. Abbiamo scelto, a mo' di esempio, una delle numerose conferenze ospitate dal sito Internet del quotidiano 'la Repubblica', dedicata alla guerra in Iraq. Probabilmente quando leggerete queste pagine la conferenza sarà chiusa (dovrebbe essere comunque possibile consultarla, in sola lettura, dall'indirizzo **http://www.repubblica.it/online/forum_rete/forum_rete.htm**), ma dalla home page del giornale (all'indirizzo **http://www.repubblica.it**) potrete comunque arrivare a nuovi forum sull'attualità del momento: basterà scegliere uno qualunque degli argomenti indicati nella sezione 'I forum di Repubblica'.

Ognuna delle conferenze di Repubblica è aperta da una pagina di presentazione che ne introduce il tema e propone alcuni spunti per il dibattito. Al termine della presentazione, trovate i pulsanti necessari a leggere i messaggi già inviati e a spedire un nuovo messaggio. Se scegliete la prima opzione, arriverete a una pagina simile a quella riportata nella figura che segue, e comprendente un elenco dei messaggi più recenti (divisi per giorni), e i link necessari a scorrere quelli più vecchi (nel momento in cui scriviamo, solo questo particolare forum ospita oltre ventimila messaggi!). Per ognuno dei messaggi pervenuti sono presenti nome del mittente e titolo.

Per leggere un messaggio, basta un click sul pallino rosso corrispondente; nel momento in cui leggete un messaggio, vi viene sempre data l'opzione di rispondere all'interno del forum.

Quello che abbiamo citato non è che uno delle migliaia di esempi di conferenze su Web. Conferenze diverse possono avere un'apparenza grafica anche molto diversa, possono essere moderate oppure no (in caso affermativo, prima di essere 'affisso' sulla pagina Web della conferenza il messaggio viene letto e approvato dal moderatore), possono essere aperte alla partecipazione di chiunque o solo degli iscritti. Vi sono anche moltissimi siti che permettono a chiunque di creare una pro-

Figura 48 Conferenze su Web: uno dei forum di Repubblica.it

pria conferenza – o *message board* – sull'argomento preferito: un elenco – peraltro parziale – è disponibile ad esempio all'indirizzo **http://directory.google.com/Top/Computers/Internet/Web_Design_and_Development/Message_Boards**.

Fra gli argomenti più diffusi nelle conferenze su Web, oltre all'attualità (moltissimi siti di giornali, riviste, radio e stazioni televisive ospitano forum aperti alla partecipazione del pubblico), vi è l'educazione: le conferenze in rete si sono infatti dimostrate uno strumento validissimo per mantenere in contatto – fra loro e con i docenti – una comunità di studenti, in particolare nel caso di progetti di educazione a distanza (si veda al riguardo il capitolo del libro dedicato a Internet per la scuola e la didattica). In questi e in molti altri casi, i forum web non sono di norma uno strumento isolato, ma sono parte di un insieme integrato di funzionalità, che mirano a permettere l'interazione più ricca ed efficace possibile all'interno di comunità di utenti. Si tratta delle cosiddette *Web communities*, alle quali abbiamo già fatto più volte riferimento, e in particolare di un tipo particolare di *Web communities*: i cosiddetti *Webgroups*. Esaminiamoli un po' più da vicino.

Gli strumenti di «groupware» via Web

L'idea alla base di questo tipo di risorse è semplice: fornire a una comunità di utenti con un interesse o un obiettivo di lavoro comune, uno strumento attraverso il quale sia possibile, fra l'altro:

- scambiarsi messaggi, sia via e-mail (lista di distribuzione postale) sia via Web (forum Web);
- condividere file, attraverso una sorta di 'deposito' comune nel quale tutti i membri del gruppo possono depositare file e dal quale tutti possono scaricarli;
- condividere un'agenda, che può essere utilizzata per appuntamenti comuni, scadenze di lavoro ecc.;
- incontrarsi in chat;
- eventualmente, condividere e utilizzare collaborativamente funzionalità e tipologie di informazione specifiche quali album fotografici, tabelle di database, sistemi di audio o videoconferenza;
- eventualmente, gestire sondaggi e votazioni fra i membri del gruppo.

È facile capire che uno strumento di questo genere (che rientra nella categoria dei cosiddetti strumenti di *groupware*) può rappresentare un aiuto prezioso per l'organizzazione del lavoro collaborativo a distanza.

In effetti, molte aziende utilizzano a questo scopo pacchetti software specifici che – oltre ad assicurare le funzionalità sopra ricordate – offrono un alto livello di sicurezza dagli accessi non autorizzati, hanno la capacità di integrarsi con la Intranet aziendale e con i relativi database, e permettono di tenere traccia in maniera automatica, nel caso di lavoro collaborativo su documenti, delle diverse versioni dei documenti stessi e del loro processo di redazione, approvazione, distribuzione. Ricordiamo ad esempio, fra i programmi più diffusi in quest'ambito, *Microsoft Sharepoint* e la combinazione *Lotus Notes/Domino*.

Ma anche chi non ha le necessità particolari e specifiche di un'azienda può utilizzare strumenti di groupware, e in particolare uno fra i molti servizi gratuiti che – in genere al prezzo di un po' di pubblicità all'interno delle pagine e in coda ai messaggi che vengono scambiati – consentono di creare un Webgroup completo di molte fra le caratteristiche sopra ricordate. Il primo servizio di questo tipo ad aver conosciuto una larga diffusione è stato *eGroups*, in seguito acquistato da Yahoo! che l'ha ribattezzato *Yahoo! Groups*: l'indirizzo di riferimento è **http://groups.yahoo.com** (per chi desidera l'interfaccia in italiano, **http://it.groups.yahoo.com**). Attraverso Yahoo! Groups è possibile

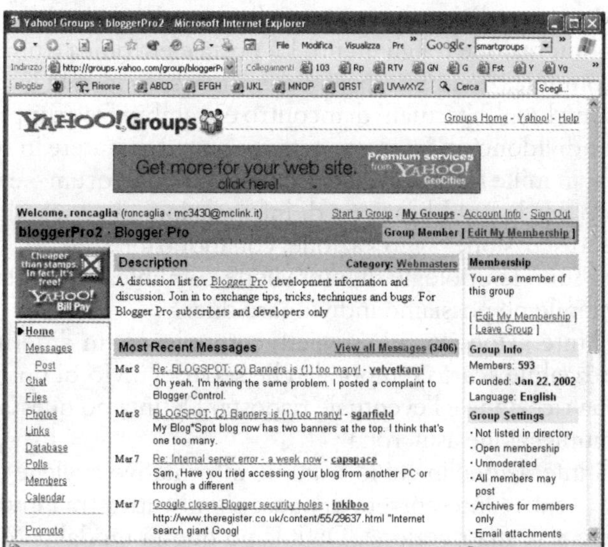

Figura 49 Strumenti per il lavoro collaborativo in rete: un webgroup su Yahoo! Groups

creare gratuitamente e gestire gruppi ricchi di funzionalità, aperti al pubblico o ristretti ai soli membri invitati, moderati o non moderati: le procedure di iscrizione a un gruppo di un nuovo utente restano piuttosto macchinose (leggete con attenzione le relative pagine di aiuto!), ma si tratta comunque di uno strumento prezioso.

Servizi in parte analoghi a quello di Yahoo! Groups sono offerti da *Smartgroups* (**http://www.smartgroups.com**), che si segnala per l'interfaccia particolarmente colorata ed accattivante, da *Microsoft Groups* (**http://groups.msn.com**), e da numerosi altri fornitori (molti dei quali sono inclusi nell'elenco raggiungibile all'indirizzo **http://dir.yahoo.com/Society_and_Culture/Cultures_and_Groups/Cyberculture/Virtual_Communities**).

Chat, instant messaging, audio e videoconferenze: altri strumenti di comunicazione via Internet

Comunicazione in tempo reale

Abbiamo più volte affermato che una delle particolarità della rete Internet, rispetto ai tradizionali strumenti di comunicazione, è la capacità di favorire l'interazione fra gli utenti. La posta elettronica è un efficace mezzo di comunicazione interpersonale; i newsgroup e le liste di discussione sono luoghi 'virtuali' di incontro e scambio fra gruppi di persone che condividono un interesse comune su cui discutere in rete; anche il Web – in mille forme diverse, a cominciare dai forum – è non solo strumento per la pubblicazione di informazioni ma anche luogo di interazione, discussione, aggregazione, collaborazione.

Ma quali sono le tipologie di interazione comunicativa possibili via rete? In generale ne possiamo individuare due:

1. forme di interazione in cui i soggetti comunicano 'in differita', con un apprezzabile scarto temporale che separa l'invio di un messaggio, la sua ricezione e l'eventuale risposta. Definiamo questa modalità 'comunicazione asincrona';
2. forme di interazione in cui lo scambio informativo avviene in 'tempo reale', senza l'intercorrere di pause significative fra l'invio di un messaggio e la sua ricezione. Definiamo questa modalità 'comunicazione sincrona'.

L'esperienza quotidiana ci fornisce numerosi esempi di sistemi e media basati sull'interazione asincrona: la corrispondenza postale, la comunicazione pubblicitaria (con la catena: messaggio, ricezione, impatto sul mercato), l'editoria e la stampa (che però di rado prevedono vere e proprie forme di interazione comunicativa tra autori/emittenti e lettori/riceventi). A questi 'tradizionali' media asincroni possiamo in parte assimilare strumenti di rete come la posta elettronica, il Web o i newsgroup. Per quanto riguarda invece la comunicazione sincrona, basti pensare alla comunicazione verbale interpersonale, al dialogo (con tutte le sue valenze sociali, religiose, istituzionali), alla comunicazione prossemica (quella cioè basata sulla disposizione del corpo nello spazio e in rapporto all'interlocutore) e gestuale, e ai media che ne 'estendono' la portata, come la telefonia e la videotelefonia.

Naturalmente anche su Internet esistono diversi strumenti di comunicazione sincroni, al cui esame è dedicato questo capitolo. Essi si dividono in due principali categorie: i *chat testuali*, in cui due o più persone 'chiacchierano' in appositi ambienti della rete (sia pubblici sia privati) mediante l'uso della scrittura (ovviamente digitale), e le *audio/videoconferenze*, che invece si basano sulla comunicazione verbale e visiva diretta. Per entrambe queste tecnologie sono disponibili numerosi software specifici e altrettanti 'luoghi' di incontro capillarmente distribuiti nel tessuto della rete.

Chat testuali

I sistemi di chat testuale sono tra gli strumenti più 'antichi', più diffusi e più popolari della rete. Il loro enorme successo, soprattutto fra le giovani generazioni, mostra chiaramente che – nonostante l'apparenza per qualche verso 'antiquata' di una forma di comunicazione che sembra interamente monocodice (basata cioè sul solo testo scritto) – la comunicazione via chat è percepita dai suoi utenti come immediata, naturale e dotata di discreta forza espressiva.

A differenza degli strumenti di comunicazione asincrona, la comunicazione sincrona in rete ha quasi sempre una base ludica o ricreativa. Un modo di comunicare che, sotto molti punti di vista, ha il fascino della recitazione, del travestimento (non potendo vedersi reciprocamente, né identificarsi attraverso il tono della voce, i vari interlocutori possono decidere di assumere identità fittizie) e dell'incontro con lo sconosciuto che comunica con noi da un punto qualsiasi del pianeta. Ovviamente, accanto all'aspetto ludico può esistere anche una funzione pratica: le chat possono rappresentare uno strumento semplice e veloce per la discussione in tempo reale fra i componenti di un gruppo di lavoro, anche quando essi si trovino in aree geografiche diverse; un veicolo di contatto con la propria famiglia e i propri affetti per chi si trova lontano; in certi casi, addirittura uno strumento didattico per la comunicazione all'interno di un'aula virtuale. Gli strumenti di comunicazione sincrona on-line, infatti, permettono di annullare – grazie a un mezzo di comunicazione intrinsecamente economico come Internet – distanze anche intercontinentali e di condividere strumenti utili per riunioni di lavoro e meeting accademici (lavagne interattive, scambio di documenti, ecc.).

Secondo alcuni studiosi, 'parlare' attraverso un computer è una forma di comunicazione impropria, in qualche misura 'alienata'. D'altra parte, la comunicazione via chat ha delle peculiarità che altri strumenti non offrono, e propone perciò prospettive nuove e interessanti. Come pochi altri mezzi di comunicazione, infatti, il chat annulla disparità di età, cultura, sesso e ceto sociale. Vecchi e giovani, belli e brutti, dietro una tastiera (e un monitor) siamo tutti uguali.

È possibile e anzi probabile che – come del resto per altre forme di comunicazione interpersonale – vi siano aspetti negativi e controindicazioni. Ma si tratta senz'altro di un fenomeno sociale, prima che tecnologico, che offre importanti spunti di riflessione, e su cui in effetti a lungo si sono soffermati gli esperti di *Computer mediated communication* (CMC). A tali autori dunque rimandiamo i lettori che vorranno approfondire gli aspetti sociali e psicologici delle tecnologie di comunicazione sincrona in rete[10]. In questa sede, piuttosto, come compete a un testo manualistico sull'uso di Internet, ci limiteremo a fornire le informazioni necessarie per conoscere e utilizzare le chat testuali.

Sparse in rete vi sono migliaia e migliaia di chat, alle quali nella maggior parte dei casi si accede attraverso pagine Web. Il loro uso è in genere immediato, e le loro funzionalità possono variare: in alcuni casi, gli utenti possono essere rappresentati, oltre che dal nomignolo (*nickname*) che si sono scelti, anche da una piccola icona (*avatar*), e talvolta la comunicazione iconica può affiancarsi a quella testuale anche attraverso la possibilità offerta agli utenti di utilizzare una varietà di *emoticon*, piccole immagini espressive di stati d'animo: una faccina sorridente o corrucciata, una rosa da offrire virtualmente all'interlocutore, e così via.

[10] Su questo tema torneremo più ampiamente nel capitolo dedicato alle comunità virtuali. Rimandiamo comunque fin d'ora al classico volume di Shirley Turkle *La vita sullo schermo*, trad. it. Apogeo, Milano 1996, e agli altri testi su questo tema citati in bibliografia.

In genere, tutti i sistemi di chat sono divisi in 'stanze' (dette anche *canali*): ambienti comunicativi indipendenti, spesso dedicati ad argomenti specifici, i cui partecipanti possono 'vedersi' fra di loro (attraverso una lista aggiornata in tempo reale degli utenti che si trovano nella stanza) e 'leggersi' (il testo digitato da ciascuno viene visualizzato sullo schermo di tutti). Alcuni sistemi di chat comprendono una sola stanza, o poche stanze, altri ne comprendono centinaia o addirittura migliaia.

Il sistema più vasto e più complesso di tutti è anche uno fra i più antichi: l'*Internet Relay Chat* (IRC). Si tratta di una vera e propria ragnatela di canali, alcuni permanenti e alcuni temporanei, ospitati su sistemi informatici diversi attraverso un geniale meccanismo di condivisione e coordinamento. Il funzionamento di IRC si basa infatti sulla presenza di una serie di server che svolgono la funzione di ripetitori dei messaggi che i vari partecipanti si scambiano. Su ciascun server possono essere ospitati molti canali, e in ogni canale possono conversare da due a decine di utenti contemporaneamente. Il server tiene traccia di tutti gli utenti connessi ai vari canali: quando uno di essi scrive qualcosa, il messaggio viene automaticamente inviato a tutti gli altri in tempo reale (a meno di eventuali rallentamenti determinati dalla rete: se questi rallentamenti provocano un ritardo percepibile nella diffusione dei messaggi, si parla di *chat lag*). Esistono anche delle affiliazioni fra gruppi di server IRC, che nel gergo della rete prendono il nome di *talk city* ('città delle chiacchiere'). Connettendosi a un server affiliato a una talk city (tipicamente quello geograficamente più vicino al nostro provider) si può interagire con tutti gli utenti al momento connessi anche agli altri server. Le principali talk city (tutte accessibili dagli indirizzari preimpostati nei principali client IRC) sono *Efnet* (Eris Free Network: il nome 'Eris' è quello di uno storico server attivo all'inizio degli anni novanta presso l'Università di Berkeley. Per ulteriori informazioni: **http://www.efnet.org**), *Undernet* (**http://www.undernet.org**, circa 45 server con oltre un milione di utenti la settimana), *DALnet* (**http://www.dal.net**, in grosse difficoltà a inizio 2003 per insistenti, prolungati e piuttosto misteriosi attacchi da parte di pirati informatici), *IRCnet* (**http://www.ircnet.com**). Una talk city un po' particolare è *QuakeNet* (**http://www.quakenet.org**), dove troverete in ogni momento qualcuno disponibile per una partita a Quake o a qualche altro gioco on-line. Potete trovare ulteriori informazioni sui sistemi più attivi all'indirizzo **http://www.mirc.com/servers.html**, mentre un'immensa raccolta di materiale documentario di ogni genere su IRC è disponibile all'indirizzo **http://www.irchelp.org**.

Per accedere a un server IRC occorre utilizzare degli appositi software client. Ve ne sono molteplici, sia in ambiente grafico sia in ambiente a caratteri, e sono ormai molto diffusi anche client Web, che permettono l'accesso a IRC da una pagina Web (la maggior parte dei siti delle talk city sopra ricordate hanno dei link verso client Web). Fra i siti Web italiani che consentono l'accesso immediato, attraverso il browser, alle chat IRC ricordiamo Tiscali (**http://chat.tiscali.it**) e Virgilio (**http://irc.virgilio.it**). Nel prossimo paragrafo daremo invece qualche informazione in più sui principali client grafici, soffermandoci in particolare su mIRC, il client IRC sicuramente più diffuso.

Comunicare in una «talk city» con mIRC

Il collegamento a un ambiente interattivo virtuale IRC mediante un client grafico è relativamente facile. Ne esistono diversi, ma senza dubbio il più diffuso, efficiente e semplice da usare per gli utenti di sistemi Windows è *mIRC*, sviluppato da Khaled Mardam-Bey. Fra le alternative per sistemi Windows ricordiamo anche il recentissimo *.IRC* (**http://www.joher.com/dotIRC**) e *TurboIRC* (**http://www.turboirc.com**), nonché, pensato per gli utenti italiani e di facile uso, ma con caratteristiche più limitate, *BigFun*, il client IRC di Virgilio (**http://irc.virgilio.it/bigFun.html**). Gli utenti Mac possono invece rivolgersi a *Ircle* (**http://www.ircle.com**) o *Snak* (**http://www.snak.com/Snak.html**), mentre gli utenti Linux hanno a loro disposizione, fra gli altri, l'ottimo *Xchat* (**http://www.xchat.org**).

Le funzionalità di base di questi programmi sono sostanzialmente analoghe, anche se quelle più avanzate possono differire. Volendone presentare uno, la scelta quasi obbligata è rappresentata da mIRC, arrivato nel momento in cui scriviamo alla versione 6.03. Il programma viene distribuito con la formula shareware, e si può scaricare liberamente all'indirizzo **http://www.mirc.com**. La registrazione costa solo 20 dollari, e gli autori accettano anche una cifra più bassa dagli utenti che si trovassero in difficoltà economiche.

Sebbene le funzioni messe a disposizione dallo standard IRC siano molte, quelle fondamentali sono limitate, e la loro utilizzazione con mIRC è assai intuitiva. Una volta scaricato il file, si può dare inizio alla procedura di installazione automatica. All'avvio del programma, una volta chiusa la finestra che ci ricorda di registrare il prodotto, compare una finestra dalla quale è possibile scegliere un server IRC al quale collegarsi (per default viene utilizzato un server a caso fra quelli della talk city

DALnet) e immettere i dati personali che ci renderanno riconoscibili agli altri utenti IRC. Fra le varie impostazioni richieste, assai importante è la scelta di un *nickname*. Si tratta dell'identificativo che ciascun utente connesso a un server chat deve avere, e con il quale viene visto dagli altri utenti. Poiché gli utenti di una talk city possono essere decine di migliaia, il programma suggerisce di impostare un nickname alternativo, qualora il primo fosse già utilizzato da qualcuno in uno dei canali della city.

Una volta terminate queste semplici operazioni di configurazione, e chiusa con 'OK' la relativa finestra, sarà sufficiente fare click sul primo pulsante (recante l'immagine di una piccola saetta) o sulla voce di menu 'File, Connect' per stabilire la connessione; automaticamente mIRC apre una finestra – denominata 'mIRC Channels Folder' – con la lista dei canali disponibili per 'chiacchierare' (o meglio 'chattare'). La finestra dei canali può essere aperta in ogni momento utilizzando il terzo pulsante da sinistra nella pulsantiera di mIRC. Per avere un elenco completo di tutti i canali si può invece usare il quarto pulsante[11].

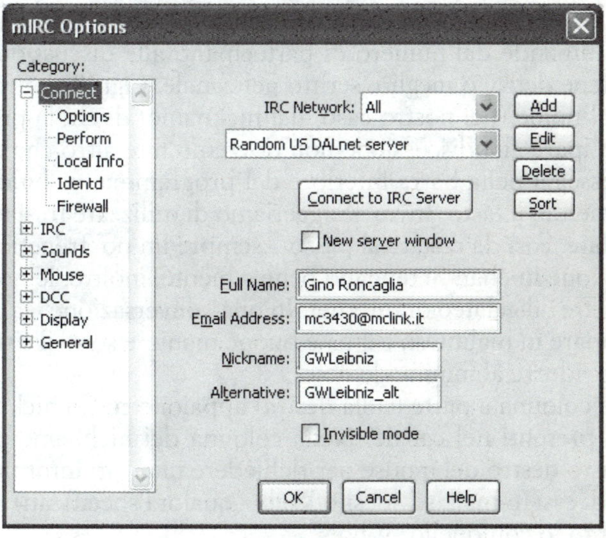

Figura 50 mIRC, schermata di configurazione

[11] Ricordiamo che, come ormai è consuetudine per tutti i programmi Windows, tenendo il puntatore del mouse per più di un secondo su un bottone appare una finestra 'pop up' che indica la funzione del bottone stesso.

I canali IRC, come detto, sono degli ambienti virtuali, assimilabili a vere e proprie stanze in cui è possibile chiacchierare tranquillamente con gli altri convenuti. Esistono vari tipi di canali: oltre a quelli pubblici, ci sono quelli privati, per i quali è necessaria una password, e quelli segreti, che non compaiono negli elenchi. Di norma ciascun canale è dedicato a un tema o argomento particolare (anche se non si tratta di una convenzione del tutto rispettata), che si può intuire dal nome.

In genere la lingua usata su tutti i server IRC è l'inglese, o meglio una versione di inglese scritto riveduta e corretta dalle mille abbreviazioni e convenzioni create dalla consuetudine di usare la tastiera al posto della voce. Esistono però dei canali specifici per tutte le principali lingue parlate nel mondo. La convenzione, ad esempio, vuole che per parlare italiano (e quindi per incontrare dei nostri connazionali) su IRC si utilizzi il canale '#italia'[12]. Digitiamo quindi 'italia' nella finestra dei canali, premendo poi il bottone 'Join'.

Se volessimo invece avviare un nuovo canale, magari per creare un punto di ritrovo privato per i nostri amici, dovremmo scriverne il nome e premere il tasto 'Add'.

Una volta connessi a un canale vedremo scorrere, più o meno velocemente (dipende dal numero di partecipanti alla discussione), tutto quanto viene detto, o meglio, scritto nel canale. Ogni frase viene preceduta dal nome (nel nostro caso, dal nickname) di chi la pronuncia. Per partecipare alla discussione non dovremo fare altro che digitare i nostri messaggi nella barra inferiore del programma, e chiudere ogni frase premendo il tasto 'Invio'. Suggeriamo di utilizzare frasi non troppo articolate, così da restare al passo – sempre un po' frenetico – della conversazione in chat. Si tengano bene a mente, inoltre, le norme della 'netiquette', il galateo di Internet. In una conversazione via chat è facile incappare in malintesi; calma e buone maniere sono il sistema migliore per ridurre al minimo le noie.

In una colonna a parte (sulla destra) appaiono tutti i nickname degli utenti presenti nel canale. Nella colonna dei nickname possiamo usare il tasto destro del mouse per richiedere ulteriori informazioni su ciascuno di essi (e-mail, sesso, sito Web – qualora specificati) con il comando 'Info' o con quello 'Whois'.

Ricordiamo che mIRC permette di entrare in più canali contemporaneamente (nel mondo virtuale siamo dotati dell'ubiquità!), di attivare

[12] Per una convenzione ereditata dai primi client chat a caratteri, i nomi dei canali sono preceduti dal simbolo '#'.

più conversazioni private ognuna visualizzata in una sua finestra separata (è sufficiente un doppio click sul nickname della persona con la quale si vuole parlare), e infine di scambiare file con altri utenti collegati.

Per scambiare immagini, piccoli brani musicali o file binari di ogni tipo, mIRC ci mette a disposizione la procedura *DCC* (*Direct Client To Client*), la quale fa in modo che i dati passino direttamente da un client all'altro, anziché attraverso il server IRC. DCC è uno strumento particolarmente utile perché, unito alla possibilità di creare canali protetti con password, consente, ad esempio, delle conferenze telematiche, con scambio anche di grafici e altro, a costi ridottissimi. Le procedure DCC si attivano dall'omonimo menu del programma. Molto utile anche la funzione 'Finger' (attivabile con il menu 'Tools, Finger') che, fornendo un indirizzo di posta elettronica, consente di ottenere maggiori informazioni sul suo 'proprietario', e di sapere se è o no collegato in quel momento.

Sia utilizzando mIRC, sia utilizzando uno qualunque degli altri client grafici che abbiamo citato poc'anzi, molti comandi possono essere dati attraverso pulsanti o menu interattivi. È sempre possibile, però (e questa possibilità è preziosa nel caso dei client più spartani o di quelli su Web), 'scrivere' il comando in forma testuale, nella stessa finestra che usiamo per chattare. Tutte le volte che iniziamo una frase con il simbolo '/' il sistema la interpreta come comando, anziché come testo da rimbalzare agli altri utenti. Nella tabella seguente riassumiamo i principali comandi utilizzabili su IRC.

Comando	Descrizione

/help consente di visualizzare un sintetico ma chiaro manuale in linea
/ignore *soprannome* fa sì che non vengano visualizzati i messaggi che hanno per mittente il soprannome indicato
/invite *soprannome* invia un messaggio che serve a invitare l'utente indicato a entrare nel canale nel quale ci si trova
/join #*canale* consente di entrare in un determinato canale, es.: /join #italia, oppure di crearne uno
/list elenca i canali aperti nel momento in cui ci colleghiamo. Attenzione perché l'elenco può essere molto lungo
/mode #*canale* **+p** crea un canale privato
/mode #*canale* **+s** crea un canale segreto
/msg *soprannome messaggio* consente di inviare un messaggio privato all'utente indicato con *soprannome*. Es.: '/msg Pippo ciao, Pip-

po, questa è una prova'. I messaggi privati si distinguono da quelli pubblici perché il nominativo del mittente appare racchiuso tra asterischi ('*') e non tra i simboli di minore e maggiore ('<' '>'). Es: *Pluto*, invece di <Pluto>

/nick *soprannome* ogni partecipante a un chat ha un proprio 'nickname' (soprannome). Con questo comando può modificarlo a piacimento (ma, per evitare confusione, non è possibile adottare il soprannome di un altro utente collegato)

/quit chiude una sessione chat

/who #*canale* visualizza l'elenco delle persone presenti nel canale indicato

/whois *soprannome* visualizza informazioni accessorie sull'utente indicato

---

I comandi disponibili sono comunque moltissimi, così come molte sono le funzionalità aggiuntive offerte da ogni singolo client, e da mIRC in particolare. Chi volesse diventare un utente IRC 'provetto' potrà muovere i primi passi frequentando i canali #newbies, #mirc, #mIRCHelp. Un'ampia documentazione è anche disponibile su Web, all'indirizzo **http://www.irchelp.org/irchelp/mirc**.

Le mille chat su Web

Come abbiamo accennato, IRC è una vera e propria rete di stanze chat: la sua universalità e la possibilità offerta a chiunque di creare in ogni momento canali immediatamente raggiungibili da qualunque parte del globo, rende IRC una risorsa tuttora estremamente popolare. Col tempo, tuttavia, sono nati migliaia di sistemi chat autonomi, di norma collegati a siti Web: praticamente tutti i portali e le comunità Web, e moltissimi fra i siti delle aziende attive nel settore delle comunicazioni (dai siti di giornali e riviste on-line a quelli di radio e televisioni), ma spesso anche siti di scuole e università, enti pubblici, e perfino le pagine personali di molti utenti[13], possiedono una propria chat. Elencare questi servizi, e soffermarsi sul funzionamento di ciascuno di essi, sarebbe evidentemente impossibile. Ricordiamo solo qualcuno dei più frequentati, ovviamente con un occhio particolare al nostro paese: *Yahoo! Chat* (**http://chat.yahoo.com**, e – con interfaccia in italiano –

[13] Esistono infatti servizi che permettono di inserire gratuitamente una stanza chat (con un po' di pubblicità sulle 'pareti'...) in qualunque sito personale: una lista di servizi di questo genere è alla pagina **http://www.freebielist.com/chat.htm**.

http://it.chat.yahoo.com), di cui torneremo a parlare fra breve a proposito di audio e videoconferenze, e *MSN Chat* (**http://chat.msn.com**); la storica chat di *Clarence* (prima chat italiana, inaugurata nel lontano 1995: **http://chat.clarence.com**) e quella di *SuperEva* (**http://chat.supereva.it**); la chat di *Digiland* (**http://digipeople.libero.it/chat_new.php**) e quella di *Virgilio*, all'interno della comunità on-line *Atlantide* (**http://atlantide.virgilio.it/chat**). Infine, una chat meno famosa e un po' particolare, ottima per le discussioni letterarie: quella di *HoldenLab*, un sito italiano specializzato in scrittura creativa: **http://www.holdenlab.it/chat2/chat.htm**.

I sistemi di instant messaging

IRC è uno strumento prezioso per partecipare a vere e proprie 'conferenze' testuali in tempo reale. Ma cosa fare se, anziché conversare disordinatamente con decine di altre persone, volessimo colloquiare in tutta tranquillità con uno o due amici o colleghi? Una possibilità, naturalmente, consiste nel collegarsi contemporaneamente a IRC e creare un 'canale' riservato. Ma per utilizzare questi strumenti è necessario mettersi d'accordo in anticipo con i nostri interlocutori e stabilire ora e luogo (ancorché virtuale) dell'incontro. Inoltre, le procedure da seguire non sono sempre semplicissime.

Per ovviare a tutti questi problemi è stata sviluppata una tecnologia che ha riscosso in brevissimo tempo un enorme successo: si tratta dei cosiddetti sistemi di *instant messaging*. Essi mutuano da IRC molte caratteristiche tecniche e funzionali, ma vi aggiungono un aspetto nuovo: la possibilità di informare automaticamente gli utenti della 'presenza' in rete dei loro corrispondenti. Inoltre i vari software di *instant messaging* possono essere corredati da numerose altre funzionalità come lo scambio di file, la condivisione di risorse o la capacità di avviare automaticamente sessioni di audio o videoconferenza (di cui parleremo fra breve). Va anche osservato che molti sistemi di instant messaging sembrano evolversi verso funzionalità di comunicazione globale e multipiattaforma, non legata solo all'uso del tradizionale computer di casa: sistemi wireless, palmari, telefonini di terza generazione potrebbero diventare altrettanti 'terminali' sui quali utilizzare sistemi di instant messaging. Un vantaggio sotto certi profili (potremmo in ogni momento essere raggiunti non solo via telefono o via SMS ma anche via computer, ad esempio per ricevere un file), ma anche un passo ulteriore verso un'inquietante prospettiva di reperibilità globale.

Al momento esistono varie tecnologie concorrenti in questo settore. Fra le principali, ricordiamo *ICQ* (**http://web.icq.com**) e *Aol Instant Messenger* (**http://www.aim.com**; viene installato automaticamente con l'installazione di Netscape), di proprietà del grande provider americano AOL; *MSN Messenger*, della Microsoft (**http://messenger.msn.it**, installato automaticamente con Internet Explorer: soluzione tutt'altro che ottimale, dato che un utente non esperto che preferisca non utilizzarlo può avere difficoltà a liberarsene. La versione per Windows XP – potenziata con funzioni di videoconferenza – si chiama *Windows Messenger*); *Yahoo! Messenger* (**http://it.messenger.yahoo.com**), e il popolare sistema italiano *C6* (**http://atlantide.virgilio.it/c6**). Altri due sistemi italiani, legati ad alcuni fra i principali provider nostrani, sono *Tiscali Messenger* (**http://messenger.tiscali.it**) e *Liberi Tutti* (di Libero: **http://liberitutti.libero.it**). Proprio la babele di sistemi di instant messaging può costituire un handicap notevole al momento di utilizzarli: accade infatti spesso che amici diversi utilizzino sistemi diversi. Per questo motivo si sono diffusi recentemente anche dei 'meta-programmi', capaci di interfacciarsi con le reti di sistemi diversi. Quello probabilmente più noto è l'ottimo *Trillian* (**http://www.ceruleanstudios.com/trillian**), che permette di collegarsi contemporaneamente alle reti ICQ, AIM, MSN Messenger, Yahoo! Messenger e a IRC. Ne esiste una versione base, gratuita, e una versione Pro che costa 25 dollari. Infine, una menzione particolare merita il lavoro in corso attorno al progetto open source *Jabber*: più che di un singolo programma, si tratta di un vero e proprio protocollo per lo scambio di messaggi in tempo reale in formato XML (ne parleremo più avanti). Nel momento in cui scriviamo esistono ben dieci client diversi che lo supportano. Il sito di riferimento è **http://www.jabber.org**.

Le funzionalità di questi programmi, pur nelle rispettive specificità, sono abbastanza simili. Di conseguenza abbiamo deciso di soffermarci su quello che gode della maggiore 'anzianità di servizio': ICQ.

ICQ è stato sviluppato – come spesso accade nel mondo Internet – da una software house piccola e innovativa, la *Mirabilis*, che nel 1998 è stata acquisita da AOL. Esso si basa su un server centrale al quale si collegano i moduli client, distribuiti gratuitamente sul già ricordato sito **http://web.icq.com**. Nel momento in cui scriviamo, la versione più aggiornata del modulo client per Windows è ICQ 2003a, ed esistono versioni del programma per varie piattaforme, compresa una versione interamente Web (**http://go.icq.com**). Per Windows esiste anche una versione 'Lite', che offre meno funzionalità ma è più semplice da usare ed è decisamente consigliabile per gli utenti alle prime armi.

ICQ è un programma che funziona in background sul computer dell'utente (per gli utenti Windows l'icona del software appare nella parte destra della barra delle applicazioni) e che, nel momento in cui questi si collega a Internet, informa il server centrale della sua presenza on-line. Per fare questo, alla prima utilizzazione ICQ assegna a ciascun utente un numero personale univoco (UIN) che diventa il suo identificativo in rete. In tal modo il server dispone in ogni momento di un quadro preciso di quali fra gli utenti di ICQ sono on-line, e di qual è il loro indirizzo IP, di qual è cioè la strada per raggiungerli. Ciascun utente, a sua volta, può segnalare a ICQ quali siano i suoi corrispondenti abituali: previa loro autorizzazione, il programma sarà in grado di indicargli in ogni momento chi fra loro è on-line e chi non lo è. Se la persona con cui si desidera colloquiare è on-line, è possibile contattarla e avviare con lei una sessione chat in tempo reale: ICQ si occupa automaticamente di trasmettere la richiesta e – se è accettata – di gestire il chat, al quale possono partecipare anche più persone, attraverso comode finestre affiancate.

In sostanza, ICQ serve a tenere in contatto gli amici o i colleghi 'di rete'. Quando capita di essere collegati insieme, è possibile accorger-

Figura 51 Schermata principale e menu di ICQ 2003

sene, 'chattare' senza difficoltà, e compiere una serie di operazioni ulteriori come lo scambio di file. È anche possibile inviare ai corrispondenti – anche quando non sono collegati – dei messaggi assai simili a quelli di posta elettronica. Inoltre la disponibilità di uno strumento di questo tipo semplifica enormemente l'uso di programmi di telefonia e videotelefonia in rete, che non a caso sono spesso integrati o integrabili (come plug-in) nei sistemi di instant messaging.

Naturalmente, qualcuno potrebbe trovare poco desiderabile il fatto che i suoi amici – anche i più stretti – o conoscenti possano accorgersi in ogni momento se sia collegato a Internet o meno, e possano inviargli una richiesta di chat. Per garantire la privacy, tuttavia, ICQ permette di impostare vari livelli di visibilità che possono essere selezionati mediante il pulsante in basso nella finestra del programma: si va dall'opzione 'Offline/Disconnect' (l'utente appare a tutti i suoi corrispondenti come 'scollegato' sebbene sia in effetti on-line) a quella 'Do not disturb' (l'utente appare come collegato ma non disponibile a interagire) a quella 'Occupied' (l'utente può ricevere solo richieste urgenti), e così via. È anche possibile impostare livelli di visibilità diversi per 'amici' diversi. E naturalmente è sempre possibile chiudere del tutto il programma, in modo che neanche il server della Mirabilis sappia se siamo o no in rete.

Programmi per audio/video conferenze

Una delle principali chiavi di lettura con cui si possono interpretare gli investimenti in ricerca e sviluppo delle tante aziende legate al mercato dell'*Information Technology*, è il tentativo di rendere gli strumenti informatici e telematici in grado di veicolare con qualità sempre crescente contenuti multimediali. Nel campo della telematica, e segnatamente in riferimento a Internet, negli ultimi anni abbiamo visto nascere tecnologie che permettono, con sempre maggiore efficienza, di sfruttare le linee della rete per trasmettere a un discreto livello qualitativo audio e video. Il miglioramento degli algoritmi di compressione e l'ottimizzazione delle tecniche di distribuzione dei dati multimediali hanno portato a realizzare prodotti efficienti, come quelli utilizzati per lo *streaming* audio e video, e standard in grado di garantire un ottimo rapporto fra occupazione di memoria (e dunque quantità di dati binari da veicolare tramite la rete) e qualità del segnale: come esempi si possono citare i formati audio MP3, WMA e Ogg Vorbis. Col progresso di queste tecnologie sono migliorati sensibilmente strumenti (per altro già esistenti da parecchi anni) come i software dedicati alla telefonia e alla videoconferenza in rete. In parallelo con la diminuzione della mole di dati da veicolare tramite la rete, concorre a migliorare la qualità dei servizi audiovisivi Internet l'aumento della banda disponibile per i singoli utenti: uno sviluppo particolarmente sensibile con il passaggio dai collegamenti attraverso modem analogico a quelli ADSL e via cavo.

I vantaggi apportati dall'uso dei software di audio e videoconferenza sono, evidentemente, soprattutto economici. Su Internet, a parte i possibili rallentamenti nel passaggio dei dati da un nodo all'altro della rete, non vi è alcuna differenza economica tra l'inviare informazione audiovisiva a pochi metri o all'altro capo del mondo.

Telefonare con la rete

Come avevamo previsto nelle passate edizioni di questo manuale, e nonostante la crisi che ha colpito il settore della new economy dopo il 2001, la sfida della telefonia digitale via rete al mercato telefonico tradizionale comincia a farsi sentire, e ha già avuto l'effetto di provocare sensibili riduzioni nelle tariffe telefoniche. Basti pensare alle offerte forfettarie di operatori quali Fastweb, che utilizzano gli stessi canali per veicolare i dati Internet e – opportunamente digitalizzati – i dati audio del traffico telefonico. Ma, senza che gli utenti finali ne abbiano percezione, è anche molta parte del traffico 'a monte', quello fra operatori e sulle grandi linee internazionali, che avviene ormai attraverso canali telematici.

L'uso della rete per effettuare conversazioni telefoniche può avvenire in due modi: in maniera totalmente trasparente per l'utente, che continua a utilizzare – o meglio, ha l'impressione di continuare a utilizzare – un telefono tradizionale, o direttamente attraverso il computer, grazie ad appositi software (assieme a casse e microfono o cuffia e microfono).

In questa sede ci soffermeremo naturalmente solo su quest'ultima modalità, ovvero sui software disponibili per la trasmissione VOIP (*Voice-Over-IP*: è così che si indica tecnicamente la trasmissione di dati audio basata sui protocolli Internet) realizzata grazie a un normale personal computer collegato alla rete.

I software che permettono tale operazione (una lista, parziale, è disponibile nella sezione 'Internet' – 'Communications' – 'Internet Phones' del più volte citato TuCows) possono dividersi sostanzialmente in tre classi: quelli che consentono solo il collegamento audio da PC a PC, quelli che consentono anche chiamate da PC a rete telefonica – comodi soprattutto per chi ha necessità di fare frequenti chiamate internazionali, giacché le relative tariffe sono assai inferiori a quelle degli operatori tradizionali – e quelli che accanto al collegamento audio consentono anche il collegamento video. Naturalmente nulla impedisce di utilizzare programmi del secondo o del terzo gruppo per una semplice chiamata audio da PC a PC. Al primo gruppo appartengono ad esempio *Speak Freely* (**http://www.fourmilab.ch/speakfree/windows**), un programma gratuito e di pubblico dominio disponibile in versioni per Windows e Unix, con la possibilità di effettuare conversazioni criptate utilizzando la diffusa tecnologia PGP (Pretty Good Privacy, su cui torneremo nel seguito del libro), e il divertente *Roger Wilco* (**http://rogerwilco.gamespy.com**), che consente di creare con estrema semplicità canali di chat vocale. Roger Wilco è particolarmente popolare fra gli utenti di giochi on-line, che lo usano per parlarsi durante il gioco. Al secondo gruppo appartengono moltissimi programmi; fra gli altri, ricordiamo *Net2Phone* (**http://web.net2phone.com**), *MediaRing PC Phone* (**http://www.mediaring.com**), *BuddyTalk* (**http://www.buddytalk.com**), *PC-telephone* (**http://www.pc-telephone.com**), e l'italiano *Tiscali Netphone* (**http://netphone.tiscali.it**)[14]. Di norma, il loro uso per conversazioni da PC a PC è gratuito, mentre occorre pagare per le conversazioni da PC a rete telefonica. Il pagamento avviene in genere attraverso l'acquisto, via carta di credito, di un certo ammontare di credito telefonico (una sorta di carta prepagata virtuale), dal quale viene progressivamente scalato il costo delle telefonate effettuate. Le tariffe sono particolarmente basse (inferiori ai costi delle nostre chiamate urbane) per le conversazioni verso gli Stati Uniti: chi ha la necessità di parlare spesso con amici o parenti in America può dunque risparmiare parecchio utilizzando uno di questi servizi. Un discorso a parte merita Tiscali Netphone, che consente di effettuare in maniera del tutto gratuita, oltre alle chiamate da PC a PC, anche chiamate dal computer alla rete telefonica fissa italiana. Si tratta evidentemente di una funzionalità molto 'appetibile' per i navigatori nostrani, e per questo motivo nel prossimo paragrafo esamineremo questo programma un po' più da

[14] Non è invece più disponibile quello che era stato il programma-pioniere in quest'area, ovvero *Internet Phone* della Vocaltec (l'avevamo seguito, di versione in versione, fin dalla prima edizione di questo manuale): pur restando una delle società leader nel settore VOIP, la Vocaltec ha deciso di concentrare i propri sforzi nella fornitura di servizi e soluzioni aziendali o direttamente rivolti alle compagnie telefoniche, sospendendo la realizzazione di soluzioni software 'leggere' per l'utente finale.

vicino. Del terzo gruppo di software – quello che offre anche funzioni di videotelefonia – ci occuperemo invece fra poche pagine, nella sezione dedicata alle videoconferenze via rete.

Tiscali Netphone

Tiscali Netphone è parte dell'offerta Tiscali 10.0, un pacchetto di abbonamento gratuito che fornisce anche un indirizzo di posta elettronica, la possibilità di collegarsi a Internet utilizzando i punti di accesso di Tiscali, uno spazio web e una serie di servizi aggiuntivi. L'iscrizione è possibile dal sito **http://www.tiscali.it**. Netphone è utilizzabile anche da chi non volesse iscriversi a Tiscali 10.0, ma in questo caso funziona gratuitamente solo per le chiamate da PC a PC, mentre le chiamate da PC a rete telefonica vanno pagate: con 6 euro si acquista un credito telefonico pari a 5 ore.

L'accesso al servizio avviene dall'indirizzo **http://netphone.tiscali.it**; la procedura da seguire è semplicissima: una volta effettuata (al primo accesso) la registrazione, dovremo fornire il nostro indirizzo e-mail e la nostra password. Nella pagina successiva, basterà cliccare su 'Apri Netphone'. Dopo qualche istante di attesa, il programma aprirà una piccola finestra con l'immagine di un telefonino argentato dalle linee futuribili. L'uso è semplicissimo: un campo bianco nella parte superiore del telefonino permette di inserire il numero di telefono da chiamare (per le chiamate da PC a telefono) o l'indirizzo e-mail dell'utente da chiamare (per le chiamate da PC a PC). Se la chiamata è verso un PC, il suo utente deve ovviamente disporre anch'egli di Netphone (se al momento della net-telefonata non fosse in linea, potremo lasciargli un messaggio vocale: gli arriverà via mail, come allegato in formato WAV). Proprio come con un normale telefonino, basterà cliccare sul tasto verde per effettuare la chiamata. Il tasto rosso, invece, servirà per terminare la chiamata in corso. Il display del nostro 'telefonino virtuale' fornirà informazioni sulle operazioni che vengono man mano compiute, e indicherà eventuali problemi. Nell'area superiore del telefonino, una serie di barre del tutto analoghe a quelle che indicano il livello del campo nei normali telefonini indicherà la 'banda' disponibile: le tacche diminuiranno in presenza di congestioni di rete, e in questo caso anche la qualità audio della telefonata potrà peggiorare. Una 'x' rossa al posto delle tacche indicherà che il server non può essere contattato o che le linee sono congestionate, e che quindi non è possibile effettuare la chiamata.

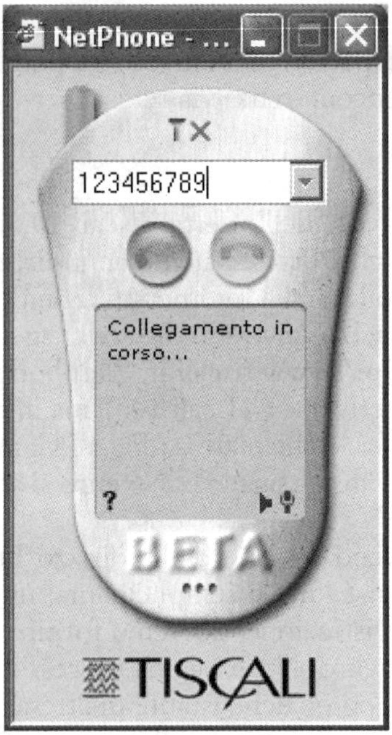

Figura 52 Tiscali NetPhone: permette di effettuare chiamate da PC a PC, da PC a rete telefonica e da rete telefonica a PC

Oltre che per effettuare chiamate verso altri PC o verso telefoni fissi, NetPhone può essere utilizzato anche per ricevere chiamate: al momento dell'attivazione, infatti, ci viene fornito un numero telefonico '178', che permetterà a qualunque utente di rete fissa di telefonare al nostro PC (il costo è di 7,9 eurocent alla risposta e 9,9 eurocent al minuto). Il numero Netphone che ci viene assegnato consente inoltre anche di ricevere gratuitamente dei fax, che verranno inviati al nostro indirizzo di posta elettronica, sotto forma di allegati a una mail.

Videoconferenze

Per effettuare una videoconferenza via Internet tramite un computer, oltre ai normali strumenti per la connessione alla rete sarà necessario installare un apposito software e acquistare una telecamerina (*webcam*) da connettere al nostro computer. La diffusione delle webcam è enormemente aumentata negli ultimi anni, e se ne trovano per tutte le tasche, a partire da circa 50 euro. Di norma, la webcam si collega a una delle porte USB (*Universal Serial Bus*) del computer. Chi ha già una telecamera digitale può, nella maggior parte dei casi, utilizzare quella, collegandola alla porta USB o firewire. Occorre però controllare il manuale della telecamera per verificare che sia supportata (di norma attraverso un apposito programma driver da installare sul computer) la funzionalità di streaming video. In alternativa, una telecamera digitale o VHS può essere collegata al computer attraverso una scheda di acquisizione video: in questo caso, il driver da installare dovrà essere quello della scheda. L'uso di una scheda di acquisizione video aumenta evidentemente le nostre possibilità: oltre alle immagini riprese dalla nostra telecamera potremo ritrasmettere in rete anche immagini da qualunque altra fonte video: televisione, satellite, DVD, videoregistratore...).

I programmi utilizzabili per le videoconferenze in rete sono numerosi. Ricordiamo, fra gli altri, *Microsoft NetMeeting* (**http://www.microsoft.com/windows/netmeeting**), *Microsoft Windows Messenger*, *Yahoo! Messenger* (**http://messenger.yahoo.com**), *CU-SeeMe* (**http://www.cuworld.com**), *ICUII* (**http://www.icuii.com**), *iSpQ* (**http://www.ispq.com**), *PalTalk* (**http://www.paltalk.com**; attenzione, però: i moduli di generazione della pubblicità di questo programma sono piuttosto intrusivi, tanto da essere considerati da diversi utenti come un vero e proprio spyware), *Phone Free* (**http://www.phonefree.com**). Noi forniremo qualche indicazione su NetMeeting, che essendo gratuito, compreso di serie in tutte le versioni di Windows, capace di discreta qualità audio-video e ricco di strumenti aggiuntivi, può rappresentare l'opzione più semplice da parte della maggior parte degli utenti; su CU-SeeMe (pioniere assoluto dei programmi di videotelefonia in rete) e su Yahoo! Messenger, che vanta una larga comunità di utilizzatori nell'ambito del servizio chat offerto da Yahoo!. Forniremo inoltre qualche informazione su uno strumento recentissimo ma del quale è facile prevedere un rapido sviluppo: la videoconferenza via telefonino o con modalità mista rete-telefonino, resa possibile dall'avvio dei servizi telefonici UMTS.

NetMeeting

NetMeeting, realizzato dalla Microsoft, è stato per molti anni e – nonostante come vedremo la stessa Microsoft sembri voler abbandonare il programma a favore di Windows Messenger – continua a essere lo strumento più comodo e diffuso per la videoconferenza via rete. Questo anche per il supporto allo standard H.323, che consente lo scambio di audio e video anche con sistemi diversi, non necessariamente basati su PC.

NetMeeting è compreso in tutte le più recenti distribuzioni di Windows, ma in Windows XP è un po' 'nascosto': a partire da Windows XP la Microsoft propone infatti l'uso del suo sistema di instant messaging, *Windows Messenger*, come soluzione anche per le chiamate in videoconferenza via rete. Avendo provato entrambi i sistemi, ci sentiamo però di continuare a raccomandare il 'vecchio' NetMeeting: almeno per ora funziona meglio, e crea molti meno problemi. Gli utenti di Windows XP dovranno però installare NetMeeting 'a mano': lo si fa dal menu 'Start', selezionando 'Esegui', scrivendo (senza apici) 'config.exe' e premendo il pulsante 'OK'.

L'installazione di NetMeeting è estremamente semplice: occorre indicare al programma il nickname scelto, l'indirizzo e-mail ed i propri dati personali (per non essere sempre e comunque riconoscibili in rete, molti utenti danno a questo punto sfogo alla fantasia). Alla prima attivazione, il software ci guiderà automaticamente attraverso una serie di test per configurare al meglio i parametri relativi all'audio e al video sul nostro personal computer.

NetMeeting può essere utilizzato in diversi modi, ma i più comuni sono due: come strumento per chiamate dirette da utente a utente, o sfruttando un elenco di utenti in linea gestito da un apposito server. Nel primo caso, dovremo conoscere l'indirizzo IP del nostro interlocutore (un dato che potremo scambiarci ad esempio attraverso un messaggio e-mail o incontrandoci in una qualche chat), e indicarlo (in forma numerica) nel campo bianco che comparirà nella parte superiore della finestra del programma. Nel secondo caso, dovremo specificare il server ILS (*Internet Locator Server*) che intendiamo utilizzare per incontrare i nostri interlocutori. I server ILS pubblicano in tempo reale una lista di informazioni base (nickname, nome, provenienza, presenza o meno della telecamerina, ecc.) relative agli utenti connessi. Dovremo scegliere quello che preferiamo nel menu 'Chiama', voce 'Elenco in linea'. Una volta selezionato, comparirà un elenco di utenti e sarà sufficiente un doppio click per contattarne uno.

Una volta stabilita la connessione fra due utenti, le potenzialità che NetMeeting mette a disposizione sono molte: la possibilità di effettuare in parallelo alla videoconferenza una chat testuale (utile in caso di rallentamento delle linee), un lavagna elettronica condivisa, la possibilità di scambiarsi dei file, la possibilità di vedere il desktop del proprio interlocutore e condividerne i programmi (prendendo fisicamente il controllo della macchina remota: a patto di disporre di un collegamento sufficientemente veloce, muovendo il nostro mouse interagiremo direttamente con il computer della persona con cui siamo connessi!).

Alcuni di questi strumenti appaiono, oltre che divertenti, estremamente comodi e produttivi in alcuni ambienti di lavoro. La possibilità di utilizzare NetMeeting in piccole o medie Intranet aziendali può permettere, ad esempio, di attivare un efficiente servizio di *Help Desk*, mettendo a disposizione la competenza di un gruppo ristretto di esperti a tutti i colleghi che hanno meno dimestichezza con il computer. Per attivare questa funzione è necessario scegliere dal menu 'Strumenti' l'opzione 'Condivisione' e seguire le istruzioni del Wizard (procedura semplificata e guidata) sviluppato dalla Microsoft.

Figura 53 Microsoft NetMeeting

CU-SeeMe

CU-SeeMe è stato sviluppato inizialmente dai ricercatori della Cornell University (oltre al gioco di parole 'io vedo te tu vedi me', 'CU' è acronimo di Cornell University), e per un lungo periodo il programma è esistito in due versioni: quella – più spartana, ma gratuita – sviluppata alla Cornell University, e quella a pagamento sviluppata dalla software house *White Pine*. Ormai da diversi anni, tuttavia, la White Pine (acquistata in seguito dalla *First Virtual Communications*) ha acquistato i diritti anche sulla versione gratuita, che la Cornell ha dunque cessato di distribuire. A proseguire la distribuzione della versione a pagamento è ora una società denominata *QuickNet*; il sito di riferimento è **http://www.cuworld.com**.

Nel momento in cui scriviamo, la versione più recente di CU-SeeMe è la 6.0. Anche se CU-SeeMe 6 può essere utilizzato per chiamate dirette da utente a utente, negli ultimi anni il software si è sviluppato soprattutto in direzione del videochat, e la stessa politica di vendita del programma riflette questo cambiamento: CU-SeeMe 6 viene infatti offerto all'interno di un pacchetto di abbonamento ai videochat ospitati dal sito CuWorld, con prezzi che vanno dai 5 ai 30 dollari al mese.

CU-SeeMe è un programma dotato di ragguardevoli capacità: è infatti in grado di supportare molti utenti contemporaneamente, e dispone di strumenti per il lavoro collaborativo come una lavagna condivisa e un modulo per lo scambio di file; inoltre è in grado di utilizzare un ingente numero di formati video, i cosiddetti *codec*[15]. Come si accennava, la particolarità del programma è quella di permettere, oltre al collegamento diretto fra due utenti, anche il collegamento ai cosiddetti *riflettori*, vere e proprie stanze chat analoghe a quelle utilizzate per il chat testuale, ma in grado di ritrasmettere anche il video dei partecipanti. La comunità degli utilizzatori di CU-SeeMe si è quindi sviluppata come una sorta di (piccolo) IRC, con le sue regole e le sue convenzioni particolari. Proprio come nel chat testuale, aspettatevi di trovare moltissimi riflettori 'vietati ai minori', anche se non mancano i riflettori aperti a tutti (G-rated) e quelli dichiaratamente educational di college e università.

[15] Codec (compression/decompression) è il termine informatico normalmente impiegato per indicare quegli algoritmi che permettono di ridurre al massimo il peso in byte di un audiovisivo. Esistono diversi codec specializzati per l'audio e per il video, molti dei quali sono già integrati nei più moderni sistemi operativi.

Yahoo! Messenger

Abbiamo già parlato di *Yahoo! Messenger* nel presentare alcuni programmi di instant messaging. Il programma è disponibile in versioni (fra loro comunicanti) per Windows, Mac e diverse distribuzioni di Unix (compreso Linux); è inoltre utilizzabile (con funzionalità semplificate) attraverso i telefonini cellulari abilitati al protocollo WAP, e può essere infine fruito anche attraverso un'interfaccia Web o in una versione adatta a qualsiasi sistema operativo in grado di interpretare il linguaggio Java. Al momento in cui scriviamo la più recente versione per Windows del programma è la 5.5; tutte le distribuzioni sono liberamente scaricabili dall'indirizzo **http://messenger.yahoo.com/** (le versioni italiane sono all'indirizzo **http://it.messenger.yahoo.com/**; se avete un minimo di familiarità con l'inglese consigliamo tuttavia di utilizzare la versione inglese del programma, più aggiornata).

Permettendo la comunicazione audio-video fra i suoi utenti (sia direttamente fra utente e utente, sia all'interno di un gruppo di utenti riuniti in una 'conferenza'), Yahoo! Messenger fornisce un discreto strumento di videoconferenza. Va notato, però, che mentre la comunicazione diretta fra due utenti permette – se entrambi gli utenti dispongono di un collegamento di rete sufficientemente veloce – una discreta qualità video (viene in tal caso utilizzata una modalità denominata 'Super Webcam', che permette la trasmissione di un massimo di 20 frame al secondo), il collegamento all'interno di una conferenza, o fra utenti che dispongano di una connessione alla rete via modem, offre un video molto poco fluido: si tratta in realtà, più che di un vero e proprio collegamento video, di una successione di 'istantanee' aggiornate (al massimo) ogni secondo. La qualità dell'audio, pur se non eccelsa, è in genere accettabile.

Condizione per l'uso delle funzioni di videoconferenza è naturalmente che gli utenti interessati dispongano di una webcam. Per attivarla (la webcam deve essere già collegata al computer) occorre entrare nel menu 'Strumenti', selezionare 'Attiva Webcam', e poi cliccare sul pulsante 'Broadcast'. In alternativa, se la sessione chat è già stata avviata, si può cliccare sull'icona della videocamera presente sulla barra degli strumenti della finestra di chat, o selezionare il menu 'Amici' e cliccare su 'Invita a guardare Webcam'. Informazioni e istruzioni dettagliate sull'uso delle funzioni di videoconferenza di Yahoo! Messenger sono disponibili all'indirizzo **http://help.yahoo.com/help/it/mesg/webcams/index.html**.

Dal videofonino alla rete

Nell'aprile 2003 sono stati ufficialmente avviati anche nel nostro paese i servizi di telefonia mobile di terza generazione, basati sull'uso del protocollo UMTS. Ci soffermeremo sulle caratteristiche dei collegamenti UMTS nel seguito del manuale, ma parlando di videoconferenze non si puo' non ricordare che tali collegamenti, in grado di offrire inizialmente una banda dell'ordine dei 300 kbit/s, hanno proprio nella videoconferenza uno dei propri cavalli di battaglia. Il collegamento video diretto fra telefonino e telefonino (o – volendo usare il brutto neologismo introdotto da *Tre*, primo operatore italiano a offrire questi servizi – il collegamento fra videofonini) non riguarda Internet ed esula dunque dagli interessi diretti del nostro manuale. Ma – attraverso l'uso di appositi programmi – un videofonino può collegarsi anche alla rete, permettendo una videoconferenza fra un utente che disponga di un telefonino UMTS con funzionalità video e un utente che disponga di un computer fornito di webcam e di collegamento veloce a Internet. Nel momento in cui scriviamo, l'unico operatore UMTS attivo in Italia è *Tre*; il servizio di collegamento videofonino-rete offerto da Tre è denominato '3 a webcam', e le relative istruzioni d'uso sono disponibili sul sito **http://www.tre.it/**.

FTP, Peer to Peer, Telnet

Chi oggi si avvicina alla telematica ne sentirà parlare molto poco, ma i protocolli FTP e, in misura minore Telnet, conservano ancora una grande utilità. Nelle precedenti edizioni di questo manuale ci siamo occupati anche del protocollo denominato Gopher, che tuttavia alle soglie del 2004 possiamo senz'altro considerare 'archiviato'. Il telnet è ancora oggi utilizzato per accedere ad alcuni computer che accettano solo connessioni in modalità terminale. L'FTP, che vedremo subito più nel dettaglio, è invece ancora oggi il metodo più efficace e veloce per trasferire file da un computer all'altro (è ad esempio uno degli strumenti più utilizzati da coloro che pubblicano informazioni su Internet).

FTP: tutto per tutti

È stato calcolato che attualmente, dispersi nelle memorie degli host computer connessi a Internet, ci siano diversi milioni di file. Si tratta di uno sconfinato serbatoio di programmi (giochi, utility, elaboratori di testo, ecc.), immagini digitali, suoni, ecc. molti dei quali di 'pubblico dominio'. Il sistema più rapido per trasferire questi file sul nostro computer si chiama *File Transfer Protocol* (FTP).

Prima di affrontare il discorso legato all'FTP, riteniamo valga la pena soffermarci brevemente sulla definizione di software di pubblico dominio (PD per brevità), e cercare di illustrarne i principi base.

Anni fa, chiunque avesse realizzato un programma di un qualche valore senza lavorare per una software house, avrebbe avuto scarse possibilità di vederlo usato da molti, e quasi nessuna di guadagnarci qualcosa. C'erano le riviste tecniche che pubblicavano i cosiddetti 'listati', o che allegavano un dischetto; ma in ogni caso, a parte la difficoltà di venire pubblicati, i programmi originali disponibili al di fuori del circuito strettamente commerciale erano poche decine. C'era anche chi, per eccesso di modestia o per mancanza di intraprendenza, pur avendo realizzato qualcosa di valido, non lo proponeva alle ditte distributrici. Strada ancora più impervia toccava al software che potremmo definire 'di nicchia', quello che comunque non interessa il grande pubblico: le applicazioni scientifiche, i progetti di ricerca universitaria e via discorrendo.

Oggi tutti questi ostacoli sono superati. Infatti praticamente tutte le università, i centri di ricerca, e numerose altre organizzazioni, anche commerciali, riservano parte delle proprie risorse di sistema per ospitare i programmi di pubblico dominio. Negli enormi hard disk di questi enti sono memorizzati un gran quantitativo di file, prelevabili gratuitamente e da qualsiasi località (più avanti vedremo come).

Affinché però questa incredibile macchina non si fermi, è necessario rispettarne le poche regole. Chi preleva da un sito Internet un programma *shareware*, e poi lo utilizza, deve – secondo le clausole di distribuzione – versare i pochi euro (o dollari) di registrazione: non tanto per una (improbabile) denuncia per pirateria, ma per non soffocare un canale di distribuzione che è assai vantaggioso. Chi preleva un programma con questo sistema può infatti fare una cosa che in altri contesti è impossibile: verificare la qualità di ciò che vuole comprare con delle prove, anche prolungate, *prima* di pagare.

Oltre allo shareware ci sono anche altre categorie di software. C'è quello completamente gratuito (di solito identificato con il termine *freeware*), quello che richiede come pagamento un versamento volontario anche non necessariamente in denaro (*giftware*) e quello che si accontenta di una cartolina (*cardware*)[16].

[16] Esistono anche divertenti variazioni sul tema: in alcuni casi, ad esempio, la cartolina non va inviata all'autore del programma ma... alla sua mamma (momware)!

Chi non versa la quota di registrazione forse si sente furbo, perché ha un programma senza averlo pagato, e senza aver violatò apparentemente nessuna legge; in realtà nuoce a se stesso, perché se un giorno la politica shareware dovesse fallire, la scelta di software di cui possiamo beneficiare attualmente verrebbe assai ridotta, e sul mercato sopravviverebbero solo le grandi software house con la loro politica dei prezzi.

Usare FTP: concetti di base

Nei capitoli successivi ('Come si fa ricerca in Internet'), affronteremo il tema della ricerca dei programmi su Internet; ora diamo invece un'occhiata a come funziona il protocollo che ci consentirà di trasferire questi programmi sul nostro computer, dando per scontato di averne già individuata la collocazione.

Indipendentemente dal tipo di applicazione utilizzata per attivare una sessione FTP, ci sono due modalità di collegamento a una macchina remota: FTP anonimo, e FTP con account.

Il trasferimento di file tramite FTP anonimo è quello tradizionalmente utilizzato per il prelievo di file ad accesso pubblico presso università, enti, società. Consiste in un *login*, ovvero nell'ingresso in un computer remoto, effettuato senza disporre presso di esso di un proprio codice utente e di una propria password, quindi anonimamente. In questa modalità non avremo, per ovvi motivi di sicurezza, pieno accesso al computer remoto; potremo quindi entrare solo in determinate directory – tipicamente nella directory chiamata 'pub' (ovvero *public*) e nelle sue sottodirectory – e potremo solo leggere o prelevare alcuni file, ma non cancellarli, spostarli o modificarli.

L'utilizzazione di FTP con account, invece, dà – in genere – pieno accesso a una determinata directory del sistema remoto, nella quale potremo inserire, modificare e cancellare file, proprio come se fosse una directory del nostro hard disk. Di norma è riservata ai dipendenti dell'università, dell'ente o della società che ospita il server FTP, oppure ai loro collaboratori, oppure ancora ai loro clienti. Se, ad esempio, decidete di pubblicare su Internet una vostra pagina Web (si veda al riguardo l'Appendice B), acquistando lo spazio presso un Internet provider, quest'ultimo con ogni probabilità vi concederà un account FTP e una password personale.

Alcuni programmi per l'uso di FTP

Come di consueto, i programmi (client) per fare FTP si dividono in due categorie: quelli che dispongono di una interfaccia a caratteri, e quelli con una interfaccia grafica.

Programmi con interfaccia a caratteri

I client FTP con interfaccia a caratteri possono sembrare un po' ostici, ma sono molto efficienti e versatili. Nella figura che segue è visibile, a titolo di esempio, il client FTP fornito di serie con le recenti versioni di Windows.

Per vedere quali sono i comandi di cui si dispone in una sessione FTP, effettuiamo un collegamento di prova con la GlobalScape, negli Stati Uniti, una software house che ha realizzato alcuni noti programmi come CuteHTML (un editor di pagine Web) e CuteFTP (un client FTP grafico).

La prima cosa da fare, ovviamente, è attivare il client FTP. La procedura cambia a seconda del programma utilizzato, del sistema operativo adottato, e così via, ma è quasi sempre una operazione molto semplice. Vediamo ad esempio come si procede con Windows 2000: stabilito che l'host computer della GlobalScape ha per 'indirizzo' **ftp.globalscape.com**, è sufficiente scrivere dalla shell di comando (fare click su 'Start' e poi su 'Esegui...'):

```
ftp ftp.globalscape.com
```

A questo punto il computer del W3C chiede il nominativo per l'accesso:

```
Connesso a ftp.globalscape.com.
```

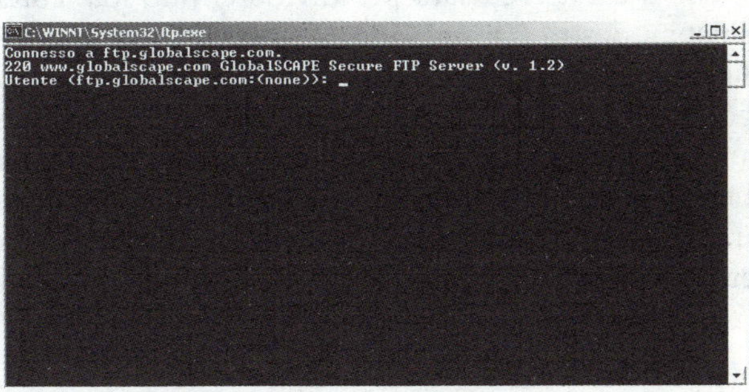

Figura 54 Il client FTP a caratteri di Windows

```
220 www.globalscape.com GlobalSCAPE Secure FTP Server
(v. 1.2)
Utente (ftp.globalscape.com:(none)):
```

Poiché non disponiamo di account, e desideriamo semplicemente avere accesso all'area pubblica del server, forniamo come risposta 'anonymous' (senza virgolette). A video compare quanto segue:

```
331 Password required for anonymous.
Password:
```

A questo punto forniamo come risposta il nostro recapito e-mail (ad esempio 'nomeutente@nomeprovider.it', ancora una volta senza virgolette) e schiacciamo il tasto 'Invio'. Siamo entrati.

Da questo momento in poi abbiamo a disposizione alcuni comandi, come 'dir' o 'cd', abbastanza simili a quelli disponibili nella shell di comando del nostro personal computer. Se non conoscete tali comandi non ha importanza, in seguito li descriveremo più dettagliatamente. Ciò che è importante tenere a mente ora è che i comandi che impartiamo sono gestiti da un computer remoto. Non vengono eseguiti dal nostro elaboratore poiché questo ora è diventato a tutti gli effetti un 'terminale' del computer al quale ci siamo collegati (nel nostro esempio, il server FTP della GlobalScape).

Immaginiamo di conoscere già la struttura del sito della GlobalScape, perciò decidiamo subito di entrare nella directory chiamata 'cutehtml' che si trova a sua volta contenuta nella directory 'pub'. Per farlo utilizziamo il comando 'cd':

```
ftp> cd pub/cutehtml
```

Notare che il carattere usato per dividere 'pub' da 'cutehtml' è la barra inclinata a destra (/), secondo la sintassi Unix, piuttosto che la barra inclinata a sinistra, propria dell'MS-DOS. Infatti la maggioranza dei server FTP gira su Unix, o comunque ne rispetta la sintassi.

La struttura dei siti FTP 'pubblici' è quasi sempre la stessa, basta conoscerne una per potersi muovere con facilità in moltissime altre. Per visualizzare il contenuto di una directory sul computer remoto, occorre utilizzare il comando 'dir'; nel nostro caso ('pub/cutehtml'), ecco il risultato:

```
200 Command okay.
150 Opening ASCII mode data connection for file list.
-r—r—r—   1 user     group      924592 Oct  9  2001 cu-
```

```
tehtml.exe
-r—r—r—   1 user     group        115 Oct  9 2001 in-
dex.txt
226 Transfer complete. 135 bytes transferred. 135 bps.
ftp: 135 bytes received in 0,00secondi
135000,00Kbyte/sec)
ftp>
```

Nella parte sinistra dell'elenco vediamo alcune informazioni di sistema ('-r—r—r—'), su cui in questo momento sorvoliamo. Sulla destra invece individuiamo piuttosto facilmente i dati relativi alla lunghezza del file (in byte), alla data di rilascio. Gli ultimi caratteri sono per il nome del programma. Certo, il semplice nome può non dirci molto sul tipo di programma. In questi casi, può essere opportuno per prima cosa prelevare un indice più dettagliato. Lo troviamo quasi sempre in file con un nome simile a 'index.txt'.

Supponiamo ora di essere interessati a scaricare il file 'cutehtml.exe'. Prima di tutto dovremo comunicare al computer remoto che si tratta di un file binario e non di testo, cosa che viene fatta usando il comando 'bin' (questa operazione non è necessaria con i server FTP moderni, dato che molti di questi capiscono da soli quando impostare il trasferimento in modalità binaria; tuttavia non è male usarlo comunque). Una volta impartito il comando (digitando 'bin' e poi schiacciando il tasto 'Invio'), possiamo prelevare il file. Per farlo si deve usare il comando 'get <nome_del_file>'[17]:

```
ftp> get cutehtml.exe
200 Command okay.
150 Opening BINARY mode data connection for
cutehtml.exe.
226 Transfer complete. 924592 bytes transferred. 57787
bps.
ftp: 924592 bytes received in 16,31 secondi
56,68Kbyte/sec)
ftp>
```

Fatto! Il 'get' ha copiato il file 'cutehtml.exe' dal server FTP della GlobalScape al nostro hard disk (per la precisione nella root dell'hard disk 'C:'). A questo punto, possiamo chiudere la connessione con il computer remoto.

[17] Questo comando, seguito dal trattino '-', serve a vedere su video il contenuto di un file di testo, in modo simile al comando 'type' del DOS.

Il comando 'get' offre anche altre piccole potenzialità. Ad esempio ci consente di prelevare un programma e di riceverlo con un nome diverso dall'originale. 'Get' utilizzato in questo modo preleva il file chiamato 'pippo.zip' e ce lo fa arrivare con nome 'paperino.zip'. È una comodità soprattutto per chi usa MS-DOS e si imbatte in file con nomi lunghi o non gestibili (perché magari contengono più di un punto al loro interno).

Una piccola variante rispetto a 'get' è 'mget'. Con 'mget' si possono prelevare più programmi contemporaneamente. Ad esempio 'mget term*.zip' preleva tutti i file che iniziano con 'term' e finiscono con '.zip' (terminus.zip, terminal.zip, ecc.). Il comando 'mget *.*' spedisce (teoricamente) *tutti* i file presenti nella directory dell'host system cui si è collegati. La maggior parte dei computer, tuttavia, disabilita questa funzione perché può scatenare un traffico di dati enorme; si pensi che ci sono hard disk con molti gigabyte liberamente duplicabili (e anche con modem veloci ci vorrebbero giorni prima di smaltire tanto traffico).

FTP in modalità carattere mette a disposizione una serie di altri comandi. Il seguente elenco ne spiega la funzionalità:

Comando	Descrizione

ascii è il comando inverso rispetto a 'bin'. Imposta la trasmissione in modalità testo

bin imposta la trasmissione in modalità binaria, ovvero la modalità adatta a programmi, immagini digitali, ecc. Alcuni server FTP commutano automaticamente in 'binary mode' quando si preleva uno di questi file

cd *nome_directory* cambia directory. Da notare che quando si vogliono indicare anche le sottodirectory, vanno separate con la barra inclinata a destra, secondo la consuetudine Unix. Ad esempio: 'cd pub/antivirus' (e non 'cd pub\antivirus')

cdup (oppure **cd .** oppure ancora **cd ..**) sale di una directory. Ad esempio porta alla directory 'pub' se ci si trova in 'pub/antivirus'. Se il server risponde che il comando non esiste, provare con 'cd .' (cd, spazio, punto), oppure con 'cd ..' (cd, spazio, punto, punto)

delete *nome_file* cancella un file (il comando funziona solo durante sessioni con account, per evidenti motivi di sicurezza)

dir visualizza il contenuto di una directory

dir *abbreviazione** se si vogliono visualizzare, ad esempio, solo i file il cui nome inizia con 'f', si può scrivere 'dir f*'

get *nome_file* preleva un file. Se il file non è un semplice testo, è buona norma far precedere questo comando dal comando 'bin'

get *nome_file –* simile al comando 'type' di MS-DOS: stampa a video un file di testo (notare il trattino dopo il nome del file)

hash durante un download, fa sì che venga visualizzato un carattere '#' ogni Kbyte arrivato (oppure ogni due, o più, dipende da come è configurato il server). Utile per meglio monitorare i trasferimenti

help fornisce l'elenco dei comandi disponibili

help *nome_comando* fornisce una breve spiegazione sul comando indicato

lcd *nome_directory* cambia la directory locale (quella del proprio PC), ovvero la directory nella quale il client memorizzerà il file che si sta prelevando. Ad esempio, se 'D:\' è un hard disk, con il comando 'lcd D:\' si imposta questo hard disk come destinatario dei file prelevati.
Dato da solo ('lcd'), indica qual è la directory selezionata

put *nome_file* questo comando consente di trasferire un file dal proprio computer al server FTP cui si è connessi. Solitamente è utilizzabile solo in sessioni FTP con account e password, in quanto via FTP anonimo non si è abilitati in scrittura. A tale ultimo proposito, tuttavia, vale la pena aggiungere che alcuni server FTP, anche quando ci si collega in modalità anonima, mettono a disposizione una directory aperta in scrittura, quasi sempre chiamata 'incoming'. Anche il 'put', se il file da spedire non è un semplice testo, è buona norma farlo precedere dal comando 'bin'

pwd visualizza il nome (e il path) della directory nella quale ci si trova

quit chiude una sessione FTP. Se non funziona provare con 'bye', 'close', 'logout', ecc.

Può succedere che il server al quale ci si collega non metta a disposizione alcuni di questi comandi, o ne metta a disposizione altri. I fondamentali, comunque, come 'dir', 'get', 'bin' e 'cd' sono sempre disponibili.

Altre informazioni utili legate all'FTP con interfaccia a caratteri

Prima di lasciarvi avventurare tra gli sterminati archivi di programmi di pubblico dominio, vale la pena aggiungere due consigli.

Se, pur osservando scrupolosamente le indicazioni di questo manuale, avete provato a prelevare un file, e il computer remoto vi ha risposto con un laconico 'No such file or directory', con ogni probabilità avete trascurato di rispettare la sequenza di maiuscole e minuscole contenute nel nome del file. Infatti, secondo il sistema operativo Unix, e quindi secondo un gran numero dei server FTP su Internet, il file 'pippo.zip' è diverso da 'Pippo.zip' (notare la 'P' maiuscola) e da 'PIPPO.ZIP' (tutto maiuscolo). Se perciò si scrive 'get pippo.zip', e il nome del file è 'Pippo.zip' (con la 'P' maiuscola), il server non lo troverà.

In un successivo capitolo affronteremo la questione della ricerca dei file.

Può essere utile, infine, ricordare che nella quasi totalità dei casi i file che possiamo trovare sui siti FTP sono sottoposti a compressione. Questo processo serve a risparmiare spazio e a raccogliere in un unico *archivio* più file. Esistono diversi programmi di compressione, spesso legati ai diversi sistemi operativi. Ognuno di essi produce dei file caratterizzati da particolari estensioni. Nel seguente elenco sono indicate quelle con cui avrete occasione di imbattervi più spesso, con i relativi programmi.

Estensione	Tipo file
.gz	file compresso con GNU Gzip
.hqx	file compresso Macintosh (BinHex)
.lzh	file compresso con LHA (in genere per MS-DOS, ma il formato è molto diffuso anche tra i computer Amiga)
.rar	file compresso con WinRAR
.sit	file compresso Macintosh (StuffitExpander)
.tar	file compattato con il programma Unix tar
.tar.gz	file compattato e poi compresso con tar e gzip
.Z	file compresso con il programma Unix compress
.zip	file compresso con PkZIP

Si noti che i file compressi, di qualsiasi tipo (zip, lzh, gzip), dopo essere stati trasferiti sul proprio hard disk, debbono essere espansi al loro formato originale, utilizzando i relativi programmi di decompressione. Il programma di compressione più diffuso in assoluto, nato in ambiente MS-DOS, è *PkZIP*. Molto utilizzato in ambiente Windows è *WinZip* (all'indirizzo **http://www.winzip.com/** trovate ulteriori informazioni).

Programmi con interfaccia grafica

Le interfacce grafiche hanno definitivamente avuto la meglio nel mondo del software di rete, così anche per il prelievo di file sono ormai disponibili programmi a base di icone e mouse. Ce ne sono diversi, per tutti i sistemi operativi; qui di seguito illustriamo il client FTP inserito in Internet Explorer e l'ottimo programma specifico *CuteFTP*, per Windows. Un altro buon programma, sempre per ambiente Windows, è *WSFTP*, capace di una perfetta integrazione con il modulo 'Gestione risorse' di Windows (per informazioni su questo programma si può visitare il sito **http://www.ipswitch.com**).

Internet Explorer e l'FTP anonimo

Il client FTP di Internet Explorer, è fortemente integrato con le altre funzionalità del programma. Per collegarsi con un sito FTP tramite Internet Explorer è sufficiente inserire la URL del sito che vogliamo raggiungere (se il sito è ad esempio '**ftp.globalscape.com**', la relativa URL sarà '**ftp://ftp.globalscape.com**') dopo aver fatto click con il mouse sul comando 'Apri' presente all'interno del menu 'File'.

Notare che è possibile inserire la URL completa di path (ad esempio **ftp://ftp.globalscape.com/pub/cutehtml/**), così da saltare diretta-

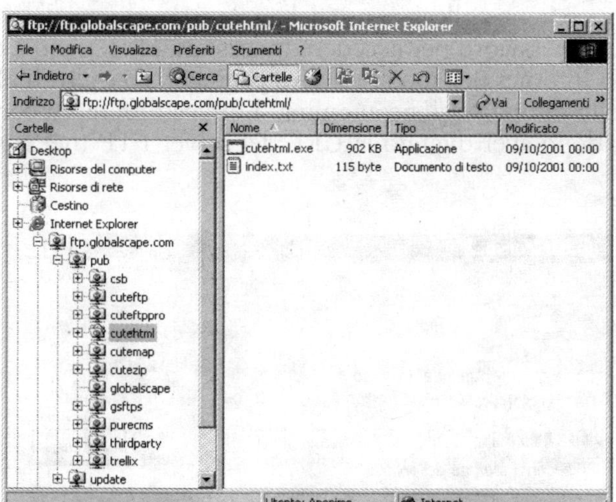

Figura 55 Il client FTP di Internet Explorer

mente alla sub-directory che ci interessa. Con Internet Explorer la procedura iniziale di login, durante la quale solitamente si inserisce 'anonymous' alla voce utente e il proprio recapito e-mail in luogo della password, si salta: provvede il programma a spedire automaticamente queste informazioni. Nella figura 55, riportiamo una schermata tipo di una sessione FTP.

La sua interpretazione è molto semplice. Nella colonna di sinistra vediamo l'albero di directory e sub-directory che compongono il sito della GlobalScape; a destra, nello spazio più grande, vediamo elencati i file contenuti nella directory aperta (nel nostro caso '/pub/cutehtml/') ed eventuali sub-directory (assenti nel nostro caso). Per entrare in una directory basta un doppio click del mouse, per copiare un file occorre un click del tasto *destro* del mouse sul file desiderato e poi su 'Copia nella cartella'. In quest'ultimo caso, scelta la cartella dove memorizzare il file (lo ricordiamo 'cartella' è il sinonimo italiano di 'directory'), dopo qualche secondo, compare un box simile a quello della figura 56.

Per trasferire il file sul proprio hard disk possono essere necessari alcuni secondi o molti minuti: dipende dalla dimensione del file, e dalla velocità del proprio collegamento.

Internet Explorer e FTP con account

Il funzionamento di Internet Explorer in una sessione FTP con account, ovvero in un collegamento nel quale si deve possedere un nome utente e una password per accedere (necessari ad esempio a chi gestisce un sito Internet per spedire nuove pagine Web e altri file), è identico a quello di una sessione anonima. L'unica differenza consiste nel fatto che, dopo aver digitato la URL del server FTP (nel nostro caso

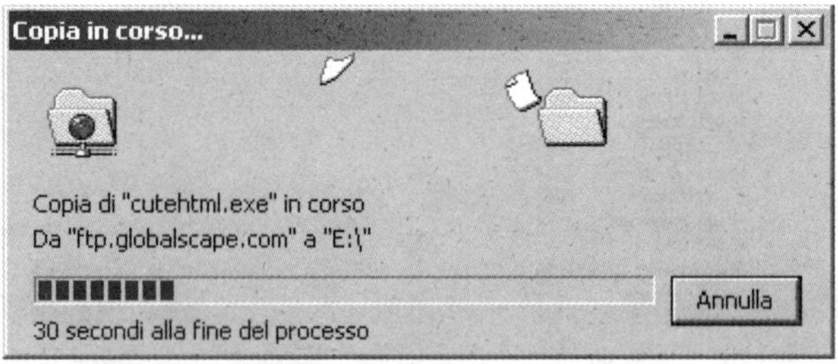

Figura 56 Il box di Internet Explorer che compare dopo aver attivato la copia di un file in una sessione FTP

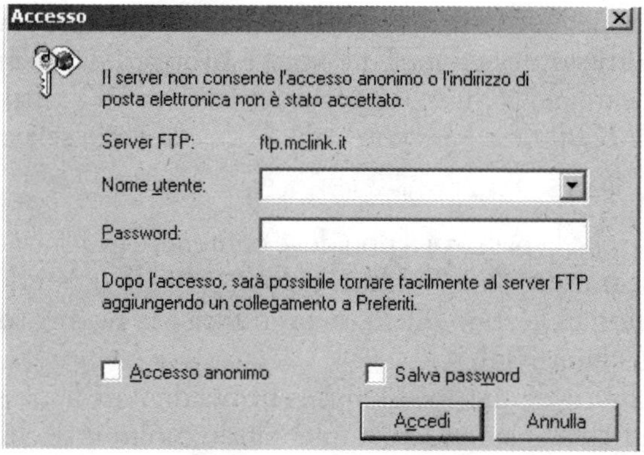

Figura 57 La richiesta di un nome utente e di una password in un collegamento FTP con Internet Explorer

'ftp.mclink.it'), Internet Explorer fa apparire una schermata come quella riprodotta nella figura 57.

Una volta connessi, se il nostro nome utente ha i 'permessi' necessari, oltre a navigare nel server e a leggere i file potremo spedirli, rinominarli e cancellarli. Modificare il nome di un file o di una directory è molto facile: basta cliccare con il tasto destro sul file o la directory e poi su 'Rinomina'. Ancora più semplice cancellarli: basta cliccare sul file o la directory e schiacciare il tasto 'Canc' (o cliccare sul file o la directory con il tasto destro e poi selezionare 'Elimina').

Per spedire un file, invece, occorre prima selezionarlo con il tasto destro del mouse sul proprio hard disk locale (che possiamo sfogliare, ad esempio, con il programma 'Esplora risorse' fornito di serie con Windows), poi occorre selezionare la voce 'Copia' dal menu contestuale che compare a video, quindi si deve tornare a Internet Explorer e cliccare con il tasto destro all'interno della directory di destinazione. A questo punto si deve selezionare il comando 'Incolla'. Una volta presa la mano, l'operazione si rivelerà più facile a farsi che a dirsi.

A proposito dei collegamenti FTP protetti da password effettuati utilizzando Internet Explorer, aggiungiamo solo un'ultima nota su come fornire, in modo alternativo a quello esposto poco sopra, il proprio nome utente (o codice di login) e la propria password al server remoto. Non si tratta di un metodo propriamente amichevole, ma è comunque efficace. Per procedere è sufficiente inserire il codice e la password unitamente all'indirizzo del server, secondo questa sintassi:

```
ftp://codice:password@sito
```

Ovvero: 'ftp://' + il proprio nome utente + ':' + la propria password + '@' + l'indirizzo del server FTP vero e proprio. Ad esempio, se vogliamo collegarci a MC-link (indirizzo del server FTP: 'ftp.mclink.it'), con codice 'MC0000' e password 'abcd1', dobbiamo scrivere:

```
ftp://MC0000:abcd1@ftp.mclink.it
```

Da notare che la password non deve contenere né il carattere ':' (due punti) né il carattere '@'. Nel caso ci fosse uno di questi due caratteri, le uniche alternative sono quelle di modificare la password, o di adottare un altro client FTP.

Un altro limite di questo sistema è che nel digitare la password, questa rimane in chiaro sul video, aumentando molto il rischio che qualcuno che lavora vicino al vostro computer la veda. Perciò: prudenza!

CuteFTP

Il client FTP di Internet Explorer è comodo quando dobbiamo prelevare un file tramite una sessione anonima; in altre circostanze, ad esempio se si fa la manutenzione di un sito Internet, è preferibile utilizzare un client FTP specifico, che – oltre a fornire un maggior numero di comandi – solitamente garantisce anche prestazioni migliori in termini di velocità di trasferimento.

Non potendo esaminare ogni singola applicazione esistente per i diversi sistemi operativi, forniamo sinteticamente delle indicazioni sul client *CuteFTP* per Windows della GlobalScape, sviluppato da Alex Kunadze. Si consideri tuttavia che esistono prodotti più o meno simili in qualità e funzionalità per quasi tutti i sistemi operativi. Alcune comode caratteristiche, inoltre, come la rubrica interna di indirizzi FTP, sono quasi universali. Potete reperire una copia del programma CuteFTP sul sito **http://www.cuteftp.com/**.

Nella figura 58 potete vedere la schermata iniziale, con attiva la rubrica di indirizzi FTP. Il programma viene distribuito con alcuni indirizzi FTP già impostati, selezionati tra i più famosi (es.: il sito FTP della Microsoft, **ftp://ftp.microsoft.com**) o i più utili, come gli archivi – veramente vasti e aggiornati – di programmi di pubblico dominio CICA (**ftp://ftp.cica.indiana.edu**), GARBO (**ftp://garbo.uwasa.fi**) e SimTel (**ftp://ftp.coast.net**).

La filosofia che è alla base del funzionamento dei client grafici è, fortunatamente, molto razionale: il programma, o meglio, questo tipo di programmi, suddivide generalmente lo schermo in quattro sezioni. Co-

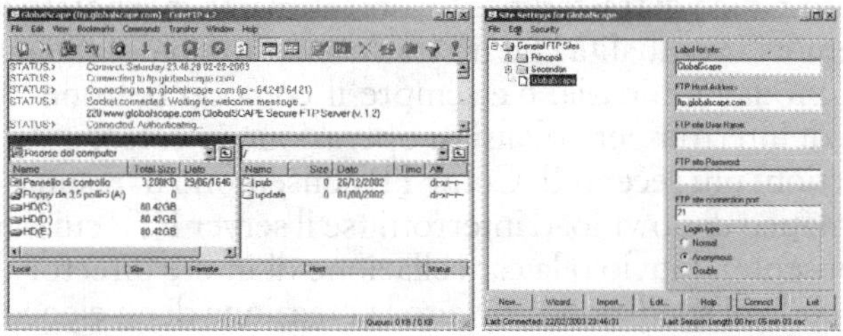

Figura 58 A sinistra il client FTP grafico 'CuteFTP', a destra la sua rubrica

me si può vedere dalla figura 58, la prima sezione, in alto, presenta una fila di bottoni, che vengono associati ai comandi più frequentemente utilizzati. In CuteFTP, ad esempio, il primo bottone in alto a sinistra (a forma di libricino) richiama la rubrica di indirizzi, il secondo (a forma di lampo) consente la connessione con un server FTP senza bisogno di archiviarne precedentemente i parametri nella rubrica, il terzo disconnette dal server remoto e così via.

La seconda sezione, larga quanto tutto lo schermo, ma di norma piuttosto sottile (è comunque possibile ridimensionarla), è la finestra destinata ai messaggi inviatici dal sistema remoto; tipicamente, in questa finestra controlleremo se il login è avvenuto correttamente, e se il trasferimento di un file è andato a buon fine oppure no.

La terza e la quarta sezione occupano la maggior parte dello schermo e presentano, quella di sinistra, il contenuto del computer dell'utente, e quella di destra il contenuto del server remoto. Per trasferire un file dal sito FTP fino al proprio computer, non si deve fare altro che 'afferrare' con il mouse l'icona relativa e trascinarla nella sezione a sinistra dello schermo. Il processo inverso permette di effettuare una operazione di 'upload' (dal nostro computer al sistema remoto). Da notare che mentre di solito il prelievo di file è sempre possibile, l'invio è riservato agli utenti che dispongono di un particolare codice e di una password. Il prelievo e l'invio di più file sono possibili semplicemente selezionando più icone.

Anche per i programmi con interfaccia grafica valgono le considerazioni fatte a proposito del prelievo di file binari anziché di testo. In CuteFTP il tipo di trasferimento si determina con il comando 'Transfer type' che troviamo sotto il menu 'Transfer'. Ci sono 3 opzioni: 'ASCII', 'binary' e 'auto'. Si può lasciare tranquillamente attivo il riconoscimento automatico di trasferimento, non abbiamo mai notato problemi; e nella remota eventualità che un trasferimento non parta automaticamente in modalità binaria, c'è sempre il comodo bottone 'Stop', che consente di interrompere qualsiasi operazione in corso.

Le versioni più recenti di CuteFTP consentono il 'resume' (ripristino) automatico di download interrotti (se il server FTP cui siamo collegati lo consente), l'invio o la cancellazione di intere directory e la creazione di 'code di spedizione', ovvero la creazione di un elenco di file da spedire (o ricevere) da e verso più directory (tale elenco viene visualizzato nella parte bassa del programma, sotto la terza e quarta sezione di cui sopra). Quest'ultima funzione, che CuteFTP chiama 'Queue' (coda), è interessante: grazie a lei è possibile trasferire i file selezionati in un'unica soluzione, senza dover attendere il completamento di un trasferimento prima di cambiare directory e passare alla successiva. Il tempo necessario ai trasferimenti non cambia, ovviamente, ma in questa modalità si possono impartire con anticipo tutte le istruzioni e poi si può lasciare al computer l'onere di eseguirle, magari *in background*, mentre voi fate altro.

L'uso di programmi come CuteFTP è molto semplice, e non vale la pena soffermarvisi oltre. Come nota conclusiva, per gli utenti che facessero un uso evoluto di FTP, segnaliamo che le versioni più recenti di CuteFTP hanno integrato una funzione estremamente utile: i 'Custom Commands' (sotto il menu 'Commands'), che permettono di attivare anche con l'interfaccia grafica particolari procedure, personalizzabili. Ad esempio, il 'Change Files Access Mask' consente di modificare gli attributi di protezione dei file con sintassi Unix (utile a chi gestisce da casa un sito FTP pubblico ospitato – come accade spesso – su un sistema Unix, oppure a chi ha pubblicato pagine Web su siti che richiedono particolari procedure di attivazione).

Peer to Peer

Anche se non avete mai sentito parlare di *Peer to Peer* (o *P2P* che dir si voglia), sono probabilmente arrivate alle vostre orecchie le lamentele delle multinazionali dell'intrattenimento, angosciate – sembrerebbe – dal diffondersi su Internet di copie abusive di dischi[18] e, in tempi recenti, anche di film[19].

[18] Grazie ad algoritmi come MP3 o WMA, un intero CD audio può essere compresso in 'soli' 40-50 Mb, o anche molto meno se ci si accontenta di una minore qualità audio.

[19] I film digitalizzati, da vedere tramite un personal computer magari collegato a un

Ebbene, lo spauracchio di queste multinazionali è una modalità di distribuzione dei file che non si basa su un rapporto 'client-server', come la quasi totalità delle altre transazioni Internet, bensì su un rapporto da 'pari a pari' (da cui, appunto, 'peer to peer'). Detto in altri termini, mentre l'architettura 'client-server'[20] prevede che vi sia un computer con la funzione prevalente di fornire informazioni e un altro con la funzione prevalente di riceverle, l'architettura peer to peer vuole che entrambi i computer spediscano e ricevano file, in un rapporto paritetico, ovvero ognuno dei computer ha sia funzioni client, sia funzioni server.

Questa modalità di distribuzione è fortemente temuta dalle case discografiche perché, quando i file non sono ospitati su uno specifico 'server', non c'è uno specifico bersaglio da colpire quando si vuole impedirne la diffusione. In questo scenario fermare uno, cento o mille computer di una rete peer to peer (una operazione, comunque, tutt'altro che banale, sia da un punto di vista tecnico, sia da un punto di vista legale) non intacca il sistema in modo significativo. Il che ci fa tornare in mente una massima di John Gilmore: «Internet percepisce la censura come un malfunzionamento, e quindi la aggira».

Il peer to peer è balzato agli onori della cronaca negli ultimi tre anni circa, soprattutto grazie a programmi come *Napster* (**http://www.napster.com/**[21]), ma la sua architettura risale agli albori della telematica; nelle piccole aziende e in ambito casalingo i primi collegamenti telematici (seconda metà degli anni '80) erano frequentemente da 'pari a pari'. Inoltre

sistema di home theater, sono un fenomeno reso possibile dalla potenza elaborativa delle odierne schede grafiche. Il prelievo di un film via Internet, nonostante la disponibilità di connessioni di tipo ADSL, assai più veloci di quelle via modem, richiede pur sempre una certa dose di pazienza. Un film, a seconda della sua durata, del livello di compressione e ovviamente della velocità della connessione, con una ADSL impegna in un download che dura dalle tre alle sedici ore.

[20] L'architettura 'client-server' è quella alla quale ricorriamo, ad esempio, quando leggiamo una pagina Web. Se scarichiamo un articolo dal quotidiano on-line 'Repubblica.it', di fatto diciamo al nostro computer (il client) di farselo spedire dal computer di 'Repubblica.it' (il server).

[21] Nel momento in cui scriviamo il sito Napster è sostanzialmente chiuso, stritolato dalle cosiddette *major discografiche*, che lo hanno accusato di favorire la diffusione abusiva di musica. È stato relativamente facile bloccare Napster perché – pur basandosi sul protocollo peer to peer, e pur essendo i suoi file distribuiti in centinaia di migliaia di computer nel mondo – ne ospitava in modo ancora centralizzato gli indici. Bloccati i server di Napster e quindi gli indici, i numerosissimi computer dotati del programma Napster sono divenuti ciechi, incapaci di scovare su Internet i file desiderati. I programmi più recenti, come WinMX e KaZaA non soffrono di questa vulnerabilità: non solo i file, ma anche i loro indici sono sparpagliati per il pianeta, nei computer dei suoi utenti.

funzionalità peer to peer vennero inserite negli anni '90 con un certo successo anche in programmi come mIRC (**http://www.mirc.com/**), il programma per le chat utilizzato da milioni di persone, in Netmeeting della Microsoft o in ICQ (tutti programmi dei quali abbiamo parlato nel capitolo 'Le mille strade della comunicazione circolare', sezione 'Chat, instant messaging, audio e videoconferenze: altri strumenti di comunicazione via Internet'). È probabile che l'ispirazione per la creazione di programmi come Napster sia venuta proprio da queste prime applicazioni peer to peer.

Da allora ad oggi la diffusione del peer to peer è stata impressionante: secondo uno studio effettuato dalla Sandvine (**http://www.sandvine.com/**) nel luglio 2002, oltre il 60% della banda passante degli Internet provider è sfruttato da utenti che scambiano file con il peer to peer. Ma nonostante questa enorme quantità di file scambiati, secondo alcuni analisti il peer to peer non sta incidendo in modo significativo sul mercato discografico, facendo rientrare gli utenti di questo protocollo più nella categoria degli ascoltatori radiofonici che non in quella degli acquirenti di dischi. La flessione delle vendite sembrerebbe invece dovuta a un sistema distributivo ormai inadeguato e a una politica dei prezzi da molti percepita come iniqua.

Secondo alcuni commentatori, come Massimo Mantellini (**http://www.mantellini.it/**), un uso intelligente di Internet potrebbe essere la soluzione, piuttosto che il problema. Le multinazionali sono tuttavia di ben altro avviso ed esercitano forti pressioni per introdurre norme a proprio favore. In Italia, ad esempio, nell'aprile 2003 è passata una legge che introduce pesanti sanzioni contro la duplicazione, anche non a fini di lucro, e una tassa sui supporti digitali che, nelle intenzioni dei legislatori, dovrebbe ricompensare le multinazionali per i danni prodotti dalla pirateria musicale e cinematografica. Un principio legislativo discutibile, dato che fa pagare a tutti, anche a chi non viola la legge, l'incapacità dello Stato di fermare i disonesti e l'inadeguatezza commerciale delle multinazionali.

Pericoli reali dal peer to peer

Quali che siano le nostre convinzioni sul fenomeno peer to peer, dobbiamo riconoscere che vi sono luci e ombre. Due i temi emergenti: la diffusione di file pedo-pornografici e la riduzione della sicurezza informatica.

Per quanto riguarda il tema drammatico della pedofilia, in questi anni la stampa, specialmente quella più popolare, l'ha associato in modo quasi ossessivo a Internet. Il che, se da un lato ha avuto il merito di risvegliare l'attenzione dell'opinione pubblica su una tragedia da sempre trascurata, dall'altro ha offerto una visione della realtà senz'altro distorta: in concreto, negli anni scorsi le probabilità di imbattersi in siti Internet contenenti materiale pedo-pornografico erano assai remote; così come si sono contati sulle dita di una mano gli arresti per reati connessi a pedofilia e Internet. Oggi invece, a causa del peer to peer, un utente esperto riesce ad individuare tale materiale dopo poche ore di ricerca. Un fatto assolutamente inedito e preoccupante, che fra l'altro moltiplica il rischio di trovarsi sul computer materiale illegale senza neanche rendersi pienamente conto di aver commesso un reato.

Lo scenario è mitigato dal fatto che le forze dell'ordine stanno organizzandosi in modo più efficiente e stanno imparando a sfruttare le peculiarità di Internet, piuttosto che subirle. La Polizia Postale e delle Comunicazioni, ad esempio, ha attivato insieme all'associazione "Save the Children" (**http://www.savethechildren.it/**) un sistema per raccogliere in modo sistematico le segnalazioni degli utenti, tramite un semplice e visibile questionario: **http://www.stop-it.org/segnalazione.asp**. Con un simile accorgimento, semplicissimo e relativamente economico, la sterminata comunità di utenti Internet si può trasformare in un valido alleato delle forze dell'ordine. Le possibilità offerte dai recenti sistemi di analisi statistiche dei dati, integrati da controlli incrociati facilmente automatizzabili, rende il database delle segnalazioni abbastanza affidabile e sicuramente utile all'accelerazione delle indagini.

Quando gli accordi internazionali finalizzati a facilitare le indagini saranno pienamente operativi, l'uso di Internet come strumento per la diffusione indiscriminata di materiale pedo-pornografico sarà più difficile[22].

L'altro tema che con il peer to peer ha acquistato ancora maggiore rilevanza è la sicurezza informatica. Adottare programmi per il peer to peer e far transitare nel proprio computer file provenienti dalle fonti più disparate impone l'adozione di alcune misure di sicurezza aggiuntive. In particolare ci sentiamo di raccomandare l'adozione di un firewall, di un antispyware e infine, di un antivirus.

[22] Non tutte le nazioni collaborano con il medesimo impegno. E bisogna dire che purtroppo alcuni impedimenti alla conduzione di rogatorie internazionali sono stati imposti in tempi recenti – pur se per tutt'altre ragioni – anche dall'Italia.

Non è questa la sede per descrivere dettagliatamente la natura e le funzioni di queste tre tipologie di programmi; basti sapere per il momento che i firewall hanno la funzione di scrutare il traffico di dati da e verso il proprio computer, proteggendolo da intrusioni non autorizzate. Un antispyware, per certi versi simile a un firewall, è specializzato nell'intercettare il traffico di dati 'sensibili', come l'elenco dei siti che visitate e altre informazioni statistiche avidamente cercate dalle aziende che si occupano (con pochi scrupoli) di marketing. Infine l'antivirus, la tipologia di programmi più nota, controlla che i file residenti sul vostro computer non siano infetti da virus. Alcuni antivirus più recenti hanno delle analogie con i firewall, scrutando in tempo reale il flusso di dati da e verso il vostro computer, bloccando i virus già in fase di trasmissione. Vale la pena aggiungere, per altro, che alcuni firewall più evoluti integrano funzioni antivirus; ci riesce perciò piuttosto facile prevedere che un giorno queste tre tipologie di programmi confluiranno in una unica tipologia più completa. Ma di tutto ciò torneremo a parlare nel capitolo su 'Sicurezza e privacy'.

Alcuni programmi

Nel momento in cui scriviamo sono sostanzialmente due i programmi per il peer to peer che incontrano il favore degli utenti: KaZaA e WinMX.

KaZaA

KaZaA (**http://www.kazaa.com/**) è un programma dall'uso molto intuitivo, ma ha una pecca: contiene un blando software spyware. Niente di particolarmente aggressivo o illegale (quello che fa viene spiegato in una apposita clausola prima dell'installazione... proprio una di quelle clausole noiose che nessuno legge), ma è pur sempre una seccatura. Come si può vedere dalla figura 59, dispone di una serie di bottoni corrispondenti ad altrettante funzioni. Il primo bottone 'Web' richiama un browser che consente di sfogliare il sito KaZaA. Qui si trovano i file audio, i video e i programmi (in particolare i giochi) più richiesti... almeno tra quelli liberi da copyright o in versione demo.

Il secondo bottone, 'My KaZaA', consente di navigare nel proprio archivio di file, che può essere sfogliato per categoria, autore, titolo, ecc. 'Theater' è il bottone che richiama il riproduttore di file audio e video (KaZaA non usa dei propri riproduttori, ma si appoggia a quelli

Figura 59 La schermata principale di KaZaA. Come si può vedere dalla status bar in basso, gli utenti on-line nel momento in cui è stata catturata la schermata erano quasi cinque milioni, e oltre un miliardo i file condivisi

che trova installati nel computer). ‘Search’ fa accedere al pannello di ricerca: la quantità di file da qui raggiungibile è impressionante (oltre un miliardo nel maggio 2003). Nell’elencare i risultati della ricerca, il programma si blocca automaticamente al 200° file; bisogna perciò avere cura di fornire parametri piuttosto precisi. Non abbiate timore di eccedere nel dettaglio: si trova davvero di tutto.

‘Traffic’ richiama la schermata che probabilmente consulterete di più: fornisce informazioni sullo stato di download dei file che avete richiesto e di upload di quelli che altri utenti stanno prelevando dal vostro computer. Per quanto riguarda il download, una caratteristica interessante di KaZaA (come di altri programmi simili) consiste nel fatto che i file possono essere prelevati attingendo a più computer contemporaneamente, il che, oltre ad assicurare tempi di prelievo inferiori, rende più robusto il trasferimento (se anche l’utente dal quale state scaricando il file si disconnette improvvisamente, il download prosegue prelevandolo da altri utenti). Per quanto riguarda l’upload vale la pena precisare che KaZaA attingerà solo alla directory da voi specificata in fase di installazione. Salvo difetti di progettazione del programma, al momento non noti, gli altri utenti di KaZaA non possono scorrazzare nel vostro computer a proprio piacimento. Ciononostante, restano valide le raccomandazioni di adottare firewall, antispyware e antivirus.

Il bottone 'Shop' conduce ad alcuni negozi on-line convenzionati con KaZaA, mentre 'Tell A Friend' consente di mandare un messaggio a un amico (il bottone 'Personalizzate il vostro cellulare' visibile in figura è un link pubblicitario, non è una funzione del programma).

WinMX

WinMX (**http://www.winmx.com/**) è un altro noto e diffuso programma per trasferimenti P2P. Rispetto a KaZaA ha una interfaccia meno semplice; è tuttavia il preferito dagli utenti smaliziati, anche perché è meno invasivo e dispone di comandi avanzati.

Anche l'interfaccia di WinMX è basata su una serie di bottoni (disposti su varie righe) corrispondenti ad altrettante funzioni. Le principali sono: 'Networks', che consente di definire le modalità di collegamento; 'Shared Files', che visualizza i file condivisi, e 'Search' (visibile nella figura che segue), che consente di effettuare ricerche. Vale la pena citare anche 'Transfers' (l'equivalente del 'Traffic' di KaZaA: è la funzione che fornisce informazioni a proposito del download dei file che avete richiesto) e 'Bandwidth' che fornisce informazioni statistiche sull'uso della banda passante utilizzata dal programma.

Anche WinMX è in grado di prelevare un file da più utenti contemporaneamente, per ridurre i tempi di prelievo e rendere più robusto il trasferimento. In più consente di accedere a colpo d'occhio ad alcune informazioni accessorie relative ai file da scaricare, quali la dimensione (in byte), la durata del brano, il bitrate (indica la quantità di

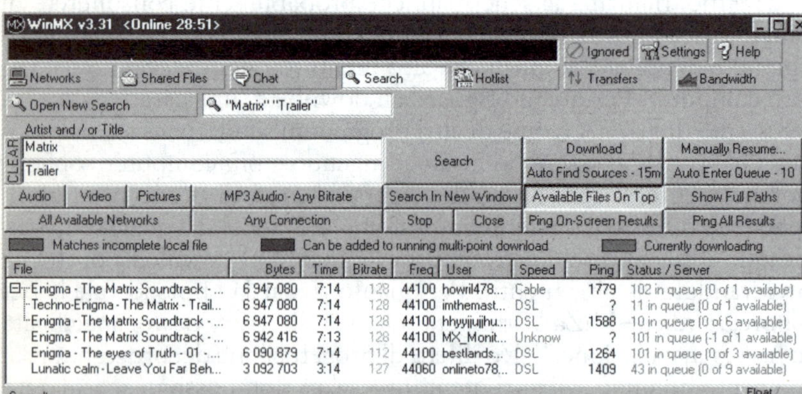

Figura 60 WinMX

'bit' spesi per descrivere un secondo di musica: maggiore è il bitrate, migliore è la qualità), la frequenza di campionamento, il tipo di collegamento a Internet dell'utente che possiede il file e il tempo di un 'ping' (il Packet INternet Groper, espresso in millisecondi, è il tempo che un paccheto di dati che parte dal vostro computer impiega a raggiungere il computer destinatario: più è alto il ping, più è lenta la connessione).

Diventare terminale di un sistema remoto: telnet

Come già detto, Internet è una rete di reti, un vasto insieme di computer sparsi in tutto il mondo e collegati grazie a un particolare linguaggio che consente loro di 'capirsi' e di scambiarsi informazioni. Moltissimi di questi computer permettono di accedere liberamente ad almeno alcune fra le risorse informative che ospitano: si va dagli archivi bibliografici ai cataloghi di un negozio di dischi, dalle informazioni fornite da associazioni di professionisti ai database. Tali risorse si rivelano spesso vere e proprie miniere di informazioni. In altri casi invece l'accesso è riservato a utenti di particolari categorie, oppure richiede il pagamento di un abbonamento.

Una parte (ormai piccola) di queste risorse, e in particolare quelle che consistono di basi di dati testuali, possono essere raggiunte collegandosi al computer remoto attraverso un protocollo Internet denominato *telnet*. Con telnet, attraverso una interfaccia a caratteri (e solo a caratteri – anche se il programma client che attiva la connessione può 'inserire' l'interfaccia a caratteri all'interno di una finestra grafica) è possibile agire sul computer remoto proprio come se fosse il nostro computer locale, sfruttando tutte le risorse che il sistema mette a disposizione.

Usare telnet: concetti di base

L'utilizzazione di telnet è molto semplice. Se si dispone di una recente versione di Windows, è sufficiente aprire una finestra MS-DOS e digitare al prompt il seguente comando:

```
C:\> TELNET <indirizzo del computer remoto>
```

Con altri sistemi operativi la procedura può differire leggermente; i computer Macintosh, così come molti programmi specifici per Windows, richiedono ad esempio un click sull'icona del client telnet utilizzato, al quale andrà poi fornito l'indirizzo del computer remoto. Gli utenti Linux potranno utilizzare una delle applicazioni elencate di seguito (vedere 'Alcuni programmi per l'uso del telnet').

L'indirizzo del computer cui ci si vuole collegare può avere l'aspetto di un indirizzo numerico (ad esempio: '192.165.106.1') o di un nome simbolico (ad esempio: 'cdconnection.com'). Si tratta di due sistemi[23] per individuare univocamente un computer collegato in rete. Il nome simbolico è più facile da ricordare, ma richiede delle tabelle di conversione (meglio note come DNS), ovvero delle tabelle che trasformino il nome simbolico nell'indirizzo numerico, perché in realtà è solo quello numerico l'indirizzo funzionante. La questione, comunque, non tocca più di tanto l'utilizzatore finale, che dovrà attendere solo una frazione di secondo in più perché il proprio computer 'consulti' la tabella di conversione e ricorra all'indirizzo numerico.

Vediamo un esempio pratico: esiste un nodo su Internet che ospita un archivio contenente l'opera di Dante e tutta la bibliografia dantesca, denominato Dartmouth Dante Project. L'indirizzo telnet di questo sito è **library.dartmouth.edu**. Per connettersi al Dante Project gli utenti Windows devono dunque digitare:

```
C:\>TELNET library.dartmouth.edu
```

Dopo pochi secondi appare una schermata di benvenuto, e viene avviata la procedura che ci consente di farci riconoscere – se si tratta di un sistema ad accesso controllato – e di accedere alle risorse che ci interessano (procedura di 'login').

Molto spesso per portare a termine una connessione telnet è necessario avere il permesso di operare sul computer remoto. Questo avviene quando ci si connette a sistemi che offrono servizi a pagamento, o a sistemi privati, quali i centri di calcolo di università e aziende. In simili casi, appena stabilita la connessione, il computer remoto richiede l'identificativo dell'utente e la password.

Vi sono tuttavia moltissimi siti su Internet nei quali l'accesso alle risorse è gratuito e aperto a tutti. In questi casi la procedura di login può essere completamente automatica, e non richiede alcuna operazione di identificazione da parte dell'utente; oppure è lo stesso computer remoto che suggerisce l'identificativo e la password 'pubblica' per il login. Ad esempio, nel caso del Dante Project alla richiesta di login oc-

[23] Sulla differenza tra indirizzo numerico e nome simbolico torneremo in dettaglio nella sezione 'Tecnologie' di questo libro.

corre digitare 'connect dante'. Diamo un'occhiata, a titolo di esempio, alla pagina di benvenuto della biblioteca del Dartmouth College:

```
Welcome to the
Dartmouth College Library Online System
Copyright 1987 by the rustees of Dartmouth College
EARLY AMERICAN IMPRINTS SERIES NOW INCLUDED IN THE ONLI-
NE CATALOG
In a continuing attempt to improve users' access to
information about the Dartmouth College
Library's collections, cataloging for the individual
items included in the the microfilm set Early American
Imprints has been integrated into the Catalog file. The-
se additional records provide descriptions for each of
the microfilm reproductions of over 36,000 books, pamph-
lets, and broadsides published in the United States
between the years 1639-1800, and identified by Charles
Evans in his American Bibliography.
The materials in this collection reside in the Jones Mi-
crotext Center in Baker Library. (30 September 1994)
You are now searching the CATALOG file. To search
another file, type SELECT FILE.
```

```
Type one of the following commands, or type HELP for mo-
re information:
FIND - to search SELECT FILE - to change files
BYE - to quit BROWSE - to scan indexes
CONNECT - to use systems outside Dartmouth
-> connect dante
```

Una volta attuata la fase di login si può finalmente disporre delle risorse presenti sul sistema remoto.

Solitamente le schermate inviateci dai computer ai quali ci colleghiamo, proprio perché pensate per essere utilizzate dai non addetti ai lavori, sono sufficientemente autoesplicative, sono dotate di sistemi di help in linea, e ricordano costantemente il comando necessario a disattivare la connessione (che può variare da sistema a sistema).

Può capitare che nel corso di una sessione telnet ci siano degli inconvenienti di trasmissione, oppure che il computer remoto ritardi eccessivamente nelle risposte; in tali circostanze può essere utile ricorrere a un sistema drastico per interrompere forzatamente una connessione: nella quasi totalità dei casi basterà premere i tasti 'CTRL' + ']' (ovvero il tasto CTRL e contemporaneamente il tasto di parentesi quadra chiusa). Fatto questo si può chiudere il programma di telnet con 'quit' (o con il comando specifico previsto dal client telnet utilizzato), oppure si può avviare una nuova sessione telnet, in genere attraverso il comando 'open' seguito dall'indirizzo al quale ci si vuole collegare.

Alcuni programmi per l'uso del telnet

Dato che un client telnet serve principalmente a permetterci di utilizzare i comandi del sistema remoto con il quale ci colleghiamo, sono necessari pochi comandi 'locali': di conseguenza, i vari client si somigliano un po' tutti. Le uniche differenze che si possono rilevare riguardano il 'contorno' grafico della finestra a caratteri attraverso cui controllare la connessione, e gli 'extra': le rubriche di indirizzi, la possibilità di stampare ciò che appare a video o di archiviarlo, l'ampiezza del buffer di scroll (e cioè la quantità di schermate che è possibile vedere scorrendo all'indietro la *memoria tampone* del programma), e così via.

Sul sito **http://www.telnet.org/** (che spiritosamente definisce l'ormai vecchiotto telnet 'the protocol for the next millennium') sono elencati diversi client per Windows, Macintosh, Linux, ecc. Tra questi vale la pena citare, oltre al telnet fornito di serie con Windows e, come già detto, richiamabile semplicemente digitando la parola 'telnet' dal prompt dei comandi, *Ewan* (per Windows, compreso il vecchio Windows 3.1, **http://www.lysator.liu.se/~zander/ewan.html**), *AnzioWin* (per Windows, **http://www.anzio.com/**) e *NCSA Telnet* (per Macintosh, **ftp://ftp.ncsa.uiuc.edu/Mac/Telnet/**). Tutte le distribuzioni Linux, a quanto ci risulta, includono un client telnet. In ogni caso, su **http://www.linux.org/** sono elencati numerosi client.

I browser e il telnet

L'unica funzionalità 'importante' di Internet che i principali browser non integrano nella loro interfaccia è proprio il telnet. Ciò significa che non è possibile visualizzare direttamente dall'interno di questi browser schermate in emulazione terminale. È tuttavia possibile inserire all'interno di una pagina WWW un rimando a una risorsa telnet, anche se poi a gestire il collegamento dovrà provvedere un'applicazione esterna. Alcune risorse telnet mettono a disposizione un accesso 'dedicato' attraverso un applet Java ospitato da una pagina Web: in questi casi, non avremo bisogno di lanciare un client specifico, giacché l'applet provvederà da solo a gestire il collegamento telnet.

Come si fa ricerca in Internet

Internet, abbiamo detto più volte, costituisce una immensa risorsa informativa. Già a metà degli anni '90, quando i territori del Web (assai meno sconfinati di oggi) erano esplorati solo da pochi pionieri, la bacheca di una facoltà universitaria italiana ospitava un avviso dal titolo singolare: "Cercatore d'oro offresi". Non si trattava della vendita di un cercametalli, ma dello slogan scelto da un giovane e intraprendente cibernauta per offrire – a prezzi popolari – i suoi servigi di *information broker* via Internet. L'oro, dunque, era l'informazione, e il nostro cercatore garantiva di poter reperire, in rete, informazione per tutte le esigenze: dallo studio per un esame alla preparazione di una tesi di laurea, dalla ricerca giornalistica alla semplice curiosità.

Affermazioni all'epoca sorprendenti, diventate banali in meno di una decina di anni. Il problema – anzi – è oggi spesso l'opposto, ed è ben noto a chiunque si trovi a operare nei settori della didattica e della ricerca: ricordarsi – e ricordare – che Internet *non è* (o non è ancora) il deposito universale della conoscenza umana, nel quale trovare risposta a qualsiasi domanda. Sempre più spesso ci si trova davanti a ricerche scolastiche, tesi di laurea, articoli scientifici realizzati basandosi *unicamente* sul materiale reperibile attraverso Internet. E spesso questo materiale è frutto di ricerche incomplete, incompetenti o imprecise, che denunciano limiti evidenti sia nella capacità di reperimento, sia nella valutazione e selezione dell'informazione. Prima di fornire indicazioni su come svolgere ricerche in rete con una migliore e più consapevole scelta di strumenti e strategie – giacché questo sarà l'obiettivo delle pagine che seguono – conviene dunque ribadire che chi sapesse avviare una ricerca in rete ma non sapesse poi proseguirla (e integrarla) in una biblioteca, in un archivio, in un museo, sarebbe ben povero cercatore. Il mondo della conoscenza non si esaurisce nelle pagine del Web, anche se il Web può essere – per chi sa utilizzarlo, valutando e selezionando le proprie fonti – un fenomenale strumento di conoscenza.

Per essere ancor più espliciti, è nostra convinzione che il vero 'virtuoso' nel campo della ricerca, gestione e produzione dell'informazione, l'*information manager* del terzo millennio, sia chi riesce a meglio padroneggiare e integrare fonti informative diverse, tradizionali e no. Se il 'cercatore d'oro' dell'annuncio appena citato avesse davvero questa capacità, le sue pretese sarebbero pienamente giustificate, e il suo futuro economico sarebbe probabilmente assicurato.

Farsi una vaga idea di come funzioni una biblioteca è abbastanza facile, ma saper usare *bene* una biblioteca non lo è affatto. Lo stesso discorso vale per Internet. Chi pensasse che, grazie alla disponibilità di motori di ricerca ai quali proporre parole chiave da trovare, reperire informazione su Internet sia relativamente semplice, commetterebbe di nuovo un grave errore di valutazione. Internet mette a disposizione informazione di natura assai eterogenea, raggiungibile attraverso canali diversi. Per svolgere correttamente una ricerca occorre per prima cosa interrogarsi sulla natura dell'informazione che stiamo ricercando, e avere la capacità di capire *se*, *dove* e *attraverso quali strumenti* essa può essere reperita su Internet. L'*information broker* su Internet deve dunque conoscere abbastanza bene la rete; ma, soprattutto, deve aver piena coscienza della diversa natura di molte fra le fonti informative accessibili attraverso di essa.

Alcuni concetti di base

Informazione ordinata e informazione disordinata

Supponiamo, ad esempio, di dover svolgere una ricerca sulla musica per liuto. Il tema sembra abbastanza specifico e circoscritto. Ma è veramente così?

Consideriamo i tipi diversi di informazione che potremmo voler trovare:

- informazioni (disponibili direttamente in rete all'interno di pagine Web) su cosa sia un liuto, sulle eventuali suddivisioni di questa famiglia di strumenti, su quale sia e quali caratteristiche abbia la musica per liuto;
- una bibliografia (per poter poi cercare in biblioteca i libri o gli articoli che ci interessano);
- spartiti di musica per liuto;

- un corso su come si suona il liuto;
- immagini di liuti;
- notizie utili ad acquistare un liuto (ad esempio, indirizzi di liutai e prezzi degli strumenti);
- indicazioni su dischi di musica per liuto (con la possibilità di acquistare in rete i dischi che ci interessano);
- brani di musica per liuto, da scaricare, ascoltare e magari riunire in un CD realizzato unicamente con musica reperita in rete;
- il video di un concerto per liuto;
- informazioni e valutazioni critiche sui diversi esecutori.

Sicuramente non si tratta di un elenco completo, ma dovrebbe bastare a illustrare un concetto essenziale: per svolgere correttamente una ricerca non basta conoscerne l'argomento – sapere cioè *su che cosa* vogliamo trovare informazione. Bisogna anche sapere *che tipo* di informazione vogliamo trovare.

Questo naturalmente è vero in generale, ed è particolarmente vero nel caso di ricerche svolte attraverso Internet. La rete ci può aiutare nella maggior parte dei compiti elencati sopra (e forse addirittura in tutti). Ma non possiamo pensare di cercare in un unico posto, o di usare un unico strumento di ricerca.

In particolare, nel cercare informazione in rete va tenuta presente la differenza fondamentale fra informazione fortemente strutturata e informazione 'libera', non strutturata e a volte occasionale.

Per capire meglio la natura di questa differenza, consideriamo il secondo dei compiti sopra elencati: raccogliere una bibliografia sul liuto e la musica per liuto. Naturalmente, la costruzione di una bibliografia ragionata è un compito che richiede non solo la consultazione di cataloghi e repertori, ma anche lo studio diretto di almeno parte dei testi selezionati. Limitiamoci però al primo livello, quello della mera raccolta di informazioni bibliografiche essenziali. Un buon punto di partenza può essere, evidentemente, il catalogo di una biblioteca. Attraverso Internet se ne possono raggiungere moltissimi (come vedremo fra breve, i cataloghi di biblioteca accessibili on-line vengono denominati OPAC: On-line Public Access Catalog); supponiamo di partire dal catalogo della Library of Congress, all'indirizzo **http://catalog.loc.gov/**.

La consultazione del catalogo non è difficile, e ci si può far guidare dalle schermate di aiuto. Nel caso specifico, una ricerca per soggetto con chiave 'lute', svolta sul catalogo principale, ci porta a un lungo elenco di voci, ciascuna delle quali accompagnata dal numero di titoli classificati sotto di essa. Fra le voci segnalate spicca – nella seconda pagina di risultati (figura 61), raggiungibile attraverso il link 'Next' – il soggetto 'lute music', che comprende da solo ben 275 titoli. Nel complesso, nell'aprile 2003 figurano nel catalogo 87 voci di soggetto connesse al liuto, attraverso le quali è possibile accedere alle schede bibliografiche di 724 titoli: libri o spartiti musicali disponibili in biblioteca e classificati come pertinenti al liuto o alla musica per liuto.

Naturalmente, oltre alla Library of Congress potrei consultare i cataloghi di numerose altre biblioteche: ad esempio la British Library (**http://blpc.bl.uk/**), o la Bibliothèque Nationale di Parigi (**http://catalogue.bnf.fr/**; ovviamente, in questo caso la ricerca andrà fatta sul termine francese 'luth') o, in Italia, il catalogo del Servizio Bibliotecario Nazionale (SBN) raggiungibile alla URL **http://opac.sbn.it/**.

Una ricerca di questo tipo ci porta, in un'ora circa di lavoro dalla scrivania di casa, a consultare i cataloghi di molte fra le maggiori biblioteche mondiali (magari anche attraverso i cosiddetti meta-OPAC: siti in rete che permettono di interrogare insieme, attraverso un'unica ricerca, i cataloghi di più biblioteche: ne parleremo in seguito), e a rac-

Figura 61 Ricerca per soggetto con chiave 'lute' sul catalogo della Library of Congress: la seconda pagina di risultati

cogliere (abbiamo fatto la prova) una bibliografia di circa mille titoli. Internet, dunque, si è rivelato uno strumento di ricerca prezioso. Ma in questo momento ci interessa soffermarci soprattutto sul *tipo* di informazione che abbiamo cercato.

Il catalogo informatizzato di una biblioteca è una raccolta ordinata di informazioni, che è possibile consultare attraverso una interfaccia standard, e su cui è possibile effettuare ricerche attraverso un linguaggio di interrogazione. Quando facciamo una ricerca di questo tipo, sappiamo in anticipo che tipo di informazione ci verrà restituita: se la ricerca ha esito positivo, ne ricaveremo un certo numero di schede bibliografiche, con una struttura costante (autore, titolo, luogo e anno di edizione, numero delle pagine, formato, collocazione...). Attenzione: il catalogo di una biblioteca contiene schede di libri, non direttamente i libri. Sembra una informazione ovvia, ma è sorprendente il numero di persone che arrivate al risultato di una ricerca bibliografica in rete chiedono 'ma il libro, da Internet, non si può leggere? E allora tutto questo a cosa serve?'. No, il libro di norma non è in rete: il catalogo di una biblioteca raccoglie informazioni *sui* libri, i libri fisici stanno negli scaffali. Lo stesso vale per Internet: solo in alcuni casi, come vedremo, si è fatto il passo ulteriore (estremamente più complesso e oneroso) di inserire in rete il testo completo di una selezione di libri. E – anche se i progetti di questo tipo (le cosiddette *digital libraries*) sono in continuo sviluppo (ne parleremo in dettaglio nel capitolo dedicato alle biblioteche in rete), e si tratta di un settore dal quale potremo aspettarci molte sorprese nei prossimi anni – lo si è fatto finora principalmente per le grandi opere delle letterature nazionali, i cosiddetti 'classici', non certo per testi di riferimento sulla musica per liuto. Ma su questo torneremo.

L'utilità di un catalogo in rete, allora, dov'è? Ebbene, se questo è il vostro interrogativo, dovete fare ancora parecchia strada per diventare 'professionisti' della ricerca, su Internet o fuori da Internet. Sapere quali libri è possibile consultare su un determinato argomento, e dove reperirli, è un primo passo fondamentale. Ed è un passo che fino a una decina di anni fa poteva richiedere molto, moltissimo tempo. Internet modifica radicalmente *questa* fase della ricerca. Certo, una (grossa) parte del lavoro andrà poi fatta nel mondo fisico, consultando libri reali. Chi pensasse di poter buttar via la propria tessera della biblioteca per il fatto di avere accesso a Internet, sbaglierebbe quindi di grosso.

Intendiamoci: nel medio e lungo periodo in rete saranno senz'altro disponibili collezioni sempre più vaste di testi elettronici completi. Col tempo, libri e biblioteche cambieranno forma (anche se – per fortuna

– continueranno comunque a esistere). Ma la situazione attuale è questa: Internet fornisce un grosso aiuto per trovare informazioni bibliografiche, ma di norma non consente l'accesso diretto al testo dei libri di cui abbiamo reperito i dati.

Ma torniamo alle nostre schede di libri, ai nostri dati catalografici. Sono utili, utilissimi, e sappiamo (o dovremmo sapere) come usarli. Ma nella nostra ricerca sulla musica per liuto, Internet non ci offre nient'altro?

Ebbene, anche in questo caso tutto dipende da che tipo di informazione stiamo cercando. Nessuno userebbe *il catalogo* di una biblioteca per cercare l'immagine di un liuto, o per acquistare un disco di musica per liuto, anche se naturalmente alcuni dei libri presenti a catalogo potrebbero fornirci informazioni utili al riguardo, e la ricerca sul catalogo potrebbe essere utile per trovare quei libri. D'altro canto, il ricercatore accorto (ma non sempre quello occasionale) sa che una ricerca come quella che abbiamo proposto poc'anzi sul catalogo della Library of Congress fornisce per lo più titoli di *libri*, e non titoli, ad esempio, di articoli su riviste; e sa che le riviste specializzate possono essere anch'esse una fonte informativa essenziale (cosa pensereste della bibliografia di una tesi di laurea che citasse solo libri, e nessun articolo?).

Nessun timore: attraverso Internet – come vedremo – si possono fare ricerche anche su basi dati costituite da abstract di articoli (anche se questo genere di risorse è sempre più spesso a pagamento). Quello che ci preme sottolineare in questa sede, tuttavia, è che per fare una ricerca non basta la mera competenza 'tecnica': occorre sapere cosa stiamo cercando, e avere delle buone strategie di ricerca.

Attraverso Internet sono dunque accessibili – fra le altre cose – banche dati specializzate, contenenti informazione fortemente strutturata, come il catalogo di una biblioteca (ma anche banche dati di formule chimiche, o di genetica, o di mappe geografiche, o di informazioni sociopolitiche sui vari stati mondiali, o atlanti stellari...). Non ci capiteremo per caso: le consulteremo quando cerchiamo informazioni di quel tipo. E – occorre che questo sia ben chiaro – il contenuto di una di queste banche dati è *accessibile* attraverso Internet, ma non nello stesso senso in cui lo è, ad esempio, una pagina Web: se utilizzassimo uno dei cosiddetti 'motori di ricerca' che indicizzano le informazioni presenti su Web, non arriveremmo mai *dentro* al catalogo di una biblioteca (a meno, naturalmente, che il catalogo stesso non sia interamente costruito utilizzando pagine HTML). Per capire la ragione di questo fatto – che sconcerta talvolta gli utenti alle prime armi – occorre tener presente che, anche se quasi tutti i cataloghi on-line forniscono il risultato delle nostre ricerche sotto forma di pagine Web, queste pagine Web non esistono *prima* della ricerca stessa. Infatti, esse sono generate 'al volo' dal server in risposta alla nostra interrogazione, e non sono dunque conservate su un file permanente. Ciò significa che i motori di ricerca non possono raggiungerle e indicizzarle (sarebbe del resto ovviamente impossibile indicizzare i risultati di tutte le innumerevoli ricerche possibili su una base dati catalografica).

Consideriamo adesso gli altri tipi di ricerca concernenti il liuto che avevamo suggerito come esempio: in molti di questi casi non ricorreremo a banche dati altamente strutturate come il catalogo di una biblioteca, ma all'informazione sparsa disponibile in rete.

Cosa vuol dire 'informazione sparsa disponibile in rete'? Vuol dire che qualcuno – una istituzione musicale, un appassionato, un negozio di musica – ha ritenuto di rendere accessibili (spesso attraverso pagine Web, ma talvolta attraverso appositi database, come accade ad esempio nella maggior parte dei siti di commercio elettronico) informazioni da lui considerate interessanti o utili. Nel caso del catalogo di una biblioteca, sapevamo già cosa aspettarci. In questo caso, non lo sappiamo. Troveremo immagini di liuti? Sicuramente. Troveremo immagini di un tipo particolare di liuto? Probabilmente sì, ma non ne siamo sicuri. E che affidabilità avranno le notizie che raccoglieremo? Impossibile dirlo a priori: un negozio di strumenti musicali potrebbe avere interesse a parlar bene di una certa marca di strumenti perché deve venderli; un appassionato potrebbe avere una sensibilità musicale diversissima dalla nostra. In poche parole, anziché una informazione fortemente strutturata, in genere avalutativa e uniformemente caratterizzata da un alto livello di affidabilità, stiamo cercando (e troveremo) una informazione assai più eterogenea. Non per questo – si badi – il risultato della nostra ricerca sarà meno utile o interessante: sarà solo di diversa natura.

Va anche considerato che qualunque ricerca su World Wide Web è fortemente legata al momento in cui viene fatta: l'evoluzione della rete è infatti continua, e questo significa non solo che nuova informazione viene aggiunta ogni giorno, ma anche che alcune informazioni possono essere rimosse, o spostate. Abbiamo potuto accorgercene direttamente verificando, edizione dopo edizione di questo manuale, quali e quanti cambiamenti vi fossero nei risultati di una ricerca quale quella che abbiamo scelto a mo' di esempio.

Nello scrivere questa sezione del manuale, nel caso di *Internet '96* eravamo partiti da quello che era all'epoca il principale motore di ricerca per termini: *AltaVista*, della Digital. La ricerca era stata effettuata sul termine 'lute' (naturalmente, nel caso di Internet la prima ricerca viene in genere fatta utilizzando il termine inglese; una ricerca più raffinata vi avrebbe affiancato almeno i corrispondenti termini italiani, francesi, tedeschi, spagnoli...). Ebbene, se nel marzo 1996 questa ricerca aveva fornito un elenco di circa 5.000 pagine nelle quali compare, per i motivi più vari, la voce 'lute', effettuando la stessa ricerca nel marzo 1997 le pagine disponibili sono risultate oltre 8.000, nel marzo 1998 erano oltre 34.000, nel settembre 1999 erano diventate più di 51.000, e nell'aprile 2003 (usando quello che come vedremo è oggi il leader indiscusso dei motori di ricerca per termini, ovvero *Google*) avevano raggiunto la cifra davvero ragguardevole di 316.000: una testimonianza impressionante della continua crescita del Web, una crescita che prosegue inarrestabile e non sembra toccata più di tanto dalla crisi della *new economy*. Tenete presente, peraltro, che proprio per il numero decisamente poco governabile di occorrenze che ci vengono fornite, in casi come questo una ricerca per termini su un motore di ricerca come Google potrebbe *non* essere sempre la strada migliore per trovare cosa c'è in rete sulla musica per liuto. Ma su questo torneremo.

Naturalmente, quello del liuto è solo un esempio fra gli innumerevoli che si potrebbero fare. Il nostro scopo principale era quello di far comprendere l'esistenza di differenze notevolissime nella tipologia dell'informazione raggiungibile attraverso la rete. Imparare come e dove cercare tipi di informazione diversa costituisce un primo passo essenziale per padroneggiare – per quanto possibile – l'offerta informativa di Internet. Forniremo, nel seguito, altri esempi e suggerimenti, anche se il lettore deve essere consapevole che in questo campo nessuna istruzione e nessun consiglio possono sostituire l'esperienza e, perché no, anche il 'fiuto' che possono venire solo dalla pratica della ricerca attraverso la rete.

Dall'ordine al disordine, dal disordine all'ordine

Ancora qualche breve considerazione generale. Abbiamo ricordato la differenza fra informazione 'ordinata' e informazione 'disordinata', e abbiamo visto che entrambe presentano vantaggi e difficoltà. L'informazione 'ordinata' di una banca dati è in genere più puntuale e affidabile, ma, pur essendo raggiungibile *attraverso* Internet, non è in genere integrata nella grande ragnatela ipertestuale del Web. L'informazione 'disordinata' disponibile sotto forma di pagine Web è più difficile da valutare dal punto di vista dell'affidabilità, e per reperirla siamo spesso costretti a navigazioni che possono sembrare quasi casuali, e talvolta frustranti.

Questa situazione spiega quelli che sono forse i compiti principali che una fonte di risorse informativa come Internet, in crescita talmente rapida da non potersi permettere 'pause di riflessione' per la riorganizzazione del materiale disponibile, si trova a dover affrontare: *integrare* e *organizzare* l'informazione fornita.

Internet, tuttavia – a differenza di quanto vorrebbe far credere un certo numero di film 'alla moda' sulla nuova realtà delle reti telematiche – non è una sorta di 'superorganismo' autocosciente. L'integrazione e l'organizzazione delle informazioni disponibili in rete dipende in gran parte dai suoi utenti 'di punta': in primo luogo da chi fornisce informazione e da chi progetta, realizza e rende disponibili programmi e motori di ricerca.

Organizzare l'informazione: ipertesti e metainformazione descrittiva

Il tentativo di capire *come* integrare e organizzare l'informazione disponibile in rete rappresenta uno dei principali fattori che hanno determinato lo sviluppo di Internet (e in particolare del Web) negli ultimi anni, e sarà senz'altro fra i nodi teorici principali che resteranno al centro dell'evoluzione della rete nel prossimo futuro.

Dal punto di vista dei fornitori dell'informazione, questo impegno si traduce da un lato nel tentativo di comprendere al meglio i meccanismi di funzionamento 'concettuale' di un ipertesto, in modo da realizzare ipertesti fruibili e funzionali, dall'altro nello studio delle strategie migliori per associare in maniera utile e pertinente all'informazione disponibile all'interno delle proprie pagine anche l'opportuna *metainformazione* descrittiva. Entrambi i compiti non sono affatto facili. Cerchiamo di capire meglio di cosa si tratta, e perché la buona organizzazione ipertestuale e la disponibilità di metainformazione adeguata siano così importanti per la reperibilità e l'efficacia informativa di un sito.

Cominciamo dal problema della struttura ipertestuale. Basta infatti un minimo di esperienza di navigazione su Web per rendersi conto che, se stabilire qualche collegamento all'interno delle proprie pagine, e fra esse e il mondo esterno, basta a costruire formalmente un ipertesto, perché questa costruzione sia adeguata dal punto di vista semantico, produttiva dal punto di vista informativo e funzionale dal punto di vista operativo, serve molto di più.

Parlando di World Wide Web abbiamo visto come alla sua radice vi sia l'idea di una struttura ipertestuale, e come la linea di tendenza chiaramente percepibile sia quella dell'assorbimento all'interno della struttura ipertestuale del Web anche delle altre funzionalità di Internet. Programmi di gestione della posta elettronica o di lettura dei newsgroup Usenet capaci di attivare automaticamente un browser, filmati e file musicali resi accessibili partendo da una pagina Web, disponibilità di accessori e plug-in in grado di visualizzare direttamente nel browser file e documenti prodotti dai programmi più vari, ne sono eloquente testimonianza. I percorsi disponibili – sotto forma di link, di collegamenti da una informazione all'altra – all'interno di questa sterminata mole di informazioni sono fili che aiutano a camminare attraverso un labirinto. Se questi fili guidano lungo itinerari inconsistenti, portano a movimenti circolari, ci distraggono dalle risorse che effettivamente cerchiamo o le presentano in modo fuorviante o disordinato, la navigazione risulterà difficile o infruttuosa.

Supponiamo, ad esempio, di voler realizzare una rivista letteraria in rete. Entusiasti per le possibilità offerte dalla strutturazione ipertestuale dell'informazione, ci ingegnamo nel trovare il maggior numero possibile di collegamenti fra il materiale da noi fornito e il resto delle risorse disponibili. Ci viene proposto un articolo su Goethe, e noi lo 'pubblichiamo' integrandolo con quello che – riteniamo – è il valore aggiunto reso possibile dal suo inserimento su Internet; si parla di Francoforte come luogo natale di Goethe, e noi colleghiamo la parola 'Francoforte' al sito Internet dell'ufficio di informazioni turistiche della città; si parla dello studio dell'ebraico da parte del giovane Goethe, e noi colleghiamo il passo a un corso di ebraico disponibile in rete; si parla dei suoi studi di anatomia, ed ecco un link al 'Visible Human Project', una impressionante raccolta di immagini e informazioni sull'anatomia umana.

Alla fine, avremo reso un servizio al lettore? Non crediamo proprio: i collegamenti proposti sono dispersivi, la relazione con il contenuto del testo è minima, non vi è alcuna offerta di percorsi di ricerca strutturati e coerenti.

Se tuttavia nell'articolo fosse presente un riferimento alle letture alchemiche di Goethe, e se per avventura su Internet fosse presente il testo di una delle opere lette e utilizzate dal poeta, il collegamento sarebbe probabilmente assai meno gratuito: laddove in un libro a stampa avremmo inserito una nota che rimandava a edizione e pagina del testo in questione, in un ipertesto in rete possiamo inserire un collegamento diretto. Il lettore interessato non avrà più bisogno (volendo) di interrompere la lettura per cercare di procurarsi – presumibilmente in una libreria specializzata – un'opera poco conosciuta e magari esaurita, ma potrà consultarla immediatamente (se siete scettici sulla possibilità di trovare in rete il testo dei trattati alchemici letti da Goethe, date un'occhiata alla URL **http://www.levity.com/alchemy/texts.html**).

Esiste dunque una sorta di 'potere di link' da parte di chi realizza una pagina ipertestuale: perché l'ipertesto si riveli effettivamente uno strumento produttivo di strutturazione dell'informazione, e perché la ricchezza dei rimandi non si traduca in disordine, occorre che questo 'potere' non sia usato male. Ma come imparare a scegliere i collegamenti giusti? Si tratta di un campo in cui lo studio teorico è in gran parte da compiere: l'avvento degli ipertesti porta con sé problematiche finora poco esplorate, ed è probabile che la critica testuale avrà, nei prossimi decenni, un nuovo settore nel quale esercitarsi. Dal canto nostro, saremo soddisfatti se il lettore interessato a cimentarsi nella realizzazione di siti Web comprenderà l'importanza di scegliere in maniera oculata i legami ipertestuali forniti[1]. Naturalmente il problema riguarda non solo il fornitore ma anche il fruitore dell'informazione, che dovrà imparare a valutare e scegliere, fra i vari percorsi di navigazione che gli sono offerti, quelli più adeguati al suo scopo.

Non meno importante è la capacità di associare all'informazione direttamente presente all'interno delle pagine Web anche della *metainformazione* che permetta di descrivere e strutturare in maniera adeguata il contenuto delle pagine stesse.

Per capire l'importanza di questo compito, occorre soffermarsi brevemente sul concetto di metainformazione. Pensiamo a un qualunque oggetto informativo: un testo, un documento, una pagina web, una immagine, un file sonoro... Ebbene: ciascuno di questi oggetti contiene informazione, è fatto di informazione. Ma a questa informazione 'di primo livello', al contenuto del testo o del documento con il quale abbiamo a che fare, possiamo aggiungere dell'informazione ulteriore, informazione 'di secondo livello', che *descrive* e *organizza* l'informazione di pri-

[1] Gli studi sull'usabilità dei siti Web, avviati da un testo pionieristico (anche se in parte discutibile) di Jakob Nielsen (*Web Usability*, trad. it. Apogeo, Milano, 2000), offrono alcune considerazioni utili a un uso consapevole e funzionale del 'potere di link', ma non forniscono certo lo studio sistematico di cui ci sarebbe bisogno, in particolare per quanto riguarda l'individuazione delle strutture semiotiche proprie dell'organizzazione ipertestuale dell'informazione.

mo livello. Così, ad esempio, possiamo pensare a un libro come all'informazione di primo livello, mentre la relativa scheda del catalogo di una biblioteca (che descrive il libro e ci dice dove trovarlo) ci offrirà *meta*informazioni relative al libro stesso (il nome dell'autore, il titolo, la casa editrice, la collocazione negli scaffali...). Questo esempio ci fa capire anche due altre caratteristiche importanti della metainformazione: in primo luogo, proprio come la scheda di una biblioteca, la metainformazione è assai spesso organizzata in una forma regolare e standardizzata, in modo da semplificarne l'uso come strumento per il reperimento e l'accesso all'informazione primaria. In secondo luogo, le metainformazioni non sono tutte uguali: alcune riguardano l'apparenza fisica del documento, altre la sua strutturazione logica, altre ancora la sua gestione...

È facile capire che la distinzione fra informazione e metainformazione non è sempre chiarissima (talvolta una certa informazione può essere considerata 'di primo livello' da un certo punto di vista, e metainformazione da un altro...). Nondimeno la metainformazione – se pertinente e ben strutturata – è uno strumento prezioso. Pensate ad esempio alla ricerca di un file musicale: ciò che cercate, l'informazione primaria, è (la rappresentazione digitale di) una successione di suoni. Ma avreste ben scarse speranze di trovare la musica che cercate, in rete o altrove, senza sapere qual è il titolo del brano, chi lo ha scritto, chi lo ha eseguito. In questo caso la metainformazione descrittiva (testuale) è la migliore chiave di accesso per reperire un'informazione primaria che non è fatta di testo ma di suoni. Se avete provato a cercare brani musicali in rete, ad esempio attraverso un programma *peer-to-peer* per lo scambio di file (ne abbiamo parlato in una sezione precedente del libro), vi sarete certo accorti di come tale descrizione sia importante!

Fra i molti scopi che ci spingono ad associare metainformazione a un determinato oggetto informativo, due sono particolarmente importanti: *descrivere* (possibilmente in base a criteri standardizzati) l'oggetto informativo in questione, in modo da aiutare a classificarlo, conservarlo e reperirlo, e *organizzare* o *strutturare* l'informazione primaria, talvolta esplicitando (anche in questo caso, nella maniera più standardizzata possibile) una struttura interna già presente, talvolta aggiungendone una *ex novo*. Così, ad esempio, possiamo organizzare in cartelle e sottocartelle la massa disordinata di documenti presenti nel nostro computer (e l'organizzazione che creiamo aggiunge metainformazione all'informazione primaria costituita dal contenuto dei file), o suddividere in paragrafi, capitoli, sezioni il libro che stiamo scrivendo. Talvolta la metainformazione (sia essa descrittiva, organizzativa o di altro genere) è aggiunta direttamente dall'autore dell'informazione primaria, talvolta è aggiunta da specialisti esterni (ad esempio archivisti e bibliotecari), talvolta è aggiunta dagli stessi utenti.

Abbiamo sottolineato più volte come una delle caratteristiche più interessanti del Web sia la facilità con la quale chiunque può inserire nuova informazione al suo interno. Questo vantaggio, tuttavia, porta con sé un rischio non indifferente: purtroppo, infatti, chi inserisce informazione in rete si rende conto solo raramente dell'importanza di associare all'informazione primaria la metainformazione utile a descriverla, strutturarla e reperirla. Soprattutto, manca quasi sempre la consapevolezza di quanto sia importante – nell'aggiungere metainformazione – il farlo in maniera consapevole, rigorosa e uniforme, seguendo degli standard.

Va tenuto presente, fra l'altro, che spesso l'aggiunta di metainformazione risponde a scopi decisamente poco rispettosi delle esigenze dell'utenza: far arrivare sul proprio sito il numero maggiore possibile di visitatori, non importa come. A molti di voi sarà così capitato, svolgendo una ricerca in rete, di arrivare a un sito pornografico o pubblicitario utilizzando chiavi di ricerca di tutt'altro genere: ebbene, i gestori di questi siti hanno, molto disinvoltamente, aggiunto alle loro pagine della metainformazione (sotto forma di parole chiave, o di testo nascosto) priva di qualunque legame col contenuto del sito, ma utile come 'esca' per attirare gli utenti: metainformazione fuorviante, dunque.

Senza bisogno di arrivare a casi così eclatanti, è comunque la grande maggioranza delle informazioni inserite su Web che – a differenza di quanto accade di norma nel caso dell'informazione accessibile attraverso banche dati fortemente strutturate – risulta decisamente carente dal punto di vista della quantità e qualità della metainformazione. Ed è così proprio la risorsa di rete più varia e meno omogenea, e dunque quella che più avrebbe bisogno di organizzazione e descrizione, a risultare penalizzata nella sua fruibilità.

Come vedremo in seguito, i linguaggi di marcatura (e in particolare quelli costruiti sulla base di XML) sono lo strumento più adatto per organizzare i contenuti del Web in maniera da rispondere a questa carenza di metainformazione. Quando si parla di 'web semantico' – un concetto (o un'utopia...) sul quale avremo occasione di tornare in seguito – si fa riferimento anche e soprattutto a questa esigenza. Ed è chiaro che, per raggiungere l'obiettivo di un Web più fruibile perché dotato di un'architettura informativa semanticamente più completa e coerente, occorre un forte lavoro di formazione e sensibilizzazione dell'utenza, assieme alla disponibilità di strumenti sofisticati ma di semplice uso per l'aggiunta e la gestione della metainformazione.

Questa sensibilizzazione deve riguardare in primo luogo chi ha responsabilità dirette nell'inserimento di informazione in rete; ma non può non riguardare anche chi voglia acquisire la capacità di orientarsi all'interno del Web, svolgere ricerca, reperire informazione pertinente. Una buona conoscenza degli strumenti per la ricerca in rete passa dunque anche attraverso la comprensione della natura (e dei limiti) della metainformazione disponibile, e del modo nel quale i diversi strumenti di ricerca permettono di utilizzarla e valorizzarla. Dovremo tenere sempre presenti queste considerazioni, nell'accingerci a esaminare in dettaglio alcuni di questi strumenti.

Informazione strutturata

Fare ricerca su basi dati

L'importanza della sintassi

Attraverso l'esempio della musica per liuto, abbiamo visto come una prima, ovvia tipologia di ricerca per la quale la rete può rivelarsi preziosa sia la ricerca bibliografica, e come questa ricerca avvenga di norma su basi di dati altamente strutturate: gli OPAC, ovvero i cataloghi on-line ad accesso pubblico di moltissime biblioteche. Gli OPAC non costituiscono naturalmente il solo esempio di basi di dati accessibili attraverso la rete, né è detto che i dati contenuti in una base di dati altamente strutturata debbano necessariamente essere testuali. Il tratto comune delle ricerche su basi di dati strutturate, comunque, è che perché la ricerca possa svolgersi in maniera fruttuosa è necessario che l'utente sappia, almeno per linee generali, *come è strutturata* la base di dati: quali tipologie di campi siano presenti, quali siano le convenzioni adottate per la schedatura (è presente un thesaurus? Vengono usate abbreviazioni, e quali?), quali tipi di ricerca possano essere svolti, e così via. Inoltre, l'utente dovrà avere almeno un'idea dell'affidabilità della banca dati, e del suo stato di aggiornamento. Tenendo presente, ad esempio, che in alcuni casi gli OPAC accessibili in rete sono completi, ma che talvolta il cosiddetto 'recupero del pregresso', ovvero il trasferimento in formato elettronico degli schedari cartacei preesistenti, non è ancora completato, e il catalogo elettronico fornisce dunque uno strumento di ricerca solo parziale. Arrivare a un modulo di ricerca in rete e compilarlo può essere semplice, ma spesso disporre di queste informazioni accessorie – che sole possono dirci se la nostra ricerca è sensata o no, se possiamo aspettarci o no una risposta ragionevolmente completa, se siamo in grado di interpretarla – può essere molto più complesso.

Chiaramente, il nostro scopo in questa sede non può essere quello di fornire al ricercatore *tutte* le competenze necessarie, che sono moltissime e oltretutto variano considerevolmente da settore a settore. Il nostro intento è piuttosto quello di sottolineare l'importanza di questi problemi. Se arrivate al modulo di ricerca di una banca dati che non vi è familiare, non limitatevi a provarne il funzionamento (anche se questa è certo una delle prime operazioni da fare), ma consultate le pagine di aiuto, verificate chi ha la responsabilità della sua realizzazione e del suo aggiornamento, esaminate con attenzione la struttura di una scheda-tipo.

Fra le capacità che chi fa ricerca in rete deve possedere, particolarmente importante è una minima familiarità con l'uso degli *operatori booleani*. Gli operatori booleani si chiamano così dal nome del matematico inglese George Boole, che verso la metà dell'Ottocento pubblicò un trattato in cui si studiava il modo in cui la verità o falsità di proposizioni complesse è legata a quella delle proposizioni più semplici che le compongono. Ma cosa c'entra tutto questo con la ricerca di informazioni?

A ben pensarci, il collegamento c'è: molto spesso, quando cerchiamo una informazione, la nostra ricerca può essere formulata attraverso una proposizione complessa che riunisce una serie di condizioni: ad esempio, se cerco un libro che si occupi di musica per liuto, pubblicato dopo il 1980 e scritto in italiano, la mia ricerca unisce tre condizioni diverse, e la risposta che cerco deve soddisfare *tutte e tre* queste condizioni. L'operatore booleano che si adopera in casi di questo tipo è l'operatore AND: una condizione complessa della forma '*a* AND *b*' è soddisfatta solo se lo sono *entrambe* le condizioni più semplici *a* e *b*.

In altri casi, le condizioni che compongono la nostra ricerca possono essere alternative: ad esempio, se so leggere solo l'italiano e l'inglese, posso richiedere tutti i libri che riguardano il liuto, ma che siano scritti in italiano o in inglese, scartando quelli scritti in tedesco, o in francese, o in altre lingue. In questo caso, per formulare la mia ricerca avrò bisogno dell'operatore OR: la condizione complessa della forma '*a* OR *b*' sarà soddisfatta solo se *almeno una* delle condizioni *a* e *b* (e non necessariamente entrambe) è soddisfatta. Se provassimo a scrivere in maniera un po' più 'formale' la ricerca che abbiamo usato a mo' di esempio, potremmo dire che cerchiamo libri in cui

(argomento = liuto) AND ((lingua = italiano) OR (lingua = inglese))

Un altro operatore che può essere utile è l'operatore NOT (potrebbe servire, ad esempio, ad escludere dalla nostra ricerca i libri di un autore che ci sta particolarmente antipatico, o i libri che abbiamo già consultato).

Gli operatori che possono essere utilizzati in una ricerca su banca dati sono in realtà molto più numerosi dei tre che abbiamo considerato – in effetti, due caratteristiche importanti di ogni banca dati strutturata sono il tipo di operatori di ricerca che possono essere utilizzati, e la *sintassi* necessaria al loro uso (vanno usati i termini 'AND', 'OR', 'NOT', ecc., o magari abbreviazioni come '+', ',' , '-',? Vanno usate, e come, le parentesi?). Disgraziatamente, le convenzioni adottate a questo proposito da banche dati diverse sono spesso diverse. Anche se a volte i 'facili' moduli da compilare su World Wide Web evitano alcuni dei problemi, cercando di esprimere attraverso un linguaggio il più possibile naturale e attraverso comodi menu a tendina le caratteristiche dei campi da riempire e del modo di combinarli in una ricerca, questa semplicità può a volte rivelarsi illusoria, o – peggio – fuorviante. Ed è incredibile quanto spesso chi cerca informazione in rete finisca per naufragare davanti a difficoltà del tutto evitabili, derivanti dalla mancata comprensione di questo tipo di problemi. Ad esempio: se sul catalogo di una biblioteca on-line cerco un atlante stellare, potrei arrivare a qualche risultato – anche se non si tratta certo né dell'unica, né della migliore strategia di ricerca possibile – svolgendo sui titoli una ricerca della forma ('atlante' AND 'stellare'); se invece cercassi ('atlante' OR 'stellare') i libri che mi interessano rischierebbero di perdersi fra centinaia di dati relativi ad atlanti di tutte le zone del globo, a libri sul mito di Atlante, a testi di astrofisica di tutti i tipi, e magari a testi di meccanica o di ingegneria in cui si parla di disposizione 'stellare' di un motore o di un qualche componente. Inoltre, potrei chiedermi se davvero il campo che ho scelto per la mia ricerca – il titolo del libro – sia il migliore: se la biblioteca disponesse di una classificazione sistematica o per soggetti dei propri libri, potrei arrivare a un risultato molto più utile attraverso una ricerca svolta attraverso questi strumenti.

Insomma, svolgere una ricerca all'interno di una banca dati non è un'operazione sempre facile, e le procedure da seguire non sono sempre e uniformemente le stesse; prima di avviare la ricerca vera e propria, dobbiamo sempre chiederci cosa vogliamo sapere, e riflettere su come sia preferibile formulare la nostra domanda.

Ricerche bibliografiche

Abbiamo già sottolineato l'importanza delle ricerche bibliografiche, e dello strumento per eccellenza per svolgere ricerche bibliografiche, gli OPAC delle biblioteche. Dove trovare gli indirizzi di questi OPAC? In rete è disponibile un gran numero di metarisorse dedicato al mondo delle biblioteche, sulle quali torneremo più in dettaglio nel seguito del manuale. Non sarà però inutile anticipare che un ottimo punto di riferimento italiano, dal quale consigliamo senz'altro di partire per qualunque tipo di ricerca bibliografica, è il sito dell'AIB (*Associazione Italiana Biblioteche*), all'indirizzo **http://www.aib.it**. Vi troverete un elenco assai completo di OPAC italiani e il rimando a numerosi elenchi di OPAC stranieri (fra i quali vanno ovviamente ricordati i già citati cataloghi della Library of Congress, della British Library e della Bibliothèque Nationale di Parigi, strumenti spesso indispensabili per qualunque tipo di ricerca bibliografica), oltre a informazioni e suggerimenti utili di ogni genere. Fra le molte risorse in rete che offrono elenchi commentati di OPAC di tutto il mondo, ricordiamo comunque *LIBWEB* (**http://sunsite.berkeley.edu/Libweb/**), *LibCat* (**http://www.metronet.lib.mn.us/lc/lc1.cfm**), *lib-webcats* (**http://www.librarytechnology.org/libwebcats/**), *LibDex* (**http://www.libdex.com/**), la *WWW Library Directory* di Michael Saures (**http://www.webpan.com/msauers/libdir/**) e – per le biblioteche nazionali europee – il sito del progetto *Gabriel* (**http://www.kb.nl/gabriel/index.html**). Informazioni, indicazioni ed elenchi di link utili per lo svolgimento di ricerche bibliografiche in rete sono disponibili anche in moltissimi siti di interesse bibliotecario e bibliografico: ad alcuni di essi faremo riferimento in seguito, ma ricordiamo subito i siti dell'IFLA (*International Federation of Library Associations*: **http://www.ifla.org/**), dell'OCLC (*Online Computer Library Center*, **http://www.oclc.org/home/**), dell'ALA (*American Library Association*, **http://www.ala.org/**).

Una menzione speciale merita fin d'ora una categoria particolare di strumenti di ricerca: si tratta dei cosiddetti *meta-OPAC*, o cataloghi integrati. In sostanza, un meta-OPAC permette di interrogare, a partire da un'unica pagina Web, gli OPAC di diverse biblioteche, fornendoci i risultati delle relative ricerche in un'unica pagina riassuntiva. Per farlo, il meta-OPAC raccoglie la nostra ricerca attraverso un modulo fortemente semplificato, e la ritraduce, senza bisogno del nostro intervento, nella specifica sintassi di ricerca propria delle diverse biblioteche consultate. Si tratta evidentemente di una risorsa preziosa, soprattutto per la ricerca di testi difficili da reperire, o per individuare la biblioteca più vicina nella quale trovare un certo libro. Va detto, però, che un meta-OPAC – proprio per la necessità di fornire in un unico modulo una sorta di minimo comun denominatore per sintassi di ricerca spesso assai diverse – allarga la base di dati consultata a spese della flessibilità della ricerca: va dunque usato sapendo che potrà rivelarsi inadatto allo svolgimento di ricerche complesse.

Un buon meta-OPAC internazionale è fornito ormai da diversi anni dalla biblioteca universitaria di Karlsruhe, in Germania. Si tratta del KVK (*Karlsruher Virtueller Katalog*), che integra i cataloghi di numerose biblioteche tedesche con quelli di alcune biblioteche internazionali di grande rilevanza, fra le quali la British Library, la Library of Congress e la Bibliothèque Nationale di Parigi. L'indirizzo è **http://www.ubka.uni-karlsruhe.de/kvk.html**. Dal maggio 1999 è liberamente consultabile su Web un prezioso meta-OPAC italiano, il MAI (*Meta-OPAC Azalai Italiano*), all'indirizzo **http://www.aib.it/aib/opac/mai.htm**. Fra i molti meta-OPAC nazionali esistenti, ricordiamo l'inglese *Copac* (**http://copac.ac.uk/copac/**) e lo svedese *Libris* (**http://www.libris.kb.se/english/**).

Infine, parlando di ricerche bibliografiche non è forse inopportuno un... riferimento bibliografico. Esiste infatti in italiano un ottimo testo, che suggeriamo senz'altro a chi desiderasse approfondire questo affascinante argomento. Si tratta di *Biblioteche in rete. Istruzioni per l'uso*, di Fabio Metitieri e Riccardo Ridi, edito nel 2002 dalla casa editrice Laterza.

La ricerca di indirizzi e-mail, indirizzi postali, numeri di telefono

Su Internet, purtroppo, non esiste l'equivalente diretto di un elenco telefonico, e non c'è quindi un sistema certo per trovare un indirizzo di posta elettronica. Non si tratta di una carenza casuale: il meccanismo di funzionamento della rete è estremamente decentrato, l'aggiunta di nuovi nodi può avvenire in ogni momento senza bisogno di 'informarne' direttamente tutta la rete, e lo stesso vale, *a fortiori*, per l'aggiunta di singoli utenti. Le stesse stime sul numero di utenti collegati a Internet variano considerevolmente, con scarti in più o in meno anche dell'ordine della decina di milioni.

Negli anni sono stati fatti vari tentativi per rimediare alla difficoltà di trovare gli indirizzi in rete del 'popolo di Internet', ed esistono ormai decine di motori di ricerca dedicati esclusivamente a ricerche di questo tipo, ciascuno dotato del proprio database, più o meno completo (un elenco è disponibile su Yahoo!, all'indirizzo **http://dir.yahoo.com/Reference/Phone_Numbers_and_Addresses/Email_Addresses/**). Al momento in cui scriviamo, lo strumento più efficace è a nostro avviso il MESA (*Meta Email Search Agent*) realizzato dall'Università di Hannover (**http://mesa.rrzn.uni-hannover.de/**): come indica il nome, si tratta di uno strumento di metaricerca capace di interrogare contemporaneamente diverse basi di dati di indirizzi e-mail. Per quanto riguarda le singole basi di dati, ricordiamo le seguenti:

- *Bigfoot* (**http://www.bigfoot.com**)
- *Yahoo! People Search* (**http://people.yahoo.com/**)
- *Internet Address Finder* (**http://www.iaf.net/**)
- *WhoWhere* (**http://www.whowhere.com/**)
- *Switchboard* (**http://www.switchboard.com/**)
- *Infospace* (**http://www.infospace.com/**)

Per quanto riguarda il nostro paese, va segnalato il servizio *Mailory*, realizzato da TIN e raggiungibile alla URL **http://mailory.tin.it/**. La base di dati di Mailory è abbastanza limitata; in caso di risultati negativi sul database interno, tuttavia, la ricerca viene completata attraverso altri motori di ricerca di indirizzi, riuscendo quindi a fornire buoni risultati. In ossequio alla legge sulla privacy, Mailory permette di cancellare o modificare i propri dati personali.

Se vogliamo essere reperibili, potrà essere utile fornire il nostro indirizzo di posta elettronica e i nostri dati almeno a un paio di questi indici: sulle loro pagine è sempre disponibile il bottone per farlo, riempiendo un modulo (non è detto comunque che inserire il proprio indirizzo di casa e il proprio numero di telefono sia necessariamente una buona idea – tenete presente che spesso queste basi di dati sono utilizzate anche con scopi commerciali).

Proprio considerando la difficoltà di tenere traccia di tutti gli utenti di Internet[2], la ricerca di indirizzi e-mail effettuata utilizzando le ba-

[2] Le stesse statistiche sul numero degli utenti di Internet variano considerevolmente. A fine 2002, questo numero è stimato in 580 milioni da Nielsen/Net Rating, in 605 milioni da NUA e in 655 milioni da ITU; le proiezioni per il 2004 parlano di 709 milioni se-

si di dati sopra ricordate può spesso non avere successo. Occorre anche tenere presente che un indirizzo reperito attraverso di esse non è necessariamente ancora attivo, e non è necessariamente quello controllato con maggiore regolarità dalla persona che desideriamo raggiungere. Anche per questi motivi, può essere utile suggerire una strategia alternativa: la ricerca libera sul Web attraverso un motore di ricerca. Se la persona che stiamo cercando ha un suo sito Web, o lavora presso un'organizzazione dotata di un indirizzo Web, è possibile che la sua pagina personale, o il suo curriculum, o semplicemente la rubrica di indirizzi e-mail della sua organizzazione, siano raggiungibili attraverso un normale motore di ricerca, e possano fornirci il risultato cercato.

Se dagli indirizzi e-mail ci spostiamo alla ricerca in rete di indirizzi fisici (e di numeri di telefono), un servizio interessante è fornito da *Pronto.it* (**http://www.pronto.it**): si tratta di un database che permette la ricerca diretta (dal nome dell'abbonato al numero di telefono e all'indirizzo) e inversa (dal numero di telefono al nome dell'abbonato) su tutti gli elenchi telefonici italiani, attivando a richiesta anche una curiosa utility che compone per noi il numero di telefono reperito (occorre avvicinare la cornetta del telefono alle casse del computer: vi sorprenderà, ma il sistema funziona davvero!). Servizi di elenco telefonico in rete sono offerti anche da *Libero* (**http://elenco.libero.it/**) e *Virgilio* (**http://pagine bianche.virgilio.it/**). Tutti e due questi servizi hanno l'interessante caratteristica – una volta individuato l'indirizzo postale della persona cercata – di permettere di visualizzare al volo una cartina interattiva della relativa città, che mostra dove si trova la strada o la piazza in questione. Quanto alla ricerca 'per categorie' di indirizzi e numeri di telefono di aziende, infine, lo strumento di riferimento è la versione 'in rete' delle familiari pagine gialle: **http://paginegialle.virgilio.it**.

La ricerca di file e programmi

Abbiamo visto nella prima parte di questo manuale come su Internet siano disponibili milioni di file (programmi, immagini, testi, ecc.), che chiunque può prelevare usando il protocollo per il trasferimento di fi-

condo eMarketer, di 945 milioni per il Computer Industry Almanac. Tenete presente che il numero di indirizzi e-mail attivi è assai maggiore (molti utenti hanno più di un indirizzo, e ci sono gli indirizzi di società, organizzazioni ecc.), e che in ogni caso è assai difficile stabilire esattamente cosa si intenda per 'utente Internet'. Per l'Italia, le statistiche Nielsen/Net Rating (forse un po' ottimistiche) parlano nel febbraio 2003 di 25,3 milioni di utenti, 11,4 milioni dei quali utilizzano Internet anche da casa.

le (FTP), o attraverso pagine Web, o ancora ricorrendo a programmi per lo scambio *peer-to-peer*. Ma come fare per trovare il singolo file che ci interessa?

Non vi sorprenderà ormai sapere che molto dipende dal *tipo* di file che stiamo cercando. Nel caso di file video e musicali, lo strumento migliore è rappresentato probabilmente dai programmi peer-to-peer dei quali abbiamo già parlato. Possono essere comunque talvolta utili anche la ricerca libera su Web (ne parleremo fra breve) o quella sui newsgroup binari (semplificata dal ricorso a strumenti come Easynews, del quale abbiamo già parlato). Tenete presente, naturalmente, che molti di questi file sono sotto diritti, e che il loro scambio può essere illegale.

Per quanto riguarda le immagini, i risultati migliori sono in genere offerti dalla ricerca su Web, attraverso strumenti specifici quali le pagine per la ricerca di immagini offerte da molti motori di ricerca. Anche di questo parleremo fra breve.

Un discorso a parte va fatto per il reperimento di programmi: se sapete già il nome del programma che state cercando (ovviamente state cercando una regolare versione 'di prova' del programma, sapendo che scadrà dopo un certo periodo o che offrirà funzionalità limitate, non una versione pirata, giusto?), utilizzate un motore di ricerca per trovare il sito ufficiale della casa produttrice. Assai spesso, esso offrirà una sezione 'download' dalla quale scaricare la versione 'demo' o 'trial' del programma che cercate (e vi permetterà, qualora ne siate soddisfatti, di acquistare direttamente in rete la versione completa).

Se invece cercate un programma capace di svolgere una certa operazione (ad esempio una calcolatrice, o un programma per insegnare la matematica ai bambini, o un programma di disegno, o un editor di suoni... le possibilità sono ovviamente innumerevoli), ma *non* sapete in anticipo quale programma potrebbe fare al caso vostro, vi consigliamo il ricorso a uno dei siti dedicati alla catalogazione e al download di programmi shareware. Un buon punto di partenza è in questo caso *Shareware.com*, realizzato da C|Net, che offre un metamotore di ricerca in grado di interrogare diverse 'shareware directories' e di reperire programmi, oltre che per tutte le piattaforme Windows, anche per Linux, per Mac e per computer palmari Palm e PocketPC (l'indirizzo è **http://shareware.cnet.com**). Il suo uso è estremamente intuitivo: non si dovrà fare altro che indicare il sistema operativo utilizzato dal nostro computer e le chiavi di ricerca (ovviamente in inglese) utili a individuare il file che ci interessa. Una volta ottenuto l'elenco dei file che soddisfano i criteri di ricerca, è possibile prelevare il programma con un semplice click del mouse direttamente attraverso il browser Web.

Due depositi specifici assai ricchi, che offrono anche mini-recensioni e valutazioni dei vari programmi ospitati, sono poi *Download.com*, anch'esso offerto da C|Net (l'indirizzo è **http://download.com.com/**, e i programmi sono organizzati in un indice sistematico per argomenti; il sito, tra le altre cose, si preoccupa anche di fornirci una stima del tempo necessario per il prelievo, in funzione della velocità del nostro collegamento) e il più volte ricordato *TuCows*, all'indirizzo **http://www.tucows.com**. TuCows è, in particolare, il sito di riferimento per reperire i programmi specificamente connessi all'utilizzazione di Internet, ma negli ultimi anni ha allargato la sua offerta anche a programmi di altro genere. Contiene programmi per il mondo Windows, per Linux, Mac e per palmari. Il sito ha diversi mirror, ovvero 'repliche' ospitate su server di

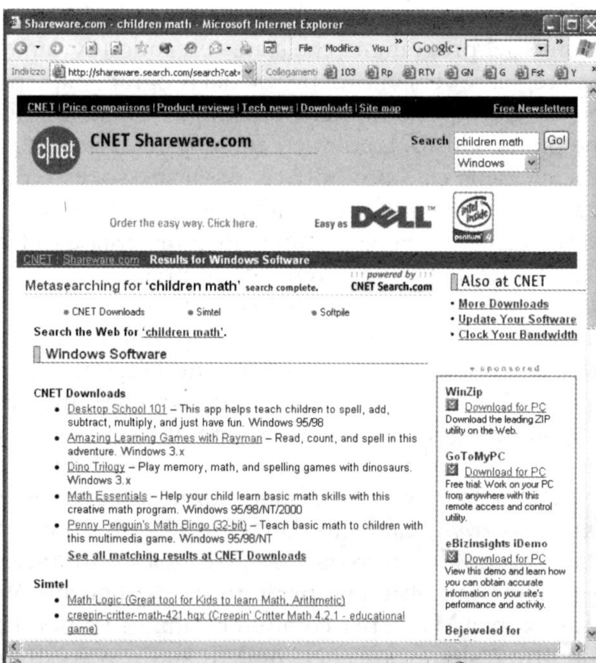

Figura 62 Il sito Shareware.com, ottimo strumento per la metaricerca di programmi (nell'esempio, abbiamo usato la chiave di ricerca 'children math' per cercare programmi per l'insegnamento della matematica ai bambini)

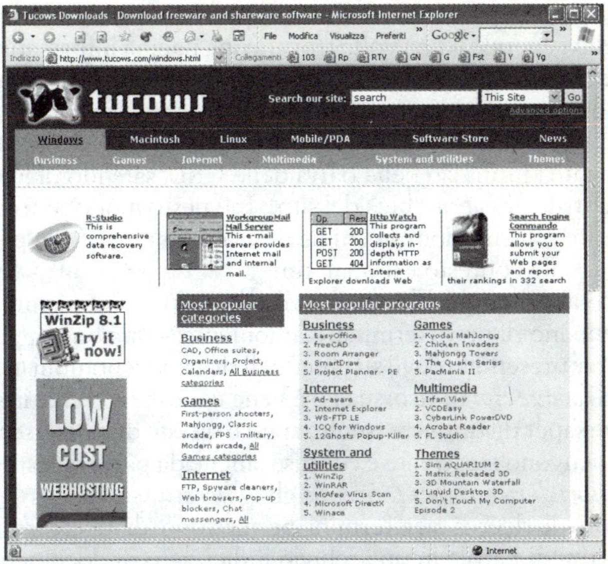

Figura 63 TuCows, il miglior deposito di programmi per l'uso della rete

diversi paesi. Se usate spesso TuCows vi converrà provarne alcuni per individuare quello per voi più veloce: la scelta può essere fatta alla pagina **http://www.tucows.com/ChooseMirror/choose.html**.

Ricerca libera su Web

Tre strumenti diversi

World Wide Web è la risorsa Internet probabilmente più nota, e i suoi ritmi di espansione sono esponenziali. Le pagine informative immesse in rete riguardano gli argomenti più vari, e provengono da fornitori di informazione di natura assai eterogenea: dalle università alle industrie private (grandi e piccole), dai centri di ricerca ai negozi, dalle imprese editoriali ai partiti politici. Vi sono poi le numerosissime 'home page' personali del popolo di Internet.

Chi svolge una ricerca in rete si trova dunque davanti un duplice problema: *reperire* l'informazione cercata e *valutare* la sua correttezza, completezza, affidabilità.

Il secondo compito, assai delicato, dipende in parte dall'esperienza; un consiglio generale – una volta trovata una pagina informativa che reputiamo interessante – è quello di risalire sempre alla home page del sito che la ospita (molti siti rendono disponibile su ogni pagina un link alla home page; se così non fosse, si può provare ad 'accorciare' progressivamente l'indirizzo nella barra delle URL, salendo di livello in livello nella struttura gerarchica del sito). In questo modo potremo in genere reperire informazioni su chi ha immesso in rete quella particolare pagina, in quale contesto e a quali fini.

Quanto al primo problema – quello di 'scoprire' le pagine esistenti che si occupano di un determinato argomento – una buona partenza è in genere rappresentata dagli strumenti di ricerca disponibili in rete. Cominciamo da *due tipi* di risorse che è bene conoscere e che, innanzitutto, occorre saper distinguere (molto spesso queste due diverse tipologie di risorse vengono mescolate e confuse, anche da parte di 'esperti' della rete): i *motori di ricerca per termini* e gli *indici sistematici*.

I motori di ricerca per termini permettono di ricercare parole o combinazioni di parole in un archivio indicizzato di documenti in formato digitale. Se vogliamo ad esempio cercare le pagine che si occupano di Lewis Carroll (pseudonimo del reverendo Dodgson, l'autore di *Alice nel paese delle meraviglie*), potremo fornire al motore di ricerca le due parole 'Lewis' e 'Carroll'. In molti casi è possibile combinare le parole fornite utilizzando i già ricordati operatori booleani: ad esempio, una ricerca con chiave 'Lewis AND Carroll' potrebbe fornirci le pagine in cui compaiono tutti e due i nomi, aiutandoci a scremare pagine che non ci interessano. E, ancor meglio, un operatore capace di 'concatenare' i due termini ci garantirebbe di trovare solo le pagine in cui compare l'esatta stringa 'Lewis Carroll'. Attenzione: come si è già accennato a proposito della ricerca su basi dati, la sintassi corretta per utilizzare AND, OR, NOT e gli eventuali altri operatori disponibili varia da un motore di ricerca all'altro. Nella maggior parte dei casi comunque non dovremo digitare direttamente gli operatori booleani: basterà utilizzare strumenti più intuitivi, ad esempio un menu a tendina che ci permetta di specificare se ci interessano le pagine in cui compaiono *tutti* i termini cercati o *almeno uno* di essi.

La ricerca attraverso un motore di ricerca per termini è molto comoda nel caso di nomi propri, o nel caso in cui le informazioni che vogliamo trovare si lascino caratterizzare attraverso termini molto specifici. Occorre tuttavia tenere presente che si tratta di una ricerca meccanica: il programma utilizzato non farà altro che cercare i termini da noi forniti all'interno di un immenso indice alfabetico in suo possesso – indice tenuto aggiornato da un 'demone' software che si muove continuamente lungo la rete, seguendo ogni link incontrato e indicizzando tutte le pagine percorse – e fornirci le corrispondenze trovate. L'intelligenza della ricerca dipende dunque in gran parte dalla scelta delle parole usate come parametri, anche se come vedremo quasi tutti i motori di ricerca hanno la capacità di 'pesare' i risultati in base a elementi quali il numero di occorrenze della parola, l'occorrenza in zone significative del documento come i titoli o i link, e così via. Ciò significa che *se abbiamo scelto bene i nostri termini di ricerca*, riceveremo un elenco di pagine che avrà alte possibilità di iniziare da quelle per noi più significative. Ma se ad esempio avremo effettuato una ricerca con chiave 'Lewis Carroll', non troveremo mai le pagine nelle quali compare solo il nome di Dodgson.

Va ricordato, inoltre, che, per quanto estesa, la base di indicizzazione di un motore di ricerca per termini copre solo una parte delle pagine realmente disponibili in rete. I dati effettivi sono molto difficili da stimare. Si calcola che le pagine Web esistenti fossero circa 50 milioni nel novembre 1995, circa 320 milioni nel dicembre 1997, circa 800 milioni nel febbraio 1999... ma più ci si avvicina a oggi, più queste stime sono incerte. Google indicizzava circa un miliardo e mezzo di pagine a metà 2002, e a maggio 2003 dichiara di indicizzare oltre tre miliardi di pagine Web. È probabile che nessun motore di ricerca arrivi a coprire più del 30-35% del numero complessivo di pagine in rete: possiamo dunque pensare che, a metà 2003, il numero complessivo di pagine Web sia a grandi linee compreso fra i 7 e i 10 miliardi. E ricordate che il Web non è fatto solo di pagine HTML: ci sono documenti di ogni genere, immagini, file audio...

È facile capire, dunque, che i risultati di una ricerca in rete, per quanto accurata e ben condotta, non vanno mai considerati completi o definitivi. E che la stessa ricerca, svolta in momenti diversi o utilizzando strumenti diversi, potrà fornire (anzi, fornirà quasi sempre) risultati diversi.

Al contrario della ricerca alfabetica, la ricerca sistematica avviene su cataloghi *ragionati* di risorse, suddivisi per settori e organizzati gerarchicamente; per questi cataloghi, o indici sistematici, è spesso usato il nome inglese *directory*. In genere la base dati è assai più ristretta (saremo dunque ancor meno sicuri di quanto non accada nel caso dei motori di ricerca di trovare direttamente tutte, o anche solo la maggioranza delle pagine che ci interessano), ma la valutazione della pertinenza o meno di una determinata informazione non sarà più meccanica, bensì risultato di una decisione umana, e l'informazione stessa sarà inserita all'interno di una struttura di classificazione.

Un'altra differenza rilevante è che il motore di ricerca per termini indicizza (e dunque restituisce) *singole pagine* – quelle nelle quali compare il termine cercato –, mentre l'indice sistematico indicizza *interi siti*, anche se ovviamente l'accesso al sito avviene anch'esso attraverso una pagina: la sua pagina iniziale o *home page*.

Naturalmente, nel caso di un indice sistematico i principi utilizzati per costruire l'impianto classificatorio della banca dati sono fondamentali. Un catalogo ragionato di questo tipo si basa in genere su una sorta di 'albero delle scienze', da percorrere partendo da categorizzazioni più generali per arrivare via via a categorizzazioni più specifiche. Ed è importante che le categorie siano sensate, e il percorso di 'discesa al particolare' avvenga attraverso itinerari intuitivi e coerenti: due compiti, come vedremo, tutt'altro che facili.

La differenza tra motori di ricerca per termini e indici sistematici è sostanziale, nonostante sia invalso l'uso – concettualmente fuorviante – di utilizzare per entrambi il termine 'motore di ricerca', e la confusione sia accresciuta dal fatto che, come vedremo, molti indici sistematici, come Yahoo!, permettono l'accesso *anche* a un motore di ricerca per termini, e viceversa.

L'esame dettagliato di alcune fra le risorse disponibili per la ricerca su World Wide Web ci aiuterà a comprendere meglio questi problemi. Sottolineiamo però fin d'ora l'importanza di un *terzo tipo* di ricerca, del quale è assai più difficile fornire un inquadramento generale: la navigazione libera attraverso pagine di segnalazioni di risorse specifiche. È infatti quasi una norma di 'netiquette' che chi rende disponibili informazioni su un determinato argomento, fornisca anche una lista di link alle principali altre risorse esistenti in rete al riguardo. Questo tipo di liste ragionate va naturalmente esso stesso cercato e trovato, cosa che in genere viene fatta usando indici alfabetici o cataloghi sistematici di risorse secondo le modalità sopra delineate. Una volta però che abbiamo individuato una di queste pagine-miniera di link specifici, potrà essere produttivo proseguire la nostra ricerca attraverso di essa. Le risorse in tal modo segnalate presentano infatti due importanti caratteristiche: sono state scelte in maniera esplicita e ragionata, e la scelta è presumibilmente opera di una persona che conosce bene il settore in questione. Abbiamo trovato comodo caratterizzare con l'espressione *navigazione orizzontale* questa terza modalità di ricerca su Web.

Gli indici sistematici

Il primo strumento di cui ci occuperemo è rappresentato dai cataloghi sistematici e ragionati di risorse; come si è accennato, spesso questi cataloghi sono chiamati col termine inglese *directory*. Il modello adottato ricorda l'*arbor scientiae* di derivazione medievale e rinascimentale, largamente usato anche in ambito enciclopedico e bibliotecario come alternativa alla organizzazione alfabetica. Naturalmente in questo caso la scelta dei rapporti gerarchici e l'importanza relativa attribuita ai vari settori dello scibile hanno finito inevitabilmente per essere influenzati (e lo erano ancor più nei primi anni di vita della rete) dalla rilevanza che gli strumenti informatici e telematici hanno in ogni singolo settore. Così, ad esempio, fra i 'rami' principali dell'albero compaiono discipline come l'informatica e la telematica, mentre discipline come la teologia e la filosofia, che avevano un ruolo preminente negli alberi delle scienze di qualche secolo fa, sono in genere relegate a sottocategorie. I modelli alla base di queste classificazioni, che nascono quasi tutte nel mondo statunitense e tradiscono spesso un certo indebitamento verso la tradizione del positivismo anglosassone, sarebbero un argomento interessante per una ricerca universitaria.

In una risorsa di questo tipo, elemento fondamentale è evidentemente la scelta delle suddivisioni interne delle varie discipline: ad esempio, le informazioni relative alla musica delle popolazioni primitive andranno catalogate sotto la voce 'antropologia' (presumibilmente una sottovoce del settore 'scienze umane') o sotto la voce 'musica'?

Per fortuna la struttura ipertestuale di World Wide Web permette di superare problemi di questo tipo, che avevano angustiato generazioni e generazioni di enciclopedisti e bibliotecari 'lineari'. Nulla impedisce, infatti, di classificare una stessa sottocategoria sotto più categorie diverse (ed eventualmente a 'livelli' diversi dell'albero). Non vi sarà alcun bisogno, per farlo, di duplicare l'informazione: basterà duplicare i link. Visto da un punto di vista lievemente più tecnico, questo significa che gli indici sistematici di risorse sono strutturalmente più simili a grafi complessi che ad alberi: a uno stesso nodo si può arrivare attraverso percorsi alternativi, tutti egualmente validi. Dal punto di vista dell'utente, invece, ciò comporta semplicemente che – a meno di non andarla a cercare sotto categorie palesemente innaturali – trovare una determinata risorsa informativa sarà di norma assai facile: se ben compilato, l'indice sembrerà 'adattarsi' alle nostre scelte di categorizzazione.

Quanto abbiamo detto finora può sembrare un po' teorico; vediamo allora di capire meglio come funzionano questi strumenti, analizzandone più da vicino i due esempi più importanti; *Yahoo!* e *Open Directory*.

Yahoo!

Yahoo! è nato nell'informaticamente lontanissimo aprile 1994, quando David Filo e Jerry Yang, studenti di ingegneria elettronica all'Università di Stanford, iniziarono a creare pagine riassuntive con link ai siti Internet di loro interesse. Nel corso del 1994, Yahoo! (a proposito: la sigla ricorda naturalmente il grido di gioia che si suppone seguire all'individuazione dell'informazione cercata, anche se è ufficialmente sciolta dal curioso acronimo 'Yet Another Hierarchical Officious Oracle') si trasformò progressivamente in un vero e proprio database, ricco di migliaia di pagine indicizzate. All'inizio del 1995 Mark Andreessen, cofondatore della Netscape, percepì l'interesse dello strumento creato da Filo e Yang, e si offrì di contribuire alla trasformazione dell'iniziativa in una impresa commerciale. Adesso Yahoo! è una impresa privata, quotata in borsa, finanziata fra l'altro attraverso le 'inserzioni' pubblicitarie accolte a rotazione nelle sue pagine, e sopravvissuta piuttosto bene alla crisi della net economy. La sua funzione di indice sistematico di risorse è stata progressivamente affiancata da una miriade di funzionalità aggiuntive: ad esempio, Yahoo! ospita uno dei maggiori servizi per la gestione via web di indirizzi e-mail gratuiti (*Yahoo! Mail*) e una delle maggiori raccolte di pagine personali (*Yahoo! GeoCities*), e abbiamo già ricordato sia il suo servizio per la gestione di comunità web (*Yahoo! Groups*) sia il suo servizio di instant messaging (*Yahoo! Messenger*), collegato a una delle chat più vaste, articolate e frequentate della rete (*Yahoo! Chat*).

In questa sede, ci interessa però la funzionalità originaria e tuttora fondamentale del servizio: quella appunto di indice sistematico o directory. Utilizzarla è assai semplice. Si può partire dall'indirizzo principale di Yahoo! (la URL è naturalmente **http://www.yahoo.com/**), ma suggeriamo – quando è proprio la directory che ci interessa – di partire invece dall'indirizzo **http://dir.yahoo.com/**, che offre un'interfaccia assai meno affollata e dispersiva e (come vedremo) rende assai più chiara la funzione del campo 'Search'. La pagina che troverete è quella rappresentata nella figura seguente.

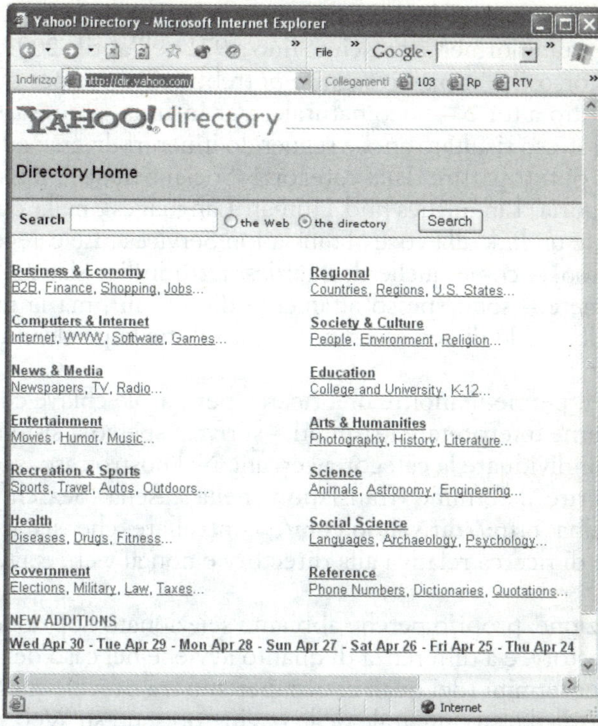

Figura 64 Il più noto catalogo sistematico di risorse: Yahoo! directory

L'indice è organizzato in categorie e sottocategorie: le voci in grassetto sono le categorie principali, quelle in carattere più piccolo sono alcune fra le loro sottocategorie. Supponiamo di ricercare informazioni sulle agenzie di traduzione raggiungibili attraverso Internet (esistono ormai molti servizi di questo tipo, nei quali la possibilità di scambio veloce e senza limiti geografici di testi costituisce un valore aggiunto notevolissimo). Presumibilmente, una buona categoria di partenza è quella 'Business and Economy'. Se seguiamo il collegamento disponibile, troveremo un'ampia lista di sottocategorie. Cerchiamo un'agenzia professionale, che prevedibilmente offre i propri servizi in primo luogo alle aziende, quindi proveremo a partire dalla sottocategoria 'Business to Business'. Fra le moltissime suddivisioni ulteriori di questa categoria, troveremo quella che fa al caso nostro: 'Translation Services'. Una lista che al momento in cui scrivevamo *Internet '96* comprendeva i link alle pagine in rete di 168 diverse agenzie di traduzione, diventate ben 759 nel momento in cui scrivevamo *Internet 2000*, e – in barba alla crisi della new economy – ulteriormente cresciute fino a 971 nell'aprile 2003.

Il percorso che abbiamo seguito potrebbe risultare per qualcuno – non del tutto a torto – poco naturale. Per fortuna, però, saremmo arrivati allo stesso risultato anche seguendo itinerari diversi: ad esempio, saremmo potuti partire dalla categoria 'Social Science', passando alla sottocategoria 'Linguistics and Human Languages', nella quale è pure presente un link alla voce 'Translation Services'. Le categorizzazioni di Yahoo! – come quelle di qualsiasi altro indice sistematico dello stesso genere – sono spesso altamente discutibili[3], ma la moltiplicazione delle strade di accesso rende molto difficile perdersi completamente.

Yahoo! permette inoltre una ricerca per parole chiave che – a patto di saperne interpretare i risultati – si rivela spesso il sistema più rapido per individuare la categoria cercata. Nel nostro caso, sarebbe bastato inserire il termine 'translation' nella casella 'Search' presente sulla pagina **http://dir.yahoo.com/**, controllare che sia selezionata l'opzione di ricerca relativa alla directory e non al web, e avviare la ricerca.

Attenzione: proprio perché abbiamo selezionato l'opzione di ricerca su directory, e a differenza di quanto avviene nel caso dei motori di ricerca per termini (dei quali ci occuperemo tra breve), questa ricerca non riguarda il testo integrale delle pagine presenti su Web, ma solo il database interno di Yahoo!. Come potete vedere dalla figura 65, i risultati sono suddivisi in due sezioni: quella delle 'Related directory categories' e quella dei 'Directory results'. La prima elenca tutte *le categorie* dell'albero classificatorio di Yahoo! in cui è presente il termine 'translation', la seconda invece tutti *i siti* catalogati da Yahoo! nel cui nome o nella cui descrizione è presente il termine 'translation'. A noi in questo caso interessano le categorie: con un click su 'More...' nell'ambito delle 'Related directory categories' arriveremo a un elenco di categorie che comprende quella ('Translation Services') che cercavamo. Questa funzione permette dunque in genere di individuare, più che le singole risorse informative, le categorie che ci interessano.

Attenzione: se invece di compiere la nostra ricerca dal modulo 'Search' presente nella pagina **http://dir.yahoo.com/**, avendo selezio-

[3] E cambiano spesso: i percorsi indicati, ad esempio, sono differenti da quelli che avevamo fornito in *Internet 2000*, perché le scelte di categorizzazione operate da Yahoo! sono nel frattempo mutate.

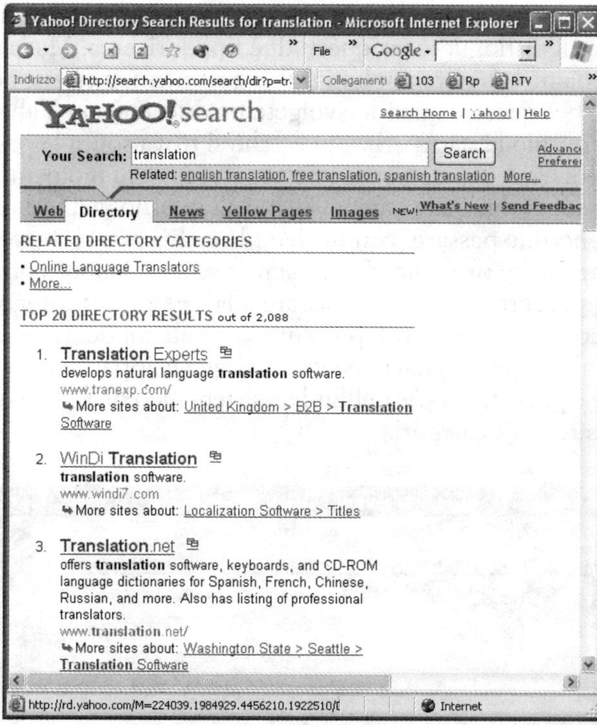

Figura 65 Ricerca per termini all'interno di Yahoo! directory. La ricerca con chiave 'translation' restituisce nell'aprile 2003 otto categorie e circa duemila siti

nato l'opzione di ricerca su directory, avessimo compiuto la stessa ricerca selezionando l'opzione di ricerca su Web o partendo dalla home page generale di Yahoo! (**http://www.yahoo.com/**), saremmo arrivati a un risultato *del tutto diverso*: non più 8 categorie o 2.088 siti presenti nell'indice sistematico di Yahoo!, ma (nel momento in cui scriviamo) ben 8.150.000 *pagine Web* in cui compare il termine 'translation'. Questo tipo di ricerca, infatti, fa 'cambiare pelle' a Yahoo!, che si trasforma da indice sistematico in motore di ricerca per termini. Ovviamente, se cercavamo una agenzia di traduzioni, aver a che fare con oltre otto milioni di pagine Web è piuttosto dispersivo: l'uso della chiave di ricerca 'translation', che rappresentava una buona strategia all'interno dell'indice sistematico, si rivela del tutto inadatto ai nostri scopi se passiamo a utilizzare un motore di ricerca che indicizza le singole pagine Web.

Purtroppo, la natura sempre più 'ibrida' di Yahoo! non semplifica il compito di distinguere fra questi due tipi di ricerca. Ma la distinzione, se vogliamo ottenere risultati utili e pertinenti, è essenziale.

Anche per questo, quando svolgete una ricerca con Yahoo! tenete sempre d'occhio la barra orizzontale che si trova sopra la pagina di risultati: attraverso di essa potrete accorgervi in ogni momento se la vostra ricerca si svolge sulle pagine Web o all'interno dell'indice sistematico di Yahoo!, e passare, con un semplice click, da una ricerca all'altra. Tenete anche presente che, se state usando Yahoo! come motore di ricerca per termini, potrete passare alla ricerca per categorie anche utilizzando la freccetta rossa presente sotto alcuni dei risultati: la presenza di tale freccia segnala che il sito al quale appartiene la pagina in questione è presente *anche* nell'indice sistematico di Yahoo! directory, e indica la relativa categoria.

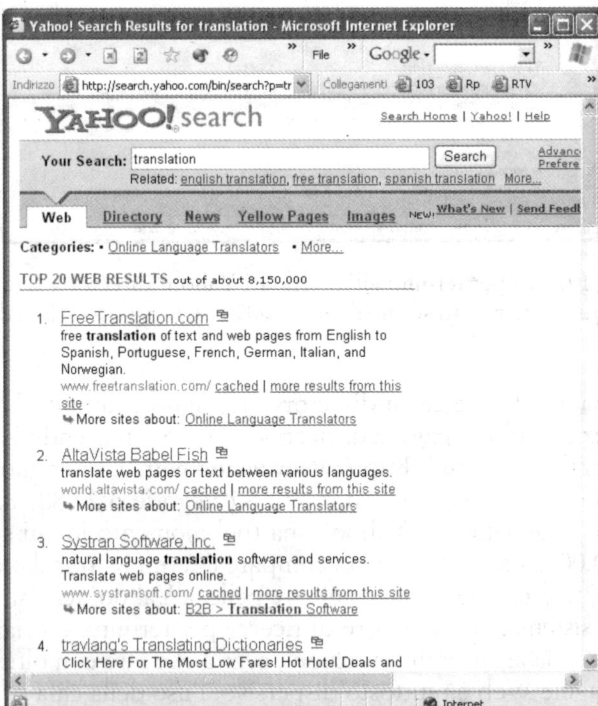

Figura 66 Yahoo! utilizzato come motore di ricerca su pagine Web. La ricerca con chiave 'translation' restituisce nell'aprile 2003 oltre otto milioni di pagine

Di Yahoo! sono disponibili versioni specifiche per diversi paesi, fra i quali l'Italia. La versione italiana di Yahoo! è all'indirizzo **http://www.yahoo.it**. Attenzione, però: non si tratta di una traduzione italiana dell'intero indice disponibile nella versione anglosassone, ma di un indice 'mirato' relativo alle risorse in italiano: il nostro consiglio è di usarlo non come sostituto del sito originale statunitense (assai più ampio e completo), ma come utile complemento nel caso di ricerche che riguardino in tutto o in parte il nostro paese.

Open Directory

Se Yahoo! è sicuramente l'indice sistematico più noto al grande pubblico, negli ultimi anni è progressivamente cresciuto un altro, prezioso servizio di catalogazione sistematica dei siti. Si tratta di *Open Directory* (**http://dmoz.org/**), un progetto nato con una filosofia assai diversa da quella dell'impresa di Filo e Yang. Al posto del lavoro retribuito di un centinaio di redattori professionisti, Open Directory si basa sulle segnalazioni di diverse migliaia (circa 56.000 nell'aprile 2003) di volon-

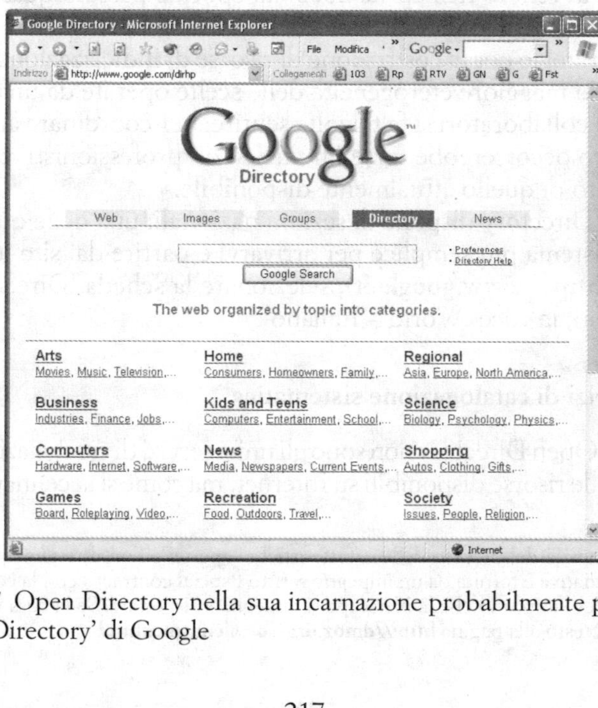

Figura 67 Open Directory nella sua incarnazione probabilmente più nota, la sezione 'Directory' di Google

tari. Un sistema di controlli incrociati permette di verificare l'affidabilità delle segnalazioni e della loro categorizzazione.

Come è facile comprendere, una risorsa con queste caratteristiche si basa largamente sullo spirito collaborativo della rete, e sull'idea della libera condivisione di conoscenze tipica del movimento dell'*open software*. Ciò non ha impedito tuttavia a Open Directory di diventare una realtà di tutto rispetto anche dal punto di vista commerciale. Gestita da AOL (America On Line) attraverso la Netscape Corporation[4], Open Directory è infatti l'indice sistematico offerto da portali e siti di ricerca di tutto rilievo: innanzitutto Google (**http://www.google.com/dirhp**), e fra gli altri America On Line, Netscape, Lycos, HotBot, Excite.

L'organizzazione di Open Directory è quella, familiare, in categorie e sottocategorie. Il pulsante 'Search' in questo caso – come ci aspetteremmo – svolge la sua funzione all'interno del database di Open Directory e non sull'universo delle pagine Web.

Nel momento in cui scriviamo, Open Directory cataloga quasi quattro milioni di siti, organizzati in oltre 460.000 categorie, mentre Yahoo! cataloga fra i due e i tre milioni di siti. Open Directory offre dunque una base più ampia di siti indicizzati; il 'sorpasso' di Open Directory su Yahoo! è avvenuto nell'aprile 2000: all'epoca è passato quasi inosservato, ma si è trattato di un momento importante nel confronto fra due diverse strategie per la costruzione di risorse di indicizzazione su Web. Tuttavia, la maggiore eterogeneità delle scelte operate da una base così vasta di collaboratori si fa talvolta sentire: per coordinare al meglio il loro lavoro occorrerebbe forse un nucleo di 'professionisti' più ampio e preparato di quello attualmente disponibile.

Open Directory dispone di sezioni nazionali, una delle quali in italiano: il sistema più semplice per arrivarvi è partire dal sito italiano di Google (**http://www.google.it**), selezionare la scheda 'Directory' e, al suo interno, la voce 'World – Italiano'.

Altri servizi di catalogazione sistematica

Yahoo! e Open Directory non sono gli unici servizi di catalogazione sistematica delle risorse disponibili su Internet, ma come si accennava sono al

[4] La garanzia del rispetto delle caratteristiche 'aperte' e non direttamente commerciali dell'iniziativa è fornita da un impegno scritto ('social contract') con la comunità degli utenti Web, impegno che la Netscape si impegna a rispettare. Se la cosa vi interessa, ne trovate il testo alla pagina **http://dmoz.org/socialcontract.html**.

momento quelli di gran lunga più completi. Una certa diffusione ha anche la directory di *Looksmart* (l'indirizzo è **http://www.looksmart.com**; è tuttavia preferibile utilizzare gli indici di Looksmart attraverso i siti dei suoi partner: il sito della società infatti non è organizzato per una comoda consultazione), costruita con un criterio misto: in parte (per le aziende) a pagamento, in parte (per i siti non commerciali) attraverso un servizio di autosegnalazione gratuito. L'indice di Looksmart è utilizzato nella sezione 'directory' di Altavista (**http://www.altavista.com/dir/default**) e di Microsoft Network (**http://search.msn.com/**).

Una segnalazione merita *About* (**http://www.about.com/**): una directory organizzata in circa 700 aree tematiche, ciascuna delle quali affidata a un volontario esperto ('guida'). I siti segnalati sono molto meno numerosi di quelli compresi negli altri indici sistematici dei quali abbiamo parlato, e la griglia delle categorie è più spartana, ma le risorse sono commentate in maniera assai più analitica e accompagnate da articoli di introduzione e orientamento che possono rivelarsi talvolta preziosi.

Segnaliamo anche *Infogrid*, che unisce in maniera abbastanza efficace le funzioni di Web directory e di metamotore di ricerca (una tipologia di strumenti della quale parleremo fra breve). L'indirizzo è **http://www.infogrid.com/**.

Infine, vi suggeriamo un sito che non è un vero e proprio indice sistematico generalista ma piuttosto un elenco di risorse nel prezioso settore degli strumenti di 'reference': dizionari, vocabolari, enciclopedie, atlanti e servizi di mappe, e così via (inclusi gli stessi indici sistematici del Web). L'indirizzo è **http://www.reference.com**.

Su Web esistono naturalmente molti altri indici sistematici, talvolta più ampiamente commentati di quelli di Yahoo! e Open Directory o costruiti attraverso griglie classificatorie e con criteri diversi. Si tratta comunque di siti assai meno completi e sistematici, e spesso decisamente orientati verso il volto commerciale della rete. Un buon punto di partenza per esplorarli è la pagina dedicata all'argomento da Open Directory: l'indirizzo è **http://dmoz.org/Computers/Internet/Searching/Directories/**.

Un discorso a parte meritano gli indici in italiano, utili per chi desidera evitare eccessive acrobazie linguistiche con le categorizzazioni inglesi, ma soprattutto per chi desidera effettuare ricerche limitate allo specifico del nostro paese. Tenete presente, però, che la completezza è in genere molto inferiore a quella dei corrispondenti siti in inglese, talvolta anche per quanto riguarda le informazioni relative agli stessi siti italiani.

Delle versioni italiane di Yahoo! e Open Directory abbiamo già detto. Fra gli altri servizi vanno segnalati in primo luogo *Virgilio*, che offre una scelta informativa ricca anche di articoli e suggerimenti (la URL è ovviamente **http://www.virgilio.it**), e *Arianna*, ora di proprietà di Libero, che permette ricerche sia sul proprio indice di siti italiani, sia sui principali motori internazionali (**http://arianna.libero.it/**). L'indice sistematico italiano che preferiamo è tuttavia *SuperEva* (**http://www.supereva.it/**); la directory è all'indirizzo **http://dir.supereva.it/**, e integra le segnalazioni di un'altra web directory italiana, quella di 100Links (**http://100links.supereva.it/**). Il sito è nato nel dicembre 1999 ed è realizzato dalla società Dada, che un po' sul già citato modello di About si affida a una nutrita schiera di guide per realizzare una serie di schede tematiche dedicate alla segnalazione di risorse Web. L'affidabilità delle segnalazioni varia da guida a guida, ma nel complesso si tratta di una risorsa ricca e articolata.

Ricordiamo infine *Il Trovatore* (**http://www.iltrovatore.it/**), anche se è assai fastidiosa la finestra pop-up che si apre a ogni accesso per chiederci se ne vogliamo fare la pagina iniziale delle nostre navigazioni, *Godado* (**http://www.godado.it/**), dichiaratamente orientato al marketing e dunque per certi versi più vicino al modello Pagine gialle che a un vero e proprio indice sistematico, e *ABCItaly*, che dichiara un catalogo di 80.000 siti italiani (organizzati in verità in maniera piuttosto caotica; l'indirizzo è **http://www.abcitaly.com/**).

I motori di ricerca

I motori di ricerca per termini

Dagli indici sistematici di risorse, passiamo ora alla seconda grande categoria di strumenti di ricerca su Web: i motori di ricerca per termini.

Come si è accennato in precedenza, in questi casi la ricerca avviene indicando una parola, o una combinazione di parole, che consideriamo associata al tipo di informazione che vogliamo reperire, e insieme abbastanza specifica da non produrre una quantità eccessiva di risultati non pertinenti. Questo evidentemente può avvenire solo se abbiamo un'idea sufficientemente chiara di quello che stiamo cercando, e se l'ambito della nostra ricerca può essere associato in maniera ragionevolmente immediata a un termine, o a un piccolo insieme di termini.

Il caso tipico è quello in cui la nostra ricerca riguarda una persona. Scegliamo come esempio una ricerca di informazioni sulla scrittrice Jane Austen, e vediamo come condurla utilizzando quello che negli ultimi anni si è decisamente imposto come il miglior motore di ricerca per termini disponibile su Internet: Google.

Google

Fondato nel settembre 1998 da Larry Page e Sergey Brin, Google è diventato in pochissimi anni *il* motore di ricerca su Web, tanto da far nascere nel mondo anglosassone il neologismo *to google*, che indica appunto l'attività di svolgere una ricerca in rete utilizzando l'omonimo servizio. A fine agosto 2003 Google dichiara di indicizzare oltre tre miliardi e trecento milioni di pagine Web (o meglio, documenti accessibili su Web: Google infatti indicizza, oltre alle pagine HTML, anche diversi altri tipi di documenti, a condizione che essi siano disponibili all'interno di un sito Web aperto al pubblico; fra gli altri, file PDF, documenti Word, presentazioni PowerPoint), ha più di 800 dipendenti, e risponde a oltre duecento milioni di richieste al giorno.

Il singolare nome del sito è un gioco di parole basato sulla parola 'googol', inventata da Milton Sitotta, nipote del matematico Edward Kasner, per riferirsi al numero rappresentato da un '1' seguito da cento '0': simbolo dunque dell'enorme quantità di informazione che il motore di ricerca si propone di dominare.

L'indirizzo di Google è **http://www.google.com**; il sito è in grado di interpretare le impostazioni del browser relative alle lingue preferite (in Internet Explorer è possibile verificare queste impostazioni attraverso il pulsante 'Lingue' nelle 'Opzioni Internet' raggiungibili attraverso il menu 'Strumenti'; in Netscape esse sono raggiungibili attraverso la voce 'Preferenze' del menu 'Modifica', all'interno della sottocartella 'Lingue' della cartella 'Navigator'), presentandosi automaticamente con l'interfaccia nella lingua preferita dall'utente. La traduzione riguarda solo l'interfaccia, mentre il database sul quale viene svolta la ricerca è comunque lo stesso. Al momento in cui scriviamo, l'interfaccia inglese offre alcune funzioni non presenti nelle interfacce in altre lingue (ad esempio la ricerca su notizie): è bene dunque tener presente che, anche se al primo accesso il sito si presenta in italiano, l'interfaccia inglese è sempre raggiungibile attraverso il link 'Google in English'. L'interfaccia italiana di Google è raggiungibile anche all'indirizzo **http://www.google.it**, mentre alla pagina **http://www.google.it/language_tools?hl=it** potete scegliere l'interfaccia preferita fra una novantina di lingue diverse, inclusi il latino, l'esperanto e addirittura (per gli amanti di Star Trek) il klingon.

La ricerca attraverso Google è possibile in due modalità: la ricerca semplice e quella avanzata. Nella modalità di ricerca semplice, la linguetta 'Web' ci conferma che la nostra ricerca si svolgerà sulla base dati costituita dalle pagine Web (ci occuperemo in seguito della ricerca di immagini, o su newsgroup, mentre la linguetta 'Directory' ci porta al già citato indice sistematico che Google mutua da Open Directory). Per inserire i termini da cercare, è a nostra disposizione un semplicissimo modulo composto da un unico campo. Se inseriamo più di un termine la ricerca avviene in 'AND', e restituisce dunque le pagine in cui compaiono *tutti* i termini inseriti. Per avviare la ricerca, una volta inseriti i termini da ricercare basta premere il pulsante 'Cerca con Google' ('Google Search' nell'interfaccia inglese). Il pulsante 'Mi sento fortunato' ('I'm Feeling Lucky') è una divertente peculiarità di Google: se lo premiamo al posto del pulsante 'Cerca con Google', anziché arrivare a una lista di pagine Web che soddisfano i nostri criteri di ricerca salteremo direttamente alla prima di tali pagine. La presenza di questa opzione vuole richiamare quello che è stato fin dalla nascita uno dei vanti principali di Google: l'algoritmo di ordinamento dei risultati. Tale al-

Figura 68 Google: la ricerca semplice, con interfaccia in... latino

goritmo, in continua evoluzione e via via sempre più sofisticato ed efficace, ha la funzione di elencare per prime le pagine più rilevanti per la nostra ricerca. La prima pagina proposta, quella alla quale si arriva automaticamente attraverso il pulsante 'Mi sento fortunato', è quella che Google considera più rilevante ai nostri scopi: se siamo effettivamente fortunati, vi troveremo direttamente l'informazione che stiamo cercando. Va detto, comunque, che la tradizionale pagina di risultati è di norma più utile e completa: la maggior parte degli utenti utilizzerà dunque il normale pulsante di ricerca, senza sfidare la fortuna (e l'abilità dei programmatori di Google).

Gli utenti più avvertiti, comunqe, preferiranno spesso alla ricerca di base quella svolta per mezzo della pagina di 'Ricerca avanzata': attraverso qualche campo in più e comodi menu a tendina, tale pagina consente un controllo raffinato delle opzioni di ricerca e l'impostazione di ricerche anche assai complesse.

Nell'esempio visualizzato nella figura 69, la nostra ricerca si svolge sulla *frase* Jane Austen. La ricerca per frase (o, come si dovrebbe dire più propriamente, la ricerca su stringa di caratteri) è ancor più restrittiva (e dunque selettiva) della ricerca in AND: anziché offrirci tutte le pagine in cui compaiono i termini cercati, restituisce tutte le pagine in

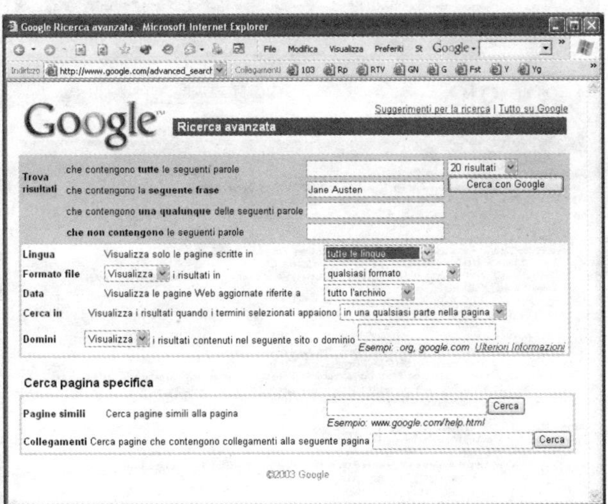

Figura 69 Google: la ricerca avanzata

cui i termini cercati compaiono uno di seguito all'altro, nello specifico ordine indicato. In questo modo, non correremo il rischio di includere fra i nostri risultati pagine che parlino di una Jane diversa da Jane Austen, che magari abita in una località denominata 'Austen'.

In generale, come è facile capire, la ricerca per frase è assai comoda quando abbiamo a che fare con nomi e cognomi (attenzione però, soprattutto nel caso dei nomi anglosassoni, alle eventuali iniziali intermedie). La si può svolgere anche attraverso la pagina della ricerca di base, avendo l'accortezza di includere fra apici doppi la stringa di caratteri sulla quale vogliamo condurre la ricerca: nel nostro esempio, nella pagina della ricerca di base dovremmo scrivere "Jane Austen" (doppi apici compresi).

Nel momento in cui scriviamo, una ricerca per termini sulla stringa "Jane Austen" condotta su Google porta a un elenco di circa duecentoventitremila pagine disponibili in rete: fra le altre, pagine dedicate alla scrittrice da università, da appassionati, da librai e case editrici; versioni ipertestuali e testuali di molte fra le sue opere; programmi di corsi universitari dedicati a Jane Austen; bibliografie; articoli accademici che studiano i più disparati aspetti della sua letteratura, e addirittura...

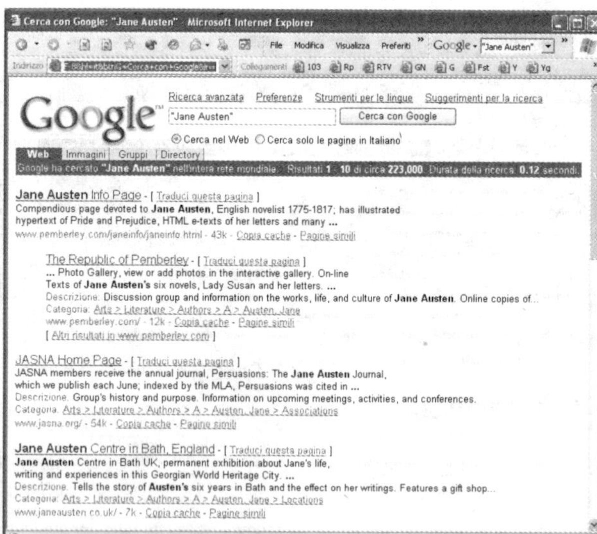

Figura 70 Google: la pagina dei risultati

barzellette ispirate a Jane Austen, e siti per l'acquisto on-line di vestiti ispirati ai suoi racconti. Per avere un'idea della mole del materiale disponibile, potete dare un'occhiata al curioso sito della 'Republic of Pemberly', alla URL **http://www.pemberley.com/**. A dimostrazione della continua espansione del Web, basti ricordare che nel settembre 1999 la stessa ricerca (condotta attraverso Altavista, che era all'epoca il motore di ricerca più usato) portava ad un elenco di circa trentasettemila pagine, nel marzo 1998 a un elenco di circa sedicimila pagine, nel 1997 a un elenco di cinquemila pagine, e nel marzo 1996 a un elenco di sole quattromila pagine.

Ma vediamo di capire meglio in che forma Google restituisce i propri risultati, e come utilizzarli al meglio.

Se non abbiamo modificato il numero dei risultati per pagina nella impostazione della ricerca avanzata, o nella pagina delle preferenze globali (**http://www.google.it/preferences**; le preferenze impostate in questa pagina vengono salvate sul nostro computer e richiamate automaticamente alla successiva utilizzazione del servizio), Google restituisce i suoi risultati dieci alla volta. Se disponete di una connessione veloce alla rete, suggeriamo di portare questo valore a trenta: eviterete di cambiare pagina troppo spesso. Il titolo di ognuna delle pagine che soddisfano la nostra ricerca è in blu ed è cliccabile, in modo da poter raggiungere direttamente la pagina desiderata. Sotto di esso compare un breve estratto della pagina (ci aiuta a capire in che contesto sono usati i termini che cerchiamo), e, se la pagina è compresa nell'indice sistematico di Google (che come abbiamo visto è quello di Open Directory), anche la relativa descrizione e categoria. L'integrazione in tal modo realizzata fra motore di ricerca e indice sistematico, che costituisce una novità del 2003, è – va detto – più lineare e di più immediata interpretazione di quella proposta da Yahoo!. Troviamo infine, in verde, l'indirizzo completo della pagina, una stima del suo 'peso' in Kbyte, e il comodissimo link alla 'copia cache' della pagina stessa: nell'indicizzare un sito, infatti, Google conserva sui propri server una copia locale di tutte le pagine trovate. La copia locale può mancare di diverse caratteristiche della pagina originaria (immagini, ecc.), e alcuni link possono non funzionare, ma in molti casi essa consente di arrivare all'informazione che cerchiamo anche quando il sito in questione sia per qualche motivo non raggiungibile, o la pagina sia stata cancellata o modificata.

In alcuni casi può essere utile anche il link 'pagine simili', che sfrutta un algoritmo di 'filtraggio collaborativo' (basato cioè sull'analisi delle abitudini di navigazione degli utenti) elaborato originariamente dalla società *Alexa* per collegare fra loro siti di argomento analogo. Se siete interessati a reperire siti simili a quello indicato, o a sapere cosa pensano altri navigatori del sito in questione, vi consigliamo tuttavia di svolgere la vostra ricerca direttamente dalla pagina di Alexa (**http://www.alexa.com**): i risultati ai quali arriverete sono gli stessi di Google, ma i singoli siti sono accompagnati da una valutazione (non sempre affidabile), da note sul traffico del sito, da brevi recensioni... Alexa è stata acquistata recentemente da Amazon (la maggiore libreria in rete: ne parleremo ampiamente in seguito), che ne ha molto migliorato le caratteristiche e ha in parte limitato la fastidiosa sovrabbondanza di pubblicità che caratterizzava il sito, trasformandolo in uno strumento assai più utile di quanto non fosse fino a qualche mese fa.

Ma torniamo a Google. Abbiamo già accennato al meccanismo di 'ranking', ovvero ordinamento per importanza dei risultati. Attraverso di esso, Google – che come abbiamo visto può restituire come risultato di una ricerca anche decine o centinaia di migliaia di pagine – cerca di limitare (per quanto possibile) la fatica di selezionare, all'interno dei risultati, quelli più rilevanti, mostrandoli direttamente per primi. Per determinare l'importanza di una pagina, gli algoritmi di Google utilizzano un insieme piuttosto complesso di fattori: ad esempio, se i termini da noi ricercati sono nel titolo di una pagina, o nelle sue aree attive, o compaiono molto spesso, o se molti degli utenti che hanno svolto la

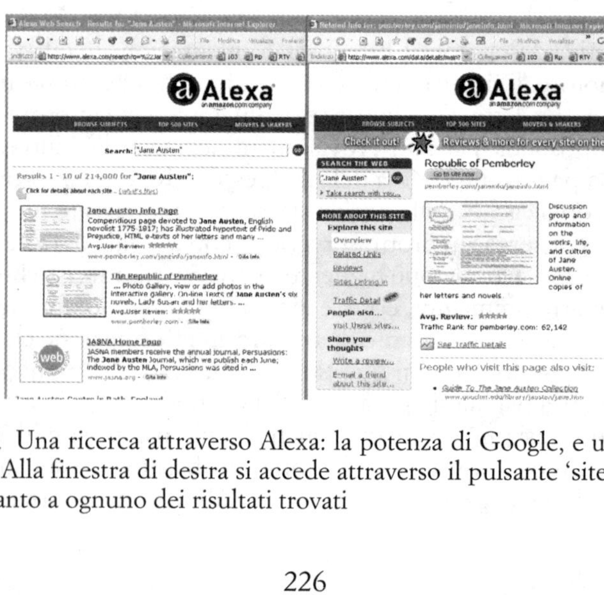

Figura 71 Una ricerca attraverso Alexa: la potenza di Google, e un tocco di Amazon. Alla finestra di destra si accede attraverso il pulsante 'site info' presente accanto a ognuno dei risultati trovati

nostra stessa ricerca hanno selezionato quella pagina nell'elenco dei risultati, o se molti altri siti hanno link verso di essa, Google ne fa salire il ranking. La posizione 'elevata' di una pagina all'interno dei risultati di una certa ricerca aumenta ovviamente la visibilità del sito di cui la pagina stessa fa parte, e non c'è da stupirsi del fatto che esistano addirittura dei libri di suggerimenti[5] su come 'far salire' la posizione delle pagine del vostro sito all'interno delle liste di risultati di Google.

Il progressivo miglioramento nella capacità di Google di ordinare in maniera significativa i risultati delle nostre ricerche ha avuto anche una conseguenza che è bene non sottovalutare: sempre più spesso, infatti, ci si affida a Google – e dunque a un motore di ricerca per termini – anche nel caso di ricerche che in passato si sarebbero svolte in maniera più semplice e produttiva attraverso il ricorso a un indice sistematico. In linea teorica, infatti, un indice sistematico è preferibile rispetto a un motore di ricerca in tutti i casi nei quali la ricerca riguarda argomenti piuttosto generali e ben conosciuti, giacché l'uso di un motore di ricerca fornirebbe in questi casi un numero eccessivo di risultati, che l'utente avrebbe difficoltà a dominare. Ma se questi risultati, pur essendo assai numerosi, sono ordinati in maniera affidabile, l'utente ha (o ha l'impressione di avere) una risposta utile e immediatamente utilizzabile anche ricorrendo a un motore di ricerca. Ed è proprio questo motivo, probabilmente, a spiegare la progressiva ma evidente tendenza degli utenti a preferire l'uso di uno strumento come Google rispetto a quello di uno strumento come Yahoo!.

Intendiamoci: non sempre questa preferenza è giustificata: gli utenti alle prime armi spesso non si rendono conto che certe ricerche fornirebbero comunque risultati migliori e più rapidi se condotte attraverso un indice sistematico anziché attraverso un motore di ricerca. Ma non c'è dubbio che i motori di ricerca stiano diventando col tempo strumenti sempre più comodi e potenti. È anche questa evoluzione a spiegare come mai Yahoo!, l'indice sistematico per eccellenza, si stia progressivamente trasformando in uno strumento ibrido al cui interno acquista via via maggiore importanza la ricerca per termini.

Nell'analisi delle funzionalità offerte da Google una menzione particolare merita infine la *Google toolbar*, plug-in disponibile per Internet Explorer (versione 5 o successiva). Una volta installata (la si scarica dalla pagina **http://toolbar.google.com/intl/it/**), la toolbar compare come

[5] Un buon esempio è S. Thurow, *Search Engine Visibility*, New Riders, Indianapolis 2003.

barra aggiuntiva nella porzione superiore della finestra di Explorer. Le funzionalità offerte sono in effetti assai utili: oltre alla disponibilità in ogni momento di una casella per la ricerca su Google (con la possibilità di ricercare non solo pagine Web ma anche immagini, notizie, quotazioni di borsa, la Open Directory, i newsgroup Usenet, e un dizionario inglese), la Google toolbar permette di visualizzare, attraverso una piccola barra verde, il 'Page Rank' – ovvero un indice di attendibilità, talvolta discutibile ma comunque interessante – della pagina sulla quale ci troviamo, di 'votare' il sito (la faccetta sorridente assegna al sito un voto positivo, quella corrucciata un voto negativo), di tradurlo (come ogni traduzione automatica, anche quella di Google è tutt'altro che perfetta; le funzionalità di traduzione automatica – di una pagina Web o di un brano di testo – sono disponibili anche alla pagina **http://www.google.com/language_tools**; al momento in cui scriviamo le lingue 'conosciute' da Google sono italiano, inglese, tedesco, francese e portoghese), di svolgere ricerche all'interno della pagina o del sito sul quale ci troviamo, di ricercare automaticamente pagine simili, e infine (assai utile nel caso di pagine un po' lunghe e complesse) di evidenziare automaticamente all'interno della pagina le parole cercate.

L'attivazione di alcune funzionalità della barra – ad esempio la possibilità di votare i siti – presuppone ovviamente che i relativi dati vengano comunicati a Google. La comunicazione avviene in forma anonima e le garanzie offerte sulla privacy dei dati sono ben illustrate sul sito; in ogni caso, le funzionalità che richiedono questo tipo di comunicazione possono essere facilmente disattivate dal menu 'Opzioni' della toolbar.

...e ancora Google

Abbiamo già notato come negli ultimi anni Google si sia trasformato nel più importante strumento di ricerca su Web, tanto da acquistare un ruolo in qualche misura anche 'politico'. I suoi meccanismi di ordinamento dei risultati influenzano infatti in maniera sempre più evidente le abitudini di navigazione di moltissimi utenti: un sito 'poco visibile' su Google avrà molti meno visitatori di quelli che magari meriterebbe, e un sito molto visibile potrebbe averne molti di più di quanti non sarebbe auspicabile. Google, insomma, svolge anche – e quasi inevitabil-

Figura 72 La Google toolbar in versione italiana

mente – una funzione di selezione e di filtro. Davanti alla sterminata quantità di informazioni disponibile in rete, l'uso di strumenti di selezione è certo necessario, e nel complesso Google svolge assai bene il suo lavoro: le divinità del Web ci hanno finora protetto dal rischio che queste funzioni fossero svolte da società (non facciamo nomi, ma non sarebbe difficile farli...) che potrebbero essere guidate da motivazioni assai più decisamente commerciali. Ma il ruolo-chiave di Google non deve essere sottovalutato: anche un motore di ricerca non è mai uno strumento totalmente neutrale.

Per comprendere la centralità che Google va assumendo nello sviluppo dei servizi di rete va ricordato anche il ruolo delle 'Google API': si tratta di librerie di funzioni che interessano in primo luogo i programmatori, e che consentono di inserire la capacità di svolgere ricerche attraverso Google all'interno di programmi e servizi Web. Dal punto di vista dell'utente, la diffusione delle Google API – la cui registrazione è gratuita se vengono utilizzate per un massimo di mille ricerche al giorno – significa che sempre più spesso funzionalità di ricerca di ogni genere passeranno attraverso Google. Anche in questo caso, alcuni commentatori hanno sottolineato il ruolo di possibile 'grande fratello' che viene a delinearsi per il motore di ricerca. La gestione di Google per ora non sembra giustificare queste preoccupazioni, ma è bene comunque tenerle presenti.

Passando a temi più leggeri, la disponibilità delle Google API e l'enorme successo di Google hanno favorito lo sviluppo di un gran numero di siti che ne sfruttano le caratteristiche e le potenzialità in modo curioso o peculiare; può essere divertente (e in qualche caso anche utile) ricordarne qualcuno. Una raccolta ancor più ampia di segnalazioni di questo genere è sul sito *Elgoog* (**http://www.elgoog.nl/**), ormai un vero e proprio punto di riferimento per gli appassionati.

La *Google dance* è quella che fanno i tre server principali di Google quando non sono perfettamente allineati, e forniscono dunque per una data ricerca un numero di risultati discordante. Avviene circa ogni 28 giorni, assicurano gli esperti, e se siete fortunati potrete osservarla attraverso la pagina **http://www.google-dance-tool.1hut.com/**.

Il *GoogleWhacking* (**http://www.googlewhack.com/**) è la ricerca di termini o espressioni per i quali Google fornisce una sola, singola occorrenza. Una volta segnalato, il termine viene spesso 'bruciato', dato che molti siti di GoogleWhacking sono anch'essi indicizzati da Google. La lista principale, il *Whack Stack* (**http://www.googlewhack.com/tal-**

ly.pl), non è comunque indicizzata e conta oltre 110.000 termini, alcuni dei quali vere e proprie perle (cosa ne dite di 'rancorous venusians'?).

Google Fight (**http://www.googlefight.com/**) è il confronto del numero di occorrenze di due termini all'interno degli indici di Google. In genere, si tratta di nomi di persone (ricordate gli apici doppi!). Un tipo particolare di Google Fight è quello in cui si cerca di trovare due nomi con lo stesso numero di occorrenze.

I molti Google-dipendenti troveranno poi utile il sorprendente *GoogleBrowser* tridimensionale (**http://www.touchgraph.com/TGGoogleBrowser.html**), cucineranno basandosi sui risultati delle ricerche svolte all'indirizzo **http://theory.stanford.edu/~amitp/recipe.html**, non avranno difficoltà a utilizzare la versione 'speculare' di Google all'indirizzo **http://elgoog.rb-hosting.de/**, e leggeranno i racconti di H.P. Lovecraft con l'aiuto della pagina **http://www.cthuugle.com/**.

Funzionalità curiose si trovano anche all'interno del sito stesso di Google, e in particolare nella sezione dei *Google labs* (**http://labs.google.com/**). Ad esempio la pagina che propone uno slide show dei risultati trovati (**http://labs.google.com/gviewer.html**; serve una connessione veloce...), o quella che vi aggiunge una raccolta di riferimenti e citazioni da altri siti (**http://labs.google.com/cgi-bin/webquotes**). O ancora il *Google Glossary* (**http://labs.google.com/glossary**), ottimo per la ricerca di definizioni. Merita un'occhiata anche la sezione dedicata alle *Special Searches* (**http://www.google.com/options/specialsearches.html**). Puro shopping, invece, in un altro servizio beta non a caso lanciato in stagione natalizia: *Froogle* (**http://froogle.google.com/froogle**), strumento per la ricerca di tutto quel che si vende in rete.

Alltheweb e Scirus

Alltheweb (**http://www.alltheweb.com**), pur se sicuramente meno noto, rappresenta nel momento in cui scriviamo l'alternativa probabilmente migliore alle fenomenali capacità di Google. Realizzato da una società nata in Europa, la norvegese *Fast* (**http://www.fast.no**), Alltheweb è stato acquistato nel 2003 dalla statunitense *Ouverture* (**http://www.overture.com/**), una delle società leader del settore, a sua volta acquistata da Yahoo! nel luglio 2003. Dichiara di indicizzare a fine agosto 2003 oltre 3 miliardi di pagine.

La ricerca semplice avviene attraverso una pagina assai simile a quella di Google: le linguette permettono di scegliere la base di ricerca (ovviamente la più usata è la ricerca su Web), i termini da cercare van-

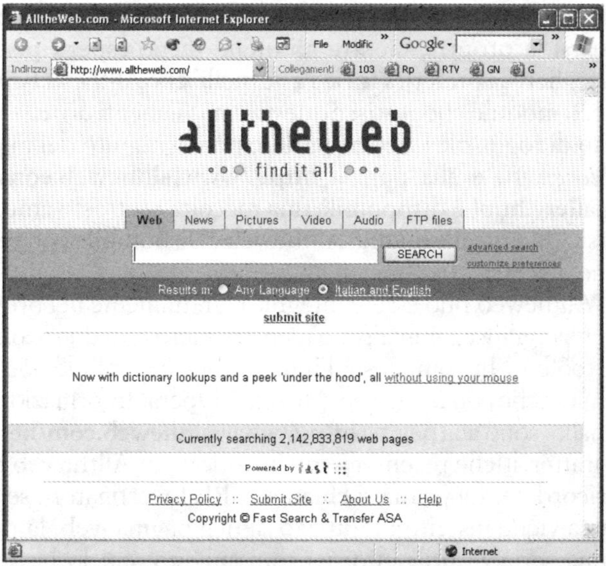

Figura 73 La pagina di ricerca semplice di Alltheweb

no indicati nel campo centrale, e il pulsante 'Search' avvia la ricerca. Come avviene su Google, nel caso siano indicati più termini la ricerca avviene in AND (sono dunque restituite solo le pagine in cui compaiono entrambi i termini ricercati), mentre gli apici doppi possono essere usati per la ricerca su una stringa di caratteri. Se la pagina trovata dispone di un riassunto del contenuto (chi realizza pagine web può sempre prevederne uno, utilizzando il metadato 'description'), Alltheweb lo visualizza assieme a un estratto della porzione della pagina in cui compaiono i termini cercati.

Ma il vero punto di forza di Alltheweb è rappresentato dal modulo di ricerca avanzata: ricchissimo di opzioni, tanto da risultare più completo di quello di Google, esso permette di impostare ricerche estremamente sofisticate. Chi ha familiarità con l'uso delle espressioni booleane può utilizzarle direttamente, ed è possibile creare filtri di ogni tipo: per data, per tipologia delle pagine, per domini di provenienza, e così via. Fra gli operatori utilizzabili è presente anche 'rank', che permette di influenzare l'ordine di presentazione dei risultati dando la precedenza a quelli nei quali compaiono uno o più termini aggiuntivi.

Altra caratteristica nella quale Alltheweb eccelle è la personalizzazione dell'interfaccia: l'utente con un po' di pratica in HTML può addirittura crearsi la propria, mentre gli utenti meno esperti possono comunque scegliere la preferita fra le varie 'pelli' che Alltheweb mette a disposizione. Il modulo che gestisce questi 'cambiamenti di pelle' (tutti basati sull'uso di fogli stile CSS: ne parleremo nel seguito del manuale) si chiama *Alchemist*, e alla pagina **http://www.alltheweb.com/help/alchemist/gallery.html** è disponibile una raccolta piuttosto ampia di modelli diversi. Quanto alle lingue, Alltheweb è disponibile con interfaccia in 49 lingue diverse.

Anche Alltheweb può essere integrato direttamente nel browser, anche se le funzionalità aggiunte sono meno numerose di quelle offerte dalla Google toolbar. In compenso, l'integrazione è possibile non solo con Explorer ma anche con Netscape, Mozilla e Opera. Informazioni su queste funzionalità sono alla pagina **http://www.alltheweb.com/help/tools/**.

Due caratteristiche recentemente introdotte in Alltheweb meritano di essere ricordate. La prima si chiama 'URL Investigator': se nel campo di ricerca viene inserito l'indirizzo di una pagina web, la ricerca restituisce una serie di utili informazioni sul sito: chi lo ha registrato, quanti sono i link che lo raggiungono dall'esterno, e addirittura (attraverso il link a un servizio sul quale avremo occasione di tornare: *Archive.org*) quale era l'apparenza della pagina in passato. La seconda si chiama 'Look it up': attraverso il già citato servizio Dictionary.com è possibile controllare il significato di qualsiasi termine (inglese) compaia fra le chiavi di ricerca.

Infine, vorremmo segnalare uno strumento davvero prezioso che ha un collegamento 'storico' con Alltheweb, dato che è stato anch'esso sviluppato dalla già ricordata società norvegese *Fast*. Si tratta di un motore di ricerca denominato *Scirus*, specializzato nell'informazione scientifica di qualità. La base di dati indicizzata da Scirus è costituita da un sottoinsieme selezionato di pagine Web (composto prevalentemente da siti accademici e di ricerca) e dai record di una raccolta piuttosto ampia di risorse specialistiche. Eccone l'elenco, tratto dalla presentazione del motore di ricerca (i dati sono quelli del febbraio 2003):

- 12.65 million MEDLINE citations
- 2.35 million ScienceDirect full-text articles
- 1 million patents from the United States Patents Office
- 675,000 Beilstein abstracts
- 217,000 e-prints on E-Print ArXiv
- 10,600 NASA technical reports
- 1,530 e-prints on CogPrints

- 1,070 BioMed Central full text articles
- 750 preprints from the Mathematics Preprint Server
- 558 preprints from the Chemistry Preprint Server
- 343 preprints from the Computer Science Preprint Server

Come si vede, Scirus ha una interessante caratteristica, già sperimentata da uno strumento di ricerca fra i più gloriosi, che ha purtroppo rinunciato negli ultimi anni a molte fra le sue funzionalità più interessanti: *Northern Light* (**http://www.northernight.com/**): l'integrazione fra ricerca sul web e ricerca su basi di dati specializzate accessibili via web. Il problema dell'integrazione fra questi due tipi di ricerca è una delle grandi questioni aperte nel campo dell'uso di Internet come risorsa per il reperimento di informazioni qualificate, e probabilmente uno dei settori sui quali si lavorerà di più nei prossimi anni.

Altri motori di ricerca

Yahoo! (**http://www.yahoo.com**). Abbiamo già parlato abbondantemente di Yahoo! a proposito di indici sistematici, e abbiamo osservato come esso permetta di svolgere anche ricerche su pagine Web, offrendo dunque, accanto all'originaria caratteristica di Web directory, anche quella di vero e proprio motore di ricerca.

Quando è utilizzato come motore di ricerca, Yahoo! fa ricorso – nel momento in cui scriviamo – alla base dati di Google, società con la quale (nonostante l'evidente concorrenza fra i due servizi, ciascuno dei quali vorrebbe offrire *sia* un indice sistematico *sia* la possibilità di svolgere ricerca per termini) Yahoo! ha stabilito un accordo commerciale valido per tutto il 2003. Nel contempo, tuttavia, Yahoo! ha fatto due mosse a sorpresa: innanzitutto, ha acquistato la *Inktomi*. Nata nel 1996 da un gruppo di ricerca dell'Università di Berkeley, la Inktomi, pur non gestendo direttamente un portale di ricerca, ha realizzato (e venduto a terzi, Microsoft compresa) un servizio di ricerca su Web di tutto rispetto. Nella primavera 2003, la versione denominata *Web Search 9* dei servizi Inktomi dichiara di essere «progettata per scoprire ed analizzare» oltre tre miliardi di pagine Web. Una formulazione piuttosto ambigua, che intende evidentemente porre i servizi Inktomi sullo stesso livello di quelli di Google: basta fare qualche ricerca, tuttavia, per rendersi conto che la base dati effettiva della Inktomi – pur essendo indubbiamente assai ampia – resta per ora più ristretta di quella di Google. Tra i servizi che utilizzano il motore Inktomi, oltre a Microsoft, è ad esempio la ricerca su Web di Looksmart. Nel luglio 2003 è poi arrivato il secondo colpo di scena: Yahoo! ha acquistato anche Ouverture, a sua volta proprietaria di Alltheweb e di Altavista.

Con queste acquisizioni, Yahoo! sembra muoversi decisamente verso una concorrenza a Google anche nel campo della ricerca per termini: è probabile dunque che in futuro le funzionalità di ricerca su Web di Yahoo! siano destinate a cambiare.

MSN Search (**http://search.msn.com/**). Anche di MSN Search abbiamo parlato a proposito di indici sistematici. Se usato nella sua modalità avanzata (attraverso la pagina **http://search.msn.com/advanced.aspx**), tuttavia, il sito di MSN Search permette anche una ricerca su Web discretamente flessibile, basata sulla base dati di Inktomi integrata da alcuni strumenti di gestione e ordinamento proprietari. In particolare, è possibile utilizzare operatori booleani e anche il cosiddetto 'stemming' o troncatura dei termini, che permette di cercare contemporaneamente tutti i termini che hanno in comune una stessa radice (ad esempio, una ricerca con chiave 'impost' e stemming abilitato troverà sia le pagine in cui compare il termine 'imposta', al singolare, sia quelle in cui compare il termine 'imposte', al plurale. Attenzione, però: troverà anche le pagine in cui compare il verbo 'impostare' o i termini 'impostura', 'impostore', 'impostazioni', ecc.: la troncatura è dunque una funzionalità che va usata con una certa attenzione, se non vogliamo vedere esplodere il numero dei risultati ottenuti!).

Altavista (**http://www.altavista.com**) è il risultato di un progetto di ricerca iniziato nell'estate del 1995 nei laboratori di Palo Alto della Digital, una delle aziende 'storiche' nel mondo dell'informatica, ed è stato fra il 1997 e il 1999 – prima dell'avvento di Google – il servizio leader nel campo dei motori di ricerca su Web. La crisi della new economy e la concorrenza di Google lo hanno tuttavia colpito duramente, e il sito ha perso senz'altro diverse posizioni nella ideale (e comunque in parte soggettiva) 'classifica' dei migliori motori di ricerca. Nell'aprile 2003 il motore di ricerca è stato acquistato dalla società *Ouverture*, la stessa che ha acquistato Alltheweb, e che come abbiamo visto è stata acquistata a sua volta da Yahoo! nel luglio 2003.

Altavista è stato fra i primi siti a offrire un interessante servizio gratuito di traduzione automatica, denominato *Babelfish* e basato sul programma *Systran*: assieme al titolo e all'abstract delle pagine trovate, nell'elenco dei risultati di una ricerca fornito da Altavista abbiamo così a disposizione un link 'Translate' che ci permetterà di impostare la lingua nella quale vogliamo visualizzare la pagina reperita. Il servizio di traduzione può anche essere usato autonomamente, dalla pagina

http://babelfish.altavista.com/. Non aspettatevi comunque miracoli: le traduzioni automatiche lasciano ancora *molto* a desiderare.

Ask Jeeves (**http://www.ask.com/**) è divenuto famoso per la sua capacità di rispondere a ricerche in linguaggio naturale (ovviamente in inglese), del tipo "What is gravitation theory?", offrendo una selezione non troppo ampia ma altamente rilevante di pagine. La base dati su cui si basa è quella del motore di ricerca *Teoma* (**http://www.teoma.com/**), che ha come obiettivo non tanto la completezza quanto la rilevanza dei risultati: non si tratta della scelta migliore nel caso di ricerche su termini molto esoterici, ma se la nostra è una ricerca 'comune', relativa a temi largamente presenti in rete, Ask Jeeves può effettivamente offrire una valida alternativa a motori di ricerca più noti. Comoda anche la capacità di fornire suggerimenti su possibili 'ricerche correlate', che potrebbero permetterci di restringere o meglio specificare le chiavi di ricerca utilizzate. Poco rilevante dal punto di vista teorico ma assai piacevole da quello estetico è infine la bellissima grafica anni '50 del sito, che fa della home page di Ask Jeeves una delle più eleganti disponibili su Web.

HotBot (**http://www.hotbot.com**) è nato nel 1996 per iniziativa di *HotWired* (**http://www.hotwired.com**), controparte in rete della rivista *Wired* e, come la sorella su carta, sito 'di culto' per molti fra i nuovi profeti del digitale. Caratterizzato da una interfaccia coloratissima e divertente, HotBot è stato fra i primi motori di ricerca a mettere a disposizione dell'utente possibilità di ricerca veramente avanzate, e ha goduto di una notevole popolarità fra gli utenti più avanzati della rete fino all'avvento di Google; anche in questo caso, la concorrenza di Google e la crisi della net economy, aggiunte ad alcune scelte discutibili della *Terra Lycos*, la società nata dall'acquisto di Lycos da parte di Terra Network a fine 1998, hanno portato a una rapida perdita di competitività da parte del sito. Oggi HotBot permette di svolgere ricerche attraverso le basi dati di Google, Alltheweb, Inktomi e Teoma, ed è dunque, più che un motore di ricerca autonomo, uno strumento abbastanza comodo per comparare i risultati forniti da motori di ricerca diversi a una stessa ricerca.

Lycos (**http://www.lycos.com**) è fra i motori di ricerca più 'anziani'. Nato come progetto sperimentale presso la Carnegie Mellon University sotto la direzione di Michael Mauldin, si è trasformato nel giugno 1995 in una vera e propria impresa, la Lycos Inc., diventata Terra Lycos a seguito della fusione con Terra Networks nel 2000. La concorrenza prima di Altavista e poi di Google ha fortemente penalizzato Lycos, che si è rivelato incapace di trarre vantaggio dall'acquisto di HotBot avvenuto a fine 1998. Oggi Lycos svolge le proprie ricerche attraverso la base dati di Alltheweb e costituisce dunque – se utilizzato come motore di ricerca – poco più che un'interfaccia alternativa per l'accesso a tale risorsa.

Per finire, due parole sui motori di ricerca italiani: a differenza di quanto avviene per alcuni aspetti degli indici sistematici, un motore di ricerca – limitandosi a verificare meccanicamente in quali pagine Web compaia il termine ricercato – non è di per sé una risorsa legata a un particolare linguaggio. Per questo motivo, andando a spulciare fra i siti italiani che offrono la possibilità di svolgere ricerche per termini (e sono parecchi!) troveremo quasi sempre, più o meno nascosta, la presenza di uno dei motori di ricerca sopra ricordati. Così, ad esempio, Arianna (**http://arianna.libero.it/**), Excite.it (**http://www.excite.it/**), Tiscali (**http://www.tiscali.it/**) si affidano ad Alltheweb; Kataweb (**http://www.kataweb.it/**), Supereva (**http://www.supereva.it/**), Virgilio (**http://www.virgilio.it/**), Yahoo!.it (**http://www.yahoo.it/**) fanno ricorso a Google, e MSN.it (**http://www.msn.it/**) utilizza la base dati della Inktomi. Naturalmente, ciò non vuol dire che questi siti non offrano altri contenuti e servizi pensati per l'utente italiano: quasi tutti lo fanno, e proprio questi servizi aggiuntivi (ad esempio le notizie di agenzia, o la presenza di strumenti di comunità come chat e gruppi di discussione, o ancora la disponibilità di un buon servizio di Web mail) possono determinare la preferenza dell'utente per l'uno o per l'altro sito. Ma su questi temi torneremo in seguito, quando parleremo di portali.

Alcune metarisorse

Nonostante il ruolo preponderante di Google come strumento per la ricerca su Web, ha conservato il suo rilievo anche un altro tipo di risorsa che può essere utile ricordare in conclusione: quella rappresentata dai cosiddetti strumenti di 'metaricerca'. Prima di parlarne, però, vorremmo segnalare tre siti che il 'ricercatore di rete' dovrebbe tenere d'occhio. Il primo è il *Search Engine Watch*, all'indirizzo **http://www.searchenginewatch.com**; come indica il nome, questo sito si propone di monitorare in maniera sistematica caratteristiche e prestazioni dei diversi motori di ricerca. Si tratta di una risorsa ricca di notizie e suggerimenti, che raccoglie in un'unica sede i link a tutte le recensioni di motori di ricerca da parte delle principali riviste e dei principali siti 'tecnici' esistenti in rete.

Incredibile ma vero, qualcosa di simile esiste anche nel nostro paese (e si tratta del secondo sito di interesse generale che vogliamo segnalarvi): all'indirizzo **http://www.motoridiricerca.it** trovate una rassegna completa dei principali motori di ricerca, corredata da indicazioni sulle rispettive sintassi, da suggerimenti per il loro uso, e da dati di raffronto. Alcune pagine del sito sono aggiornate, altre lo sono meno, ma nel complesso si tratta di una risorsa preziosa per l'internauta nostrano. Infine, un'altra pagina utile per un orientamento generale sulla ricerca in rete è offerta da *Refdesk.com* all'indirizzo **http://www.refdesk.com/newsearch.html**. Vi si troveranno link a una serie di tutorial – selezionati con buona competenza – e l'elenco di un notevole numero di strumenti di ricerca, organizzati per categorie.

Veniamo ora ai veri e propri strumenti di metaricerca. Le 'metaricerche' consistono, in sostanza, nell'inviare in maniera sequenziale o contemporaneamente a più motori di ricerca il termine o i termini che ci interessano. L'invio sequenziale è analogo alla consultazione successiva di più motori di ricerca: è comodo poterlo fare da un'unica pagina, anche per confrontare i risultati ottenuti attraverso strumenti diversi, ma il valore aggiunto fornito da una risorsa di questo tipo è comunque minimo. Potete dare un'occhiata, fra i servizi che rientrano in questa categoria, al già citato (e già glorioso) *HotBot* (**http://www.hotbot.com/**), a *EZ-Find* (**http://www.theriver.com/TheRiver/Explore/ezfind.html**), alla funzione 'Search' del comodissimo 'aggregatore di servizi' *I-tools* (**http://www.itools.com/**, la pagina di metaricerca sequenziale è all'indirizzo **http://www.itools.com/search/**), e a *Starting Point* (**http://www.stpt.com/pwrsrch.asp**). Un discorso a parte merita il ricchissimo *Fagan Finder* (**http://www.faganfinder.com/**). Considerarlo uno strumento di ricerca sequenziale è riduttivo: si tratta piuttosto di un indice ragionato – e assai ben costruito – che comprende un'ampia selezione di strumenti di ricerca, di metaricerca e di reference, con la possibilità di selezionare e compiere le ricerche direttamente dall'interno delle sue pagine. Se dovessimo indicare un singolo punto di partenza ai patiti della ricerca in rete, Fagan Finder – che offre anche un eccellente 'metatraduttore automatico' – sarebbe probabilmente uno dei primi siti da considerare: dategli assolutamente un'occhiata.

La metaricerca vera e propria, come è facile capire, consiste comunque nella possibilità di consultare *contemporaneamente* diversi motori di ricerca, in modo da raccoglierne i risultati in un'unica lista di risposte; soluzione utile soprattutto se i risultati ottenuti vengono integrati in maniera intelligente. I servizi di questo tipo sono numerosissimi e di diversa natura, tanto che ci sembra senz'altro preferibile segnalare innanzitutto la pagina di Searchenginewatch che ne recensisce i migliori (**http://www.searchenginewatch.com/links/article.php/2156241**) e quella di Yahoo! che ne raggruppa oltre cento: **http://dir.yahoo.com/-Computers_and_Internet/Internet/World_Wide_Web/Searching_the_Web/Search_Engines_and_Directories/All_in_One_Search_Pages/**. Prima di esaminarne alcuni, un'osservazione generale: il limite principale dei metamotori è che nella maggior parte dei casi, per operare l'aggregazione dei risultati in tempi ragionevoli, la ricerca viene limitata solo ai primi fra i risultati restituiti dai servizi di ricerca primaria. Ciò significa che in genere la ricerca conduce a un numero di risultati che non è, come ci si potrebbe aspettare, la somma 'intelligente' di quelli ottenuti attraverso tutti i motori di ricerca utilizzati, ma piuttosto un loro sottoinsieme limitato (pur se altamente significativo).

Fra i metamotori più efficaci ricordiamo *Ithaki* (**http:// www.ithaki.net/**), disponibile in diverse lingue (Italiano compreso), con la possibilità di effettuare metaricerche limitate a una specifica area geografica (ad esempio a risorse che riguardano l'Italia), di raggiungere una versione Wap per telefonini cellulari (utile soprattutto per la ricerca 'mobile' di notizie; l'indirizzo da digitare nel cellulare è **http:// ithaki.net/wap**) e con la possibilità di impostare diversi tipi di metaricerca; *Vivisimo* (**http://vivisimo.com/**), ottimo nell'organizzare in categorie i risultati ottenuti; *ProFusion* (**http://www.profusion.com/**), nato da un progetto dell'Università del Kansas e ora di proprietà della società *Intelliseek*, che nella schermata di ricerca avanzata permette di impostare in maniera assai completa il tipo di metaricerca e le sue fonti. Meritano una menzione anche *Fazzle* (**http://www.searchonline.info/**), *Ixquick* (**http://ixquick.com/**), *Search.com* (**http://www.search.com/**), *Meta Crawler* (**http://www.metacrawler.com**), *Infonetware* (**http:// www.infonetware.com/**, anch'esso con la capacità di organizzare in categorie tematiche i risultati ottenuti). Per la colorata interfaccia grafica e la rappresentazione bidimensionale dello spazio informativo costituito dai risultati ottenuti si segnala anche *Kartoo*, all'indirizzo **http:// www.kartoo.com/**.

Va detto infine che per effettuare metaricerche non è necessario collegarsi a un particolare sito in rete: è anche possibile ricorrere a uno dei molti programmini 'agenti', in grado di interrogare automaticamente i motori di ricerca per i quali li abbiamo configurati, e di fornirci, integrati, i relativi risultati. Ne parleremo fra breve, occupandoci del futuro della ricerca in rete.

Naturalmente tutti questi tipi di metaricerche, presentando in genere all'utente una interfaccia unica, possono impedire di utilizzare fino in fondo i linguaggi propri dei diversi motori di ricerca; e si tratta di un limite spesso notevole. L'integrazione fra motori di ricerca diversi è comunque senza dubbio una delle strade da esplorare per cercare di organizzare l'informazione disponibile su Web, ed è probabile che in futuro gli strumenti di metaricerca acquisteranno una rilevanza e una flessibilità maggiori di quelle attuali.

Gli strumenti di ricerca offerti dal browser

Sia Netscape sia Explorer incorporano alcuni strumenti di ricerca potenzialmente interessanti, anche se nessuno di essi risulta, a conti fatti, davvero preferibile rispetto all'uso 'tradizionale' di un buon motore di ricerca. È infatti presente in entrambi un pulsante 'Cerca', o 'Search', che può sembrare a prima vista attraente: non sarà una buona strada per evitare di perdersi fra motori di ricerca e indici sistematici di risorse, e per effettuare efficaci ricerche guidate?

La risposta è (parzialmente) positiva solo a condizione di 'personalizzare' la funzionalità di questi bottoni, cosa fortunatamente possibile. In caso contrario, Explorer e Netscape imposteranno per noi il motore di ricerca: la ricerca di Explorer verrà condotta (come potevamo aspettarci) attraverso MSNSearch, quella di Netscape attraverso la pagina di ricerca di Netscape stesso, impostata su Lycos. Insomma: la scelta dei motori di ricerca offerti sembra rispondere più alle strategie commerciali e alle alleanze rispettive di Microsoft e Netscape che all'esigenza di dare all'utente uno strumento davvero completo. Viene poi nascosta la sintassi di ricerca propria di ogni singolo strumento, col prevedibile risultato di 'indebolire' le funzionalità a nostra disposizione.

Il nostro suggerimento, dunque, è innanzitutto quello di far ricorso a questi strumenti solo *dopo* aver acquisito una buona familiarità con i principali motori di ricerca e indici sistematici in rete. E in secondo luogo di personalizzare le funzionalità di ricerca del browser. Diversi motori di ricerca offrono procedure automatiche in grado di compiere queste operazioni, integrando nei due browser più diffusi le proprie specifiche funzionalità. Se avete uno strumento di ricerca preferito, consultate dunque le relative pagine di help: molto probabilmente troverete indicazioni al riguardo. Ci sentiamo comunque di prevedere che la scelta della maggior parte dei lettori si indirizzerà verso Google o Alltheweb. Nel caso di Google, la già ricordata Google toolbar offre funzionalità assai maggiori di quelle di un semplice pulsante di ricerca, ma è anche possibile la personalizzazione del solo pulsante: troverete le istruzioni per farlo – sia per Explorer sia per Netscape – alla pagina **http://www.google.it/options/defaults.html**, sezione 'Make Google your default search engine'. Nel caso di Alltheweb, la pagina da utilizzare è invece la già citata **http://www.alltheweb.com/help/tools/**.

Chi volesse ulteriormente 'potenziare' le capacità di ricerca disponibili direttamente dall'interno del proprio browser, può infine consultare la lista di strumenti e programmi aggiuntivi disponibile nella sezione 'Browser – Searchboots' di TuCows. Segnaliamo in particolare il programmino gratuito *GGSearch*, che offre in un'unica e compatta interfaccia una scelta assai ampia delle funzionalità di ricerca di Google, comprese quelle più avanzate. L'indirizzo dal quale scaricarlo è **http://www.frysianfools.com/ggsearch/**. Ma con programmi di questo genere ci avviciniamo ormai al campo, affascinante, degli agenti di ricerca: un settore che merita senz'altro una trattazione separata. Prima, però, vorremmo soffermarci su due tipi particolari di ricerca, sui quali è bene fornire alcune informazioni specifiche: la ricerca di immagini e la ricerca di notizie.

La ricerca di immagini

Come sappiamo, l'informazione disponibile su Internet non è soltanto testuale: i contenuti multimediali ne costituiscono una componente essenziale. Della ricerca di file sonori e musicali abbiamo già parlato, ricordando anche la particolare funzione che hanno al riguardo i programmi *peer-to-peer*. Cosa possiamo dire per quanto riguarda le immagini?

Ebbene: la maggior parte dei principali motori di ricerca – a cominciare da Google – ha la capacità di svolgere ricerche specifiche sulle immagini. Di norma, per accedere a questa funzionalità bisogna selezionare una linguetta denominata 'Images' o 'Immagini', presente nella pagina principale del motore di ricerca. Una volta compiuta tale operazione, i termini di ricerca inseriti verranno utilizzati per ricercare i nomi, le descrizioni e il testo di contorno delle immagini inserite su Web. Occorre tener ben presente, a questo riguardo, la distinzione fra informazione e metainformazione della quale abbiamo già parlato: le immagini, infatti, sono qualcosa di ben diverso dal testo, ma la loro ricerca non può prescindere da una descrizione testuale. Ciò significa che la ricerca non viene effettuata direttamente sull'informazione primaria che desideriamo reperire (le immagini, appunto) ma su metainformazione testuale che viene associata – di norma in maniera assai disomogenea e occasionale – alle immagini stesse dagli autori del sito. Per questo motivo, gli strumenti per la ricerca di immagini (come del resto quella di file sonori o contenuti video) possono offrire una completezza ancor minore di quella garantita dai tradizionali motori di ricerca.

Naturalmente, anche la modalità di presentazione dei risultati di una ricerca su immagini sarà diversa da quella propria della ricerca su pagine Web. Le immagini che soddisfano i nostri criteri di ricerca ci vengono così di norma proposte sotto forma di 'thumbnails', e cioè attraverso una anteprima di dimensioni ridotte.

Ricordiamo che le immagini inserite su Web non sono necessariamente – anzi, non sono quasi mai – libere da diritti: se le usiamo per scopi personali o per una ricerca scolastica, probabilmente nessuno verrà a casa ad arrestarci (anche se l'evoluzione sempre più restrittiva

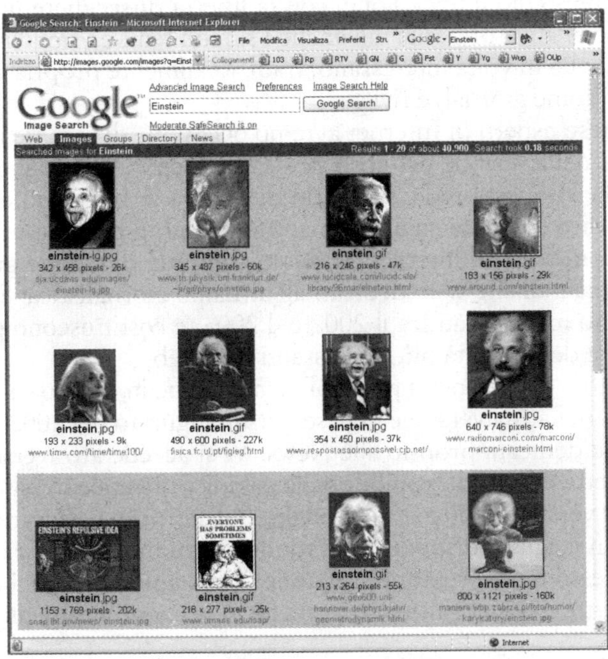

Figura 74 I risultati di una ricerca per immagini con chiave 'Einstein' svolta su Google

delle norme relative alla protezione dei diritti d'autore – ma forse sarebbe più corretto chiamarli 'diritti di editore' – non lascia davvero ben sperare). Ma se vogliamo inserirle in un prodotto informativo a pagamento, o anche solo in un sito a larga visibilità, sarà bene assicurarci di poterlo fare. Va detto, a questo proposito, che su Web esistono anche diversi servizi di vendita 'professionale' di immagini, attraverso basi di dati iconografiche proprietarie che permettono la ricerca delle immagini, la loro visualizzazione e l'acquisto – in genere a prezzi non proibitivi – dei relativi diritti d'uso. Una delle maggiori è *Corbis*, all'indirizzo **http://www.corbis.com/**.

La ricerca di notizie

Internet è ormai, come si è già accennato fin dall'introduzione, anche un potentissimo strumento di informazione sull'attualità del momento. Con il vantaggio di integrare l'aggiornamento continuo, in alcuni casi davvero minuto per minuto, tradizionalmente proprio dei media di flusso come radio e televisione, con la libertà di scegliere non solo la fonte informativa preferita ma anche i singoli temi e i singoli contenuti che di volta in volta interessano, tradizionalmente propria dei media a stampa come giornali e riviste.

Su questi aspetti di Internet avremo occasione di tornare in diverse occasioni nella sezione del libro dedicata ai temi e percorsi di navigazione. Ma in questa sede, parlando di ricerca in rete, può essere opportuno dire qualcosa sugli strumenti disponibili per selezionare e ricercare contenuti all'interno del flusso continuo di notizie pubblicate nelle migliaia di siti Web dedicati all'attualità giornalistica. Strumenti che si sono moltiplicati fra il 2002 e il 2003, e costituiscono probabilmente una delle novità più interessanti del Web.

Il posto d'onore spetta probabilmente anche in questo caso a Google, che – nella sua versione inglese – ha inaugurato nel 2002 una nuova sezione dedicata proprio alle News. Vi si accede attraverso l'apposita linguetta 'News' disponibile sulla pagina principale del sito (se partite dalla versione italiana di Google, dovete prima cliccare sul link 'Google in English' disponibile in fondo alla home page). Se il servizio avrà successo (come sembra probabile), possiamo aspettarci di vederlo comparire nel prossimo futuro anche in versioni 'nazionali'[6].

[6] In effetti la versione italiana di Google News è partita dal settembre 2003, mentre questo libro era in bozze, ed è raggiungibile all'indirizzo **http://news.google.it**.

Google News offre due funzionalità che è bene concettualmente tenere distinte (anche se sono di fatto integrate all'interno del sito): quella di *aggregatore di notizie*, e quella di *motore di ricerca su notizie*. Consideriamole separatamente.

Nella sua funzione di aggregatore, Google News offre una pagina che potrebbe assomigliare a quella di tanti altri siti giornalistici: le notizie più importanti in evidenza, sezioni tematiche, alcune foto. La particolarità è che i contenuti non sono prodotti da una redazione interna, ma sono tutti raccolti da altri siti e servizi giornalistici presenti in rete. La pagina è generata in maniera totalmente automatica: al posto dei redattori umani c'è un programma assai sofisticato che analizza a ciclo continuo oltre 4.500 fra i principali e più aggiornati siti giornalistici di tutto il mondo (purché in lingua inglese), seleziona le notizie più recenti e quelle in maggiore evidenza, confronta attraverso algoritmi di analisi testuale gli articoli tratti dalle diverse fonti per raggrupparli in aggregazioni tematiche, sceglie uno di tali articoli come testo di riferimento dal quale estrarre il titolo della notizia, e provvede all'impaginazione, dando maggiore risalto alle tematiche in evidenza nel maggior numero delle fonti analizzate. Il risultato è uno specchio piuttosto fedele dell'attualità del momento, aggiornato circa ogni dieci minuti, che

Figura 75 Google News

offre al lettore la possibilità di approfondire gli argomenti desiderati attraverso il ricorso a un ventaglio davvero larghissimo di fonti.

Naturalmente, per poter svolgere il proprio lavoro, un servizio come quello di Google News ha bisogno dell'autorizzazione all'uso di contenuti prodotti da altri. Ma la stragrande maggioranza dei siti giornalistici in rete fornisce ben volentieri tale autorizzazione, ovviamente limitata ai contenuti gratuiti del sito. Una volta inserita informazione ad accesso libero in rete, infatti, è interesse dello stesso sito che l'ha prodotta che essa abbia il massimo di visibilità. La condizione, ovviamente, è che la fonte sia indicata in maniera esplicita, di norma anche attraverso un link all'articolo originale. Per incoraggiare tale pratica, un numero sempre maggiore di siti giornalistici (e non solo) offre dei 'canali' informativi che consentono il prelievo automatico dei propri contenuti, e il loro inserimento automatico nelle pagine di altri siti. Tale pratica viene indicata con il nome inglese di 'syndication', e conosce in questi mesi una vera e propria esplosione. Ma del moltiplicarsi di queste 'agenzie di stampa' su Web preferiamo occuparci nella sezione sui weblog, giacché essa riguarda non solo i siti giornalistici 'affermati' ma anche una pluralità di altre fonti: rimandiamo dunque il lettore a tale sezione per un ulteriore approfondimento di queste tematiche.

La funzione di ricerca di Google News avviene sulla base di dati costituita da tutte le notizie raccolte dall'aggregatore nel corso degli ultimi trenta giorni. Si tratta dunque dello strumento ideale da utilizzare se vogliamo recuperare nomi, informazioni, commenti su fatti di attualità.

La funzione di ricerca su notizie di attualità è offerta anche da diversi altri strumenti, che spesso allargano il ventaglio delle fonti considerate includendovi – accanto ai servizi giornalistici professionali – siti amatoriali di informazione e di commento. Anche su questi strumenti torneremo dunque nel capitolo sui Weblog; in questa sede ci limitiamo a segnalarne uno, Daypop (**http://www.daypop.com/**).

Per chiudere, può essere utile segnalare qualche sito che fornisce indici sistematici di risorse legate all'attualità giornalistica: la *World News Guide* offerta dal sito Web del giornale inglese *Guardian* è uno degli strumenti migliori in questo campo, ed è consultabile all'indirizzo **http://www.guardian.co.uk/worldnewsguide/**; utili sono anche i siti *Mediachannel* (**http://www.mediachannel.org/links/links-frameset.html**) e *HeadlineSpot* (**http://www.headlinespot.com/**).

Il futuro della ricerca: gli agenti

La maggior parte degli strumenti di ricerca in rete fin qui considerati presuppone un utente estremamente 'impegnato' nel processo di individuazione dell'informazione che lo interessa, e presuppone una ricerca per così dire 'd'occasione'. In altre parole, è nel momento specifico in cui una determinata informazione mi serve che mi metto a cercarla, e la mia ricerca richiede che io compia ogni volta e in prima persona un certo numero di azioni, alcune delle quali senz'altro ripetitive: ad esempio collegarmi alla pagina di HotBot, di Altavista o di Yahoo!, impostare i parametri della ricerca, restare collegato mentre ne aspetto i risultati.

Sarebbe molto comodo, in questi casi, disporre di un 'segretario' che conosca più o meno i miei interessi, sappia prevedere e anticipare le mie richieste, compia al posto mio (prendendo autonomamente le decisioni più opportune) le azioni più ripetitive, e magari anche qualcuna di quelle *meno* ripetitive. L'idea di *agente software* cerca di avvicinarsi a questo ideale[7]: in sostanza, si tratta di incaricare un programma di svolgere per mio conto, anche a intervalli prefissati, determinate ricerche, magari chiedendogli di reagire autonomamente ai risultati della ricerca stessa (ad esempio 'filtrandoli' attraverso l'uso di criteri che potrebbero essere difficili o impossibili da impostare direttamente sul motore di ricerca utilizzato). Se il programma 'agente' non è poi fisicamente legato al mio computer (potrebbe ad esempio trattarsi di un programma ospitato da un server remoto, o addirittura 'distribuito' fra più server remoti), potrei affidargli ricerche e compiti da svolgere anche mentre il mio computer è scollegato dalla rete, e il contascatti della mia utenza telefonica resta tranquillo.

Per certi versi, alcuni degli strumenti che abbiamo visto fin qui possiedono già un limitato sottoinsieme di queste caratteristiche. Quello che manca, nella maggior parte dei casi, è però la capacità di prendere decisioni realmente autonome, reagendo dinamicamente alle caratteristiche dell'universo informativo nel quale si muovono.

Occorre dire che di programmi di questo genere per ora esistono ben pochi esempi. Uno dei pochi che si avvicinano a soddisfare almeno alcuni dei requisiti sopra delineati è *Copernic Agent* (**http://www.copernic.com/**), arrivato al momento in cui scriviamo alla ver-

[7] Naturalmente rientrano nella categoria degli agenti software anche programmi che hanno obiettivi diversi dalla ricerca di informazione: ad esempio la sorveglianza 'intelligente' del funzionamento di un macchinario.

sione 6. Copernic esiste in tre versioni: Basic (gratuita), Personal (costa circa 30 euro) e Professional (circa 80 euro). La versione migliore è ovviamente la Professional, che consente fra l'altro di programmare ed eseguire con regolarità, in maniera automatica, le ricerche selezionate. Copernic è in grado di effettuare ricerche complesse su un vasto spettro di motori di ricerca e fonti informative, incluse, ad esempio, alcune fra le maggiori librerie in rete. Nel complesso gli strumenti di ricerca che il programma è in grado di interrogare per noi, integrandone i risultati, sono oltre mille, suddivisi in centoventi categorie relative sia all'argomento sia all'area geografica della ricerca. Per fare qualche esempio, la versione Professional di Copernic è in grado di svolgere automaticamente e in maniera programmata ricerche su un insieme di fonti giornalistiche italiane in rete (nel momento in cui scriviamo il programma ne utilizza sette, fra le quali i siti di *Corriere della Sera*, *Repubblica*, *L'Unità*, *CNN.it* e le notizie sull'Italia di *Yahoo! News*), trasformandosi in uno strumento prezioso per la realizzazione di una sorta di piccola rassegna stampa quotidiana su argomenti o persone di nostro interesse. Può svolgere ricerche su testate e siti specializzati, per trovare ad esempio recensioni di un certo film o di un certo disco, o una ricetta di cucina, o i testi di una determinata canzone. Può avvertirci delle nuove pagine inserite in rete che soddisfino determinati criteri di ricerca, svolgendo la stessa ricerca più volte a scadenze prefissate (ad esempio ogni giorno, o ogni settimana) e informandoci solo delle pagine aggiunte o modificate rispetto alla ricerca precedente. Può svolgere ricerche specifiche su immagini, video e audio. Insomma, una collezione di strumenti di tutto rispetto. Il programma si integra anche piuttosto bene in Internet Explorer, aggiungendovi una barra degli strumenti che offre funzioni simili a quelle della toolbar di Google (ad esempio la possibilità di evidenziare nella pagina le parole cercate), assieme a un campo per la selezione e il lancio delle metaricerche.

Un programma dalle caratteristiche in parte simili a quelle di Copernic è *BullsEye*, della Intelliseek (**http://www.intelliseek.com**). Al momento in cui scriviamo, la versione professionale del programma – la più completa – costa 199 dollari.

Fino a un paio di anni fa Copernic esisteva sia per Windows sia per Macintosh, ma le ultime versioni sono destinate solo ai computer che usano il sistema operativo di casa Microsoft. Gli utenti Apple, però, non possono lamentarsi troppo: del loro sistema operativo fa infatti parte una componente che, se non è ancora un vero e proprio agente di ricerca, ne offre tuttavia alcune caratteristiche. Ci riferiamo ovviamente a *Sherlock*, compreso nel MacOS a partire dalla versione 8.5 e ulteriormente potenziato in Mac OSX. Già nella sua versione nativa Sherlock è in grado di svolgere operazioni assai sofisticate (per fare un solo esempio, può seguire per noi le fasi di una spedizione attraverso corriere internazionale). Inoltre, è possibile potenziarne le funzionalità attraverso appositi plug-in. Ne esistono moltissimi, un elenco è disponibile nella relativa pagina di TuCows all'indirizzo **http://mac.tucows.com/general_sherlock-plug_default.html**.

Il numero dei programmi e degli strumenti che possono essere fatti rientrare, con criteri abbastanza larghi, nella classe degli agenti di ricerca è ovviamente assai più vasto delle poche segnalazioni che abbiamo incluso in questa sezione. Chi volesse conoscerne altri troverà un buon punto di partenza nella sezione 'Searchbots' di TuCows relativa al proprio sistema operativo, o in siti specializzati come *BotSpot* (**http://www.botspot.com/**), *BotKnowledge* (**http://www.botknowledge.com/**) o *Agentland* (**http://www.agentland.com/**). Attenzione però ad evitare agenti software troppo invadenti, come il diffuso *BonziBuddy* (**http://www.bonzi.com/bonzibuddy/bonzibuddyfreehom.asp**): uno scimmione animato dall'apparenza divertente, capace di parlare con voi, suonare, raccontare barzellette, svolgere ricerche (in maniera in verità tutt'altro che intelligente), gestire la vostra posta elettronica, e soprattutto... sommergervi di pubblicità.

Va detto in conclusione che il settore destinato probabilmente alla maggiore espansione è quello dei cosiddetti 'web-based searchbots', ovvero degli agenti che, anziché risiedere sul nostro computer, sono ospitati da server esterni e vengono utilizzati via web. Una volta impostata una ricerca, questo tipo di agenti può svolgerla autonomamente, sfruttando ad esempio la posta elettronica per 'restare in contatto' con noi ed informarci nel tempo sulle proprie attività e sui risultati trovati. Qualche esempio – ancora piuttosto limitato – esiste già. Uno dei primi è stato *Tracerlock* (**http://www.tracerlock.com/**), che offre per 4 dollari al mese un servizio di monitoraggio nel tempo dei principali motori di ricerca, informandoci via mail quando sono disponibili nuove pagine web che rispondono ai criteri indicati

È prevedibile che il settore degli agenti di ricerca intelligenti conoscerà nei prossimi anni un'evoluzione tale da far sembrare questi primi strumenti solo rozze e primitive approssimazioni ad applicazioni assai più sofisticate, potenti e autonome. Per adesso, ci limitiamo a segnalare una prospettiva, una probabile linea di tendenza.

Temi e percorsi

La dimensione sociale di Internet

Comunità virtuali

Il concetto di comunità nel senso moderno del termine è stato introdotto nella riflessione sociologica da Ferdinand Tönnies, alla fine dell'800, in un libro intitolato *Gemeinschaft und Gesellschaft*[1]. Il sociologo tedesco intendeva descrivere con i due termini rispettivamente la comunità tradizionale premoderna e la formazione sociale moderna e industriale, e analizzare la trasformazione in corso dall'una all'altra. Da allora la fortuna di questo termine è stata notevole, e di conseguenza la sua estensione semantica si è progressivamente dilatata, fino a comprendere collettività sociali di natura assai diversa: dal circolo bocciofilo di quartiere alla comunità internazionale... Ciò che tutti questi usi del termine hanno in comune è l'idea che una comunità sia un gruppo di persone unite da solidarietà e riconoscimento reciproco, rapporti interpersonali, valori, interessi a lungo termine, e azioni condivise. I due fattori che favoriscono l'emergere di una comunità sarebbero dunque la prossimità spazio-temporale, la condivisione di un territorio che rende possibile la conoscenza e le relazioni personali, e la comunicazione tra i membri (non a caso i due termini 'comunità' e 'comunicazione' hanno radice comune), lo scambio simbolico sia a fini rituali sia a fini utilitaristici (dove l'utilità è quella collettiva, che talvolta può anche contrastare con quella dei singoli membri).

Tuttavia l'elemento della co-territorialità e della conseguente interazione fisica non è sempre indispensabile affinché si diano processi di costituzione di una comunità. Ad esempio, si parla spesso della comu-

[1] F. Tönnies, *Gemeinschaft und Gesellschaft*, Leipzig 1887 (trad. it. *Comunità e società*, Edizioni di Comunità, Milano 1963).

nità scientifica internazionale: persone che hanno in comune scopi, metodi di ricerca e un patrimonio culturale e cognitivo relativamente uniforme, e che comunicano prevalentemente attraverso pubblicazioni scientifiche; gli incontri fisici (*meeting* e convegni) sono solo occasionali, anche se contribuiscono in maniera forse determinante nel fornire al singolo il senso di appartenenza alla comunità. Le possibilità di socializzare, condividere problemi, aspettative, emozioni, nel caso di simili 'comunità a distanza' sono tuttavia abbastanza rare: nell'immaginario comune termini come 'comunità scientifica internazionale' sono più che altro astrazioni. Quello che manca a questo tipo di comunità non è la possibilità di comunicare in genere, ma la possibilità di farlo in maniera continua e naturale: manca un luogo, o un insieme di luoghi, che sia condivisibile e universalmente riconosciuto dai membri della comunità come sito conventuale.

Ma un punto d'incontro di questo tipo non deve necessariamente avere una realtà fisica: può essere un luogo virtuale accessibile per via telematica. Su questa considerazione si è basata la nascita del concetto di *comunità virtuale*, la cui fortuna si deve al famoso libro di Howard Rheingold *The Virtual Community*[2]. Secondo il giornalista americano «le comunità virtuali sono aggregazioni sociali che emergono [...] quando un certo numero di persone porta avanti delle discussioni pubbliche sufficientemente a lungo, con un certo livello di emozioni umane, tanto da formare dei reticoli di relazioni sociali personali nel ciberspazio»[3].

In effetti su Internet quotidianamente milioni di persone provenienti da ogni parte del pianeta si incontrano nei newsgroup, nei canali IRC, nei MUD, nelle chat delle grandi Web communities o in quelle di piccoli siti; discutono di problemi sia personali sia di lavoro, fanno quattro chiacchiere, o semplicemente giocano insieme. Queste persone stabiliscono una relazione comunicativa molto stretta, orientata da interessi comuni e valori condivisi, e in alcuni casi arrivano a conoscersi a fondo, con un forte coinvolgimento emotivo e affettivo (sono ormai noti numerosi casi di relazioni di coppia nate da frequentazioni virtuali); e ciò avviene, nella maggior parte dei casi, senza che si siano mai incontrate di persona.

[2] Si veda H. Rheingold, *The Virtual Community. Homesteading on the Electronic Frontier*, Addison Wesley, Reading (Mass.) 1993, revised edition The MIT Press, Cambridge (Mass.) 2000 (trad. it. della prima edizione: *Comunità virtuali*, Sperling & Kupfer, Milano 1994).

[3] Rheingold, ivi (trad. it.), p. 5.

Questi fenomeni di socializzazione on-line sono stati oggetto di una mole ormai sterminata di studi. Secondo alcuni studiosi, nelle comunità virtuali si creano dei vincoli così profondi tra i partecipanti da dare origine a vere e proprie comunità. Anzi, le comunità virtuali sarebbero fortemente solidali e disinteressate, poiché si basano sulla comunanza di interesse intellettuale e non sugli interessi materiali, sulla territorialità o sui vincoli di razza[4]. Inoltre le smaterializzazione dell'interazione consentirebbe di superare tutti gli ostacoli e le diffidenze fondate sulla differenza, sia essa di genere, razza o classe, che invece rendono conflittuale la convivenza sociale nel mondo reale. La comunicazione telematica sarebbe dunque democratica ed egualitaria per sua intrinseca natura.

Naturalmente non tutti gli studiosi concordano su queste tesi. In primo luogo, si osserva, questa forma di socializzazione è basata esclusivamente sulla interazione comunicativa mediata da computer (*computer mediated communication*, in breve CMC), una comunicazione limitata in gran parte (almeno per ora) allo scambio di messaggi scritti. Ma è ampiamente dimostrato come nella comunicazione interpersonale i messaggi non verbali come la mimica facciale, il tono della voce, la gestualità, la disposizione spaziale degli interlocutori (la parte della scrivania alla quale ci si siede ha la sua importanza!) svolgano un ruolo fondamentale (ad esempio per veicolare i rapporti gerarchici). Tutti questi aspetti nella CMC mancano[5]. Studi sperimentali hanno evidenziato come questa limitazione implichi delle distorsioni rispetto ai normali rapporti interpersonali basati sulla vicinanza fisica con l'interlocutore[6].

[4] Una dimostrazione dello spirito solidale che anima i frequentatori del ciberspazio, secondo Rheingold, è costituita dalla prevalenza dell'economia del dono negli scambi di risorse sulla rete. E ricorda a questo proposito la disponibilità con cui esperti e professionisti di un certo settore forniscono consigli e supporto ai membri meno abili nell'ambito di un gruppo di discussione.

[5] Per supplire alla mancanza di informazioni non verbali si sono sviluppate degli espedienti simbolici. Ad esempio le 'emoticons', simboli convenzionali che cercano di trasferire nella comunicazione scritta segnali emotivi in genere veicolati da tratti soprasegmentali e gestuali della comunicazione orale: la faccina triste ':-(' indica uno stato d'animo di sconforto, mentre quella che sorride ':-)' segnala un atteggiamento allegro o scherzoso (le emoticons di norma vanno interpretate ruotandole di novanta gradi).

[6] Sono note le ricerche di Sara Kiesler, psicologa sociale, che ha studiato la comunicazione elettronica nel contesto aziendale. I risultati della sua ricerca hanno dimostrato come, all'interno di comunità lavorative, relazioni gerarchiche ben delineate vengano attenuate, o addirittura scompaiano, quando i contatti interpersonali sono affidati alla posta elettronica. Molti dipendenti, infatti, rivelano attraverso la corrispondenza elettronica personalità estroverse, acquisendo la capacità di contraddire i propri superiori – rispetto ai quali, durante lo svolgimento delle normali attività lavorative, dimostrano inve-

In secondo luogo la natura immateriale della CMC permette di assumere *personae* (nel senso etimologico del termine) fittizie, di manifestare opinioni cui non si aderisce veramente, di mistificare aspetti della propria natura biologica e psicologica. Anche se è difficile (e ancora una volta studi sperimentali lo dimostrano) sostenere a lungo in modo convincente ruoli e personalità fittizie, questo genere di fenomeni mina il principio di responsabilità individuale, e dunque mette in crisi il vincolo di fiducia tra i membri della comunità. Lo stesso Rheingold, ritornando a riflettere di recente su questi temi, ha assunto una posizione più problematica e meditata:

> Non si ha una persona reale di fronte e non la si incontrerà mai. Ecco perché, forse, non si avrà lo stesso senso di responsabilità che si ha con il vicino di casa. È anche facile, una volta collegati, mascherare la propria identità fingendo di essere qualcun altro. Le persone poco gentili possono fingere di esserlo e viceversa. Alcuni cercheranno di ingannarvi in comunicazioni sociali o economiche per le quali è possibile non sentirsi preparati. Ritengo sia importante che la gente capisca come utilizzare questo medium, così da non essere più sorpresi quando la gente pretende di essere quello che non è... Quando si è in rete, visto che non si ha la persona di fronte, non la si vedrà piangere se la si ferisce e nessuno potrà picchiarvi se riceve un insulto. Bisogna essere molto cauti nell'utilizzare la parola 'comunità'. Penso che la gente collegata possa sviluppare relazioni e possa incontrarsi nel mondo reale. Questo è un modo magnifico di connettersi con la gente che condivide valori e idee. Se non si ha una vera connessione, l'idea di comunità diventa abbastanza distante dalla nostra idea tradizionale di comunità[7].

Per questi motivi numerosi studiosi ritengono che a proposito dei processi di socializzazione on-line si debba piuttosto parlare di *pseudocomunità*, soprattutto in considerazione del fatto che il fenomeno ha subito una profonda trasformazione con il passare degli anni e la conseguente evoluzione della rete.

In effetti gli ultimi sviluppi nell'ambito delle comunità virtuali sembrano avallare queste posizioni. La comunità virtuale che Rheingold ha

ce subordinazione e timore – e di proporre soluzioni e indirizzi lavorativi personali e originali. Sebbene questi risultati siano stati successivamente criticati, essi dimostrano come la CMC rimoduli in forme non sempre prevedibili i rapporti sociali. Su questi si veda L. Paccagnella, *La comunicazione al computer*, Il Mulino, Bologna 2000.

[7] Intervista dal titolo *Internet e l'educazione: la necessità dell'individuo di pensare criticamente*, disponibile sul sito di Mediamente (**http://www.mediamente.rai.it/biblioteca/biblio.asp?id=301&tab=int**).

descritto nel suo celebre libro, la famosa *The Well* (*Whole Earth 'Lectronic Link*, **http://www.thewell.com**)[8], alla cui formazione hanno contribuito alcune tra le personalità più eminenti nel panorama della 'cultura digitale', è ancora oggi una comunità assai vitale. Naturalmente con il passare del tempo si è progressivamente modificata, trasferendosi sul Web e implementando vari servizi aggiuntivi. Ma il suo cuore sono ancora le famose aree di discussione, dove capita spesso di incontrare personaggi ormai famosi. E nonostante tutto, girando tra le varie pagine del sito, si percepisce chiaramente la volontà di mantenere un livello qualitativo pari al blasone, e una certa atmosfera esclusiva.

Tuttavia questa esperienza, nata intorno alla metà degli anni '80, fa ormai parte della storia remota di Internet. Oggi la collocazione sociale e culturale dei milioni di utenti della rete è decisamente cambiata, e di conseguenza diverso è il profilo degli attuali partecipanti alle comunità virtuali. All'epoca in cui The Well fu fondata, l'utenza era più omogenea e coloro che usavano Internet erano spontaneamente spinti a realizzare insieme servizi, punti d'incontro, giochi, attraverso quello che appariva come un nuovo strumento di comunicazione, peraltro completamente autogestito dagli utenti stessi. Oggi, con la commercializzazione della rete, le cose sono cambiate. I grandi gruppi imprenditoriali che hanno investito nella rete considerano gli utenti come una massa di potenziali acquirenti o come un numero sterminato di contatti pubblicitari da rivendere con profitto agli sponsor. E le comunità (o pseudocomunità) virtuali sono state individuate come uno dei mezzi più efficienti per attirare utenti.

Per questa ragione tutti i grandi portali generalisti si sono dotati di servizi di comunità virtuale che mettono a disposizione dei loro utenti forum di discussione e spazi gratuiti per mettere in rete siti Web personali. In alcuni casi comunità virtuali storiche nate in modo autonomo sono state acquisite in blocco e rifunzionalizzate. È questo il caso di sigle storiche come *Geocities* (**http://geocities.yahoo.com**), una vera e propria 'città di home page', divisa in quartieri e isolati, acquisita alcuni anni fa da Yahoo!. L'enorme numero di utenti di Geocities garantisce un impressionante numero di contatti e permette a Yahoo! di vendere a caro prezzo i propri banner pubblicitari. È invece finita nel gruppo Terra-Lycos l'altra famosa comunità virtuale, *Tripod* (**http://www.tripod.lycos.com**). Creata da Bo Peabody nel 1992, Tripod è sta-

[8] Su 'The Well' si veda anche K. Hafner, *The Well: A Story of Love, Death and Real Life in the Seminal Online Community*, Carroll & Graf, New York 2001.

to uno dei primi servizi della rete a offrire spazi macchina gratuiti a disposizione degli utenti per creare le proprie pagine Web. Sterminate comunità Web (ma forse sarebbe meglio parlare di reti di sotto-comunità) si raccolgono poi attorno ai grandi portali: ancora *Yahoo!* (**http://www.yahoo.com**; abbiamo già parlato dei suoi servizi di chat, instant messaging e creazione di gruppi), ma anche *MSN* (**http://www.msn.com**) e altri.

Anche i portali italiani si sono dotati di servizi di comunità virtuale. Virgilio-Tin.it gestisce *Atlantide* (**http://atlantide.virgilio.it**) – uno spazio virtuale che vanta ormai decine di migliaia di iscritti e offre una serie di aree tematiche, sistemi per appuntamenti on-line, aree di discussione personalizzate e un sistema di Web chat – e *Xoom* (**http://xoom.virgilio.it**), un servizio per la creazione di siti Web personali. Libero, il portale Wind, ha creato *Digiland* (**http://digiland.libero.it**), anch'essa dotata di una serie di aree tematiche di discussione completamente aperte al pubblico, servizi di forum e chat, spazio Web personale. *Clarence* (**http://www.clarence.it**), del gruppo Dada, offre anch'esso servizi di Web community di tutto rispetto e un approccio divertito e irriverente all'uso della rete, anche se il sito è un po' inflazionato dall'offerta di loghi, suonerie e messaggi MMS per cellulari.

Chiudiamo questa breve rassegna con un cenno a *The Palace* (**http://www.thepalace.com**). A differenza delle precedenti, The Palace è una comunità virtuale che si basa su un software di chat 3D. Si tratta di un sistema funzionalmente simile ai normali chat, ma che permette di interagire in un ambiente di realtà virtuale, articolato in vari luoghi dagli scenari diversi e popolato dagli *avatar* dei vari utenti connessi. Oltre a scambiarsi messaggi di testo, gli utenti possono effettuare esplorazioni in comune e avere contatti audio e video mediante tecnologie di streaming. Il client necessario a partecipare agli eventi della comunità viene distribuito gratuitamente sul sito Web di *The Palace*. Viene distribuito anche il modulo server, che può essere utilizzato per creare delle comunità virtuali 3D in rete o nell'ambito di reti Intranet private.

Oltre a The Palace, esistono altri esempi di ambienti interattivi tridimensionali su Internet. Per il momento sia la qualità visiva sia le capacità di interazione supportate da questi servizi sono assai limitate. Ma in un prossimo futuro è molto probabile che gli sviluppi delle infrastrutture telematiche permetteranno un deciso balzo in avanti in questo settore. Già oggi, strumenti come le webcam (alle quali si è accennato altrove) permettono una interazione audiovisiva multiutente in rete. E con l'avvento delle nuove tecnologie di trasmissione a larghissima banda si può immaginare la diffusione di ambienti in realtà virtuale condivisa ad alta definizione. Non è (solo) fantascienza, dunque, ritenere che tutti i sensi potranno essere, in futuro, coinvolti nella comunicazione telematica. E questi sviluppi avranno ulteriori e rilevanti implicazioni sociali e psicologiche, su cui è bene cominciare fin d'ora a riflettere.

Ovviamente la presenza di potenti gruppi industriali e grossi investimenti alle spalle delle comunità di rete lascia molti dubbi sulla capacità di autogestione di questi spazi elettronici da parte dei loro frequentatori. A esser pessimisti, potremmo dire che creare una comunità virtuale (e organizzare in modo centralizzato discussioni, concorsi a premi, giochi) potrebbe essere un modo per concentrare un enorme potere economico – ma forse un giorno anche politico – in mano di pochi grandi gruppi. Potere basato su forme di socializzazione che, da valore aggiunto della rete (nella loro originaria forma intrinsecamente democratica e fondata sulla libera circolazione dell'informazione), rischiano di rivelarsi strumenti di controllo sociale. Le comunità virtuali rischiano così di trasformarsi in consessi frequentati da masse di potenziali consumatori in mano a grandi gruppi commerciali e a professionisti della comunicazione di massa. Ma resta pur vero, per concedere qualcosa all'ottimismo, che anche nell'ambito delle comunità virtuali più marcatamente commerciali moltissime persone si 'incontrano' ancora in modo spontaneo: per passare il tempo, condividere interessi e fare nuove conoscenze.

Home page personali

Uno fra gli aspetti più interessanti e innovativi di Internet come strumento di interazione sociale è rappresentato dalle home page personali. Cerchiamo innanzitutto di spiegare, in poche parole, di cosa si tratta. Si è già ricordato più volte come Internet renda estremamente facile (ed economica) non solo la ricerca, ma anche l'offerta di informazione. Inserire in rete pagine informative è ormai un compito alla portata di tutti (ne parleremo in dettaglio nell'Appendice B, nel paragrafo 'Mettere in rete la propria home page'). In una situazione di questo tipo è abbastanza comprensibile la tendenza a utilizzare Internet non solo come strumento per la diffusione di informazione 'ufficiale' o professionale, ma anche come veicolo di comunicazione più informale, meno prevedibile e soprattutto più 'personale'.

Questa possibilità crea uno spazio teorico nuovo: ogni utente di Internet ha potenzialmente a disposizione una propria 'lavagna' attraverso la quale presentarsi, e nella quale inserire materiale informativo che possa caratterizzarlo agli occhi della comunità degli altri frequentatori della rete.

La comunicazione sociale in rete è disincarnata e in qualche misura astratta, come si diceva sopra; le home page personali sono in un certo senso una risposta a questa situazione, e mirano a evitare che l'astrattezza e l'immaterialità comportino una eccessiva spersonalizzazione del messaggio. Non è un caso che il confine fra informazione personale e informazione professionale sia in questi casi assai labile: anche chi inserisce in rete materiale del tutto tradizionale, commerciale o no, vi affianca spesso una o più pagine nelle quali al centro dell'attenzione sono i propri interessi, le proprie curiosità, i propri hobby – in sostanza, la propria persona.

Le home page personali diventano così contemporaneamente uno strumento di presentazione, di autopromozione e di formazione di una 'persona virtuale' (che può non coincidere completamente con il modo di essere nella vita quotidiana del mondo fisico): gli altri avranno una immagine di noi costruita a partire dalle informazioni che rendiamo disponibili – in genere un curriculum, spesso fotografie, frammenti della nostra attività (articoli, ma anche immagini o suoni), e soprattutto notizie e curiosità sugli argomenti che ci interessano. Un appassionato di musica rock o di cinema potrà ad esempio inserire in rete pagine dedicate ai musicisti o ai registi preferiti, un appassionato di cucina potrà condividere le proprie ricette, un escursionista potrà presentare i propri itinerari o raccontare l'ultimo viaggio. Frequenti sono poi 'antologie personali' di brani musicali, letterari, poetici ai quali si è particolarmente affezionati, notizie sul proprio partner, 'album' di storia familiare e personale.

In alcuni casi, la presentazione della propria personalità e della propria storia diventa poi sperimentazione letteraria e artistica: la forma dell'ipertesto, il superamento della linearità della narrazione, la possibilità di integrare in un'unica costruzione comunicativa linguaggi espressivi assai diversi fra loro, sembrano corrispondere particolarmente bene al carattere frammentario e disperso di esperienze, ricordi, singoli momenti della vita di ciascuno di noi.

Negli ultimi anni si è molto discusso, anche a livello strettamente teorico, sulla possibilità di una narrativa ipertestuale: ebbene, le esperienze forse più riuscite in questo campo fanno quasi tutte riferimento, in una forma o nell'altra, alla dimensione autobiografica. Un'occhiata alla home page di Justin Hall (**http://www.links.net/vita**) potrà dare un'idea di quello che vogliamo dire. Nel corso del tempo, Hall – un 'netizen' di Chicago ormai quasi trentenne, che oggi vive tra New York e il Giappone – ha trasformato la sua pagina personale in una vera e propria opera d'arte. Frammenti di vita – le discussioni col fratello, la vita della madre, il difficile rapporto col padre, alcolizzato e poi morto suicida – corrispondono a singoli frammenti ipertestuali, nei quali trova posto di tutto: dal necrologio del padre pubblicato dal *Chicago Tribune* alle immagini e al racconto dell'incontro e del rapporto con Chandra, la ragazza con la quale Justin ha vissuto per un certo periodo, e di cui analizza divertito particolari minimi – ad esempio il modo di giocare a Monopoli. Al testo si affiancano poesie, disegni, immagini di oggetti curiosi: Hall fa ad esempio firmare a Oliver North, il colonnello divenuto in America simbolo di una certa destra conservatrice e militarista, uno strumento di legno usato per preparare spinelli. E quando finisce in prigione per oltraggio a pubblico ufficiale e incitamento alla rivolta, mette in rete la sua scheda segnaletica e un dettagliato racconto sulle persone incontrate in carcere.

Se in questo caso la home page diventa un vero e proprio strumento di creazione letteraria, la funzione di questo 'biglietto da visita' in rete può essere, come si è accennato, anche autopromozionale: il nostro curriculum ed eventualmente degli esempi del nostro lavoro permettono a potenziali interlocutori di farsi un'idea di noi, delle nostre competenze, delle nostre capacità. Nel caso di alcune attività – ad esempio il giornalista 'free lance', il consulente, l'artista – la disponibilità di uno spazio pubblico attraverso il quale presentarsi può rivelarsi particolarmente preziosa, fino a trasformarsi in un essenziale strumento professionale.

L'interesse di queste home page non è solo sociologico ma, come si accennava, anche culturale: si tratta di un mezzo di comunicazione nuovo, le cui possibilità e le cui caratteristiche specifiche sono ancora in gran parte da esplorare. Un'esplorazione della quale fa parte anche il recente fenomeno dei *weblog*, o *blog*. Siti personali organizzati in genere in forma di diario e dedicati agli argomenti più vari, gestiti attraverso semplici editor su Web che ne consentono la creazione anche agli utenti meno esperti, i blog rappresentano probabilmente, a tutt'oggi, la forma più diffusa e diretta di espressione su Web della propria individualità. Proprio per questo, abbiamo deciso di dedicare ad essi un capitolo indipendente del nostro libro. Lo troverete subito dopo il capitolo che state leggendo, e sarà l'occasione per riprendere molti fra i temi toccati in questa sede.

Costruzione di mondi (e di identità): MUD, MPOG, MMPOG...

```
Sei in una stradina angusta tra la Terra e il luogo da
dove sei venuto. A nord e a sud ci sono le pendici di
due imponenti montagne, con un gran muro che le circon-
da. La strada continua ad ovest e là in lontananza si
distingue una piccola casa con il tetto di paglia, che
fronteggia un vecchio cimitero. La via di uscita è ad
est, dove una nebbia sottile copre il passaggio segreto
dal quale sei entrato nella Terra.
```

Chi si connette con il MUD dell'Università dell'Essex inizia così la sua fantastica avventura, in un mondo popolato di streghe, maghi, incantesimi. I MUD ('Multi-User Dungeon': che tradotto dall'inglese suona più o meno 'prigioni sotterranee multiutente'[9]) sono dei giochi di ruolo particolari: gestiti da un computer, interattivi e accessibili attraverso la rete. Il primo MUD, del quale abbiamo letto la schermata iniziale, è stato creato nel 1979 da Richard Bartle e Roy Trubshaw. Un MUD consiste in un programma server che permette a più utenti di interagire in uno spazio virtuale, descritto comunemente mediante brani di testo[10]. A differenza di altri spazi di interazione, l'ambiente fittizio di un MUD è ammobiliato (contiene cioè oggetti) e può essere abitato da agenti software (i cosiddetti *bot*).

Gli utenti interagiscono non solo con il software ma anche fra di loro, costruendo un passo dopo l'altro (e una scelta dopo l'altra) una complessa avventura collettiva. I MUD di solito sono costituiti da un susseguirsi di ambienti diversi: dopo aver letto la descrizione del luogo

[9] Il termine è ripreso dal popolarissimo gioco di ruolo *Dungeons & Dragons*. Per evitare l'identificazione troppo stretta fra i MUD e le particolari atmosfere di gioco legate al mondo fantasy di Dungeons & Dragons, è assai diffuso anche lo scioglimento della sigla MUD come 'Multi User Dimension'.

[10] Il proliferare di esperienze simili ai MUD dal 1979 a oggi è impressionante. Menzioniamo almeno alcune delle forme più comuni: dagli originari MUD sono nati dei siti meno ludici e più socializzanti, dove ci si ritrova solo per stare insieme (e in questo caso l'acronimo viene letto come Multi-User Dimension o Multi-User Dialogue); esistono dei luoghi virtuali dove si reinterpretano le vicende vissute dai protagonisti di un romanzo di fantascienza o di un serial televisivo (in questo caso si parla di MUSE, Multi-User Simulated Environment); i MOO (Multi-users dimensions, Object-Oriented) sono dei giochi dove è possibile non solo partecipare, ma anche creare, attraverso appositi linguaggi di programmazione, parti del gioco collettivo.

e ponderato il da farsi, ogni partecipante può scegliere di muoversi da un ambiente all'altro (i comandi sono generalmente forniti attraverso la tastiera: 'N' per nord, 'S' per sud, e così via). L'interattività del gioco non si limita agli spostamenti: quasi sempre gli utenti possono raccogliere e usare oggetti, combattere con altri giocatori o con personaggi controllati dal computer, acquisire particolari poteri, dialogare fra loro, discutere strategie comuni, allearsi... le possibili interazioni sia con il programma sia con gli altri partecipanti al gioco sono insomma numerosissime. Normalmente i giocatori che si trovano nello stesso ambiente si possono 'vedere' (sempre che non siano stati usati incantesimi o filtri capaci di rendere invisibili!) e possono scambiarsi dei messaggi. Quindi uno dei problemi che si pone subito un 'muddista' è quello di costruire la propria identità, ovvero le caratteristiche del personaggio – o *avatar*[11] – che lo rappresenta all'interno del gioco. Questa operazione è particolarmente interessante se si considera che il giocatore accede al MUD attraverso una procedura di login che non riguarda la sua identità reale, ma quella fittizia[12] (e che consente di non perdere nessuna delle caratteristiche acquisite dal personaggio nei collegamenti precedenti).

Per accedere a un MUD si usava originariamente (e in qualche caso si può utilizzare ancora) un semplice client Telnet: fino a pochi anni fa gran parte dei MUD erano infatti basati su descrizioni narrative e interazioni testuali, adatte ad essere veicolate anche da strumenti graficamente spartani come appunto Telnet. Se siete amanti dei MUD classici, esistono al-

[11] Il termine 'avatar' è derivato dalla religione induista: nell'induismo, un avatar è un dio che scende nel mondo umano, sotto forma di persona, per la durata di una vita. A differenza di quanto avviene nel caso del concetto cristiano di 'incarnazione', il concetto induista di avatar non richiede che il dio fatto persona sia soggetto alle sofferenze umane; inoltre, uno stesso dio può avere nello stesso momento più avatar 'parziali' (amshas).

In campo informatico, il termine 'avatar' è stato utilizzato prima in alcuni giochi di ruolo, e si è progressivamente esteso a caratterizzare l'alter-ego grafico che rappresenta un utente in ambienti di rete bidimensionali e, soprattutto, tridimensionali. In questi casi, all'utente è spesso chiesto di scegliere caratteristiche e aspetto fisico del personaggio che lo rappresenterà, e che sarà visibile agli altri utenti collegati.

La letteratura di fantascienza ha sviluppato il tema, immaginando un futuro in cui le interazioni sociali in rete, mediate dagli avatar dei partecipanti, acquisteranno un peso sociale di grande rilievo. Un buon esempio può essere dato dal ciclo *Otherland* di Tad Williamson, che si svolge in buona parte in un ciberspazio condiviso, all'interno del quale i personaggi della narrazione interagiscono attraverso propri avatar, più o meno sofisticati.

[12] Associare nel MUD il proprio personaggio a una password garantisce l'identità del giocatore, ma non implica che l'utente debba in qualche modo rivelare la propria identità anagrafica. Nella maggior parte dei MUD è, infatti, possibile giocare anonimamente.

cuni client MUD specifici dotati di una serie di strumenti che facilitano il giocatore nei suoi movimenti e nelle sue azioni, inclusa la possibilità di costruire e ammobiliare sottoambienti particolari (sempre che ne abbia conquistato la facoltà). Tra questi ricordiamo *Zmud* (**http://www.zuggsoft.com**), *Portal* (**http://www.gameaxle.com**), *SimpleMU* (**http://simplemu.onlineroleplay.com**).

Molti appassionati continuano a preferire i MUD testuali, ma negli ultimi anni si sono progressivamente diffusi anche MUD grafici, spesso basati su adattamenti multiutente dei più diffusi giochi per computer. D'altro canto, non tutti i giochi multiutente in rete si basano sul meccanismo dell'esplorazione di stanze e percorsi che aveva fatto la fortuna dei MUD. Si parla così sempre più spesso anche di MPOG ('Multi Player Online Game') e – nei casi dei giochi distribuiti da grandi case e basati sulla partecipazione contemporanea di migliaia o addirittura decine di migliaia di utenti – di MMOG ('Massive Multiplayer Online Game'[13]). Né queste sono le sole sigle utilizzate: se volete sapere qualcosa di MUSH, MOO, MUCK e delle molte varianti dei MUD, date un'occhiata alla pagina **http://www.onlineroleplay.com/**, e in particolare alla sezione 'Text-Based MUDs': un vero serbatoio di link e risorse.

L'evoluzione più interessante, anche dal punto di vista sociologico, è probabilmente quella dei MMOG. Uno dei primi, e tuttora uno dei più noti, è *Ultima on Line* (**http://www.uo.com**)[14]. Nato nel 1998 come evoluzione in rete della fortunata serie di videogiochi *Ultima*, realizzati dalla Origin, e ambientato nella fantastica terra di Britannia, Ultima on Line si è progressivamente trasformato, attraverso una successione di moduli di espansione, in una società virtuale complessa e variegata: un mondo persistente, nel quale sviluppare personaggi realistici e ricchi di sfaccettature. Un mondo in cui è difficile sopravvivere e in cui i combattimenti hanno sicuramente un ruolo di tutto rispetto, ma anche un mondo dotato di una sua politica, di una sua economia, di relazioni sociali di ogni genere, addirittura dei propri organi di stampa e di una radio (che si chiama, con un divertente riferimento alla CNN, *BNN*, ovvero Britannia News Network). Per il 2004, è attesa una espansione del gioco dotata di un motore grafico totalmente tridimensionale.

Progressivamente, a Ultima on Line si sono poi affiancati molti altri MMOG, alcuni dei quali – da *EverQuest* a *Asheron's Calls*, da *Ho-*

[13] È talvolta utilizzato al riguardo anche l'acronimo MMPOG.

[14] Strettamente parlando, si tratta di un MMORPG: Massive Multiplayer Online Role Playing Game.

rizons a *Star Wars Galaxies* – hanno conosciuto anch'essi un notevole successo. In genere si tratta di giochi a pagamento (ma ve ne sono anche di gratuiti, come *Utopia* e *Equinox*): le case produttrici traggono i propri ricavi dalla vendita degli 'abbonamenti' mensili al gioco, dei kit di ingresso per i nuovi giocatori e dei moduli di espansione.

Le considerazioni sociologiche, psicologiche e culturali che possono essere fatte a proposito di questo tipo di giochi di rete sono numerose, e del resto la letteratura in materia non manca[15]. Molti autori ritengono che un gioco di ruolo ben costruito possa costituire una sorta di 'laboratorio virtuale' per lo studio delle forme di interazione sociale, economica e politica. Già in Ultima on-line si era parlato ad esempio di fenomeni economici quali l'inflazione, e in alcuni giochi (come Asheron's Call) si sono avuti anche fenomeni di iperinflazione, paragonabili a quelli della Germania anni '20.

A quanto pare, l'economia in assoluto più complessa – e meglio funzionante – è quella di Everquest. Tanto che Edward Castronova, professore di economia presso la California State University, ha dedicato al tema un serissimo articolo accademico di 40 pagine: *Virtual Worlds: A First-Hand Account of Market and Society on the Cyberian Frontier*[16]. La cosa sorprendente è che l'articolo è stato finora scaricato da oltre 18.000 persone! Il problema è capire se siano gli economisti ad essere particolarmente interessati ai giochi di ruolo, o se non siano piuttosto i giocatori ad essere interessati all'economia dei loro ambienti virtuali.

In ogni caso, i dati che emergono dall'articolo di Castronova – del quale si sono occupati anche giornali e riviste, in rete e no – sono sorprendenti, e sono riassunti nel modo seguente da un articolo di *News.com*:

> If the "EverQuest" universe of Norrath were a country, its per-capita gross national product would be $2,266 – comparable to the 77th richest country on Earth and ranking it between Russia and Bulgaria. Platinum pieces, the in-game currency known as pp, end up with an exchange rate of about a penny per pp, making "EverQuest" currency more valuable than the Japanese yen and the Spanish peseta.

[15] Per avere un'idea di almeno alcune fra le tematiche discusse, cfr. P. Curtis e D.A. Nicholas, *MUDs Grow Up: Social Virtual Reality in the Real World*, Xerox Parc, Palo Alto 1993; B. Laurel, *Computers As Theater*, Addison Wesley, New York 1991; S. Turkle, *La vita sullo schermo*, Apogeo, Milano 1997.

[16] L'articolo, in formato PDF, è disponibile alla URL **http://papers.ssrn.com/sol3/papers.cfm?abstract_id=294828**.

"It's a robust, free-market economy filled with wealthy, hardworking people," Castronova said. "What you see with 'EverQuest' is that economies happen by themselves. If you get a bunch of people together and they have things they can produce and opportunities to exchange them, you've got the makings of an economic system."

Castronova also sees "EverQuest" as an example of what can happen when economic regulation goes awry. Sony officially forbids players from exchanging "EverQuest" items for real money, claiming all game items are its intellectual property. Yet the official bartering system within "EverQuest" is so cumbersome and expensive that players feel compelled to make outside transactions on auction sites, Castronova said, resulting in a Cuban-style system where U.S. dollars trump the official economy.

"Outside the game, it's really easy to exchange goods," Castronova said. "In the game, it's more like a medieval bazaar... It's like if somebody in Afghanistan had some really valuable thing they wanted to sell to someone also in Afghanistan. They'd want to find a safe place outside the country to conduct the transaction in U.S. dollars"[17].

L'economia, ovviamente, non è il solo campo rilevante per lo studio di questo tipo di giochi. Ci si interroga ad esempio sui diritti d'autore *all'interno* dei giochi di ruolo, tema legato alla sempre maggiore diffusione di giochi di ruolo spontanei (basati su strumenti 'poveri' come chat e posta elettronica), che riprendono spesso cicli letterari o cinematografici famosi (ad esempio i romanzi della serie *Harry Potter* o i film di *Guerre stellari*). Né sono mancate discussioni sui sistemi politici e sull'amministrazione della giustizia all'interno di questi mondi virtuali. C'è anche una Dichiarazione dei Diritti degli Avatar, che comincia così:

When a time comes that new modes and venues exist for communities, and said modes are different enough from the existing ones that question arises as to the applicability of past custom and law; and when said venues have become a forum for interaction and society for the general public regardless of the intent of the creators of said venue; and at a time when said communities and spaces are rising in popularity and are now widely exploited for commercial gain; it behooves those involved in said communities and venues to affirm and declare the inalienable rights of the members of said communities. Therefore herein have been set forth those rights which are inalienable rights of the inhabitants of virtual spaces of all sorts, in their form henceforth referred to as avatars, in order that this declaration may continually remind those who hold

[17] La citazione è dalla pagina **http://msnbc-cnet.com.com/2100-1040-823260.html**.

power over virtual spaces and the avatars contained therein of their duties and responsibilities; in order that the forms of administration of a virtual space may be at any time compared to that of other virtual spaces; and in order that the grievances of players may hereafter be judged against the explicit rights set forth, to better govern the virtual space and improve the general welfare and happiness of all[18].

Vi ricorda qualcosa?

In questa sede non possiamo evidentemente approfondire queste tematiche, né possiamo soffermarci in dettaglio sui molti e diversi tipi di giochi di ruolo esistenti in rete. Per ulteriori approfondimenti, rimandiamo senz'altro ai numerosi siti dedicati all'argomento, e in particolare al già citato *Onlineroleplay* (**http://www.onlineroleplay.com/**) e a *The MUD Connector* (**http://www.mudconnect.com**), che cataloga e recensisce centinaia di server che ospitano giochi di ruolo elettronici.

Internet: giochi vecchi e giochi nuovi

La caratteristica interattività di Internet, unita alle nuove possibilità offerte da software realizzati con Java, VRML e soprattutto con gli strumenti offerti da Macromedia Flash e Shockwave, permette di creare una moltitudine di aree ludiche che possono essere condivise da tutti gli utenti della rete e che hanno la funzione di vere e proprie sale giochi online. Un sito interessante in proposito (purtroppo non sarà possibile rendere conto dell'intero 'universo ludico' della rete, che è tra l'altro in continua, vorticosa crescita e trasformazione) è la pagina **http://www.yahoo.com/Recreation/Games** dove si trovano link per le principali raccolte di software ludico e i principali siti dedicati al gioco.

Tra gli altri ricordiamo il sito *Yahoo! Games* (**http://play. yahoo. com/**) che dà accesso a un'interessante area dedicata a giochi di rete, ai quali si può partecipare in tempo reale. Tra i giochi disponibili vi sono i più famosi giochi da tavolo: Backgammon, Scacchi, Go, Reversi, Bridge, Gin, Poker, ecc. Per partecipare è sufficiente riempire un modulo con i dati anagrafici e specificando l'indirizzo di posta elettronica. Si avvia poi una procedura di login: ci si fa cioè riconoscere dal server fornendo una username e una password. La username funge anche da

[18] La citazione è dalla pagina **http://www.legendmud.org/raph/gaming/playerrights.html**.

pseudonimo che rende gli utenti univocamente identificabili da tutti i compagni di gioco.

Dalla home page di Yahoo! Games si può accedere a vari 'locali', ognuno dedicato a un gioco diverso. In ogni locale ci sono diverse 'salette' che servono a dividere i giocatori a seconda del loro livello di esperienza e capacità, in modo da assicurare il divertimento a tutti gli utenti. Una volta entrati nella stanza prescelta, è possibile controllare la lista di tutti i convenuti e scambiare quattro chiacchiere. Si arriva all'incontro vero e proprio sedendosi a uno dei tavoli disponibili o creandone appositamente uno nuovo. Creando un nuovo tavolo, è possibile scegliere di 'far sedere' liberamente tutti i giocatori che lo desiderano o renderlo privato per giocare solo con l'avversario prescelto (a cui avremo magari precedentemente inviato una e-mail sfidandolo a 'singolar tenzone' e dandogli data, ora e nome del tavolo da raggiungere).

A parte l'impossibilità di guardare negli occhi gli antagonisti, l'emozione di partecipare a un torneo permanente del nostro gioco preferito è assicurata. Gli esiti delle partite assegnano un punteggio che si manterrà anche per i successivi collegamenti. Una legenda di colori – che vanno dai colori freddi (blu e verde), indice di punteggi bassi, ai colori caldi (giallo e rosso), che indicano una certa temibilità del nostro potenziale avversario – rende semplice la scelta del tavolo da gioco che più si addice alle possibilità di ciascuno. Yahoo! Games – di cui esiste anche una versione italiana all'indirizzo **http://it.games.yahoo.com/** – è solo una delle tante sale giochi virtuali della rete. Ne esistono diverse, alcune specializzate e frequentate da giocatori professionisti (ci riferiamo in particolar modo ai siti per scacchisti, che alle volte sono accessibili solo con un buon curriculum agonistico).

Come agguerrito concorrente di Yahoo! Games è nato nel 1999 *MSN Gaming Zone* (**http://zone.msn.com**), l'ambiente interattivo dedicato ai giochi della Microsoft. Fra le tante iniziative per lanciare il sito è da ricordare l'affascinante sfida "Kasparov contro il resto del mondo" (**http://www.zone.com/kasparov**), dove la comunità mondiale di scacchisti in rete, coordinata da un gruppo di maestri, ha affrontato una vera e propria partita con il campione Garry Kasparov. Naturalmente tramite Zone, oltre a trovare numerosi giochi on-line, è possibile giocare in rete mediante uno dei numerosi giochi commerciali in grado di funzionare in modalità multiutente.

L'espansione della presenza 'ludica' della Microsoft in rete è anche legata alle capacità di collegamento a Internet offerte dalla nuova consolle Xbox, apparsa nel 2001: nel novembre 2002 la Microsoft inaugurava così il servizio *Xbox Live* (**http://www.xbox.com/live/**), riservato ai possessori di collegamenti Internet a banda larga e presentato come lo strumento più avanzato per il gioco multiutente via rete. Nel marzo 2003 è stata aperta anche la versione europea di Xbox Live: l'indirizzo della pagina di accesso italiana è **http://www.xbox.com/it/live/**. Il kit di introduzione al servizio, che comprende un abbonamento di un anno alle funzionalità di base e un auricolare con microfono per il chat vocale durante il gioco, è in vendita a circa 60 euro.

La rete come servizio per portatori di handicap

L'informatica ha migliorato sensibilmente la qualità di vita di diverse categorie di disabili. Schermi e stampanti Braille, schede per la sintesi vocale, scanner e programmi di riconoscimento ottico dei caratteri (OCR) permettono a un non vedente di 'leggere' un testo digitalizzato nella più completa autonomia; speciali programmi che si interfacciano con le schede di sintesi vocale consentono di navigare in Internet. Persone affette da handicap motorio possono utilizzare un computer (in grado a sua volta di facilitare l'interazione con il mondo esterno) attraverso tastiere semplificate e di grandi dimensioni, e grazie a speciali interfacce capaci di sostituire il mouse utilizzando i movimenti del capo – e in certi casi degli occhi – e il riconoscimento vocale.

La telematica va oltre il supporto che può offrire la sola informatica; con un computer e un collegamento a Internet non solo il disabile vede aumentare la propria autonomia, ma ha la possibilità di uscire almeno in parte dall'isolamento sociale che in molti casi l'handicap porta con sé. Attraverso Internet un disabile ha infatti la possibilità di socializzare in maniera autonoma, senza essere posto in situazioni di disagio e di inferiorità; il telelavoro può consentirgli l'inserimento in una vita lavorativa attiva in situazioni in cui gli spostamenti fisici sarebbero problematici o impossibili.

Questo insieme di opportunità (al quale corrisponde naturalmente anche il rischio di un isolamento nel 'limbo dorato' della telematica, di per sé evidentemente non in grado di sostituire l'interazione con il mondo fisico) richiederebbe tuttavia, per essere sfruttato pienamente, supporti e competenze adeguati; purtroppo, soprattutto in Italia, gli investimenti economici e di ricerca in questo campo sono limitati, e molte fra le possibilità più interessanti restano inesplorate.

Per la diffusione di una cultura telematica di ausilio al portatore di handicap sono sorte nel mondo diverse aree di discussione specifiche (ricordiamo ad esempio il newsgroup **misc.handicap**) e molti siti World Wide Web.

Una tra le migliori risorse dedicate a questi temi, ricca di informazioni utili e spunti di riflessione è rappresentata dal sito dell'Associazione CDH (Centro Documentazione Handicap). Il sito (**http://www.accaparlante.it**) include una completa sezione dedicata all'handicap in rete che riporta una bibliografia essenziale e un elenco ragionato di risorse Internet a disposizione dei disabili o degli operatori. Per la chiarezza esemplare con cui il sito affronta le problematiche relative all'handicap e l'approfondita e documentata ricerca di materiali in rete, possiamo suggerire ai lettori di usare questo sito come portale per iniziare una navigazione tematica in relazione all'handicap e alle soluzioni offerte dalla rete per utenti disabili. Interessante è anche il sito dei volontari dell'Orsa Minore (**http://www.esrin.esa.it:8080/handy**), che comprende un indice di risorse Internet dedicate all'handicap, e un elenco di moltissimi prodotti software distribuiti gratuitamente attraverso la rete e specificamente studiati per le persone portatrici di handicap. Degna di attenzione è anche l'operazione svolta da un gruppo di volontari attraverso il sito **http://www.handimpresa.it**; l'idea è quella di mettere in comunicazione diretta gli imprenditori e i disabili per un migliore inserimento dei portatori di handicap nel mondo del lavoro. Da un lato i disabili potranno automaticamente inserirsi nel database compilando, via Internet, un modulo; dall'altro gli imprenditori che decidono di sostenere l'iniziativa possono avere tutte le informazioni necessarie agli sgravi fiscali e alle facilitazioni inerenti all'assunzione di personale portatore di handicap.

I pochi siti sopra indicati sicuramente non rendono conto delle molte realtà presenti in rete che meriterebbero di essere citate; ma è bene ricordare anche che lo scopo di questo libro è di non essere mai semplicemente un elenco di siti (per questo esistono i motori di ricerca e gli indici di risorse), ma uno spunto di avvio (tecnico, pratico, contenutistico) per supportare la navigazione degli utenti, constatando tra l'altro che lo spirito di volontariato di molte associazioni e gruppi che offrono servizi a disabili è perfettamente confacente all'ipertestualità della rete che offre visibilità (con una fitta rete di rimandi fra i siti delle rispettive associazioni) a tutti gli operatori.

Stabilito così che la rete offre un universo di possibilità per chi si occupa di handicap e per i disabili stessi, uno dei possibili problemi, che si può considerare anche come una delle tante battaglie che andrebbero combattute (anche attraverso Internet), riguarda la necessità di fornire gratuitamente ai disabili, e agli operatori, attrezzature informatico/telematiche adeguate alle varie e specifiche tipologie di handicap. Il computer può essere considerato alla stregua di uno strumento indispensabile e i costi della connessione a Internet e della relativa bolletta telefonica potrebbero e dovrebbero essere coperti parzialmente o totalmente, a seconda dell'effettivo impiego da parte del disabile di questi strumenti.

Internet per bambini

Una delle polemiche più accese relative all'uso della rete si è sviluppata in questi anni attorno a una serie di articoli giornalistici e servizi televisivi che legano Internet alla pedofilia e alla pornografia. I toni apocalittici che la stampa ha spesso usato al riguardo hanno creato, in maniera ovviamente non del tutto ingiustificata, un sentimento di diffidenza che porta tipicamente a considerare la rete come uno strumento inadatto ai bambini. È davvero così?

A parte l'ovvia considerazione che Internet per i pedofili ha un ruolo strumentale, come altri mezzi di comunicazione e di spostamento, e che nessuno ha mai pensato di mettere al bando la stampa anche se esistono riviste (più o meno clandestine) per pedofili, o di limitare i viaggi aerei anche se moltissimi pedofili usano l'aereo per andare in Thailandia in cerca di minori, non si può negare che il problema sussista.

Come più volte ricordato, la rete Internet è strutturata per favorire la circolazione dell'informazione, che in alcuni casi può essere pubblicata e veicolata anonimamente. Questa possibilità sembra garantire l'impunità per la pubblicazione di informazioni illegali (come avviene nel caso di contenuti inerenti alla pedofilia). Tuttavia, va ricordato che di ogni collegamento a Internet vengono registrate dal fornitore di accesso tracce molto precise (chi si è collegato, quando, quale indirizzo IP gli è stato assegnato, quali siti ha visitato e quali informazioni ha richiesto). In linea di principio, dunque, il fatto di immettere in rete in maniera anonima informazioni illegali non garantisce affatto l'impunità; al contrario, proprio la facilità nell'identificare le 'tracce informatiche' di chi naviga in rete ha permesso agli organi giudiziari molti importanti successi nella lotta alle reti di pedofili.

Ciò non vuol dire, naturalmente, che utenti particolarmente abili non siano in grado, in molti casi, di mascherare le proprie tracce in rete, né che la rete non venga utilizzata come strumento per far circolare informazione inadatta ai bambini, e spesso illegale. Ma questo dato di fatto non deve far dimenticare che le informazioni 'illegali' non sono affatto maggioritarie nel variegato universo informativo offerto dalla rete, e che non è detto che la loro individuazione sia così semplice come appare da taluni articoli e servizi giornalistici d'effetto.

È bene sottolineare, d'altro canto, che la rete offre una notevole quantità di informazioni adatte all'infanzia e, meglio ancora, mirate a essere di aiuto alla formazione dei più piccoli. Se da un lato esiste un rischio effettivo che giovani e giovanissimi possano raggiungere informazioni riservate ai soli adulti, dall'altro è anche vero che iniziano a diffondersi strumenti efficienti per guidare la navigazione dei bambini verso rotte sicure.

Negli ultimi anni sono così nate delle raccolte di siti controllati da équipe di esperti e psicologi infantili che garantiscono la fruibilità anche ai bambini più piccoli. Fra questi siti molti sono di ausilio alla normale didattica scolastica, altri di puro intrattenimento; tutti si propongono di stimolare l'innata curiosità e la fame di conoscenza infantile.

Un primo consiglio, frutto più del buon senso che dell'esperienza accumulata sulla rete, ci porta dunque a suggerire di seguire, per quanto

Figura 76 La coloratissima home page di Junior

possibile, la navigazione dei bambini, percorrendo insieme passo passo le prime esperienze sulla rete. Per fare questo possiamo iniziare le nostre navigazioni da siti come *MaMaMedia* (**http://www.mamamedia.com**), progettato e sviluppato da un gruppo di docenti del MIT (Massachusetts Institute of Technology) per stimolare in maniera tutta positiva la creatività infantile. O gironzolare liberamente nel bel sito della *Disney*, di cui esiste anche una versione in italiano (**http://www.disney.it**), o in quello altrettanto spettacolare e colorato predisposto dalla RAI, *Junior* (**http://www.junior.rai.it**).

Ci sono poi i numerosi siti dedicati sia ai bambini sia ai genitori come *Infanzia Web* (**http://www.infanziaweb.it**), *Bambini.it* (**http://www.bambini.it**), *Casa sull'albero* (**http://www.casasullalbero.it**), e moltissimi altri i cui indirizzi si possono trovare sui vari cataloghi di risorse in rete, tra cui segnaliamo in particolare il portale *Junior* di Virgilio (**http://junior.virgilio.it**), e quello *Merenda* di Tiscali (**http://merenda.tiscali.it**).

In ogni caso è bene considerare anche la possibilità che proprio la diffusione dell'informazione giornalistica che sottolinea la presenza di certi contenuti in rete, possa finire per suscitare la curiosità e la voglia di impadronirsi del computer per avviare, con tutto il gusto del proibito e il fascino della tecnologia, una navigazione solitaria sulla rete. Considerando il naturale *feeling* che i giovani hanno con le nuove tecnologie, e considerando che a un genitore può certo capitare di lasciare il computer acceso e senza password, può essere a volte opportuno, in presenza di bambini, mettere in funzione alcuni degli strumenti volti alla tutela dei minori offerti dai moderni browser. La tecnologia PICS (*Platform for Internet Content Selection*) definita dal W3 Consortium – ne vedremo poi il funzionamento nel dettaglio – aiuta a guidare le navigazioni lontano da contenuti scabrosi o potenzialmente dannosi per i minori. PICS permette di qualificare i siti Web in base ai contenuti, che vengono esaminati e catalogati da apposite agenzie indipendenti (la più nota fra queste è la *Recreational Software Advisory Council*, il cui sito Web è all'indirizzo **http://www.rsac.org**). Le ultime generazioni di browser supportano PICS in maniera nativa: per abilitare la protezione sui contenuti con Explorer è necessario accedere alla finestra di configurazione, mediante il menu 'Strumenti, Opzioni Internet', per poi selezionare la scheda 'Contenuto' e rendere attive le restrizioni di accesso nella sezione 'Contenuto verificato'; naturalmente è bene ricordarsi di attivare la protezione mediante password della configurazione. Con Netscape, invece, è necessario connettersi al sito **http://www.net-**

scape.com/communicator/netwatch e seguire le istruzioni fornite. In alternativa esistono numerosi software di terze parti che consentono di porre dei vincoli alla navigazione sul Web.

L'opportunità effettiva di far ricorso a queste forme di 'censura preventiva' andrà comunque valutata caso per caso, in relazione all'età e alla maturità dei bambini. Non è solo la rete, ma anche il mondo reale a essere ricco di contenuti tutt'altro che piacevoli o condivisibili, e una visita all'edicola sotto casa non è necessariamente più innocente di una navigazione in Internet. D'altro canto, anche se esercitata a fin di bene, la censura presenta sempre aspetti rischiosi: siamo sicuri che gli effetti psicologici di divieti e restrizioni, più o meno palesi, non finiscano per rivelarsi più nocivi della visione di qualche pagina di ciberpornografia?

Weblog

Dalle pagine personali ai sistemi di gestione dei contenuti

Fin dalla prima edizione di questo manuale, abbiamo sottolineato come il World Wide Web non andasse considerato solo un enorme deposito di informazioni, ma anche uno strumento di comunicazione da utilizzare attivamente: inserire informazione in rete, creando un piccolo sito personale, era (e – come vedremo – continua ad essere) un'operazione forse non proprio elementare, ma comunque alla portata di qualunque utente dotato di un minimo di buona volontà.

Negli ultimi anni, con la progressiva introduzione di strumenti sempre più semplici per la condivisione di informazioni attraverso la rete, l'uso del Web come strumento di comunicazione personale alla portata di tutti ha conosciuto un ulteriore sviluppo, fino a rivoluzionare, almeno sotto certi profili, il volto tradizionale di molti siti.

I primi sintomi di questa evoluzione si sono avuti con l'offerta da parte di molti provider di strumenti che semplificano la creazione di pagine personali, permettendo la realizzazione di pagine Web direttamente sul server remoto, anche a chi non conosca il linguaggio HTML e non sappia utilizzare gli editor più evoluti e i programmi per il trasferimento di file. Si tratta di procedure interattive che permettono in genere – utilizzando solo il browser – di decidere l'impaginazione grafica della nostra pagina (scegliendola all'interno di un'apposita raccolta di *template*, e cioè di modelli realizzati da grafici e impaginatori esperti), di assegnarle un titolo, di inserirne o modificarne il testo, di aggiungere qualche immagine. Niente di troppo complesso, ma abbastanza per inserire in rete con poca fatica una pagina personale dall'apparenza dignitosa.

Col tempo, questi strumenti si sono ulteriormente sviluppati: anziché permettere la creazione guidata di una singola pagina Web, sono ora in grado di gestire interi siti, separando la 'forma' (cioè l'impaginazione grafica delle pagine, i menu e le componenti di interfaccia, ecc.) dal 'contenuto' specifico (i testi e le immagini che devono essere via via pubblicati nel sito, e mantenuti aggiornati). I contenuti di un sito vengono in questo caso inseriti all'interno di un vero e proprio database, e recuperati al volo dal server – che si preoccupa di impaginarli correttamente in base al template prescelto – al momento della pubblicazione del sito o al momento della richiesta da parte del browser dell'utente remoto. Per fare un'analogia, è un po' come se ci si trovasse ad essere redattori di un quotidiano o di una rivista: noi scriviamo il testo dell'articolo (e magari forniamo le relative immagini), ma non ci occupiamo della sua impaginazione, che è invece demandata a grafici e tipografi professionisti (e cioè – nel nostro caso – al programma che si occupa della gestione e impaginazione dei contenuti).

I programmi in grado di effettuare questo tipo di operazioni si chiamano *Content Management System* (CMS), e cioè *sistemi per la gestione dei contenuti*. Se volete una panoramica dei principali CMS e delle loro caratteristiche, un buon punto di partenza è il sito *CMSWatch* (**http://www.cmswatch.com**).

I primi CMS erano molto cari, ed erano utilizzati soprattutto da grandi siti aziendali e da siti giornalistici. Per un giornale in rete, infatti, offrire ai propri giornalisti uno strumento 'facile' per scrivere gli articoli, e disporre di procedure uniformi per raccoglierne i testi e impaginarli in maniera automatica, rappresenta ormai non solo un vantaggio ma una vera e propria necessità. Questo tipo di prodotti 'professionali' ha continuato a svilupparsi offrendo funzionalità sempre più avanzate: per fare solo qualche esempio, possibilità di stabilire i tempi di permanenza di un articolo in prima pagina, capacità di indicizzare automaticamente gli articoli, capacità di offrire stili di impaginazione diversi ad utenti con esigenze diverse e di selezionare automaticamente gli articoli in modo da rispondere agli interessi individuali degli utenti registrati, gestione automatica dei forum di discussione sui singoli articoli, abbinamento fra articoli e banner pubblicitari, e così via.

Progressivamente, accanto ai prodotti destinati alle fasce più alte del mercato, si sono sviluppati CMS piuttosto economici, e in alcuni casi addirittura gratuiti. Fra questi ultimi ricordiamo *PHPNuke* (il sito di riferimento è **http://www.phpnuke.org**, una attiva comunità di utenti italiani può essere contattata all'indirizzo **http://www.phpnuke.it**). Il nome di PHPNuke deriva dalla tecnologia utilizzata, il linguaggio di scripting PHP (*Hypertext Preprocessor*), in grado di gestire dinamicamente la creazione di siti anche assai complessi e di interagire direttamente con dei database. PHP è un linguaggio *open source*, utilizzabile dunque gratuitamente, ed è disponibile per programmi server in grado di funzionare su molti sistemi operativi diversi[19].

Il problema della maggior parte dei CMS – incluso PHPNuke – è che, pur essendo molto semplice per gli utenti utilizzarne le funzionalità principali *una volta che siano stati installati e configurati*, installarli e configurarli non è per niente semplice. Inoltre, essi richiedono la disponibilità di un server web. E un server web – per essere utile – deve essere sempre acceso e sempre collegato alla rete (in modo da essere sempre pronto a 'servire' le pagine web che ospita), deve essere a sua volta correttamente installato e configurato, e deve essere adeguatamente difeso da possibili attacchi esterni. Tutte operazioni che richiedono un certo livello di esperienza.

Per tentare di superare questa difficoltà è possibile imboccare due strade diverse: da un lato, è possibile cercare di semplificare ulteriormente sia i CMS sia le procedure di attivazione e gestione di un server, in modo da renderle, se non proprio alla portata di tutti, almeno alla portata di una fascia abbastanza ampia di utenti 'avanzati': singole persone, ma anche piccole aziende, associazioni, organizzazioni di ogni genere. Le tecnologie ADSL offrono ormai a basso prezzo un collegamento a Internet discretamente veloce e attivo 24 ore su 24: l'ipotesi di ospitare anche a casa o nella sede di una piccola organizzazione (ad esempio una scuola) un server web non troppo trafficato è dunque ormai praticabile con costi non proibitivi. In alternativa, è possibile sviluppare programmi che offrano a più utenti un servizio di CMS per così dire 'centralizzato', ospitato su un server comune. A scegliere questa seconda strada sono sempre più spesso i provider che fino a pochi mesi or sono offrivano ai propri clienti un semplice 'spazio web', e che in-

[19] Una tecnologia proprietaria per certi versi simile a PHP – e utilizzabile anch'essa per la creazione dinamica di pagine web a partire da un database di contenuti – è rappresentata dalle *Active Server Pages* (ASP) introdotte da Microsoft.

tegrano oggi la loro offerta con la disponibilità di un sistema che aiuti gli utenti non solo a pubblicare una singola pagina, ma a gestire dinamicamente – nella maniera più semplice possibile – i contenuti del loro sito. Una scelta analoga può essere fatta da organizzazioni o aziende interessate a fornire alle proprie strutture interne la possibilità di gestire con una procedura semplificata e centralizzata dei mini-siti autonomi (ad esempio, dei siti di progetto). Infine, l'offerta di uno spazio web accompagnato da funzioni 'centralizzate' di CMS è alla base, come vedremo, di diversi servizi specifici (gratuiti o a pagamento) nati negli ultimi mesi.

Nella situazione di forte crisi economica nella quale tutto il mondo delle aziende che operano attorno a Internet si è venuto a trovare dopo il 2001, c'era il rischio che queste possibilità fossero esplorate solo in maniera lenta e limitata. A scongiurare questo rischio è venuto però un fenomeno che è letteralmente 'esploso' nell'ultimo anno: quello dei cosiddetti *weblog*. Vediamo insieme di cosa si tratta.

Una nuova tipologia di siti: i weblog

Capire quali contenuti sia utile e produttivo inserire in rete, e quale sia il modo migliore per organizzarli, è un problema fondamentale (*il* problema fondamentale) per qualsiasi sito Web. In una forma o nell'altra, questo problema deve essere affrontato dai siti delle grandi aziende e da quelli delle piccole associazioni, dai siti delle scuole e delle biblioteche e da quelli della pubblica amministrazione, dai siti di commercio elettronico e da quelli dei partiti politici. Ovviamente, questo problema deve essere affrontato anche dai siti personali: quali informazioni può offrire, il sito di un singolo utente, che possano risultare di un qualche interesse anche per gli altri? E quale sarà il modo migliore per organizzare tali informazioni?

Come abbiamo già accennato nel capitolo precedente, le risposte a queste domande possono essere naturalmente diversissime. Ma se esaminiamo un certo numero di siti personali – anche di quelli creati nei primi anni del Web – ci accorgiamo facilmente che ci sono alcune tipologie di contenuti, e alcune modalità di organizzazione di questi contenuti, che pur non esaurendo un panorama comunque estremamente vario e composito risultano tuttavia particolarmente frequenti. E ci accorgiamo che questi modelli, pur essendo assai diffusi nel caso dei siti personali, possono risultare utili anche in siti di altro genere.

Molto spesso, ad esempio, i siti personali propongono qualcosa che assomiglia alla lontana – e talvolta non troppo alla lontana – alle pagine di un diario: una serie di annotazioni, che in mancanza di un termine più adatto[20] chiameremo 'articoli', ciascuna delle quali può essere dedicata ad argomenti diversissimi (un avvenimento, un'osservazione, una lettura, una sensazione...). Ogni articolo è identificato di norma (proprio come le pagine di un diario) anche o soprattutto attraverso la data nella quale è stato scritto. Molto spesso – ma, anche in questo caso, non sempre – questi articoli, essendo destinati a una sede pubblica quale è il Web, propongono segnalazioni che pensiamo possano essere utili agli altri: il libro che ho appena letto è interessante (o non lo è) per questo o quel motivo, il film che ho visto o il disco che ho comprato mi sono o non mi sono piaciuti, e così via. E queste segnalazioni, a loro volta, riguarderanno spesso (ma non sempre...) risorse disponibili su Web: pagine di altri utenti, siti che ci sembrano particolarmente utili o interessanti, articoli o interventi che abbiamo trovato in rete...

Se mettiamo per un momento da parte la questione dei contenuti, e ci concentriamo sulla struttura dell'informazione, siti di questo tipo hanno una forma abbastanza costante: *articoli* (spesso chiamati anche da noi con i termini inglesi *post* o *entry*) caratterizzati da una *data di pubblicazione* (e cioè la data nella quale sono scritti e inseriti in rete) ed eventualmente da un *titolo*, ordinati dal più recente al meno recente. Infatti, mentre la nuova pagina di un diario su carta segue quella precedente, nei 'diari in rete' – sfruttando la fluidità caratteristica del testo elettronico – tendiamo ad aggiungere il testo più recente *sopra* quello meno recente, in modo da metterlo in evidenza e far notare per primi ai nostri visitatori i contenuti che abbiamo aggiunto per ultimi e che sono dunque più aggiornati.

Spesso (ma non sempre) questi articoli conterranno anche *collegamenti* ad altre pagine Web.

È proprio questo tipo di organizzazione dei contenuti che costituisce il primo elemento caratterizzante dei weblog. Nel weblog tuttavia tale organizzazione non è occasionale ma si trasforma in struttura portante del sito, e si arricchisce di ulteriori e specifiche funzionalità. Innanzitutto, un meccanismo di archiviazione: dopo una certa perma-

[20] L'inglese utilizza spesso per le singole annotazioni di un diario il termine 'entry', che – in quest'accezione – non ha un corrispondente diretto in italiano. Noi parliamo talvolta di 'pagine' di un diario, ma nel contesto del Web questo termine rischierebbe di risultare fuorviante.

nenza sulla home page del weblog, gli articoli – sostituiti progressivamente dagli interventi più recenti – vengono trasferiti in pagine d'archivio. Proprio per questo, il link alle pagine d'archivio – spesso nella forma di un piccolo calendario navigabile – è presente nell'home page della quasi totalità dei weblog. Ogni articolo ha però di norma, fin dal suo primo inserimento nel weblog, *anche* un proprio indirizzo specifico, che non cambia col tempo ed è per questo motivo denominato *permalink*. Il permalink permette di far riferimento all'articolo con la sicurezza che l'utente lo potrà comunque reperire, anche quando sarà scomparso dalla home page; in questo modo, è possibile ad esempio far riferimento – all'interno di un weblog – a un articolo inserito da qualcun altro all'interno di un altro weblog. I rimandi da un weblog all'altro sono frequentissimi, e danno vita a una vera e propria ragnatela di riferimenti incrociati[21]. Inoltre, molti weblog dispongono della capacità di inserire e gestire eventuali *commenti* dei lettori ai singoli articoli. Il mondo dei weblog si trasforma così in uno spazio condiviso, popolato da utenti che dispongono di strumenti simili e li utilizzano non solo per scambiarsi informazioni ma anche per approfondirle collaborativamente e per discuterle; a questo spazio condiviso è stato dato il nome suggestivo di *blogosfera*.

In prima approssimazione, possiamo dire che un *weblog* (viene usato assai spesso anche il termine abbreviato *blog*) è un sito dotato proprio del tipo di struttura che abbiamo appena descritto.

Se ripensiamo un istante a quanto si è detto a proposito dei CMS, e cioè dei sistemi di gestione dei contenuti, noteremo subito come una struttura di questo tipo sia particolarmente adatta ad essere gestita da un CMS, e da un CMS piuttosto semplice. Si tratta infatti di una struttura semplice e uniforme, che rimane costante: a variare saranno i particolari contenuti di ogni articolo, e la sua lunghezza. Non ci stupirà dunque sapere che esistono diversi sistemi di gestione dei contenuti espressamente dedicati alla realizzazione e gestione 'semplificata' di un weblog.

[21] Esiste un meccanismo, denominato *trackback*, che permette di tenerne traccia: se due weblog (chiamiamoli per comodità A e B) utilizzano programmi di gestione capaci di trackback, quando un articolo sul weblog A fa riferimento a un articolo del weblog B, il programma di gestione del weblog A 'comunica' in maniera automatica al programma di gestione del weblog B che quel determinato articolo è stato citato, e il programma di gestione del weblog B aggiunge – sempre in maniera automatica – l'indirizzo dell'articolo del weblog A alla 'trackback list' dell'articolo originario. In questo modo, chi trova all'interno di un weblog un articolo particolarmente interessante o discutibile può sapere subito se quell'articolo è stato citato o discusso da altri, e dove.

Proprio la disponibilità di tali strumenti ha contribuito all'enorme successo che il 'modello weblog' ha avuto negli ultimi mesi: sono ormai attivi centinaia di migliaia di weblog; nel maggio 2003 il *Weblog Crawler Report* (**http://www.idlewords.com/crawler/crawl_report.pl**) ne elenca oltre quattrocentomila, ma i numeri effettivi sono senz'altro assai maggiori: il solo servizio offerto da *Blogger* (ne parleremo in seguito) ha infatti già superato il milione di utenti.

Weblog diversi per scopi diversi

Pur avendo una struttura ragionevolmente uniforme, i weblog naturalmente non sono tutti uguali. Fra i principali fattori che differenziano un weblog dall'altro sono la tipologia dei contenuti, la lunghezza dei post, gli strumenti tecnici utilizzati. I tentativi di classificazione sono numerosi[22]; dal canto nostro – senza nessuna pretesa di esaustività ma solo come aiuto all'orientamento in un settore estremamente fluido – proponiamo in questa sede una duplice distinzione: una che riguarda i contenuti, e una che riguarda gli strumenti utilizzati. Va detto subito, comunque, che queste distinzioni – soprattutto quelle basate sui contenuti – vanno considerate *cum grano salis*: certo, ogni weblog ha una sua personalità, ma la tipologia degli articoli che vi compaiono può essere (e in genere è) assai varia, rendendo difficili classificazioni troppo rigide[23].

I contenuti

Weblog di rassegna e segnalazione

Dal punto di vista dei contenuti, una prima categoria è rappresentata dai *weblog di rassegna e segnalazione*. In un weblog di questo genere, la mag-

[22] Ricordiamo in particolare la suddivisione dei weblog in blog, notebook, filtri e weblog collaborativi proposta in R. Blood, *The Weblog Handbook*, Perseus Books, Cambridge (Mass.) 2002, pp. 6-8, e l'originale classificazione in weblog cacciatori, tessitori e sciamani proposta da Giorgio Nova (b.georg) nel suo weblog *Falso Idillio* (**http://falsoidillio.splinder.it/1043518643#32422**). Su alcune di queste categorie torneremo in seguito.

[23] Come ha giustamente osservato Giuseppe Granieri, infatti, è il singolo articolo – più che il weblog nel suo insieme – a costituire l'unità semantica da considerare nell'indagare l'articolazione comunicativa della blogosfera (cfr. **http://www.bookcafe.net/blog/blog.cfm?id=60**).

gior parte degli articoli ha lo scopo primario di segnalare una particolare risorsa informativa reperibile su Web: un sito, una singola pagina, un altro articolo, un'immagine... La segnalazione è in genere costituita da un link accompagnato da una breve descrizione o da un breve commento. Ovviamente, le segnalazioni rispondono agli interessi, alle abitudini di navigazione, alla sensibilità personale dell'autore del weblog. Uno strumento di questo genere è dunque prezioso per un utente che si senta in qualche misura 'in sintonia' con gli interessi generali (più che con le singole opinioni) dell'autore del weblog. Si tratta di quelli che Rebecca Blood chiama *filters* ("questi weblog hanno una cosa in comune: il primato dei link"[24]), e a questa categoria appartengono molti fra quelli che Giorgio Nova chiama weblog *cacciatori*.

Fra i precursori dei weblog di rassegna e segnalazione vanno senz'altro ricordate le moltissime raccolte commentate di link, presenti in rete fin dagli albori del Web: ad esempio la pagina *What is New* presente fra il 1993 e il 1996 sul sito del primo Web browser, il glorioso e ormai scomparso *Mosaic*, o la pagina *Links from the Underground* gestita a partire dal 1994 dall'allora giovanissimo Justin Hall (abbiamo già avuto occasione di parlarne a proposito dei siti personali)[25]. In ambito giornalistico, un ruolo di precursore spetta senz'altro al sito americano *Drudgereport* (**http://www.drudgereport.com**), di orientamento repubblicano-conservatore, che raccoglie ormai da anni link ad aggiornamento continuo relativi per lo più a notizie di attualità e *gossip* sulla vita politica statunitense (famosi i suoi scoop, di basso livello giornalistico ma di alto impatto politico, sulla vicenda Clinton-Monica Lewinsky).

In Italia fra gli esempi da citare sono senz'altro alcuni weblog di carattere prevalentemente politico-giornalistico: i due weblog collegati al giornale *Il Foglio* (**http://www.ilfoglio.it**), e cioè *Wittgenstein* (**http://www.wittgenstein.it**) di Luca Sofri e *Camillo* (**http://www.ilfoglio.it/camillo**) di Christian Rocca; *Supergiornale* (**http://www.supergiornale.it**), rassegna dei principali articoli sui quotidiani del giorno, a cura della redazione della rivista *Internazionale* (**http://www.internazionale.it**); *Giornalismo&Giornalismi* di Giovanni Cocconi (**http://giornalismi.splinder.it**); *Leibniz* di Piero Macchioni (**http://leibniz.splind-**

[24] Blood, *The Weblog Handbook* cit., pp. 7-8.

[25] La pagina **http://www.links.net/vita/web/start/original.html** propone una delle prime versioni del sito di Justin Hall: un 'viaggio nel tempo' nel Web del 1994, che può risultare interessante anche per i navigatori di oggi.

er.it/); *Klamm* di Edoardo Camurri e Gabriele Gambassini (**http://www.klamm.splinder.it/**), *Network Games* di Beppe Caravita (**http://blogs.it/0100206/**). Sempre in campo giornalistico, in ambito internazionale il modello del weblog di rassegna e segnalazione è seguito dai weblog di diversi giornali, riviste e siti informativi: fra gli altri, segnaliamo quello del giornale inglese *Guardian* (**http://www.guardian.co.uk/weblog**) e la sezione *Best of the Web Today* del sito web del *Wall Street Journal* (**http://www.opinionjournal.com/best/**). Un modello in parte diverso è quello del babelico weblog collaborativo *Metafilter* (**http://www.metafilter.com/**). Tornando in Italia, merita di essere ricordato anche un esempio interessante di meta-weblog di segnalazione: il blog delle *United Blogzine of WWW* (**www.pproserpina.net/united.php3**), che raccoglie notizie di attualità ma anche link ad articoli e interventi dei circa novanta weblog (al momento in cui scriviamo) aderenti all'iniziativa.

Molti weblog di rassegna e segnalazione sono dedicati ad ambiti più specifici, e si rivolgono in primo luogo a chi per tali ambiti ha un forte interesse personale o professionale. La quantità dei casi che si potrebbero citare è immensa, anche volendosi limitare a weblog di un certo livello qualitativo. Senza altra pretesa che quella di voler fornire qualche esempio, ricordiamo *Arts & Letters Daily* (**http://www.aldaily.com/**) nel campo della cultura umanistica; *Kairosnews* (**http://kairosnews.org/**) nel campo della cultura e della didattica legate ai nuovi media; il notissimo *Slashdot* (**http://slashdot.org/**), vera e propria tappa obbligata nel campo delle tecnologie e delle culture di rete (e non solo); il tedesco *Netbib* (**http://log.netbib.de/**) e lo statunitense *Library Stuff* (**http://www.librarystuff.net/**) in campo bibliotecario.

Weblog di commento

Molto spesso anche i weblog di commento hanno come punto di partenza il collegamento a un'informazione disponibile in rete. In questo caso, però, il link non rappresenta una semplice segnalazione ma l'occasione per un commento di un qualche respiro. Al centro dell'articolo non è il link in quanto tale ma l'opinione dell'autore del weblog, il suo commento all'informazione raggiungibile attraverso il link. Del resto, l'informazione discussa e commentata può anche non trovarsi in rete: può trattarsi di un film appena visto, di un libro appena letto, di un disco, di qualcosa letto sul giornale o visto alla televisione, di un'esperienza diretta... Così come è invece possibile che l'articolo metta in relazione e discuta informazioni diverse, ed offra quindi più di un link. Il lavoro del 'blogger' (neologismo non proprio entusiasmante ma ormai estremamente diffuso per designare l'autore di un weblog) è in questo caso un lavoro di riflessione e di tessitura: nelle parole di Giorgio Nova, i weblog tessitori

sono (...) più portati ad aggregare informazioni diverse, a costruire trame, a fare tessuto, chi tra le informazioni, chi tra i blog. Sono meno rapsodici e fulminanti dei cacciatori, scrivono cose meno frequenti e più lunghe, a volte sono più lenti (può anche capitare che non postino per giorni), ma possono essere anche logorroici. Costruiscono discorsi, coltivano interessi nel tempo, li aggregano, esprimono opinioni articolate, confrontano[26].

Si tratta di una categoria assai ampia, e il cui confine rispetto ai weblog di rassegna e segnalazione è spesso difficile da tracciare. Ad essa appartiene probabilmente la maggior parte dei weblog personali. Fornire esempi è davvero difficile, perché ogni selezione dipende inevitabilmente dai gusti (e anche dalle conoscenze) di chi la propone. Chi volesse farsi un'idea di questa tipologia di weblog può comunque consultare, fra mille altri, in italiano, *4Banalitäten* di Cesare Lamanna (**http://blogs.it/0100214/**), *Brodo Primordiale* di Carlo Berardelli (**http://www.brodoprimordiale.net/**), *EmmeBi* (**http://www.emmebi.blogspot.com/**), *Fuori dal coro* di Carlo Annese (**http://fuoridalcoro.blogspot.com**), *Leonardo* (**http://leonardo.blogspot.com/**), *Manteblob* di Massimo Mantellini (**http://www.mantellini.it**), *Momoblob* di Massimo Morelli (**http://blog.morellinet.com/categories/momoblog/**), *Onino* di Cristiano Siri (**http://onino.splinder.it/**), *Paferrobyday* di Paolo Ferrandi (**http://homepage.mac.com/paferro/iblog/paferrobyday**), *Paolo's Weblog* di Paolo Valdemarin (**http://paolo.evectors.it/italian/**), *Skip Intro* (**http://www.skipintro.org/**) di MatteoC. Gino Roncaglia, autore della sezione del manuale che state leggendo in questo momento, ha anch'egli un suo weblog: si chiama *Merzlog* (**http://www.merzlog.com**), e comprende una sezione di link che può essere utilizzata dal lettore per allargare e mantenere aggiornati i riferimenti contenuti in queste pagine.

In inglese, un weblog di commento molto seguito è quello del giornalista Andrew Sullivan (**http://www.andrewsullivan.com**: uno dei po-

[26] **http://falsoidillio.splinder.it/1043518643#32422**

chi weblog redditizi, dato che il suo autore ha raccolto in poche settimane circa 80.000 dollari di sottoscrizione fra gli utenti del sito). Vanno poi segnalati almeno lo storico *Scripting News* di Dave Winer (**http://www.scripting.com/**), *Instapundit* di Glenn Reynolds (**http://www.instapundit.com/**), *Rebecca's pocket* di Rebecca Blood (**http://www.rebeccablood.net/**), il blog di Doc Searl (**http://doc.weblogs.com/**), quello di Ross Mayfield (**http://radio.weblogs.com/ 0114726/**), *Sivacracy.net* (**http://www.sivacracy.net/**) di Siva Vaidhyanathan, *Talking Points Memo* di Joshua Micah Marshall (**http://www. talkingpointsmemo.com/**), *Public Opinion* di Gary Sauer-Thompson (**http://www.sauer-thompson.com/**). Anche fra i weblog di commento, molti sono prevalentemente dedicati a settori specifici: lo spagnolo *eQuaderno* (**http://orihuela.blogspot.com/**) e l'australiano-norvegese *Jill/txt* (**http://huminf.uib.no/~jill/**) offrono ad esempio ottimi punti d'osservazione sul campo delle culture digitali, *LawMeme* (**http://research.yale.edu/lawmeme/**) si occupa soprattutto di diritto d'autore e copyright, *Elearningspace* (**http://www.elearnspace.org/cgi-bin/elearn spaceblog/**) è dedicato al mondo dell'e-learning, *TeleRead* (**http:// www.teleread.org/blog/**) è un bel weblog dedicato ai libri elettronici, *A klog apart* (**http://dijest.com/aka/**) è specificamente dedicato ai k-logs, ovvero ai weblog utilizzati come strumento di *knowledge management*, *Catalogablog* (**http://catalogablog.blogspot.com/**) offre segnalazioni e commenti relativi al mondo bibliotecario, mentre l'eccellente weblog italiano *Blog Notes* (**http://www.bookcafe.net/blog/**) di Giuseppe Granieri offre riflessioni sempre pacate e ragionate, dedicate prevalentemente (ma non unicamente) al mondo dei weblog e alle sue caratteristiche comunicative.

Weblog di narrazione (e affini)

Fra i punti di riferimento storico e concettuale ai quali si collega l'idea di weblog, vi è sicuramente il modello rappresentato dal diario e dalla scrittura diaristica. Non stupirà dunque che diversi weblog preferiscano, alle forme del commento, dell'informazione e della segnalazione, la forma più propriamente narrativa del racconto, della cronaca personale (spesso rivisitata in chiave creativa o fantastica).

I weblog di questo tipo offrono raramente link esterni, e quando lo fanno i link stessi sono funzionali alla narrazione. La scrittura è di norma in prima persona, e ricorre spesso ai registri della satira o dell'ironia. L'efficacia e l'interesse degli articoli dipendono fortemente dalla capacità di scrittura dell'autrice (si tratta della tipologia di weblog con maggiore presenza femminile[27], un dato sul quale può essere probabilmente interessante riflettere) o dell'autore. Hanno tuttavia un loro interesse – se non altro sociologico – anche le migliaia e migliaia di weblog e siti 'diaristici' tenuti da teen-agers statunitensi: una moda non ancora esplosa in Italia, ma che meriterebbe di essere studiata.

In italiano, fra i weblog di narrazione dagli esiti più felici vanno citati almeno quelli di *Personalità Confusa* (**http://personalitaconfusa.splinder.it/**), *Massaia* (**http://www.massaia.splinder.it/**), *La Pizia* (**http://digilander.libero.it/pizia98/**)[28]; in ambito anglosassone possiamo segnalare il weblog – di difficile classificazione, dato che vi si fondono narrazioni personali ma anche segnalazioni e commenti – del già citato Justin Hall (**http://www.links.net/**), *Invisible Shoebox* (**http://invisibleshoebox.blogspot.com/**) di Meredith Badger, e *What's New Pussycat?* (**http://www.shauny.org/pussycat/**) di Shauny.

All'ambito dei weblog di narrazione possono forse essere accostate due tipologie di weblog piuttosto particolari: i weblog di scrittori e quelli che potremmo provare a definire come 'weblog di montaggio'. Per quanto riguarda la prima categoria, ricordiamo almeno i blog del 'padre' del movimento cyberpunk, William Gibson (**http://www.williamgibsonbooks.com/blog/blog.asp**), e di Neil Gaiman (**http://www.neilgaiman.com/journal/journal.asp**), autore emergente dalle ottime capacità narrative, a cavallo fra fumetti, fantasy e letteratura gotica. Quanto ai weblog di montaggio, mi sembra possa essere opportuno individuare uno spazio relativamente autonomo per i blog caratterizzati da una sorta di 'collage' di suggestioni visive e testuali tratte dalla rete. Rispetto a queste suggestioni, raccolte e offerte senza alcuna pretesa di sistematicità o completezza, l'autore non impone una propria presenza testuale 'forte' (come accade invece in quasi tutti gli altri modelli di weblog), anche se ovviamente la selezione dei materiali ne lascia comunque trasparire interessi e personalità. Un esempio interessante (ma se ne potrebbero fa-

[27] Anche se alcuni weblog 'nati al femminile' sono in realtà scritti da uomini: è il caso ad esempio dei weblog di *Personalità Confusa* e di *Massaia*. Anche in questo caso, la rete si propone come strumento per eccellenza di contaminazione di ruoli e personalità.

[28] Da questo weblog è nato anche un libro: Eloisa "La Pizia" Di Rocco, *Mondo Blog*, Hops libri, Milano 2003; un altro libro legato al mondo dei weblog di narrazione è *Blogout. 13 diari dalla rete*, a cura di Alessandro Marzi e Fabrizio Ulisse, Novecento Libri, Roma 2003.

re diversi) è *Wood's lot* di Mark Woods (**http://www.ncf.ca/~ek867/wood_s_lot.html**).

Weblog di progetto

Le tipologie di weblog fin qui considerate sono tutte legate in forma piuttosto diretta all'espressione della personalità di un autore. Un weblog, tuttavia, può avere anche altre funzioni: può essere, ad esempio, un ottimo strumento per raccogliere e distribuire informazioni su un progetto (lo sviluppo di un software, l'organizzazione di un convegno, il marketing di un prodotto, la campagna elettorale di un candidato, gli appuntamenti e le iniziative di un'associazione culturale, gli aggiornamenti di un libro, l'applicazione di una normativa, la preparazione di una tesi di laurea... le possibilità sono innumerevoli). Weblog di questo tipo hanno in genere un prevalente scopo informativo, ma possono anche diventare un vero e proprio strumento di lavoro collaborativo: è il caso ad esempio dei weblog che nascono all'interno di un corso scolastico o universitario, con lo scopo di organizzare nel tempo il lavoro didattico e di raccoglierne i risultati.

Gli esempi di weblog di progetto cominciano ad essere abbastanza numerosi e tendono a crescere col tempo, man mano che ci si accorge come in un numero crescente di situazioni i weblog possano rappresentare uno strumento semplice e comodo di gestione di contenuti anche al di fuori di siti strettamente personali. Volendo fornire qualche indirizzo possiamo citare il sito *Urp degli Urp* (**http://www.urp.it**), nato da un'iniziativa comune del Dipartimento della Funzione pubblica e della Regione Emilia Romagna e dedicato agli Uffici Relazioni con il pubblico della pubblica amministrazione. Il sito ospita un weblog di progetto organizzato in numerose categorie tematiche, all'indirizzo **http://www.urp.it/database/urpdegliurp/weblog.nsf?OpenDatabase**. Tra i weblog didattici, esempi interessanti sono offerti da *Webgol* (**http://webgol.splinder.it/**), il weblog del Master di giornalismo on-line dell'Università di Firenze coordinato da Antonio Sofi, e da *Fermo 2003* (**http://fermo2003.blogspot.com/**), il weblog di due corsi di ambito bibliotecario tenuti da Giovanni Bergamin presso l'Università di Macerata. Due esempi tutt'altro che isolati: facendo una ricerca su Google con chiave "weblog del corso" si arriva nel maggio 2003 a oltre 300 risultati (è una facile profezia presumere che aumenteranno parecchio nel corso dei prossimi mesi), la maggior parte dei quali relativi a sperimentazioni di weblog didattici.

A livello internazionale, non a caso è organizzato come weblog (di progetto) il sito di *Movable Type* (**http://www.movabletype.org/**), un software per la gestione di weblog sul quale torneremo fra breve. Un esempio interessante – fra i tanti che potrebbero essere citati – di come i weblog possano essere utilizzati, a bassissimo costo, come strumenti per migliorare l'interazione con e fra i partecipanti a un convegno è invece fornito dal weblog della conferenza "History and Society since 1970" organizzata a Bucarest nell'aprile 2003 dal British Council di Romania (**http://www.historyandsociety.net/blog/**). Mentre nel parlare di weblog elettorali non si può fare a meno di citare quello di *Howard Dean*, candidato alla nomination democratica per le presidenziali statunitensi del 2004. Si chiama *Blog for America* (**http://www.blogforamerica.com/**), ed è collegato non solo al sito ufficiale del candidato ma anche a una vera e propria rete di altri weblog di supporto.

Parlando di weblog di progetto, il riferimento conclusivo è quasi obbligato: il weblog collegato a questo manuale. Lo trovate – a partire dal novembre 2003 – all'interno del sito del libro, all'indirizzo **http://www.laterza.it/internet**.

Weblog collaborativi e Blogzine

Parlando dei weblog di progetto, si è già accennato al fatto che un weblog non deve essere necessariamente espressione di un singolo autore. Possiamo così individuare, trasversale rispetto a quelle fin qui considerate e particolarmente diffusa nel caso dei weblog di commento e di quelli di progetto, la categoria dei weblog collaborativi, nei quali la responsabilità dell'inserimento dei contenuti è condivisa da un gruppo di 'redattori'. Ognuno di essi dispone di un proprio nome utente e di una password, attraverso cui inserire notizie e articoli nel weblog. Diversi fra i weblog che abbiamo fin qui citato sono weblog collaborativi: in particolare, la collaborazione di una vasta comunità di utenti è il punto di forza di siti come i già ricordati *Slashdot* e *Metafilter*. In ambito italiano, al modello Slashdot si ricollega in qualche misura il sito *Wup.it* (**http://www.wup.it/**).

In alcuni casi, i weblog collaborativi si trasformano in un vero e proprio prodotto editoriale, una rivista in rete con un nucleo fisso di collaboratori, una struttura redazionale articolata, e magari anche l'attribuzione di un codice ISSN (International Standard Serial Number). La dimensione in qualche misura 'amatoriale' caratteristica di molti weblog è in questi casi spesso sostituita dalla ricerca di professionalità, pulizia grafica, cura dei contenuti, anche se talvolta al prezzo di una certa perdita di immediatezza e originalità. Quando la professionalità del prodotto e/o la specificità dei contenuti hanno il sopravvento si può parlare di vere e proprie riviste in rete, o *E-Journals* (naturalmente una rivista in rete può essere realizzata anche con strumenti diversi da quelli nati per la gestione di weblog); quando la natura spontanea e 'contaminante' dei weblog viene preservata si parla piuttosto di *Blogzine*.

Nel panorama italiano esistono diversi siti interessanti che si possono ricondurre a queste tipologie, anche se – al solito – ogni tentativo di classificazione troppo specifica finisce per rivelarsi inadeguato. Possiamo comunque ricordare *The Gnu Economy* (**http://www.gnueconomy.net/**), coordinato da Gianluca Neri; *QuintoStato* (**http://www. quintostato.it/**); *Società delle menti* (**http://www.clarence.com/contents/cultura-spettacolo/societamenti/**); *Tel&Co.* (dedicato al mondo del wireless: **http://www.telconews.it/**). *Carmilla* (**http://www.carmillaonline.com/**), blogzine di Valerio Evangelisti e Giuseppe Genna, costituisce la rivisitazione forse più diretta del modello rappresentato dalle vecchie *fanzine* cartacee, mentre – se si supera il fastidio per l'orribile grafica e l'uso sconsiderato di pubblicità, finestre pop-up e icone animate – *Il Barbiere della Sera* (**http://www.ilbarbieredellasera.com/**) offre un curioso 'dietro le quinte' sul mondo del giornalismo italiano, con gossip, curiosità e notizie i cui autori si celano di norma dietro fantasiosi pseudonimi. *Blog.it* (**http://www.blog-it.net/**) è infine un weblog collaborativo interamente dedicato al mondo weblog.

Per chi vuole sperimentare: Photoblog, Audioblog, Videoblog, Moblog...

I weblog tradizionali sono prevalentemente testuali, ma non c'è alcun motivo per il quale gli strumenti di gestione dei contenuti utilizzati per creare un weblog testuale non possano essere utilizzati – con le opportune modifiche – per gestire 'in forma di weblog' anche immagini, appunti sonori, filmati. Particolarmente numerosi sono i photoblog: il sito **http://www.photoblogs.org/** ne elenca oltre 1.500, una trentina dei quali in Italia. I videoblog (o *vog*) sono decisamente di meno. Un esempio interessante è offerto dal sito australiano **http://hypertext.rmit.**

edu.au/vog/, un progetto iniziato già nel 2000 che comprende anche un vero e proprio manifesto teorico sulle differenze fra videoblog e streaming video. Gli audioblog sono di norma strettamente legati agli strumenti di comunicazione mobile (telefonini e affini) utilizzati per aggiornarli; gli esempi disponibili sono comunque relativamente pochi, e le proposte di servizi commerciali in quest'ambito (**http://www.audblog.com/, http://www.audioblogger.com/** e, in Italia, **http://www.audioblog.it/**) non sembrano aver avuto finora particolare successo. Il rapporto fra weblog e comunicazione mobile sembra legato assai più direttamente alla possibilità di aggiornare 'sul campo', attraverso strumenti di comunicazione mobile, i weblog testuali tradizionali. È questa l'area dei cosiddetti *mblog* o blog mobili, nati attorno all'obiettivo di poter aggiornare il proprio weblog in ogni momento e da qualunque località[29]. Per approfondire questo tema, due buoni punti di partenza sono il weblog di Joi Ito (**http://radio.weblogs.com/0114939/outlines/moblog.html**) e *Em-Brof* (**http://doping. sics.se/prof/**), il weblog di Emmanuel Frécon.

Weblog e giornalismo: un dibattito

Alcuni fra i weblog più noti, sia in Italia sia nel mondo anglosassone, sono opera di giornalisti professionisti (un elenco di weblog giornalistici, relativo al mondo anglosassone, è alla pagina **http://www.cyberjournalist.net/cyberjournalists.html**). Ma la grande maggioranza dei 'blogger' è rappresentata da persone che, anche quando riprendono o commentano notizie di attualità, lo fanno da un punto di vista assolutamente personale, senza particolari pretese di completezza, affidabilità, obiettività. Del resto, gli stessi giornalisti professionisti sembrano considerare i propri weblog come uno spazio diverso da quelli dedicati alla scrittura propriamente giornalistica: uno spazio con meno vincoli nella scelta degli argomenti, nello stile di scrittura, nella lunghezza degli articoli. E tuttavia, nonostante queste considerazioni, il rapporto fra weblog e giornalismo è al centro del dibattito probabilmente più vivace e vitale fra quelli che animano la blogosfera.

Per capire le ragioni di questo dibattito occorre tener presenti di-

[29] Può essere forse questa l'occasione adatta per ricordare il recente libro di Howard Rheingold, *Smart Mobs. The Next Social Revolution*, Perseus Publishing, Cambridge (Mass.) 2002, dedicato proprio alle conseguenze sociali e culturali dello sviluppo degli strumenti di comunicazione mobile.

versi fattori. Innanzitutto, se è vero che alcuni giornalisti professionisti sembrano utilizzare i propri weblog *anche* come strumento per sperimentare forme di scrittura e di comunicazione diverse da quelle che sono loro abituali, è altrettanto vero che moltissimi blogger che *non sono* giornalisti professionisti mostrano di percepire il proprio weblog come uno spazio editoriale di tipo giornalistico. Se il mondo è pieno di aspiranti scrittori e aspiranti poeti con un romanzo o una raccolta di poesie nel cassetto, il Web sembra pieno di aspiranti giornalisti, entusiasti di aver trovato lo strumento adatto per poter finalmente pubblicare i propri articoli e i propri commenti, e spesso preoccupati (proprio come i loro colleghi 'professionisti') dal numero dei lettori e dalle reazioni del proprio pubblico ai singoli interventi pubblicati.

Eppure, questa considerazione – che ha indubbiamente qualche elemento di fondatezza – non basta. In particolare, non basta a spiegare il fastidio piuttosto evidente che l'uso dei weblog come strumento di 'giornalismo amatoriale' sembra spesso suscitare nel mondo del giornalismo professionale. C'è dunque un'altra faccia della medaglia da tenere presente: il fatto, difficilmente contestabile, che in diversi casi questo 'giornalismo amatoriale' abbia poco da invidiare – e talvolta abbia qualcosa da insegnare – al giornalismo professionale in termini di immediatezza di scrittura, freschezza di analisi, capacità di rassegna e valutazione delle fonti. Un buon blogger è in genere anche un virtuoso della navigazione su web, della ricerca in rete, del confronto fra fonti informative diverse: tutte abilità che dovrebbero ormai fare parte – ma che non sempre fanno parte – del bagaglio di competenze di un buon giornalista professionista. Ecco dunque che i weblog migliori mettono in crisi l'idea del mondo giornalistico come 'casta' chiusa, con i propri riti di accesso, il proprio Ordine, i propri modelli (più o meno rigidi) di scrittura, e un'alta propensione all'autoreferenzialità.

Inoltre, la natura fortemente reticolare e interconnessa della blogosfera costituisce un perfetto 'brodo di coltura' per far crescere e sviluppare notizie trascurate o ignorate dai media tradizionali, e imporle all'attenzione generale. In un certo senso, i weblog sono uno strumento di 'public opinion', anche se limitato a una sfera sicuramente ristretta e piuttosto specifica della popolazione. E il fatto che comunque *esista* una zona di intersezione fra giornalismo professionale e blogosfera aiuta a garantire una visibilità esterna alle notizie, ai commenti, ai 'memi' di maggior successo sviluppati nel mondo weblog.

Si aggiunga a tutto ciò che in determinate situazioni e in determinati contesti i weblog possono rappresentare anche una fonte informativa diretta. Famoso è stato, a tale proposito, il caso del weblog di Salam Pax, *Where is Raed* (**http://dear_raed.blogspot.com/**). Esso ha raccolto durante la guerra in Iraq – e continua a raccogliere nel difficile 'dopoguerra' – i racconti e le opinioni di un giovane ingegnere di Baghdad, capace di osservare la situazione del suo paese con l'occhio in parte disincantato e ironico di chi ha studiato e lavorato a lungo in Occidente, e conosce dunque il meglio (e il peggio) di entrambi i mondi. La figura inizialmente piuttosto misteriosa di Salam Pax, e la temporanea incertezza sulla sua sorte durante le fasi più drammatiche del conflitto, hanno immediatamente colpito la fantasia dei media; giorno dopo giorno, la sua voce è diventata una delle più seguite per rendersi conto, al di là delle notizie di stretta contabilità bellica o post-bellica, degli sviluppi quotidiani della situazione irachena.

Il caso di Salam Pax – pur essendo il più noto – non è certo isolato: il lettore con un po' di propensione alla ricerca e alla navigazione troverà senza troppa fatica weblog di grande interesse sulla difficile situazione dei paesi dell'America Latina (a cominciare da Argentina e Venezuela), sulla contrapposizione fra 'movimento studentesco' e autorità islamiche in Iran, sulla situazione nei Paesi Baschi e in Irlanda del Nord. Non è un caso, del resto, che il Web in generale e i weblog in particolare costituiscano strumenti di comunicazione essenziali per movimenti dalla natura spesso transnazionale e fortemente eterogenea come il movimento no-global. Fra gli esempi più noti ricordiamo il sito dell'*Independent Media Center* (**http://www.indimedia.org/**), al centro di una vera e propria ragnatela di siti e di weblog interconnessi (per l'Italia, il sito di riferimento è **http://italia.indymedia.org/**).

Gli strumenti

In linea teorica, un weblog può essere costruito anche senza ricorrere a strumenti particolari, utilizzando un normale editor HTML. Ma le caratteristiche più avanzate e interessanti dei weblog richiedono (o almeno suggeriscono fortemente) l'uso di strumenti specifici. Strumenti che possono essere divisi in due grandi categorie: 1) quelli offerti dal sito di un fornitore di servizi che metta a disposizione degli utenti, via Web, un programma di gestione per weblog e un server centrale per ospitarne i contenuti. Siti di questo tipo permettono (gratuitamente o dietro pagamento di una piccola cifra mensile o annuale) di creare e gestire il proprio weblog direttamente sul server remoto, utilizzando un normale browser per l'inserimento dei contenuti: non occorre dunque, di norma, installare programmi o strumenti particolari sul computer di casa; 2) quelli basati su programmi di gestione che l'utente deve installare e configurare autonomamente, su un server sotto il suo diretto controllo.

La prima tipologia di strumenti è evidentemente più semplice e facile da usare per l'utente finale, e rappresenta dunque la soluzione più diffusa. La seconda permette un controllo assai maggiore sul weblog e sulle sue funzionalità, e una personalizzazione più completa sia dell'interfaccia di gestione sia del weblog stesso: si tratta dunque della soluzione scelta da molti fra i weblog più complessi e strutturati.

Va ricordato, comunque, che il primo obiettivo di qualunque strumento per la gestione di un weblog è quello di permettere all'autore di concentrarsi sui contenuti più che sulla realizzazione tecnica del sito. Un sistema di gestione troppo complesso finirebbe per compromettere proprio il raggiungimento di questo obiettivo.

Servizi in rete per la gestione di weblog

Il più noto fra i servizi in rete per la creazione e gestione di weblog è sicuramente quello offerto da *Blogger* (**http://www.blogger.com**). Blogger è nato nel 1999 da una piccola società, la Pyra Ltd., ad opera soprattutto di Evan Williams. Alla fine del 1999 Blogger ospitava poco più di 2.000 weblog: due anni dopo i weblog ospitati dal sistema erano oltre centomila, e nel 2003 la cifra complessiva ha superato il milione. Un successo impressionante, ma anche difficile da gestire per una piccola società: come era facile prevedere, cifre del genere suscitano l'interesse dei maggiori protagonisti della Web economy, e nel febbraio 2003 Blogger è stato acquistato da Google.

Blogger permette di creare gratuitamente weblog dalle caratteristiche abbastanza avanzate (è anche possibile creare weblog collaborativi, giacché il sistema permette di associare a un weblog un 'team' di redattori), propone una serie di semplici modelli grafici per la loro impaginazione (ma gli utenti più esperti possono facilmente crearne di propri), e consente di gestire il weblog e inserire nuove notizie attraverso una semplice interfaccia web. I weblog creati possono essere pubblicati via FTP su qualunque sito esterno, oppure, in maniera ancor più semplice, sui server di *Blogspot* (**http://www.blogspot.com/**), un servizio di Web hosting direttamente controllato da Blogger. La pubblicazione su Blogspot è anch'essa gratuita, a patto di accettare un banner pubblicitario sulla testata del proprio weblog. Sono disponibili versioni a pagamento sia del servizio di creazione e gestione di weblog offerto da Blogger (il servizio a pagamento si chiama *Blogger Pro* e, nel momento in cui scriviamo, costa 35 dollari l'anno) sia del servizio di pubblicazione su BlogSpot (per circa 5 dollari al mese è possibile eliminare i banner pubblicitari e incrementare lo spazio disponibile per il proprio weblog, aggiungendo la possibilità di pubblicare immagini).

Creare un weblog su Blogger – come del resto sugli altri servizi che citeremo in seguito – è estremamente semplice: una serie di pagine di istruzioni guidano l'utente passo passo, e anche gli utenti meno esperti dovrebbero riuscire a realizzare in pochi minuti l'intelaiatura del loro weblog. A quel punto, l'unico problema sarà quello di... scriverne i contenuti! Al momento, l'interfaccia di Blogger è in inglese, ma sono annunciate versioni 'nazionalizzate' per il prossimo futuro; i testi inseriti nel weblog possono comunque essere tranquillamente in italiano.

Sull'onda del successo di Blogger, numerosi altri siti offrono funzionalità specifiche per la creazione e gestione di weblog. Per quanto ri-

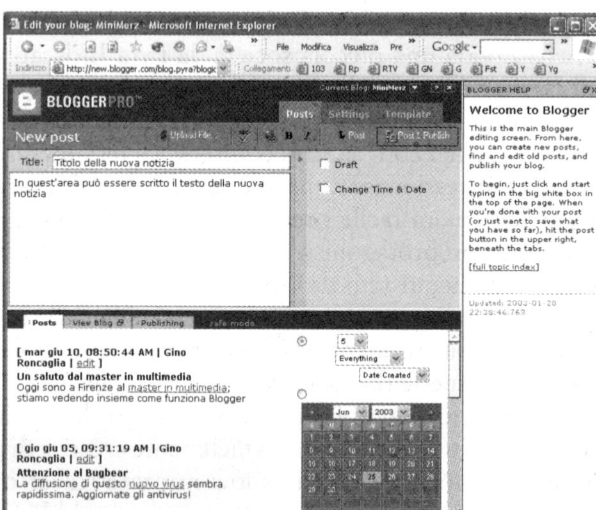

Figura 77 Blogger (versione Pro): la pagina che permette di inserire un articolo all'interno di un weblog

guarda il mondo anglosassone ci limitiamo a segnalare *LiveJournal* (**http://www.livejournal.com/**; anche questo servizio – orientato alla creazione di siti più vicini al diario su Web che al vero e proprio weblog, e popolarissimo fra le teen-ager americane – ha superato il milione di utenti) e *Blog-City* (**http://www.blog-city.com/**), mentre in Italia vanno ricordati in particolare *Splinder* (**http://www.splinder.it/**; al momento in cui scriviamo ospita circa 15.000 weblog), *Clarence FreeBlog* (**http://blog.clarence.com/**; nel momento in cui scriviamo il servizio – che si segnala per la notevole completezza degli strumenti offerti – ha da poco superato i 3.000 weblog ospitati), *Bloggers.it* (**http://www.bloggers.it/**; offre anch'esso un'ottima selezione di strumenti), *TiscaliBlog* (**http://blog.tiscali.it/**; il servizio offriva inizialmente funzionalità assai limitate, ma sono annunciati miglioramenti), e tre aggiunte recentissime: quella di *Excite Blog* (**http://www.excite.it/blog**), quella di *Virgilio Blog* (**http://blog.virgilio.it/**) e quella di *Blog by Aruba* (**http://blog.aruba.it/**). È possibile creare un proprio blog anche attraverso il sito *Il Cannocchiale*, all'indirizzo **http://www.ilcannocchiale.it/**.

Programmi per la creazione e gestione di weblog

Una tipologia di strumenti in qualche modo intermedia fra i servizi centralizzati di creazione e gestione di weblog e i programmi da installare autonomamente su un proprio server è rappresentata da uno dei primi e più famosi programmi in quest'ambito: *Radio*, della Userland (**http://radio.userland.com**; distributore italiano **http://www.evectors.it/**). Allo sviluppo di Radio – e del programma che come vedremo ne è un po' il fratello maggiore, *Manila* – ha contribuito uno dei pionieri del mondo weblog, Dave Winer, il cui blog *Scripting News* abbiamo già avuto occasione di ricordare.

Radio è sostanzialmente un programma client per realizzare e gestire un weblog: il weblog creato utilizzando Radio viene ospitato su un server esterno, ma l'uso da parte dell'utente di un client autonomo accanto alla interfaccia di gestione via Web permette un alto livello di personalizzazione, consentendo di implementare molte funzionalità avanzate. Inoltre, Radio funziona come aggregatore di notizie: una tipologia di programmi sulla quale torneremo più avanti. La versione italiana di Radio costa al momento in cui scriviamo 60 euro, e nel prezzo è compreso un anno di hosting del proprio weblog sul server di *Blogs.it* (**http://www.blogs.it**).

I server che ospitano weblog creati utilizzando Radio sono basati su un altro programma della Userland, *Frontier* (**http://frontier.userland.com**), che offre un sistema di gestione dei contenuti piuttosto potente e altamente configurabile, basato su database e collegato a un server web proprietario per la generazione dinamica delle pagine. Frontier è venduto (al prezzo non proprio economico di circa 900 dollari, comprensivo di un anno di aggiornamenti; la versione educational costa circa 300 dollari) assieme a un programma per la gestione e creazione di weblog denominato *Manila* (**http://manila.userland.com**): attraverso l'accoppiata Manila/Frontier è possibile creare e gestire via Web su uno stesso server un gran numero di weblog, ciascuno dei quali altamente personalizzabile e dotato di un autonomo team redazionale: può trattarsi dunque di una buona soluzione per le situazioni nelle quali è prevista la creazione centralizzata da parte di un'azienda o di un'istituzione (ad esempio una scuola o un'università) di un gran numero di weblog di progetto. In questo caso, al 'webmaster' centrale sono richieste competenze informatiche un po' più sviluppate, mentre i responsabili editoriali dei singoli weblog potranno utilizzare strumenti di gestione assai semplici e immediati.

Se Radio e Manila sono a pagamento, completamente gratuito (a meno di non voler richiedere assistenza per l'installazione, o di non voler effettuare autonomamente una donazione) è invece un altro ottimo strumento per la creazione e gestione di weblog, *Movable Type* (**http://www.movabletype.org/**). Dotato di un'interfaccia assai elegante e intuitiva, e di un team di sviluppo al quale si deve l'introduzione nel mondo weblog di molte funzionalità di grande interesse (ad esempio il ricordato meccanismo di 'trackback'), MovableType richiede ai propri utenti una discreta familiarità con gli strumenti informatici e di editing Web, ma consente in cambio di realizzare siti molto avanzati, utilizzando caratteristiche quali i fogli stile e XML. Il sito realizzato può essere ospitato su un proprio server o su un server esterno, ed è possibile la gestione di più siti e di un gruppo di redattori separato per ognuno di essi. Chi volesse iniziare a sperimentare in maniera 'soft' le caratteristiche di Movable Type, senza la necessità di installarlo su un proprio server, può farlo creando un blog attraverso il già ricordato servizio *Clarence FreeBlog* (**http://blog.clarence.com/**), che si basa proprio su questo ambiente software.

Se i programmi di casa Userland e Movable Type costituiscono probabilmente gli strumenti più diffusi per la creazione e gestione autonoma di un weblog, esistono tuttavia numerosi altri programmi che possono essere utilizzati: all'indirizzo **http://www.urldir.com/bt/** trovate uno strumento per comparare le caratteristiche di molti di essi.

Strumenti per la blogosfera: feed RSS e aggregatori

Uno degli aspetti che rendono più interessante e affascinante il mondo dei weblog è la rapida evoluzione di tutto un bagaglio di strumenti e meccanismi nati per creare relazioni fra messaggi, classificarli semanticamente, organizzarli e raccoglierli in base a criteri prestabiliti, distribuirli, facilitare l'integrazione di discussioni e commenti sugli stessi temi, e così via. Un esame dettagliato di questi strumenti richiederebbe molto più spazio di quello qui disponibile, ma almeno ad uno di essi è bene dedicare qualche attenzione: i *feed RSS*. Non fatevi spaventare dal nome piuttosto 'criptico' e dal fatto che i feed RSS si basino su XML (un metalinguaggio di marcatura del quale ci occupiamo in un'altra sezione del nostro manuale): i principi di base di questi strumento sono assai semplici, e le sue applicazioni davvero notevoli.

L'acronimo RSS può essere sciolto come 'Really Simple Syndication'[30], e per capire di cosa si tratti può essere forse utile cominciare proprio dal concetto di Syndication. Dietro a questo concetto c'è qualcosa di molto simile a un'agenzia di stampa. Un'agenzia produce un flusso di notizie, organizzate in base a una struttura comune: un titolo, il corpo della notizia, data e ora di emissione, e magari l'indicazione dell'autore e di una categoria tematica. Le notizie di agenzia sono riprese ed eventualmente pubblicate dai giornali 'abbonati' all'agenzia in questione. L'agenzia non si preoccupa di 'impaginare' la notizia: una stessa notizia potrà essere ripresa e impaginata in forme diverse da giornali diversi (mentre resteranno costanti la sua struttura e il suo contenuto). Per 'Syndication' si intende originariamente proprio la possibilità offerta da un fornitore di contenuti informativi – ai propri abbonati o a chiunque – di ricevere automaticamente ed eventualmente ripubblicare le informazioni da esso prodotte.

Quando questo meccanismo si sposta sul Web, non riguarda più solo le agenzie di stampa: è ogni tipo di sito che produce informazioni e notizie che può consentire – a pagamento o in forma gratuita – di ricevere ed eventualmente ripubblicare i propri contenuti informativi. Per-

[30] L'acronimo RSS viene tuttavia sciolto – in particolare nell'implementazione che ne ha fatto Netscape – anche come 'RDF Site Summary' o 'Rich Site Summary'.

ché questo sia possibile in maniera automatica, occorre evidentemente che le notizie siano strutturate in maniera uniforme, e che le loro varie 'componenti' (titolo, corpo, data e ora, ecc.) siano opportunamente 'marcate'.

Il formato RSS nasce proprio per marcare articoli e notizie destinati ad essere scambiati via Web. Una marcatura finalizzata non all'impaginazione delle notizie (se necessaria, l'impaginazione sarà operata autonomamente dai siti 'abbonati') ma alla loro strutturazione logica. Un feed RSS non è altro che un flusso strutturato di notizie (ognuna delle quali costituisce un 'item'), messo a disposizione da un fornitore di contenuti informativi e pronto per essere ripreso e utilizzato da altri.

Anche se è possibile realizzare 'a mano' un feed RSS, normalmente è il sistema di gestione dei contenuti utilizzato dal sito a generarlo automaticamente, salvandolo in una apposita pagina Web (o meglio, in un file XML accessibile via Web) e aggiornandolo ogni volta che viene aggiunta una nuova notizia. Di norma, un feed RSS comprende un massimo di una quindicina di notizie: quando viene aggiunta una notizia nuova, viene anche cancellata la più vecchia fra quelle presenti nel feed.

Ma cosa c'entrano i feed RSS con i weblog, e quali strumenti ha a disposizione l'utente per 'abbonarsi' ai feed RSS dei siti che lo interessano?

La risposta alla prima domanda è semplice: i post di un weblog assomigliano molto da vicino, dal punto di vista strutturale, alle notizie di un'agenzia informativa: hanno un titolo, un contenuto, una data ed ora di pubblicazione, un autore... Il formato RSS (le cui prime specifiche sono state non a caso sviluppate nel 1997 proprio dalla Userland) è dunque perfetto per un weblog che voglia offrire all'esterno i propri contenuti non solo nella forma graficamente più piacevole ma assai meno 'riciclabile' di una pagina Web, ma anche in una forma più grezza: una forma che conservi la strutturazione logica ma non l'impaginazione, e permetta dunque agli utenti di raccogliere, organizzare, leggere, analizzare ed eventualmente ridistribuire le notizie apparse sul weblog in maniera totalmente indipendente dai vincoli grafici e dalle mille componenti accessorie, di interfaccia e di impaginazione, sempre presenti su una pagina Web.

Inoltre, un feed RSS permette di associare alle singole notizie anche metainformazioni semantiche: l'argomento trattato, una serie di parole chiave... È probabile che proprio il settore delle metainformazioni semantiche associabili alle notizie sia quello sul quale si lavorerà di più in futuro (al momento, esistono diverse 'versioni' delle specifiche RSS, in parte indipendenti: è auspicabile – e prevedibile – una loro integrazione e uno sviluppo pubblico e unitario del formato, come accade per gli altri standard Web).

Quanto agli strumenti disponibili per 'utilizzare' in pratica i feed RSS, il primo che occorre ricordare è rappresentato dai *programmi aggregatori*. Si tratta sostanzialmente di programmi client, in grado di 'seguire' più feed RSS (il sistema più semplice è quello di controllare a intervalli di tempo prefissati se il relativo file è stato aggiornato; ma esistono anche sistemi più evoluti, che consentono a chi offre un feed RSS di segnalare automaticamente agli aggregatori interessati la disponibilità di nuove notizie). L'utente indica all'aggregatore i feed RSS che intende seguire (la presenza di un feed RSS all'interno di un sito è spesso marcata da un piccolo rettangolino arancione con la scritta 'XML' e l'indicazione del formato RSS utilizzato), e l'aggregatore 'aggrega' i relativi messaggi, organizzandoli per sito di provenienza, per data, ed eventualmente – si tratta degli sviluppi più interessanti – anche in base alle metainformazioni semantiche associate ai singoli post. Abbiamo detto che un aggregatore funziona di norma come un programma

Figura 78 Un esempio di programma aggregatore: NewzCrawler. Nella colonna di sinistra i feed RSS sottoscritti, in quella superiore gli articoli disponibili nel feed selezionato, in quella inferiore il testo dell'articolo selezionato

client; alcuni aggregatori possono tuttavia svolgere anche le funzioni di un programma server, 'servendo' all'esterno – come pagine Web o nuovamente come (meta)feed RSS – il risultato del proprio lavoro di aggregazione.

Un programma aggregatore offre insomma all'utente una raccolta organizzata e sempre aggiornata delle notizie fornite dai siti informativi che lo interessano: siano essi weblog, siti di attualità giornalistica, o altro ancora.

Esistono diversi programmi aggregatori, e – trattandosi di un campo relativamente nuovo – il settore è in evoluzione assai rapida. Ci limitiamo qui a segnalare, fra i principali, accanto ai già citati *Radio* e *Manila* (che nascono come strumenti per la gestione di weblog ma funzionano anche come aggregatori), *Amphetadesk* (**http://www.disobey.com/amphetadesk/**), *FeedReader* (**http://www.feedreader.com/**), *NewsMonster* (**http://www.newsmonster.org/**; basato su Java, è disponibile su tutte le piattaforme sulle quali si può usare Mozilla), *NewzCrawler* (**http://www.newzcrawler.com/**), *Syndirella* (**http://www.yole.ru/projects/syndirella/**), e, per Mac, *NetNewsWire* (**http://ranchero.com/netnewswire/**). È anche possibile utilizzare via web un aggregatore centralizzato, al quale indicare, attraverso un meccanismo di account, i feed RSS che interessano ai singoli utenti del sistema. Il risultato dell'aggregazione sarà in questo caso una pagina web personalizzata, accessibile attraverso login e in grado di fornire, opportunamente impaginate, le notizie contenute nei feed ai quali l'utente è 'abbonato'. Un esempio è costituito da *NewsIsFree* (**http://www.newsisfree.com/**). Esistono poi directory, indici e motori di ricerca specializzati nei feed RSS: ricordiamo *Daypop* (**http://www.daypop.com/**), *Syndic8* (**http://www.syndic8.com/**), *Feedster* (**http://www.feedster.com/**) e *BlogStreet* (**http://www.blogstreet.com/**).

Quanto al formato RSS, due buoni punti di partenza per chi ne volesse sapere di più sono i siti **http://www.oreilynet.com/rss/** e **http://backend.userland.com/rss**.

Blog directory, aggregatori semantici, indici di popolarità

Feed RSS e aggregatori non esauriscono certo il campo degli strumenti disponibili per organizzare e 'mappare' la blogosfera. Esiste anche una gran quantità di indici e directory di vario genere, la cui funzionalità è tuttavia limitata da un serio problema: ad essere indicizzati da questo tipo di strumenti sono di norma i weblog, ed è spesso difficile 'incasellare' un weblog in una categoria tematica specifica. Potete comunque dare un'occhiata a *Eatonweb* (**http://portal.eatonweb.com/**, al momento in cui scriviamo indicizza circa 12.000 weblog) e *Blogwise* (**http:// www.blogwise.com/**, circa 5.000 i weblog indicizzati) sul piano internazionale, e per l'Italia a *Bloggando* (**http://bloggando.splinder.it/**), alla *Blog Directory* di Quinto Stato (**http://www.quintostato.it/links/**) e a *BlogNews* (**http://www.blognews.it/**). The Gnu Economy ha realizzato una comoda *BlogBar* (**http://www.gnueconomy.net/blogbar/**) che si aggiunge alle barre di Explorer e semplifica la navigazione nella blogosfera italiana.

Se gli aggregatori personali consentono il massimo di flessibilità in termini di scelta dei feed RSS da raccogliere, presentano tuttavia ancora notevoli limiti nella classificazione semantica dei post, anche perché non sempre gli utenti aggiungono ai propri post metainformazioni semantiche, e comunque difficilmente lo fanno ricorrendo a categorizzazioni sufficientemente uniformi. Un tentativo interessante di risposta a questo problema è costituito dall'italianissimo *Blog Aggregator* (**http://www.bookcafe.net/blog/aggregator/**) sviluppato da Giuseppe Granieri. Blog Aggregator è basato su un meccanismo misto (è possibile segnalare i post sia in maniera automatica, qualora si disponga di un feed RSS comprendente metainformazioni semantiche organizzate secondo una categorizzazione compatibile con quella del sito, sia in maniera manuale), e utilizza una griglia di quindici categorie tematiche.

Un'altra tipologia di strumenti potenzialmente assai utili è rappresentata dai *popularity index*: siti che seguono in automatico i post di un gran numero di weblog, e analizzano i link in essi contenuti per cercare di risalire alle notizie di momento in momento 'più discusse' all'interno della blogosfera. Spesso, i popularity index permettono di fare anche molte altre interessanti operazioni: ad esempio ricostruire la 'costellazione di appartenenza' di un weblog (e cioè l'insieme dei blog che lo citano e/o ne sono citati), costruire classifiche dei weblog più popolari, e così via. Fra i più interessanti potete consultare *Technorati* (**http://www.technorati.com/**), *Blogdex* (**http://blogdex.media.mit.edu/**), *Popdex* (**http://www.popdex.com/**), *Organica* (**http://www.organica.us/**), *Memeufacture* (**http://memeufacture.com/**), *Myelin* (**http://www.myelin.co.nz/ecosystem/**), e l'italiano *Skip Pop* (**http://pop.skipintro.org/**). Non fatevi poi sfuggire *All Consuming* (**http://www.allconsuming.net/**), interessante esempio di popularity index relativo alla citazione di libri all'interno dei weblog (permette di scoprire al volo i libri 'caldi' del momento, almeno all'interno del mondo anglosassone).

Non mancano neanche strumenti di 'mappatura grafica' della blogosfera: basati sui link fra weblog e weblog (un esempio interessante è reperibile sul sito della *Ryze Blog-Tribe*: **http://blog-tribe.ryze.com/**) o sulla loro collocazione geografica (date un'occhiata al notevole *The World as a Blog*, all'indirizzo **http://www.brainoff.com/geoblog/**).

Infine, anche nel campo dei weblog esistono preziose metarisorse. Segnaliamo in particolare il *Weblogs Compendium* (**http://www.lights.com/weblogs/index.html**) di Peter Scott: vi troverete, opportunamente catalogate, risorse di ogni genere: dalle discussioni sulla definizione di weblog a indici e aggregatori, dai programmi per creare weblog ai servizi di hosting, dagli strumenti di ricerca su feed ai servizi per lo scambio di mini-annunci pubblicitari.

La dimensione politica di Internet

Democrazia in tempo reale?

Il rapporto tra Internet e la sfera politica è uno dei temi di dibattito che maggiormente attira l'attenzione degli utenti della rete, oltre a essere oggetto di riflessioni da parte di studiosi di scienze sociali e di teoria della politica. Su questo argomento i punti di vista sono però assai diversi.

Da una parte ci sono gli entusiasti. Il loro argomento principale è legato alla tesi secondo cui un mezzo di comunicazione come Internet offre a milioni di persone la possibilità di scambiarsi informazioni, opinioni e pareri in modo orizzontale. Strumenti come i newsgroup, le liste, i forum su Web, le chat, possono trasformarsi – come si è visto – in vere e proprie forme di comunità, in cui i diversi individui possono manifestare la loro opinione ed eventualmente partecipare alla determinazione della volontà generale. La crisi di rappresentanza che la democrazia occidentale manifesta nelle società più avanzate, nelle quali la sfera politica sembra assumere una irriducibile autonomia dai bisogni e dai desideri diretti della società, potrebbe, secondo questa visione, essere superata proprio attraverso la diffusione delle tecnologie di comunicazione telematica.

L'osservazione dell'evoluzione di Internet come luogo di comunicazione sociale ha addirittura indotto alcuni teorici a prefigurare la possibilità di realizzare una vera e propria forma di democrazia diretta telematica, una specie di riedizione della *agorà* ateniese estesa su scala planetaria, resa possibile da strumenti che eliminano la nozione di spazio e di distanza.

Quest'ultimo aspetto merita un ulteriore approfondimento. La nozione di Stato sviluppata storicamente da gran parte delle culture del mondo – ma specialmente dalla riflessione politica occidentale – è fortemente legata alla dimensione spaziale del territorio. Un ente astratto, come lo Stato, si materializza nella estensione geografica del suo territorio. La stessa appartenenza e subordinazione del cittadino allo Stato (la cittadinanza, appunto) è di norma tale se questi vive nel territorio dello Stato.

Internet è invece una comunità che prescinde totalmente dalla nozione di territorio; anzi, programmaticamente la destruttura, producendo un luogo virtuale in cui la distanza fisica viene annullata, e l'interazione diretta tra i soggetti si libera da ogni determinazione spaziale. In questo spazio virtuale l'unico stimolo alla creazione di processi di aggregazione è la condivisione di interessi e di punti di vista. Insomma non solo Internet sembra proporsi come possibile rimedio almeno ad alcuni aspetti della crisi della politica, ma contiene in sé anche gli elementi per il superamento della forma politica dello Stato nazionale che ha caratterizzato la modernità.

Al facile ottimismo che in varia forma si manifesta nelle affermazioni dei teorici della democrazia elettronica, si oppongono tuttavia una serie di argomentazioni non prive di rilievo, nonché alcune tendenze, assai più concrete, che si stanno evidenziando nel mercato delle telecomunicazioni e dell'informatica.

La prima critica riguarda la notevole disuguaglianza nell'accesso alle tecnologie telematiche (il cosiddetto *digital divide*) sia tra le varie articolazioni sociali delle società avanzate, sia (soprattutto) tra queste e i paesi del terzo o quarto mondo.

Tutte le statistiche evidenziano come esista una forte sperequazione nella disponibilità tecnica e nella alfabetizzazione informatica e telematica, sperequazione che ricalca abbastanza da vicino quella socioeconomica. E la tendenza sembra essere quella di una acutizzazione della differenza tra gli *have* e gli *have not*, come vengono definiti i due segmenti dai sociologi statunitensi. In queste condizioni, e in congiunzione con le politiche restrittive e il taglio della spesa sociale che caratterizzano gran parte delle politiche economiche mondiali, si profila il forte rischio che l'attesa 'agorà telematica' richiami fin troppo da vicino quella ateniese, la quale notoriamente si basava sullo sfruttamento e la schiavitù di gran parte della popolazione.

Un altro aspetto problematico che viene evidenziato dai critici della democrazia telematica riguarda il rischio a cui sono sottoposte la libertà individuale e la sfera privata dell'individuo. Infatti, con la crescente informatizzazione delle transazioni economiche e burocratiche, nella nostra vita quotidiana lasciamo, spesso senza rendercene conto, una serie continua di tracce digitali: dagli acquisti con carta di credito alla posta elettronica, fino alle navigazioni su World Wide Web, moltissime attività personali vengono registrate e archiviate. Senza contare i dati personali che le varie istituzioni raccolgono, le informazioni sul nostro conto in banca, i sondaggi o i questionari a cui veniamo sottoposti.

Queste tracce digitali parlano della vita, dei gusti, delle abitudini e delle convinzioni di ciascuno di noi; grazie alla interconnessione dei vari sistemi digitali, queste informazioni possono essere raccolte e utilizzate come strumento di controllo politico nei confronti del corpo sociale. Siamo dunque davanti a una possibile attualizzazione della figura del Grande Fratello che governa la società totalitaria descritta in *1984*, il famoso romanzo di George Orwell?

Va tenuto presente, a questo riguardo, che se da una parte esiste il rischio di un forte controllo politico e sociale da parte di un eventuale Stato totalitario, è forse più concreto il pericolo costituito da una serie di molti 'piccoli fratelli'. Gli uffici marketing delle imprese, i responsabili dei sondaggi per conto di un partito politico, gli uffici del personale di un'azienda, potrebbero acquisire (e di fatto hanno già cominciato ad acquisire) le informazioni personali sparse nelle reti telematiche, e potrebbero usarle per confezionare offerte commerciali, per influenzare il nostro voto, o per controllare se le nostre preferenze sessuali sono compatibili col decoro dell'azienda. Insomma la privacy, quello spazio di libertà individuale che gli ordinamenti giuridici occidentali moderni riconoscono come diritto inviolabile della persona, potrebbe essere messa in questione.

A queste osservazioni va poi collegata una ulteriore, importante critica della 'democrazia telematica', che ne rileva la preoccupante tendenza a trasformarsi in una sorta di 'populismo e plebiscitarismo telematico'. Infatti alcune formulazioni dei teorici della democrazia telematica sembrano proporre un superamento delle forme tradizionali di mediazione e rappresentanza politica, per passare a un rapporto diretto tra governante e governato. Se si tiene conto della notevole influenza che gli strumenti di comunicazione di massa hanno sulla determinazione dell'opinione pubblica, questa destabilizzazione dell'equilibrio tra forme e istituzioni della realtà politica può generare gravi distorsioni nella forma stessa della democrazia.

Se la disponibilità di uno strumento di comunicazione come Internet costituisce un forte potenziale a disposizione di ognuno per accedere all'informazione, e un possibile canale per sperimentare nuove forme di partecipazione politica democratica, il facile entusiasmo di un ingenuo determinismo tecnologico, che vorrebbe veder direttamente trasformato l'accesso alle informazioni in partecipazione immediata al processo decisionale, nasconde dunque notevoli rischi potenziali. Del resto, è difficile non rilevare come la crescente diffusione della rete abbia scatenato i prevedibili interessi delle grandi multinazionali: non vi è al momento alcuna sicurezza che la rete riesca a rimanere quel luogo aperto e libero che è stata nei suoi primi trenta anni di storia, senza trasformarsi – come alcuni temono – in un grande supermercato, nel quale, allineato accanto ad altri articoli dalle confezioni invitanti, si trovi in vendita un simulacro distorto della democrazia.

La politica in rete

Ma, a prescindere dalle discussioni teoriche che investono il futuro, quali sono oggi le applicazioni e l'utilizzazione di Internet nella sfera della politica? Possiamo suddividere tali applicazioni in tre categorie.

La prima categoria è costituita dalle iniziative di cosiddetto *e-government*, ovvero l'utilizzo delle tecnologie nel processo di gestione e amministrazione svolto da tutte le principali istituzioni pubbliche (dagli organi di governo a quelli legislativi, dall'amministrazione centrale alle amministrazioni locali). Rientrano in questa categoria le azioni dirette a informatizzare l'erogazione di servizi a cittadini e imprese e a consentire l'accesso telematico da parte degli utenti ai servizi e alle informazioni fornite della pubblica amministrazione.

La seconda categoria è costituita dalle iniziative e dalle risorse di rete volte a migliorare il rapporto partecipativo e la comunicazione tra le organizzazioni politiche tradizionali e i cittadini.

Nella terza, infine, rientrano le numerose e molteplici forme di attivismo telematico che su Internet hanno trovato un ambiente ideale di sviluppo.

Le istituzioni italiane in rete e le iniziative di e-government

Il dibattito sul concetto di *e-government*, ovvero di gestione informatica e telematica delle procedure e dei servizi della pubblica amministrazione, e – finalmente – anche le sperimentazioni concrete in quest'ambito, hanno subito una notevole accelerazione negli ultimi anni. Siamo ormai ben lontani dalla fase in cui faceva notizia l'inserimento in rete del sito Web della Casa Bianca (**http://www.whitehouse.gov**). La presenza in rete delle istituzioni governative o rappresentative ha già mostrato di avere una importante funzione nella diffusione delle informazioni relative all'attività legislativa ed esecutiva, con importanti effetti di trasparenza. Da questo punto di vista, la linea di sviluppo seguita sembra essere stata ancora una volta quella indicata dai principali siti istituzionali statunitensi, a partire da quelli del Senato (**http://www.senate.gov**) e della Camera dei Rappresentanti (**http://www.house.gov**), che da molti anni ormai rendono disponibili informazioni dettagliate sulle attività di deputati e senatori, sulle proposte di legge presentate e su quelle approvate, rendendo così possibile una forma di contatto diretto fra eletti ed elettori, e il controllo costante sulle attività dei propri rappresentanti[31].

Ma ormai ci si è resi conto che l'uso delle tecnologie può modificare radicalmente il rapporto tra istituzioni e cittadini anche nel campo dell'erogazione dei servizi, ridurre il carico di obblighi burocratici e contribuire a rendere più efficiente (anche in senso economico) la gestione della macchina statuale.

Da questa consapevolezza teorica prendono le mosse una serie di iniziative di innovazione che vedono protagoniste le istituzioni politico-amministrative di molti paesi (soprattutto occidentali). Anche in Italia è stato elaborato negli ultimi anni un piano *e-government* che ha iniziato a vedere alcune importanti applicazioni concrete, mettendo il nostro paese addirittura all'avanguardia a livello internazionale.

In realtà la presenza delle istituzioni italiane su Internet ha ormai una storia abbastanza lunga (se si tiene conto dei tempi evolutivi della

[31] Ma forse ancor più importante è il sito *Thomas* (**http://thomas.loc.gov**), senz'altro una delle maggiori e più interessanti risorse politiche on-line a livello internazionale, coordinato dal servizio informazione e documentazione della Library of Congress. *Thomas* raggruppa in maniera ordinata e razionale un gran numero di informazioni politiche e legislative relative agli Stati Uniti, inclusi gli atti di Camera e Senato e i testi completi di tutti i provvedimenti legislativi.

rete). Camera e Senato sono presenti sul Web sin dal 1996 e sono raggiungibili attraverso una pagina comune, alla URL **http://www.parlamento.it**, o attraverso le URL specifiche **http://www.camera.it** e **http://www.senato.it**. L'offerta informativa di questi siti è progressivamente aumentata nel corso degli ultimi anni, e si ha l'impressione che i due rami del Parlamento si siano finalmente resi conto delle enormi potenzialità di uno strumento come Internet. Il sito della Camera, radicalmente rinnovato all'inizio del 1999 e ancora nel 2001, offre ormai un vero e proprio portale al mondo della politica e delle istituzioni, rendendo possibile l'accesso on-line all'intera attività di Montecitorio: dalle dirette audio e video delle sedute a tutti gli atti pubblici (resoconti sommari e stenografici, convocazioni e ordini del giorno, progetti di legge, banche dati interne come quella relativa agli atti di sindacato ispettivo), con l'aggiunta di materiale informativo creato 'ad hoc', come documentari e divertenti animazioni. In particolare, si segnala l'inserimento integrale in rete della rassegna stampa quotidiana, che ogni giorno, verso le nove e trenta del mattino, offre un ricco panorama delle prime pagine, delle notizie e degli articoli principali (ovviamente, la priorità spetta alle notizie politiche) di tutti i principali quotidiani del paese. L'elenco dei deputati, già presente fin dalle prime versioni del

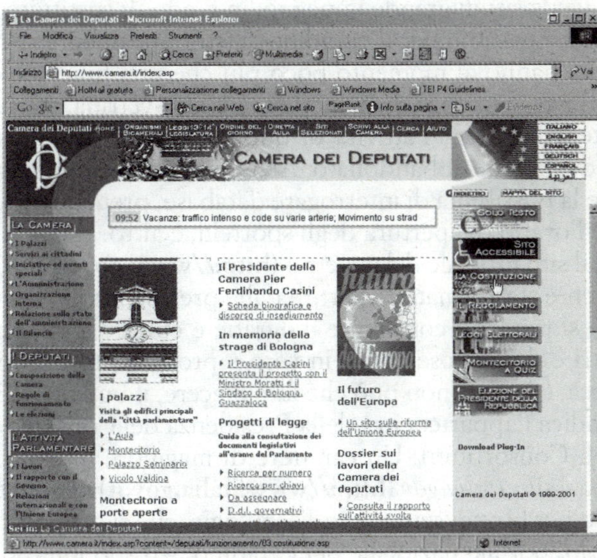

Figura 79 Il sito Internet della Camera dei Deputati

sito, risulta assai meglio collegato alle informazioni relative alla loro attività, e ogni deputato dispone ora di un proprio indirizzo di posta elettronica, al quale chiunque può indirizzare messaggi. Naturalmente, non è poi detto che il deputato in questione sappia o voglia rispondere – ma possiamo azzardare la previsione che entro qualche anno, man mano che i cittadini si abitueranno all'esistenza di questo strumento di comunicazione diretta con i loro rappresentanti, il mondo dei politici professionali sarà fra i più interessati agli 'agenti software' destinati al controllo e al filtraggio automatico dei messaggi di posta elettronica.

Anche il sito del Senato, dalla grafica più spartana, offre numerose risorse, le più importanti delle quali sono indubbiamente rappresentate dalle banche dati interne. Non manca una sezione 'Il Senato per i ragazzi', nella quale un simpatico senatore romano accompagnerà i più giovani alla scoperta del funzionamento del processo legislativo.

Accanto a quella di Camera e Senato, anche la presenza su Internet degli altri organismi pubblici è cresciuta negli ultimi anni in maniera notevole. Ormai praticamente tutti i ministeri sono dotati di un proprio sito, e sono stati uniformati, almeno sul piano formale, molti fra i criteri seguiti, a partire da quello, basilare, degli indirizzi di dominio adottati, un campo in cui ancora qualche anno fa la confusione regnava sovrana. Resta invece assai disomogenea la qualità dell'offerta informativa: si va da siti di grande impegno, in grado di costituire strumenti ormai indispensabili per il cittadino, a siti francamente assai più deludenti, che hanno al momento poco più che una funzione di segnaposto. Tuttavia ci sembra che il modello del sito-vetrina, orientato semplicemente a illustrare l'attività di questa o quella amministrazione, venga gradualmente abbandonato. Alla foto del direttore viene affiancata anche la possibilità di interrogare database, prenotare prestazioni, conoscere l'orario di apertura degli sportelli, e altro.

Anche il sito ufficiale del governo (**http://www.governo.it**) si è progressivamente trasformato, a partire dalla presidenza D'Alema, da vetrina dove si possono consultare biografie e curricula del presidente, dei ministri e dei sottosegretari in vero e proprio sito di servizio (sul quale spicca, e la cosa non può che fare piacere, il bollino 'W3C member' che indica l'appartenenza della Presidenza del Consiglio al World Wide Web Consortium). Un carattere di maggiore interazione con i cittadini ha il sito *Italia.gov* (**http://www.italia.gov.it**) realizzato dal Dipartimento per l'Innovazione e le Tecnologie, che si propone come vero e proprio 'portale nazionale del cittadino'. Al suo interno sono disponibili guide e normative di ogni genere, in grado di aiutare l'utente nel rapporto con le istituzioni centrali. È anche disponibile una funzionalità di interazione vocale via Web (o via telefono) con gli operatori del sito, per avere informazioni e chiarimenti.

Per quanto riguarda i ministeri, un elenco completo e aggiornato degli indirizzi è disponibile nella sezione 'I siti istituzionali' del citato sito della Camera. Quest'ultima risorsa può essere utilizzata anche per individuare le presenze in rete degli organi di governo regionale e di altre autorità pubbliche di vario genere.

Segnaliamo qui i siti del Ministero dell'Interno (**http://www.interno.it**), del Ministero degli Affari Esteri (**http://www.esteri.it**), del Ministero del Tesoro (**http://www.tesoro.it** – un sito che si è segnalato per le numerose iniziative collegate all'introduzione dell'Euro, e che consente l'accesso a banche dati importanti come quella contenente le delibere CIPE e quella relativa ai patti territoriali), del Ministero della Giustizia (**http://www.giustizia.it**, con accesso al Centro elettronico di documentazione della Corte suprema di Cassazione), del Ministero per le Infrastrutture e i Trasporti (**http://www.infrastrutturetrasporti.it** – il sito comprende un utile ma non sempre aggiornato calendario degli scioperi nazionali in programma), del Ministero delle Attività Produttive (**http://www.minindustria.it**, al quale è collegata la banca dati dei brevetti italiani ed europei all'indirizzo **http://it.espacenet.com**), del Ministero del Welfare (**http://www.minwelfare.it**), del Ministero per i Beni Culturali (**http://www.beniculturali.it**) – da cui dipende fra l'altro il portale culturale Superdante (**http://www.superdante.it**), in verità poco attivo nell'ultimo anno –, del Ministero della Salute (**http://www.ministerosalute.it**; permette fra l'altro l'accesso al database delle specialità medicinali autorizzate dal SSN), del Ministero delle Comunicazioni (**http://www.comunicazioni.it**). Da segnalare in particolare il sito del Ministero dell'Istruzione, dell'Università e della Ricerca (**http://www.miur.it**), diviso a sua volta in tre sezioni: 'Istruzione', per il settore istruzione inferiore e superiore, uno strumento prezioso per semplificare la distribuzione di informazioni in un settore che ne ha vitale bisogno (si pensi ad esempio alle informazioni sulle assegnazioni dei docenti, sulle commissioni di maturità, e così via), e – fra l'altro – per coordinare le attività legate all'introduzione delle tecnologie multimediali nelle scuole; 'Università', dove si trovano informazioni dettagliate sulla legislazione e sui regolamenti ministeriali dedicati al mondo universitario, nonché una serie di servizi relativi al reclutamento dei docenti; 'Ricerca', che oltre alla normativa contiene informazioni e strumenti per l'accesso ai finanziamenti alla ricerca. Ma probabilmente il migliore sito 'ministeriale' è quello dell'Agenzia per le entrate (**http://www.agenziaentrate.it**), una struttura che ha uno dei compiti più ardui e complessi in seno alla macchina burocratica dello Stato, dovendo gestire una enorme quantità di dati, della quale le dichiarazioni dei redditi di milioni di cittadini e di centinaia di migliaia di imprese sono solo una parte. Si tratta di un sito che, programmaticamente, rifiuta la funzione di semplice 'vetrina' e, nei limiti consentiti dall'attuale quadro normativo, offre una serie di servizi avanzati ai cittadini e alle aziende, tra cui la possibilità di presentare on-line la dichiarazione dei redditi.

Il fatto che una serie di burocrazie, a volte piuttosto 'statiche' come quelle parlamentari e governative, siano ormai arrivate a pieno titolo in rete testimonia il rilievo che Internet ha ormai assunto anche all'interno della sfera politica 'ufficiale'. E, una volta messo un piede nel Web, è difficile tornare indietro. L'introduzione della comunicazione telematica nella mediazione tra cittadini e istituzioni e tra istituzione e istituzione permette di superare molti dei problemi tradizionali della nostra burocrazia pubblica, fra i quali quello dell'incomunicabilità fra strutture e organismi diversi e della spiccata preferenza per soluzioni proprietarie e 'chiuse' in materia di servizi informatici. I provvedimenti per l'uso della telematica nello scambio informativo all'interno della pubblica amministrazione sembrano andare proprio in questa direzione, e già la diffusione dell'uso della posta elettronica nella comunicazione fra uffici pubblici potrebbe permettere una notevole razionalizzazione (e un notevole risparmio) all'interno di questo delicato settore. Ma due sono le novità del piano di *e-government* che potranno avere maggiore impatto nella vita di tutti i cittadini: ci riferiamo alla firma digitale e alla carta di identità elettronica.

Lo scopo della firma digitale è semplice: dare valore legale anche ai documenti in formato elettronico. In altri termini, la firma digitale certifica l'identità del cittadino (in modo più sicuro rispetto alla tradizionale firma) e – grazie a un meccanismo di cifratura – garantisce che il contenuto del documento firmato digitalmente non sia stato alterato. Tramite ulteriori codici di cifratura è anche possibile rendere il documento inaccessibile a chiunque non ne abbia le 'chiavi'.

L'adozione della firma digitale promette un futuro con molte meno code agli sportelli pubblici, perché consente l'invio e la ricezione di documenti (contratti, certificati, ecc.) via Internet, preservando il valore legale dell'operazione. Inoltre rende possibile la creazione di archivi totalmente elettronici, liberando aziende, enti e istituzioni da tonnellate di carte e da scaffali lunghi talvolta (non è un'esagerazione) diversi chilometri.

Capire il funzionamento della firma digitale potrebbe rappresentare un'impresa un po' ostica. La procedura seguita si basa infatti su una complessa tecnica crittografica comunemente nota come 'cifratura asimmetrica'. Cercheremo dunque di aiutarci con un esempio.

Immaginiamo che il signor Rossi, idraulico, voglia spedire via Internet[32] un preventivo alla signora Anna. Per essere valida, l'offerta del signor Rossi dovrà in qualche modo essere 'certificata'. In altri termini, la signora Anna vorrà essere sicura che sia veramente il signor Rossi ad averle scritto. Inoltre vorrà essere sicura che il documento non sia stato alterato (per errore o per frode).

Come risolvere il problema? Semplice: è sufficiente che il signor Rossi inserisca in calce al suo preventivo un codice (definito 'certificato' e rilasciatogli da una 'Autorità di Certificazione') che lo identifichi in modo univoco, un po' come fa il codice fiscale. Quando la signora Anna riceverà la e-mail, ordinerà al suo programma di posta di verificare la corrispondenza fra il certificato (conservato in un archivio pubblico dall'Autorità di Certificazione) e l'identità del signor Rossi. Inoltre, grazie a una sequenza di caratteri di controllo (detti anche *hash*, o *impronta*) inseriti automaticamente nel documento dal programma di posta del signor Rossi, la signora Anna potrà accertarsi che nemmeno una virgola del documento sia stata alterata dopo l'apposizione della firma digitale.

Si obietterà: dato che il signor Rossi ha apposto la sua firma digitale (cioè una sequenza di caratteri facilmente riproducibile) in calce alla e-mail, che cosa impedirà alla signora Anna di copiarla e 'firmare' illecitamente a nome del signor Rossi altri documenti digitali? Di nuovo, la soluzione è abbastanza semplice (ma non semplicissima, perciò occorre prestare una certa attenzione): il certificato del signor Rossi è composto in realtà da due insiemi di caratteri: uno pubblico, visibile a tutti (inserito in calce al preventivo e usato per le verifiche) e uno segreto, accessibile solo a lui. Unicamente grazie all'uso combinato del codice pubblico e del codice segreto il programma di posta elettronica del signor Rossi ha potuto generare dei caratteri di controllo (gli *hash* di cui sopra) validi. Se la signora Anna usasse solo la parte pubblica del certificato del signor Rossi, inventandosi la sequenza di caratteri segre-

[32] O consegnare il documento elettronico su floppy disk: non ha importanza quale supporto o quale mezzo di trasmissione si sia scelto.

ta, non riuscirebbe mai a riprodurre in modo esatto anche gli *hash* (i caratteri di controllo)[33], rendendo così facilmente smascherabile il suo tentativo di contraffazione.

Ricapitolando: il signor Rossi, usando sia la parte pubblica sia la parte segreta del suo certificato, 'firma' il preventivo e aggiunge in coda al documento gli *hash*. La signora Anna (o meglio: il suo programma di posta), usando gli *hash* e la parte pubblica del certificato del signor Rossi, verifica che sia tutto in ordine. Mancando tuttavia alla signora Anna la parte segreta del certificato di Rossi, la signora Anna non sarà in grado di generare illecitamente altri documenti digitali a nome del signor Rossi.

Ci sono ancora due aspetti sui quali vale la pena soffermarci parlando di firma digitale: il dispositivo di firma digitale e l'Autorità di Certificazione (o Certificatore).

Abbiamo detto che il certificato è composto da due sequenze di caratteri: una pubblica, una segreta. La legge italiana prevede che la sequenza segreta non venga resa nota al titolare, ma venga custodita in un 'dispositivo di firma digitale', ovvero una sorta di carta di credito dotata di chip (in gergo: *smart card*). Questa soluzione ha il pregio di semplificare un po' le cose agli utenti meno esperti, evitando ad esempio che qualcuno possa comunicare la sequenza segreta (confondendosi ingenuamente con quella pubblica).

Ha tuttavia lo svantaggio (non piccolo) di richiedere un lettore di smart card, un congegno che attualmente non è fornito da nessun produttore di personal computer e che, anche quando sarà in produzione, avrà certamente un costo. Una smart card, come tutti gli oggetti fisici, è inoltre esposta a guasti e si può perdere. Infine l'integrazione tra i lettori di smart card e i vari software che generano firme digitali è ancora da sperimentare su vasta scala, anche se, ovviamente, si sono già conclusi positivamente vari esperimenti pilota.

Non deve preoccupare, invece, l'eventualità di frodi in caso di smarrimento della smart card (o, per usare la definizione ufficiale, del 'dispositivo di firma digitale'), in quanto la carta è protetta da un ulteriore codice segreto, esattamente come una carta Bancomat[34].

[33] In realtà, in termini assolutamente astratti, se la signora Anna fosse incredibilmente fortunata potrebbe indovinare la lunga sequenza di caratteri segreti. È tuttavia una eventualità così remota che non vale la pena di prenderla in considerazione.

[34] C'è sempre il rischio, naturalmente, di perdere il codice di protezione insieme alla smart card, rendendo così possibili le frodi. Ma stiamo sempre più abituandoci a gestire

Una nota positiva: si prevede che il dispositivo di firma digitale possa integrarsi in altri dispositivi analoghi, ad esempio nella smart card che verrà realizzata per la nuova carta di identità. Insomma, non sarà necessario disporre di un'infinita pluralità di carte: basterà portare con noi poche card multifunzionali (al limite, una soltanto).

Come anticipato, l'Autorità di Certificazione è quella struttura che ha il compito di rilasciare i certificati e gestire i database che consentono la verifica dei dati. La legge prevede che più soggetti possano proporsi come Autorità di Certificazione. Questi dovranno rispondere a determinati requisiti (sia tecnici, sia giuridici) e registrarsi presso l'AIPA, l'Autorità per l'Informatica nella Pubblica Amministrazione (un elenco aggiornato degli enti è disponibile all'indirizzo **http://www.interlex.it/docdigit/elenco.htm**; sul medesimo sito si possono trovare numerose informazioni sul tema della firma digitale).

Anche se è difficile prevedere cosa succederà esattamente negli anni a venire, la scelta di consentire a ditte private di proporsi come Certificatori ha aspetti positivi, ma anche negativi. Da un lato, sappiamo che aziende private, in concorrenza fra loro, possono più facilmente garantire un servizio efficiente. Dall'altro, dobbiamo considerare che la firma digitale non è un servizio accessorio. Anzi, con il trascorrere del tempo è possibile che senza un certificato di firma digitale alcuni servizi dello Stato diverranno inaccessibili, o troppo costosi. Con questa prospettiva, ci si dovrebbe chiedere se disporre di un 'dispositivo di firma digitale' sarà un servizio in più, per il quale è giusto pagare una ditta privata, o non sarà piuttosto un diritto, e come tale garantito dallo Stato.

Per quanto riguarda la carta di identità elettronica, la pubblicazione del decreto ministeriale che definisce le regole tecniche relative alla sua introduzione risale al 19 luglio 2000 (era l'ultimo atto necessario, dopo la legge del 1998 e il regolamento del 1999). Con questo atto è stata avviata una sperimentazione che ha interessato alcune città italiane, e che dovrebbe portare entro il 2004 alla sua introduzione generalizzata. La nuova carta di identità è una *smart card* (ovvero una carta dotata di chip), e consente di integrare varie funzioni, a cominciare dal certificato di firma digitale per finire con il libretto sanitario. Si tratta insomma di una vera e propria 'carta servizi'. In prospettiva, dunque, questo strumento consentirà di pagare le tasse comunali, i ticket sani-

con prudenza questi nuovi strumenti, e sono ormai davvero pochi gli sprovveduti che conserverebbero nel portafogli sia le smart card, sia i relativi codici segreti.

tari, le multe, i parcheggi (per avere informazioni su questo tema si può vistare il sito **http://www.cartaidentita.it**, realizzato dall'ANCI, dal Ministero dell'Interno, dal Dipartimento della Funzione pubblica e dall'AIPA, allo scopo di fornire informazioni ai Comuni che volessero sperimentare l'utilizzo della carta d'identità elettronica).

Un ruolo molto importante nella diffusione della nuova carta di identità è svolto dalle amministrazioni locali. E proprio le amministrazioni locali sono protagoniste da alcuni anni di interessanti sperimentazioni nell'uso di tecnologie informatiche e telematiche per offrire servizi e informazioni ai cittadini. Infatti la dimensione locale permette di realizzare concretamente, evitando rischi di distorsione, esperimenti di rapporto e scambio tra cittadini e amministrazione. Sono dotati di reti civiche collegate a Internet o di siti curati dall'amministrazione comunale città come Roma (**http://www.comune.roma.it**), Bologna (**http://www.comune.bologna.it** – si tratta del sito a nostro avviso più completo e meglio organizzato), Milano (**http://www.comune.milano.it**; il sito è distinto dal quello 'storico' della Rete Civica Milanese, all'indirizzo **http://wrcm.dsi.unimi.it/**), Torino (**http://www.comune.torino.it**), Venezia (**http://www.comune.venezia.it**), Firenze (**http://www.comune.firenze.it**), Napoli (**http://www.comune.napoli.it**), Bari (**http://www.comune.bari.it**), ma anche diversi centri minori. Un buon elenco delle reti civiche italiane è l'Osservatorio Reti Civiche sul sito della *Città Invisibile* (**http://www.citinv.it/ossreti/civiche**).

Questi primi esperimenti hanno avuto degli esiti interessanti, ma nella maggioranza dei casi non riescono ancora a rappresentare un vero e proprio strumento di partecipazione politica, e rischiano di fallire se non vengono affiancati da programmi di alfabetizzazione telematica dei cittadini, e da strumenti legislativi ed economici che garantiscano l'accesso più largo possibile alle informazioni. L'eccezione più significativa è rappresentata da questo punto di vista dall'esperienza di Bologna, la cui rete civica *Iperbole* è stata efficacemente affiancata dal sostegno comunale a numerose iniziative di alfabetizzazione telematica e dalla realizzazione di strumenti e sedi diffuse per l'accesso gratuito alla rete.

I partiti politici in rete

Tra le varie risorse informative su Internet che si possono ascrivere al dominio della politica, sono ormai numerosi i siti gestiti direttamente da partiti e movimenti politici. Se in una prima fase la presenza dei soggetti politici tradizionali sul Web era stata indotta da motivi puramente simbolici e autopromozionali, con la crescita degli utenti la funzione della presenza in rete ha assunto un ruolo sempre più importante nelle strategie di comunicazione politica. Il ruolo di Internet nella formazione dell'opinione pubblica (in particolare per quanto riguarda fasce di elettorato relativamente giovani e ad alto reddito, dotate dunque di un notevole potere di 'traino'), e le possibilità aperte dalla propaganda politica in rete, costituiscono del resto tematiche ormai ampiamente riconosciute dalle stesse agenzie d'immagine che curano le campagne elettorali dei partiti.

Una salto di qualità, questo, che si è reso evidente negli Stati Uniti in occasione delle *Conventions* elettorali del 1996, e che si è poi esteso a gran parte dei partiti delle democrazie occidentali, inclusa l'Italia – dove il salto si è avuto con le elezioni europee del 1999, che hanno visto per la prima volta un partito politico (Forza Italia) impegnato in ingenti investimenti pubblicitari e propagandistici in rete.

Il rapporto non sempre facile tra partiti e media tradizionali, la crisi di rappresentanza, la destrutturazione dell'organizzazione territoriale dei grandi partiti di massa ha portato a individuare nella rete un possibile luogo di ricostruzione del rapporto dialettico con i cittadini. L'uso degli strumenti di comunicazione di rete (Web, forum, chat, posta elettronica) consente ai partiti sia di riorganizzare e rendere più efficiente l'organizzazione interna sia di recuperare il contatto con il corpo sociale. Seguendo le interessanti osservazioni della sociologa Sara Bentivegna, la presenza sulla rete di un partito svolge almeno le seguenti funzioni principali:

– la funzione di *networking*, intesa come la possibilità di organizzare le attività di tutti gli organismi e soggetti che al partito fanno riferimento ed il cui lavoro è fondamentale per la vita stessa del partito;
– la funzione informativa e pedagogica, intesa come possibilità di produrre e/o distribuire informazione – scavalcando i media tradizionali e attivando meccanismi di selezione – nonché di offrire materiale educativo;
– la funzione di attivazione di contatti diretti con i cittadini, intesa come la possibilità di dare vita a un flusso comunicativo bidirezionale[35].

Naturalmente non tutti i siti riferibili ai partiti politici presentano lo stesso livello di complessità e ricchezza informativa. In generale si de-

[35] S. Bentivegna, *La politica in rete*, Meltemi, Milano 1999, p. 41.

ve dire che, superata la fase pionieristica, anche su Internet si sono ricreate le medesime sperequazioni nella capacità e qualità della comunicazione tra partiti grandi e finanziariamente ricchi, e partiti piccoli e

Figura 80 La home page del sito di Forza Italia

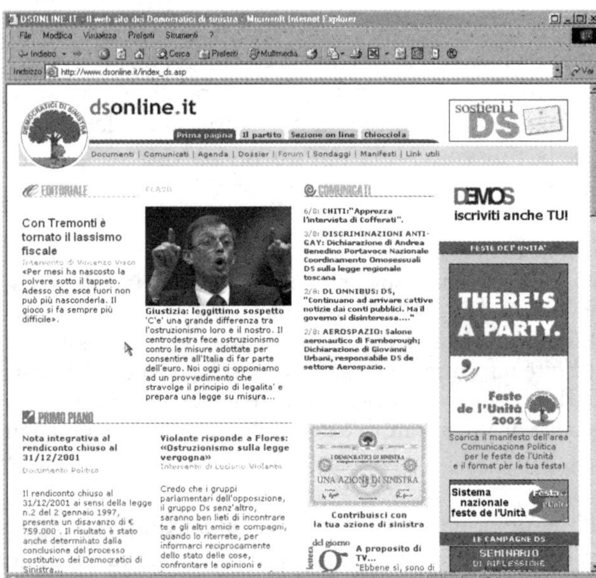

Figura 81 La home page del sito dei Democratici di Sinistra

con minore disponibilità di investimento. Una situazione evidente se si guarda ai siti Web dei partiti italiani (un elenco completo si può trovare nella sezione italiana del sito *Political resources on the net*, **http://www.politicalresources.net**, dove peraltro si può avere un quadro molto esaustivo della situazione internazionale). Molti di essi, nell'impostazione, non si discostano in fondo dai classici volantini o depliant, con programmi politici o biografie e ritratti di candidati, deputati e leader. Tuttavia, la differenziazione nell'impostazione dei siti Web è determinata anche da motivazioni di strategia e cultura politica. Basti guardare a tale proposito (e qui rifuggiamo da qualsivoglia valutazione politica di merito) la diversità di struttura e impostazione grafica nei siti ufficiali dei due maggiori partiti italiani (figure 80 e 81). Lasciamo naturalmente ai lettori la possibilità di trarre le loro valutazioni.

L'attivismo telematico

Se Internet ha un ruolo importante nella ricostruzione del rapporto tra organizzazioni politiche 'tradizionali' e società, essa è addirittura fondamentale per le numerose forme di partecipazione e attivismo politico non istituzionale. Sono moltissimi i gruppi che si battono su temi come i diritti umani, l'ecologia, la lotta alla pena di morte (ma anche gruppi neonazisti, razzisti o satanisti e così via delirando) che mediante siti Web, newsgroup, forum e liste di discussione sono in grado di far conoscere le loro iniziative e costruire reti organizzative. Dare conto di questo universo in poche pagine sarebbe impossibile, e non possiamo che rimandare alle numerose pubblicazioni e siti Web dedicati a questi temi.

Ci limiteremo a ricordare alcune delle organizzazioni che si occupano di problemi politici strettamente connessi con la rete e le nuove tecnologie, quali il diritto alla riservatezza e la libertà di accesso e di circolazione delle informazioni sulla rete. La più nota delle associazioni che si occupa di questi temi è la *Electronic Frontier Foundation* (**http://www.eff.org**), fondata da Mitch Kapor, multimilionario ex proprietario della *Lotus*, e dal giornalista John Barlow. La EFF, che gode dell'appoggio di molte aziende contrarie all'ingerenza dell'autorità statale nella regolamentazione di Internet, mostra con chiarezza il duplice volto (e la potenziale e spesso irrisolta contraddizione) che sembra comune a molte fra le organizzazioni 'libertarie' statunitensi impegnate in questo settore: da un lato, un'attenzione puntigliosa e sicuramente lodevole a ogni violazione nella sfera dei diritti individuali, dal diritto alla privacy ai diritti di espressione e di libera comunicazione. Dall'altro, un evidente fastidio per ogni forma di regolamentazione statale, che rischia di trasformare il mercato e i meccanismi non sempre trasparenti della 'libera' concorrenza nell'unico arbitro dell'evoluzione della rete. Questa considerazione, naturalmente, nulla toglie al valore delle numerose campagne della EFF, che ha organizzato raccolte di fondi o direttamente finanziato la difesa in molti processi che le autorità statunitensi hanno intentato contro presunti hacker e giovani programmatori accusati di pirateria telematica o di diffusione illegale di software considerato di valore strategico, ed ha effettuato una capillare attività di informazione e di pressione. Torneremo a parlare della EFF tra breve, discutendo appunto di questioni connesse alla legislazione e regolamentazione delle reti telematiche. Altre associazioni che svolgono attività simili sono la *Computer Professional for Social Responsability* e la *Computer, Freedom and Privacy*.

In Italia, fra le associazioni impegnate nella difesa della libertà di comunicazione e di informazione in rete si segnalano l'ALCEI (*Associazione per la Libertà nella Comunicazione Elettronica Interattiva*) e la *Città invisibile*. L'ALCEI (**http://www.alcei.it**) è programmaticamente apartitica, e la sua dichiarazione di principi sostiene il diritto per ciascun cittadino di esprimere il proprio pensiero in completa libertà e di tutelare pienamente la propria privacy personale. L'associazione si oppone inoltre a ogni forma di censura, comunque motivata o mascherata. La Città invisibile (**http://www.citinv.it**) ha un orientamento più 'movimentista' (tra i suoi scopi statutari "promuovere il libero accesso alle informazioni e l'utilizzo democratico delle tecnologie informatiche; [...] promuovere la realizzazione di una democrazia partecipativa, e i valori della pari dignità, dell'uguaglianza, della giustizia e della libertà degli individui; [...] promuovere un modello di convivenza tra persone basato sul rispetto reciproco e sull'accettazione delle differenze, sulla socialità e sulla convivialità"), è fortemente impegnata sul fronte dell'*open source* e guarda con maggiore attenzione al mondo del volontariato e del movimento *no-global*. Entrambi i siti, oltre a fornire informazioni sulle varie campagne in corso, sono un punto di accesso assai utile ad altre risorse in rete dedicate all'attivismo telematico e non.

Va ricordato, infine, che Internet è uno strumento di comunicazione rivelatosi prezioso per realtà politiche tradizionalmente lontane dai canali 'ufficiali' di informazione politica: associazionismo, volontariato, centri sociali, movimenti locali, e così via. Fornire un elenco esaustivo di questo tipo di risorse è evidentemente impossibile, e per il loro reperimento non possiamo fare altro che rimandare alle indicazioni generali fornite nel capitolo relativo alle strategie di ricerca in rete.

Le brevi note fin qui raccolte non costituiscono certo una discussione esaustiva, o anche solo riassuntiva, delle complesse problematiche legate all'uso politico delle reti telematiche e alla cosiddetta 'democrazia in tempo reale'. Ci sembrava tuttavia che, per quanto sommarie, non potessero mancare in un manuale di introduzione a Internet: se non altro con lo scopo di sensibilizzare il lettore su almeno alcuni fra i nodi politici, economici e sociali che le democrazie si troveranno ad affrontare nei prossimi anni in relazione allo sviluppo della società dell'informazione.

Problemi di legislazione e regolamentazione

Internet è una struttura complessa e distribuita, che stando alle valutazioni delle principali agenzie statistiche ha ormai superato il mezzo miliardo di utenti. Chi governa questa sterminata 'nazione' telematica – e chi controlla dal punto di vista legale l'informazione che circola in rete?

Al momento, dal punto di vista normativo Internet conserva ancora molto delle sue origini e del suo sviluppo quasi 'anarchico': esistono organismi internazionali, come la *Internet Society* (**http://www.isoc.org**), in gran parte di natura cooperativa, che studiano la sua evoluzione, discutono e approvano le caratteristiche tecniche dei protocolli adottati, certificano l'attribuzione dei nomi di dominio, e così via. Ciononostante, non esiste una 'legislazione' sovranazionale relativa alla rete, e non esiste un organismo o un ente preposto al controllo normativo su di essa nel suo insieme.

D'altro canto, la struttura stessa di Internet rende estremamente problematici gli interventi di controllo o censura sull'informazione distribuita. La rete, infatti, è progettata per far circolare informazione a tutti i costi: qualora un sistema telematico, o un intero tratto di rete, vengano resi per qualunque motivo inagibili, gli host vicini cercano automaticamente di saltare l'ostacolo. Se dei file o delle informazioni vengono censurati su un determinato sistema, niente vieta che gli utenti della rete reperiscano gli stessi dati attraverso un altro computer. John Gilmore, uno dei padri della telematica, ha affermato a questo proposito che "il software della rete considera gli interventi di censura alla stregua di guasti tecnici, e cerca subito un percorso alternativo"!

Il fatto stesso che le autorità giudiziarie siano di norma legate a precise istituzioni statali, e quindi a una nazione e a un territorio, rende facile capire la difficoltà di applicare controlli giudiziari alla rete, e giustifica in qualche misura la pittoresca descrizione di 'Far West telematico' che è stata a volte attribuita a Internet.

I primi tentativi di regolamentazione – che richiederanno probabilmente, più che una singola normativa, un quadro di prescrizioni complesso e adatto alla natura composita e sovranazionale (o meglio, extranazionale) della rete – sono stati avviati in America, dove diverse cause relative a Internet sono state risolte, oltre che attraverso il riferimento a una serie di sentenze esemplari concernenti, ad esempio, la rete telefonica, appoggiandosi al *Wire-fraud act*, la legislazione relativa alle frodi informatiche. Accordi bilaterali fra Stati relativi a quest'ultimo tipo di normativa hanno portato, ad esempio, all'arresto in Argentina di uno studente responsabile di accessi illegittimi (via Internet) al sistema informativo del Pentagono.

Un'altra tendenza inaugurata negli Stati Uniti e che potrebbe fare scuola (nonostante susciti non poche perplessità pratiche e concettuali) è quella a considerare 'beni esportati' tutti i dati (software, informazioni tecniche, ecc.) pubblicati su Internet da cittadini americani o attraverso siti americani. È su questa base, ad esempio, che è stata condotta la causa contro Philip Zimmermann, l'autore di PGP, il software per la crittografia di messaggi personali più diffuso in rete (ce ne occuperemo più estesamente in seguito). Gli Stati Uniti considerano illegale la crittografazione attraverso algoritmi che non siano decrittabili dalle istituzioni governative preposte alla sicurezza nazionale (come l'FBI e la CIA), e considerano l'esportazione di algoritmi di questo tipo alla stregua dell'esportazione di armi. D'altro canto, la grande maggioranza della comunità telematica rivendica il diritto alla riservatezza della comunicazione, e di conseguenza il diritto a utilizzare gli algoritmi di cifratura preferiti. Il lungo procedimento legale svoltosi contro Zimmermann si è risolto in realtà in uno scacco per il Governo americano: da un lato, i tribunali hanno finito per assolvere Zimmermann (le cui ingenti spese di difesa sono state coperte da una sottoscrizione che ha coinvolto migliaia di utenti della rete); dall'altro, l'ingiunzione a rendere disponibile attraverso Internet solo versioni di PGP fornite della cosiddetta *backdoor* – basate cioè su un algoritmo di cifratura del quale le istituzioni di sicurezza possedessero una delle chiavi – è stata vanificata dal fatto che le versioni 'depotenziate' di PGP immesse in rete in America sono state largamente ignorate dalla popolazione telematica, alla quale bastava collegarsi a un sito europeo per scaricare una versione del programma 'a prova di FBI'.

Organizzazioni sorte per difendere il diritto alla libera comunicazione in rete, come la già ricordata EFF (Electronic Frontier Foundation), hanno incoraggiato apertamente il libero uso degli strumenti crittografici e in particolare di PGP. La riservatezza del messaggio scambiato in rete dovrebbe infatti riguardare, a giudizio di tali associazioni, ogni tipo di comunicazione, e non solo quelle considerate 'sensibili'.

Un problema connesso riguarda la diffusione attraverso la rete di materiale pornografico, di proclami di gruppi violenti o terroristici, di informazioni militari o riservate. Si tratta chiaramente di un problema complesso, dato che classificare una determinata informazione come pornografica o terroristica comporta giudizi di valore, e assunti morali, che possono variare radicalmente da paese a paese, da cultura a cultura, da persona a persona, e che possono comunque essere facilmente aggirati dalla natura sovranazionale di Internet.

Molti governi di fronte a questi fenomeni hanno cercato di intraprendere la strada della censura e della repressione. In particolare ricordiamo la norma introdotta nella legislazione americana sulle telecomunicazioni, approvata nel febbraio 1996. Il *Communication Decency Act*, riprendendo alcune delle norme punitive per le molestie telefoniche, introduceva di fatto un regime di controllo fortemente restrittivo per i siti Web. Questa legge ha suscitato in rete una enorme campagna di protesta (a cui hanno aderito, non a caso, anche i grandi patron delle aziende informatiche, tra cui Bill Gates), promossa dalla EFF e culminata nel 'Blue Ribbon day': l'8 febbraio 1996, un gran numero di siti Internet ha inserito per protesta all'interno delle proprie pagine l'immagine di un fiocco blu, scelto dalla EFF come simbolo della iniziativa.

Dopo l'approvazione del decreto, peraltro importante anche per molte altre ragioni[36], un gruppo di organizzazioni, guidato dalla *American Civil Liberties Union*, ha presentato ricorso contro la normativa a varie corti distrettuali, richiamandosi al primo emendamento della Costituzione, quello sulla libertà di espressione. L'11 giugno del 1996 il tribunale di Philadelphia ha accolto il ricorso, bloccando la normativa

[36] Il *Telecommunication Act*, infatti, ha liberalizzato di fatto l'intero mercato delle telecomunicazioni americano, avviando una stagione di fusioni tra le maggiori società mondiali del settore.

censoria. In particolare il tribunale distrettuale della Pennsylvania, dopo una istruttoria che ha visto le testimonianze di moltissimi esperti, ha redatto una sentenza esemplare, un vero e proprio saggio storico e teorico sulla natura della rete, definita "la forma di espressione più partecipatoria mai realizzata". Consigliamo ai lettori di leggerla: è disponibile su molti siti Web[37].

Questa prima vittoria del popolo della rete, tuttavia, non ha concluso la controversia: il Governo infatti, a sua volta, ha presentato appello contro la sentenza presso la Corte Costituzionale. Ma anche la massima sede giudiziaria federale ha confermato quasi del tutto le riserve sulla legittimità del decreto, con una sentenza emessa nell'estate 1997.

La battaglia sul *Communication Decency Act* non è comunque rimasta isolata: nel 1999 la controversia si è riaccesa sul cosiddetto *Child Online Protection Act*, che molti vedono come una filiazione diretta del primo provvedimento. Una corte distrettuale di Filadelfia ha dichiarato nel febbraio del 1999 che anche quest'ultimo provvedimento – presentato dal Governo come uno strumento per difendere i bambini dalla pornografia on-line, ma ricco di aspetti preoccupanti e contraddittori – viola il primo emendamento.

Un altro punto critico riguarda l'enorme problema del diritto di autore, che dopo il caso Napster agita i sonni di gran parte dell'industria dei media e dello spettacolo. Anche in questo campo gli Stati Uniti sono stati i più solleciti ad accogliere le istanze delle grandi multinazionali, emanando il *Digital Millennium Copyright Act*, la nuova e discutibilissima normativa americana in materia di protezione dei diritti elettronici. Oltre alla lunga controversia giudiziaria che ha portato alla chiusura del famigerato Napster, il conflitto sul copyright è stato alla base del cosiddetto caso Elcomsoft, che ha visto come protagonista la Adobe. La grande azienda statunitense ha attivamente sollecitato le autorità americane a perseguire un giovane programmatore russo, Dmitry Sklyarov, responsabile di aver individuato una debolezza nel meccanismo di protezione degli eBook Adobe e di aver elaborato un software capace di sproteggerli. In seguito a queste sollecitazioni, Sklyarov è stato arrestato dalle autorità americane nel luglio del 2001 – in occasione di un convegno a Los Angeles. Per aver commesso in Russia un 'reato' che non era tale secondo la legislazione del suo paese,

[37] Una versione in formato HTML è disponibile sul sito Web della EFF, all'indirizzo **http://www.eff.org/pub/Censorship/Internet_censorship_bills/HTML/960612_aclu_v_reno_decision.html**.

Sklyarov rischiava negli USA fino a venticinque anni di carcere, e una multa di circa cinque miliardi. A seguito delle vibrate proteste delle organizzazioni per la difesa della libertà d'espressione in rete[38] (e non solo: il caso solleva infatti forti interrogativi sulla legittimità internazionale di alcune azioni giudiziarie statunitensi nel campo della protezione dei diritti) – la Adobe ha in seguito assunto una posizione assai più defilata, e il giovane russo è stato liberato e rimpatriato, sebbene la vicenda giudiziaria non sia ancora conclusa.

Queste importanti vicende mostrano come sia auspicabile, al fine di evitare nel futuro interventi autoritari da parte dei governi, che la stessa comunità della rete individui dei meccanismi di autocontrollo: in questo senso si indirizza la già citata tecnologia PICS, che cerca di affrontare il problema dei contenuti 'disdicevoli' su Internet puntando sull'autoregolamentazione e sul controllo da parte dell'utente, piuttosto che sulla censura alla fonte.

Per un approfondimento di queste tematiche, segnaliamo le pagine del forum *InterLex* (alla URL **http://www.interlex.com**), punto di incontro e di discussione permanente cui partecipano, accanto agli utenti della rete, numerosi giuristi. A livello internazionale, forum di discussione sulle tematiche normative e regolamentari connesse a Internet sono ospitati, ad esempio, dal sito già citato dell'Internet Society (**http://www.isoc.org**) e dal CIX (Commercial Internet Exchange: **http://www.cix.org**), oltre che dalla già ricordata EFF.

La dimensione economica e commerciale della rete

Economia e finanza in rete

Internet banking, on-line trading, e-commerce, net stocks... sono alcuni dei termini (e molti altri se ne potrebbero aggiungere) entrati nel linguaggio quotidiano e legati prima alla rapidissima ascesa e poi alla altrettanto rapida crisi della cosiddetta *net economy*. Ma cos'è la net economy, e perché – nonostante la crisi che ha colpito moltissime società del settore – si tratta comunque di una realtà strategica per comprendere l'evoluzione del mercato economico e finanziario nei primi anni del nuovo millennio?

[38] Per maggiori informazioni si possono consultare le pagine dedicate al caso dalla Electronic Frontier Foundation: **http://www.eff.org/IP/DMCA/US_v_Sklyarov**.

In questo capitolo cercheremo di delinearne brevemente alcune fra le caratteristiche principali, rivolgendo una particolare attenzione agli sviluppi successivi alla crisi del 2001-2002. Per farlo, però, è opportuno partire da un interrogativo di fondo: perché gli sviluppi della telematica – e in particolare l'esplosione del fenomeno Internet – hanno avuto conseguenze così dirette e rilevanti anche in campo economico e finanziario?

Per rispondere a questo interrogativo, occorre per prima cosa avere ben chiara la caratteristica fondamentale di una rete telematica: quella di rappresentare uno strumento estremamente efficiente (in termini di costi, accessibilità, velocità, semplicità d'uso) per la trasmissione e la condivisione a distanza di grandi quantità di informazione.

Ora, qualunque transazione economica – dalla vendita di un bene alla stipula di un contratto, dalla concessione di un finanziamento all'acquisto di strumenti di investimento, dal versamento su conto corrente all'emissione di un bonifico – è *anche* una transazione informativa, presuppone l'acquisizione e lo scambio di informazioni.

Il fatto che queste informazioni tendano spesso a 'fissarsi' su un supporto materiale può far talvolta dimenticare la componente informazionale dell'operazione svolta. Se acquisto un biglietto di aereo o di treno, posso pensare in prima istanza – ma solo in prima istanza – che i soldi che ho speso siano serviti a comprare il rettangolino di carta che tengo in mano al momento dell'imbarco. Ovviamente non è così: i soldi sono serviti a pagare il servizio rappresentato dal trasporto sull'aereo o sul treno. Il biglietto, tuttavia, ha una sua funzione: *informa* l'addetto all'imbarco che il pagamento è stato effettuato e che ho dunque diritto a ricevere il relativo servizio. Non a caso, il biglietto è anche chiamato *titolo* di viaggio. In maniera analoga, ogni strumento finanziario possiede un proprio volto informazionale, che ne rappresenta anzi di norma la componente fondamentale. La banconota che porgiamo al negoziante non è accettata per il suo valore intrinseco, ma perché ne è riconosciuta l'efficacia rappresentativa e informazionale – un riconoscimento che a ben guardare presuppone un vero e proprio 'accordo linguistico' all'interno della comunità.

Naturalmente in molti casi lo scambio di beni fisici, di oggetti, resta fondamentale: se devo comprare qualcosa da mangiare, o un vestito, alla transazione informativa deve accompagnarsi una transazione fisica. Anche in questo caso, tuttavia, la transazione informativa – ovvero lo scambio di informazioni – conserva un proprio ruolo: perché io possa portarmi a casa il bene acquistato, occorre che lo abbia scelto e che lo paghi. Così come occorre che il venditore conosca la mia intenzione di acquisto, e riconosca la validità dello strumento di pagamento da me utilizzato.

Riflettendo su queste considerazioni, ci accorgeremo che le transazioni economiche e commerciali possono dividersi a grandi linee in due categorie: quelle che possono integralmente risolversi in uno scambio di informazioni, senza che quest'ultimo debba essere necessariamente affiancato dal passaggio di mano di oggetti fisici, e quelle che richiedono *sia* uno scambio di informazioni, *sia* un passaggio di mano di oggetti fisici.

Nel primo caso, Internet e – più in generale – gli strumenti informatici e telematici possono costituire il vero e proprio *spazio* della transazione. È quanto avviene ad esempio nel caso dell'Internet banking o del trading on-line: se desidero consultare un estratto conto, effettuare un bonifico, acquistare un'azione, posso farlo 'spostando' solo informazione, senza bisogno di spostare oggetti fisici. Da tempo, del resto, la regolazione di conti fra banche avviene proprio attraverso uno scambio informativo di questo genere, ovvero lo scambio di scritture contabili. Internet allarga lo spazio informativo all'interno del quale possono svolgersi simili transazioni, da un lato rendendolo globale, dall'altro arrivando a includervi i singoli investitori e risparmiatori. Un allargamento per certi versi 'naturale', ma che porta con sé importanti conseguenze, aprendo nuovi orizzonti e nuovi problemi.

Prima di soffermarsi su questi aspetti, è bene ricordare che nel primo dei due casi che abbiamo distinto rientra anche tutta una serie di transazioni commerciali relative alla vendita di beni e servizi non finanziari: la vendita di un biglietto di viaggio, ad esempio, o quella di un programma per computer, ma anche la vendita di un libro, di un disco o di un film, nel momento in cui la tecnologia permetta di 'sganciare' il testo del libro, la musica del disco o le immagini e la colonna sonora del film dal supporto fisico rappresentato dal volume a stampa, dal CD o dalla videocassetta. In altri termini: nell'era – non lontana – del libro elettronico e dell'audio e video on-demand, anche l'acquisto di un testo, di un brano musicale o di un filmato potranno essere ricondotti a un puro scambio informativo, e avvenire dunque integralmente nello spazio informativo della rete.

Internet, tuttavia, può avere un ruolo importante anche nel secondo caso, quello rappresentato dalle transazioni commerciali relative a oggetti fisici, fornendo lo spazio all'interno del quale può aver luogo lo scambio informativo che *accompagna* la transazione fisica. È il caso della maggior parte di siti per il commercio elettronico, o *e-commerce*: la vendita on-line di libri, dischi e videocassette (intesi come oggetti fisici), di computer ed elettrodomestici di ogni genere, di vestiti, di prodotti alimentari, e così via. In questi casi la scelta del bene, l'acquisizione di informazioni sul suo prezzo, la disposizione d'acquisto, il pagamento, l'indicazione delle modalità di spedizione e dell'indirizzo presso il quale recapitare quanto si è acquistato, sono tutte operazioni possibili via rete; il trasferimento fisico del bene acquistato, invece, dovrà ovviamente avvenire, per usare la fortunata metafora suggerita da Nicholas Negroponte, nel mondo degli atomi e non in quello dei bit.

B2B e B2C

Abbiamo distinto fra transazioni esclusivamente informative, e transazioni costituite da una componente fisica e una componente informativa. Per comprendere meglio le caratteristiche proprie della rete Internet come strumento per lo svolgimento di transazioni economiche e commerciali occorre tuttavia introdurre un'altra differenziazione, e fare conoscenza con due sigle dall'apparenza un po' criptica: B2B e B2C.

La sigla *B2B* abbrevia, utilizzando una convenzione ormai abituale che vede l'utilizzazione della cifra '2' al posto dell'inglese 'to', l'espressione 'Business to Business', che potremmo provare a tradurre come 'dall'impresa all'impresa'. Appartengono alla sfera del B2B tutte le transazioni e gli scambi che coinvolgono solo le imprese e non l'utente finale: ad esempio l'acquisto di materie prime indispensabili alla produzione, l'acquisto di servizi specificamente indirizzati al mondo dell'impresa, il commercio all'ingrosso, e così via.

Con la sigla *B2C* (abbreviazione di 'Business to Consumer', ovvero 'dall'impresa al consumatore') si indicano invece le vendite dall'azienda all'utente finale: commercio al dettaglio, vendita di beni e servizi indirizzati ai singoli utenti.

Per capire meglio la differenza, proviamo a fare un esempio concreto: un'agenzia viaggi vende all'utente finale (il singolo turista) viaggi organizzati, biglietti, prenotazioni alberghiere, ecc., ma ha a sua volta bisogno di comprare dagli operatori del settore pacchetti vacanze da rivendere, servizi da erogare ai propri clienti, e magari l'accesso a banche dati specializzate. Nel primo caso, abbiamo a che fare con transazioni B2C: l'agenzia vende i propri servizi ai singoli clienti. Nel secondo, con transazioni B2B, acquista servizi 'all'ingrosso' da altre aziende del settore.

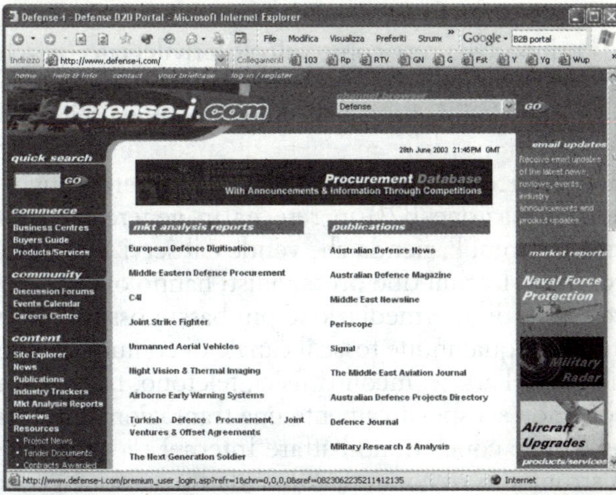

Figura 82 Un portale B2B legato al settore militare: testimonianza eloquente del rilievo assunto in moltissimi campi dai servizi B2B disponibili in rete

Dato che il valore medio delle transazioni B2B è ovviamente più alto di quello delle transazioni B2C, e dato che le aziende dispongono in genere di maggiori mezzi finanziari e di strumenti informatici più potenti e avanzati di quanto non avvenga nel caso degli utenti privati, nonché di un maggiore interesse nell'abbassare i costi dell'intermediazione, non stupisce la concorde previsione (del resto già suffragata dai dati) secondo la quale nei prossimi anni il mercato B2B avrà in rete un valore assai superiore a quello B2C.

Sulla base di queste considerazioni, il numero di portali e servizi B2B offerti sul Web è cresciuto negli ultimi anni a un tasso accelerato. E nel periodo di maggiore crisi della new economy le aziende impegnate nel settore del B2B e in particolare dell'*e-procurement* (l'uso della rete da parte delle grandi aziende per lo svolgimento delle aste e gare d'appalto relative a forniture, servizi in outsourcing, ecc.) hanno subito perdite in media proporzionalmente assai inferiori a quelle lamentate dai servizi di vendita diretta ai consumatori.

Avevamo tuttavia già notato in *Frontiere di rete* (l'aggiornamento per il 2001 della precedente edizione di questo manuale) che la formula magica 'B2B' da sola non basta a garantire il successo di un'attività di intermediazione commerciale via rete. E gli sviluppi del settore nei due anni successivi sembrano averci dato ragione. Intendiamoci: non sono qui in questione né l'immensa importanza economica del mercato B2B, né l'utilità della rete come veicolo privilegiato (perché più veloce, versatile ed economico) per questo tipo di transazioni. Il punto in questione è quale sia il valore economico specifico della 'intermediazione di rete'.

Per comprendere i termini esatti di questo interrogativo, ricordiamo che una transazione B2B in rete ha in genere tre protagonisti: l'azienda che compra, l'azienda che vende e il servizio o portale che le mette in contatto. I primi due protagonisti hanno ovviamente interesse a pagare i costi di intermediazione più bassi possibile (e avrebbero lo stesso interesse qualunque fosse il canale di comunicazione utilizzato per concludere l'affare: incontri fisici, telefono, fax...). A meno che la transazione non sia specificamente una transazione informativa, per le due aziende che concludono l'affare Internet rappresenta in primo luogo uno strumento di comunicazione: la transazione economica riguarda innanzitutto i beni e i servizi che vengono scambiati, non l'uso della rete.

Se Internet rappresentasse *solo* uno strumento di comunicazione, dunque, pensare che i portali B2B in rete possano sperare in guadagni astronomici come compenso per i servizi offerti non sarebbe molto più logico dello sperare che un'azienda telefonica possa arricchirsi facendo pagare una 'tassa' specifica su ogni affare concluso per telefono.

Fortunatamente per le previsioni economiche del settore, tuttavia, i servizi B2B in rete non offrono solo un canale di comunicazione fra imprese, ma offrono – o dovrebbero offrire – anche servizi dotati di un valore aggiunto specificamente informativo: ad esempio la capacità di aiutare nell'identificazione dell'azienda più adatta per un certo tipo di fornitura, la capacità di seguire e garantire le transazioni finanziarie che accompagnano lo scambio, e così via. Il valore economico di questi servizi (che vengono offerti naturalmente all'interno di un mercato competitivo, e sono dunque soggetti alle dinamiche dei prezzi tipiche del mercato) è difficile da stabilire, sia perché l'esplorazione delle possibilità aperte in questo campo dalla rete è stata avviata solo negli ultimissimi anni ed è ancora in fase embrionale, sia perché, più in generale, i meccanismi attraverso cui vengono a stabilirsi il valore e il prezzo di un bene informativo sembrano essere più complessi e di più difficile analisi di quanto non accada nel caso delle merci fisiche. Tuttavia, è soprattutto in quest'ambito, relativo all'offerta di 'valore aggiunto' informativo, che i servizi di 'intermediazione di rete' dovranno muoversi se vorranno soddisfare almeno in parte le aspettative (in molti casi probabilmente eccessive) delle schiere di investitori che si sono lanciati, nel periodo di maggior entusiasmo per le fortune della net economy, sulle azioni del settore, e che hanno spesso già pagato il prezzo di un entusiasmo forse un po' indiscriminato.

Se dovessimo azzardare una previsione, suggeriremmo comunque – soprattutto sul medio-lungo periodo – di guardare con una certa attenzione anche il campo del B2C, e di non considerarlo solo (come accade spesso) una sorta di 'parente povero' del B2B, ridotto in condizioni disperate dalla crisi della net economy. È nel caso del B2C, infatti, che la rete – pur se con i tempi necessari a una vera e propria rivoluzione di molte abitudini d'acquisto – può comportare a nostro avviso i cambiamenti più radicali. All'utente finale, infatti, la rete mette a disposizione una libertà di movimento e di selezione inedita, associata a un taglio deciso dei costi di intermediazione tradizionalmente associati al settore della vendita al dettaglio. Per questo motivo, l'utente finale può sopportare una quota di ricarico sulla 'intermediazione di rete' più alta di quella ipotizzabile in uno scenario B2B 'evoluto' (ovvero caratterizzato da un mercato competitivo sviluppato)[39]. Inoltre, è l'utente finale a essere direttamente coinvolto da molte fra le transazioni puramente informative (acquisto di testi, audio, video...) alle quali accennavamo poc'anzi. Infine: è ancora l'utente finale il destinatario naturale delle campagne pubblicitarie in rete (non dimentichiamo che il *net advertising* si sta rivelando una delle poche fonti di ricavi in un mondo – quello di Internet – le cui molte promesse di redditività finora sono state mantenute raramente), campagne associate di norma alla vendita diretta via Internet di beni e servizi.

Fare shopping in rete

Prima di proseguire nel nostro esame delle diverse tipologie di transazione commerciale via rete, soffermiamoci dunque brevemente proprio sul settore del B2C, visto però questa volta dal punto di vista del consumatore. Cos'è che spinge l'utente a fare acquisti in rete, e quali sono i settori nei quali il valore aggiunto rappresentato dall'ambiente di re-

[39] Una considerazione, questa, che sembra valida non solo nel caso della vendita di beni fisici, ma anche – ad esempio – nel campo dei servizi di intermediazione finanziaria, dei quali ci occuperemo tra breve parlando di banche in rete e di trading on-line.

te può costituire il fattore vincente rispetto alle tradizionali abitudini di acquisto nel mondo fisico?

La risposta a questa domanda dovrebbe risultare chiara sulla base delle premesse del nostro discorso: il fattore in assoluto più importante è rappresentato dalla componente informazionale dell'acquisto. Ecco dunque che risulteranno vincenti, in rete, tutte le tipologie di offerta di beni e servizi nelle quali il valore aggiunto rappresentato dalle informazioni accessorie, dal confronto tra prodotti diversi, tra le loro caratteristiche, tra i loro prezzi, ha maggior rilievo dal punto di vista dell'utente.

Facciamo qualche esempio. Se dobbiamo comprare un detersivo, sappiamo che ne esistono di più e meno efficaci, e probabilmente, dal punto di vista astratto, non ci dispiacerebbe condurre il nostro acquisto nel modo più informato e consapevole possibile. Tuttavia, il valore relativamente basso del bene che stiamo acquistando, l'ampiezza dell'offerta presente sui banchi di un qualunque supermercato un po' fornito e le informazioni offerte dalle etichette (nome del prodotto, prezzo, ecc.), associate al bagaglio di 'conoscenze' (in gran parte provenienti dalla pubblicità) possedute da ciascuno di noi, sono tali da non farci percepire grossi vantaggi nell'acquisto in rete rispetto a quello nel mondo fisico. Al contrario, ricorrere a un negozio su Web per comprare un detersivo, e in generale per fare la spesa, ci sembrerebbe probabilmente scomodo e innaturale: l'accesso diretto ai prodotti nel supermercato sotto casa è tale da soddisfare la grande maggioranza delle nostre esigenze in maniera ragionevolmente facile e veloce, e la spinta ad abbandonare abitudini consolidate in favore di procedure di acquisto via Web che in questo caso non offrono immediati e decisivi vantaggi è davvero minima (a meno, naturalmente, che non intervengano fattori specifici: impossibilità a muoversi o a trasportare la spesa, ecc.).

Ma se anziché un detersivo dobbiamo comprare una vacanza, la situazione cambia. Le informazioni che ci servono sono molto più articolate e complesse; sono inoltre informazioni delle quali in gran parte non disponiamo, e che dobbiamo costruirci prima dell'acquisto. Quali sono le offerte turistiche di una determinata località? Quali sono i prezzi di mercato per determinati pacchetti? Quali le differenze fra offerta e offerta? Un confronto ragionato richiede parecchio tempo, e la raccolta e il confronto di molte informazioni. In questo caso, un paio d'ore di navigazione su Web sono di norma molto più utili e informative dello stesso periodo passato in un'affollata agenzia viaggi, e trascorso per la maggior parte del tempo in fila aspettando un impiegato libero.

Un altro fattore vincente degli acquisti via rete è rappresentato dal *collaborative filtering*, ovvero dalla possibilità di utilizzare a nostro vantaggio le conoscenze e le esperienze di acquisto di altri utenti. Per capire di cosa si tratti, facciamo anche in questo caso un esempio pratico: l'acquisto di un libro. Quando compriamo un libro, ad esempio qualcosa da leggere per le vacanze estive, la nostra scelta avviene su una galleria di prodotti potenzialmente sterminata. Se abbiamo un'intenzione d'acquisto molto chiara ("la signora del piano di sotto mi ha detto che l'ultimo romanzo di... è bellissimo: voglio proprio comprarlo") e se il libro che cerchiamo è facilmente reperibile, probabilmente non ci verrà neanche in mente di cercarlo in rete: lo compreremo nella libreria più vicina. Ma se abbiamo le idee meno chiare, e cerchiamo solo 'un buon romanzo', o 'un libro simile a questo, che mi è molto piaciuto', o 'una buona introduzione alla musica elettronica', la situazione è diversa. In questo caso vorremmo dei buoni consigli, delle informazioni accessorie. Fino a qualche anno fa, si tendeva a dire che proprio in questi casi il Web *non* poteva aiutarci, e non poteva sostituire i buoni consigli del libraio. Ma... dove trovare un libraio con competenze così universali? E chi mi garantisce che i gusti del libraio siano simili ai miei?

Il collaborative filtering rappresenta una soluzione estremamente interessante proprio a questi interrogativi. Se fate un salto su *Amazon* (**http://www.amazon.com**), uno dei primi e più sviluppati siti di commercio elettronico B2C (e uno dei pochi a funzionare abbastanza bene dal punto di vista commerciale!), troverete – sapientemente organizzata – un'enorme quantità di informazioni accessorie in gran parte derivate dalle abitudini di acquisto e dalle valutazioni dei prodotti ad opera degli altri utenti del sito. Mi è piaciuto un certo libro? Amazon è pronto a suggerirmi altri libri che sono stati acquistati e che sono piaciuti di più proprio agli utenti che più avevano apprezzato il libro di partenza. Voglio una buona introduzione su un certo argomento? Amazon offre liste di 'consigli per gli acquisti' compilate da centinaia di utenti con interessi e necessità simili alle mie. Sono incerto sul valore e sull'effettivo interesse di un certo libro? Le recensioni degli altri lettori mi aiuteranno a formarmi un'opinione. Voglio 'sfogliare' un libro prima di acquistarlo? Su Amazon posso visualizzare le immagini di copertina, controcopertina, risvolti, e in genere almeno una decina di pagine di testo. Con il vantaggio di una selezione di titoli immensa, assai maggiore di quella che potrebbe trovare posto in una qualunque libreria fisica, e della possibilità – data dalla grande mole di vendite – di offrire sconti più alti di quelli che troveremmo di norma nella libreria sotto casa. Ecco dunque un altro esempio nel quale il valore aggiunto – il valore aggiunto *informazionale* – offerto dalla rete è tale da rendere competitivo, e spesso vantaggioso, l'acquisto via rete rispetto a quello nel mondo fisico.

P2P e C2C: nuovi paradigmi?

Le considerazioni appena svolte suggeriscono che attraverso la rete non cambi solo il ruolo di chi fornisce beni e servizi, ma anche (e forse in primo luogo) il ruolo del consumatore. Non a caso, oltre a modificare profondamente le caratteristiche di molte tipologie di scambi economici e commerciali (soprattutto – come abbiamo visto – quando ad essere coinvolti sono beni e servizi di natura 'informazionale'), la rete ha riportato in vita su larga scala, e applicato allo scambio di contenuti digitali, alcuni paradigmi (come il dono o il baratto) che nel mondo fisico sembravano scomparsi o relegati a poche situazioni basate su relazioni interpersonali particolarmente strette. Parlando di libri elettronici e di protezione dei diritti sui contenuti digitali, avremo occasione di accennare al fatto che il movimento *no copyright* affida proprio a questo tipo di evoluzione la possibilità di modificare alcuni dei meccanismi di distribuzione commerciale dell'informazione.

È possibile che questa fiducia negli strumenti di scambio *P2P* (un'altra delle molte sigle che stiamo incontrando in questo capitolo: indica, come il lettore avrà già intuito, gli scambi diretti da persona a persona, e li ricollega idealmente a un altro tipo di scambio informativo del quale ci siamo già occupati: quello offerto dagli strumenti per il *peer-to-peer*) sia eccessiva o mal riposta. Sicuramente, una rete di scambio di contenuti digitali basata unicamente su meccanismi P2P presenterebbe molti problemi. Nonostante la massima solidarietà con le iniziative miranti a studiare per la rete forme di protezione dei diritti più flessibili e libertarie (e non già più rigide e poliziesche) di quelle adottate nel mondo fisico, è difficile ritenere che i modelli rappresentati dai vari software di scambio P2P di contenuti digitali (come i già ricordati Kazaa o WinMX, per citare solo due fra gli strumenti più noti) possano da soli salvaguardare efficacemente l'indipendenza economica degli autori e la funzione di mediazione – anche culturale – esercitata finora, pur se in maniera non sempre lungimirante, da soggetti quali gli editori e i distributori.

D'altro canto, è indubbio che l'interesse e le potenzialità di questi meccanismi siano enormi, soprattutto nel facilitare la diffusione di informazioni e contenuti considerati 'scomodi' o 'marginali' dai potentati economici o politici di turno. Da questo punto di vista, l'attenzione per gli scambi P2P e per le possibilità offerte al riguardo dalla rete ha anche il valore di un richiamo a quella che è una ben precisa responsabilità collettiva degli utenti di Internet: salvaguardarne il carattere aperto e orizzontale.

C'è tuttavia una particolare modalità di scambio P2P che riveste uno specifico interesse economico e commerciale anche per le giovani 'imprese di rete': si tratta degli scambi *C2C*, ovvero da consumatore a consumatore.

I concetti che si nascondono dietro le due sigle P2P e C2C sono evidentemente assai vicini, ma l'uso dell'espressione C2C tende a sottolineare la natura di vero e proprio scambio commerciale (in questo caso, il riferimento è spesso a transazioni nelle quali vengono scambiati oggetti fisici anziché puri contenuti informativi) che possono assumere alcune interazioni dirette fra utenti della rete.

Naturalmente, perché la rete possa funzionare efficacemente come veicolo per transazioni C2C occorrono strumenti che mettano in contatto i consumatori e permettano quello scambio informativo che, come abbiamo sottolineato, precede e accompagna sempre qualunque scambio fisico. L'esempio forse più noto – e certo quello di maggior successo – di strumenti C2C è rappresentato dai siti di aste on-line, che sulla scorta dell'enorme successo internazionale del sito *eBay* (**http://www.ebay.com**), vera e propria "virtual trading community", iniziano a diffondersi anche nel nostro paese, e più in generale nel mercato europeo.

Nel caso delle aste on-line, il rapporto C2C è mediato da un sito che funge non solo da veicolo di contatto e di scambio informativo, ma anche da riferimento normativo e regolamentare, e – in qualche misura – da garante di identità e affidabilità dei partecipanti allo scambio[40]. I siti di questo genere assumono in rete un ruolo simile a quello che avevano un tempo le città di mercato: offrire un punto d'incontro riconosciuto e riconoscibile, permettere a ciascuno l'esposizione delle merci offerte, fornire una garanzia minima di 'ordine pubblico'.

Consigliamo al lettore interessato all'approfondimento di queste tematiche la consultazione di quello che è il vero e proprio 'manifesto pro-

[40] Si tratta solo in parte di garanzie esplicite: il fatto stesso che questi siti utilizzino meccanismi abbastanza rigidi di registrazione dei partecipanti e pubblichino i giudizi sull'affidabilità da essi mostrata in occasione di scambi precedenti, offre tuttavia quel minimo di base informativa in grado di evitare una transazione commerciale del tutto 'alla cieca'.

grammatico' di eBay, disponibile all'indirizzo **http://pages.ebay.com/community/aboutebay/community/**. Dal canto nostro, interessa sottolineare la duplice e in qualche misura ambigua natura di questi strumenti: da un lato quella, quasi eversiva, di meccanismo in grado di superare (e mettere in crisi) i tradizionali snodi di mediazione commerciale, sostituendo un meccanismo di scambi reticolare e decentrato all'oligopolio delle grandi catene di distribuzione e di vendita. Dall'altro, e contemporaneamente, quello di specchio estremo del 'consumismo di rete', che trasforma in merci dotate di uno specifico valore commerciale le mode e i gadget più improbabili, ma anche beni che dovrebbero essere ben diversamente salvaguardati. Dagli scheletri di dinosauro ai voti elettorali, dalle monete romane alle sorprese degli ovetti Kinder, dal reggiseno di Marylin Monroe (evidentemente, l'ha usato anche lei!) agli appunti manoscritti del presidente Lincoln, tutto su eBay diviene oggetto di contrattazione, tutto acquista uno specifico prezzo (talvolta assolutamente irragionevole, di norma comunque lontanissimo dalla considerazione di parametri 'classici' quali i costi di produzione), tutto viene scambiato in un contesto commerciale che, per quanto (o proprio perché) autoregolamentato, sfugge quasi completamente ai criteri, ai controlli, alle normative vigenti nel mondo del commercio 'reale'.

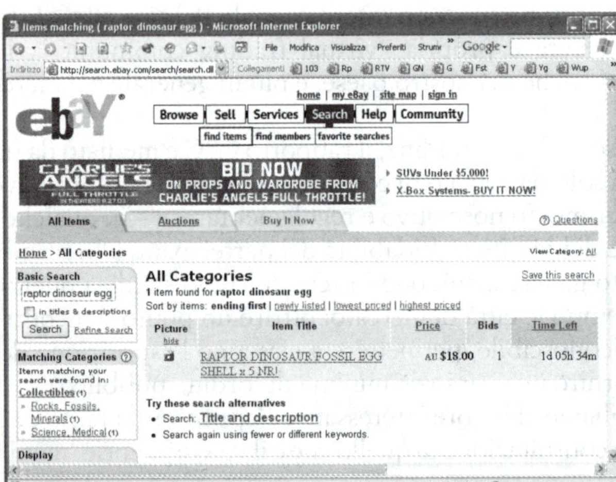

Figura 83 eBay, probabilmente il più famoso sito di aste in rete. Avete mai pensato di acquistare un uovo di dinosauro? Un affare, a solo 18 dollari australiani

Il problema della sicurezza

Nei paragrafi precedenti, abbiamo parlato di diverse tipologie di scambi commerciali ed economici via rete. Perché la maggior parte di essi – e in particolare quello in grado di modificare più radicalmente le nostre abitudini di consumatori, ovvero il commercio elettronico B2C – possano mantenere le loro promesse, tuttavia, occorre siano individuate soluzioni efficaci a due problemi dei quali è difficile sottovalutare l'importanza. Ci riferiamo al problema della sicurezza delle transazioni, percepite ancora da molti utenti – come vedremo, non sempre a ragione – come associate a fattori di rischio non accettabili, e a quello degli strumenti di pagamento, particolarmente importante nel campo delle microtransazioni.

È dunque su questi problemi che ci soffermeremo ora brevemente, per passare poi all'esame di due settori di particolare rilievo per lo sviluppo delle transazioni economiche e finanziarie in rete: l'Internet banking e il trading on-line. Due settori nei quali l'allargamento ai singoli risparmiatori e investitori di possibilità prima limitate al campo dei grandi operatori – allargamento reso possibile dall'uso degli strumenti di rete – comporta conseguenze pratiche di grande rilievo, e apre problemi per molti versi nuovi.

Internet, abbiamo osservato, tende a diventare lo 'spazio' di elezione per un'infinità di transazioni economiche e commerciali. In molti casi (ad esempio nell'effettuare un bonifico via rete, o un'operazione di trading on-line) Internet funziona come strumento per 'raggiungere' il nostro conto in banca ed effettuare operazioni utilizzando la valuta che vi è depositata. È evidentemente indispensabile garantire che queste operazioni possano essere effettuate solo dai titolari effettivi del conto, e non da terzi non autorizzati. Ma anche in molte altre circostanze – ad esempio quando effettuiamo in rete acquisti pagati con una carta di credito – attraverso Internet transitano dati (nel nostro esempio, il numero e i dettagli della carta di credito) la cui intercettazione da parte di soggetti malintenzionati potrebbe arrecarci un danno economico non irrilevante. Senza contare che consideriamo in molti casi importante anche la garanzia di una certa riservatezza delle transazioni effettuate.

In tutte queste situazioni, la *sicurezza* delle procedure informatiche rappresenta dunque per noi una questione fondamentale.

Soffermiamoci sul caso potenzialmente più problematico (dato che l'assenza di sicurezza potrebbe avere gli effetti più gravi): quello delle transazioni bancarie e finanziarie. L'applicazione delle considerazioni che andremo svolgendo ad altre situazioni (ad esempio agli acquisti attraverso carta di credito) dovrebbe risultare abbastanza immediata.

Quali garanzie di sicurezza richiediamo a una transazione bancaria o finanziaria (ad esempio la disposizione di un bonifico o un acquisto di azioni) effettuata attraverso la rete? I punti essenziali sembrano essere i seguenti: dobbiamo essere sicuri che le operazioni da noi effettuate si svolgano senza errori (affidabilità e semplicità delle procedure), garantendo la stessa riservatezza alla quale avremmo diritto nel caso di un'operazione svolta di persona allo sportello (protezione delle procedure e criptatura delle transazioni), e soprattutto con l'assoluta tranquillità che terzi non autorizzati non possano svolgere operazioni con i nostri soldi (controllo dell'identità e, ancora una volta, protezione e criptatura dell'operazione).

Dal punto di vista astratto, i possibili 'punti deboli' nella sicurezza di una transazione in rete sono quattro: 1) il computer di chi effettua l'operazione (ovvero, il mio computer di casa); 2) il canale attraverso cui transitano i dati (la linea telefonica nel caso di un normale collegamento casalingo, le linee dati dedicate, ecc.); 3) il computer della banca o dell'istituzione finanziaria alla quale mi collego; 4) le procedure software utilizzate. Ebbene: in questo momento le procedure software utilizzate e i relativi sistemi di criptatura sono ragionevolmente sicuri, grazie all'adozione di tecniche sofisticate (cifratura a doppia chiave) sulle quali ci siamo già soffermati parlando di firma digitale. In futuro le garanzie di sicurezza e soprattutto di affidabilità informatica di queste procedure miglioreranno ulteriormente, ma l'utente può già essere abbastanza soddisfatto. L'affidabilità delle procedure di cifratura rende meno importante la questione della sicurezza del canale di trasmissione: un eventuale malintenzionato in grado di 'intercettare' la mia comunicazione con la banca ne ricaverebbe solo un'accozzaglia di bit privi di qualunque significato per chi non disponga delle relative 'chiavi' di decrittazione.

Restano, dunque, il computer di origine (il mio) e quello di destinazione (quello della banca). Nonostante il periodico interesse dei media per i casi nei quali abili hackers riescono ad intrufolarsi nei supercomputer di ogni genere di istituzioni, i computer di una grande banca sono in genere ben protetti: esistono addetti alla sicurezza dei sistemi informatici che hanno il compito specifico di garantire questa protezione, ed esistono procedure (denominate in gergo *firewall*) che garantiscono l'impenetrabilità del sistema da parte di malintenzionati esterni. Inoltre, è assai difficile penetrare in computer ben controllati senza lasciare tracce, vere e proprie 'impronte' informatiche che in molti casi possono permettere di risalire all'autore dell'accesso non autorizzato.

Paradossalmente, l'anello più debole della catena è il computer di casa dell'utente. Una volta collegato alla rete, è questo in genere il computer meno difeso – soprattutto perché spesso l'utente non ha affatto idea che possa essere attaccato. E naturalmente il computer di casa può ospitare informazioni (password, procedure di accesso, numeri di carta di credito, dati personali...) che dovrebbero restare strettamente riservate.

Dobbiamo dunque concludere che le transazioni on-line restano intrinsecamente insicure? In realtà non è così. Anche se può sembrare una considerazione un po' cinica, i computer 'casalinghi' sono difesi in primo luogo dalla legge dei grandi numeri: sono talmente tanti, che la probabilità che un malintenzionato così abile da poter ricavare informazioni utili a effettuare un 'furto informatico' riesca effettivamente a penetrare nel *mio* computer sono abbastanza basse. Inoltre (e soprattutto), basta aver consapevolezza del rischio e fare un minimo sforzo di 'protezione informatica' per raggiungere un buon livello di sicurezza anche sul computer di casa: esistono ormai programmi firewall adatti ai normali PC, semplici da usare e poco costosi o addirittura gratuiti. Questi programmi 'si informano' sugli strumenti di navigazione in rete da noi utilizzati e ne consentono il regolare funzionamento, bloccando invece ogni scambio di informazioni 'esterno' e ogni accesso non autorizzato. Ne parleremo in seguito, nel capitolo dedicato a 'Sicurezza e privacy'.

Quale moneta per Internet?

Un'operazione bancaria effettuata via Internet, o un acquisto attraverso l'uso della carta di credito sono dunque – una volta prese le opportune precauzioni – ragionevolmente affidabili. Questa garanzia, tuttavia, non basta a trasformare la rete in uno strumento realmente efficace per ogni tipo di transazione economica e finanziaria. Restano infatti aperti alcuni dei problemi dai quali eravamo partiti: quali strumenti di pagamento possono essere utilizzati in rete, quale moneta può essere effettivamente scambiata?

È facile rendersi conto che il bonifico bancario o la carta di credito, almeno nella situazione attuale, non sono lo strumento ideale per ogni tipo di transazione. In particolare, non sono lo strumento ideale per le 'micro-transazioni'. Sappiamo infatti che le operazioni di bonifico o gli acquisti attraverso carta di credito hanno un proprio costo. Questo costo è abbastanza basso da poter essere trascurato quando la transazione è di una certa entità – diciamo, sopra i quattro o cinque euro. Ma se volessimo vendere – a prezzo molto basso – l'accesso a porzioni limitate di informazione (ad esempio una pagina di un giornale on-line, o una singola immagine digitale da inserire nel nostro sito), la situazione cambierebbe radicalmente. E la possibilità di organizzare anche queste micro-transazioni può essere in certi casi vitale. Un giornale on-line, ad esempio, può rivelarsi un'impresa redditizia solo a patto di poter gestire molte micro-transazioni di questo tipo.

La spinta per trovare una soluzione soddisfacente a questo tipo di problema è fortissima. Internet, infatti, si rivela lo strumento capace di abbattere più drasticamente i costi per ogni singola transazione, e dunque probabilmente *l'unico* strumento adatto alla gestione redditizia di micro-acquisti quali quelli appena ipotizzati.

Le soluzioni possibili al problema delle micro-transazioni in rete sono moltissime, e si tratta di un campo nel quale è in corso una sperimentazione continua. Una possibilità è quella di 'raggruppare' i micro-pagamenti in modo che l'acquirente paghi, ad esempio una volta al mese, il loro costo complessivo attraverso bonifico o carta di credito. Per farlo, i micro-acquisti devono essere 'garantiti' attraverso una società terza, alla quale l'utente possa far capo per acquisti su una pluralità di siti diversi. Questa società – che dovrebbe operare in maniera totalmente automatizzata e attraverso strumenti di rete, in modo da ridurre al minimo i costi delle transazioni – riscuoterebbe, a fine mese, i crediti accumulati verso i singoli utenti, e pagherebbe i debiti verso i siti commerciali, trasformando in entrambi i casi le molte micro-operazioni in poche macro-operazioni. Il pagamento cumulativo di una serie di micro-acquisti può anche avvenire attraverso l'acquisto di una sorta di 'carta ricaricabile', e questa soluzione ha avuto negli ultimi anni una certa fortuna, probabilmente anche per la familiarità di questo meccanismo per i moltissimi utenti abituati all'uso di carte ricaricabili nel settore della telefonia mobile.

Una possibilità decisamente più avanzata, che ha suscitato notevolissimo interesse ma che presenta anche difficoltà non trascurabili, è quella dell'adozione di una vera e propria 'moneta elettronica', la cui gestione sia possibile attraverso software capaci di offrire tutte le garanzie di sicurezza del caso. La prima formulazione del progetto E-cash, una forma di moneta elettronica inventata dall'olandese David Chaum, può fornire un esempio delle tecnologie che sono state proposte in questo settore. Il funzionamento previsto è semplice: per utilizzare E-cash, è necessario aprire un conto presso una delle banche autorizzate a coniare questa particolare 'moneta' elettronica. Una volta aperto un conto presso una delle banche 'emittenti', è possibile scaricare sul proprio computer una sorta di portafogli elettronico, ovvero un programma gratuito capace di gestire le nostre 'cybermonete'. Ovviamente il versamento iniziale andrà fatto in maniera tradizionale, attraverso assegni, bonifici, contanti, carta di credito. In cambio si ottengono monete elettroniche che vengono memorizzate, con opportune misure di sicurezza, sul proprio computer. Complesse procedure di cifratura dei dati garantiscono che una moneta elettronica di questo tipo non possa essere 'falsificata' e possa essere spesa solo dal suo proprietario legittimo.

A questo punto è possibile collegarsi ai negozi convenzionati, pagare con le monete elettroniche (il nostro programma-portafoglio e quello del negozio dialogheranno fra di loro, in maniera criptata e sicura, 'scambiando' la quantità opportuna di monete) e farsi spedire la merce. I negozi poi, periodicamente, incasseranno dalla banca l'equivalente in valuta 'tradizionale', o (nel caso di una moneta elettronica 'riciclabile' come doveva appunto essere E-cash) potranno a loro volta fare acquisti, con le monete elettroniche, presso altri negozi, o grossisti, ecc.

Anche questo sistema permette di ridurre, dal punto di vista della gestione valutaria 'tradizionale', molte micro-transazioni a poche macro-transazioni: il nostro versamento iniziale, che sarà presumibilmente di una certa entità (lo stesso varrà per quelli successivi eventualmente necessari per mantenere 'coperto' il conto), e le periodiche compensazioni fra le banche e i venditori, che riguarderanno cifre più alte, dato che saranno il risultato dell'accumularsi di un gran numero di micro-transazioni.

La moneta elettronica, naturalmente, presenta moltissimi problemi di ordine legislativo, economico, finanziario, politico e addirittura etico. Per rendersene conto, basta pensare a poche questioni cruciali: sappiamo che il diritto di battere moneta è fra quelli che gli Stati controllano più direttamente, in genere attraverso le banche centrali. Questo deve valere anche per il diritto di 'battere moneta elettronica'? La moneta elettronica costituisce o no una forma di valuta? Come controllarne la circolazione, la convertibilità in valute nazionali, ed eventualmente i trasferimenti attraverso i confini, resi così facili dal carattere 'deterritorializzato' di Internet? Sarà inoltre necessario da un lato proteggere la privacy del cittadino, garantendo qualcosa di simile al carattere 'anonimo' della moneta tradizionale, in modo da impedire che qualcuno possa facilmente tenere sotto controllo i nostri acquisti (e cioè i nostri gusti, le nostre disponibilità economiche, le nostre scelte di spesa, ecc.). Dall'altro lato, questo dovrà essere fatto senza trasformare la moneta elettronica in un facile strumento per il riciclaggio del 'denaro sporco', per la realizzazione di speculazioni illegittime, per l'esportazione illegale di valuta. Inoltre, nel momento di creare un intero sistema di circolazione economica basato su valuta elettronica sarà bene essere molto, ma molto sicuri della effettiva solidità degli algoritmi di cifratura e della sicurezza delle procedure di trasferimento usate.

Si tratta insomma, come è facile vedere, di questioni di estrema complessità, che sono però assolutamente centrali per lo sviluppo di Internet come strumento per transazioni commerciali, e attorno alle quali si muovono interessi enormi, economici ma anche politici e strategici.

In ogni caso, la soluzione 'estrema' rappresentata dal progetto E-cash, almeno nella sua formulazione originaria, sembra per il momento difficilmente praticabile. Esistono tuttavia soluzioni intermedie, che prevedono una versione più 'soft' del concetto di moneta elettronica, e che ne affidano la gestione più a tecnologie residenti nei sistemi delle aziende venditrici e delle banche che su software specifici utilizzati da parte dell'utente finale. Un'occhiata ai siti citati nella sezione di *Yahoo!* dedicata a questi temi, all'indirizzo **http://dir.yahoo.com/Social_Science/Economics/Currency/Digital_Money/**, basterà a dare un'idea della ricchezza (e della complessità) del relativo dibattito, e della varietà delle soluzioni proposte.

Banche in rete

Abbiamo accennato poc'anzi alla possibilità di utilizzare via Internet alcuni servizi bancari. Ebbene, le possibilità aperte dal cosiddetto 'Internet banking' meritano un breve approfondimento. Anche in questo caso, infatti, siamo davanti a un fenomeno che ha tutte le potenzialità per cambiare in maniera radicale non solo le nostre abitudini, ma l'organizzazione stessa di un settore di estremo rilievo dell'economia mondiale.

Attraverso l'Internet banking, la banca offre agli utenti la possibilità di svolgere, attraverso la rete, molte delle operazioni che normalmente effettuiamo presso uno sportello di agenzia o uno sportello Bancomat. Gli esempi classici sono rappresentati dalla consultazione da casa del proprio estratto conto, dalla verifica dell'esito di un assegno, dall'emissione di un bonifico, dal calcolo dei tassi su prestiti e mutui, e così via. Il sito della banca si trasforma in sostanza in un vero e proprio sportello bancario, utilizzabile da casa e in qualunque momento.

Naturalmente questo tipo di operazioni deve svolgersi in modo sicuro, e questo almeno da tre punti di vista: l'identificazione dell'utente deve essere certa, in modo da garantire che qualcun altro non possa accedere a mio nome a informazioni che riguardano solo me; il sistema che ospita le informazioni deve essere protetto da accessi esterni fraudolenti, e nel loro tragitto telematico dalla banca al mio computer di casa i dati devono viaggiare in forma cifrata e sicura, in modo da non poter essere intercettati. Come abbiamo visto, una volta adottate alcune precauzioni, le tecnologie attuali consentono in tutti e tre i casi livelli di sicurezza più che accettabili. Si deve infine considerare che le transazioni via Internet sono quelle a più basso costo unitario, e si rivelano più convenienti, sia per la banca sia per il cliente, non solo delle tradizionali operazioni fisiche allo sportello, ma anche di quelle svolte per via telefonica (Telephone Banking) o attraverso sportelli automatici.

L'Internet banking mostra tutte la sue potenzialità quando viene associato all'impiego, da parte dell'utente, di un software specifico di gestione finanziaria e patrimoniale, in grado non solo di scambiare con la nostra banca informazioni sulle operazioni che riguardano il nostro conto (a cominciare dall'estratto conto), ma anche di integrarle con le

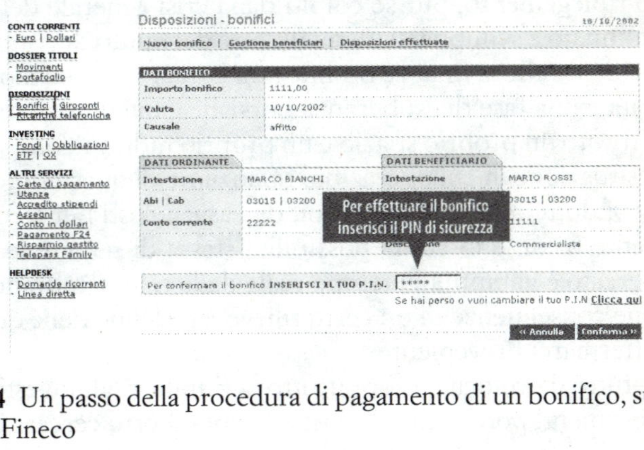

Figura 84 Un passo della procedura di pagamento di un bonifico, sul sito della Banca Fineco

informazioni (che saremo noi a fornire) riguardanti le scadenze di pagamento, i nostri investimenti, l'uso delle carte di credito, l'eventuale disponibilità di più conti correnti. È facile prevedere che la diffusione – già avviata – di strumenti di questo tipo contribuirà all'ulteriore espansione dei servizi di Internet banking da parte degli istituti di credito. Infine, una nota sull'associazione fra Internet banking e telefonia mobile: un numero crescente di banche permette infatti di effettuare operazioni via rete anche attraverso i mini-browser disponibili sui telefonini cellulari di ultima generazione, ed è probabile che la diffusione di tale servizio aumenterà con il progressivo sviluppo degli strumenti per l'Internet mobile.

Finanza in tempo reale

Come sarà apparso chiaro anche dalle poche considerazioni fin qui svolte, è l'intero settore finanziario a essere interessato dai cambiamenti introdotti dalle autostrade dell'informazione. E uno dei cambiamenti di maggior portata è indubbiamente rappresentato dalla possibilità di effettuare non solo operazioni bancarie ma veri e propri investimenti attraverso la rete. Già da diversi anni sono disponibili su Internet servizi di *trading on-line*, ovvero di acquisto, gestione e vendita on-line di azioni e partecipazioni finanziarie. Servizi che negli anni del boom economico della new economy sono stati impegnati in una vera e propria guerra – combattuta in termini di ribasso dei costi di gestione e delle soglie minime di investimento – per aggiudicarsi posizioni di vantaggio in un settore evidentemente percepito come strategico. E che nel periodo di successivo ripiegamento, pur se colpiti dalla crisi generale del settore, hanno continuato a svilupparsi e a migliorare dal punto di vista tecnico: sintomo evidente che la finanza on-line non è stata solo una moda transitoria legata a una fase di esuberanza borsistica, ma un fenomeno che ha ormai trovato un proprio spazio e un proprio radicamento.

In una situazione in cui operazioni finanziarie di questo tipo possono essere condotte da ciascuno di noi, da casa, a costi per transazione estremamente bassi, e in cui la possibilità stessa di seguire le fluttuazioni di mercato è garantita in tempo reale dalla rete, sembrano prevedibili alcune conseguenze di un certo rilievo, su alcune delle quali vorremmo soffermarci brevemente.

Innanzitutto, la velocità e soprattutto la durata degli investimenti e dei disinvestimenti potrà ridursi drasticamente. Potrò cercare di sfrut-

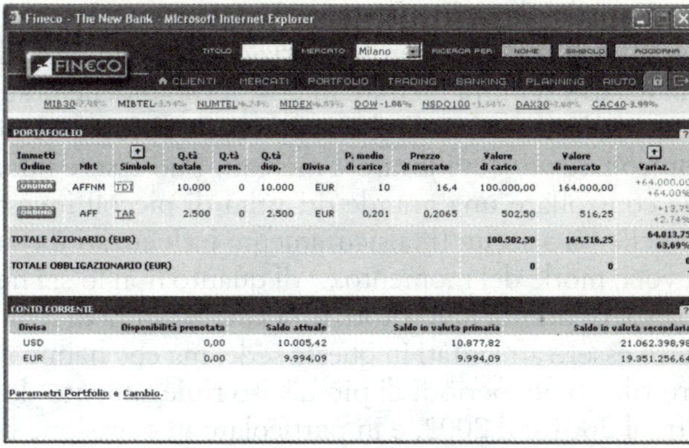

Figura 85 Esempio delle funzionalità di gestione portafoglio titoli e trading on-line, sempre dal sito Fineco

tare le fluttuazioni di mercato comprando ad esempio azioni IBM per venti minuti, per poi rivenderle e investire magari in azioni Microsoft. E di norma, non sarò io a occuparmi di scegliere i momenti migliori per comprare e per vendere: lo farà per me un programma appositamente addestrato. In secondo luogo, l'ammontare degli investimenti potrà essere anche assai basso: potrò investire senza troppi problemi cinquanta o cento dollari. Tutte le procedure di acquisto saranno infatti svolte direttamente via computer, e non servirà pagare – a caro prezzo – intermediari 'umani'. Il terzo elemento che va sottolineato è quello della globalizzazione dei mercati finanziari anche a livello di singoli investitori: ciascuno di noi potrà investire indifferentemente, a costi analoghi e seguendo le stesse procedure, sulla borsa di New York come su quella di Tokyo, a Milano come a Francoforte. Infine, un quarto elemento – collegato evidentemente ai precedenti – è rappresentato proprio dall'apertura diretta dei mercati ai singoli investitori, senza mediazioni, e potenzialmente anche senza controlli. Ciascuno di noi, il singolo individuo, potrà decidere come e quanto investire – potrà ad esempio speculare sul cambio delle valute – autonomamente, da casa. Si parla spesso di 'gioco di borsa': ebbene, i punti di contatto fra investimenti finanziari di questo tipo e un vero e proprio gioco d'azzardo sono effettivamente notevoli.

Sarà subito chiaro che queste prospettive non vanno considerate in termini di mero progresso tecnico. Al contrario, pongono moltissimi problemi, di estremo rilievo e di non facile soluzione. Problemi che tuttavia vanno in qualche modo affrontati. Un esempio? Proprio la velocità degli scambi e l'accesso senza restrizioni dei singoli individui al mercato finanziario sembra mettere in crisi il ruolo delle grandi istituzioni nazionali e internazionali che avevano tradizionalmente la funzione di controllare ed 'equilibrare' i mercati. Può essere infatti molto più difficile controllare una grande quantità di piccoli investitori del tutto liberi nelle loro scelte (ma sicuramente influenzati da singoli avvenimenti, voci, mode del momento...) di quanto non lo sia nel caso di pochi e più esperti grandi investitori 'ufficiali'. Si tratta di temi che non possono certo essere affrontati in questa sede, ma che hanno già dimostrato il loro rilievo nei periodi di più deciso ripiegamento degli indici borsistici, fra il 2001 e il 2002, e in particolare in occasione della crisi di fiducia seguita agli attentati dell'11 settembre. Temi che – crediamo – danno l'idea dell'interesse e della portata delle sfide collegate al settore dell'economia e della finanza on-line.

Internet per lo studio e per la didattica

Internet è ormai entrata – in una forma o nell'altra – non solo in moltissime case ma anche nella maggior parte delle scuole, di ogni ordine e grado, e in tutte le università. Tuttavia, la consapevolezza della possibile utilità degli strumenti di rete nel processo didattico, e soprattutto la presenza di strumentazioni informatiche effettivamente adeguate e delle competenze necessarie al loro migliore impiego, rappresentano fattori ancora critici nella grande maggioranza delle situazioni.

La potenziale utilità della rete per lo studio e la didattica è veramente difficile da negare: proviamo ad elencare, in maniera certo disordinata, sommaria e incompleta, solo alcuni fra gli usi possibili:

- la possibilità di realizzare un sito d'istituto o di progetto permette alla scuola di offrire a docenti, studenti e famiglie servizi nuovi, e di migliorare le modalità di erogazione di servizi tradizionali; trasforma inoltre la vecchia realtà del giornalino scolastico in uno strumento ad alta visibilità, facile da realizzare e in grado di includere informazione multimediale;
- la dimensione multimediale della rete e degli strumenti informatici utilizzati per la navigazione, oltre a rivelarsi particolarmente vicina al mondo esperenziale degli studenti, facilita l'interazione fra materie diverse e diversi argomenti di studio;

- la sterminata quantità di informazione disponibile in rete può ampliare in maniera decisiva (anche se certo non sostituire) le risorse informative di qualunque biblioteca d'istituto, in qualunque materia;
- la rete costituisce poi – come vedremo – un ricchissimo serbatoio di software didattico e di strumenti educativi;
- sono inoltre disponibili su Web risorse specifiche destinate all'aggiornamento professionale dei docenti, e alla loro interazione anche attraverso forme di comunità virtuale;
- la possibilità di comunicazione globale rende facile stabilire contatti con classi, scuole e paesi lontani, e può sia portare alla realizzazione di progetti didattici comuni, sia dare allo studio delle lingue straniere una dimensione nuova, quotidiana e divertente;
- l'uso di Internet si rivela inoltre – per il forte interesse delle giovani generazioni verso la rete – uno degli strumenti migliori per introdurre gli allievi al mondo dell'informatica e dei nuovi media, la cui conoscenza è ormai fondamentale per l'ingresso nel mondo del lavoro;
- l'educazione a distanza (sulla quale torneremo in chiusura di questo capitolo) si basa ormai largamente sull'uso di strumenti di rete, che – essendo fruibili in ogni momento e con analoghe modalità sia in classe sia a casa – permettono una migliore integrazione con l'educazione in presenza;
- anche in Italia, i vari organi preposti alla definizione e al coordinamento delle politiche educative del paese – a partire dal Ministero dell'Istruzione – utilizzano ormai Internet come strumento privilegiato per la diffusione di informazioni e notizie.

Le possibilità appena ricordate sono solo alcune fra le molte delle quali si potrebbe parlare. Eppure, se si parla dell'uso di Internet in un contesto scolastico o comunque educativo, emergono spesso perplessità e resistenze, alcune delle quali meritano senz'altro di essere considerate. In particolare, si osserva spesso che:

- proprio per la vastità dell'informazione disponibile, che – come abbiamo visto parlando di ricerca in rete – può spesso presentarsi come poco omogenea e disorganizzata, l'uso della rete può finire per disorientare lo studente (e il docente), anziché aiutarlo;
- è spesso difficile stabilire il grado di affidabilità dell'informazione reperita in rete, col rischio di fornire informazioni erronee o di parte;
- inoltre, sulla rete sono facilmente reperibili tipologie di informazione inadatte a un pubblico giovane e immaturo: l'esempio più citato (ma non necessariamente l'unico) è fornito dai siti pornografici;

- gli insegnanti non hanno la preparazione necessaria ad aiutare gli studenti nella navigazione in rete; il fatto stesso che in alcuni casi gli studenti possano avere in questo campo delle capacità migliori di quelle dei loro insegnanti può portare a indebolire il ruolo del docente;
- gli studenti tendono a utilizzare il Web come serbatoio per il reperimento e lo scambio di ricerche, temi, esercizi risolti, e cioè come uno strumento per aggirare o evitare lo studio individuale;
- le scuole non dispongono dei fondi e delle attrezzature necessarie ad allargare l'uso della rete all'intero corpus studentesco (e spesso neanche all'intero corpus docente).

È chiaro che, prima di poter considerare brevemente gli enormi vantaggi che l'uso di Internet in ambito scolastico può comportare, occorre affrontare queste obiezioni. Il primo dato da rilevare è che, quand'anche i problemi appena ricordati comportassero la necessità di evitare o limitare fortemente l'uso di Internet da parte degli studenti, almeno all'interno del contesto scolastico (cosa che, è bene anticipare subito, non crediamo affatto), essi certo non implicano che Internet non debba essere utilizzata *dagli insegnanti*: al contrario, è evidente che l'insegnante deve essere in grado, per svolgere al meglio il proprio compito, di discriminare fra fonti informative diverse e valutarne rilevanza e attendibilità. La possibilità di incontrare in rete informazione considerata per qualunque motivo 'inadatta' ai più giovani non dovrebbe poi costituire un problema per gli insegnanti, che si suppongono adulti e maturi. Né si capisce come gli insegnanti possano affrontare, attenuare e in qualche caso magari addirittura capovolgere quel 'gap' generazionale di competenze in campo informatico e telematico che ne metterebbe in pericolo il ruolo e l'autorità, se non attraverso l'acquisizione delle competenze in questione, che passa necessariamente attraverso la familiarizzazione con la rete e la pratica del suo uso. Restano certo problemi gestionali e logistici, ma l'impegno esplicito – anche se talvolta un po' 'di facciata' – di tutti gli ultimi governi (indipendentemente dal loro orientamento politico) per l'espansione dell'uso delle risorse informatiche e telematiche in ambito didattico mostra che il superamento di tali problemi è divenuto ormai una priorità per il sistema educativo nazionale.

Gli insegnanti, dunque, hanno bisogno di Internet. E, nell'utilizzarla, troveranno che la rete può aiutarli notevolmente, sia nella preparazione delle lezioni, sia nel campo della formazione permanente e dell'aggiornamento, sia nel contatto con altre esperienze e con altri progetti didattici, sia, infine, in aspetti non marginali della loro attività quali il disbrigo di pratiche burocratiche e l'acquisizione di informazioni su temi quali le assegnazioni di cattedre, i concorsi e i trasferimenti, la formazione delle commissioni d'esame, la definizione dei contratti di lavoro, le problematiche sindacali.

E per quanto riguarda gli studenti? Siamo convinti che, per quanto alcune delle obiezioni sopra ricordate non manchino di un qualche fondamento, la disponibilità di un accesso alla rete, a scuola, anche per gli studenti, costituisca un passo essenziale sia per migliorare la qualità della formazione sia per collegarla più efficacemente al contesto culturale e sociale. La navigazione su Internet può essere dispersiva, ma la capacità di fornire agli studenti strumenti per reperire, selezionare, organizzare e valutare l'informazione, in un mondo in cui la quantità di risorse informative disponibili e la loro eterogeneità sono cresciute in maniera esponenziale, non può ormai non costituire una priorità anche per il mondo della scuola. Molto meglio educare a questa varietà – e ai problemi che essa comporta – piuttosto che rimuoverla artificialmente.

Certo, gli studenti hanno spesso la tendenza ad utilizzare le fonti di rete in maniera totalmente acritica, come serbatoio di ricerche ed esercizi preconfezionati. E tuttavia, a ben guardare, i docenti dotati di una qualche preparazione nel campo delle ricerche in rete dispongono di armi per contrastare queste forme di uso improprio di Internet, e addirittura per trasformarle in qualche caso in occasione di consapevolezza critica. È infatti abbastanza semplice 'testare' un elaborato o un compito prodotto da uno studente inserendone qualche parola o una breve frase su un motore di ricerca come Google. Un test non sempre sufficiente a smascherare ogni 'plagio via rete', ma spesso utile: si potrà restare sconcertati dal numero di volte in cui questo controllo fornirà esito positivo. In questi casi, più che una semplice sanzione repressiva (o accanto alla sanzione) potrà essere utile cercare di sviluppare nello studente la consapevolezza della differenza fra la ricerca, il reperimento e la valutazione di fonti informative diverse da un lato, e il plagio letterale e acritico di una di esse dall'altro. L'insegnante potrà far rilevare che il plagio letterale di testi reperiti in rete è in molti casi assai facile da smascherare, e potrà far notare la delicatezza del processo di valutazione critica delle risorse reperite: gli studenti ricorrono spesso (attraverso uno dei tanti siti che raccolgono questo tipo di materiali) a tesine e lavori di altri studenti, non di rado a loro volta di debolissimo impianto e spesso ricchi di errori e imperfezioni. Rilevare e documentare questi errori contribuirà a far capire allo studente che non tutto quel che si trova in rete va considerato affidabile, e che anche nella sua versione telematica copiare il lavoro degli altri costituisce una soluzione assai poco efficace ai problemi dello studio.

Quanto alla preparazione degli insegnanti, si tratta certo di un problema di grande rilievo, affrontato più volte, in molteplici sedi e attraverso un ventaglio assai ampio di posizioni e di proposte. Non vi è dubbio che la situazione italiana in questo campo sia ancora fortemente carente, e che vi sia, in questo, anche una responsabilità precisa del nostro sistema educativo, a partire da quello universitario. Tuttavia, va anche ricordato che l'addestramento all'uso e alla padronanza delle nuove tecnologie ha sempre una fortissima componente di lavoro (e motivazione) individuale. Non si tratta di scaricare sul docente l'intera responsabilità della propria 'formazione tecnologica' – mossa che sarebbe evidentemente poco produttiva, oltre che sbagliata – ma di sollecitarlo ad agire *anche* individualmente: le nuove tecnologie 'non mordono', l'apprendimento per tentativi ed errori non è sempre il più veloce ma in genere – soprattutto in campo informatico – produce risultati duraturi ed efficaci, le librerie e la rete sono piene di manuali e risorse di tutti i tipi atti ad introdurre in maniera per quanto possibile piana e agevole tematiche anche complesse. Molto può essere fatto anche attraverso l'uso individuale di programmi didattici per computer, e non è ormai difficile trovarsi accanto, anche nel mondo scolastico, colleghi più preparati ai quali chiedere aiuto e suggerimenti.

Certo, tutto questo non può bastare, e non può scaricare il mondo scolastico e universitario dal compito fondamentale di 'formare i formatori'. Ma, senza la spinta rappresentata dalla curiosità e dall'iniziativa individuale, la sfida in questo campo sarebbe persa in partenza: spesso è la natura stessa degli strumenti che si vuole imparare a conoscere, a richiedere una familiarizzazione e un addestramento *anche* autonomo e individuale. In alcuni casi, questo può comportare per l'insegnante investimenti di tempo e denaro non indifferenti. La scuola dovrà trovare il modo di riconoscere e incentivare questi investimenti individuali, e dovrà fornire un contesto nel quale inserirli e coordinarli, in modo da evitare la dispersione e il disorientamento: si tratta di un compito del quale è difficile sopravvalutare l'importanza. Dal canto nostro, non possiamo che raccomandare all'insegnante di fare questi investimenti: difficilmente se ne pentirà.

In secondo luogo, occorre sollecitare non solo i singoli docenti, ma anche gli istituti a informarsi, seguire, sfruttare il più possibile le iniziative di formazione disponibili, a cominciare da quelle previste dal Ministero e da strutture come IRRSAE e Università. Il ruolo che in questo contesto possono avere i singoli istituti scolastici è fondamentale, anche per la larga autonomia che è ormai loro riconosciuta. Per gli istituti non si tratta più solo di fare da 'cinghia di trasmissione' di informazioni provenienti dall'alto, ma anche di muoversi autonomamente per sollecitare, spingere alla partecipazione e se del caso organizzare o coordinare direttamente iniziative di formazione dei propri docenti. Naturalmente, è importante che questo accada non in maniera spontaneistica e disorganizzata ma seguendo modelli precisi e ragionevolmente uniformi. Fra i siti che segnaleremo, molti dedicano pagine al problema della formazione e dell'aggiornamento degli insegnanti, e permettono di seguire le molteplici iniziative organizzate in questo settore.

Abbiamo accennato, fra le possibili obiezioni all'uso di Internet in ambito scolastico (ma lo stesso discorso si potrebbe fare, più in generale, per quanto riguarda l'uso didattico delle nuove tecnologie), a uno dei temi 'classici' del dibattito sulla formazione dei docenti: il 'gap' di competenze che può a volte sussistere fra studenti e docenti, a tutto favore dei primi. Un gap che ha portato molti a rilevare come nel campo delle nuove tecnologie possa molto spesso accadere che siano i docenti a dover imparare dagli studenti, e non viceversa. Il ruolo (e l'autorità) dell'insegnante non ne risulteranno inevitabilmente indeboliti?

È inutile negare che in alcuni casi questo possa essere vero. Riteniamo però che occorra guardare a questa prospettiva, che spaventa (a torto!) molti insegnanti, *cum grano salis*. Innanzitutto, va notato che le competenze degli studenti all'interno della classe restano comunque di norma assai differenziate. Alcuni studenti possono avere una particolare familiarità con Internet e con i nuovi media, ma molti altri non ne avranno alcuna. L'insegnante non si trova dunque davanti a una situazione in cui dover abdicare al proprio ruolo a favore di una generazione compatta di 'piccoli mostri' tecnologici, ma in una situazione in cui poter sfruttare nel lavoro didattico quotidiano, a vantaggio proprio ma anche del resto della classe, le eventuali competenze specifiche già acquisite da alcuni dei propri allievi, per promuovere una formazione che riguarda comunque tutti i partecipanti al dialogo didattico.

Questa situazione dovrà essere gestita con saggezza, trasformandola in una occasione di apprendimento collaborativo, e tenendo sempre presente che le competenze degli allievi, pur essendo talvolta assai sviluppate, possono essere 'poco meditate': sarà allora il docente che potrà spingere alla riflessione e all'inquadramento di competenze prevalentemente pratiche all'interno di un contesto più complesso e generale. Occorrerà anche guardarsi dal rischio di scambiare la padronanza dello strumento tecnologico utilizzato per l'apprendimento, con la padronanza degli argomenti trattati.

Se bene affrontata, dunque, la situazione in cui si 'impara dagli studenti' (e perché non si dovrebbe? Forse che il dialogo didattico e l'attività di insegnamento non costituiscono in ogni caso una occasione di formazione continua per il docente?) si trasforma in una situazione in cui si impara *con* gli studenti. Una situazione che, lungi dallo svuotare di significato la figura del docente, gli può offrire al contrario – e lo diciamo per esperienza diretta – particolari soddisfazioni.

Resta da discutere un'ultima, delicata questione, quella della presenza in rete di informazione 'vietata ai minori', talvolta particolarmente spiacevole, o addirittura illegale. La scuola non dovrebbe avere l'obbligo di impedire l'accesso a informazione di questo tipo, anche a costo di rinunciare, *tout court*, ai possibili benefici derivanti dall'uso didattico di Internet?

Si tratta certo di problemi reali, ed è indubbio che una certa vigilanza sia opportuna. Vorremmo però raccomandare anche una buona dose di pragmatismo. Gli studenti hanno mille occasioni, nel mondo che li circonda, per 'navigazioni' spesso ben più pericolose di quelle sulle pagine di un sito pornografico, e d'altro canto il divieto e la sanzione in questi casi possono poco, da un lato perché entrano in conflitto con la natura di risorsa informativa generale propria della rete, dall'altro perché da sempre il fascino del proibito tende ad incentivare piuttosto che disincentivare i comportamenti che si vorrebbe sanzionare. La scuola può certo cercare di scoraggiare usi poco opportuni della rete, sia attraverso la presenza – più che la censura – degli insegnanti, sia, se proprio lo si ritiene opportuno (dal canto nostro confessiamo di non amare molto questo approccio), attraverso l'installazione di prodotti software che blocchino la navigazione su alcuni fra i siti dal contenuto meno accettabile. Alla pagina **http://www.slais.ubc.ca/people/faculty/haycock/publications/99Filters.html** troverete una discussione interessante (anche se un po' datata) sui vantaggi e gli svantaggi di questo tipo di strumenti, mentre il sito **http://www.saferinternet.org/**, nato dal *Safer Internet Action Plan* promosso dalla Commissione europea, offre un gran numero di risorse dedicate all'argomento, inclusa – alla pagina **http://www.saferinternet.org/filtering/filters.asp** – una rassegna assai completa dei principali pacchetti software utilizzabili per il filtraggio dei siti. Dovendo selezionare uno strumento di 'protezione' consigliamo comunque di orientarsi verso programmi compatibili con la tecnologia PICS (*Platform for*

Internet Content Selection) definita dal W3 Consortium, di cui abbiamo già parlato nell'ambito della discussione sulla dimensione sociale di Internet, nella sezione dedicata a 'Internet per bambini'. Riteniamo però che sarebbe sbagliato limitare più di tanto l'uso – anche libero – di Internet da parte degli studenti: una scuola che affrontasse l'educazione degli studenti alla rete preoccupandosi principalmente di come esercitare uno stretto controllo censorio non renderebbe un buon servigio né ai propri allievi, né alla società.

Alcune risorse in rete su scuola e didattica

Ma cosa si può trovare concretamente su Internet di utile al lavoro quotidiano di un insegnante o di uno studente? È arrivato il momento di soffermarsi brevemente su alcune delle risorse che la rete mette a disposizione in questo settore. Naturalmente, la nostra rassegna non potrà essere in alcun modo esaustiva, sia per la varietà delle risorse esistenti, sia per l'inevitabile differenza fra le necessità degli insegnanti e degli studenti inseriti in cicli e percorsi didattici diversi. Per questo motivo, cercheremo anche in questo campo di indicare da un lato alcune metarisorse, dall'altro alcune iniziative che ci sembrano particolarmente rappresentative o indicative delle potenzialità della rete.

Il primo sito da segnalare, per quanto riguarda le risorse italiane in rete, è sicuramente quello del Ministero dell'Istruzione, dell'Università e della Ricerca. Recentemente rinnovato nella struttura e nella grafica, questo sito (all'indirizzo **http://www.istruzione.it**) ospita informazioni di interesse didattico (fra le quali quelle relative al settore della innovazione tecnologica), notizie sulle attività di formazione e aggiornamento del corpo docente, materiale normativo e circolari varie, informazioni pratiche come le notizie sulle graduatorie, su assegnazioni e trasferimenti e sul contratto nazionale di lavoro, strumenti software legati all'attività didattica e amministrativa delle scuole, il sottosito *Studenti On-line* dedicato agli studenti, e molto altro ancora. A partire dal 2001, il sito offre anche un servizio di posta elettronica, con l'assegnazione ai docenti e dirigenti scolastici che ne facciano richiesta di un indirizzo di posta elettronica nell'ambito del dominio 'istruzione.it'. La registrazione, gratuita, richiede la compilazione di un questionario e l'autorizzazione del proprio dirigente scolastico. Il controllo della posta può avvenire attraverso un normale programma client o attraverso un sistema di Web mail. Ancora sul sito del Ministero dell'Istruzione, alla pagina **http://www.istruzione.it/innovazione/didattica/catalogo.shtml**, si trova il catalogo nazionale dei prodotti multimediali realizzati dalle scuole. Un indirizzo autonomo ha invece il *Servizio di osservatorio tecnologico per la scuola* (**http://www.osservatoriotecnologico.it/**), che offre utilissime informazioni su servizi e convenzioni relative agli acquisti di software, alle reti locali, al collegamento delle scuole a Internet. Lodevolissima l'attenzione che questo sito dedica, da alcuni mesi a questa parte, all'uso in ambito scolastico di software *open source*.

In rete sono anche i siti di molti uffici scolastici regionali (potete raggiungerli dalla pagina **http://www.istruzione.it/direzioni_regionali/direzioni.shtml**) e di molte sedi IRRSAE (*Istituti Regionali di Ricerca, Sperimentazione e Aggiornamento Educativi*; un elenco è all'indirizzo **http://www.istruzione.it/altrisiti/linkirrsae.shtml**).

Un altro sito che merita senz'altro attenzione è quello dell'INDIRE (*Istituto Nazionale di Documentazione per l'Innovazione e la Ricerca Educativa*: **http://www.bdp.it**): oltre all'informazione su numerosi progetti didattici italiani ed europei (a cominciare dal progetto Socrates), il sito consente l'accesso a banche dati bibliografiche e di materiali multimediali per la didattica, e a notiziari e raccolte di link. Il sito dell'INDIRE ospita anche *Punto.edu* (**http://puntoedu.indire.it/**), ambiente integrato per la formazione in rete realizzato nell'ambito del Piano nazionale di formazione degli insegnanti sulle tecnologie dell'informazione e della comunicazione. L'*Istituto per le Tecnologie Didattiche* del CNR di Genova gestisce invece da tempo il sito *Essediquadro* (**http://sd2.itd.ge.cnr.it/**), vastissima banca dati di software didattico e pedagogico per le scuole.

Il sito dell'INVALSI (*Istituto Nazionale per la Valutazione del Sistema dell'Istruzione* – **http://www.invalsi.it/**) ospita materiali e informazioni relative all'autovalutazione delle scuole.

Il progetto 'Internet Scuola', nato diversi anni fa grazie a un accordo fra il Ministero dell'Istruzione e l'ENEA (Ente per le nuove tecnologie, l'energia e l'ambiente), è stato uno dei primi siti italiani dedicati al mondo della scuola. Ospita un vasto archivio che raccoglie le iniziative nella rete di moltissime scuole italiane. L'indirizzo è **http://www.internetscuola.net/**.

Spazio a sé meritano anche le pagine sul mondo della scuola realizzate da TIN, il provider di casa Telecom. L'indirizzo è **http://webscuola.tin.it/**. Si tratta naturalmente di un sito 'sponsorizzato', ma la ricchezza di materiali e informazioni è notevole. Fra l'altro, il sito ospita forum tematici sulla didattica, seminari on-line, sezioni specifiche dedicate a docenti, dirigenti scolastici e al lavoro di classe, e una raccolta di risorse e materiali didattici su numerosi argomenti (da Dante all'*Amleto*, dai Fenici ai Quark).

Anche il portale del gruppo *l'Espresso-la Repubblica*, *Kataweb*, offre una sezione specifica dedicata alla scuola: si chiama *LaFragola* (**http://www.lafragola.kataweb.it/**), e permette alle scuole impegnate nella lettura in classe del quotidiano «la Repubblica» la realizzazione di giornalini Web.

Un altro sito 'sponsorizzato' di estremo interesse è quello realizzato dalla casa editrice Garamond con la comunità *Atlante* (**http://www.garamond.it/**), che raccoglie corsi on-line di buona qualità, forum e materiali didattici. Buona parte delle offerte del sito è a pagamento, anche se di norma a portata delle finanze non sempre floride dei docenti italiani. Altre due comunità didattiche assai frequentate sono quelle che si raccolgono attorno alle riviste in rete *Educazione & Scuola* (**http://www.edscuola.it/**) e *Sophia* (**http://www.sophia.it/**). Una ricca raccolta di materiale normativo, organizzata in una vera e propria banca dati, è poi presente, assieme a notizie di ogni genere, sul sito della rivista *La tecnica della scuola*, all'indirizzo **http://www.tecnicadellascuola.it/**.

Numerosissimi sono anche i siti che fanno capo ad associazioni di docenti (ad esempio il CIDI, **http://www.cidi.it/**), o a sindacati nazionali e di base (i relativi indirizzi Web sono reperibili partendo dalla pagina **http://www.istruzione.it/altrisiti/linkscuola1.shtml**). Un sito ricchissimo che nasce dalla collaborazione volontaria di molti insegnanti è *Didaweb*, all'indirizzo **http://www.didaweb.net/**. Le sue liste di discussione sono fra le più attive e utili, e vedono la partecipazione di migliaia di docenti. Frutto diretto del lavoro di un gruppo di insegnanti impegnati nel settore della multimedialità e dell'educazione a distanza è anche il sito *Docenti.org* (**http://www.docenti.org**).

Esperienze interessanti sono fornite anche da numerose iniziative a livello locale, spesso basate su consorzi di istituti scolastici che si collegano con partner esterni e con amministrazioni locali per offrire servizi legati all'uso delle nuove tecnologie nella didattica. Citiamo come esempi i casi del *Consorzio Gioventù Digitale* (**http://www.gioventudigitale.net**) a Roma, e del *Consorzio Hermes* (**http://www.hermescuole.na.it/**) a Napoli.

Un progetto certamente interessante per gli insegnanti, in grado di far apprezzare le potenzialità didattiche dell'integrazione fra media diversi, è rappresentato da 'Mosaico – Una mediateca per la scuola'. Si tratta di un'iniziativa promossa da RAI Educational all'epoca della direzione di Renato Parascandolo. Attraverso un apposito sito Internet, all'indirizzo **http://www.mosaico.rai.it**, è possibile consultare una vera e propria banca dati di unità didattiche audiovisive realizzate dalla RAI. Un modulo presente sul sito permette agli insegnanti di richiederne la messa in onda nell'ambito della programmazione quotidiana dei canali televisivi satellitari di RAI Educational; i programmi trasmessi possono essere registrati nelle scuole e utilizzati nel corso delle lezioni. Sempre sul sito di RAI Educational sono ancora disponibili i materiali (compreso il video completo delle dieci puntate) del corso di aggiornamento per insegnanti sull'uso didattico delle tecnologie multimediali *Multimediascuola* (**http://www.educational.rai.it/corsiformazione/multimediascuola/**), svoltosi nell'anno scolastico 2000-2001 e al quale in forme diverse hanno collaborato anche gli autori di questo volume.

Per concludere questa panoramica sulle risorse italiane dedicate al mondo della scuola e della didattica, è utile anche ricordare – accanto alla sezione 'Università' del già citato sito del Ministero – almeno due siti specificamente dedicati al mondo universitario: la banca dati dell'offerta formativa universitaria, all'indirizzo **http://offertaformativa.murst.it/corsi**, che permette di consultare l'intera offerta di corsi di studio presso tutte le università statali, e il sito dell'iniziativa *Campus-One* (**http://www.campusone.it**), che coordina le attività di una serie di corsi di laurea 'di eccellenza' in diverse università italiane.

Se dalla situazione italiana passiamo a quella europea, vanno citati almeno il sito dell'*European Schoolnet*, progetto di raccordo tra i ministeri della pubblica istruzione di numerosi paesi europei, all'indirizzo **http://www.en.eun.org/**, *Eurydice*, rete informativa sull'educazione in Europa, all'indirizzo **http://www.eurydice.org/**, il *Thematic Network of Teacher Education in Europe*, all'indirizzo **http://tntee.umu.se/**, e – dalla Commissione Europea – il sito *Ploteus*, portale delle opportunità di apprendimento nello spazio europeo, all'indirizzo **http://www.ploteus.net/**, e il sito del Direttorato Generale per l'educazione e la cultura, all'indirizzo **http://europa.eu.int/comm/education/**.

Fra i moltissimi link di oltreoceano che si potrebbero segnalare, ci limitiamo a ricordare l'*Educational Resources Information Center*, all'indirizzo **http://www.eric.ed.gov/**, il sito del Dipartimento all'educazione statunitense, all'indirizzo **http://www.ed.gov/**, il vero e proprio 'portale scolastico' di *Education World*, all'indirizzo **http://www.education-world.com/**, e il sito *Web66* dell'Università del Minnesota, all'indirizzo **http://web66.umn.edu/**, al cui interno trovate il più vasto elenco mondiale di scuole presenti in rete (Italia compresa) e numerosissime altre risorse, fra cui una 'macchina virtuale' (una Mustang!) per accompagnare gli insegnanti all'esplorazione degli usi didattici della rete. Dedicato agli studenti, e in particolare a quelli più piccoli, è il divertente sito *Funschool*, all'indirizzo **http://www.funschool.com**. Infine, un esempio interessante di uso didattico della rete da parte di un giornale è fornito dal *New York Times*, che all'indirizzo **http://www.nytimes.com/learning/** propone un sito dedicato a insegnanti, genitori e studenti, che offre materiali didattici direttamente connessi alle notizie di attualità del quotidiano. Un insegnante vi può trovare, ad esempio, proposte di articolazione in unità didattiche di un argomento di attualità, informazioni multimediali e strumenti bibliografici di approfondimento, per realizzare lezioni che partano da articoli del giornale, e ne approfondiscano e analizzino il contenuto. Subito dopo gli attentati dell'11 settembre, e in seguito durante i conflitti in Afghanistan e in Iraq, questo sito ha messo a disposizione agli insegnanti di tutto il mondo la raccolta forse più obiettiva e articolata di materiali didattici dedicati alla lotta al terrorismo e all'attualità internazionale.

Se i siti dei quali ci siamo occupati finora sembrano interessare innanzitutto i docenti, non mancano certo risorse nate in primo luogo per

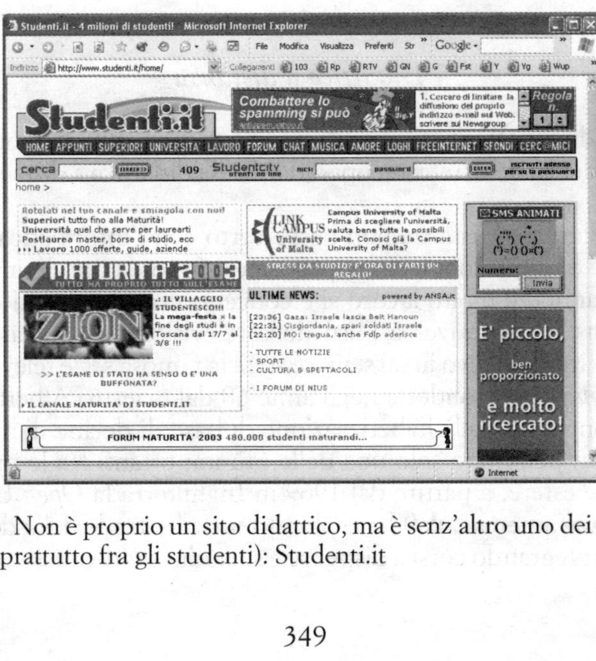

Figura 86 Non è proprio un sito didattico, ma è senz'altro uno dei siti più popolari (soprattutto fra gli studenti): Studenti.it

gli studenti. Per quanto riguarda il nostro paese, lo stesso sito del Ministero dell'Istruzione, alla pagina **http://www. istruzione.it/studenti/**, ne segnala diverse. Difficilmente troverete però sul sito del ministero l'indicazione del popolarissimo sito *Studenti.it* (**http://www.studenti.it/**), che ha ormai ogni anno fra i propri vanti l'inserimento in rete a tempo di record di tracce e svolgimenti degli scritti dell'esame di Stato, e ospita sterminate raccolte di appunti e tesine (spesso discutibili dal punto di vista qualitativo), chat e forum molto frequentati, consigli e indicazioni sulle principali sedi e i principali corsi universitari. E ancor più difficilmente troverete su siti istituzionali l'indicazione della miriade di siti e sottositi, ben noti agli studenti di ogni ordine e grado ma di livello qualitativo generalmente infimo, dedicati allo scambio di appunti e tesine: un esempio significativo fin dal titolo, e per di più basato sul perniciosissimo meccanismo del pagamento attraverso un programma dialer, è quello di *Appunticopiati* (**http://www.appunticopiati.com/**). Consigliamo, anche per la salute del vostro portafoglio, di evitare con cura siti del genere.

Di migliore fattura e tutto dedicato agli Esami di Stato è il sito **http://www.matura.it/**, mentre destinato agli studenti universitari è il sito **http://www.university.it/**, anch'esso dotato di una vera e propria banca dati di appunti di lezioni, a disposizione per lo scambio fra i frequentatori del sito.

Didattica a distanza

Resta da dire qualcosa su quella che è per certi versi la modalità più avanzata di uso della rete a scopi didattici: la didattica a distanza via Internet.

La didattica a distanza non nasce certo con l'informatica: corsi di istruzione e formazione per via postale esistono da più di un secolo, e già negli anni '50 molto lavoro si è concentrato sui progetti di educazione a distanza attraverso l'uso della televisione. In Italia, un'esperienza di grande rilievo in tal senso è stata la famosa serie televisiva *Non è mai troppo tardi*, condotta negli anni '60 dal maestro Alberto Manzi, che ha contribuito all'alfabetizzazione di base di decine di migliaia di persone. E, per citare solo una delle più importanti fra le moltissime esperienze estere, a partire dal 1969 in Inghilterra la *Open University* (**http://www.open.ac.uk/**) ha esplorato tutte le strade della didattica a distanza, integrando corsi a dispense e su audio e videocassette con trasmissioni radio e televisive, l'uso degli strumenti postali e, da qualche anno, anche di quelli telematici.

Proprio l'esperienza della Open University può dire qualcosa sul rilievo che possono avere gli strumenti dell'educazione a distanza per la società: più di due milioni di iscritti, 200.000 dei quali studenti attivi (circa 40.000 dall'estero), un numero maggiore di quello di qualunque altro istituto di istruzione secondaria o universitaria del Regno Unito.

Non vi è dubbio che la diffusione di Internet (e dunque il settore dell'*on-line learning* o *formazione in rete*) apra all'educazione a distanza (*distance learning*) strade e possibilità del tutto nuove. Innanzitutto, rende possibile la formazione di vere e proprie comunità didattiche, mentre tutti gli altri strumenti (dispense, audio e videocassette, trasmissioni radio e televisive) riuscivano al più a stabilire un canale di comunicazione (ad esempio postale o telefonica) fra docenti e discenti, ma lasciavano in genere questi ultimi nell'impossibilità pratica di comunicare fra loro, condividere e discutere problemi ed esperienze. In sostanza, la didattica a distanza attraverso la rete rende possibili forme di *apprendimento collaborativo*, che sappiamo essere un aspetto fondamentale della didattica in presenza.

Ma la possibilità di lavoro didattico collaborativo non riguarda solo gli studenti: la teledidattica facilita infatti l'interazione anche fra docenti e centri didattici, magari distribuiti sul territorio o addirittura su scala internazionale. È così possibile, ad esempio, prevedere all'interno di un corso, accanto al corpus docente 'stabile', l'intervento a distanza di 'docenti ospiti'.

La formazione in rete permette inoltre notevoli vantaggi ed economie di scala anche nella distribuzione e nell'utilizzazione degli strumenti di sussidio alla didattica: per fare solo un esempio, la consultazione a distanza di biblioteche, audio e videoteche può permettere sia a centri educativi distribuiti sul territorio, sia ai singoli docenti e discenti di utilizzare in qualunque momento risorse essenziali al loro percorso di apprendimento, in maniera semplice e immediata e senza necessità di spostamenti fisici.

L'uso degli strumenti informatici a fini didattici, con la connessa applicazione dei concetti di ipertesto e ipermedia, facilita la creazione di itinerari di studio personalizzati, rendendo lo studente molto più autonomo nella scelta, nella graduazione e nel controllo del proprio percorso di apprendimento. La telematica allarga ulteriormente questa possibilità, dato che gli itinerari didattici proposti possono essere utilizzati dovunque e collegati direttamente a risorse e materiali esterni.

La scelta ormai abituale della rete Internet come strumento privilegiato per la comunicazione didattica a distanza permette, fra gli altri vantaggi, di inserire i contenuti didattici all'interno di un ambiente informativo aperto: in ogni momento lo studente ha la possibilità di affiancare e integrare ai contenuti specifici del corso che sta seguendo altre informazioni tratte dalla rete.

L'educazione a distanza per via telematica può utilizzare sia strumenti di comunicazione asincrona, sia strumenti di comunicazione sincrona. Nel primo caso, l'interazione degli studenti fra loro e con i docenti avviene sfruttando la posta elettronica, o appositi sistemi di messaggistica come le liste o i newsgroup, mentre i contenuti didattici possono essere in rete, ad esempio sotto forma di pagine Web. Nel secondo caso si possono utilizzare strumenti quali stanze chat e videoconferenze, eventualmente integrati da una lavagna condivisa (si tratta di una 'lavagna virtuale' disegnata sullo schermo del computer, sulla quale gli utenti connessi possono tutti scrivere o disegnare: le modifiche effettuate sulla lavagna di uno dei computer collegati vengono automaticamente trasmesse alle lavagne degli altri) e da archivi nei quali depositare – sotto forma di file – documenti, dispense, materiali multimediali. È ormai relativamente semplice realizzare su Web anche strumenti di autovalutazione, ad esempio questionari interattivi e simulazioni.

Ovviamente, i risultati migliori si ottengono con progetti educativi che utilizzino un ventaglio differenziato di strumenti, scegliendo di volta in volta quelli più adeguati ai contenuti didattici e agli obiettivi che si vogliono raggiungere. Sempre più spesso questi strumenti sono integrati in vere e proprie *piattaforme didattiche* (denominate *Learning Management Systems*, o LMS[41]), che oltre a offrire in tutto o in parte le funzionalità sopra ricordate, relative prevalentemente ai contenuti didattici e agli strumenti per la loro fruizione, consentono di registrare gli utenti del sistema (docenti e discenti), personalizzare i contenuti, tenere traccia dei corsi seguiti e degli argomenti completati, generare automaticamente report statistici. Il mercato ne propone diverse, con un'offerta che va da sistemi complessi e sofisticati – ma spesso anche piuttosto costosi – a soluzioni più semplici (completamente gratuita, ma al momento in cui scriviamo ancora in versione beta, è una piattaforma *open source* tutta italiana: *Spaghettilearning*, all'indirizzo **http://www.spaghettilearning.com/**). All'interno dei questi sistemi i contenuti didattici sono di

[41] Si parla talvolta anche di *Managed Learning Environment* (MLE) e – per quanto riguarda le risorse on-line – di *Virtual Learning Environment* (VLE).

norma articolati in maniera modulare, sotto forma di *learning objects*, e uno dei settori di maggior interesse nel campo della didattica a distanza è proprio quello delle modalità per la costruzione e descrizione di learning objects che, oltre a risultare didatticamente funzionali, possano essere facilmente 'scambiati' fra un sistema e l'altro.

Le risorse disponibili in rete sul tema della didattica a distanza e della didattica on-line sono numerosissime, e nel poco spazio a nostra disposizione in questa sede qualunque elenco rischia di risultare seriamente incompleto. Le indicazioni che seguono hanno dunque più lo scopo di fornire qualche esempio e suggerire qualche sito di orientamento, che quello di proporre una rassegna sistematica ed esaustiva (in particolare, rinunciamo programmaticamente al compito di fornire link ai mille corsi e master sulla formazione a distanza o basati sull'uso di strumenti di formazione a distanza attivati da università pubbliche e private).

A livello europeo, il punto di riferimento più importante è costituito dal sito *Elearningeuropa.info*, promosso dalla Commissione Europea, all'indirizzo **http://www.elearningeuropa.info/**; la sezione *E-learning directory* di tale sito comprende link a tutte le principali risorse europee del settore. Per quanto riguarda l'Italia, ricca di notizie e segna-

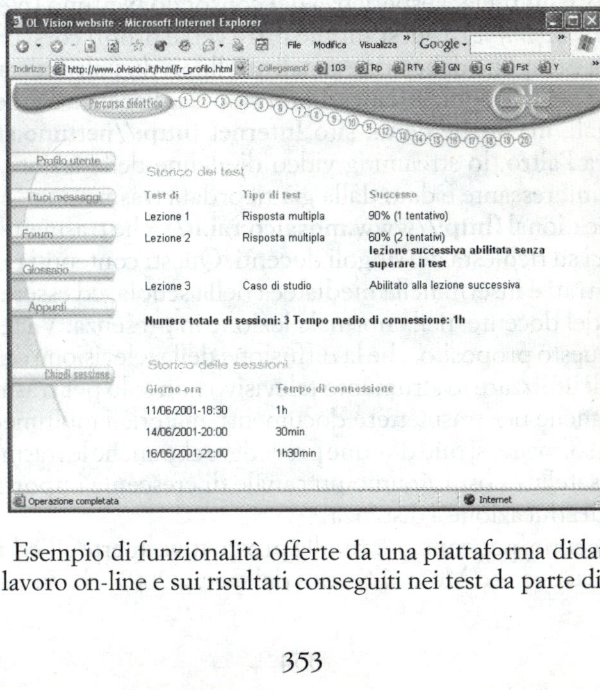

Figura 87 Esempio di funzionalità offerte da una piattaforma didattica: statistiche sul lavoro on-line e sui risultati conseguiti nei test da parte di un utente

lazioni è la webzine *Elearningtouch* (**http://www.elearningtouch.it/**), nata da un gruppo di corsisti del master dell'Università di Firenze. Un'altra blogzine utile, orientata prevalentemente alle piattaforme didattiche, è *EduBlogIt* (**http://www.edublogit.org/**). Il centro di servizio per le tecnologie e la didattica universitaria multimediale e a distanza dell'Università di Milano gestisce il sito *Elearning 1.0* (**http://elearning.ctu.unimi.it/**), webzine dedicata alla segnalazione di eventi e risorse nel settore della didattica on-line. Risorsa ampiamente 'sponsorizzata', ma da segnalare anche perché patrocinata dal Ministero dell'Istruzione, è il sito dedicato dalla Microsoft alla formazione in rete degli insegnanti: l'indirizzo è **http://www.apprendereinrete.it/**. È invece la Erickson a sponsorizzare *Form@re* (**http://www.formare.erickson.it/**), newsletter sulla formazione in rete diretta da Antonio Calvani. Di origine aziendale, con alle spalle un discreto numero di scuole di formazione, è il portale *E-school* (**http://www.e-school.it/**); il sito *Learning on Line* (**http://www.lol.it/**) offre corsi di formazione universitaria e professionale a distanza.

Non bisogna comunque pensare che l'uso delle reti telematiche renda automaticamente obsoleti altri, più tradizionali mezzi di trasferimento di contenuti didattici. Ad esempio, strumenti di rete e televisione possono bene integrarsi, come mostrano le esperienze della già citata Open University e, in Italia, l'esperienza del consorzio Nettuno (*Network per l'università ovunque*). Quest'ultimo offre veri e propri corsi universitari a distanza e dispone di ben due canali satellitari digitali dedicati alla trasmissione delle lezioni, affiancati non solo da dispense e videocassette tradizionali, ma anche da un sito Internet (**http://nettuno.stm.it**) che ospita, fra l'altro, lo streaming video di alcune delle lezioni. Un altro esempio interessante è dato dalla già ricordata trasmissione *Mosaico* di RAI Educational (**http://www.mosaico.rai.it/**), che trasmette contenuti didattici su richiesta dei singoli docenti. Questi contenuti possono essere registrati e inseriti nella mediateca della scuola, ed essere integrati, da parte del docente, nella normale lezione in presenza. Va tenuto presente, a questo proposito, che la diffusione della televisione digitale permetterà di utilizzare lo strumento televisivo non solo per trasmettere video, ma anche per trasmettere documenti, materiali multimediali e soprattutto software: si può dunque prevedere che anche le trasmissioni digitali via satellite costituiranno un canale di crescente importanza per i progetti di educazione a distanza.

Un accenno, per concludere, alle prospettive aperte all'educazione a distanza dal decreto Moratti-Stanca del marzo 2003, che indica criteri e

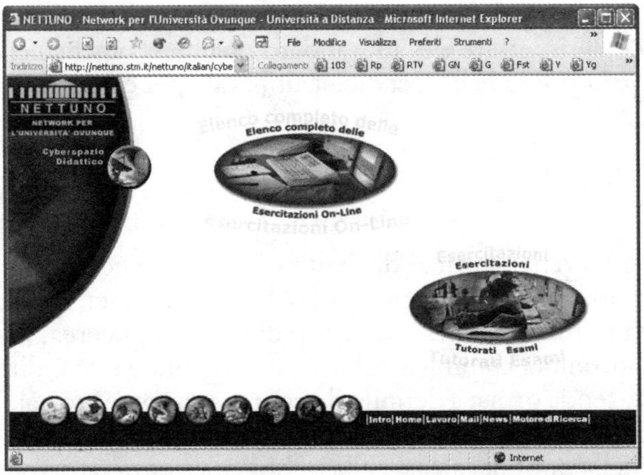

Figura 88 La pagina di accesso alle esercitazioni on-line nel sito del consorzio Nettuno

procedure per l'accreditamento dei corsi di studio a distanza offerti da università pubbliche e private. Il decreto si pone correttamente l'obiettivo di indicare standard tecnologici e qualitativi, strumenti e modalità per l'erogazione di questo tipo di corsi, ma – nell'aprire indiscriminatamente all'erogazione di corsi universitari a distanza da parte di qualunque soggetto pubblico e privato che rispetti le specifiche indicate – rischia di trasformarsi in uno strumento di ulteriore indebolimento del sistema universitario pubblico, sottovalutando il fatto che l'educazione a distanza non è necessariamente alternativa e concorrenziale rispetto all'educazione in presenza. Al contrario, i risultati migliori si ottengono spesso integrando i due momenti, ed è proprio al sistema universitario pubblico che sarebbe naturale e opportuno affidare in primo luogo il perseguimento di questa integrazione. Occorre insomma guardarsi dal rischio di trasformare il circuito dell'educazione a distanza in un supermercato costoso e tecnologicamente patinato, nel quale sono in vendita contenuti educativi e scientifici tutti orientati a una pretesa 'spendibilità pratica' sul mercato del lavoro, ma lontanissimi dal mondo della ricerca e dalle pratiche, dai problemi, dalle discussioni che rappresentano l'effettivo stato dell'arte, a livello nazionale e internazionale, delle materie trattate. A nostro avviso è il rafforzamento – e non l'indebolimento – del sistema universitario pubblico, anche nel settore delle nuove tecnologie e della didattica a distanza, che costituisce la premessa per la creazione di un'offerta didattica articolata, aperta certo a iniziative private, ma capace di rispettare elevati standard qualitativi anche nei contenuti didattici, e non solo nelle tecnologie utilizzate per erogarli.

I portali

Il termine 'portale' è ormai divenuto di uso comune nella sempre più vasta comunità di utenti e operatori della rete Internet. Fornitori di accesso, produttori di contenuti, gestori di motori di ricerca, venditori telematici, insomma chiunque abbia a che fare più o meno direttamente con la rete tende ormai a definire il proprio sito come 'portale'. Per non parlare poi delle molte declinazioni e composizioni linguistiche che impazzano nella pubblicistica e nella pubblicità: portali orizzontali e portali verticali (per indicare i quali è attestato anche l'anglismo 'vortal'), portali *e-commerce* e portali di contenuto, portali informativi di impresa e portali B2B, portali *broadband* e portali multiaccesso, portali mobili di seconda e di terza generazione... Tuttavia, proprio in virtù di una così vasta fortuna del termine, l'oggetto specifico al quale ci si riferisce è divenuto piuttosto vago.

Che cosa è dunque un portale? Una prima e immediata risposta a questa domanda è: un portale è un prodotto editoriale su Web. Ma si tratta di una risposta tanto corretta quanto insoddisfacente. In effetti fino a qualche anno fa il termine 'sito Web' ottemperava egregiamente al ruolo di etichetta per tutte le varie tipologie di prodotti editoriali e di servizio presenti in rete[42]. Evidentemente un portale è una classe particolare di siti Web, dotata di specifiche caratteristiche contenutistiche e funzionali. Quali sono tali caratteristiche comuni? E, inversamente, quali distinzioni sono alla base della variegata tassonomia dei portali?

Nelle pagine che seguono cercheremo di rispondere a queste domande, non solo per capire perché e in che senso l'introduzione dei portali abbia segnato l'affermarsi di un nuovo paradigma nella comunicazione on-line e abbia segnato un'epoca nella storia della *Web economy*, ma anche per fornire ai nostri lettori gli elementi per valutare se e come usare uno dei molti portali oggi disponibili sulla rete.

[42] Non che il concetto di sito sia formalmente più determinato. Ma almeno è nozione condivisa il fatto che un sito sia costituito da un insieme di pagine Web organicamente collegate e coerenti da un qualche punto di vista (di argomento, di collocazione, di responsabilità intellettuale, di stile grafico...).

La genealogia dei portali

Le origini del fenomeno dei portali e l'introduzione di tale termine nel lessico dei nuovi media risalgono al 1997. A un solo lustro dalla sua creazione, il Web, da strumento esoterico per tecnofili, si era già trasformato in un fenomeno di massa, con decine di milioni di pagine, centinaia di migliaia di fornitori che spaziavano dai singoli individui alle grandi aziende, uno spettro ormai vastissimo di contenuti e servizi disponibili, e soprattutto milioni di utenti alla ricerca di tali informazioni e servizi. Ai primi protagonisti dell'allora nascente *Web economy* si poneva un interrogativo di non facile soluzione: come rendere redditizio questo caotico universo comunicativo.

La strada della vendita diretta di informazioni, tentata da alcuni grossi gruppi editoriali, si rivelò all'epoca fallimentare: la maggior parte del popolo telematico, sebbene sociologicamente diversa rispetto ai pionieri del Web, aveva ereditato l'attitudine a considerare un diritto l'accesso libero alle informazioni, e non si dimostrava disposta a pagare per ottenere ciò che da qualche altra parte si poteva trovare gratis. La vendita di prodotti, il commercio elettronico, era appena agli inizi, richiedeva notevoli investimenti, si scontrava con la diffidenza dei compratori e comunque non dava spazio a tutti: diversamente da quanto avviene nel 'mondo reale', su Internet non è necessario avere mille negozi che vendono lo stesso genere di articoli, poiché (con la parziale eccezione dei generi alimentari e di poche altre tipologie merceologiche) la distanza fisica dell'acquirente dal punto vendita non è molto rilevante.

Restava un modello di *business* che, sotto certe condizioni, poteva produrre risultati economici, un modello ampiamente affermato nel mondo dei mass-media: il modello pubblicitario. L'idea in astratto era piuttosto semplice: creare un sito che attirasse quotidianamente milioni di visitatori, e inserirvi dei messaggi pubblicitari, il cui valore sarebbe stato tanto più elevato quanto più numerosi e possibilmente fedeli fossero stati gli utenti.

Ma perché il modello funzionasse bisognava affrontare e risolvere diversi problemi. Il primo fra tutti consisteva nell'individuare il modo migliore per attrarre e fidelizzare gli utenti. E si tratta di un problema non indifferente, vista la sterminata offerta informativa e la propensione al 'nomadismo' che caratterizzano l'utente della rete, a differenza di quello dei mass-media tradizionali. Che genere di contenuti e servizi on-line erano in grado di attirare l'attenzione e di convogliare milioni di contatti su un sito?

Alcune tendenze in realtà erano già emerse a partire dalla metà del decennio scorso. I siti più visitati in assoluto erano quelli che fornivano agli utenti strumenti di ricerca e organizzazione delle informazioni in rete. Il Web, infatti, è uno spazio informativo non strutturato, se non caotico: è vero che c'è di tutto, ma è altrettanto vero, come abbiamo visto, che individuare al suo interno una particolare risorsa è compito estremamente difficile. E anche quando si è trovata una risorsa che soddisfi l'esigenza informativa iniziale, risulta assai difficile valutarne la validità e l'esaustività. Gli strumenti di ricerca come quelli all'epoca offerti da Yahoo! o Altavista fornivano una soluzione (sebbene parziale) a questa esigenza, e di conseguenza erano divenuti un naturale punto di riferimento per gran parte degli utenti del Web.

Molto frequentati erano anche i siti dei fornitori di accesso alla rete (o *provider*). Questo soprattutto per due ragioni: in primo luogo i provider offrivano ai loro clienti programmi di connessione e Web browser personalizzati e configurati in modo da collegarsi ai loro siti ogni volta che si stabiliva la connessione. La *home page* a cui i browser puntavano automaticamente, in sostanza, era quella del sito del provider, e questo creava una gran mole di traffico 'automatico'. In secondo luogo i provider offrivano ai loro clienti registrati dei servizi aggiuntivi, disponibili in esclusiva e spesso personalizzati (accesso alla posta elettronica mediante Web, informazioni di servizio, accesso a banche dati o a fonti informative ad alto valore aggiunto) e dunque gli utenti erano portati a visitare il sito del loro provider con una certa frequenza. L'iniziale successo di *America On Line*, che ha progressivamente inglobato quasi tutti i suoi concorrenti fino a divenire uno dei maggiori soggetti economici mondiali (ma anche una delle aziende che ha più duramente risentito della crisi della net economy), trae origine proprio dalla strategia adottata nell'offerta di servizi ai suoi utenti.

Un terzo genere di siti Web che riscuoteva un buon successo era rappresentato dai siti che fornivano informazioni giornalistiche e notiziari, sia di carattere generale, sia su temi e argomenti specifici. Sebbene (con poche eccezioni) la vendita di questi contenuti non avesse riscosso il successo sperato, quando offerti gratuitamente essi rappresentavano senza dubbio una delle risorse più apprezzate dagli utenti della rete, soprattutto se realizzati da fonti considerate attendibili, come le testate giornalistiche tradizionali, sia della stampa sia radiotelevisive.

Infine, un grandissimo numero di contatti era generato da quei siti che in vario modo rientravano nella definizione di *comunità virtuali*. Si trattava di siti che offrivano agli utenti una serie di strumenti di comunicazione orizzontale come posta elettronica, conferenze, forum, chat, e altri ambienti di interazione sincrona di carattere ricreativo, o che permettevano di pubblicare sul Web siti personali. Un fenomeno specificamente legato alla comunicazione di rete, che traeva origine dal lontano movimento delle BBS, i primi servizi telematici rivolti all'utenza privata nell'era ante-Internet. Esperienze come The Well, GeoCities, Tripod, riuscivano in questo modo ad attirare centinaia di migliaia di visitatori, ma soprattutto a stabilire con loro un rapporto continuo e stabile.

Naturalmente un grande numero di contatti era ottenuto anche dai siti delle aziende che producevano gli strumenti di navigazione, soprattutto Microsoft e Netscape, e dai siti di aziende operanti nell'industria dello spettacolo e della comunicazione, come le grandi *major* del cinema e della discografia. Ma in questi casi l'attenzione era inizialmente rivolta a singoli eventi o prodotti, e tutto sommato i siti aziendali tendevano a proporsi in primo luogo come strumenti pubblicitari per i loro proprietari, e non come contenitori per la promozione di una pluralità di marchi.

Il modello editoriale del portale ha origine proprio in questo contesto, sia dal punto di vista storico sia da quello strutturale. Infatti, posti di fronte all'esigenza di sviluppare un prodotto editoriale on-line che riuscisse ad attirare il maggior numero di utenti per il tempo più lungo possibile, e che dunque potesse essere appetibile per il mercato pubblicitario, alcuni dei pionieri economici della rete pensarono di integrare in un unico sito le funzioni di strumento di ricerca, sito di informazione e contenuti, comunità virtuale e sito di servizi avanzati, e di affiancarvi un servizio di accesso alla rete. Un tale prodotto editoriale sarebbe divenuto il punto di accesso preferenziale e un punto di riferimento costante per gli utenti del Web durante le loro navigazioni: un *portale*, appunto.

I primi a muoversi in questa direzione sono stati i siti dei motori di ricerca, che già disponevano dell'elemento principale di un portale, e che godevano di alti livelli di traffico sin dalla metà degli anni '90. Ma ben presto sull'arena dei portali si sono affacciati altri soggetti: i provider di accesso, le grandi compagnie dell'industria informatica e dei media. La forte competizione in un mercato in prodigiosa espansione (soprattutto dal punto di vista della capitalizzazione di borsa) e poi la crisi della new economy hanno portato a una serie di acquisizioni e fusioni che ha ridotto notevolmente (anche se il processo di concentrazione appare ancora ben lontano dall'essere concluso) il numero dei soggetti economici presenti in questo mercato.

Definizione e tipologia dei portali

La ricostruzione storica che abbiamo abbozzato nel paragrafo precedente ci fornisce gli elementi necessari per formulare una definizione generale dell'idea di portale. Possiamo dire che *un portale è un prodotto editoriale on-line che svolge la funzione di punto privilegiato di accesso al Web per gli utenti e che fornisce loro risorse informative, servizi di comunicazione personale, e strumenti con cui localizzare e raggiungere i contenuti e i servizi on-line di cui hanno comunemente bisogno.*

Naturalmente il successo e la vasta accoglienza del modello portale hanno portato sia a un arricchimento sia a una diversificazione del modello editoriale originale. Come dicevamo sopra, attualmente nella categoria 'portale' si riconosce una vasta tipologia di siti e servizi on-line, le cui caratteristiche sono talvolta assai distanti da quelle proposte nella nostra definizione. Se questa frammentazione in parte testimonia un certo abuso di un termine divenuto ormai di moda, è innegabile che segnali anche una intrinseca e reale diversificazione tipologica del modello portale, pur nella permanenza di alcuni tratti fondamentali comuni. La dicotomia principale in questa tipologia è quella tra *portali orizzontali* e *portali verticali* (o *vortal*, da *vertical portal*).

I *portali orizzontali*, o portali generalisti, sono i portali nel senso classico, i 'mega-siti' di accesso alla rete che offrono strumenti di ricerca, contenuti e servizi ad ampio spettro tematico. Si tratta di prodotti che si rivolgono esplicitamente a una utenza indifferenziata e, in un certo senso, rappresentano la versione telematica della televisione generalista[43]. Esempi di questo genere di portali sono Yahoo!, Lycos, Microsoft Network o, per citarne alcuni italiani, Virgilio, Kataweb, Libero.

I grandi portali orizzontali nel corso della loro evoluzione hanno subito una progressiva trasformazione qualitativa. In origine essi sono stati caratterizzati da una struttura prevalentemente 'centrifuga'. Contenuti e servizi erano in gran parte costituiti da risorse distribuite sulla rete, risorse alle quali il portale doveva dare accesso mediante una serie di strumenti di ricerca e di guide tematiche. Ma l'obiettivo di aumentare il tempo di stazionamento dell'utente entro i loro confini e di

[43] Con questo non intendiamo ovviamente sostenere che il rapporto comunicativo che si istituisce tra gli utenti e un portale orizzontale coincida con quello tra spettatori e canali televisivi generalisti. La rete è un medium totalmente diverso dalla televisione, con diverse modalità di accesso e fruizione, diversa struttura dei contenuti e diversi modelli comunicativi.

moltiplicare il numero di pagine web su cui inserire spazi pubblicitari ha spinto i portali a divenire fornitori diretti di contenuti. Oggi la maggior parte dei portali orizzontali è rappresentata da vere e proprie 'città virtuali', strutturate con l'obiettivo di trattenere al loro interno l'utente – offrendogli uno spettro sempre più ampio di servizi – piuttosto che di fornirgli immediati punti di accesso a risorse esterne.

I *portali verticali* (detti anche portali tematici o di nicchia), per contro, sono siti che offrono contenuti, servizi e (non sempre) strumenti di ricerca dedicati a particolari domini tematici (sport, cinema, informatica, finanza, cultura, gastronomia, ecc.) o rivolti a ben definiti gruppi sociali e comunità (caratterizzati dal punto di vista etnico, religioso, economico, culturale, sessuale, ecc.).

La diffusione dei portali verticali ha avuto una forte accelerazione negli ultimi anni, anche in coincidenza della crisi dei portali orizzontali, che hanno sofferto in misura notevole del crollo della new economy. Soprattutto i siti indirizzati a particolari segmenti sociali, che vengono definiti da alcuni analisti *affinity portal*, hanno attirato un notevole interesse dal punto di vista commerciale, poiché la loro utenza è fortemente caratterizzata ed esprime stili di vita e bisogni di consumo molto precisi. Tuttavia questa vasta galassia presenta contorni assai frastagliati. In moltissimi casi i prodotti editoriali che si autodefiniscono portali verticali sono dei semplici siti Web con contenuti tematici settoriali, ma privi di quei servizi e strumenti specifici che caratterizzano un portale vero e proprio. E nella maggior parte dei casi la tendenza 'centripeta' che abbiamo già rilevato per i portali generalisti è assai accentuata.

Affini ai portali verticali per caratterizzazione, ma diversi per funzione e struttura, sono i cosiddetti *Enterprise Resource Portal* (ERP), *Enterprise Information Portal* (EIP), o più semplicemente *Corporate Portal*. Si tratta della naturale evoluzione delle Intranet/Extranet aziendali verso il modello portale. Un EIP, dunque, è un sito Web aziendale dove si concentrano tutte le conoscenze necessarie al funzionamento dell'impresa, i flussi informativi tra le sue componenti e i suoi dipendenti (comunicazione interna), e quelli verso i fornitori e i clienti (comunicazione esterna, *customer care*, ecc.). Un EIP molto complesso può anche funzionare da *Application Service Provider* (può cioè mettere a disposizione dei dipendenti strumenti e software per interagire con il sistema informativo aziendale), e può integrare servizi *e-commerce* di tipo *business to business* (dedicati cioè a gestire le transazioni commerciali con le altre aziende, ad esempio i fornitori di materie prime).

La struttura e le caratteristiche di un portale

Nel paragrafo precedente abbiamo visto come l'originario modello editoriale del portale si sia evoluto e differenziato in varie sottoclassi. Ci si potrebbe però chiedere: al di là della caratterizzazione terminologica, oggi assai diffusa, quali sono i tratti che accomunano tutti questi prodotti editoriali on-line? Che cosa è che rende tale un portale?

Trovare una risposta a queste domande non è esclusivamente un esercizio di teoria dei nuovi media o di analisi delle modalità comunicative di rete. Malgrado la crisi degli ultimi anni, il numero di portali – in particolare di quelli orizzontali – che si contendono l'attenzione degli utenti di Internet è notevole. Avere una idea di quali siano la struttura e le caratteristiche di questi complessi e ricchissimi siti e di quali strumenti essi mettano a disposizione potrà aiutarci a scegliere in modo consapevole e ragionato se usarne uno e quale, e a sfruttarne al meglio le risorse.

Analizzando la complessa architettura informativa dei vari portali si possono individuare un insieme di elementi strutturali e contenutistici ricorrenti, anche se in misura e modalità diverse caso per caso[44]. Tali elementi sono:

- strumenti di ricerca
- canali
- risorse di contenuto e di attualità informativa
- servizi orientati al consumatore
- strumenti di comunicazione e di utilità personale
- sistemi di accesso multicanale
- sistemi di personalizzazione.

Nelle prossime pagine ci soffermeremo brevemente su ognuno di essi.

Strumenti di ricerca. Costituiscono il cuore e il nucleo originale di gran parte dei portali orizzontali e di molti portali verticali. Come abbiamo visto, si dividono a loro volta in due categorie principali: *directory*, o cataloghi sistematici, e *motori di ricerca*.

La profonda differenza di filosofia e di funzionamento che esiste tra motori di ricerca e directory li rende adatti a svolgere ruoli assai diversi nella ricerca di informazioni in rete. E naturalmente impone agli

[44] Questa tassonomia degli elementi strutturali di un portale – a differenza di quella relativa ai tipi di portale, ampiamente attestata nella letteratura – è un nostro suggerimento. Siamo consapevoli del fatto che altre categorizzazioni sarebbero possibili, diversi elementi caratterizzanti potrebbero essere inclusi, altri esclusi o ritenuti inessenziali.

utenti l'adozione di strategie affatto diverse, sulle quali ci siamo già soffermati nella sezione 'Come si fa ricerca in Internet'.

Canali. Si tratta di strutture intermedie tra le tradizionali directory e i contenuti veri e propri. Per questa ragione è difficile individuare un modello unitario di canale: ogni portale adotta una propria articolazione tematica dei canali e vi inserisce elementi e contenuti diversi. In generale i canali, nel senso qui suggerito, possono essere considerati come guide ragionate dedicate a un determinato ambito tematico (ad esempio lavoro, moda, sport, arte, ecc.), che associano una selezione di siti e risorse esterne (talvolta affiancate dai rami della directory tematicamente affine) a recensioni, articoli di approfondimento e notizie.

I portali che si sono sviluppati dai siti di ricerca puri, accentuano in genere la funzione di guida a risorse esterne attribuita ai propri canali, e talvolta vi introducono una articolazione gerarchica che li rende una sorta di directory altamente selezionata e affiancata da descrizioni approfondite (si veda ad esempio la struttura dei canali di Virgilio).

I portali collegati al mondo dei media tendono invece a far prevalere la funzione contenutistica dei canali, che finiscono per assomigliare alle rubriche tematiche dei *magazine* cartacei.

Risorse di contenuto e di attualità informativa. Anche in questo caso esistono notevoli differenze tra i vari portali circa il genere di contenuti offerti, ma in generale si riscontrano le seguenti tipologie:

- notizie giornalistiche
- contenuti verticali
- intrattenimento
- informazioni di servizio.

Le notizie giornalistiche sono spesso tratte dai lanci di agenzia o dagli articoli di quotidiani e riviste in rete (non di rado legati allo stesso gruppo editoriale che ha la responsabilità del portale), e in un portale orizzontale vengono di norma articolate secondo le tradizionali categorie adottate dalle testate (attualità, cronaca, politica, esteri, economia e finanza, sport). L'aggiornamento è piuttosto frequente e di norma nell'impostazione delle pagine Web le notizie dell'ultima ora sono distinte ed evidenziate rispetto a quelle meno recenti. Talvolta sono presenti anche informazioni provenienti dalla rete o a essa legate, interviste, servizi di approfondimento e speciali. Un particolare rilievo è assunto dalle notizie finanziarie, che sono spesso affiancate da aggiornamenti sull'andamento del mercato borsistico nazionale e internazionale.

I contenuti verticali sono le informazioni tematiche, più o meno approfondite e multimediali, fornite direttamente da un portale. Possono essere veicolate attraverso i canali, o mediante dei siti secondari dotati di struttura e grafica autonoma, una sorta di sottoportali verticali legati a un portale orizzontale. I temi possono essere i più diversi: musica, cultura, finanza, moda, spettacolo, tecnologia.

Nel novero dei contenuti verticali si ritagliano una loro autonomia e specificità quelli dedicati all'intrattenimento e alle attività ricreative. In queste sezioni, oltre ai contenuti testuali tradizionali, hanno un ruolo di primo piano le applicazioni interattive, spesso usate per proporre giochi on-line, e i contenuti multimediali basati su tecnologie di *streaming* audio e video, come Web radio, archivi di brani musicali, videoclip, trailer cinematografici, programmi di Web-television.

Nella classe delle informazioni di servizio, infine, rientrano le risorse ibride tra i contenuti veri e propri e i servizi. Vi si possono annoverare le previsioni meteorologiche, l'oroscopo, gli annunci su eventi o manifestazioni culturali che si svolgono nella città di residenza dell'utente, la programmazione cinematografica e televisiva, i servizi di consultazione di banche dati o elenchi telefonici, stradari e mappe. Normalmente queste risorse sono personalizzabili (almeno nei portali che offrono sistemi di personalizzazione), o sono accessibili mediante interfacce di consultazione interattive: ad esempio nel caso della programmazione cinematografica si possono effettuare ricerche per sala cinematografica, o per film.

Servizi orientati al consumatore. In questa classe di risorse rientrano tutti gli strumenti di utilità specificamente rivolti all'utente-consumatore. I principali sono i servizi di *e-commerce*, sviluppati internamente o in accordo con siti esterni:

- commercio elettronico nella forma tradizionale *business to consumer*
- *group-buying*, ovvero quei sistemi che permettono a più utenti di riunirsi in gruppi per acquistare più esemplari di un prodotto e ottenere di conseguenza sconti
- e-commerce *consumer to consumer* come le aste on-line e i piccoli annunci commerciali.

Possiamo far rientrare in questa categoria anche i servizi di gestione dell'accesso alla rete che viene spesso offerto dal portale ai propri utenti.

Strumenti di comunicazione e di utilità personale. Si tratta di quegli strumenti che permettono agli utenti di stabilire interazioni comunicative sincrone o asincrone con altri utenti interni ed esterni al portale, e di utilizzare il portale stesso come 'estensione in rete' di alcune funzionalità offerte dal proprio computer, con la capacità di ospitare e gestire una parte delle proprie informazioni ed eventualmente di condividerle con altri. Rientrano in questa categoria sia gli strumenti di comunicazione personale sia i cosiddetti *community builder*, quegli strumenti che sono alla base dello sviluppo di comunità virtuali. Vi rientrano inoltre strumenti orientati alla gestione e alla condivisione di informazioni, come agende, calendari o album fotografici on-line. Fra le altre, questa categoria include dunque le seguenti risorse:

- una o più caselle di posta elettronica individuali, consultabili sia mediante i tradizionali client autonomi (Outlook, Eudora, ecc.) sia, più spesso, attraverso i *Web client*, che permettono di accedere alla propria casella postale direttamente dal Web (e dunque di leggere la posta da qualsiasi computer)
- spazio gratuito per la pubblicazione di pagine Web personali, che vengono di norma catalogate entro apposite directory, ed eventualmente di contenuti multimediali come foto e file audio
- servizi di annunci personali o di invio di 'cartoline' via e-mail
- forum e gruppi di discussione sia pubblici sia privati, questi ultimi attivabili direttamente da singoli o gruppi di utenti
- strumenti di interazione in tempo reale come le *Web chat* testuali, i software di *instant messaging* – quei programmi, cioè, che permettono di sapere in tempo reale se un certo utente, opportunamente segnalato al sistema, è collegato in rete, e di comunicare o scambiare dati in tempo reale – e, in alcuni casi, i sistemi di videoconferenza e telefonia in rete
- strumenti per inviare tramite Web (in genere a titolo gratuito) messaggi SMS o MMS verso telefoni cellulari[45]
- moduli software utilizzabili direttamente attraverso la rete: una categoria per ora limitata nel numero di esempi e nella loro complessità, ma che potrebbe acquistare maggiore importanza in futuro, con lo sviluppo da parte del portale di vere e proprie funzionalità di *application provider*.

Sistemi di accesso multicanale. Si tratta di quei sistemi che consentono la distribuzione di contenuti digitali per più piattaforme di accesso come telefoni cellulari mediante la tecnologia WAP o attraverso semplici

[45] Un altro tipo di servizio legato al mondo della telefonia mobile che ha avuto un insospettabile successo negli ultimi anni e che è fornito – spesso a pagamento – da diversi portali è il download di loghi e suonerie per cellulari. È probabile che lo sviluppo dei servizi telefonici di terza generazione porti a un ulteriore sviluppo dell'offerta di contenuti multimediali per cellulari: brevi filmati, trailer di film, ecc.

pagine HTML visualizzabili dai telefonini GPRS e UMTS; computer palmari mediante gli strumenti di navigazione off-line sincronizzabili forniti da servizi come *AvantGo* (**http://www.avantgo.com**); connessioni a banda larga mediante ADSL o *cable modem*. Con la diffusione delle tecnologie *broadband* su fibra ottica e *wireless* (GPRS e UMTS), questi elementi di un portale assumeranno una importanza sempre maggiore.

Sistemi di personalizzazione. I sistemi di personalizzazione sono uno degli aspetti più importanti di un portale orizzontale. Dopo aver portato a termine un processo di registrazione, l'utente può costruire una versione personalizzata dell'interfaccia di un portale, definendo una propria pagina di accesso che includa i contenuti e i servizi a cui è maggiormente interessato. I sistemi di personalizzazione dei portali presentano diversi gradi di flessibilità. Si va dalla semplice personalizzazione di servizi come l'oroscopo, le previsioni del tempo e l'avviso della presenza di posta nella mailbox, fino al controllo dei contenuti e persino del layout e della grafica nella pagina.

Naturalmente questa flessibilità ha un costo, di cui moltissimi utenti non sono consapevoli: la consegna alla società che realizza il portale di una serie di preziose informazioni personali, sia in modo esplicito, all'atto della registrazione, sia implicito, mediante l'analisi dei comportamenti di navigazione e dei contenuti consultati. Queste informazioni personali possono essere usate a fini di *marketing* dalla stessa società del portale o, attraverso un meccanismo di consenso più o meno esplicito da parte del titolare, vendute a terzi. Quando si usufruisce dei sistemi di personalizzazione, dunque, è bene leggere con attenzione le norme di tutela della privacy adottate dal portale ed essere consci dei possibili usi che possono essere fatti dei nostri dati personali.

La retorica dei portali

La retorica è la disciplina che studia le regole che orientano il (buon) funzionamento e l'efficacia della comunicazione linguistica, ovvero il modo di produrre, organizzare ed esporre discorsi. Sebbene la tradizione retorica si sia concentrata quasi esclusivamente sul linguaggio verbale, sulla parola, non sono mancati nel nostro secolo tentativi di analizzare la retorica dei messaggi veicolati attraverso altri codici o strumenti, come il cinema o la televisione.

Ora, non v'è dubbio che quella realizzata mediante la rete sia una forma di comunicazione, e che in un certo senso un sito Web sia una sorta di discorso, la cui costruzione segue certe regole ed è orientata da ben precisi scopi e funzioni. Non deve stupire dunque l'idea che vi possa essere una retorica della comunicazione su Web e, *inter alia*, dei portali. Riteniamo anzi che l'elaborazione di una tale retorica sia necessaria tanto per chi produce messaggi per il Web quanto per chi li riceve e deve interpretarli. La conoscenza delle strategie comunicative adottate da chi produce un discorso, infatti, è essenziale per giungere a una comprensione più profonda e se possibile critica del messaggio.

La trattazione articolata di un simile argomento richiederebbe spazi ben maggiori di quelli che abbiamo a disposizione, e soprattutto imporrebbe un'analisi approfondita che, in gran parte, è ancora da sviluppare. Tuttavia, riteniamo sia utile cercare di segnalare alcuni dei caratteri specifici della comunicazione di rete veicolata dai portali.

In primo luogo bisogna tenere presente che gli scopi che regolano la progettazione e costruzione di un portale sono duplici: un portale, infatti, vuole sia comunicare dei contenuti (o fornire dei servizi), sia *catturare l'attenzione dell'utente* per il tempo più lungo possibile, convogliandola in particolare verso alcuni contenuti o servizi specifici: quelli che possono essere direttamente o indirettamente valorizzati dal punto di vista economico. Di conseguenza la scelta (*inventio* per retori latini) dei contenuti e la loro collocazione nell'organizzazione complessiva del discorso (*dispositio*) sono determinate da precise scelte. Ad esempio non è un caso che i temi ricorrenti nei canali di gran parte dei portali siano viaggi, famiglia, moda e simili: si tratta di domini ai quali è facilmente associabile una serie di messaggi promozionali diretti e indiretti, o ai quali è possibile collegare servizi di vendita on-line.

In secondo luogo, come abbiamo già osservato, un portale utilizza gli artifici retorici che caratterizzano la comunicazione di rete (una comunicazione che si propone in genere come sistema aperto) per creare un discorso che è invece tendenzialmente chiuso in se stesso. Prendiamo ad esempio la struttura ipertestuale del Web. Poiché l'obiettivo di chi realizza il portale è quello di mantenere il controllo sull'attenzione degli utenti, i collegamenti stabiliti verso le risorse interne al portale (o quelle a esso legate da accordi commerciali) sono prevalenti e maggiormente evidenziati rispetto a quelli che puntano verso risorse esterne. D'altra parte l'opinione comune che la struttura ipertestuale dia completa autonomia al lettore è erronea. Se è vero che in un ipertesto il fruitore può teoricamente scegliere se e quali collegamenti seguire, è altrettanto vero che quei collegamenti sono comunque stati previsti da chi ha prodotto l'ipertesto, e che in una pagina Web si possono usare numerosi artifici grafici per evidenziare alcuni *link* e renderne meno fruibili altri.

In terzo luogo, quelle sezioni del portale, come le directory o (in misura minore) i canali, che vengono considerate uno strumento di accesso esaustivo e 'neutrale' all'universo informativo del Web, sono in realtà il frutto di una selezione orientata da scelte ben precise (spesso legate a interessi commerciali). Esse rispecchiano cioè una certa visione della rete che non è assolutamente oggettiva.

Si prendano ad esempio gli alberi delle categorie di una directory: come abbiamo visto, l'organizzazione di questi alberi rispecchia sia la visione generale dell'informazione di rete di chi li produce, sia le strategie di marketing degli inserzionisti a cui il portale deve la sua redditività. E lo stesso vale per la selezione e l'ordinamento dei siti all'interno delle varie categorie. Non sono immuni da orientamenti predeterminati nemmeno le modalità di funzionamento dei motori di ricerca. Infatti alcuni motori di ricerca vendono l'opportunità di comparire nelle prime cinque o dieci posizioni nei risultati delle ricerche su termini altamente significativi dal punto di vista commerciale. E questo non sempre avviene alla luce del sole.

Quelli che abbiamo elencato sono alcuni degli elementi che caratterizzano le scelte comunicative di un portale. Occorrerebbero certo studi assai più approfonditi per essere, se non sistematici, almeno ragionevolmente esaustivi nel trattare questo argomento[46]. Speriamo comunque di aver reso evidente ai nostri lettori che ogni portale propone un discorso comunicativo complesso, la cui organizzazione risponde a scelte strategiche e rispecchia una particolare visione del mondo e della rete.

L'economia dei portali

Nel parlare dei portali, a più riprese abbiamo fatto riferimento all'importanza delle considerazioni economiche e commerciali alla base della loro realizzazione. Il modello di business più diffuso sul Web finora

[46] Un tema di particolare interesse è ad esempio quello della usabilità, ovvero della miglior organizzazione funzionale di un sito e della sua interfaccia per risultare di semplice e immediata utilizzazione da parte degli utenti. Tema che riveste, evidentemente, particolare importanza nel caso di siti complessi e ramificati come tendono a essere i portali. Rimandiamo al riguardo al già citato J. Nielsen, *Web Usability*, trad. it. Apogeo, Milano 2000, e inoltre a J. Fleming, *Web navigation. Il design delle interfacce web*, Hops Libri, Milano 2000, e M. Visciola, *Usabilità dei siti web*, Apogeo, Milano 2000.

è stato quello della vendita di spazi pubblicitari e della fidelizzazione di un 'parco utenti' (potenziali consumatori) il più vasto possibile. Esistono diversi generi di comunicazione pubblicitaria on-line, ma in assoluto quella preponderante è costituita dai cosiddetti *banner*. Come molti lettori sapranno, i banner sono immagini, fisse o animate, collocate in punti strategici di una pagina Web e in genere collegate direttamente al sito dell'azienda inserzionista (o del prodotto reclamizzato). Recentemente, ai tradizionali banner fissi si sono affiancati strumenti promozionali più intrusivi, come pagine o finestre *pop-up* con contenuti pubblicitari che vengono automaticamente visualizzate quando l'utente seleziona un determinato link, prima di arrivare alla vera destinazione del link stesso.

La valutazione di queste forme di *advertising* on-line avviene secondo diverse formule. Quella più diffusa si basa sul numero di esposizioni (*exposure*) del banner, cioè sul numero di volte che la pagina contenente il banner viene scaricata da un utente. Tuttavia l'efficacia di una semplice esposizione è piuttosto discussa. A differenza dello spettatore televisivo, l'utente di una pagina Web ha un ruolo molto attivo e opera una forte selezione delle informazioni veicolate da una schermata. Secondo alcune ricerche, la maggior parte dei navigatori mostra la tendenza a concentrarsi immediatamente sulle informazioni che la interessano, ed è attratta più dal testo che dalle immagini di una pagina Web. Naturalmente il livello di efficacia della comunicazione può essere aumentato se il banner pubblicitario compare in un contesto adeguato: ad esempio, la pubblicità di un libro è presumibilmente più efficace se viene esposta in una pagina culturale, così come la pubblicità di una casa di alta moda lo è nel contesto di un *affinity portal* che si rivolga al pubblico femminile. Per questo molti portali includono nella loro offerta di pacchetti pubblicitari sistemi di *rotazione* intelligente dell'esposizione, basati sulla struttura logica della directory che viene navigata dall'utente o sulle parole chiave da lui inserite nei motori di ricerca.

La perplessità di molte agenzie pubblicitarie circa la validità persuasiva della pura e semplice esposizione ha stimolato la sperimentazione di nuove formule di valutazione del valore commerciale (e dunque del prezzo) di un banner. Una è quella basata sul *click-through*, cioè sul numero di volte che un banner viene effettivamente cliccato dall'utente per accedere al sito dell'inserzionista. Si è a questo riguardo osservato che il tasso di click-through cala notevolmente se un banner viene esposto più volte. Un'altra è quella basata sulla effettiva conclusione di una transazione commerciale da parte di un utente che arriva a un sito mediante un banner.

Nonostante i molti tentativi di aumentare l'efficacia dei banner e di sperimentare diverse formule di vendita degli spazi, il clima di entusiasmo nel mercato pubblicitario di rete si è notevolmente raffreddato. Gli investimenti in pubblicità su Internet restano un elemento fondamentale dell'economia di rete, ma non sono più considerati come una fonte automatica di sicuri e favolosi guadagni.

Questo ripensamento ha avuto conseguenze quasi disastrose sui conti economici di molte aziende titolari di portali. Infatti, sull'onda dell'entusiasmo per la cosiddetta *new economy*, moltissimi portali, a cominciare da Yahoo! per finire col nostrano Tiscali, si sono quotati in borsa riportando inizialmente successi a dir poco straordinari: nel momento di maggiore entusiasmo le valutazioni di alcuni gruppi sono salite anche diverse decine di volte rispetto al prezzo di collocamento. Tali capitalizzazioni non erano giustificate dai tradizionali parametri valutati dagli investitori – i cosiddetti 'fondamentali' borsistici quali fatturato, utili, dividendi – ma dalle attese di crescita e dunque di futuri guadagni. Il flusso di capitale che è entrato nelle casse di molti portali ha propiziato vaste campagne pubblicitarie, di investimenti e acquisizioni (con costi non sempre economicamente ragionevoli), e queste hanno aumentato a loro volta le attese di crescita e di guadagni. Insomma, un circolo vizioso evidentemente a rischio.

Per qualche tempo il gioco ha retto, ma a partire dall'autunno del 2000 la nuova corsa all'oro si è interrotta bruscamente. Invece di crescere, gli introiti pubblicitari di molti siti (gli unici introiti) hanno iniziato a rallentare, frustrando la fiducia nei mirabolanti guadagni a venire. Inoltre gli analisti si sono accorti che gran parte del mercato pubblicitario on-line era generato da altre aziende Internet, come quelle di *e-commerce*, afflitte da crisi di redditività altrettanto gravi. Il risultato è stato una generale svalutazione dei titoli, e una crisi che ha portato alla chiusura di aziende Internet storiche (si pensi alla fine di Excite@Home) e al ritiro delle attività Web da parte di grandi gruppi del settore media.

Questa crisi ha evidenziato l'esigenza di individuare nuovi modelli di business su cui basare l'economia dei portali. Una frontiera a cui tutti guardano con molta fiducia è quella del commercio elettronico. Certo, anche i siti *e-commerce*, soprattutto quelli di vendita al cliente finale (*business to consumer*, B2C), non navigano propriamente in buone acque. Anche qui si è assistito a decine di fallimenti di imprese che avevano investito milioni di dollari nel settore. Ma è opinione diffusa che si tratti di una crisi di crescita, e che alla fine la vendita di beni via Internet assumerà volumi tale da garantirne la redditività. In vista di questa esplosione, la maggior parte dei grandi portali si è dotata di servizi *e-commerce*, sviluppati internamente o in accordo con altri siti specializzati. La sinergia tra contenuti, servizi e distribuzione potrebbe rivelarsi, infatti, una carta vincente: un utente che sta navigando in un canale dedicato ai viaggi può facilmente essere invogliato ad acquistare una vacanza in una qualche esotica isola tropicale (o un semplice weekend turistico in un agriturismo), magari a prezzi scontati perché utente registrato del portale. Assai simile, e con prospettive di crescita anche maggiori, è il discorso per il mondo dei portali di impresa (EIP o ERP), che tendono a svilupparsi per offrire servizi di commercio elettronico di tipo B2B (*business to business*).

Un'altra fonte di redditività per i portali consiste nella vendita di servizi e contenuti ad alto valore aggiunto. Se è vero che il tentativo di vendere contenuti informativi sperimentato qualche anno addietro (soprattutto nel settore dell'informazione giornalistica) si è rivelato nella gran parte dei casi fallimentare, è anche vero che gli unici esempi di successo sono stati quelli nei quali venivano venduti contenuti e servizi altamente qualificati e rivolti a fasce di utenza ben definite. Oggi la vasta diffusione della rete e il progressivo 'trasferimento' nel mondo digitale di attività come la formazione, il lavoro e l'intrattenimento, stanno generando un mercato potenziale per un'offerta di contenuti e servizi specializzati e di alto livello qualitativo. In questo contesto un ruolo importantissimo sarà giocato dagli sviluppi delle connessioni a banda larga, sia via cavo sia *wireless*. Con la rete ad alta velocità sarà possibile (e già oggi in parte lo è con le connessioni ADSL) fornire contenuti audio e soprattutto video ad alta qualità. E intorno a questi si potrebbe sviluppare un mercato dei contenuti digitali finalmente in grado di generare utili.

Tuttavia, gli analisti concordano sul fatto che la diversificazione delle fonti di reddito non sarà sufficiente a contrastare la tendenza alla concentrazione in atto nel settore dei portali. Questa tendenza caratterizzerà soprattutto il settore dei grandi portali orizzontali. Infatti l'offerta in questo settore è sovrabbondante rispetto alla reale domanda espressa dagli utenti e alle scarse fonti di redditività. Nel giro di pochi anni sarà inevitabile, dunque, ed è in parte già in atto, una forte selezione operata dal mercato e la conseguente riduzione del numero complessivo di portali generalisti. A questo processo contribuirà anche il progressivo aumento della competenza nell'uso della rete da parte degli utenti, competenza che rende meno importanti le funzioni di supporto alla navigazione fornite dai portali.

Maggiori possibilità di espansione sono invece riscontrabili nel settore dei portali verticali. Ma anche in questo campo la sfida sarà vinta solo da quei soggetti che saranno in grado di offrire contenuti e risorse di alto livello qualitativo, e che sapranno collocarsi con sufficiente rapidità e intelligenza nel mercato dei nuovi servizi di rete resi possibili dalla diffusione delle connessioni a banda larga.

I portali per gli utenti italiani

Nelle pagine precedenti abbiamo cercato di analizzare il fenomeno dei portali da un punto di vista prevalentemente teorico. Passeremo ora a esaminare un po' più da vicino l'offerta disponibile in questo settore per i sempre più numerosi utenti di rete italiani.

La scelta di limitare il nostro sguardo alle risorse per così dire 'locali' è dettata da tre considerazioni: la prima è che il numero di portali disponibili sulla rete 'globale' è notevole e sarebbe oggettivamente impossibile dare conto di tutti; la seconda è che per gli utenti sono spesso più utili risorse direttamente collegate al proprio ambito linguistico e geografico (in particolare nella fruizione di servizi personalizzati come notizie, previsioni del tempo, programmazione televisiva e cinematografica, ecc.)[47]; la terza – evidentemente legata alla seconda – è che molti fra i maggiori portali orizzontali presenti su Internet hanno sviluppato delle versioni localizzate rivolte a singoli mercati nazionali, Italia compresa. In particolare, fra i primi portali internazionali, Lycos, Yahoo! e MSN hanno già una loro edizione italiana da alcuni anni.

Per quanto riguarda i portali specificamente italiani, la loro storia (con poche e parziali eccezioni, fra le quali spicca quella di Virgilio) è legata strettamente a quella dei fornitori di accesso alla rete per l'utenza residenziale, e soprattutto al fenomeno dell'accesso gratuito che ha caratterizzato la scena telematica italiana a partire dal '98. La prima società ad aver proposto un abbonamento gratuito, come alcuni lettori ricorderanno, è stata Tiscali. Subito dopo sia Tin (divisione Internet del-

[47] Non intendiamo comunque con ciò negare l'interesse che rivestono, anche per gli utenti italiani, alcuni fra i maggiori portali internazionali, in grado di offrire una varietà di servizi e contenuti informativi difficilmente eguagliabile su scala locale.

la Telecom) sia Infostrada hanno iniziato a offrire servizi di accesso alla rete gratuiti collegati a portali su Web, seguite nel giro di pochissimo tempo da numerose altre società di telecomunicazione come Wind, Dada e British Telecom, e gruppi editoriali come l'Espresso-la Repubblica, Mediaset, La Stampa/Fiat. Naturalmente la scelta di fornire i servizi di accesso in forma gratuita ha spostato sui rispettivi portali l'onere di produrre valore, e dunque ne ha stimolato lo sviluppo quantitativo e qualitativo (con risultati non sempre all'altezza degli investimenti effettuati).

Per quanto riguarda il numero di utenti raccolti, fino al mese di febbraio 2003 i portali italiani più visitati – secondo i dati raccolti dall'agenzia di ricerca Nielsen/NetRatings – erano nell'ordine Virgilio, Libero, MSN.it, Tiscali, Supereva, Yahoo.com e Yahoo.it, con un numero di utenti mensili compreso tra i cinque e i due milioni[48].

Tuttavia queste classifiche sono basate su parametri la cui effettiva efficacia nel catturare le abitudini del 'popolo della rete' è spesso discutibile, e sono comunque soggette a continui cambiamenti, dato che su di esse incidono sia diversi fattori stagionali, sia l'impatto delle campagne promozionali, sia i cambiamenti negli assetti proprietari dei vari portali. Bisogna dire, peraltro, che il fatto di essere presente nelle zone alte delle classifiche di gradimento non sempre coincide con la effettiva qualità dei contenuti e dei servizi proposti.

I principali portali orizzontali

Libero (**http://www.libero.it**). Si tratta del portale del gruppo Wind che, dopo l'acquisizione di Infostrada, ha deciso di riunire sotto questo marchio il più importante dei portali storici italiani, *Italia on Line*, il suo portale *Inwind.it*, e l'omonimo servizio di accesso alla rete *Libero*. L'offerta di servizi e contenuti è ricca e articolata e l'interfaccia del portale è ben disegnata. Tra le risorse di IOL segnaliamo la directory e il motore di ricerca 'Arianna' (a suo tempo uno dei primi strumenti di ricerca per il Web italiano); l'area 'News', che unisce articoli redazionali interni e una rassegna stampa con link ad articoli dei maggiori quotidiani on-line; l'area dei servizi di comunità virtuale 'Digiland'. Anche la sezione dedicata ai contenuti di intrattenimento è abbastanza com-

[48] Dal giugno 2003 per il rilevamento degli accessi ai siti Web italiani è disponibile anche il nuovo servizio *Audiweb* (**http://www.audiweb.it/**), che non era ancora entrato in funzione nel momento in cui è stata scritta questa sezione del libro.

pleta. Da segnalare l'avvio di una sezione di *Web television*, con alcune originali produzioni di cortometraggi per la rete.

Virgilio/Tin.it (**http://www.virgilio.it**). Virgilio è stato il primo servizio di ricerca italiano di alto livello qualitativo, e si è evoluto verso la forma portale senza trasformarsi direttamente in provider. Per lungo tempo il cuore di questo portale è stata la directory, una delle migliori nel panorama italiano, a cui si affiancavano una serie di canali tematici molto ben strutturati. Entrato definitivamente nell'area Tin, ha assunto il ruolo di portale Web della Telecom e ha aumentato la sua offerta di servizi e contenuti. In particolare ricordiamo i ricchi servizi di comunità virtuale, tra cui due tra le maggiori comunità virtuali italiane: *Atlantide*, che offre numerosi strumenti di comunicazione personale (tra cui 'C6', un sistema chat multiutente con supporto video) e *Xoom*, nota per ospitare migliaia di pagine Web personali. Una importante risorsa sul lato dei contenuti è la versione italiana del grande portale verticale americano dedicato al mondo delle tecnologie *ZDnet*. Anche Virgilio ha una buona sezione dedicata ai servizi multimediali a banda larga, con una radio e una Web-TV *My-TV*, la cui programmazione di

Figura 89 La home page del portale Libero

punta sono i corti di *Gino the Chicken*, uno stralunato pollo digitale che è divenuto uno dei personaggi cult di Internet.

Kataweb (http://www.kataweb.it). Kataweb è il portale del gruppo l'Espresso. Più che un semplice portale orizzontale, si tratta di un vero e proprio meta-portale. A differenza dei suoi concorrenti, Kataweb ha infatti una struttura fortemente decentralizzata, con un portale principale che funziona da punto di accesso e una galassia di portali verticali che sono in parte autonomi sia dal punto di vista dell'architettura sia da quello grafico (offrendo in tal modo altrettanti punti d'accesso indipendenti alla *web property*).

I contenuti coperti da questi portali sono assai vari: si va da 'KwArt', dedicato all'arte e ai beni culturali, fino a 'KwCucina', passando tra gli altri per l'ottimo 'KwFinanza', con informazioni economiche e finanziarie e aggiornamenti in tempo reale dai mercati.

In linea generale il livello qualitativo dei contenuti è buono, e in particolare vanno segnalati i vari siti di intrattenimento che usano in mo-

Figura 90 La home page di Kataweb

do avanzato tecnologie di *streaming* audio e video. In questo Kataweb può ovviamente giovarsi dei contributi di un gruppo editoriale cui fanno capo decine di quotidiani, magazine e radio, tra cui «la Repubblica» e «L'Espresso» (con i cui siti Web esiste un immediato e visibile legame). Anche i servizi di comunicazione personale sono piuttosto completi e includono, accanto a un sistema chat, un software di *instant messaging* battezzato 'KwMessenger'. Va rilevata, tuttavia, la tendenza manifestatasi negli ultimi mesi a una certa riduzione nell'offerta informativa, accompagnata dall'evidente concentrazione delle risorse solo su alcune sezioni 'di punta' del sito; tendenza probabilmente collegabile a una situazione finanziaria e di gestione non proprio facilissima.

Tiscali (**http://www.tiscalinet.it**). Come si può facilmente evincere, è il portale di Tiscali. È stato uno dei primi veri portali italiani e resta ancora oggi uno dei più visitati. Come Kataweb, ha una struttura basata su un portale principale e una serie di siti-satellite tematici, tra cui uno dedicato ai naviganti più giovani molto ben fatto e ricco di animazioni, 'Merenda' (**http://www.merenda.it**). Il portale principale ha una struttura simile a quella di un magazine, basata su canali tematici in cui prevalgono contenuti redazionali. Molto avanzati sono anche gli strumenti di comunicazione personale, tra cui spicca l'offerta di un servizio di telefonia su Internet basato sulla tecnologia Voispring, che permette di effettuare chiamate nazionali gratuite mediante la rete (ne abbiamo parlato in dettaglio nella sezione dedicata agli strumenti di comunicazione personale).

Supereva (**http://www.supereva.it**). Si tratta del portale realizzato da Dada, uno dei primi Internet Service Provider italiani. Pur non avendo alle spalle un gruppo editoriale della forza di molti dei suoi concorrenti, si tratta a nostro avviso di uno dei portali migliori e più innovativi. L'offerta di servizi di comunicazione e di utilità personale è molto completa, e comprende *Eva messanger*, un sistema di *instant messaging*, un avanzato sistema di chat 3D basato su Java, e Superdrive, un servizio di hard disk virtuale con 25 Mb di spazio disponibile. Ma l'aspetto più interessante di Supereva sono i già ricordati, ricchissimi canali tematici, denominati 'guide'. Si tratta di spazi di approfondimento su vari temi, curati da redattori specializzati (spesso reclutati all'interno stesso degli utenti del portale), in cui convergono elenchi ragionati di siti, notizie, articoli di approfondimento e commento e forum di discussione. Pur se – per loro stessa natura – di qualità non uniforme, le guide forniscono agli utenti meno esperti uno strumento di selezione di risorse di rete molto più raffinato rispetto alle tradizionali directory, e sono fonti di utili infor-

Figura 91 La home page di Supereva

mazioni anche per i navigatori più smaliziati. Il portale di Dada è anche dotato di un buon sistema di personalizzazione.

Excite.it (http://www.excite.it). Nato come versione italiana del portale statunitense *Excite@Home*, dopo la chiusura della casa madre è stato rilevato da Tiscali, divenendo di fatto un portale interamente italiano. Si articola in una ricca serie di strumenti e risorse. Di particolare rilievo sono i canali tematici, in cui convergono contenuti ed elenchi di risorse estratti dalla directory. Molto complete anche la sezione dedicata all'informazione giornalistica e quella dedicata ai servizi finanziari. Dal punto di vista degli strumenti di comunicazione sono disponibili un servizio e-mail e il programma di messaggistica *ExcUseMe*, oltre ai classici servizi di comunità virtuale. Da segnalare tra i servizi *e-commerce* il sistema di *group buying*, unico nel suo genere tra i portali italiani. Infine ricordiamo che Excite è uno dei portali che consentono la migliore personalizzazione della *home page*, di cui è possibile controllare sia i contenuti sia la grafica.

Come precedentemente accennato, accanto a questi portali sono poi disponibili per gli utenti italiani le versioni localizzate di quattro grandi portali internazionali: esaminiamone brevemente le caratteristiche principali.

Yahoo! (http://www.yahoo.it). È la versione italiana del portale più conosciuto nel mondo, dotato di versioni localizzate in numerosi paesi, e per gli Stati Uniti persino in moltissime città. Al centro di Yahoo!, anche nelle versioni locali, c'è la famosissima directory di siti Web, che nel nostro caso è ovviamente concentrata sulle risorse italiane. Ma nel corso degli anni intorno a essa sono stati inseriti numerosi servizi (molti dei quali abbiamo già avuto occasione di ricordare) che vanno dal commercio elettronico ai servizi finanziari, dalla posta elettronica al sistema di messaggistica *Yahoo! Messenger*, dagli album fotografici all'agenda, dall'*e-commerce* ai forum, il tutto personalizzabile dagli utenti registrati. Yahoo! inoltre ha acquistato e integrato tra le sue risorse *GeoCities*, il famosissimo sito di comunità virtuale e di pagine Web personali.

Lycos (http://www.lycos.it). Anche in questo caso siamo di fronte alla sezione locale del portale statunitense, acquistato dalla società di telecomunicazioni spagnola Terra Network, in una operazione di acquisizione che, caso più unico che raro, ha visto protagonista un'azienda europea nei confronti di una americana. Naturalmente i principali servizi di questo portale sono quelli di ricerca, dei quali ci siamo già occupati altrove.

Intorno a questi strumenti Lycos ha costruito un portale molto ricco e sostanzialmente simile in tutte le localizzazioni. In particolare ricordiamo la sezione di comunità virtuale e *personal Web publishing*, basata sulla famosa comunità *Tripod*, acquisita da Lycos (in questo caso esiste anche una versione italiana). Ricordiamo che fanno capo a questo gruppo anche *HotWired* e *HotBot*, rispettivamente la rivista e il motore di ricerca fondati dalla famosa rivista «Wired» e ceduti a Lycos un paio di anni fa.

MSN.it (http://www.msn.it). Microsoft Network è il portale internazionale del gigante del software, che contende a Yahoo! i primi posti nelle classifiche di contatti a livello planetario. Negli Stati Uniti MSN è anche il secondo Internet Service Provider dopo America On Line. Il sito italiano è meno ricco di contenuti rispetto alla versione americana, ma è comunque un ottimo portale, dotato di un efficiente motore di ricerca ('MSN Search'), del quale pure ci siamo già occupati, e di una serie di canali tematici e strumenti di comunicazione personale, tra cui 'Hotmail', il servizio di posta elettronica su Web che vanta il maggior numero di utenti. Da segnalare anche il già ricordato pro-

Figura 92 La home page di MSN.IT

gramma di *instant messaging* 'MSN Messenger'. MSN, inoltre, è dotato di uno dei sistemi di personalizzazione più flessibili, e di un'ottima agenda elettronica on-line, tra le migliori disponibili.

I portali verticali

Se passare in rassegna i portali orizzontali, anche limitatamente al panorama italiano, è impresa complicata, per i portali verticali diventa addirittura impossibile.

Decine di risorse di rete che fino a pochi anni addietro erano dei semplici siti tematici si sono sviluppate in senso quantitativo e qualitativo sino a divenire portali verticali, e nuovi annunci in questo settore si susseguono con ritmo incessante. Per un quadro complessivo di questi prodotti editoriali, dunque, non possiamo far altro che rimandare agli indici settoriali offerti dai portali orizzontali, facendo affidamento sulle nozioni esposte in questo capitolo per aiutare i lettori a comprendere quando ci si trovi di fronte a un vero e proprio portale. In questa sede ci limiteremo dunque a segnalare alcuni esempi che possano dare un'idea, se non quantitativa almeno qualitativa, dell'offerta disponibile.

Poiché questo è un libro, e poiché la nostra trattazione riguarda le risorse di rete, ci sembra giusto iniziare con due portali verticali che trattano rispettivamente di libri e di applicazioni e sistemi per il Web.

Il primo è *Alice.it* (**http://www.alice.it**), un ottimo portale realizzato da Informazioni Editoriali e dedicato al mondo dell'editoria e della cultura in generale. Si tratta di un sito dalla grafica un po' spartana ma ben fatto, che offre notizie e informazioni legate al mondo della cultura e al mercato librario, una serie di indici sistematici di risorse culturali ed editoriali presenti su Internet, e una vera e propria rivista online – «Café Letterario» – che pubblica brevi recensioni, anticipazioni editoriali e interviste con autori.

Il secondo è *HTML.it* (**http://www.html.it**), il più ricco portale italiano sui linguaggi, le tecnologie e i principi di progettazione del Web. Vi si possono trovare informazioni sul mondo delle tecnologie e della rete; utilissime guide e manuali su argomenti che vanno dal linguaggio HTML alla programmazione in linguaggio Java; puntuali recensioni di prodotti software per la creazione di contenuti e grafica per la rete, e

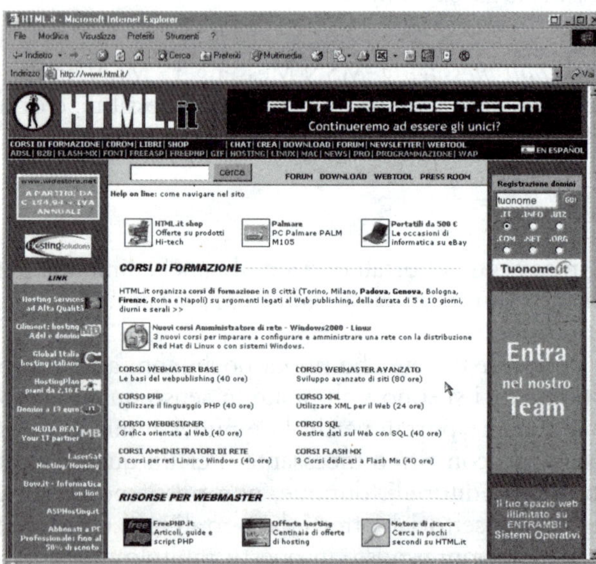

Figura 93 La home page di HTML.it

di ambienti di programmazione e sviluppo; elenchi di siti e risorse connesse alla creazione di applicazioni di rete; chat e forum in cui scambiare esperienze e consigli con altri sviluppatori e *Web designer*. Recentemente, HTML.it ha avviato anche l'offerta di corsi a pagamento.

Nel settore dell'informazione economica e finanziaria, un vero e proprio punto di riferimento è *IlSole24Ore.com* (**http://www.ilsole24ore.com**) il portale realizzato dal noto quotidiano edito dalla Confindustria. Accanto alla dettagliata sezione informativa, il portale fornisce servizi avanzati come la consultazione di banche dati, guide e supporto in ambito normativo e giuridico, servizi di ricerca e offerta di lavoro, formazione per le aziende, informazioni sugli appalti pubblici, oltre ad avere un'ottima sezione culturale collegata al supplemento domenicale del giornale.

Un altro caso interessante è quello di *Sportal.it* (**http://www.sportal.it**), la sezione italiana del network anglosassone di portali verticali dedicati al mondo dello sport, con versioni localizzate in tutta Europa. Oltre a una quantità enorme di dati e notizie relativi a tutti gli sport, vengono fornite anche dirette video in *streaming* di eventi e manifestazioni sportive, giochi e sondaggi, immagini e tutta una serie di curiosità e gadget virtuali per gli appassionati.

Di qualità il canale tematico realizzato da un'altra casa editrice, Apogeo, non a caso specializzata nel settore dell'informatica e della rete. *Apogeonline* (**http://www.apogeonline.it**) – questo il nome del portale – offre un panorama articolato di notizie e approfondimenti dedicati in particolare al mondo del Web e dell'informatica personale, con un taglio non solo tecnico ma anche culturale e saggistico. All'informazione tecnologica di attualità è dedicato anche l'ottimo sito della rivista in rete *Punto Informatico* (**http://punto-informatico.it/**), che dietro una grafica piuttosto spartana offre una ricca raccolta di risorse informative e di community.

Una segnalazione meritano anche alcuni portali verticali dedicati al mondo del cinema e della televisione: *35mm* (**http://www.35mm.it/**) e *Trovacinema* (**http://www.trovacinema.capital.it/**) offrono entrambi accesso a un database relativo alla programmazione cinematografica su tutto il territorio nazionale, a schede informative, trame e recensioni di film (anche inviate dagli utenti), a trailer multimediali e gallerie fotografiche, a notizie sull'attualità cinematografica. Mentre *Zapping* (**http://zapping.35mm.it/**) e *Satellite.it* (**http://www.satellite.it/**) sono dedicati al mondo della televisione, con programmazione, schede informative, e la possibilità di effettuare ricerche sui palinsesti delle principali emittenti.

Infine, un indirizzo anche per le previsioni del tempo: *Meteolive* (**http://www.meteolive.it**), 'quotidiano meteorologico' ricco di previsioni e notizie, e con un frequentatissimo forum di discussione.

Alcune considerazioni finali

Il fenomeno dei portali rappresenta senza dubbio uno dei nodi chiave nella trasformazione che ha caratterizzato Internet negli ultimi anni, e che ne ha facilitato la diffusione. Nati come strumenti di accesso, spesso collegati ai vari strumenti di ricerca dell'informazione in rete, i portali si sono progressivamente espansi e diversificati, sino a divenire dei veri e propri continenti nel caotico mare informativo del Web. Continenti caratterizzati da architetture informative complesse e organizzate, e che da questo punto di vista si oppongono alla tradizionale disorganizzazione dell'informazione di rete.

In tal modo questi prodotti editoriali hanno cercato di venire incontro a una esigenza che emergeva in modo spontaneo dagli utenti della rete man mano che il loro numero cresceva e la loro caratterizzazione demografica si diversificava rispetto a quella originale: mettere ordine dove regnava il disordine, selezionare e gerarchizzare dove prevaleva la reticolarità e l'orizzontalità, valutare e qualificare dove trionfava l'indistinzione. Intorno a queste funzioni, è cresciuta una serie di servizi che ha esteso notevolmente lo spettro di attività comunicative e relazionali effettuabili on-line: fare investimenti e divertirsi, intrattenere rapporti personali e cercare o svolgere un lavoro, e così via. Da questo punto di vista i portali hanno dunque arricchito e nel contempo semplificato l'esperienza della navigazione in rete da parte di moltissimi utenti, specialmente di quelli alle prime armi.

Ma c'è un rovescio della medaglia. Perché reticolarità e orizzontalità, se da una parte rendono complesso l'uso della rete come strumento di comunicazione, dall'altra ne rappresentano lo specifico e la ricchezza. La diffusione del modello portale, dunque, rischia di snaturare quel processo di redistribuzione del 'potere comunicativo' che Internet ha introdotto nella comunicazione sociale. Non a caso le metafore che prevalgono nella caratterizzazione dei portali sono tratte dal sistema dei mass-media tradizionali, primo fra tutti la televisione.

Ciò non significa che l'Internet dei portali debba necessariamente trasformarsi in una sorta di scintillante vetrina, dietro la quale trovare pochi fornitori di contenuti a fronte di uno sterminato numero di fruitori-clienti più o meno passivi. Apertura, interattività, reticolarità, sono tratti intrinseci alla comunicazione di rete, e sono (per fortuna) difficilmente sopprimibili su vasta scala. Tuttavia è necessario che gli utenti – soprattutto i nuovi utenti – siano educati a misurarsi con l'apertura, a sfruttare a pieno l'interattività, a orientarsi nella reticolarità, mantenendo, per usare una diffusa metafora, l'abitudine di navigare in mare aperto, senza accontentarsi di girovagare all'interno di pur ricchissimi parchi telematici, peraltro spesso organizzati in base a più o meno espliciti interessi commerciali.

E dunque, se è vero che i portali possono essere strumenti utilissimi, essi vanno scelti e utilizzati in modo attivo e consapevole, valutandone criticamente i contenuti e sfruttando al massimo le componenti interattive e di personalizzazione. Ma, soprattutto, non debbono divenire gli unici componenti nell'orizzonte dell'esperienza di rete degli utenti. Si tratta di fonti di informazioni organizzate e di facile accesso, ma parziali e raramente neutrali. La vera ricchezza di Internet sta nella moltitudine di contenuti distribuiti nella rete, contenuti che provengono da moltissimi emittenti e che esprimono molteplici punti di vista.

Biblioteche in rete[49]

Una delle metafore ricorrenti per descrivere il fenomeno Internet è quella della biblioteca. Come una biblioteca, la rete contiene una quantità enorme di documenti testuali (e non testuali); come una biblioteca ha i suoi cataloghi, i suoi strumenti di ricerca dell'informazione. Ma soprattutto, a differenza di ogni biblioteca reale del mondo, Internet sembra non avere limiti nella capacità di contenere e diffondere informazioni: sembra anzi realizzare, per mezzo della tecnologia, il mito della *biblioteca universale*, che accompagna l'umanità da molti secoli[50].

In realtà il parallelo metaforico tra la rete e il concetto di biblioteca universale è in parte fuorviante. Come abbiamo avuto modo di vedere

[49] Ci è sembrato utile non eliminare alcune parziali e inevitabili sovrapposizioni fra questo capitolo e quello dedicato alla ricerca in rete, in modo da renderne possibile anche una lettura indipendente.

[50] In effetti, sin dalle origini, la biblioteca è stata concepita come uno strumento di conservazione universale del sapere, in cui fosse consentito a chiunque un immediato accesso alla conoscenza depositata nei documenti. Noto è l'esempio della 'Lettera di Aristeo a Philocrate', in cui l'autore, parlando della biblioteca di Alessandria, attribuisce a Demetrio di Phaleron, ministro della cultura del faraone Tolomeo, l'intenzione di raccogliere nella sua meravigliosa collezione tutti libri del mondo.

parlando della ricerca di informazioni, lo spazio informativo della rete, e in particolare quello del Web, non è uno spazio completamente strutturato; al contrario, esso tende alla 'non organizzazione', in virtù della sua estrema dinamicità e fluidità. I vari strumenti di ricerca delle informazioni in rete dunque non rendono conto della totalità dei contenuti informativi presenti sulla rete stessa. Essi ne tracciano semmai mappe parziali e locali.

Al contrario lo spazio informativo di una biblioteca è uno spazio completamente strutturato e organizzato, che trova una rappresentazione rigorosa nei vari tipi di cataloghi di cui essa è dotata.

Potremmo dire che Internet assomiglia piuttosto alla fantastica *Biblioteca di Babele* immaginata da Jorge Luis Borges in uno dei suoi racconti più belli. La biblioteca borgesiana, che coincide con l'universo stesso (e in effetti l'universo della rete *è* l'informazione che contiene), pur ospitando tutti i libri che potrebbero essere scritti, non ha alcun criterio di organizzazione, e i suoi abitanti vagano in eterno alla ricerca del libro che ne spieghi la struttura, senza trovarlo mai.

Nondimeno, sulla rete non mancano servizi informativi strutturati. Tra questi, sebbene sembri un gioco di parole, fanno bella mostra di sé proprio i servizi gestiti dalle biblioteche 'reali'.

L'incontro tra Internet e biblioteche, che ha ormai una storia assai lunga, è stato favorito dal radicamento della rete nel mondo universitario statunitense. Gli Stati Uniti, infatti, hanno un enorme patrimonio di biblioteche[51], tra cui spiccano le biblioteche universitarie, tradizionalmente dotate di servizi al pubblico assai avanzati ed efficienti. La predisposizione di servizi on-line da parte di queste istituzioni è stata, nella gran parte dei casi, un'evoluzione naturale. Ma, in generale, si deve rilevare che il fenomeno Internet ha suscitato nel mondo bibliotecario un vasto interesse anche al di fuori degli Stati Uniti.

In virtù di tale interesse, Internet offre oggi una notevole quantità di servizi di tipo bibliotecario rivolti al pubblico generico, oltre ad alcuni servizi orientati maggiormente a una utenza professionale. Possiamo suddividere tale insieme di servizi nelle seguenti classi:

- servizi di informazione al pubblico basati sul Web (informazioni sulla biblioteca e *virtual reference desk*);
- servizi di consultazione on-line dei cataloghi informatici di singole biblioteche o di gruppi di biblioteche (cataloghi individuali e collettivi);

[51] In base a stime recenti si contano oltre 120 mila biblioteche, di cui 3.500 a carattere universitario.

- servizi di distribuzione selettiva di documenti (*document delivery*);
- servizi speciali di informazione e di supporto per i professionisti del settore bibliotecario;
- servizi di biblioteca digitale.

Il primo tipo di servizi è costituito dai siti Web approntati da singole biblioteche che offrono al pubblico informazioni, a vario livello di dettaglio, sulla biblioteca stessa, sulla sua collocazione, sui regolamenti e gli orari di accesso, sulla qualità e consistenza delle collezioni. I *virtual reference desk* offrono invece supporto agli utenti nella ricerca delle informazioni bibliografiche di loro interesse, e spesso consentono una interazione diretta (via mail, forum web o chat) con bibliotecari esperti di determinati settori. In alcuni casi è possibile trovare anche servizi avanzati come la prenotazione del prestito di un volume, o persino l'attivazione di procedure per il prestito interbibliotecario (di norma questi servizi sono approntati da biblioteche universitarie, e hanno un accesso limitato).

Naturalmente la disponibilità di questi ultimi strumenti è legata alla presenza sul sito bibliotecario di un sistema di consultazione on-line del catalogo. Tali sistemi, detti *OPAC* (acronimo di *On-line Public Access Catalog*), sono senza dubbio una delle più preziose risorse informative attualmente disponibili sulla rete. Essi sono il prodotto di una lunga fase di innovazione tecnologica all'interno delle biblioteche, che ha avuto inizio sin dagli anni '60. L'automazione dei sistemi catalografici si è incontrata ben presto con lo sviluppo delle tecnologie telematiche, e in particolare con la diffusione della rete Internet nell'ambito del circuito accademico. Attualmente le biblioteche, grandi e piccole, universitarie, pubbliche e private, che, oltre ad avere un loro sito su Internet, danno agli utenti la possibilità di consultare on-line i cataloghi delle loro collezioni, sono nell'ordine delle decine di migliaia.

Se la possibilità di effettuare ricerche bibliografiche in rete è ormai un dato acquisito, diverso è il discorso per quanto riguarda l'accesso diretto ai documenti. Infatti, il passaggio dalla biblioteca informatizzata alla *biblioteca digitale* è appena agli inizi. Con *biblioteca digitale*, in prima approssimazione, intendiamo un servizio on-line che produce, organizza e distribuisce sulla rete, in vario modo, versioni digitali di documenti e testi.

A un livello intermedio si collocano i servizi di distribuzione selettiva dei documenti (*document delivery*). A questa categoria appartengono organizzazioni ed enti che archiviano e spogliano grandi quantità di pubblicazioni periodiche cartacee e che permettono a studiosi o ad altri enti bibliotecari di acquistare singoli articoli, che vengono poi spediti via posta, fax o e-mail, o resi accessibili sul Web. Una risorsa preziosa per chi deve effettuare attività di ricerca e non ha a disposizione una biblioteca dotata di una collezione di periodici sufficientemente esaustiva.

Internet come fonte di informazione bibliografica

La ricerca bibliografica è una delle attività fondamentali per tutti coloro che, per dovere (scolastico o professionale) o per piacere, svolgono una attività di studio e ricerca o in generale una forma di lavoro intellettuale. Essa ha la funzione di fornire un quadro ragionevolmente completo dei documenti pubblicati su un dato argomento, di descriverli in modo esauriente e di permetterne il reperimento effettivo.

Al fine di effettuare una ricerca bibliografica si utilizzano soprattutto due tipi di strumenti: le bibliografie e i cataloghi bibliotecari. Entrambi questi strumenti si presentano in forma di un elenco di documenti identificati mediante alcune caratteristiche (o *metadati*) che ne permettono o facilitano l'individuazione: nome dell'autore, titolo, dati editoriali. La differenza tra bibliografia e catalogo consiste nel loro dominio di riferimento: una bibliografia contiene un elenco, esaustivo o meno, di documenti relativi a un determinato argomento o tema, o comunque collegati secondo un qualche criterio, senza far riferimento ai luoghi fisici in cui sono depositate delle copie di tali documenti; un catalogo, al contrario, contiene notizie relative a tutti e soli i documenti contenuti in una singola biblioteca (o in un gruppo di biblioteche), e fa esplicito riferimento alla collocazione fisica dell'esemplare (o degli esemplari) posseduto.

Un elemento fondamentale sia delle bibliografie sia dei cataloghi è la chiave di accesso, cioè le caratteristiche del documento in base alle quali l'elenco viene ordinato e può essere consultato. Di norma le chiavi di accesso principali sono il nome (o i nomi) dell'autore, e il titolo. Tuttavia per i cataloghi bibliotecari molto utili sono anche le chiavi di accesso semantiche, quelle cioè che cercano di descrivere il contenuto del documento stesso. A tali chiavi possono corrispondere due tipi speciali di cataloghi: il catalogo alfabetico per soggetti, in cui i documenti sono ordinati in base a uno o più termini liberi che ne descrivono il contenuto, e il catalogo sistematico, in cui i documenti sono ordinati in base a uno schema di classificazione prefissato che articola il mondo della conoscenza in categorie e sottocategorie secondo una struttura ad albero che procede dall'universale al particolare[52].

Nel 'mondo reale' le bibliografie, di norma, sono contenute a loro volta in volumi o documenti pubblici, che possono essere acquistati o presi in prestito. I cataloghi invece sono ospitati, sotto forma di schedari, all'interno dei locali di una biblioteca, dove possono essere consultati al fine di stilare bibliografie o di accedere alle pratiche di consultazione e di prestito. Tradizionalmente, dunque, la ricerca bibliografica è una attività che richiede numerose fasi di consultazione di bibliografie e cataloghi, con annessi spostamenti, che talvolta possono imporre trasferte fuori città o persino all'estero.

Lo sviluppo e la diffusione della rete sta modificando radicalmente il modo di effettuare la ricerca bibliografica. Internet, infatti, è diventata ormai la più preziosa ed esaustiva fonte di informazioni bibliografiche e oggi è possibile stilare una bibliografia completa, su qualsiasi argomento, stando comodamente seduti a casa davanti al proprio computer. Questo ha trasformato le modalità di lavoro della comunità scientifica, e più in generale di tutti coloro che per passione o professione debbano reperire notizie su libri e periodici.

Anche su Internet le fonti di informazione bibliografica si articolano in bibliografie e cataloghi. Le prime, in genere, sono parte del contenuto informativo dei vari siti Web dedicati a una data disciplina o a un particolare argomento. Non esistono strumenti specifici di ricerca per quanto attiene a queste risorse, che vanno pertanto individuate mediante le strategie di reperimento delle informazioni in rete che abbiamo già visto nel capitolo 'Ricerca libera su Web'. Per quanto riguarda i cataloghi on-line, invece, è possibile fornire alcune nozioni più particolareggiate relative al loro reperimento su Internet, e alla loro consultazione[53].

Come abbiamo già detto, un catalogo bibliotecario consultabile attraverso i canali di comunicazione telematici viene comunemente defi-

[52] Esistono vari sistemi di catalogazione sistematica: i più diffusi sono la Classificazione Decimale Dewey (CDD), ideata dall'americano Melvil Dewey nel 1873; la Classificazione Decimale Universale (CDU), ideata da Paul Otlet e Henry Lafontaine nel 1905, simile alla precedente ma con una notazione più complessa; la classificazione della Library of Congress (LC), sviluppata nel 1901 per la catalogazione della grande biblioteca nazionale statunitense.

[53] A questo argomento sono dedicati diversi volumi. Tra tutti si segnala per completezza e semplicità il citato *Biblioteche in rete*, di Fabio Metitieri e Riccardo Ridi, Laterza, Roma-Bari 2003.

nito *On-line Public Access Catalog* (*OPAC*). Un OPAC è costituito sostanzialmente da un database e da una interfaccia di accesso ai dati in esso archiviati.

Un database dal punto di vista logico è composto da una serie di schede (*record*). Ogni record contiene la descrizione, organizzata per aree prefissate (o *campi*), di un determinato oggetto. Nel caso dei database catalografici, tali oggetti sono i documenti che fanno parte della collezione di una o più biblioteche.

La struttura di un record catalografico è stata oggetto di un importante processo di standardizzazione internazionale. Infatti, l'introduzione dei sistemi informatici in ambito bibliotecario ha ben presto reso evidenti i vantaggi della collaborazione e dell'interscambio dei dati tra biblioteche. Di conseguenza, si è avvertita l'esigenza di sviluppare dei sistemi standard per la costruzione delle banche dati catalografiche, in modo da consentire lo scambio dei dati bibliografici e la costituzione di cataloghi elettronici collettivi. La comunità internazionale dei bibliotecari, riunita nella *International Federation of Library Associations* (IFLA, **http://www.ifla.org**), a partire dalla metà degli anni '70 ha prodotto una serie di specifiche volte a conseguire tale fine. La più importante tra queste specifiche riguarda appunto il formato dei record catalografici, denominato UNIMARC (*Universal Machine Readable Catalogue*), che è ormai adottato (o quantomeno previsto come formato per l'input/output dei dati) in gran parte dei sistemi OPAC del mondo.

A sua volta UNIMARC ricalca la struttura logica della scheda bibliografica standard definita nella *International Standard Bibliographic Description* (ISBD). ISBD prescrive infatti quali sono le informazioni che vanno fornite per caratterizzare un singolo documento:

- titolo (se necessario scomposto in sezioni)
- indicazioni di responsabilità (autore, curatore, eventuale traduttore, ecc.)
- edizione
- luogo di edizione
- editore
- data di edizione
- descrizione fisica
- numero ISBN/ISSN (un numero che viene univocamente assegnato a ciascuna edizione di ogni monografia o periodico pubblicati)
- eventuale classificazione e soggettazione.

Nel caso dei cataloghi digitali la scelta delle chiavi di accesso non va effettuata preliminarmente, come accade invece nei cataloghi a stampa al fine di ordinare il catalogo e di permetterne la consultazione. Un database infatti può essere ordinato in modo dinamico a seconda delle esigenze, e – soprattutto – la ricerca può avvenire in base a qualsiasi campo, o persino indipendentemente da un qualche campo (è possibile cioè indicare al sistema di cercare le occorrenze di una data stringa indipendentemente da dove appaia nel record).

Ovviamente, le chiavi che possono effettivamente essere usate dagli utenti nelle ricerche dipendono dal tipo di interfaccia associata al database. Sfortunatamente, non esistono delle raccomandazioni unitarie sulle caratteristiche dell'interfaccia di interrogazione di un OPAC. In generale tutti gli OPAC permettono di effettuare ricerche usando come chiavi le principali intestazioni presenti in una normale scheda catalografica: autore, titolo, soggetto. Alcuni forniscono anche altre chiavi o filtri di ricerca, quali data o luogo di pubblicazione, editore, classificazione (nei vari sistemi CDD, CDU, LC, ecc.), codice ISBN.

Parlando di interfacce degli OPAC, tuttavia, l'aspetto su cui mette conto soffermarci riguarda il tipo di strumento Internet su cui esse sono basate. I primi OPAC sono stati sviluppati e immessi in rete sin dall'inizio degli anni '80. A quell'epoca gli unici strumenti disponibili per l'accesso interattivo a un computer remoto erano i sistemi di emulazione terminale, il telnet o la sua versione specifica per mainframe IBM, denominata tn3270. Di conseguenza tutti gli OPAC che sono stati sviluppati in quegli anni hanno adottato delle interfacce utente basate su linea di comando o su schermate a carattere. Sebbene con il passare degli anni tali interfacce abbiano subito una certa evoluzione, è innegabile che questa modalità di accesso presentasse non poche difficoltà. Infatti essa richiedeva all'utente la conoscenza dei comandi e della sintassi di ricerca usata da ciascun OPAC; sintassi che, oltre a essere alquanto complessa, di norma variava da un OPAC all'altro.

Con lo sviluppo del Web, un nuovo paradigma di accesso ha iniziato a farsi strada anche nelle interfacce degli OPAC, e ormai la consultazione tramite telnet è pressoché scomparsa. Al suo posto sono state sviluppate interfacce utente in ambiente Web, basate su moduli interattivi e dispositivi grafici (caselle combinate, menu a scelta multipla, caselle di testo e pulsanti, attivati con il sistema *point and click*) con cui un utente medio ha già dimestichezza e la cui curva di apprendimento all'uso è decisamente bassa.

Dal lato server, questo ha significato lo sviluppo di appositi programmi di collegamento tra il database catalografico e il server Web, detti *gateway*. In questo campo un ruolo fondamentale è stato giocato dal protocollo Z39.50[54], un protocollo sviluppato appositamente per far interagire un database e un modulo di ricerca senza che fosse necessario conoscere la particolare sintassi di ricerca del database. Se quest'ultimo è dotato di una interfaccia Z39.50, un client che implementi lo stesso protocollo può effettuare ricerche sul database anche in via remota. In una prima fase il protocollo Z39.50 è stato implementato direttamente in software client utilizzabili dall'utente. Ma ben presto tali software sono stati abbandonati per lasciare il posto a una architettura basata sul Web, in cui il server HTTP interagisce con un gateway Z39.50 che a sua volta può interrogare uno o più database contemporaneamente. L'utente finale in questo caso accede al servizio di ricerca direttamente mediante un pagina Web, usando un comune browser.

I repertori di siti bibliotecari

I siti di carattere bibliotecario accessibili attraverso Internet sono ormai molte migliaia, ed è ovviamente impossibile elencarli tutti. Come sempre, però, la rete fornisce ai suoi utenti degli strumenti di orientamento di secondo livello. Esistono infatti diversi 'repertori' di siti bibliotecari, che possono essere consultati per scoprire l'indirizzo di rete della biblioteca che si sta cercando (posto che ne abbia uno), o per individuare quali biblioteche in una certa area geografica siano dotate di servizi in rete (occorre tuttavia ricordare che non tutte le biblioteche dotate di un sito Web hanno anche un OPAC pubblico). Rientrano in questa categoria tutti i repertori di siti bibliotecari che fanno parte di più vasti repertori di risorse di rete, come quello organizzato da Yahoo! (**http://www.yahoo.com/Reference/Libraries**) o da Google (**http://directory.google.com/Top/Reference/Libraries**).

Passando ai repertori specializzati in siti bibliotecari, uno dei più aggiornati e completi è *Libweb* realizzato alla University of Berkeley, in California, a cura di Thomas Dowling (l'indirizzo è **http://sunsite.berkeley.edu/Libweb**). L'elenco è diviso per aree geografiche (Stati Uniti, Africa, Asia, Australia, Europa, Sud America, Canada), e successivamente per nazioni. Solo il ramo dedicato alle biblioteche statunitensi è articolato anche per tipo di biblioteca. Oltre alla possibilità di scorrere

[54] Informazioni dettagliate sul protocollo Z39.50 sono disponibili sul ricchissimo sito Web della *Library of Congress*, all'indirizzo **http://lcweb.loc.gov/z3950/agency/**.

il repertorio, *Libweb* fornisce anche un sistema di ricerca per parole chiave, basato su una sintassi abbastanza semplice.

Molto completo è anche il repertorio *Bibliotheks-OPACs und Informationsseiten* (**http://www.hbz-nrw.de/produkte_dienstl/toolbox/**) curato da Hans-Dieter Hartges, ospitato sul sito del *Hochschulbibliotheks-zentrum* (HBZ), una organizzazione che realizza un catalogo unico per numerose biblioteche accademiche tedesche, dove si possono trovare moltissime informazioni sulle risorse bibliotecarie in Germania.

Un altro ottimo repertorio globale di OPAC è *Libdex* (**http://www.libdex.com**). Nato da un progetto di Peter Scott, si è evoluto in un vero e proprio portale verticale dedicato al mondo delle biblioteche. La directory può essere scorsa in base a due criteri di ordinamento: per aree geografiche e nazioni e per tipo di software. Quest'ultima categoria articola i vari OPAC in base al prodotto di catalogazione utilizzato, e può essere utile per coloro che hanno dimestichezza con l'interfaccia e la sintassi di ricerca di uno di essi.

Sono molte anche le biblioteche italiane che hanno realizzato dei sistemi OPAC su Internet. Il migliore repertorio di OPAC italiani è ospitato sull'ottimo sito Web della *Associazione Italiana Biblioteche* (AIB, **http://www.aib.it**), coordinato da Riccardo Ridi. Il repertorio (il cui indirizzo è **http://www.aib.it/aib/lis/opac1.htm**) è suddiviso in due sezioni: una dedicata ai cataloghi collettivi nazionali, e una dedicata ai cataloghi collettivi regionali, provinciali, comunali e ai cataloghi di singole biblioteche. Per ciascun OPAC vengono fornite delle brevi note informative e una serie di link alle pagine di ricerca e alle eventuali pagine di istruzioni per l'uso.

Oltre al repertorio, l'AIB, in collaborazione con il CILEA, ha realizzato il *Meta-OPAC Azalai Italiano* (MAI). Si tratta di un sistema di interrogazione unificato di un'ampia raccolta di cataloghi bibliotecari italiani su Internet, che permette di inviare una medesima ricerca a più OPAC contemporaneamente. MAI permette di selezionare in anticipo quali cataloghi interrogare (in base alla collocazione geografica o al tipo di biblioteca), e poi fornisce una maschera in cui è possibile specificare i termini di ricerca (ovviamente occorre tenere conto che non tutte le chiavi di ricerca sono disponibili su tutti i sistemi). Il risultato dell'interrogazione viene composto in una unica pagina Web che mostra l'output di ciascun catalogo, completo di pulsanti e collegamenti per visualizzare la scheda bibliografica o per raffinare la ricerca.

Un altro repertorio di siti bibliotecari italiani (anche se non necessariamente di cataloghi on-line) è *Biblioteche italiane* (**http://www.bi-**

blio.polito.it/it/documentazione/biblpoli.html), a cura del Sistema bibliotecario del Politecnico di Torino, anch'esso organizzato per aree geografiche.

Il Servizio Bibliotecario Nazionale e altri OPAC italiani

Il numero di OPAC italiani censito dall'esaustivo repertorio dell'AIB ha ormai superato la soglia delle quattrocento unità. Vi si trovano grandi cataloghi collettivi e piccoli OPAC di biblioteche locali. Per avere un quadro generale rimandiamo dunque a tale risorsa. In questa sede ci soffermeremo invece su alcuni OPAC italiani di particolare rilievo.

Tra tutti, il più importante in assoluto è senza dubbio il *Servizio Bibliotecario Nazionale* (SBN), che produce il catalogo collettivo delle biblioteche italiane. SBN, che ha avuto una storia alquanto travagliata, dal 1992 è entrato finalmente in funzione e fornisce oggi un servizio di buon livello. Vi aderiscono finora 1.608 istituti bibliotecari, tra biblioteche statali (incluse le Biblioteche Nazionali Centrali di Roma e Firenze), universitarie, comunali e di istituzioni pubbliche, organizzate in 49 poli locali. Ciascun polo gestisce un catalogo collettivo locale, che poi confluisce nell'indice SBN, il catalogo unico nazionale gestito dall'*Istituto Centrale per il Catalogo Unico* (ICCU).

Il servizio SBN è suddiviso in più banche dati catalografiche, divise per tipologia di documenti, che vengono incrementate continuamente. Ricordiamo in particolare:

- la Base dati libro moderno, che è il catalogo dei testi a stampa; contiene al momento oltre 6 milioni di notizie bibliografiche, di cui oltre cinque relative a monografie pubblicate dal 1830 ai giorni nostri, e le restanti tratte da un insieme di 233 mila periodici;
- la Base dati libro antico, che cataloga circa 218 mila testi a stampa editi dall'invenzione della stampa al 1830;
- la Base dati beni musicali, che contiene le schede relative a circa 485 mila tra edizioni e manoscritti musicali, conservati in cento tra biblioteche e archivi pubblici, ecclesiastici e privati.

Sono inoltre disponibili altri cataloghi specializzati, come quello della 'letteratura grigia', quello della Discoteca di Stato, e l'elenco di tutte le biblioteche italiane. Ulteriori informazioni relative al sistema SBN sono disponibili sul sito Web dell'ICCU, all'indirizzo **http://www.iccu.sbn.it**.

L'accesso all'OPAC SBN è possibile mediante due interfacce Web, basate entrambe su un gateway Z39.50. La prima, presente in rete da diversi anni, si chiama *Opac SBN* (**http://opac.sbn.it**), e insiste solo sugli indici SBN. La maschera di interrogazione è assai articolata, e permette di effettuare due tipi di ricerche. La ricerca base, che si applica a tutte le basi dati, fornisce una maschera di interrogazione contenente le chiavi 'autore', 'titolo', 'soggetto' e 'classificazione'; tutte le parole fornite nei campi sono considerate come termini di ricerca obbligatori. Le ricerche specializzate invece si applicano a una sola delle banche dati. Oltre a fornire le ulteriori chiavi di ricerca 'data di pubblicazione', 'collezione', 'parole chiave' e 'ISBN/ISSN', esse permettono di specificare degli operatori booleani che si applicano ai termini specificati nei singoli campi, al fine di effettuare interrogazioni molto raffinate. In entrambi i casi è possibile indicare l'ordinamento e il formato dell'output. Il risultato di una ricerca, oltre alle schede bibliografiche dettagliate relative ai documenti rintracciati, fornisce anche l'elenco delle biblioteche che li possiedono, con relativa collocazione.

La seconda interfaccia, uscita dalla fase sperimentale di recente, si chiama *SBN On-line* (**http://sbnonline.sbn.it**) e permette di consultare oltre agli indici SBN anche altri archivi catalografici e bibliografici. L'interfaccia è più ricca di chiavi di ricerca e si basa su un sistema di menu a tendina. Sono disponibili due modalità di ricerca (semplice e avanzata, che permette di combinare più chiavi di ricerca con operatori booleani) e la scansione degli indici dei nomi, dei titoli e dei soggetti.

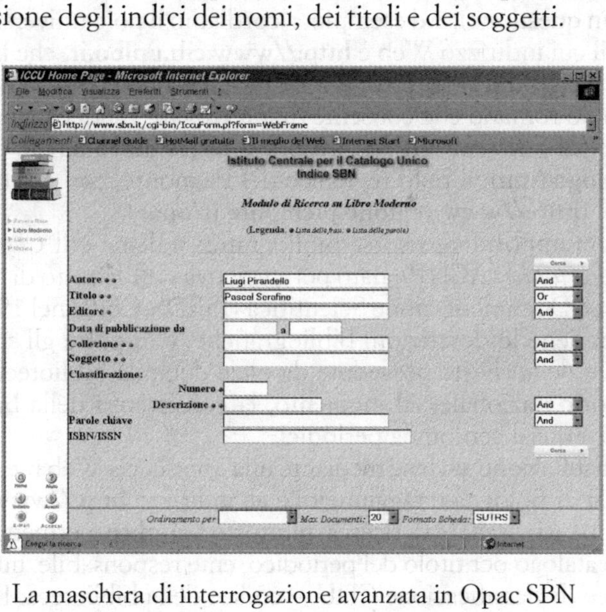

Figura 94 La maschera di interrogazione avanzata in Opac SBN

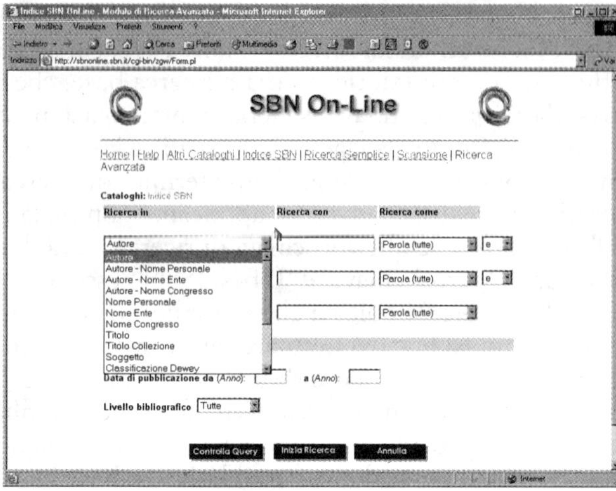

Figura 95 La maschera di interrogazione avanzata in SBN On-Line

Oltre al catalogo unico nazionale, esistono in rete alcuni OPAC realizzati dai poli regionali di SBN (in questo caso non si può accedere all'intero catalogo unico, ma solo alle sezioni realizzate direttamente dal polo in questione). Ad esempio, ricordiamo il polo universitario bolognese, il cui indirizzo Web è **http://www.cib.unibo.it**, che ha sviluppato una maschera di interrogazione molto efficace e di semplice utilizzo; il polo romano che consente di interrogare i suoi cataloghi usando due diversi sistemi OPAC (**http://sbn.cics.uniroma1.it/CatalogoLoc/catalogo.htm**); il polo regionale del Piemonte, con il servizio 'Librinlinea' (**http://www.regione.piemonte.it/opac**).

Un'altra importante risorsa bibliografica italiana è il *Catalogo Italiano dei Periodici* (ACNP), nato per iniziativa dell'Istituto di Studi sulla Ricerca e Documentazione Scientifica (ISRDS-CNR) nel 1970. Il catalogo contiene le descrizioni bibliografiche, e in parte gli spogli, dei periodici e delle riviste possedute da oltre duemila biblioteche sparse sul territorio nazionale. Al momento, la consistenza della banca dati ammonta a quasi centomila periodici.

La consultazione avviene mediante una interfaccia Web messa a punto dal CIB di Bologna e raggiungibile all'indirizzo **http://www.cib.unibo.it/acnp**. La maschera di ricerca, piuttosto semplice, permette di interrogare il catalogo per titolo del periodico, ente responsabile, numero ISSN, codice di classificazione CDU, e codice della biblioteca. La ricerca fornisce in prima istanza una pagina con l'elenco dei periodici che rispondono ai criteri specificati, dalla quale è poi possibile passare a una pagina che indica tutte le biblioteche in possesso del periodico cercato (con relative informazioni). Se disponibili, si possono consultare anche gli spogli degli articoli (con l'eccezione della parte di database degli articoli realizzata dall'ISI, consultabile solo dall'interno dell'Università di Bologna).

OPAC e siti bibliotecari nel resto del mondo

Come detto, gli OPAC disponibili su Internet sono diverse migliaia, ed è impossibile rendere conto di queste risorse in modo sistematico. Ci limiteremo pertanto a esaminare alcuni di essi, in genere realizzati dalle grandi biblioteche nazionali.

La nostra rassegna non può che iniziare dalla più grande e importante biblioteca del mondo, la *Library of Congress*. Si tratta della biblioteca nazionale degli Stati Uniti, fondata nel 1800 con lo scopo di acquisire tutti i libri e i documenti necessari ai rappresentanti del Congresso, e divenuta poi sede del deposito legale delle pubblicazioni edite negli Stati Uniti. Ma la collezione della biblioteca, nel corso di questi duecento anni, è cresciuta ben al di là della sua missione statutaria. Nei suoi edifici di Washington sono conservati oltre cento milioni di documenti e pubblicazioni in 450 lingue (tra cui oltre nove milioni di libri), oltre a una sterminata mediateca; per alcune lingue le collezioni sono persino più complete di quelle delle biblioteche nazionali di riferimento. Oggi la *Library of Congress* non è solo una biblioteca, ma un vero e proprio centro di produzione culturale e di ricerca scientifica, anche e soprattutto nel campo delle nuove tecnologie: la catalogazione digitale, lo sviluppo di protocolli e standard per i metadati come MARC 21 (variante americana di MARC), Z39.50, METS (*Metadata Encoding and Transmission Standard*, un linguaggio XML per le creazione di metadati per risorse elettroniche), EAD (*Encoded Archival Description*, un linguaggio XML per la descrizione di materiale archivistico), la digitalizzazione del patrimonio culturale, sono solo alcuni dei temi intorno ai quali sono creati centri di ricerca e avviati progetti sperimentali. Il sito Web della LC, dunque, è una vera e propria miniera di informazioni e documentazione sia per gli addetti ai lavori, sia per l'utenza generale.

Ma ovviamente il vero cuore dei servizi on-line realizzati da questa grande istituzione è rappresentato dal suo OPAC, costituito da una serie di archivi, ciascuno contenente notizie relative a una particolare tipologia di documenti. Per consultarlo sono disponibili due interfacce in modalità Web, basate su un gateway Z39.50 e ampiamente documentate in esaurienti pagine di aiuto (l'indirizzo diretto è **http://catalog.loc.gov**). La prima, *Basic search*, consente di effettuare ricerche mediante un insieme limitato di chiavi (tra cui titolo, autore, soggetto e parole chiave). La seconda, *Guided Search*, consente di effettuare la ricerca su un insieme più vasto di chiavi, elencate in un menu a tendina. È possibile combinare due chiavi di ricerca mediante operatori booleani e inserire elenchi di termini da ricercare, che possono essere considerati come termini distinti (presi tutti insieme o in alternativa) o come un unico sintagma.

In entrambi i casi, si possono specificare delle limitazioni sulla ricerca in base alla tipologia, al luogo e alla data di pubblicazione dei documenti cercati. L'output della ricerca, che include in molti casi un abstract, può essere visualizzato come scheda breve, come scheda completa e come record in formato MARC.

Il sito Web della Library of Congress, come si è accennato, fornisce oltre al catalogo anche un'ingente mole di informazioni e documenti. In particolare segnaliamo il progetto *Thomas*, che dà accesso ai testi delle leggi in esame alla Camera e al Senato degli Stati Uniti e agli atti delle discussioni parlamentari. Altrettanto interessante è il progetto *American Memory*, una biblioteca digitale che contiene documenti, testi a stampa e manoscritti digitalizzati, registrazioni sonore, fotografie e filmati relativi alla storia americana, dotato di un suo sistema di ricerca.

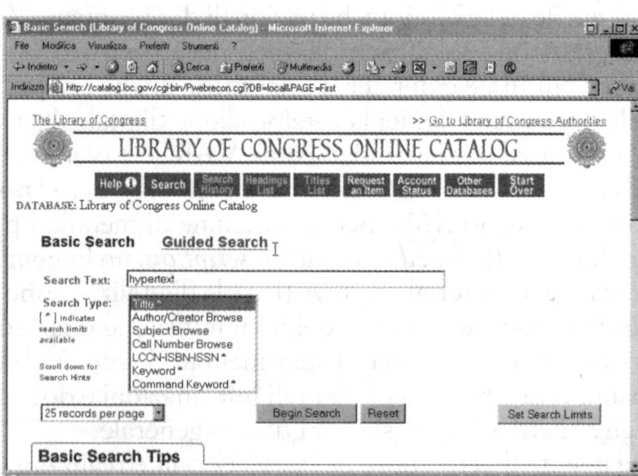

Figura 96 La ricerca semplice sul Web OPAC della Library of Congress

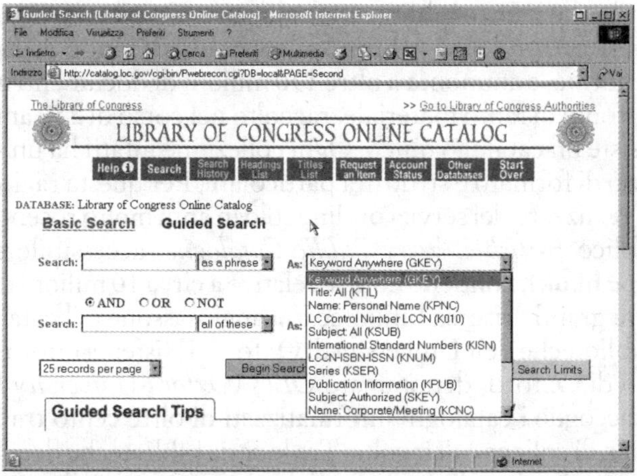

Figura 97 La ricerca guidata sul Web OPAC della Library of Congress

Sempre per quanto riguarda gli Stati Uniti, va detto che le biblioteche di tutte le più importanti università sono collegate a Internet, e offrono servizi OPAC, di norma raggiungibili mediante espliciti link segnalati sulle home page delle rispettive sedi universitarie. La maggior parte di questi OPAC raccoglie in un catalogo collettivo tutti i singoli cataloghi dei molti istituti bibliotecari presenti in ciascun campus, ed è dotata di accesso Web.

A puro titolo esemplificativo ricordiamo qui la biblioteca della prestigiosa Harvard University, la più grande biblioteca universitaria del mondo (possiede circa 12 milioni di volumi) e la più antica degli Stati Uniti (fu fondata infatti nel 1638), il cui OPAC, battezzato *HOLLIS*, è raggiungibile dal sito **http://lib.harvard.edu**. Le biblioteche del Massachusetts Institute of Technology, il cui OPAC collettivo *Barton* è raggiungibile dal sito **http://libraries.mit.edu**. La biblioteca della Dartmouth University, raggiungibile all'indirizzo **http://www.dartmouth.edu/library**. Le biblioteche della Yale University, il cui OPAC ORBIS è su Web all'indirizzo **http://orbis.library.yale.edu**.

In alcuni casi sono stati realizzati anche dei cataloghi interbibliotecari unificati. Tra questi molto importante sia per la consistenza degli archivi sia per le istituzioni che raccoglie è *Melvyl*. Si tratta di un progetto che riunisce in un catalogo collettivo gli archivi catalografici della *California State Library* e di tutte le biblioteche universitarie della California (tra cui UCLA, Berkeley e Stanford), oltre a una serie di banche dati bibliografiche. L'OPAC di Melvyl è accessibile all'indirizzo **http://www.dla.ucop.edu**.

Passando alle risorse bibliotecarie europee, ricordiamo innanzitutto la prestigiosa *British Library* (**http://www.bl.uk**). Il fondo della BL è veramente enorme, e ammonta a oltre 150 milioni di documenti in tutte le lingue. A fronte di tanto materiale, raccolto nel corso di 250 anni di storia, non esiste un catalogo unico. Ogni collezione infatti ha un suo catalogo, spesso di formato e struttura particolare. Per questa ragione la BL ha potuto realizzare dei servizi on-line solo in anni molto recenti. Il catalogo pubblico *British Library Public Catalogue*, accessibile sul Web (**http://blpc.bl.uk**), contiene notizie relative a circa 10 milioni di titoli.

Un'altra grande risorsa bibliotecaria anglosassone è il catalogo unico delle biblioteche dell'Università di Oxford. Il sistema informativo bibliotecario di Oxford, denominato *OLIS* (*Oxford University Libraries System*), raccoglie i cataloghi informatizzati di oltre cento tra biblioteche generali, di college e di facoltà. Tra le varie biblioteche di questa prestigiosa università ricordiamo la *Bodleian Library*, una delle maggiori biblioteche del mondo per le scienze umane, il cui catalogo elettronico è, però, limitato alle accessioni posteriori al 1988. La consultazione degli OPAC può essere effettuata sia tramite telnet (l'indirizzo diretto è **telnet://library.ox.ac.uk**) sia tramite *GeoWeb*, un gateway Z39.50 recentemente allestito, il cui indirizzo è **http://library.ox.ac.uk/**.

Anche la monumentale *Bibliothèque Nationale* di Parigi fornisce accesso al suo catalogo tramite Internet. L'OPAC della BNF, battezzato *OPALE*, uno dei più 'antichi' della rete, fino alla metà del 1999 era accessibile esclusivamente tramite una sessione telnet. Dal maggio del '99 è stata finalmente attivata l'interfaccia Web, battezzata *OPALE-PLUS*, che consente di interrogare un archivio contenente circa 7 milioni di notizie bibliografiche relative ai documenti conservati nella biblioteca. L'accesso a OPALE-PLUS è collocato nel sito Web della biblioteca, il cui indirizzo è **http://www.bnf.fr**. Oltre al catalogo, il sito offre una serie di informazioni e di servizi, tra cui l'accesso a *OPALINE*, il catalogo delle collezioni speciali, e la banca dati multimediale *Gallica*, su cui torneremo nel paragrafo dedicato alle biblioteche digitali.

La *Biblioteca Vaticana*, con le sue preziose raccolte di manoscritti e incunaboli, non era ancora presente con il proprio OPAC in rete nel momento in cui scrivevamo la precedente edizione di questo manuale, ma è nel frattempo arrivata anch'essa su Web; l'indirizzo è **http://www.vaticanlibrary.vatlib.it**.

Chiudiamo con un una risorsa bibliotecaria di area tedesca, il già ricordato *Karlsruher Virtueller Katalog* (**http://www.ubka.uni-karlsruhe.de/kvk. html**), un meta-OPAC basato sul protocollo Z39.50 che consente di consultare i cataloghi di alcune fra le maggiori biblioteche tedesche e anglosassoni.

Cataloghi editoriali e librerie in rete

Accanto agli OPAC delle biblioteche, su Internet si trovano anche altri due tipi di archivi che contengono informazioni bibliografiche: i cataloghi on-line delle case editrici e quelli delle librerie.

I cataloghi editoriali sono uno strumento essenziale per il bibliotecario, ma possono essere molto utili anche per uno studioso, o per un normale lettore. Essi infatti consentono di essere costantemente aggiornati sui vari titoli pubblicati. I tradizionali cataloghi editoriali su carta vengono rilasciati con frequenza prefissata, e molto spesso contengono informazioni molto succinte sui titoli disponibili, anche a causa degli elevati costi di stampa. I cataloghi editoriali su World Wide Web possono invece essere aggiornati in tempo reale, e sono in grado di offrire una informazione più completa su ciascun titolo: si va dall'immagine della copertina a riassunti o estratti di interi capitoli di un libro. Queste informazioni mettono in grado il lettore di farsi un'idea migliore della qualità o della rilevanza di un testo. Recentemente, alcune case editrici hanno affiancato ai servizi informativi anche dei servizi di vendita diretta on-line.

Le case editrici che dispongono di versioni elettroniche dei loro cataloghi sono moltissime. Un elenco molto esteso degli editori che dispongono di un sito Web è consultabile attraverso Yahoo!, all'indirizzo **http://dir.yahoo.com/Business_and_Economy/Shopping_and_Services/Publishers/**

Segnaliamo per qualità ed efficienza il catalogo della grande casa editrice statunitense *Prentice Hall* (**http://www.prenhall.com**). Le notizie bibliografiche e editoriali sono molto complete. Inoltre dalla pagina relativa a un titolo si può direttamente ordinare il volume, mediante il servizio di vendita della più grande libreria telematica del mondo, Amazon, della quale abbiamo già avuto occasione di parlare e su cui torneremo tra breve.

Molto ben fatto anche il catalogo editoriale della O'Reilly Associates (**http://www.ora.com**), specializzata nel settore informatico; o quello della MIT Press (**http://www-mitpress.mit.edu**), casa editrice universitaria legata al prestigioso ateneo di Boston.

Per quanto riguarda l'Italia, ormai la maggior parte delle case editrici possiede dei siti Web, dotati di sistemi di interrogazione del catalogo. Un utile punto di partenza per avere informazioni sul mercato librario nazionale è il sito *Alice.it* (**http://www.alice.it**) realizzato da Informazioni Editoriali[55]. Accanto a moltissime informazioni sui nuovi titoli in uscita, interviste e curiosità, vi si trova un elenco delle editrici on-line molto completo (**http://www.alice.it/publish/net.pub/pnethome.htm**).

Tra le altre, ricordiamo la casa editrice Laterza (**http://www.laterza. it**), che pubblica il libro che state leggendo. Per merito anche della prima edizione di questo manuale, apparsa nel 1996, la Laterza è stata fra le prime case editrici in Italia a sperimentare l'integrazione tra testo elettronico su Web ed edizione a stampa.

Per quanto riguarda le librerie in rete, il riferimento obbligato è senza dubbio quello ad *Amazon.com* (**http://www.amazon.com**), la più grande libreria su Web e – come abbiamo già ricordato – uno dei primi e più avanzati siti di commercio elettronico. Amazon è disponibile anche in versioni nazionalizzate rivolte ai mercati inglese, francese, tedesco e spagnolo, mentre il varo della versione italiana del sito, della quale pure si parla da tempo, sembra essere stato ritardato (speriamo non indefinitamente) dalle esigenze di tagli agli investimenti prodotte dalla crisi della new economy. Va detto comunque che Amazon è una delle società che sembrano aver superato meglio questa crisi, tanto che le sue strategie di organizzazione aziendale costituiscono veri e propri 'casi di studio' al riguardo. Nonostante i notevoli investimenti effettuati, e nonostante il sito comunque di ottimo livello, la catena statunitense *Barnes & Noble* (**http://www.barnesandnoble.com**) non è riuscita a scalzare Amazon dalla posizione di assoluto predominio nel settore. In Italia, le due librerie in rete con maggiore disponibilità di catalogo sono al momento la 'veterana' *Internet Bookshop* (**http://www.ibs.it**) e *BOL* (**http://www.bol.com**). Gli indirizzi Web di numerose altre librerie in rete sono comunque reperibili nell'omonima sezione del già ricordato sito di Alice.it.

Un nuovo paradigma: la biblioteca digitale

L'informatizzazione e la messa in rete dei cataloghi, pur avendo radicalmente trasformato le modalità di organizzazione e di ricerca dei documenti su supporto cartaceo, non ha modificato i procedimenti di accesso al contenuto dei documenti stessi, né la natura fondamentale della biblioteca in quanto luogo fisico di conservazione e distribuzione dei documenti testuali.

[55] Si tratta della casa editrice di *Alice CD*, il catalogo su CD-ROM dei libri italiani in commercio.

A far emergere un paradigma affatto nuovo in questo ambito sono intervenuti gli sviluppi delle tecnologie dell'informazione e della comunicazione negli ultimi quindici anni. In particolare, due sono i fattori che hanno fornito la maggiore spinta propulsiva in questa direzione.

In primo luogo, la diffusione e la autonomizzazione dei documenti digitali. Lo sviluppo tecnologico nel settore dei nuovi media ha infatti conferito ai supporti digitali lo status di possibili o probabili sostituti dei supporti tradizionali, sia nell'ambito della comunicazione linguistica (libro, nelle sue varie forme, rivista, giornale, rapporto, relazione, atto, certificato, ecc.), sia in quello della comunicazione visiva (fotografia, pellicola, ecc.) e sonora (cassetta, vinile). Il documento digitale, dunque, ha assunto una funzione autonoma rispetto alla sua (eventuale) fissazione su un supporto materiale.

In secondo luogo, lo sviluppo e la diffusione delle tecnologie telematiche in generale, e della rete Internet in particolare. Questa diffusione sta trasformando radicalmente le modalità di distribuzione e di accesso alle informazioni, e sta determinando la progressiva digitalizzazione e telematizzazione della comunicazione scientifica che, specialmente in alcuni contesti disciplinari, si svolge ormai quasi completamente mediante pubblicazioni on-line su Internet.

La convergenza tra diffusione del documento elettronico e sviluppo delle tecnologie di comunicazione telematica ha favorito la sperimentazione di nuove forme di archiviazione e diffusione del patrimonio testuale. In questo contesto si colloca l'emergenza del paradigma della *biblioteca digitale*.

Le prime pionieristiche sperimentazioni nel campo delle biblioteche digitali sono quasi coeve alla nascita di Internet. Ma è soprattutto dall'inizio degli anni '90 che si è assistito a una notevole crescita delle iniziative e dei progetti, alcuni dei quali finanziati da grandi enti pubblici in vari paesi. Parallelamente, si è avuta una crescente attenzione teorica e metodologica dedicata al tema delle biblioteche digitali, tanto da giustificare la sedimentazione di un dominio disciplinare autonomo. I primi spunti in questo campo precedono la nascita di Internet e persino lo sviluppo dei computer digitali. Ci riferiamo al classico articolo di Vannevar Bush *How we may think*, nel quale l'autore immagina l'ormai celeberrimo *Memex*: una sorta di scrivania automatizzata, dotata di un sistema di proiezione di microfilm e di una serie di apparati in grado di collegare tra loro i documenti su di essi riprodotti. Lo stesso Bush, introducendo la descrizione del suo ingegnoso sistema di ricerca e consultazione di documenti interrelati, lo definì una «sorta di archivio e biblioteca privati»[56].

Un'approssimazione maggiore all'idea di biblioteca digitale (sebbene il termine non compaia esplicitamente) si ritrova nel concetto di *docuverso* elaborato da Ted Nelson, cui dobbiamo anche la prima formulazione esplicita dell'idea di ipertesto digitale[57]. Nelson, sin dai suoi primi scritti degli anni '60, descrive un sistema ipertestuale distribuito (che poi battezzerà *Xanadu*) costituito da una rete di documenti elettronici e dotato di un complesso sistema di indirizzamento e di reperimento delle risorse. La convergenza teorica e tecnica tra biblioteche digitali e sistemi ipertestuali distribuiti trova pieno compimento con la nascita e lo sviluppo del *World Wide Web*.

Tuttavia, questa convergenza non ci consente di distinguere con sufficiente chiarezza tra l'idea generica di un sistema di pubblicazione online di documenti digitali, l'idea di ipertesto distribuito e una nozione più formale e rigorosa di biblioteca digitale[58]. Se tale nozione individua un'area specifica di applicazione, occorre precisare in che modo la 'biblioteca digitale' si differenzi da quella tradizionale, in che modo ne erediti funzioni e caratteristiche e come, infine, sia possibile distinguerla da altre tipologie di sistemi informativi (come appunto il Web in generale).

Naturalmente non possiamo in questa sede soffermarci su tali aspetti teorici. Ci limitiamo a osservare che il contenuto di una biblioteca digitale è costituito da un sistema di documenti, dotato di un'*organizzazione complessiva* dovuta a un agente intenzionale distinto dai creatori dei singoli documenti, e da un sistema di metainformazioni (o *metadati*) a essi correlati. I metadati sono funzionali alla codifica, al reperimento, alla preservazione, alla gestione e alla disseminazione di documenti o di loro specifiche sezioni. Un completo servizio di biblioteca digitale (composto da risorse hardware, sistemi di rete, software di

[56] V. Bush, *As we May Think* (1945), trad. it. in T. Nelson, *Literary Machines 90.1*, Muzzio, Padova 1992, par.1/38.

[57] Nelson, *Literary Machines* cit.

[58] Accanto o in alternativa al termine 'biblioteca digitale' si incontra spesso quello di 'biblioteca virtuale'. L'aggettivo 'virtuale' nella cultura di rete viene usato sia come sinonimo di 'immateriale', sia come termine tecnico in riferimento all'applicazione di tecnologie di *realtà virtuale*. In entrambi i casi, la sua applicazione al dominio degli archivi testuali on-line si carica di sensi impropri. Per tale ragione preferiamo non adottarlo. Una distinzione tassonomica tra 'biblioteca digitale' e 'biblioteca virtuale' che ci sembra possa essere accolta è quella proposta da Carla Basili (*Le biblioteche in rete*, Editrice bibliografica, Milano 1999) che, nell'ottica *client-server* che caratterizza le applicazioni di rete, pone la prima sul lato *server* e la seconda sul lato *client*.

stoccaggio dei dati, interfacce utente e sistemi di *information retrieval*) dovrebbe consentire l'implementazione di tali funzioni.

In questo senso possiamo distinguere una biblioteca digitale da un insieme non organizzato di informazioni assolutamente eterogenee come World Wide Web, ma anche da molti archivi testuali che attualmente sono disponibili su Internet e che si presentano come 'depositi testuali' piuttosto che come vere e proprie biblioteche.

Le varie tipologie di biblioteche digitali su Internet

Internet ormai ospita un ingente numero di banche dati testuali, di varia tipologia. Gran parte di queste esperienze sono ancora lontane dall'incarnare esattamente la definizione di biblioteca digitale che abbiamo proposto nel paragrafo precedente. Ma allo stesso tempo esse dimostrano l'enorme potenzialità della rete come strumento di diffusione dell'informazione e come laboratorio di un nuovo spazio comunicativo, lasciando prefigurare una nuova forma nella diffusione e fruizione del sapere. D'altra parte qualsiasi definizione teorica rappresenta una sorta di ipostatizzazione ideale e astratta di fenomeni reali che presentano sempre idiosincrasie e caratteri particolari. E questo è tanto più vero in un mondo proteico e in continua evoluzione come quello della rete Internet.

Nell'ambito di questa vasta e variegata congerie di progetti e sperimentazioni è tuttavia possibile individuare alcuni tratti distintivi che ci consentono di tracciare una provvisoria tassonomia.

Il primo criterio in base al quale possono essere suddivise le attuali biblioteche digitali su Internet è relativo ai formati con cui i documenti vengono archiviati alla fonte e distribuiti agli utenti (formati, si noti, non necessariamente coincidenti). Se si analizza lo spettro dei formati di codifica correntemente adottati nelle sperimentazioni di biblioteche digitali, si riscontrano le seguenti tipologie:

- codifiche 'puro testo', basate sui sistemi di codifica ASCII, ISO 8859 o UNICODE;
- formati applicativi proprietari quali *Postscript*, *Portable Document Format* (PDF), *Rich Text Format* (RTF), *Microsoft Reader* e altri formati di scrittura, di stampa o di lettura, inclusa la vasta congerie di formati prodotti da applicazioni di *word processing* e di *desktop publishing*;
- codifiche non proprietarie ma legate a singoli applicativi come COCOA (usata da TACT, un software di analisi testuale molto diffuso,

di cui esiste anche un versione adattata per funzionare in rete) o DBT (usata dall'omonimo software di analisi testuale sviluppato presso il CNR di Pisa);

- linguaggio di mark-up HTML (usato in massima parte in funzione presentazionale e non strutturale);
- linguaggi di mark-up basati sullo *Standard Generalized Markup Language* (SGML) o su *Extensible Markup Language* (XML), tra cui si distinguono lo schema messo a punto dalla *Text Encoding Initiative* (o sue versioni semplificate), lo schema *Encoded Archival Description* (sviluppato in seno alla *Library of Congress*), lo schema *Electronic Thesis and Dissertations* (ETD DTD, usato nell'ambito di alcuni archivi di tesi realizzati presso varie università statunitensi)[59].

Un secondo aspetto in base al quale possono essere suddivise le biblioteche digitali in rete riguarda le modalità di accesso e di consultazione dei documenti elettronici in esse contenuti. In generale possiamo distinguere tre modalità con cui un utente può accedere ai documenti archiviati in una biblioteca digitale:

- distribuzione remota di file contenenti documenti digitali in vari formati per la consultazione off-line, mediante tecnologie di trasferimento file (con protocollo FTP o HTTP), eventualmente con la mediazione di pagine Web che fungono da indice attivo e da guida all'accesso per gli utenti;
- consultazione on-line di documenti in ambiente Web; i documenti vengono inviati in formato HTML al browser dell'utente, ma alla fonte possono essere archiviati in vari formati; in questo caso la versione HTML viene generata dinamicamente dal lato server prima di essere inviata mediante protocollo HTTP;
- consultazione avanzata di documenti mediante dispositivi di *information retrieval* e/o sistemi con funzionalità di analisi testuale.

Naturalmente ognuna di queste modalità non esclude le altre. Tuttavia sono molto poche le biblioteche digitali attualmente esistenti che offrano tutti e tre i servizi. In genere sono molto diffusi i primi due tipi di accesso, mentre i servizi di ricerca e analisi dei documenti sono di-

[59] Ritorneremo con maggiore attenzione sia sui sistemi di codifica dei caratteri sia sui linguaggi di markup e su XML nel capitolo 'L'architettura del World Wide Web'. Per informazioni sulla *Text Encoding Initiative*, una vasta e complessa applicazione SGML/XML progettata specificamente per la codifica di testi letterari e documenti storici e linguistici, si veda **http://www.tei-c.org**. Per EAD, dedicata alla descrizione di materiali di archivio, il sito di riferimento è **http://lcweb.loc.gov/ead**.

sponibili solo in alcuni sistemi sviluppati in ambito bibliotecario o accademico.

Un ultimo criterio di classificazione delle biblioteche digitali su Internet, infine, riguarda il tipo di ente, organizzazione o struttura che ha realizzato la biblioteca, e ne cura la manutenzione. Da questo punto di vista possiamo ripartire i progetti attualmente in corso in tre classi:

- grandi progetti radicati nel mondo bibliotecario tradizionale
- progetti di ricerca accademici
- progetti non istituzionali a carattere volontario.

Il primo gruppo è costituito da una serie di sperimentazioni avviate dalle grandi biblioteche nazionali o da consorzi bibliotecari, con forti finanziamenti pubblici o, per quanto attiene al nostro continente, comunitari.

Il secondo gruppo è costituito da sperimentazioni e servizi realizzati in ambito accademico. Si tratta in genere di progetti di ricerca specializzati, che possono disporre di strumenti tecnologici e di competenze specifiche molto qualificate, a garanzia della qualità scientifica delle edizioni digitalizzate. Tuttavia non sempre i materiali archiviati sono liberamente disponibili all'utenza esterna. Infatti vi si trovano assai spesso materiali coperti da diritti d'autore.

Accanto alle biblioteche digitali realizzate da soggetti istituzionali, si collocano una serie di progetti, sviluppati e curati da organizzazioni e associazioni private di natura volontaria. Queste banche dati contengono testi che l'utente può prelevare liberamente e poi utilizzare sulla propria stazione di lavoro; di norma, tutti i testi sono liberi da diritti d'autore. Le edizioni elettroniche contenute in questi archivi non hanno sempre un grado di affidabilità filologica elevato. Tuttavia si tratta di iniziative che, basandosi sullo sforzo volontario di moltissime persone, possono avere buoni ritmi di crescita, e che già oggi mettono a disposizione di un vasto numero di utenti una notevole mole di materiale altrimenti inaccessibile.

I repertori di biblioteche digitali e archivi testuali

Il numero di biblioteche digitali presenti su Internet è oggi assai consistente, e nuove iniziative vedono la luce ogni mese. Nella maggior parte dei casi questi archivi contengono testi letterari o saggistici in lingua inglese, ma non mancano archivi di testi in molte altre lingue occidentali, archivi di testi latini e greci, e biblioteche speciali con fondi dedicati a particolari autori o temi.

Nei prossimi paragrafi ci occuperemo di alcune iniziative che ci sembrano a vario titolo esemplari. Per un quadro generale ed esaustivo, invece, invitiamo il lettore a consultare i vari repertori di documenti elettronici e biblioteche digitali disponibili in rete. Esistono due tipi di meta-risorse dedicate ai testi elettronici: repertori di progetti nel campo delle biblioteche digitali e meta-cataloghi di testi elettronici disponibili su Internet.

Tra i primi ricordiamo il *Digital Initiative Database* (**http://www.arl.org/did**) realizzato dalla *Association of Research Libraries* (ARL). Si tratta di un database che contiene notizie relative a iniziative di digitalizzazione di materiali documentali di varia natura in corso presso biblioteche o istituzioni accademiche e di ricerca statunitensi. Le ricerche possono essere effettuate per nome del progetto o per istituzione responsabile dello stesso, ma si può anche scorrere il contenuto dell'intero database.

Per i progetti di biblioteche digitali sviluppati in ambito accademico, molto utile è la *Directory of Electronic Text Centers* compilata da Mary Mallery (**http://harvest.rutgers.edu/ceth/etext_directory**) del *Center for Electronic Texts in the Humanities* (CETH). Si tratta di un inventario ragionato di archivi testuali suddiviso per enti di appartenenza. Per ognuno dei centri elencati, oltre a un link diretto, vengono forniti gli estremi dei responsabili scientifici, l'indirizzo dell'ente, e una breve descrizione delle risorse contenute.

Anche la *Text Encoding Initiative*, sul suo sito Web, ha realizzato un elenco dei vari progetti di ricerca e archivi testuali basati sulle sue fondamentali norme di codifica. La pagina 'Projects using the TEI' (il cui indirizzo Web esatto è **http://www.tei-c.org/Applications/**) fornisce informazioni e link diretti alle home page di più di cinquanta iniziative, tra le quali si annoverano alcune tra le più interessanti e avanzate esperienze di biblioteche digitali attualmente in corso. Un'altra importante fonte di informazione circa le applicazioni delle tecnologie SGML in ambito scientifico è costituita dalla sezione 'Academic Projects and Applications' delle *XML Cover Pages* curate da Robin Cover (**http://xml.coverpages.org/acadapps.html**).

Molto ricco di informazioni relative al tema delle biblioteche digitali è il *Berkeley Digital Library SunSITE* (**http://sunsite.berkeley.edu**). Si tratta di un progetto realizzato dalla University of Berkeley volto a favorire progetti di ricerca nel campo delle biblioteche digitali attraverso la fornitura di supporto tecnico e logistico. Nell'ambito di questa iniziativa sono state avviate sperimentazioni che vedono coinvolte numerose università, biblioteche e centri di ricerca nordamericani in vari ambiti disciplinari. Il sito, oltre ad avere un archivio delle iniziative in cui è direttamente coinvolto, fornisce anche un repertorio generale di biblioteche digitali all'indirizzo **http://sunsite.berkeley.edu/Collections/othertext.html**.

A differenza dei repertori di biblioteche digitali, i meta-cataloghi di testi elettronici forniscono dei veri e propri indici ricercabili di documenti, indipendentemente dalla loro collocazione originaria.

Due sono le risorse di questo tipo che occorre menzionare. La prima è *The On-Line Books Page*, realizzata da Mark Ockerbloom e ospitata dalla University of Pennsylvania (**http://onlinebooks.library.upenn.edu**). Questo sito offre un catalogo automatizzato di opere in lingua inglese disponibili gratuitamente in rete. La ricerca può essere effettuata per autore, titolo e soggetto, e fornisce come risultato un elenco di puntatori agli indirizzi originali dei documenti individuati. Oltre al catalogo, il sito contiene (nella sezione intitolata 'Archives') anche un ottimo repertorio di biblioteche e archivi digitali e di progetti settoriali di editoria elettronica presenti su Internet.

La seconda, ormai un po' datata, è l'*Alex Catalogue of Electronic Texts*, curato da Eric Lease Morgan (**http://www.infomotions.com/alex**). Più che un semplice repertorio è un vero e proprio archivio indipendente di testi elettronici, dotato di servizi di ricerca bibliografica e di analisi testuale. La ricerca nel catalogo può essere effettuata attraverso le chiavi 'autore' e 'titolo'. Una volta individuato il documento ricercato, è possibile visualizzarne il testo nella copia locale, risalire a quella originale, oppure effettuare ricerche per parola al suo interno o nelle sue concordanze. Un servizio aggiuntivo offerto da *Alex* è la generazione automatica di versioni PDF ed *e-book* (da utilizzare con alcuni *palm computer* come Newton e PalmPilot), che possono essere lette più comodamente off-line.

I grandi progetti bibliotecari

Come abbiamo detto, l'interesse del mondo bibliotecario tradizionale verso il problema della digitalizzazione è andato crescendo negli ultimi anni. La diffusione della rete Internet e in generale la diffusione delle nuove tecnologie di comunicazione e di archiviazione dell'informazione comincia a porre all'ordine del giorno il problema della 'migrazione' dell'intero patrimonio culturale dell'umanità su supporto digitale. Consapevoli dell'importanza di questa transizione, alcune grandi istituzioni hanno dato vita a grandiosi progetti di digitalizzazione.

Per limitarci alle iniziative di maggiore momento, ricordiamo in ambito statunitense la *Digital Libraries Initiative* (DLI, **http://www. dli2. nsf.gov**). Si tratta di un importante programma nazionale di ricerca finanziato congiuntamente dalla *National Science Foundation* (NSF), dalla *Department of Defense Advanced Research Projects Agency* (DARPA) e dalla NASA. Scopo dell'iniziativa è lo sviluppo di tecnologie avanzate per raccogliere, archiviare e organizzare l'informazione in formato digitale, e renderla disponibile per la ricerca, il recupero e l'elaborazione attraverso le reti di comunicazione. Vi partecipano numerose università, che hanno avviato altrettanti progetti sperimentali concernenti la creazione di biblioteche digitali multimediali distribuite su rete geografica, l'analisi dei modelli di archiviazione e conservazione delle risorse documentali e la sperimentazione di sistemi di interfaccia per l'utenza. Le collezioni oggetto di sperimentazione sono costituite da testi, immagini, mappe, registrazioni audio, video e spezzoni di film. Nel corso del 1999 il programma DLI è stato rinnovato, portando all'aumento dei progetti in previsione di finanziamento.

Legata alla DLI è la rivista telematica *D-lib Magazine*, sponsorizzata dalla DARPA, un interessante osservatorio sugli sviluppi in corso nel settore delle biblioteche digitali. Con periodicità mensile, *D-Lib* ospita articoli teorici e tecnici, e aggiorna circa l'andamento dei progetti di ricerca in corso. Il sito Web, il cui indirizzo è **http://www.dlib.org**, contiene, oltre all'ultimo numero uscito, anche l'archivio di tutti i numeri precedenti, e una serie di riferimenti a siti e documenti sul tema delle biblioteche digitali.

Un programma in parte simile è stato avviato in ambito britannico. Si tratta del progetto *eLib* (si veda il sito Web **http://www.ukoln.ac. uk/services/elib**), che, pur avendo una portata più generale (riguarda infatti tutti gli aspetti dell'automazione in campo bibliotecario), ha finanziato varie iniziative rientranti nell'ambito delle biblioteche digitali, tra cui la *Internet Library of Early Journals*, un archivio digitale di riviste del XVIII e XIX secolo realizzato dalle Università di Birmingham, Leeds, Manchester e Oxford (**http://www.bodley.ox.ac.uk/ ilej**). Diversi progetti sono stati sostenuti anche dall'Unione Europea, nel contesto dei vari programmi di finanziamento relativi all'automazione bibliotecaria, e in particolare dalla DG XIII che ha dato vita a un programma intitolato *Digital Heritage and Cultural Content* (**http://www.cordis.lu/ist/ka3/digicult/home.html**).

Dal canto loro, anche alcune grandi biblioteche nazionali si sono attivate in questo senso. Probabilmente l'iniziativa più nota è quella dalla *Bibliothèque Nationale de France*, che ha avviato un progetto per l'archiviazione elettronica del suo patrimonio librario sin dal 1992. Obiettivo del progetto è la digitalizzazione di centomila testi e trecentomila immagini, che sono consultabili in parte tramite Internet, in parte mediante apposite stazioni di lavoro collocate nel nuovo edificio della biblioteca a Parigi. Un primo risultato sperimentale di questo grandioso progetto è il sito *Gallica* (**http://gallica.bnf.fr**). Si tratta di una banca dati costituita da diverse collezioni di testi e immagini digitalizzate. Attraverso un motore di ricerca è possibile consultare il catalogo e poi accedere ai documenti, che vengono distribuiti in formato PDF (è dunque necessario installare il plug-in Adobe Acrobat Reader). Nella maggior parte dei casi, tuttavia, il file PDF dei testi disponibili attraverso Gallica contiene la scansione delle immagini delle pagine originali, e non il relativo testo elettronico: non è dunque possibile svolgere ricerche o effettuare analisi testuali al suo interno.

Un progetto di digitalizzazione di parte del proprio patrimonio è stato intrapreso anche dalla *Library of Congress* di Washington, che peraltro partecipa attivamente al programma DLI. Il primo risultato dei programmi di digitalizzazione della LC è il già citato progetto *American Memory* (**http://memory.loc.gov**). Si tratta di un archivio di documenti storici, testi, lettere e memorie private, foto, immagini, filmati relativi alla storia del paese dalle sue origini ai giorni nostri. Tutti i documenti, parte dell'enorme patrimonio documentalistico della biblioteca, sono stati digitalizzati in formato SGML per i materiali testuali, JPEG e MPEG per immagini e filmati, e inseriti in un grande archivio multimediale che può essere ricercato secondo vari criteri.

Sebbene con un certo ritardo rispetto alle analoghe iniziative statunitensi ed europee, anche in Italia è stato avviato un progetto nazionale per la digitalizzazione del patrimonio culturale testuale. Si tratta del programma quadro *Biblioteca Digitale Italiana*, promosso e finanziato nel 2001 dalla Direzione generale beni librari e dell'editoria del Ministero per i Beni Culturali. Gli obiettivi di BDI sono quelli di avviare e coordinare progetti di digitalizzazione, principalmente in ambito bibliotecario, ma soprattutto di definire linee guida e documenti di indirizzo in questo settore, al fine di garantire qualità scientifica, affidabilità e sostenibilità economica dei singoli progetti. Per questo è stato costituito un Comitato guida, composto da diversi esperti, che è al lavoro da ormai due anni. Si deve dire che per ora il programma BDI non ha prodotto risultati concreti in nessuno dei due ambiti. I progetti di digitalizzazione avviati al momento sono due: uno riguarda la digitalizzazione in formato immagine e la creazione di metadati per i cataloghi storici manoscritti, nel quale sono coinvolte 29 biblioteche; il secondo, ancora in fase seminale, la digitalizzazione sempre in formato immagine di periodici. Ma su entrambi non poche sono state le voci critiche, anche assai autorevoli.

Per quanto riguarda la produzione di documentazione, questa dovrebbe essere disponibile in una apposita sezione del portale culturale *Superdante* (**http://www.superdante.it**), anch'esso promosso dal Ministero. Tuttavia tale sezione è, nel momento in cui scriviamo, vuota (a parte la scritta 'sezione in allestimento') e anche il resto del portale, nonostante gli sforzi e con alcune eccezioni, non brilla certo per qualità e quantità dei contenuti.

Le biblioteche digitali in ambito accademico

Accanto ai grandi progetti nazionali e bibliotecari, si colloca una mole ormai ingente di sperimentazioni che nascono in ambito accademico (in particolare nell'area umanistica) e sono gestite da biblioteche universitarie o da centri di ricerca costituiti *ad hoc*. I fondi documentali realizzati attraverso questa serie di iniziative rispondono a criteri (tematici, temporali, di genere, ecc.) ben definiti e si configurano come l'equivalente digitale delle biblioteche speciali e di ricerca.

Oxford Text Archive

Tra i progetti sviluppati presso sedi universitarie e centri di ricerca istituzionali, quello che spicca per prestigio, autorevolezza e tradizione (se di tradizione si può parlare in questo campo) è l'*Oxford Text Archive* (OTA), realizzato dall'*Oxford University Computing Services* (OUCS).

L'archivio è costituito (nel momento in cui scriviamo) da oltre 2.500 testi elettronici di ambito letterario e saggistico, oltre che da alcune opere di riferimento standard per la lingua inglese (ad esempio il *British National Corpus* e il *Roget Thesaurus*). La maggior parte dei titoli sono collocati nell'area culturale anglosassone, ma non mancano testi latini, greci e in altre lingue nazionali (tra cui l'italiano).

Gran parte delle risorse dell'OTA provengono da singoli studiosi e centri di ricerca di tutto il mondo, che forniscono a questa importante istituzione le trascrizioni e le edizioni elettroniche effettuate nella loro attività scientifica. Per questo l'archivio è costituito da edizioni altamente qualificate dal punto di vista filologico, che rappresentano una importante risorsa di carattere scientifico, specialmente per la comunità umanistica. I testi sono per la maggior parte codificati in formato SGML o XML, in base alle specifiche TEI.

Poiché in molti casi si tratta di opere coperte da diritti di autore, solo una parte dei testi posseduti dall'OTA sono accessibili gratuitamente su Internet. Degli altri, alcuni possono essere ordinati tramite posta normale, fax o e-mail (informazioni e modulo di richiesta sono sul sito Web dell'archivio); i restanti, possono essere consultati e utilizzati presso il centro informatico di Oxford, a cui tuttavia hanno accesso esclusivamente ricercatori e studiosi.

L'accesso alla collezione pubblica dell'OTA si basa su una interfaccia Web particolarmente curata e dotata di interessanti servizi (**http://ota.ahds.ac.uk**). In primo luogo è disponibile un catalogo elettronico

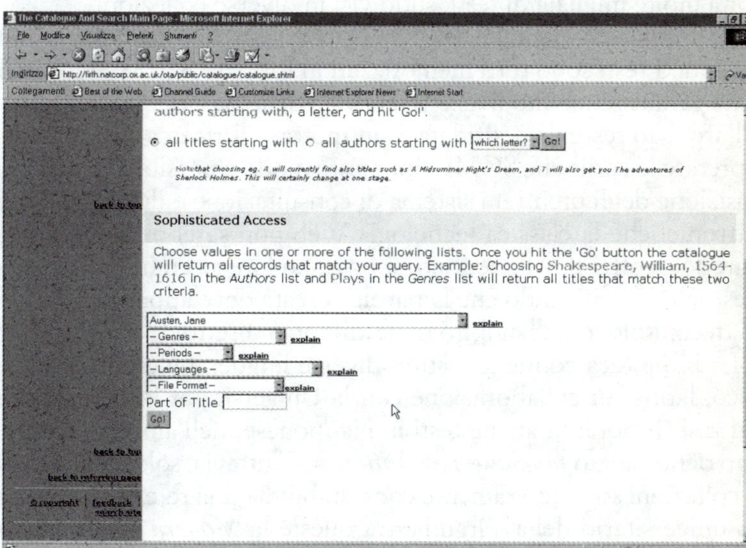

Figura 98 La maschera di interrogazione del catalogo dell'Oxford Text Archive

dei testi che può essere ricercato per autore, genere, lingua, formato e titolo.

Una volta individuati i documenti desiderati, l'utente può decidere di effettuare il *download* dei file selezionati o di accedere a una maschera di ricerca per termini che genera un elenco di concordanze in formato *Key Word In Context* (KWIC, in cui il termine ricercato viene mostrato nell'ambito di un contesto variabile di parole che lo precedono e lo seguono), da cui poi è possibile accedere all'intero documento.

Il sito Web dell'OTA, inoltre, offre una grande quantità di materiali scientifici e di documentazione relativamente agli aspetti tecnici e teorici della digitalizzazione di testi elettronici.

Electronic Text Center

L'*Electronic Text Center* (ETC) ha sede presso la University of Virginia. Si tratta di un centro di ricerca che ha lo scopo di creare archivi di testi elettronici in formato SGML, e di promuovere lo sviluppo e l'applicazione di sistemi di analisi informatizzata dei testi. Tra le varie iniziative, l'ETC ha realizzato una importante biblioteca digitale, che ospita molte migliaia di testi, suddivisi in diverse collezioni.

La biblioteca digitale dell'ETC si basa su una tecnologia molto avanzata. I testi sono tutti memorizzati in formato SGML/TEI, in modo da garantire un alto livello scientifico delle basi di dati. La gestione dell'archivio testuale è affidata a un motore di ricerca in grado di interpretare le codifiche SGML. In questo modo è possibile mettere a disposizione degli utenti un sistema di consultazione e di analisi dei testi elettronici che la classica tecnologia Web non sarebbe assolutamente in grado di offrire. Ad esempio, si possono fare ricerche sulla base dati testuale, specificando che la parola cercata deve apparire solo nei titoli di capitolo, o nell'ambito di un discorso diretto.

La biblioteca contiene testi in diverse lingue: inglese, francese, tedesco, latino; in collaborazione con la University of Pittsburgh, sono stati resi disponibili anche testi in giapponese, nell'ambito di un progetto denominato *Japanese Text Initiative*. Tuttavia, solo alcune di queste collezioni sono liberamente consultabili da una rete esterna al campus universitario della Virginia: tra queste la *Modern English Collection*, con oltre 1.500 titoli, che contiene anche illustrazioni e immagini di parte dei manoscritti; la *Middle English Collection*; la *Special Collection*, dedicata ad autori afro-americani; la raccolta *British Poetry 1780-*

1910. Da un paio di anni, infine, l'ETC ha reso disponibile in modo gratuito una vasta collezione di testi nei formati e-book per i software Microsoft Reader e Palm Reader[60].

Tutte le risorse offerte dallo ETC, oltre a una serie di informazioni scientifiche, sono raggiungibili attraverso il suo sito Web, il cui indirizzo è **http://etext.lib.virginia.edu**.

Altri progetti accademici internazionali

Molte altre università o centri di ricerca, per la massima parte collocati negli Stati Uniti, hanno realizzato degli archivi di testi elettronici consultabili su Internet.

Una istituzione molto importante nell'ambito disciplinare umanistico è il già ricordato *Center for Electronic Texts in the Humanities* (*CETH*). Fondato e finanziato dalle Università di Rutgers e Princeton, il CETH ha lo scopo di coordinare le ricerche e gli investimenti nell'utilizzazione dei testi elettronici per la ricerca letteraria e umanistica in generale. L'indirizzo del sito Web del centro è **http://scc01.rutgers.edu/ceth**. Tra i progetti sperimentali del CETH, ci sono una serie di applicazioni della codifica SGML/TEI per la produzione di edizioni critiche di manoscritti e testi letterari. Il centro, inoltre, è sede di importanti iniziative di ricerca, e sponsorizza la più autorevole lista di discussione dedicata alla informatica umanistica, *Humanist*. Fondata nel maggio del 1987 da un ristretto gruppo di studiosi, *Humanist* raccoglie oggi centinaia di iscritti, tra cui si annoverano i maggiori esperti del settore. Come tutte le liste di discussione, essa svolge un fondamentale ruolo di servizio, sebbene nei suoi dieci anni di vita sia stata affiancata da innumerevoli altri forum, dedicati ad aspetti disciplinari e tematici specifici. Ma soprattutto, in questi anni, la lista *Humanist* si è trasformata in un seminario interdisciplinare permanente. Tra i suoi membri infatti si è stabilito uno spirito cooperativo e una comunanza intellettuale che ne fanno una vera e propria comunità scientifica virtuale. Per avere informazioni su questa lista consigliamo ai lettori di consultare la pagina Web a essa associata, che contiene tutte le indicazioni per l'iscrizione, oltre a un archivio di tutti i messaggi distribuiti finora (**http://www.princeton.edu/~mccarty/humanist**).

Molto importante è anche l'*Institute for Advanced Technology in the*

[60] Sul tema e-book torneremo nel prossimo capitolo.

Humanities (*IATH*), con sede presso la University of Virginia di Charlottesville, un altro tra i maggiori centri di ricerca informatica umanistica nel mondo. Il server Web dello IATH, il cui indirizzo è **http://jefferson.village.virginia.edu/**, ospita diversi progetti, tra i quali il *Rossetti Archive*, dedicato al pittore e poeta preraffaellita, nonché una importante rivista culturale pubblicata interamente in formato elettronico sulla quale torneremo in seguito, *Postmodern Culture*.

La *Humanities Text Initiative* (*HTI*), con sede presso la University of Michigan, cura una serie di progetti, tra i quali l'*American Verse Project*, che contiene testi di poeti americani precedenti al 1920. L'indirizzo della HTI è **http://www.hti.umich.edu**.

Per la letteratura francese è invece di grande importanza il progetto *ARTFL* (*Project for American and French Research on the Treasury of the French Language*), supportato dal *Centre National de la Recherche Scientifique* (*CNRS*) e dalla University of Chicago. L'archivio permette la consultazione on-line di un database contenente oltre duemila testi sia letterari sia non letterari, sui quali è possibile effettuare ricerche e spogli lessicali (non è invece possibile prelevare i file contenenti i testi), ma l'accesso ai servizi più avanzati è purtroppo riservato a istituzioni che abbiano effettuato una esplicita iscrizione. L'indirizzo web del progetto ARTFL è **http://humanities.uchicago.edu/ARTFL/ARTFL.html**.

Un altro prestigioso progetto in area umanistica è il *Perseus Project* (**http://www.perseus.tufts.edu**). Il progetto, avviato nel 1985, si proponeva di realizzare un'edizione elettronica della letteratura greca. Da allora sono state realizzate due edizioni su CD-ROM, divenute un insostituibile strumento di lavoro nell'ambito degli studi classici, contenenti i testi di quasi tutta la letteratura greca in lingua originale e in traduzione, nonché un archivio di immagini su tutti gli aspetti della cultura dell'antica Grecia. Nel 1995 è stata creata anche una versione su Web del progetto, la *Perseus Digital Library*. Il sito consente di accedere gratuitamente a tutti i materiali testuali del CD, a una collezione di testi della letteratura latina in latino e in traduzione inglese, alle opere complete del tragediografo rinascimentale inglese Christopher Marlowe, e a vari materiali relativi a Shakespeare.

L'individuazione e la consultazione dei singoli testi possono avvenire mediante un motore di ricerca, o un elenco degli autori contenuti in ciascuna collezione, da cui si passa direttamente alla visualizzazione online. I testi greci possono essere visualizzati sia nella traslitterazione in alfabeto latino, sia direttamente in alfabeto greco (posto che si abbia un font adeguato: comunque sul sito sono disponibili tutte le istruzioni del caso) sia in traduzione inglese (quest'ultima è disponibile anche per i testi latini). Per i testi greci è anche possibile avere informazioni morfosintattiche e lessicografiche per ogni parola. Insomma, un vero e proprio strumento scientifico, oltre che un prezioso supporto per la didattica.

I progetti istituzionali e accademici italiani

Per quanto riguarda il panorama italiano, al momento due sono i progetti accademici di biblioteche digitali a carattere nazionale, entrambi per diverse ragioni fermi e per molti versi incompleti.

Il primo è progetto *TIL* (*Testi Italiani in Linea*, **http://til.scu.uniroma1.it**), coordinato dal CRILet (Centro ricerche Informatica e Letteratura, Dipartimento di studi Filologici Linguistici e Letterari di Roma 'La Sapienza', **http://crilet.scu.uniroma1.it**). Si tratta di una biblioteca digitale incentrata sulla tradizione letteraria italiana, articolata in diverse collezioni. I testi, codificati in formato XML/TEI, sono interrogabili mediante una interfaccia Web molto avanzata, in grado di fornire sia all'utente occasionale sia al ricercatore avanzati strumenti di ricerca e di analisi testuale. In particolare sono disponibili i seguenti servizi:

- ambiente di lettura diviso in un'area che contiene il sommario

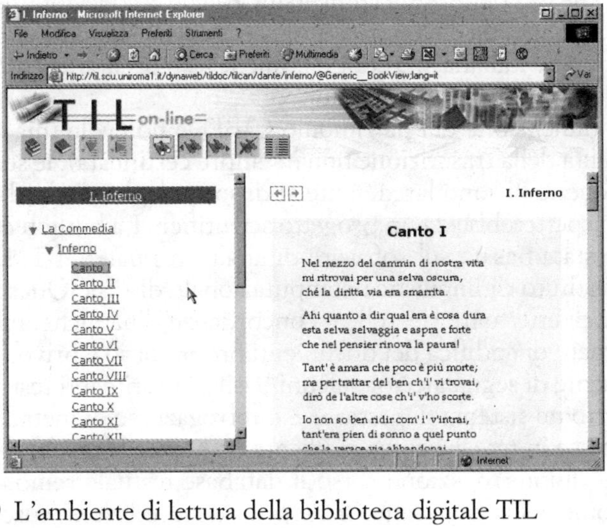

Figura 99 L'ambiente di lettura della biblioteca digitale TIL

dell'opera (generato dinamicamente dal sistema) e una che contiene il testo della sezione testuale selezionata;
- ricerca sui metadati;
- ricerca contestuale per ogni singolo testo e per collezioni e sottocollezioni, che permette di effettuare ricerche di termini, frasi o elementi testuali nel contesto di altri elementi esplicitati mediante la codifica XML/TEI, usando semplici *form* interattive; il risultato della ricerca viene mostrato direttamente nell'ambiente di lettura, con le occorrenze individuate opportunamente evidenziate;
- ricerca KWIC, che consente di generare le concordanze in formato *key word in context* di termini o stringhe per un singolo testo.

Molti testi presenti nella biblioteca digitale TIL, inoltre, sono corredati da una serie di materiali introduttivi e di contesto, che servono a fornire agli utenti nozioni di base relative alle opere archiviate.

L'alta qualità nella scelta dei formati di digitalizzazione e delle infrastrutture tecnologiche (pari a quella dei grandi progetti anglosassoni), tuttavia, non è parimenti riscontrabile nel numero dei testi disponibili (circa 400, non tutti affidabili sul piano della trascrizione) e nella progettazione complessiva dell'interfaccia e dei servizi utente. Problemi dovuti anche alla mancanza di continuità dei finanziamenti, di cui soffrono spesso i progetti di ricerca universitaria.

L'altra iniziativa che ricordiamo è il progetto *CIBIT* (*Centro Interuniversitario Biblioteca Italiana Telematica*, **http://www.humnet.unipi.it/cibit**), che raccoglie undici università. Anche la collezione testuale del CIBIT, costituita da oltre 1.500 titoli, si colloca nell'ambito della tradizione letteraria italiana, ma contiene anche testi di carattere storico, giuridico, politico, filosofico e scientifico.

Se la dimensione del patrimonio CIBIT è notevole (ma anche qui l'affidabilità della trascrizione non è sempre certificata), le scelte tecniche e progettuali sono largamente al di sotto degli standard di qualità che ci si aspetterebbe da un progetto scientifico. La biblioteca digitale, infatti, è stata basata sul software di analisi testuale DBT, sviluppato presso l'Istituto di linguistica computazionale di Pisa. Questo sistema permette di effettuare ricerche e concordanze dinamiche, ma è legato a un formato di codifica dei documenti proprietario e privo di sintassi, che consente di segnalare solo alcuni basilari riferimenti testuali. Manca del tutto un sistema di gestione e interrogazione di metadati.

L'accesso in rete avveniva mediante un applet Java, che fungeva da *front end* di interrogazione verso il database testuale remoto. Questa scelta, come già segnalavamo nelle precedenti edizioni, suscitava non poche perplessità, poiché richiedeva la disponibilità di linee piuttosto veloci per evitare lunghe attese in fase di accesso, ed era spesso inaccessibile. A conferma delle nostre perplessità si deve dire che l'accesso pubblico ai testi del CIBIT è sospeso ormai da oltre un anno e che l'architettura basata su DBT è stata definitivamente dismessa.

Parte del patrimonio testuale è ora consultabile in formato HTML statico e PDF (e dunque senza alcuna possibilità di ricerca), sul sito *Biblioteca Italiana* (**http://www.bibliotecaitaliana.it**), un progetto nato presso l'unità locale CIBIT dell'Università di Roma 'La Sapienza'.

Se allo stato la situazione, non particolarmente brillante, è quella descritta, dobbiamo dire che le due iniziative che abbiamo citato hanno avviato un processo di convergenza che dovrebbe portare a breve alla creazione di una nuova biblioteca digitale, la quale erediterà il nome (e l'indirizzo) di *Biblioteca Italiana*. Il patrimonio testuale di questo nuovo progetto sarà costituito dalla fusione dei due archivi e tutti i testi saranno codificati in formato XML/TEI. I servizi di accesso si baseranno su un sistema di gestione documenti XML che permetterà sia la lettura sia l'effettuazione di complesse ricerche testuali on-line; inoltre i testi liberi da diritto di autore potranno essere trasferiti dall'utente sul proprio computer in diversi formati[61]: oltre al formato nativo XML/TEI, saranno disponibili i formati Adobe PDF, Microsoft Reader e OeBPS (Open eBook Publication Structure[62]). Infine la biblioteca digitale sarà dotata di un complesso e innovativo sistema di gestione di metadati in formato XML, basato sullo standard METS (cfr. **http://www.loc.gov/standards/mets**) e su software *open source*.

I progetti non istituzionali

Come abbiamo visto, il tema delle biblioteche digitali è al centro dell'interesse della comunità scientifica internazionale e attira grandi progetti di ricerca e notevoli finanziamenti. Ma in questo settore, come spesso è avvenuto su Internet, le prime iniziative sono nate al di fuori di luoghi istituzionali, per opera del volontariato telematico. Novelli copisti che, nell'era digitale, hanno ripercorso le orme dei monaci me-

[61] Queste versioni verranno generate in modo automatico a partire dall'originale XML mediante una serie di trasformazioni XSLT e successive elaborazioni batch.

[62] Si tratta del formato standard per il settore e-book promosso dall'Open eBook Forum. Cfr. **http://www.openebook.org**. Torneremo a parlarne fra breve.

dievali, ai quali si deve il salvataggio di molta parte del patrimonio culturale dell'antichità, e dei primi grandi stampatori che, a cavallo tra Quattro e Cinquecento, diedero inizio all'era della stampa. E non è un caso che alcuni di questi progetti abbiano scelto di onorare questa ascendenza, intitolandosi con i nomi di quei lontani maestri: Johannes Gutenberg, Aldo Manuzio.

I progetti di questo tipo sono numerosi, con vari livelli di organizzazione, partecipazione, dimensione e attenzione alla qualità scientifica dei testi pubblicati. Ne esamineremo due in particolare: il *Project Gutenberg*, il capostipite delle biblioteche digitali, e il *Progetto Manuzio*, dedicato alla lingua italiana.

Progetto Gutenberg

Il *Progetto Gutenberg* (**http://www.gutenberg.net/**) è senza dubbio una delle più note e vaste collezioni di testi elettronici presenti su Internet. Non solo: è anche stata la prima. Le sue origini, infatti, risalgono al lontano 1971, quando l'allora giovanissimo Michael Hart ebbe la possibilità di accedere al mainframe *Xerox Sigma V* della University of Illinois. Hart decise che tanta potenza poteva essere veramente utile solo se fosse stata usata per diffondere il patrimonio culturale dell'umanità al maggior numero di persone possibile. E digitò manualmente al suo terminale il testo della *Dichiarazione di indipendenza* degli Stati Uniti.

Nel giro di pochi anni il progetto Gutenberg, nome scelto da Hart in omaggio all'inventore della stampa, le cui orme stava ripercorrendo, attirò decine e poi centinaia di volontari. Per lungo tempo l'iniziativa ha anche goduto dell'esiguo supporto finanziario e logistico di alcune università, supporto che è venuto a mancare nel dicembre 1996. Nonostante il periodo di difficoltà, Michael Hart non si è perso d'animo; anzi è riuscito a potenziare ulteriormente la sua incredibile creatura.

Infatti, accanto al patrimonio testuale in lingua inglese, che costituisce il fondo originario e tuttora portante della biblioteca, recentemente sono state aggiunte trascrizioni da opere in molte altre lingue, tra cui il francese, lo spagnolo e l'italiano. Nel momento in cui scriviamo l'archivio si sta rapidamente avvicinando ai diecimila testi (obiettivo che Hart si è proposto di raggiungere per l'inizio del 2004). Si tratta prevalentemente di testi della letteratura inglese e americana, ma della collezione fanno parte anche testi saggistici, traduzioni di opere non inglesi e, come si accennava, testi in altre lingue. Circa settecento volontari in tutto il mondo collaborano all'incremento con un tasso di circa quaranta nuovi titoli al mese.

I testi sono programmaticamente in formato ASCII a sette bit (il cosiddetto *Plain Vanilla ASCII*). Michael Hart, infatti, ha sempre affermato di volere realizzare una banca dati che potesse essere utilizzata da chiunque, su qualsiasi sistema operativo, e in qualsiasi epoca: tale universalità è a suo avviso garantita solo da questo formato. Lo stesso Hart ha più volte declinato gli inviti a realizzare edizioni scientifiche dei testi. Infatti lo spirito del progetto Gutenberg è di rivolgersi al novantanove per cento degli utenti fornendo loro in maniera del tutto gratuita testi affidabili al novantanove per cento. Come ha più volte affermato, fare un passo ulteriore richiederebbe dei costi che non sono alla portata di un progetto interamente basato sul volontariato, e sarebbe al di fuori degli obiettivi di questa iniziativa.

Il sito di riferimento del progetto Gutenberg su Web è all'indirizzo **http://www.gutenberg.net**, e contiene il catalogo completo della biblioteca, da cui è possibile ricercare i testi per autore, titolo, soggetto e classificazione LC. Una volta individuati i titoli, è possibile scaricare direttamente i file (compressi nel classico formato zip). Ma il progetto Gutenberg per la sua notorietà è replicato su moltissimi server FTP, e viene anche distribuito su CD-ROM dalla Walnut Creek. Al progetto Gutenberg sono anche dedicati una mail list e un newsgroup, denominato **bit.listserv.gutenberg**, tramite i quali si possono avere informazioni sui titoli inseriti nella biblioteca, si può essere aggiornati sulle nuove edizioni, e si possono seguire i dibattiti che intercorrono tra i suoi moltissimi collaboratori.

Progetto Manuzio

Il *Progetto Manuzio* è la prima e più importante collezione di testi in lingua italiana a carattere volontario. Questa iniziativa (che prende il suo nome dal noto stampatore Aldo Manuzio, considerato uno dei massimi tipografi del Rinascimento) è gestita dall'associazione culturale *Liber Liber* (della quale fanno parte tutti e quattro gli autori del manuale che state leggendo), che coordina il lavoro offerto – a titolo del tutto gratuito e volontario – da numerose persone. Grazie a questo sostegno il progetto ha potuto acquisire in poco tempo numerosi testi, fra cui si trovano grandi classici quali *La Divina Commedia*, i *Promessi sposi*, i *Malavoglia*, ma anche opere rare e introvabili da parte di lettori 'non specialisti'.

L'archivio del progetto è costituito da testi in formato ISO Latin 1. Alcuni titoli sono stati codificati anche in formato HTML – e dunque possono essere consultati direttamente on-line tramite un browser Web – e in formato RTF. Allo stato attuale l'archivio comprende circa settecento titoli, tutti disponibili gratuitamente.

Le pagine Web dell'associazione *Liber Liber*, all'indirizzo **http://www.liberliber.it**, contengono il catalogo completo dei testi disponibili, insieme a informazioni sull'iniziativa. Il catalogo è organizzato per autori, e offre per ogni titolo una breve scheda informativa nella quale, oltre ai dati bibliografici essenziali e una breve nota di commento, sono indicati l'autore del riversamento, i formati di file disponibili e il livello di affidabilità del testo. Il progetto, infatti, ha l'obiettivo di fornire testi completi e filologicamente corretti, compatibilmente con la natura volontaria del lavoro di edizione.

Il progetto Manuzio è nato come biblioteca di classici della letteratura italiana. In questo ambito si colloca il suo fondo principale, che comprende – fra le altre – opere di Dante, Boccaccio, Ariosto, Leopardi, Manzoni, Verga. Ma con il passare degli anni il progetto si è sviluppato in direzione di un modello di biblioteca generalista; sono infatti state accolte anche traduzioni di testi non italiani, alcune opere di saggistica e manualistica tecnica, narrativa fantastica.

Alcuni titoli della biblioteca, ancora coperti da diritti d'autore, sono stati donati direttamente da case editrici o da privati che ne possedevano la proprietà intellettuale. Questo esempio di collaborazione tra editoria elettronica ed editoria tradizionale dimostra come i supporti elettronici non debbano essere necessariamente pensati in conflitto con i libri a stampa. Proprio in questi casi, anzi, la libera disponibilità e circolazione dei testi elettronici si trasforma in uno strumento di promozione per il libro stampato e, in ultima analisi, in un potente veicolo di diffusione culturale. Anche per questo motivo abbiamo scelto dal canto nostro di inserire *Internet 2004* (come è avvenuto per le precedenti edizioni di questo manuale) fra i titoli del progetto.

Altri archivi testuali

Sulla scia del capostipite Gutenberg, sono nati una serie di progetti simili, dedicati ad altre letterature nazionali. L'omonimo progetto Gutenberg per la letteratura tedesca, ad esempio, si trova all'indirizzo **http://www.gutenberg2000.de**.

Il progetto *Runeberg* per le letterature scandinave è uno dei maggiori archivi europei di testi elettronici. Nato come progetto volontario, ora è gestito congiuntamente da Lysator (un centro di ricerca informatico molto importante) e dall'Università di Linköping. Contiene infatti oltre duecento tra classici letterari e testi della letteratura popolare provenienti da Svezia, Norvegia e Danimarca. I testi sono consultabili on-line su World Wide Web all'indirizzo **http://www.lysator.liu. se/runeberg**.

Il progetto *ABU* (*Association des Bibliophiles Universels*, nome anche dell'associazione che lo cura, tratto dal romanzo di Umberto Eco *Il pendolo di Foucault*) sta realizzando un archivio di testi della letteratura francese. Finora possiede un archivio di 200 classici tra cui opere di Molière, Corneille, Voltaire, Stendhal, Zola, nonché una trascrizione della *Chanson de Roland*, nel manoscritto di Oxford. ABU, come il progetto Manuzio, sta accogliendo contributi originali donati da autori viventi, e alcune riviste. Il progetto ABU ha una pagina Web all'indirizzo **http://abu.cnam.fr**, dalla quale è possibile consultare ed effettuare ricerche on-line sui testi archiviati; la stessa pagina contiene anche un elenco di altre risorse su Internet dedicate alla cultura e alla letteratura francese.

Prevalentemente dedicato a testi di ambito religioso, ma con alcune interessanti offerte anche in altri settori, è infine la biblioteca digitale *Intratext*, all'indirizzo **http://www.intratext.com**. La biblioteca, realizzata per iniziativa della società Èulogos, offre strumenti di analisi testuale, incluso un generatore di concordanze KWIC. I testi offerti sono in diverse lingue, italiano incluso.

Gli archivi di e-print e la letteratura scientifica on-line

Una trattazione specifica va dedicata al fenomeno degli archivi di *e-print*. Con questo termine si intendono innanzitutto le copie elettroniche dei cosiddetti *preprint*, ovvero le versioni preliminari di saggi e articoli scientifici che studiosi e ricercatori mettono a disposizione sul Web prima che essi compaiano su riviste o miscellanee. In questa categoria rientrano anche materiali scientifici inediti o non recensiti e una grande quantità di lavori (report, bozze, relazioni interne, descrizioni di esperimenti) che normalmente non entrano nel circuito della comunicazione scientifica ufficiale, e che tuttavia possono rappresentare fonte di notevole interesse nel lavoro di ricerca. Inoltre, possono naturalmente entrare in archivi di e-print anche le versioni elettroniche, eventualmente aggiornate o modificate, di articoli apparsi su riviste o testi a stampa.

Si tratta di una modalità di fare comunicazione scientifica che ha visto una larghissima diffusione negli ultimi anni. Nell'ambito delle scienze 'dure' in particolare, la pratica di pubblicare preprint on-line è ormai il vero canale della comunicazione scientifica operativa, e la pubblicazione su rivista svolge solo il ruolo di sanzione formale e ufficiale di una ricerca[63]. Sono ormai numerosissimi gli archivi di e-print legati a singole università, associazioni scientifiche, consorzi, enti e istituzioni di ricerca, riviste – il primo e più noto è *arXiv* (**http://arxiv.org**), dedicato a fisica, matematica, scienze dei sistemi e informatica –, per non parlare delle numerosissime pagine Web personali di singoli studiosi.

Se i vantaggi introdotti dalla pubblicazione di e-print sono indubitabili, la natura stessa del Web determina alcuni problemi che ne potrebbero limitare la portata: in particolare quello del reperimento dei documenti e della certificazione di autenticità. La presenza di archivi centrali legati a soggetti istituzionali autorevoli e riconoscibili fornisce una soluzione al problema della certificazione, ma resta il problema del reperimento, vista la moltiplicazione delle fonti.

Per ovviare a questo problema, nel 1999 a Santa Fe, in occasione di un convegno al quale hanno partecipato i responsabili delle maggiori iniziative di archiviazione digitale di e-prints, è nato il progetto *Open Archives Initiative* (OAI, **http://www.openarchives.org**), che ha sede operativa presso la Cornell University.

Obiettivo di OAI è lo sviluppo di una architettura per facilitare la interoperabilità tra archivi di e-print. Alla base di tale architettura si colloca l'*Open Archives Metadata Harvesting Protocol* (OAI-PMH). Questo protocollo specifica un set di metadati (basato su Dublin Core) con il quale vanno descritti i singoli documenti contenuti in un archivio, e una serie di regole per l'interrogazione remota distribuita e l'interscambio dei record di metadati. L'architettura OAI prevede la presenza di fornitori di dati (i singoli archivi) i quali mettono a disposizione i record di metadati mediante server compatibili con OAI-PMH, e di fornitori di servizi che possono interrogare i metadati di numerosi fornitori di dati e offrire agli utenti strumenti di ricerca integrati[64]. L'architettura OAI, invece, non prevede esplicitamente che i

[63] Questo si giustifica con la necessità di velocità nella circolazione dei risultati che tale genere di ricerca richiede: annunciare la scoperta di una supernova anche con un solo mese di ritardo sarebbe del tutto inutile ai fini della ricerca.

[64] Sono disponibili anche alcuni software autonomi (tutti *open source*) in grado di interrogare archivi remoti che supportano il protocollo OAI-PMH. Un elenco di questi programmi client, di server di metadati e di sistemi di *document management* compatibili con il protocollo OAI-PMH sono disponibili nella sezione 'Tools'del sito OAI.

documenti debbano essere direttamente accessibili on-line, o gratuiti – sebbene di fatto la maggior parte degli archivi che aderiscono al progetto siano liberamente accessibili –, né prescrive il formato con cui essi vanno digitalizzati.

Sul sito dell'OAI, nella sezione 'Community', sono elencati tutti gli archivi e tutti i fornitori di servizi di ricerca che aderiscono ufficialmente all'iniziativa: un ottimo punto di partenza per effettuare ricerche di e-prints. Un altro punto di riferimento è l'*Open Archives Forum* (**http://www.oaforum.org**), che si occupa di promuovere il progetto in ambito europeo.

Al lettore interessato a esplorare un open archive suggeriamo E-LIS (*E-prints in Library and Information Science*), che raccoglie numerosi e-prints – alcuni dei quali in italiano – nel settore delle scienze biblioteconomiche e dell'informazione. L'indirizzo di riferimento è **http://eprints.rclis.org/**.

Un approccio diverso è invece alla base del progetto *ReaserchIndex*, meglio noto come *CiteSeer* (**http://citeseer.nj.nec.com**), sviluppato dai laboratori di ricerca della Nec. Si tratta di un servizio che indicizza (in modo simile a un motore di ricerca) articoli scientifici in formato PDF o PostScript (nella maggior parte pubblicati su riviste o volumi) inviati da autori o editori, e che consente di effettuare ricerche su tale indice. Ma, grazie a un avanzato sistema di analisi del contenuto, per ogni articolo individuato vengono forniti anche un abstract, un elenco di altri articoli di argomento correlato, l'elenco di tutti gli articoli che vengono citati, quelli che lo citano esplicitamente con un breve estratto del contesto di tale citazione, e naturalmente i link per accedere al documento sia nella sua collocazione originale sia in una serie di formati archiviati localmente. Inoltre il sistema consente di effettuare raffinate analisi di rilevanza basate sugli indici di citazione, che sono assai importanti per la valutazione del rilievo scientifico di un articolo (e anche per la valutazione accademica del suo autore). CiteSeer, come la maggior parte degli archivi di e-print, contiene esclusivamente pubblicazioni di argomento scientifico e tecnologico.

Libri, riviste, giornali elettronici: editoria in rete

L'esperienza delle biblioteche digitali, su cui ci siamo soffermati nel capitolo precedente, costituisce un aspetto importante, ma non esclusivo, di un più vasto fenomeno: quello della *editoria elettronica in rete*.

Infatti, se le biblioteche digitali hanno lo scopo di trasportare il patrimonio testuale del passato nel nuovo medium telematico, si vanno moltiplicando anche gli esempi di pubblicazioni di libri, periodici e quotidiani che trovano in Internet il loro canale di distribuzione.

Il mondo dell'editoria elettronica on-line è molto complesso e articolato, e necessiterebbe di una trattazione approfondita a sé stante. Già la semplice definizione di cosa sia una pubblicazione on-line propriamente detta si presenta assai meno semplice di quanto non possa apparire a prima vista. Da un certo punto di vista qualsiasi sito Web può essere considerato come un prodotto editoriale (a dimostrazione di ciò ricordiamo che la legislazione italiana equipara formalmente un sito Web a una pubblicazione). Ma una simile generalizzazione, se da un parte coglie un aspetto interessante del modo in cui Internet modifica i meccanismi di formazione e di diffusione delle conoscenze e dell'informazione[65], democratizzandone il carattere, dall'altra ostacola una opportuna descrizione tassonomica dei nuovi fenomeni comunicativi. Ai fini della nostra trattazione, dunque, restringeremo il concetto di 'pubblicazione on-line' a quei prodotti editoriali elettronici che rientrano propriamente nella categoria degli e-book e a tutti quei siti che sono formalmente e sostanzialmente equiparabili a testate giornalistiche di natura periodica.

Ci rendiamo conto che questa categorizzazione da un lato è parziale e dall'altro sovradetermina la complessità dei fenomeni editoriali presenti su Internet. Ma ai fini di una breve trattazione descrittiva non potevamo fare a meno di ritagliare una porzione della complessità, e di imporvi un ordine, per quanto contestabile. Nelle pagine che seguono ci soffermeremo, senza pretendere di essere esaustivi, proprio su questo tipo di editoria on-line.

Il mondo degli e-book

Malgrado la quantità di pubblicazioni digitali (sia on-line sia off-line) sia andata crescendo a ritmi assai sostenuti negli ultimi anni, esse non hanno mai rappresentato una vera e propria alternativa al libro carta-

[65] In questo capitolo useremo il termine 'informazione' e i suoi derivati nel senso comune di insieme delle notizie e dei fatti rilevanti, o di apparato dei media deputato alla loro diffusione sociale, e non nel senso astratto e tecnico proprio della teoria dell'informazione adottato (pur se in maniera talvolta non rigorosa) nel resto del libro.

ceo. Sia i prodotti editoriali su CD-ROM[66], sia le numerose risorse Internet che complessivamente rientrano nella definizione di biblioteca digitale, sono stati considerati e usati come opere di riferimento, o strumenti didattici e scientifici. L'attività della lettura, in gran parte delle sue forme e manifestazioni, è invece rimasta legata al rapporto con il tradizionale libro cartaceo, la cui struttura perdura a grandi linee intatta da quasi due millenni. L'introduzione degli *e-book*, una delle più recenti novità nel panorama dei nuovi media, ha rappresentato il primo vero tentativo, sia dal punto di vista tecnologico sia da quello commerciale, di mettere in discussione se non la permanenza, almeno la centralità del libro cartaceo anche come supporto della lettura.

Sebbene l'enfasi sul fenomeno e-book, dopo un primo momento di entusiasmo, sia decisamente diminuita, si tratta senza dubbio di un tema degno di interesse.

In primo luogo, cosa si intende esattamente con 'e-book'? Il tentativo di definizione probabilmente più rigoroso è quello fornito dal documento *A Framework for the Epublishing Ecology*, redatto dall'Open eBook Forum (un consorzio che riunisce importanti aziende informatiche ed editoriali – tra cui Microsoft, Adobe, Gemstar, Random House, Time-Warner, McGraw-Hill –, centri di ricerca e singoli esperti, allo scopo di definire degli standard tecnologici per il settore e-book)[67]. In tale documento, l'e-book (contrazione di *electronic book*) è definito come "un'opera letteraria sotto forma di *oggetto digitale*, costituito da uno o più identificatori standard, un insieme di metadati e un blocco di contenuto monografico, realizzata per essere pubblicata e consultata mediante *dispositivi elettronici*"[68].

In realtà nella vasta pubblicistica dedicata ai libri elettronici l'uso della terminologia non è sempre rigoroso. In particolare il termine e-

[66] Basti pensare alle opere ipertestuali pubblicate da editori specializzati come Voyager e Eastgate, o alle numerose edizioni di antologie letterarie come quelle realizzate in Italia da Zanichelli, con la *LIZ*, ed Einaudi, con la *Letteratura Italiana Einaudi* su CD-ROM.

[67] *A Framework for the Epublishing Ecology*, draft version 0.78, 25 settembre 2000: **http://www.openebook.org/framework**.

[68] Si noti che l'aggettivo 'letteraria', in questa definizione assume l'accezione universale di opera dell'ingegno espressa come testo verbale, e non si riferisce esclusivamente a opere letterarie in quanto oggetti estetici (romanzo, poema, testo drammatico) distinti dai testi saggistici, scientifici e così via. La determinazione di 'opera monografica' differenzia un e-book vero e proprio dalla versione elettronica di una pubblicazione periodica, per indicare la quale si tende ad adottare il termine *e-journal* (periodico elettronico). L'uso del più generico *e-publication* (pubblicazione elettronica) è stato suggerito al fine di riferirsi a opere di qualsiasi genere pubblicate in formato digitale.

book viene comunemente impiegato per indicare sia una pubblicazione su supporto digitale (di qualsiasi genere), sia gli strumenti con cui vi si accede (specialmente in riferimento a quelle tecnologie hardware che sono state specificamente sviluppate a questo fine). Per evitare questa ambivalenza – che caratterizza anche il termine libro[69] – useremo l'espressione 'dispositivo di lettura' al fine di indicare gli strumenti hardware e software che consentono a un utente di avere accesso a un'opera letteraria in formato elettronico.

Le origini del fenomeno e-book

Come abbiamo rilevato, la disponibilità di opere letterarie su supporto digitale non è certamente una novità nel mondo dei nuovi media. Le origini del *Project Gutenberg*, il più noto archivio testuale presente su Internet, risalgono al 1971. Mentre per quanto riguarda l'editoria elettronica commerciale le prime pubblicazioni su supporto elettronico (floppy disk o CD-ROM) si collocano intorno alla metà degli anni '80, in coincidenza con l'esplosione dell'interesse teorico e pratico intorno agli ipertesti digitali.

Nonostante questa 'tradizione' relativamente lunga (se misurata secondo i ritmi evolutivi che caratterizzano le nuove tecnologie), le pubblicazioni su supporto digitale non hanno mai rappresentato un'alternativa vera e propria a quelle su supporto cartaceo, se non in ambiti molto ristretti (ad esempio nella manualista tecnica specializzata, o nei repertori legali). Insomma, sebbene si possano trovare numerose edizioni della *Divina Commedia* su Internet o su CD-ROM, il numero di persone che hanno letto il poema dantesco direttamente sullo schermo è decisamente esiguo. Conseguentemente l'industria editoriale tradizionale ha inizialmente riservato un'attenzione solo episodica ai nuovi media, e l'editoria elettronica si è ritagliata uno spazio di mercato distinto e parallelo rispetto a quello tradizionale, concentrandosi su quei contenuti per i quali il supporto elettronico è intrinsecamente necessario: opere ipertestuali e/o multimediali (soprattutto nel campo delle opere di *reference*: enciclopedie, dizionari, ecc.) e videogiochi.

La scarsa fortuna della lettura 'mediata da strumenti elettronici' ha molteplici spiegazioni, sia di natura tecnica sia di natura culturale. Dal

[69] Per una analisi critica dei significati del termine e-book e un approfondimento di queste tematiche rimandiamo a G. Roncaglia, *Libri elettronici – problemi e prospettive*, in «Bollettino AIB», n. 4/2001, pp. 7-37.

punto di vista tecnico è indubbio che i dispositivi informatici, se confrontati con i libri cartacei, presentino evidenti limiti di ergonomia e versatilità: la risoluzione e la qualità grafica dell'immagine digitale sono di gran lunga inferiori a quella della stampa; la lettura prolungata su schermo (soprattutto sugli schermi a tubo catodico) induce fastidi e disagi alla vista; i dispositivi hardware sono scarsamente o per nulla portabili, e comunque necessitano di accedere a fonti di energia; la presenza di molteplici tecnologie hardware e software per la codifica, archiviazione e fruizione dei contenuti digitali costringe gli utenti a servirsi di numerosi strumenti diversi, ognuno con una sua particolare interfaccia.

Ma non meno rilevanti sono stati gli ostacoli culturali, primi fra tutti la diffusa e consolidata familiarità con il libro a stampa. Una familiarità dovuta al fatto che nella società occidentale la parola scritta – soprattutto quella stampata – ha un ruolo fondamentale nella trasmissione culturale e nel processo formativo delle nuove generazioni. Ma anche al vero e proprio rapporto affettivo che si instaura tra un lettore e i suoi libri: sia che vengano ammassati un po' disordinatamente su scaffali e scrivanie, sia che vengano disposti in perfetta sequenza nella libreria. Del tutto simmetrica è la predominante diffidenza o indifferenza di molta parte del mondo umanistico – depositario tradizionale e privilegiato dell'attenzione verso i libri e la lettura – verso i dispositivi informatici, e la conseguente scarsa alfabetizzazione informatica che ne è derivata.

Tuttavia negli ultimi anni, soprattutto grazie all'enorme interesse verso Internet, si è sviluppata e diffusa una diversa attitudine culturale verso la tecnologia digitale e i nuovi media. In alcuni paesi questo processo è ormai in fase assai avanzata: negli Stati Uniti e nell'Europa industrializzata l'uso dei computer è ormai comune, e gli strumenti informatici hanno un ruolo importante (e talora fondamentale) nella formazione. Sempre più spesso e sempre più a lungo si accede a informazioni direttamente sullo schermo di un computer. La convergenza tra questa trasformazione culturale e una serie di innovazioni tecnologiche ha determinato la nascita del fenomeno e-book. In particolare, le innovazioni che hanno giocato un ruolo predominante in questo processo sono:

- l'affermarsi del paradigma dell'informatica mobile (*mobile computing*) nel mercato dei prodotti informatici e la diffusione dei cosiddetti computer palmari;
- la crescita dell'abitudine alla lettura in ambiente elettronico determinatasi comunque negli ultimi anni, soprattutto a causa della diffusione del Web;

- lo sviluppo di standard per la creazione, distribuzione e fruizione dei documenti digitali;
- la comparsa dei primi dispositivi software e hardware per la lettura di e-book;
- il perfezionamento delle tecnologie di visualizzazione su schermo dei caratteri;
- lo sviluppo di tecnologie per la protezione del copyright sui contenuti digitali (*Digital Right Management*, in sigla DRM).

Il paradigma del *mobile computing* costituisce il contesto generale in cui si inserisce il fenomeno e-book. I notevoli sviluppi nel campo della miniaturizzazione e integrazione dei componenti hardware hanno reso possibile la creazione di computer ultraportatili (*subnotebook*) e *tablet PC*, le cui caratteristiche e funzionalità sono ormai paragonabili a quelle dei normali computer da tavolo, e soprattutto di dispositivi 'palmari' che, da semplici agendine elettroniche, sono divenuti veri e propri computer da taschino.

Il ruolo del protagonista in questo segmento è stato inizialmente svolto dalla Palm Computing (società del gruppo 3Com), che con la sua brillante serie di dispositivi Palm Pilot detiene i tre quarti del mercato; ma il rilascio da parte della Microsoft del suo nuovo sistema operativo per palmari *PocketPC* (di cui è stata distribuita recentemente la nuova versione 2003, denominata *Windows Mobile*) ha fornito un nuovo impulso al settore. PocketPC, infatti, introduce notevoli miglioramenti rispetto al PalmOS e alle precedenti versioni del sistema operativo Microsoft per computer palmari, che si chiamava *WindowsCE*.

Se il *mobile computing* e la crescita delle situazioni di 'lettura sullo schermo' costituiscono in un certo senso lo sfondo del fenomeno e-book, le altre innovazioni elencate sopra rappresentano lo specifico tecnologico dei libri elettronici. Esse riguardano infatti il *formato* con cui gli e-book sono creati e distribuiti e i *dispositivi di lettura*, hardware e software, con cui un utente finale può leggerli. Naturalmente affinché gli e-book possano effettivamente affermarsi sono necessari altri due elementi: un *sistema di distribuzione* efficiente e un *sistema per la protezione del diritto d'autore* sui contenuti diffusi (*Digital Right Management*).

Formati e programmi di lettura per i libri elettronici

Lo sviluppo dei sistemi di codifica digitale è una tra le questioni più delicate connesse al processo di digitalizzazione dell'informazione e della comunicazione sociale cui stiamo assistendo in questi anni di 'convergenza al digitale'. Infatti, dalla scelta oculata dei formati di codifica dipendono due caratteristiche che ogni strumento di diffusione del sapere dove possedere: la capacità di rappresentare in modo esaustivo (e, se possibile, soddisfacente dal punto di vista dell'estetica e dell'usabilità) ogni tipo di contenuto e l'accessibilità universale.

Per avere un'idea dei problemi che possono sorgere in questo ambito è sufficiente riflettere sulla straordinaria efficienza del tradizionale libro a stampa: pur nella notevole variabilità strutturale che esso presenta (si va dall'edizione economica al tomo in carta pregiata rilegato a mano), il libro è uno strumento in grado di veicolare contenuti testuali e iconici assai diversificati, estremamente facile da utilizzare, e accessibile in modo immediato senza limiti di spazio e di tempo.

Al contrario, i documenti digitali sono fruibili solo attraverso la mediazione di appositi strumenti hardware e software. Tali strumenti si basano su piattaforme e soluzioni diverse, spesso reciprocamente incompatibili, e soprattutto caratterizzate da una obsolescenza tecnologica elevatissima (si pensi al ritmo con cui i sistemi di scrittura elettronica si sono evoluti solo negli ultimi dieci anni). Paradossalmente, dunque, la digitalizzazione rischia di porre limiti alla diffusione universale e alla preservazione a lungo termine dei contenuti. E questo arrecherebbe gravi danni sia alla crescita culturale collettiva, sia alla creazione e affermazione di un mercato dei prodotti culturali (destinati per loro natura a un ciclo di vita assai più lungo di quello di altre tipologie di informazione di consumo).

Per evitare questi rischi, una delle soluzioni strategiche consiste nell'adozione di sistemi per la rappresentazione e la manipolazione delle informazioni che siano efficienti, condivisi e possibilmente di pubblico dominio: quelli che comunemente sono definiti *standard*[70].

Allo stato attuale, nel settore e-book si contendono il primato due formati. Il primo è l'*Open eBook Publication Structure* (OEBPS, sviluppato dall'*Open eBook Forum*), da cui derivano alcuni formati proprietari tra cui quello della Microsoft. Il secondo è il *Portable Document Format* (PDF), realizzato dalla Adobe (che è anche membro dell'OeBF) e ampiamente utilizzato da diversi anni. Esistono poi alcuni altri formati proprietari legati a particolari dispositivi di lettura.

[70] Internet, ad esempio, non avrebbe potuto svilupparsi se non si fosse provveduto a definire degli standard comuni di interazione tra i computer come i protocolli TCP/IP. E, per venire a un esempio più vicino al nostro tema, il Web sarebbe stato una curiosità destinata a una ristretta comunità scientifica, se non si fosse adottato uno standard comune (e piuttosto semplice) per codificare i documenti che vi venivano immessi, il ben noto *HyperText Markup Language*.

Open eBook Publication Structure Specification

L'*Open eBook Publication Structure* (OEBPS, **http://www.openebook.com/specification.htm**) è il formato che ambisce a divenire lo standard di riferimento per la creazione di e-book (nel momento in cui scriviamo è disponibile la versione 1.2 e si lavora alacremente alla versione 2.0, nella quale sono annunciate importanti novità).

L'OEBPS è un *mark-up language*, basato a sua volta su una serie di standard preesistenti e ampiamente diffusi in ambiente Internet. Infatti la sintassi adottata per definire il linguaggio di codifica è quella XML (*Extensible Markup Language*). Il vocabolario adottato eredita gran parte degli elementi presenti nel vocabolario di XHTML versione 1.1, aggiungendovi alcuni vincoli sintattici e un elenco di raccomandazioni per la loro utilizzazione. Un altro standard Internet adottato nell'OEBPS è il linguaggio per la definizione di fogli di stile *Cascading Style Sheet* (CSS). Un linguaggio di codifica XML, infatti, descrive solo la struttura logica di un documento, ma non il suo aspetto grafico. Esso, insomma, permette di dire che un capitolo è composto da un titolo seguito da una serie di paragrafi, citazioni, tabelle e così via, ma non quale carattere o stile o disposizione vogliamo adottare per rendere sul monitor (o sulla carta, o su un dispositivo di lettura vocale) questi elementi. Questa che possiamo chiamare la *struttura presentazionale* del documento viene specificata mediante dei fogli di stile, a loro volta espressi mediante appositi linguaggi come CSS. Le specifiche OEB hanno adottato un sottoinsieme di questo linguaggio al fine di descrivere l'aspetto grafico che un e-book assume una volta visualizzato su un dispositivo di lettura.

OEB fornisce anche delle linee guida per specificare i cosiddetti *metadati* da associare al libro elettronico (ovvero quella serie di informazioni che identificano un documento digitale come il suo titolo, autore, editore e altre eventuali notizie rilevanti). Tali informazioni, che seguono le direttive *Dublin Core* (uno standard per la descrizione bibliografica di risorse elettroniche sviluppato in ambito bibliotecario[71]) vanno inserite in un file denominato *OEB Package File*. In questo file, che a sua volta è un documento XML, vanno specificati anche: l'elenco dei file (testuali e grafici) che costituiscono nel complesso il contenuto dell'e-book (detto *manifest*); l'indicazione della loro sequenza lineare (*spine*); eventuali sequenze di lettura alternative (*tours*); l'elenco e i ri-

[71] Si veda al riguardo la documentazione disponibile sul sito **http://dublincore.org**.

ferimenti alle componenti strutturali (o *guide*) della pubblicazione (copertina, indice, sommario, copertina, ecc.). Per quanto riguarda l'inclusione di contenuti non testuali, OEB nella sua attuale versione si limita alle sole immagini, per le quali sono stati adottati due comuni formati di codifica digitale: JPEG e PNG (*Portable Network Graphic*).

Accanto a questi aspetti più strettamente sintattici, OEBPS fornisce indicazioni formali sui vincoli che un sistema di lettura per e-book deve rispettare per essere conforme alle specifiche. Si noti che la nozione di 'sistema di lettura' è più vasta di quella di 'dispositivo di lettura'. Mentre quest'ultimo è inteso come la piattaforma hardware/software con cui un e-book viene visualizzato, un sistema di lettura può essere suddiviso in più moduli e in più piattaforme. Di conseguenza un sistema di lettura per essere conforme alle specifiche OEB non deve necessariamente includere un sistema di visualizzazione in grado di interpretare in modo nativo dei documenti elettronici in formato OEB. Esso può anche adottare OEB come formato di input per una procedura di conversione in un cosiddetto 'formato binario' proprietario[72]. È questa la strategia adottata da Microsoft per il suo *MS Reader* e da *Mobipocket*, una piccola software house che ha realizzato un altro interessante programma di lettura.

Prima di esaminare tali formati, ricordiamo tuttavia che nulla impedisce di utilizzare direttamente OEB come formato finale, di 'lettura', per la distribuzione di libri elettronici. È anzi auspicabile che questo uso si diffonda, soprattutto per i libri fuori diritti e in libera distribuzione. Per il formato OEB nativo esistono purtroppo ancora pochi software di lettura; un buon indirizzo di riferimento per seguire le novità al riguardo è rappresentato dal sito del progetto *LiberGNU* (**http://www.libergnu.org**): un'iniziativa nata in Italia proprio con l'obiettivo di promuovere la realizzazione di un software di lettura gratuito e di pubblico dominio in grado di interpretare correttamente le specifiche OEB.

I formati proprietari basati su OEB: Microsoft Reader e Mobipocket

Il principale fra i formati proprietari basati su OEB è sicuramente quello Microsoft. In questo caso, il file compilato dell'e-book è caratterizza-

[72] Si dice 'proprietario' ogni formato, o più in generale ogni tecnologia legata agli strumenti software e hardware di un singolo produttore. Ad esempio il formato Microsoft Word è un formato proprietario.

to dall'estensione .lit, e può essere attualmente letto (con le limitazioni alle quali faremo cenno fra breve) su tre classi di dispositivi: 1) i normali PC con sistema operativo Windows, 2) i *tablet PC*, computer dallo schermo sensibile al tatto, basati sulla metafora del foglio di appunti e utilizzabili anche senza tastiera (con l'aiuto dell'apposita penna dalla punta di gomma), 3) i dispositivi palmari basati su sistema operativo PocketPC – Windows Mobile. Il software di lettura è denominato *Microsoft Reader*; nel momento in cui scriviamo, la sua versione più recente è la 2.0 (l'indirizzo di riferimento è **http://www.microsoft.com/reader**). Microsoft Reader è un programma assai pulito e funzionale, ancora nelle prime fasi di un'evoluzione prevedibilmente lunga. Fra le sue caratteristiche salienti sono quelle di organizzare i testi in una 'biblioteca' e di permettere di compiere su ciascuno di essi ricerche e annotazioni sia grafiche sia testuali. La leggibilità del testo è assai buona, grazie anche all'adozione di una cosiddetta tecnologia di *sub-pixel font rendering* – denominata ClearType – che consente di visualizzarlo con una risoluzione migliore di quella normalmente utilizzata dal dispositivo di lettura[73]. Scaricando un modulo aggiuntivo, è in grado di effettuare la lettura automatica del testo attraverso un sistema di sintesi vocale di buon livello (ma per ora sono disponibili solo un 'lettore' e una 'lettrice' anglofoni). Anche gli strumenti di sviluppo per la creazione di e-book in formato Microsoft Reader sono numerosi e di buona qualità[74].

L'interfaccia di Microsoft Reader è ben disegnata. La metafora su cui si basa è quella della pagina di un libro, e sono del tutto assenti barre dei pulsanti, menu a discesa e finestre multiple, caratteristici delle comuni interfacce grafiche. All'avvio il programma si posiziona sull'ambiente 'Biblioteca'. Questa schermata contiene l'elenco degli e-book disponibili; ciascuno è caratterizzato da una piccola icona cui è affiancata l'indicazione del titolo e dell'autore del testo. È possibile ordinare i libri per vari criteri (autore, titolo, data di acquisto, ecc.) ed effettuare ricerche sui titoli e sugli autori.

[73] Maggiori informazioni sul concetto di *sub-pixel font rendering* – che abbiamo qui presentato in maniera estremamente sintetica, a scapito della precisione – possono essere reperite nell'eccellente sito dedicato a questo tema dalla Gibson Research Corporation: (**http://grc.com/cleartype.htm**).

[74] Oltre a quelli offerti gratuitamente dalla stessa Microsoft, che permettono la realizzazione di e-book a partire da file Microsoft Word, si segnalano in particolare i programmi offerti dalla società *Overdrive* (**http://www.overdrive.com**), che offre anche la possibilità di produrre e-book attraverso una semplice interfaccia Web, all'indirizzo **http://www.ebookexpress.com**. In particolare, il programma *Overdrive ReaderWorks* consente di realizzare e-book per Microsoft Reader partendo da un pacchetto OEB.

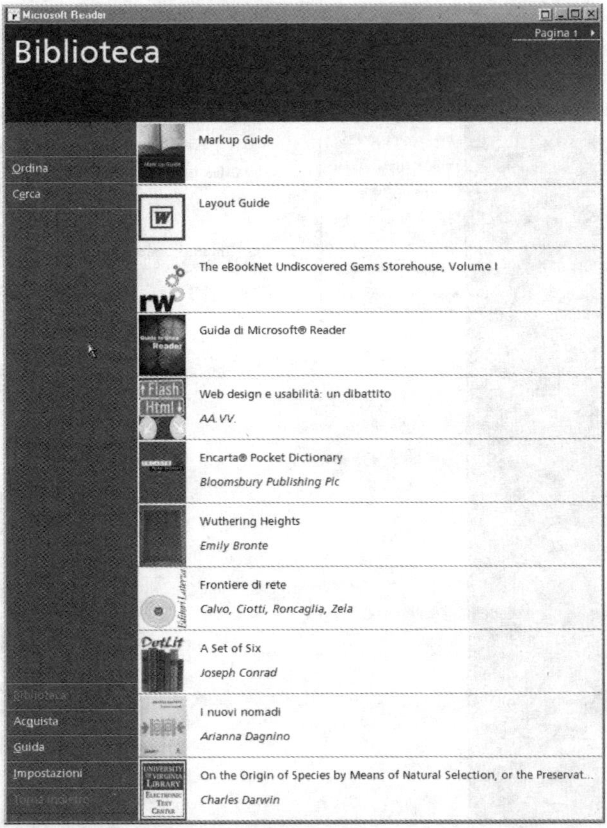

Figura 100 La pagine 'Biblioteca' di Ms Reader

Una volta selezionato un e-book mediante il mouse, si accede alla sua copertina, dove, oltre al titolo e a una immagine si trovano il menu 'Vai a' che consente di accedere a serie di comandi: 'Inizia lettura' consente di iniziare la lettura dalla prima pagina; 'Ultima letta' porta alla pagina letta l'ultima volta che si stava usando il libro; 'Pagina letta più elevata' porta alla pagina più avanzata che si è letta. È possibile anche passare al 'Sommario', che è di norma composto da voci attive che rinviano direttamente ai capitoli del testo, o all'indice delle annotazioni inserite in precedenti sessioni.

La lettura può avvenire sfogliando in modo sequenziale le pagine del testo mediante un click sulle piccole frecce poste in basso. È anche

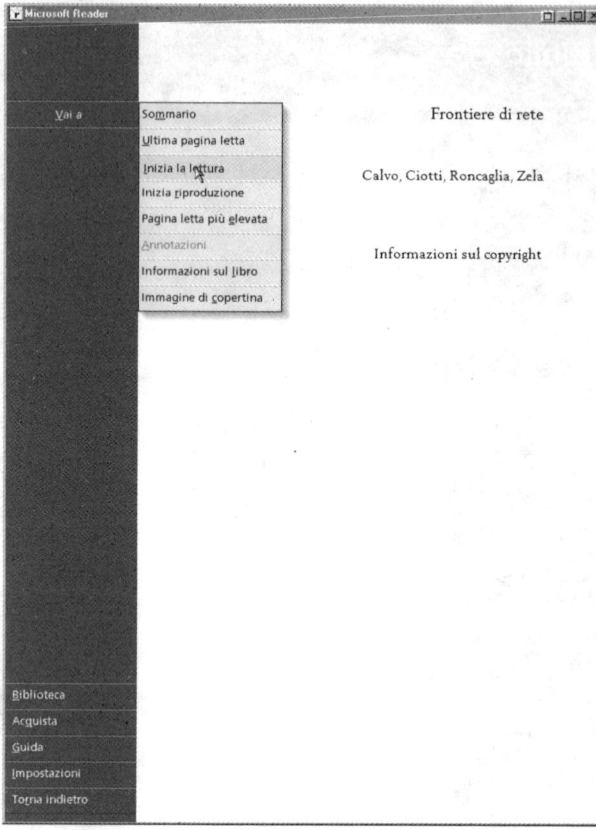

Figura 101 La copertina di *Frontiere di rete* su Ms Reader

possibile selezionare una pagina specifica premendo il tasto destro del mouse o la penna del palmare sul numero di pagina. Ricordiamo tuttavia che in virtù della reimpaginazione dinamica (*page flow*) il numero e la sequenza delle pagine saranno diversi a seconda del dispositivo hardware su cui il libro viene letto.

Durante la lettura si possono selezionare dei passaggi e, di nuovo premendo il tasto del mouse o tenendo premuto lo stilo sullo schermo del palmare, accedere a un menu che mette a disposizione alcune comode funzionalità: inserimento di segnalibri, evidenziazione, annotazioni, disegni, ricerca di termini, copia del testo selezionato. Se si è installato l'*Encarta Pocket Dictionary* (disponibile gratuitamente sul sito del programma) è anche possibile visualizzare le definizioni dei termini in lingua inglese (il comando relativo è 'Ricerca').

Invece agendo sul titolo corrente, in alto a sinistra, si accede a un menu che consente di tornare alla biblioteca, alla copertina, al sommario o ad altre sezioni del libro, nonché al manuale in linea, ovviamente anch'esso in formato e-book. Attraverso il manuale in linea si raggiunge anche una schermata che consente di personalizzare le seguenti opzioni: i criteri di visualizzazione dei simboli che segnalano la presenza di note, evidenziazioni, segnalibri, ecc.; la dimensione dei font; il funzionamento a tutto schermo o in finestra del programma; l'impostazione visiva del sistema ClearType.

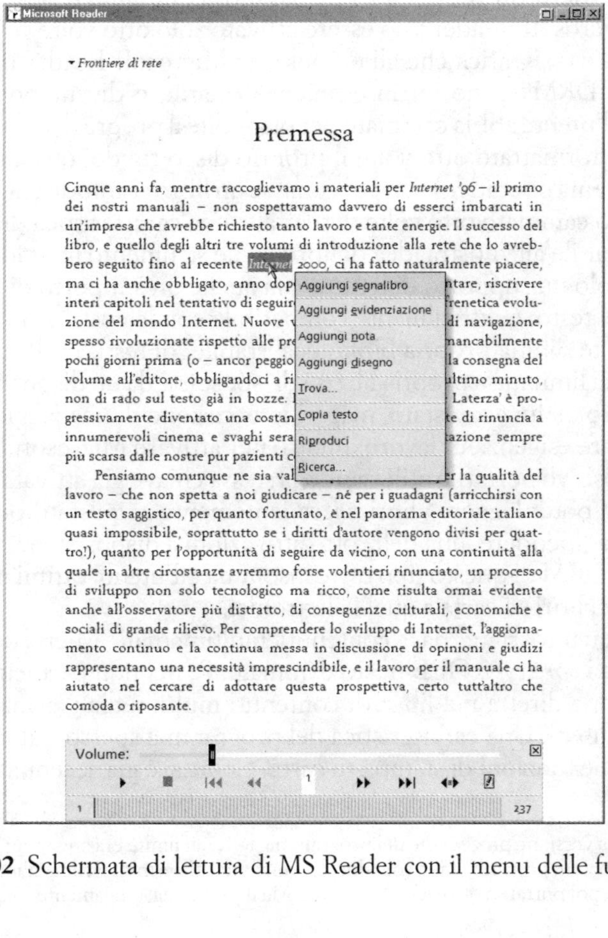

Figura 102 Schermata di lettura di MS Reader con il menu delle funzioni di lettura

Per quanto attiene alla protezione del diritto d'autore, MS Reader implementa la complessa (per non dire barocca) tecnologia di DRM sviluppata dalla Microsoft. Il meccanismo di protezione adottato offre cinque diversi livelli di protezione del contenuto, che vanno da un livello 1 caratterizzato dalla totale libertà di distribuzione e di copia a un livello 5 – quello normalmente adottato da case editrici e librerie in rete – caratterizzato invece da restrizioni assai pesanti. In particolare, il DRM5 della Microsoft richiede che il programma di lettura sia 'attivato' (un procedimento che lo personalizza per il singolo utente, costruendo una specifica chiave di decrittazione dipendente dal particolare hardware utilizzato), e permette la lettura dell'e-book solo e unicamente sulla versione di Microsoft Reader attivata dal suo acquirente. Il vero problema è che Microsoft Reader può essere attivato solo otto volte con la stessa chiave[75]: ciò significa che gli e-book per Microsoft Reader protetti attraverso DRM5 sono intrinsecamente volatili, e diventano illeggibili quando l'utente abbia cambiato per otto volte il proprio hardware (o anche solo formattato otto volte il proprio disco rigido, o cambiato otto volte sistema operativo). Un po' come se un libro si autodistruggesse dopo averlo cambiato otto volte di scaffale: una caratteristica difficilmente associabile alla nostra idea di libro come strumento in grado di offrire non solo un supporto di lettura, ma anche un supporto di conservazione del testo, e difficilmente compatibile con la costruzione da parte dell'utente di una propria biblioteca 'stabile' di testi. Inoltre, il lettore vede assai limitata la propria libertà di 'spostare' da un dispositivo all'altro il libro da lui acquistato, magari in occasione di un viaggio o di una particolare esigenza di lavoro: infatti, per attivare Microsoft Reader su un dispositivo portatile utilizzando la stessa chiave già attivata su PC (in modo da poter leggere i libri precedentemente acquistati) occorre ovviamente 'spendere' una delle otto attivazioni a disposizione. Una soluzione di DRM di questo tipo offre insomma all'utente ottimi motivi per preferire i libri su carta a quelli elettronici.

Per quanto riguarda i contenuti multimediali, Microsoft Reader supporta i *core type* OEB (testo e immagini), ma non permette per ora l'inclusione diretta nel libro di contenuti multimediali avanzati, come testo e filmati. Una caratteristica del programma spesso criticata è l'assenza delle funzioni di stampa su carta. Come si è già accennato, un 've-

[75] Nella versione precedente del programma, la 1.5, il limite era ancora più serio, dato che le attivazioni possibili erano solo due. La versione 2.0 permetteva inizialmente quattro attivazioni, poi portate a otto dalla Microsoft. Ma il problema, ovviamente, è di principio.

ro' e-book non dovrebbe far sorgere questa esigenza: se davanti a un libro elettronico si sente la necessità della stampa, vuol dire che non lo percepiamo come un 'libro', come un valido sostituto al volume su carta. Ma se il programma di lettura viene utilizzato sullo schermo del PC di casa, è del tutto normale che l'esigenza di stampare il testo, per poterlo leggere in maniera più comoda altrove, si faccia sentire.

Una interessante (pur se meno diffusa) alternativa a Microsoft Reader è rappresentata da *Mobipocket* (**http://www.mobipocket.com**), un sistema realizzato da una piccola società francese – ma indirizzato in primo luogo al mercato anglofono – e destinato alla vasta schiera di computer palmari (il software di lettura Mobipocket è disponibile per palmari Palm, Windows CE, PocketPC, Psion, oltre che per il lettore dedicato Franklin eBookman). Anche Mobipocket offre strumenti di compilazione che partono da un pacchetto OEB, offre un proprio sistema di DRM a differenti livelli, e soluzioni proprietarie per i server di distribuzione. Le soluzioni DRM adottate da Mobipocket sono comunque anch'esse piuttosto rigide, essendo legate a un identificativo univoco del palmare utilizzato per la lettura.

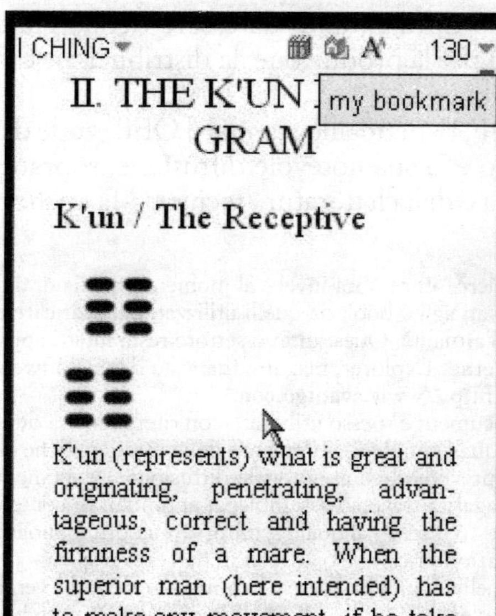

Figura 103 Il programma di lettura Mobypocket

Un aspetto interessante di Mobipocket è la distinzione, all'interno dei contenuti digitali visualizzabili attraverso il programma di lettura, di tre diverse tipologie: accanto agli e-book veri e propri troviamo infatti le *e-news*, che corrispondono approssimativamente al mondo della stampa periodica, e che il programma permette di aggiornare automaticamente on-line sostituendo i contenuti più recenti a quelli più datati[76], e gli *e-document*, che possono essere creati autonomamente dagli utenti a partire da pagine web o file RTF attraverso una semplice funzione incorporata nell'ultima versione del programma[77].

Anche se Mobipocket è specificamente destinato al settore dei computer palmari, un lettore esiste anche per l'ambiente Windows, mentre i programmi di 'collegamento' fra PC e palmare sono disponibili per tutti i principali sistemi operativi (Win, Mac, Linux, Unix).

Adobe PDF e Acrobat eBook Reader

Principale concorrente del formato OEB e dei formati compilati da esso derivati è una vecchia conoscenza del mondo dell'editoria elettronica: *Portable Document Format* (PDF). Si tratta di un formato proprietario, elaborato dalla Adobe (**http://www.adobe.com**) e divenuto uno degli standard più diffusi (tanto da essere riconosciuto ufficialmente anche dall'ANSI) per la produzione, la distribuzione e la stampa di documenti elettronici.

Il formato PDF, rispetto allo standard OEB, gode di alcuni indubbi vantaggi. Il primo è la sua notevole diffusione, soprattutto nel settore della manualistica e della letteratura tecnica. Ma anche dal punto di vi-

[76] La strategia Microsoft sembra invece al momento quella di differenziare gli strumenti di lettura riservati agli e-book da quelli utilizzati per scaricare e leggere contenuti relativi alle news e all'attualità. Quest'ultimo settore resta infatti appannaggio delle versioni 'portatili' di Internet Explorer, magari affiancate da un software specifico come il fortunato AvantGo (**http://www.avantgo.com**).

[77] Il termine e-document è spesso utilizzato con riferimento a due tipologie di contenuti elettronici delle quali con il miglioramento delle caratteristiche ergonomiche dei dispositivi di lettura è prevedibile una notevole diffusione: i documenti prodotti direttamente dall'utente, magari attraverso assemblaggi autonomi di contenuti reperiti in rete (come si è visto, è questo il senso al quale sembra fare in primo luogo riferimento Mobipocket), e report, relazioni, ricerche o articoli di un certo respiro – pur se di dimensioni non paragonabili a quelle di un libro vero e proprio – realizzati e venduti da istituti di ricerca, società di consulenza, e simili. Quest'ultima categoria potrebbe rivelarsi un mercato particolarmente redditizio; ne è testimonianza la sezione e-Documents del sito Amazon, completa di una FAQ nella quale gli e-Documents sono esplicitamente differenziati dai libri elettronici: **http://www.amazon.com/exec/obidos/tg/feature/-/180386/103-4888998-1539046**.

sta tecnico presenta numerose caratteristiche avanzate assenti nell'attuale versione di OEB. La più rilevante è la capacità di integrare contenuti multimediali, grafica vettoriale e moduli interattivi. Inoltre è dotato di una capacità espressiva maggiore dal punto di vista della grafica e della impaginazione del testo. Ma non mancano gli aspetti negativi.

In primo luogo PDF non è uno standard aperto ed è, come si accennava, un formato proprietario, sebbene la sua diffusione sia indubbiamente notevole.

In secondo luogo si tratta di un linguaggio che si concentra esclusivamente sugli aspetti formali e presentazionali della pagina, e non un linguaggio di mark-up aperto nato per la marcatura logica e strutturata di un documento destinato alla lettura direttamente in formato elettronico, come è il caso del formato OEB. Per superare questo problema sono già disponibili alcuni sistemi (e molti altri sono allo studio) per associare metainformazioni ai file PDF[78], ed è possibile, oltre che auspicabile, una qualche interazione più diretta fra PDF e OEB, che permetta di utilizzare il meglio dei due mondi: le potenzialità degli strumenti OEB per la codifica e la marcatura logica del testo, e l'esperienza degli strumenti PDF per la sua rappresentazione fisica.

Per visualizzare un file PDF, ovviamente, è necessario utilizzare un apposito programma: *Acrobat Reader*, che Adobe distribuisce gratuitamente, è il classico programma di lettura PDF[79]. Ma si tratta di un programma "tradizionale", non adatto a contrastare un prodotto come MS Reader nel settore specifico degli e-book. Per questo la stessa Adobe ha creato un software di lettura specifico – *Adobe eBook Reader* – arrivato al momento in cui scriviamo alla versione 2.2. L'Adobe eBook

[78] In particolare, Adobe ha recentemente introdotto il cosiddetto *tagged PDF*, o PDF marcato. Tale tecnologia costituisce un'applicazione dell'*eXtensible Metadata Platform* (XMP), uno standard sviluppato da Adobe che si basa sul Resource Description Format (RDF) elaborato dal W3C (cfr. **www.w3.org/RDF**) e sulla sintassi XML per proporre un insieme unitario di convenzioni per l'associazione di metadati a qualunque tipo di file binario. In sostanza, al file viene applicato una sorta di 'involucro' editabile di metadati, predisposto rispettando convenzioni definite in maniera rigorosa e standardizzata. Uno dei tredici *core schemas* proposti per XMP è specificamente dedicato ai metadati Dublin Core. XMP è già utilizzato da diversi prodotti Adobe, fra i quali Acrobat 6.0 e Illustrator 10, e con l'obiettivo di diffonderne l'uso la società statunitense distribuisce con licenza open source uno specifico kit di sviluppo. Maggiori informazioni alla pagina **http://partners.adobe.com/asn/developer/xmp**.

[79] Ma sono disponibili anche altri software in grado di interpretare questo formato: ad esempio è possibile usare *GhostScript* con il modulo di interfaccia *GSview*, un noto interprete del linguaggio PostScript distribuito come *freeware* nell'ambito del progetto GNU (**http://www.cs.wisc.edu/~ghost**).

Reader costituisce una versione migliorata del Glassbook Reader, programma di lettura elaborato a suo tempo dalla Glassbook, una fra le prime e pionieristiche società del settore, acquisita dalla Adobe nell'estate 2000. Il programma Adobe è disponibile per il momento su piattaforme Windows e Macintosh, e possiede caratteristiche di tutto rispetto: dispone di una propria tecnologia di *sub-pixel font rendering* – denominata *CoolType* – per migliorare la leggibilità del testo; consente, oltre alle 'normali' funzioni di ricerca e annotazione, link diretti verso pagine Web esterne all'e-book, nonché – se il sistema operativo utilizzato dispone delle relative componenti – la lettura automatica del

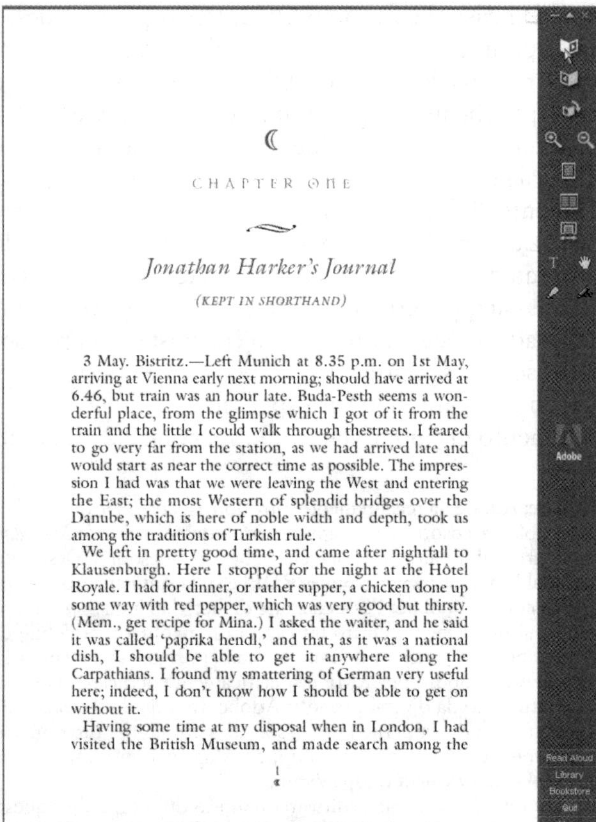

Figura 104 Acrobat eBookReader: l'ambiente di lettura

testo attraverso un sistema di sintesi vocale; permette l'inserimento nel libro elettronico di contenuti multimediali avanzati come suoni e immagini; i suoi meccanismi di DRM permettono di 'prestare' o 'regalare' ad altri i propri e-book.

La finestra del programma si divide in un'area principale alla cui sinistra è affiancata una barra di comandi. L'area principale consente di accedere all'ambiente biblioteca, in cui sono elencati gli e-book disponibili sotto forma di immagini della copertina. È possibile selezionare i titoli visibili in base al soggetto, ordinarli secondo vari criteri e accedere a una finestra di informazioni mediante il tasto destro del mouse. Premendo il tasto sinistro del mouse invece si entra nell'ambiente di lettura vero e proprio.

I pulsanti in alto a sinistra consentono, nell'ordine, di scorrere le pagine avanti e indietro, di ruotare l'orientamento della finestra di 90 gradi (funzione che può essere utile con i notebook, anche se usarne uno a mo' di libro è probabilmente ancor più scomodo che leggere utilizzando il monitor del computer da scrivania, e soprattutto con i *tablet PC*), di aumentare o diminuire la dimensione della pagina (ricordiamo che, basandosi su PDF, la pagina conterrà di norma sempre la stessa quantità di testo), e di aumentare la nitidezza dei caratteri grazie a una tecnologia di *sub-pixel font rendering*. In basso è presente un sottile nastro diviso in celle che indica il livello di avanzamento della lettura. Cliccando con il mouse sopra questo nastro è possibile saltare a una determinata pagina. Premendo il tasto 'Menu' sul bordo inferiore della finestra compare una barra di menu da cui si possono attivare diversi comandi, tra cui l'inserimento e la revisione di segnalibri, la ricerca per termini, la copia e la stampa del testo (che possono essere inibite negli e-book protetti). I comandi per inserire evidenziazioni, note e accedere al dizionario sono disponibili solo nella versione *Plus*.

Sempre nella barra di sinistra, il tasto 'Library' permette di tornare all'ambiente biblioteca, mentre quello 'Bookstore' avvia un browser web interno che punta a una serie di librerie on-line dove è possibile acquistare e-book.

In generale, l'Adobe eBook Reader è dunque un prodotto software per molti versi più avanzato rispetto al concorrente Microsoft. A limitarne attualmente il possibile impatto sul mondo dell'e-book sono tuttavia due fattori di notevole rilievo. Il primo consiste nei limiti del formato PDF stesso, cui abbiamo accennato prima. Il secondo fattore problematico è rappresentato dal fatto che anche l'eBook Reader della Adobe sembra al momento orientato più verso il computer da scrivania che verso l'uso attraverso dispositivi dedicati. Il recente annuncio di alleanze e sinergie fra Adobe e Palm (naturale risposta all'avanzata del fronte Microsoft Reader-PocketPC, da parte dei due principali concorrenti di Bill Gates nei settori rispettivamente dell'editoria elettronica e dei sistemi operativi per computer palmari) lascia sperare che anche la Adobe possa in futuro osare di più nel settore dei dispositivi dedicati. Al momento, tuttavia, anche se per la maggior parte dei palmari esistono strumenti per la lettura di file PDF (nel caso di Palm e PocketPC si tratta di programmi realizzati dalla stessa Adobe, che offrono buone funzionalità), nessuno di essi può fondatamente proporsi come vero e proprio lettore per libri elettronici.

Per quanto riguarda il DRM, il sistema Adobe – che si basa sulla tecnologia Adobe Merchant gestita dagli Adobe Content Server – pur ricorrendo anch'esso alla creazione di chiavi individuali dipendenti dall'hardware installato e dalla sua configurazione, risulta piuttosto flessibile, e consente di specificare individualmente i 'diritti' attribuiti all'utente relativamente a operazioni quali il prestito o la cessione del testo, la sua stampa, ecc.

Altri formati proprietari

Esistono diversi altri formati proprietari, di norma non direttamente compatibili con lo standard OEB e al momento non direttamente compilabili a partire da quest'ultimo, che si propongono come soluzioni nel campo degli e-book. Nella maggior parte dei casi, tali formati offrono in realtà soluzioni di 'compilazione protetta' (ad esempio attraverso la creazione di autonomi file eseguibili) di documenti in HTML. Fanno eccezione alcuni programmi specificamente rivolti al mondo dei computer palmari, e in particolare di quelli basati su sistema operativo Palm, Windows CE o PocketPC. Ci soffermeremo brevemente solo su due di essi, *Palm Reader* e *Aportis*.

Sviluppato inizialmente con il nome di *Peanut Reader* dalla Peanutpress, con l'acquisizione della Peanutpress da parte della Palm e la sua trasformazione nel gruppo Palm Digital Media il formato Palm Reader è divenuto in sostanza il formato 'ufficiale' degli e-book per palmari basati sul sistema operativo Palm. Il relativo lettore è comunque disponibile anche per Windows CE e PocketPC. L'aspetto più interessante del Palm Reader è il sistema di DRM: anziché basarsi su chiavi di cifratura collegate all'hardware utilizzato, che presentano i già ricordati svantaggi sulla persistenza e trasferibilità dei libri elettronici, il Palm Reader utilizza come chiavi direttamente il nome e il numero di carta di credito dell'utente. I libri possono essere dunque duplicati e trasferiti liberamente: la garanzia contro le copie non autorizzate è data dal fatto che difficilmente l'utente che ha acquistato il libro sarà disposto a diffonderne copie, dato che per permetterne l'uso dovrebbe distribuire anche i propri dati personali e il numero della propria carta di credito. Questo tipo di personalizzazione del libro ha il vantaggio di dare all'acquirente originale il massimo di libertà nell'uso dell'e-book acquistato, che può essere facilmente trasferito da un dispositivo all'altro. Purtroppo, il formato di codifica utilizzato dagli e-book per Palm Reader si basa al momento sul cosiddetto 'Palm Markup Language' (PLM), un linguaggio sviluppato autonomamente dalla Palm e assai lontano da OEB e dai linguaggi di marcatura standard. I relativi strumenti di sviluppo, realizzati in Java, sono disponibili per tutti i principali sistemi operativi.

Anche il formato *Aportis doc* (**http://www.aportis.com**) è nato per Palm ed è un formato proprietario, per il quale sono disponibili specifici strumenti di produzione e conversione. L'uso del programma di lettura è assai intuitivo, e recentemente ne è stata resa disponibile una versione anche per PocketPC. L'interesse principale di questo formato è nella vasta biblioteca di titoli gratuiti (oltre 4.000) messi a disposizione dalla Aportis; il formato è anche fra quelli adottati dalla E-book Library realizzata dall'Electronic Text Center della University of Virginia.

I dispositivi di lettura hardware

Oltre ai vari modelli di computer palmari e di tablet PC che supportano i programmi di lettura analizzati sopra, sono disponibili sul mercato alcuni dispositivi di lettura hardware progettati esclusivamente o principalmente per la visualizzazione di libri elettronici. In linea generale si presentano come dei grandi computer palmari, della dimensione di un libro, privi di tastiera e dotati di schermi LCD sensibili al tatto e ad alta risoluzione. Un design che si ispira chiaramente alla forma dei tradizionali libri cartacei, di cui questi dispositivi cercano di riprodurre le caratteristiche ergonomiche. Si deve dire che lo scarso interesse manifestato finora dal mercato verso questo genere di prodotti ha portato numerose aziende (tra cui alcune che avevamo menzionato nel nostro *Frontiere di rete*) al fallimento o a un drastico ridimensionamento dei progetti iniziali.

Il caso probabilmente più significativo è rappresentato dalla *Gemstar Ebook* (**http://www.ebook-gemstar.com**), alla quale si dovevano i due più noti (e più longevi) lettori dedicati per e-book, ribattezzati nella loro ultima incarnazione GEB 1150 e GB 2150. La Gemstar ha annunciato la sostanziale chiusura del proprio comparto e-book nel giugno 2003, determinando un vero e proprio terremoto (e un dibattito assai acceso) all'interno di questo giovanissimo settore.

Nonostante la chiusura della Gemstar, i suoi due lettori sono ancora in vendita su E-bay, a prezzi decisamente interessanti (attorno ai 100 dollari il primo, attorno ai 200 il secondo), e possono comunque essere utilizzati, con l'aiuto di software reperibile in rete, per la lettura di testi di pubblico dominio. Vale la pena dunque esaminarne brevemente le caratteristiche, anche perché si tratta dei prodotti che hanno indubbiamente segnato la prima fase del mercato dei lettori dedicati.

Figura 105 Il lettore Gemstar GEB 1150

Il GEB 1150 (evoluzione del precedente REB 1000) è un apparato del peso di circa mezzo chilo e dalle dimensioni di un libro in edizione economica.

È dotato di uno schermo in bianco e nero retroilluminato con una diagonale di cinque pollici e mezzo e una risoluzione di 320 per 480 punti, più che sufficiente per la lettura di contenuti testuali, ma piuttosto limitata per la visualizzazione di immagini. La memoria standard di 8 MByte permette di archiviare in modo permanente circa 8 mila pagine, ma può essere incrementata fino a 72 MByte, sufficienti a contenere 70 mila pagine. La batteria, infine, garantisce un durata di funzionamento oscillante tra le 20 e le 40 ore.

Il programma di gestione installato sul dispositivo presenta le stesse funzionalità dei lettori software che abbiamo visto nelle pagine precedenti. Anche in questo caso gli e-book vengono visualizzati una pagina alla volta: una caratteristica comune alla maggior parte dei lettori, che tuttavia rende piuttosto disagevole la lettura a fini didattici o di ricerca, per la quale è spesso utile avere sotto gli occhi più volumi. Naturalmente è possibile evidenziare e annotare il testo, inserire bookmark, effettuare ricerche, e passare dall'ambiente di lettura a quello di scaffale, nel quale sono elencati tutti i titoli residenti in memoria. La funzione dizionario si basa sulla versione digitale del celeberrimo *Webster Dictionary*.

L'interazione avviene usando una tradizionale penna per *touch screen*, mentre i due lunghi e comodi pulsanti sul bordo sinistro servono per scorrere le pagine. Questo particolare costruttivo, insieme al peso limitato, permette di usare il dispositivo anche con una sola mano e di leggere praticamente in tutte le situazioni in cui si può leggere un libro cartaceo. Per il caricamento degli e-book sul dispositivo si poteva utilizzare il modem interno fornito in dotazione, utilizzabile tuttavia unicamente per collegarsi al servizio di vendita della divisione editoriale Gemstar. In alternativa, era possibile collegare l'apparecchio a un PC tramite un cavo USB e scaricare i libri acquistati dal sito Gemstar utilizzando un apposito software di sincronizzazione, simile per funzione a quello adottato per i comuni palmari. Proprio il cavo USB può essere utilizzato ora per scaricare sul dispositivo libri elettronici 'autoprodotti' dall'utente.

Il GEB 2150 si rivolgeva a un utente più esigente. Le differenze di caratteristiche rispetto al modello precedente sono molteplici, a partire dal design. La più importante in assoluto è rappresentata dallo schermo a colori, dotato di una diagonale di 8 pollici e di una risoluzione di

480 per 640 punti. Naturalmente questo ne aumenta le dimensioni (più o meno pari a quelle di un volume in copertina rigida), il peso (che sale a circa un chilogrammo) e l'assorbimento di energia (la durata della batteria è ridotta a circa 5 ore). Il GEB 2150 è dotato anche di una scheda di rete, oltre che del modem, per collegarsi alla rete Internet, acquistare e trasferire e-book.

Il dispositivo (che dispone di una 'copertina' rigida per proteggere lo schermo, in grado di essere ruotata di 360 gradi) presenta diversi pulsanti che servono a sfogliare le pagine degli e-book (sul lato destro) e ad accedere ai comandi del software di lettura. Naturalmente è possibile anche utilizzare la penna direttamente sul *touch screen*. Le funzionalità del software sono simili a quelle del modello 1150, sebbene l'aspetto dell'interfaccia e la qualità dell'immagine siano assai migliori, grazie ai colori e alla maggiore risoluzione dello schermo.

I programmi di lettura di entrambi i modelli adottano un formato di file proprietario, prodotto mediante la compilazione di documenti in vari formati, tra cui anche HTML e OEB. Per quanto riguarda la

Figura 106 Il lettore GEB 2150 della Gemstar

protezione dei contenuti, la Gemstar aveva sviluppato una propria piattaforma DRM e gli e-book da essa distribuiti erano protetti e leggibili solo sui dispositivi per cui erano stati acquistati. Ma l'aspetto realmente problematico – e quello che a giudizio pressoché unanime degli operatori del settore ha determinato il fallimento dell'intera politica commerciale Gemstar – riguardava la politica di distribuzione dei contenuti. Infatti, come si sarà compreso e al di là della scappatoie individuate da un'utenza infastidita, l'idea di base della Gemstar era quella di 'chiudere' i propri lettori in modo da permettere l'uso solo di e-book venduti attraverso la libreria elettronica della Gemstar stessa. Un po' come se una casa produttrice di scaffalature volesse vendere scaffali adatti ai libri venduti da una sola libreria, o realizzati da una sola casa editrice: una scelta chiaramente votata al suicidio commerciale.

Proseguendo nella nostra rassegna di lettori dedicati, un ottimo prodotto (forse il migliore disponibile nel settore, ma anche quello dal prezzo più elevato) è l'italiano *MyFriend*, prodotto dalla IPM (**http://www.ipm-net.com**). Dotato di uno schermo a colori ad altissima qualità (640 x 960, 150 dpi, 65.536 colori), di 64 MByte di Ram, di una serie piuttosto vasta di interfacce (tra cui anche moduli GPRS e Bluetooth) e di una batteria della durata di 6 ore, per un peso di circa un chilo, è il dispositivo più completo sul mercato. Dal punto di vista del software, MyFriend adotta il sistema operativo PocketPC. Questo lo rende un vero e proprio computer palmare (pur se di dimensioni particolarmente generose), dotato di applicazioni di produttività e di lettori multimediali. Per la lettura di e-book ovviamente è disponibile Microsoft Reader.

Da menzionare infine il *Franklin eBookMan* (**http://www.franklin.com**). Disponibile in tre versioni, l'eBookMan è anch'esso un vero e proprio computer palmare, dotato di un sistema operativo e di una

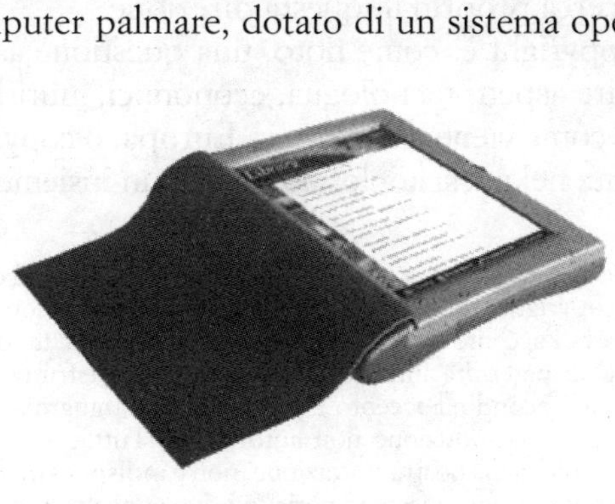

Figura 107 Il lettore IPM MyFriend

serie di applicazioni di produttività. Le dimensioni (12 per 8 centimetri) e il peso (200 grammi circa) lo rendono assai maneggevole, ma lo schermo può visualizzare solo 16 toni di grigio. Viene fornito di serie con un programma di lettura e-book proprietario, il *Franklin Reader*, ma è disponibile anche una versione di Mobipocket per questa piattaforma. Inoltre questo dispositivo può riprodurre file MP3 e Audiobook. I titoli disponibili per il formato proprietario sono distribuiti sul sito stesso del produttore.

Il settore dei lettori dedicati può apparire piuttosto statico, dopo l'esplosione iniziale verificatasi attorno al 2000. Tuttavia, molta attività prosegue dietro le quinte: prototipi di lettori 'a doppia pagina' sono stati sviluppati dalla HP, mentre vi è molta attesa legata all'imminente debutto commerciale delle tecnologie di *e-paper* e *e-ink*, che prevedono l'uso di schermi flessibili supersottili e promettono di allungare notevolmente l'autonomia delle batterie.

La questione del diritto d'autore per i contenuti digitali

Nel corso della nostra rassegna dedicata ai formati di codifica e ai dispositivi di lettura per gli e-book, abbiamo più volte fatto riferimento alle tecnologie di gestione del diritto d'autore per i contenuti digitali. L'individuazione di un sistema efficiente, sicuro e di facile gestione dal lato utente per la protezione di contenuti sotto diritti è infatti uno dei nodi critici per lo sviluppo del mercato degli e-book e di ogni altro genere di contenuto digitale. Non a caso, i protagonisti del mercato editoriale e di quello informatico stanno dirottando notevoli risorse finanziarie e di ricerca proprio in questa direzione.

Quella del copyright è, come noto, una questione assai complessa che vede confluire aspetti tecnologici, economici, giuridici e sociali. Il diritto d'autore, come viene chiamato in Europa, o copyright, secondo la dizione adottata nei paesi anglosassoni[80], è un insieme di norme che

[80] In realtà, come mostra anche la loro semplice analisi lessicale, il concetto di diritto d'autore e quello di copyright – pur se ovviamente interconnessi – non sono affatto coincidenti. Nel primo caso, l'accento è posto sul diritto dell'autore di un'opera dell'ingegno di veder riconosciuti la paternità intellettuale e il diritto di sfruttamento economico dell'opera prodotta; nel secondo, l'accento è posto sulla salvaguardia delle 'edizioni autorizzate' dell'opera dalla riproduzione non autorizzata. Tuttavia, per gli scopi ovviamente limitati e non tecnici della nostra trattazione, non è indispensabile entrare nelle sottili distinzioni che caratterizzano questa materia, e i due concetti di diritto d'autore e di copyright sono suscettibili di un'analisi comune.

regolano i rapporti economici e giuridici tra autori, editori e utenti. Alla sua base c'è l'idea che il prodotto dell'attività intellettuale sia appunto un prodotto, di cui si può rivendicare la proprietà, e il cui sfruttamento si può cedere o dare in concessione a terzi. L'autore è il titolare naturale del diritto di proprietà sulla sua opera. Egli la cede in concessione temporanea o permanente a un editore che può produrne delle copie da vendere agli utenti. Gli utenti, pagando una certa cifra, possono acquistare una di tali copie e usarla, ma non diventano proprietari del prodotto intellettuale (nel senso giuridico, ovviamente) né ereditano il diritto di copia; dunque non possono a loro volta farne copie e distribuirle in qualsivoglia forma.

La normativa e il concetto stesso di diritto di autore sono conquiste piuttosto tarde dell'era moderna. Fino all'epoca rinascimentale gli autori erano vissuti dei proventi di attività pubbliche o private o della munificenza delle classi dominanti cui offrivano il loro ingegno. Ma con la diffusione della stampa nel mondo occidentale le cose cambiarono radicalmente. Grazie a questa 'nuova tecnologia', infatti, la produzione libraria divenne una vera e propria attività industriale, in grado di generare profitti per i nuovi stampatori-editori e redditi per gli autori. Spinti anche dalla contemporanea crisi economica e politica dei principati rinascimentali, gli scrittori divennero progressivamente intellettuali 'professionisti', remunerati dai proventi delle loro opere. D'altra parte gli editori, che detenevano i mezzi di produzione dei libri, avevano bisogno della 'materia prima' intellettuale per la loro fiorente attività. Naturalmente affinché il rapporto tra queste due figure funzionasse era necessario che fosse esclusivo, e che nessuno stampatore potesse riprodurre copie di opere che non aveva pagato all'autore.

Le prime leggi in materia furono emanate nel Regno d'Inghilterra agli inizi del '700 e trovarono una completa formalizzazione e una generale accettazione solo all'inizio del XIX secolo. La codifica legislativa del diritto d'autore è giunta fino ai giorni nostri pressoché intatta. Anzi, la sua applicazione è stata progressivamente estesa nel corso del tempo per farvi rientrare i nuovi supporti e mezzi di diffusione delle opere d'ingegno che il progresso tecnologico ha reso disponibile dal secolo scorso a oggi: il cinema, la discografia, la radio, la televisione, le cassette musicali, le videocassette, i CD-ROM...

Il problema è che la protezione giuridica del diritto d'autore e di copia fa leva su un dato di fatto molto materiale: la produzione e riproduzione fisica di un libro a stampa (o di un disco in vinile) sono attività abbastanza complesse, e richiedono comunque un certo impegno di tempo e di risorse. Conseguentemente, la trasgressione della norma che vieta questa pratica in mancanza dei legali diritti sull'opera è socialmente limitata ed effettivamente sanzionabile. Ma cosa avviene quando l'evoluzione dei mezzi di riproduzione rimuove queste difficoltà materiali ed economiche, rendendo la riproduzione immediata e accessibile a chiunque? La tendenza alla trasgressione, soprattutto in condizioni di alti prezzi di mercato dei beni protetti, si diffonde socialmente e la sua sanzione diviene praticamente inapplicabile.

Questa è esattamente la situazione che si è venuta a creare con l'introduzione degli strumenti digitali per la riproduzione e diffusione delle opere intellettuali. Un oggetto digitale, qualsiasi sia il suo contenuto, può essere riprodotto in un numero indefinito di copie identiche a costi effettivi quasi nulli, senza nessuna difficoltà e senza alcun degrado qualitativo rispetto all'originale (quest'ultimo aspetto è più evidente per le opere musicali e audiovisive, la cui riproduzione si è basata finora su tecnologie analogiche). Di conseguenza la riproduzione illegale di prodotti intellettuali in formato digitale si è diffusa rapidamente. Basti pensare al fenomeno dei CD audio e dati masterizzati, o a quello – più recente e più direttamente connesso con il tema di questo capitolo – della distribuzione di brani musicali in formato MP3 attraverso Internet.

Siamo dunque in presenza di una profonda contraddizione tra la base tecnica e la forma economico-giuridica della produzione e distribuzione di prodotti intellettuali. Le modalità per il superamento di questa contraddizione sono attualmente oggetto di un aspro dibattito teorico (ma anche pratico), fortemente polarizzato su due posizioni entrambe in qualche misura 'estreme'.

La prima posizione è quella sostenuta dal movimento del *no copyright* o del *copy-left*. Come è facilmente intuibile, i suoi fautori sostengono, non senza motivi, che le tradizionali normative a protezione del diritto di autore non abbiano più alcuna ragione di esistere nell'era digitale, visto l'abbattimento dei costi di riproduzione e distribuzione. E dunque ritengono che l'informazione e i contenuti debbano circolare liberamente e gratuitamente, in una sorta di versione riveduta *sub specie* tecnologica dell'economia del dono, o del baratto. Si tratta di una impostazione culturale molto radicata negli utenti 'storici' della rete e nei movimenti radicali di sinistra.

A questa posizione libertaria si oppone radicalmente il punto di vista dei colossi editoriali, dell'industria dello spettacolo, di buona parte degli autori, affiancati dalla maggior parte delle aziende tecnologiche.

Secondo questo punto di vista il diritto di autore è funzionalmente indipendente dalla tecnologia di riproduzione e diffusione dei contenuti, e la sua legittimità resta valida anche nel mondo digitale. Esso infatti è una garanzia per i produttori dei contenuti, che in sua mancanza non potrebbero vedere riconosciuto economicamente il loro lavoro (osservazione, questa, non priva di fondamento), e per i distributori che svolgono la funzione di valorizzare i prodotti intellettuali e di garantire la libertà di espressione (tesi quest'ultima sulla quale sembra invece possibile esprimere qualche dubbio).

In questo quadro si collocano le molte iniziative di ricerca che puntano a sviluppare piattaforme tecnologiche per la gestione dei diritti digitali (*Digital Right Management*, DRM). In linea generale questi sistemi si basano sulle tecniche di cifratura asimmetrica o a doppia chiave che sono utilizzate anche per la sicurezza dei pagamenti on-line e delle transazioni digitali. Semplificando, il processo di pubblicazione mediante un sistema di DRM si svolge in questo modo: il produttore dei contenuti (l'editore o l'autore in prima persona) riceve da una *authority* di certificazione indipendente (di norma si tratta del produttore del sistema di DRM) una chiave privata con cui può crittografare il file che contiene l'opera protetta, assegnandogli un determinato livello di protezione. A questo punto il file cifrato viene inviato ai distributori che gestiscono un server di distribuzione dei contenuti. Questo server interagisce con un modulo client installato sul computer dell'utente finale. Durante la transazione il server autentica l'utente, verifica che le condizioni di distribuzione siano state ottemperate (di norma tali condizioni consistono in un pagamento in denaro, ma questo non è obbligatorio: un sistema di DRM potrebbe ad esempio essere usato per distribuire in maniera controllata documenti importanti all'interno di una azienda) e infine genera e invia al client una chiave di decifrazione che permette di accedere al file protetto. Al fine di evitare che il contenuto digitale, una volta inviato, possa essere duplicato gratuitamente o letto su più postazioni, la chiave di decifrazione del contenuto include anche una chiave privata assegnata a ciascun utente. Di norma questa chiave viene generata usando dati univoci come il numero di identificazione del processore o del disco rigido sul computer utente. In questo modo il modulo client DRM potrà decifrare il file solo ed esclusivamente se gira sul medesimo computer con cui è stata effettuata la transazione.

Le piattaforme DRM possono essere interfacciate con i vari server per l'e-commerce e sono utilizzabili anche per gestire le transazioni tra produttori, editori, distributori e librai. In questo modo possono semplificare anche la catena del valore nel processo distributivo. Attualmente il denaro viene prima incassato da una libreria che, tramite la sua banca, versa a intervalli di tempo regolari la quota dovuta ai distributori e agli editori. Questi ultimi ogni anno conteggiano la quota dovuta agli autori e la accreditano sul loro conto. Con una gestione automatica delle transazioni questi passaggi potrebbero essere effettuati tutti nel medesimo istante.

Attualmente esistono diverse soluzioni per la gestione di diritti di autore in competizione tra loro. La più affermata è quella sviluppata dalla *ContentGuard* (**http://www.contentguard.com**), una azienda del gruppo Xerox, che si basa su un linguaggio XML con cui sono codificati i certificati digitali (contenenti dati di identificazione e chiavi di decifrazione) scambiati tra i vari attori durante la complessa transazione che abbiamo descritto sopra. La ContentGuard ha pubblicato le specifiche di questo linguaggio, denominato *Extensible Rights Management Language* (XrML, **www.xrml.org**), e ha stipulato accordi industriali con le maggiori aziende informatiche per lo sviluppo di sistemi DRM. Sia Microsoft sia Adobe, ad esempio, hanno basato i loro sistemi sulla tecnologia XrML di ContentGuard. Tuttavia la presenza di piattaforme DRM diverse e incompatibili rischierebbe di creare ostacoli alla crescita del mercato degli e-book e in generale dei contenuti digitali. Per evitare una possibile 'babele' sono stati avviati diversi tentativi di definire degli standard comuni. La più promettente vede coinvolti il gruppo di lavoro Electronic Book Exchange (EBX, **http://www.ebx.com**) e l'OeBF.

Ma, al di là dei problemi tecnici e di standardizzazione, le attuali implementazioni della tecnologia DRM sollevano non poche perplessità, anche tra coloro che non sono fautori del *no copyright* nelle sue forme più radicali. Come abbiamo visto, il processo di acquisto di un oggetto digitale protetto (e-book, file MP3 o video digitale) è piuttosto complesso e paradossalmente impone dei vincoli che non esistono nei prodotti culturali tradizionali. Infatti, quando compriamo un libro nessuno ci vieta di prestarlo a un amico, o di leggerlo quando e dove vogliamo. Un file protetto con un sistema DRM, invece, è di norma accessibile solo su un numero ristretto di postazioni. Ad esempio – come si è accennato – i titoli distribuiti per il lettore Microsoft possono essere letti solo su otto distinte installazioni del programma, con le inevitabili conseguenze fastidiose che ne possono derivare. Viene da domandarsi se l'introduzione di tanti vincoli e difficoltà non possa finire per scoraggiare gli utenti finali, e in tal modo rallentare se non impedire lo sviluppo delle nuove tecnologie di distribuzione dei prodotti intellettuali e la crescita dei relativi mercati (e questo, di sicuro, non gioverebbe nemmeno ai colossi dell'editoria e dello spettacolo).

Per questo ci sembrano ragionevoli e tutto sommato condivisibili le proposte di adottare politiche distributive innovative che hanno già dimostrato la loro validità in settori come quello del software. Ci riferiamo alla distribuzione shareware (sperimentata ad esempio da Stephen King con il suo *The Plant*) che, accompagnata da una riduzione dei prezzi, potrebbe rivelarsi ideale per la letteratura scientifica e di nicchia. O a forme di vendita per abbonamento su collane, anche in questo caso con un controllo sul tetto dei prezzi, peraltro giustificato dall'azzeramento dei costi di riproduzione.

Proprio quello dei prezzi rappresenta in questo caso un fattore fondamentale. L'esperienza del software insegna infatti che la maggior parte degli utenti tende a preferire un prodotto originale e legale rispetto a uno copiato illegalmente (che – anche in rete – è comunque in genere più complesso reperire), a condizione che il prezzo praticato dal produttore o distributore del prodotto originale sia ragionevolmente contenuto. Una politica di prezzi artificialmente alti tende invece a impedire lo sviluppo del mercato, e costituisce un incentivo alla pirateria e alla diffusione di copie non autorizzate.

Qual è, allora, il 'giusto prezzo' per un libro elettronico? Evidentemente, si tratta di una valutazione che dipende dal numero di potenziali acquirenti. Ma a sua volta il numero di potenziali acquirenti dipende dai prezzi praticati. Individuare l'equilibrio migliore può essere complesso, e sicuramente i prezzi praticati inizialmente in questo settore – anche per coprire i costi di start-up – saranno più alti di quelli che potranno essere praticati fra qualche anno, in una situazione di mercato più matura. Tuttavia se i prezzi fossero troppo alti, troppo vicini a quelli dei libri su carta (che hanno costi ben maggiori di produzione e distribuzione), la crescita del mercato e-book e la percezione delle sue potenzialità da parte degli utenti e dello stesso mondo della produzione e distribuzione culturale ne risulterebbero gravemente ostacolate.

In ogni caso, anche per quei titoli che saranno venduti con formule tradizionali o con prezzi troppo elevati, ci auguriamo che prevalgano impostazioni meno restrittive nell'imposizione di vincoli alla fruizione: non vorremo vederci costretti, noi lettori forti, a trasformarci in 'hacker' impegnati a scardinare le assurde protezioni che ci separano dai nostri amati libri (elettronici).

Dove acquistare gli e-book

Ma, ammesso che si voglia affrontare il complesso processo di acquisto, dove è possibile reperire e-book? La distribuzione dei libri elettronici, come abbiamo già rilevato, è concentrata pressoché interamente su Internet. Tuttavia i produttori di dispositivi di lettura sia hardware sia software hanno adottato politiche distributive diverse. Nel corso della rassegna di questi strumenti abbiamo già fornito indicazioni caso per caso. In questo paragrafo ci limiteremo a fornire un quadro generale.

Gli e-book per i lettori Microsoft e Adobe sono venduti da diverse librerie on-line. In genere i titoli distribuiti in questi siti sono pubblicati da editori *mainstream*.

In particolare, Microsoft e Adobe hanno stabilito accordi preferenziali con le già ricordate *Barnes&Noble.com* (**http://www.barnesandnoble.com**) e *Amazon.com* (**http://www.amazon.com**). Da ricordare anche *eBooks.com* (**http://www.ebooks.com**), una libreria on-line australiana specializzata nel settore tecnico e saggistico. Per quanto riguarda l'Italia, la *Mondadori* (**http://ebook.mondadori.com**) ha iniziato a vendere on-line alcuni dei suoi titoli di maggior richiamo nel formato e-book della Microsoft; altri titoli sono disponibili sul sito *Libuk* (**http://www.libuk.com**). Una raccolta organizzata di siti dedicati alla distribuzione e vendita di e-book è stata recentemente realizzata nell'ambito del sito della *Fiera del libro* di Torino, in occasione della Fiera 2003. L'indirizzo è **http://ebook.fieralibro.net/**, e l'elenco comprende una raccolta assai ampia di siti di case editrici e librerie specializzate in e-book, sia in Italia che all'estero. Una ricchissima fonte di e-book gratuiti per MS Reader è il già citato *Electronic Text Center* della University of Virginia (**http://etext.lib.virginia.edu/ebooks**) che distribuisce centinaia di titoli fuori diritti di ambito letterario, storico e filosofico in lingua inglese.

Ci sono poi le numerose esperienze di frontiera tra distribuzione ed editoria indipendente, che si rivolgono al vasto e variegato universo degli scrittori 'non professionisti'. Tra queste ricordiamo *Alexandria Digital Library* (**http://www.alexlit.com**), *BooksforABuck.com* (**http://www.booksforabuck.com**) e *1stBooks.com* (**http://www.1stbooks.com**), che pubblica sia letteratura sommersa sia titoli scientifici in formato elettronico e in formato cartaceo mediante un sistema di *print-on-demand*. Una segnalazione merita anche *Octavo* (**http://www.octavo.com**), che produce e distribuisce edizioni elettroniche in formato PDF di libri rari, incunaboli e manoscritti. In Italia la *Apogeo* (**http://www.apogeonline.it**), editrice assai attiva nel settore dei libri di argomento informatico e tecnologico, ha varato una collana di e-book in formato PDF.

Per quanto riguarda gli e-book destinati al mondo Palm, ricordiamo il sito *Palm Digital Media* (**http://www.palmdigitalmedia.com**), che distribuisce titoli per il Palm Reader, e il ricchissimo *Memoware* (**http://www.memoware.com**), che offre migliaia di e-book.

Naturalmente questa rassegna è tutt'altro che esaustiva. La quantità di librerie on-line, editrici indipendenti, editrici universitarie e singoli autori che si sono inseriti nel mercato e-book è veramente vasta. Chiudiamo perciò indicando alcuni dei siti che offrono informazioni e link su questa tecnologia. Oltre al sito dell'OeBF, molto utili sono anche *Knowbetter* (**http://www.knowbetter.com**) e *eBook.Ad* (**http://www.ebookad.com**), che ha realizzato anche una Web radio con interviste, notizie e commenti, e un motore di ricerca per individuare e-book su Internet. In lingua italiana segnaliamo *Evolution Book* (**http://www.evolutionbook.com**), che – oltre a fornire informazioni – pubblica alcuni titoli di autori italiani non professionisti.

L'informazione on-line

Il rapporto che si è instaurato nel corso degli anni tra mondo dell'informazione e Internet ha avuto varie fasi. In un primo momento esso ha rispecchiato il paradigma ormai classico della dialettica tra 'atteggiamento apocalittico' e 'atteggiamento integrato', con netta prevalenza del primo tra gli operatori tradizionali dell'informazione. Così, mentre alcuni pionieri predicavano le magnifiche possibilità aperte da Internet per rinnovare il modo di fare informazione e di diffonderla, la maggioranza, al seguito di alcuni vecchi maître del giornalismo, si scagliava contro i rischi della immediatezza, della non verificabilità delle fonti, della confusione che avrebbe comportato l'uso del nuovo medium telematico.

In una seconda fase (intorno alla seconda metà del decennio scorso), di fronte alla esplosione del fenomeno Internet, e alla crescita degli utenti, si è passati a una repentina corsa alla frontiera digitale. Nella gran parte dei casi questa corsa è stata caratterizzata da una scarsa consapevolezza circa le caratteristiche intrinseche della rete e le attitudini culturali ed economiche predominanti tra i suoi utenti. Si è così assistito alla proliferazione dei siti giornalistici sulla rete, in gran parte ricalcati pedissequamente sui modelli comunicativi dei giornali tradizionali.

Come dicevamo, in parte questa corsa è stata indotta dal 'fenomeno Internet' in quanto tale: apparire sulla rete significava essere all'avanguardia, con un immediato ritorno d'immagine. Ma alcuni editori, vecchi e nuovi, hanno tentato di applicare alle rete i medesimi assetti commerciali del sistema dell'informazione tradizionale. La realtà, tuttavia, ha ben presto frustrato queste entusiastiche aspettative. Molte esperienze di giornali a pagamento tentate in quegli anni si sono concluse con un sostanziale fallimento: costi altissimi e proventi bassi o nulli (e si noti che ad andare incontro al fallimento sono state iniziative messe in cantiere da grandi gruppi editoriali).

Le ragioni del poco interesse mostrato dagli utenti verso queste iniziative sono molteplici. Certamente vi ha giocato un ruolo non secondario la scarsa ergonomia che ancora oggi caratterizza i dispositivi digitali. Probabilmente la generalizzazione della vendita on-line di beni immateriali come l'informazione è stata ostacolata dalla mancanza di mezzi di pagamento efficienti e non antieconomici per le microtransazioni. Ma assai più rilevante è stata la consuetudine alla gratuità delle risorse che è radicata tra gli utenti della rete. La maggior parte delle informazioni su Internet sono di libero accesso, e questo ha creato un orizzonte di aspettative difficilmente modificabile, se non in ambiti assai ristretti e specialistici. A riprova di ciò si deve ricordare che i pochi siti informativi che sono riusciti ad adottare modelli commerciali di vendita per abbonamento o, più raramente, per consultazione, sono quelli che si occupano di temi altamente specializzati come l'informazione economica e finanziaria.

Il fallimento delle aspettative di redditività immediata dei siti giornalistici ha aperto una nuova fase nel rapporto tra informazione e Internet, caratterizzata da una trasformazione sia dei modelli comunicativi sia dei modelli di business.

Per il primo aspetto, si è assistito a una profonda innovazione nel modo di fare informazione on-line. Dalla versione fotocopia del giornale cartaceo si è così passati a una comunicazione progettata direttamente per la rete, caratterizzata dalla forte modularizzazione dell'offerta informativa, dalla progressività del livello di approfondimento e dunque della lunghezza dei brani di informazione, dall'adozione di tecniche comunicative multimediali, dalla migliore utilizzazione di apparati interattivi e di coinvolgimento degli utenti come la posta elettronica e i forum sia asincroni sia, occasionalmente, in tempo reale.

Protagoniste di questa innovazione del linguaggio sono state anche le testate radiotelevisive, che in un primo momento sembravano tagliate fuori dalla rete. A fronte di siti informativi in cui il testo scritto è accompagnato solo da poche immagini statiche, si è così passati a siti in cui testo, parlato e immagini (statiche e in movimento) vengono integrate per mettere a disposizione dell'utente quantità enormi di informazione. Naturalmente l'integrazione sortisce i suoi effetti a condizione di fornire strumenti di navigazione e di selezione agili e amichevoli, elemento su cui si dovranno fare ulteriori passi in avanti. In alcuni casi i siti di carattere informativo si sono evoluti fino a divenire dei veri e propri centri di servizi avanzati per gli utenti, assumendo direttamente la forma di portali, o agendo in stretta connessione con uno di essi.

Dal punto di vista del modello di business, invece, dalla vendita on-line di informazione si è passati al servizio finanziato dalla cessione di spazi pubblicitari. Questo modello, a sua volta, basandosi come è noto sul numero di contatti che un sito riesce ad assicurarsi e che dunque può vendere ai committenti di inserzioni, ha spinto al miglioramento qualitativo dei siti, e alla qualificazione dei servizi offerti gratuitamente agli utenti.

La crisi della new economy, e soprattutto il drastico ridimensionamento della raccolta pubblicitaria on-line verificatosi negli ultimi anni, sta favorendo un ennesimo cambiamento di rotta, di cui si cominciano a vedere i primi segnali. Torna, infatti, il modello di business basato sulla vendita per abbonamento di servizi informativi di qualità, che questa volta si affianca a quello pubblicitario (un modello che caratterizza anche la politica di alcuni portali). Insomma, si tratta di convincere gli utenti che la qualità del servizio, che si può verificare negli spazi gratuiti, vale un modesto investimento monetario.

Una finestra su Internet per i giornali tradizionali

Il numero di testate giornalistiche disponibili on-line ammonta ormai a diverse migliaia. Si va dai grandi giornali di rilievo internazionale fino ai piccoli quotidiani locali, che trovano su Internet una utenza tipicamente comunitaria, limitata ma assai fedele e attenta. Per avere degli elenchi più o meno completi rimandiamo come di consueto ai cataloghi sistematici di risorse Web, nelle relative sezioni.

La maggior parte dei siti a carattere giornalistico sono la versione on-line di testate cartacee, e da esse ereditano spesso contenuti e struttura. In alcuni casi, tuttavia, soprattutto per i siti delle testate più importanti, la versione on-line si è evoluta fino ad assumere il carattere di una iniziativa editoriale autonoma (spesso dotata di una redazione specifica), secondo i caratteri che abbiamo delineato nel paragrafo precedente.

Da questo punto di vista si segnalano in modo particolare i servizi Web delle grandi testate giornalistiche statunitensi (ricordiamo che attualmente, negli Stati Uniti, si contano diverse migliaia di siti giornalistici), che sono senza dubbio tra le risorse Internet in assoluto più interessanti.

Uno dei migliori è il sito del «New York Times» (**http://www.nytimes.com**), più volte premiato, che con l'aiuto di una grafica molto elegante e funzionale offre una notevole quantità di informazioni in tempo reale, articoli e commenti realizzati appositamente per la versione on-line o tratti dal quotidiano cartaceo, oltre a varie sezioni di approfondimento tematico, e una serie di pagine dedicate ai fatti 'locali' di New York. È disponibile anche un servizio di ricerca d'archivio.

Figura 108 La home page del sito del «New York Times»

Molto ben fatti sono anche i siti del «Washington Post» (**http://www.washingtonpost.com**) e di «USA Today» (**http://www. usatoday.com**).

Una menzione anche per i siti collegati a due noti quotidiani europei: quello dell'inglese «The Guardian» (**http://www.guardian. co.uk/**), che si è affermato in questi anni come uno dei più interessanti siti giornalistici 'di opinione', e quello del francese «Le Monde» (**http://www.lemonde.fr/**), che offre contenuti gratuiti di ottimo livello e soprattutto, per il prezzo più che ragionevole di 5 euro al mese, una versione a pagamento davvero ricca di contenuti e servizi innovativi (inclusa la consultazione in tempo reale delle principali agenzie di stampa internazionali, una serie di newsletter, la consultazione del testo integrale e degli archivi del giornale su carta, e un interessante servizio di 'archivio personale' per conservare e organizzare articoli e informazioni).

Passando ai periodici, ricordiamo *Time.com*, il grande servizio online realizzato dal gruppo Time Warner. Si tratta di un sito molto articolato che contiene una sezione di notizie quotidiane, le pagine Web del magazine del gruppo, «Time», e una serie di altri servizi tematici, tra cui una sezione dedicata alle notizie internazionali più importanti. Della testata cartacea principale sono presenti una selezione degli articoli pubblicati nel numero corrente. Anche l'altro grande periodico americano, «Newsweek», ha un sito web di ottimo livello, intitolato *Newsweek.com* (**http://www.newsweek.com**). Nata direttamente per la rete è invece *Slate* (**http://www.slate.com**), rivista on-line realizzata dalla Microsoft. Dopo un tentativo (fallito) di vendere l'accesso per abbonamento, questo periodico è stato ristrutturato e messo a disposizione gratuitamente degli utenti, nell'ambito del portale MSN. Anche «Slate» ha una sezione di aggiornamenti quotidiani e una serie di articoli tematici a carattere informativo e culturale di ottimo livello.

Maggiore fortuna dal punto di vista della vendita a sottoscrizione hanno sempre avuto le grandi testate economiche internazionali. Il prestigioso «Wall Street Journal» (**http://www.wsj.com**) richiede un abbonamento annuale di 79 dollari, che dà diritto a consultare l'edizione completa del quotidiano, aggiornamenti finanziari in tempo reale e una serie di servizi di banche dati.

Una politica di distribuzione per abbonamento è stata adottata anche dall'«Economist», che pure permette di accedere a una parte dei suoi articoli in modo gratuito (**http://www.economist.com**). L'abbonamento consente anche di effettuare ricerche sull'archivio completo del giornale, una risorsa di grande livello per chi opera nel settore finanziario. Anche il londinese «Financial Times» ha una sua versione on-line che richiede un abbonamento annuale per essere consultata pienamente; i servizi gratuiti sono comunque molti e di buon livello, e comprendono le quotazioni in tempo reale dei maggiori indici borsistici del mondo (**http://www.ft.com**). Tra i periodici economici, ricordiamo infine il sito di «Business Week» (**http://www.businessweek.com**), molto completo e caratterizzato dalla stessa politica di distribuzione parte a pagamento e parte gratuita.

Per quanto riguarda l'Italia, superato un primo momento di diffidenza, quasi tutte le grandi testate nazionali hanno aperto un loro sito Web[81]. Tra i quotidiani, citando in ordine alfabetico, ne ricordiamo alcuni: «Avvenire», «Corriere della Sera», «Gazzetta dello Sport», «Il Foglio», «Il Giornale», «Il Giorno», «il manifesto», «Il Messaggero», «la Repubblica», «Il Sole 24 Ore», «La Stampa», «Il Tempo», «l'Unità» (che per un certo periodo è sopravvissuta solo in rete). Fra i periodici invece, oltre a testate specialistiche e di settore, troviamo riviste quali «L'Espresso», «Panorama», «Famiglia Cristiana», «Internazionale», «Diario», «Liberal». Per non riempire queste pagine con una interminabile lista di URL, abbiamo preferito evitare di fornire esplicitamente gli indirizzi di tutte le testate. Un ottimo e aggiornato repertorio delle pubblicazioni italiane presenti su Internet (tanto quotidiani e periodici di informazione quanto riviste di settore) è costituito dalla pagina 'L'edicola della Città Invisibile', all'indirizzo **http://www.citinv.it/info/edicola.html**; un altro strumento prezioso è il ricco database di giornali e riviste italiani e stranieri accessibile attraverso la sezione 'Edicola' del sito della Camera dei Deputati (**http://www.camera.it**).

In diversi casi le edizioni telematiche dei giornali sono delle copie della versione cartacea, più o meno complete, spesso messe on-line con ritardo rispetto alla uscita in edicola. Ma in complesso dobbiamo dire che il livello qualitativo dei siti giornalistici italiani è molto migliorato negli ultimi anni, e non mancano esempi eccellenti come quelli della «Stampa», del «Corriere della Sera» (che mette a disposizione un servizio di ricerca d'archivio che risale fino al 1992), del «Foglio» (che come abbiamo già avuto occasione di ricordare è stato il primo sito giornalistico in Italia a integrare il particolare strumento rappresentato dai weblog) e di «Repubblica», il cui *Repubblica.it* (**http://www.repubbli-**

[81] Anzi, si deve dire che il primo quotidiano in assoluto ad aver avuto un'edizione elettronica completa è stato proprio una testata italiana, l'«Unione Sarda» (**http://www.unionesarda.it**), presente in rete sin dal 1994.

ca.it), resta senza dubbio il migliore sito giornalistico italiano (e anche il più visitato).

Caratterizzatosi sin dall'inizio come un sito capace di sperimentare tendenze e modelli comunicativi innovativi, il sito della testata romana ha confermato questa sua vocazione a fare da esploratore nel territorio digitale: dalla primavera del 2002, infatti, una serie di servizi tra cui l'accesso alla versione on-line integrale del giornale sono accessibili solo per abbonamento (va detto tuttavia che l'insieme dei servizi offerti agli abbonati risulta nel complesso meno ricco di quello offerto ad esempio dal citato sito di «Le Monde»).

Molto ben fatto è anche il sito del «Sole 24 Ore» il quale, oltre alla sezione gratuita, rende accessibile on-line, su sottoscrizione, un prezioso servizio denominato 'Banche dati on-line' che, oltre all'archivio storico dei numeri del quotidiano, contiene anche molti periodici specializzati nel settore economico (**http://www.ilsole24ore.it**). Una menzione a parte merita il sito de «Il Nuovo» (**http://www.ilnuovo.it**): raro esempio di giornale nato in rete senza alle spalle un corrispettivo car-

Figura 109 La home page di *Repubblica.it*

taceo, il sito ha offerto per un certo periodo un servizio di buona qualità, ma negli ultimi mesi, anche in seguito a un cambio di gestione rivelatosi non dei più felici, sembra aver perso molti dei suoi motivi di interesse (e dei suoi lettori).

Come le testate giornalistiche, anche molte agenzie di stampa hanno percepito la funzione innovativa di un canale di distribuzione come la rete. Ricordiamo gli esempi della «Reuters» (**http://www.reuters.com**), che permette anche di scaricare un utile programmino in grado di aggiungere al desktop di Windows una striscia informativa con le notizie dell'agenzia aggiornate in tempo reale, e in Italia dell'«ANSA» (**http://www.ansa.it**) e della «ADN Kronos» (**http://www.adnkronos.it**).

Il discorso a questo riguardo richiederebbe un approfondimento che purtroppo esula dai limiti di spazio che ci sono concessi. Infatti l'entrata delle agenzie nel mercato della fornitura di informazioni direttamente al pubblico ne cambia la natura di fonti e modifica gli assetti tradizionali del sistema dell'informazione. Se a ciò si aggiunge la proliferazione di agenzie nate direttamente su Internet e in generale di fonti di informazione più o meno controllate che sulla rete trovano un canale di distribuzione globale a basso costo (basti pensare ai weblog), ci si rende conto della ricchezza di materiali informativi primari cui ciascun utente può accedere. Molti osservatori hanno temuto (e temono tuttora), o auspicato, che questa ricchissima offerta mettesse a repentaglio la funzione di mediazione esercitata dai giornalisti e dunque dai giornali tradizionali, decretandone a breve o medio termine la crisi definitiva. In effetti il successo dei portali giornalistici sembra smentire queste previsioni, e indicare come proprio il ruolo di mediazione che svolge il giornalista sia esaltato dalla proliferazione di fonti dirette, nella gran parte dei casi non controllabili, tra cui è assai difficile orientarsi. Ma, crediamo, non è solo il ruolo di guida in un universo disordinato e potenzialmente caotico a essere necessario; accanto a esso resta il tradizionale ruolo di opinion maker, di elaboratore di punti di vista. Ciò che cambia è il fatto che tali opinioni sempre più difficilmente potranno essere contrabbandate come fatti, e sempre meno quei fatti potranno distorcere, poiché i lettori saranno in molti casi in grado di verificarne le fonti, direttamente o attraverso la vera e propria 'rete di controllo' rappresentata da migliaia di weblog, di siti indipendenti, di forum di discussione, di comunità on-line.

Un'ultima segnalazione va fatta per un servizio che non è nato in rete, ma che su Internet ha raccolto un successo del tutto inatteso. Ci riferiamo al Televideo RAI, che dispone di un proprio sito all'indirizzo

http://www.televideo.rai.it. Possiamo dire per esperienza che poche fonti informative in rete, a livello internazionale, vantano la tempestività di aggiornamento del nostro Televideo, e l'enorme successo del sito testimonia l'interesse del pubblico per questo servizio.

I siti informativi di origine televisiva

Come abbiamo accennato, un ruolo molto importante nell'evoluzione dei servizi di diffusione dell'informazione on-line è stato giocato dai siti realizzati dalle testate giornalistiche radiotelevisive.

Arrivate su Internet con un certo ritardo rispetto alle testate cartacee, esse sono state in grado di recuperare rapidamente lo svantaggio accumulato: in parte grazie alla notevole disponibilità finanziaria, e in parte grazie alla attitudine delle redazioni radiotelevisive a lavorare in tempo reale, e dunque a sfruttare a pieno i vantaggi di immediatezza offerti dalla rete. Probabilmente ciò che ha sospinto i grandi network televisivi a esplorare il mondo della comunicazione in rete è stata la notevole evoluzione che si è registrata nel settore della distribuzione di audio e video in tempo reale su Internet grazie alla tecnologia dello *streaming*. Essa infatti ha reso possibile la diffusione via rete del prodotto specifico di una testata televisiva, le immagini video.

Chiaramente la prospettiva verso cui queste sperimentazioni si muovono è quella della *Web Television*, o del *Webcasting* ad alta qualità; un esempio recentissimo è rappresentato dai quattro canali in webcasting della rete televisiva statunitense *ABC News* (**http://www.abcnews.com/**), che hanno iniziato a trasmettere in occasione della guerra in Iraq e sono compresi all'interno del pacchetto a pagamento organizzato dalla Real (**http://www.real.com**) e denominato *Real Pass*. Allo stato attuale, comunque, i siti realizzati da testate televisive si presentano come servizi di informazione non dissimili da quelli realizzati da giornali e periodici, con il valore aggiunto di una maggiore presenza di servizi audio e audio-video forniti in *streaming*.

Per citare alcuni esempi, ricordiamo l'ottimo servizio Web realizzato dal network *all news* per eccellenza, la CNN (**http://www.cnn.com**), di cui esistono anche versioni localizzate in varie lingue e per varie aree geografiche. Si tratta di uno dei migliori siti di informazione presenti su Internet. Giovandosi della enorme rete di corrispondenti di cui il noto network dispone, esso fornisce notizie in tempo reale su ogni argomento e da ogni parte del mondo, alcune delle quali corredate da servizi in video o in solo audio. Tra i tanti servizi del sito, vi è anche un sistema di *video on demand* (recentemente divenuto a pagamento e compreso anch'esso in una versione del citato pacchetto *Real Pass*), che permette di ricevere filmati di archivio su vari temi, non necessariamente a carattere informativo ma anche di divulgazione tecnico-scientifica.

Naturalmente anche i grandi network statunitensi tradizionali (diffusi, cioè, via terra) hanno degli imponenti siti Web. Trattandosi di siti legati all'intero network, nelle loro home page trovano spazio i riferimenti all'intero palinsesto e non solo alle news. Tuttavia in genere gli spazi dedicati all'informazione sono sempre di buon livello.

Ma senza dubbio il migliore sito di un network televisivo è quello realizzato dal più antico e prestigioso network televisivo del mondo, la britannica BBC (**http://www.bbc.co.uk**), la cui sezione dedicata alle informazioni, *BBC news*, altamente personalizzabile, è una delle migliori in assoluto e soprattutto, in ottemperanza allo spirito sovranazionale della BBC, è disponibile in diverse lingue tra cui l'arabo, il cinese e il giapponese.

Anche i network italiani hanno potenziato la loro presenza sulla rete. La RAI (**http://www.rai.it**) ha realizzato (e più volte ristrutturato) un grande portale, intorno al quale gravitano i siti delle varie testate giornalistiche che forniscono dei buoni servizi di informazione, tra cui quello del canale tematico di informazione *RAI News 24* (che in ambito televisivo viene diffuso su satellite digitale e, di notte, su RAI 3). Anche Mediaset ha tentato la strada del grande portale generalista, Jumpy (**http://www.jumpy.it**), intorno al quale ruotano i siti delle varie reti e testate. Ma dopo un periodo di successo – legato soprattutto alla operazione 'Grande fratello', il noto format real-tv che tante polemiche suscita tra i commentatori, e a una intensa campagna pubblicitaria – il progetto, anche in virtù di non pochi sbagli nel posizionamento e nella qualità dei servizi offerti, è rientrato in un'area di mediocrità.

Riviste e periodici on-line

Un altro genere di siti editoriali presenti sulla rete è rappresentato dalle riviste e dai periodici on-line. Abbiamo già avuto modo di ricordare la presenza su Internet di alcuni grandi periodici di informazione politica e di costume. E non poche sono le testate di settore che hanno aperto un loro sito Web, in cui offrono in parte o del tutto i contenuti delle versioni cartacee, talvolta con lo scarto di un numero (per il panorama italiano rimandiamo alla già ricordata 'Edicola' del sito 'Città invisibile').

Ma forse di maggiore interesse è il fenomeno delle riviste nate direttamente per la rete, senza avere un loro corrispettivo cartaceo. A differenza di quanto avviene nel settore dell'informazione quotidiana, che impone dei costi notevoli e una struttura redazionale complessa, alla portata di imprese editoriali già consolidate, nell'ambito della stampa periodica la distribuzione on-line rappresenta una vera e propria nuova frontiera, aperta a chiunque abbia buone idee e volontà di sperimentare. Grazie all'abbattimento degli alti costi di produzione e distribuzione imposti dalla stampa cartacea, la rete può infatti dare voce a realtà sociali, politiche e culturali che avrebbero difficoltà a emergere nel panorama editoriale tradizionale. Tuttavia la crisi di questi ultimi anni non ha risparmiato nemmeno queste esperienze, e alcune delle testate che citavamo nella precedente edizione di questo manuale, anche di ottimo livello qualitativo, sono scomparse.

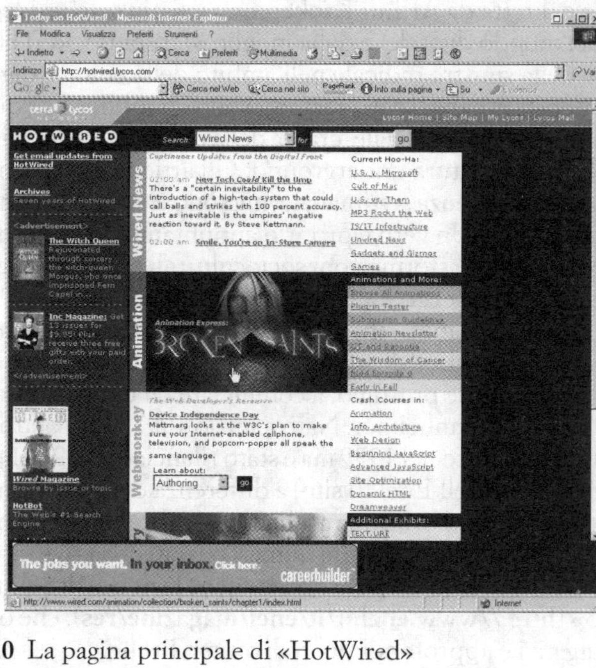

Figura 110 La pagina principale di «HotWired»

Ovviamente non tutte le riviste e i periodici sulla rete sono riconducibili a esperienze che potremmo latamente definire di 'autoproduzione'. Ad esempio, una delle pubblicazioni più note su World Wide Web, «HotWired» – cugina elettronica della famosa «Wired», il mensile per eccellenza della 'generazione digitale' –, dopo la grave crisi in cui è incorsa nel 2000 è ormai di proprietà di Terra Lycos. Il sito principale di «HotWired» è all'indirizzo **http://www.hotwired.com**. Ma in realtà il servizio è un vero e proprio portale, articolato in una famiglia di siti che offrono articoli, interviste, notizie, racconti, consigli tecnici per gli sviluppatori di servizi on-line (nella notissima sezione 'Web Monkey'): insomma, tutto quello che può esserci di interessante intorno al campo delle nuove tecnologie e dei loro effetti sociali e culturali. Oltre alla qualità dei contenuti, le pagine di HotWired sono un esempio avanzatissimo di integrazione multimediale, con immagini, animazioni e contributi sonori, e la loro grafica, come quella della rivista cartacea, è divenuta un punto di riferimento nell'ambito della editoria on-line.

Un'altra rivista elettronica su Web di area nordamericana che è opportuno segnalare al lettore è «CTHEORY» (**http://www.ctheory.net**). Ideata e diretta da Arthur Kroker, uno dei più celebri ideologi 'alternativi' del mondo digitale, e dalla moglie Marilouise, «CTHEORY» è la tribuna della sinistra radicale nell'ambito della cultura digitale. Seguendo l'impostazione del suo creatore, i saggi pubblicati su questo periodico trattano di teoria sociale, critica della tecnologia o meglio del suo uso capitalistico, e cultura underground. Gli articoli e le recensioni sono aggiornati con cadenza settimanale, ma sono elencati tutti in una medesima pagina Web. Un vero e proprio appuntamento imperdibile per chi si interessa delle trasformazioni socioculturali nell'era digitale.

Per venire a esperienze italiane, da menzionare quella del mensile «Golem – L'indispensabile» (**http://www.enel.it/it/enel/magazine/golem**), un periodico on-line di attualità politica e culturale al quale collaborano firme di grande prestigio, a cominciare da Umberto Eco, Furio Colombo, Renato Mannheimer. Nato a inizio 1997, il progetto ha subito una battuta di arresto nel 1999 ma è stato rilanciato nel 2001 grazie alla sponsorizzazione dell'Enel. Il sito, a differenza delle esperienze americane che abbiamo citato, ha una grafica assai sobria, anche se molto curata; permette di accedere anche ai numeri passati della rivista, oltre che a una serie di forum. L'Enel sponsorizza anche la rivista di cultura scientifica «RES» (**http://www.enel.it/it/enel/magazine/res**), che offre contenuti divulgativi e approfondimenti di ottimo livello.

Molto interessante è anche l'esperienza di «Galileo» (**http://www.galileonet.it**). Si tratta di una rivista fondata e gestita da un gruppo di giovani giornalisti formatisi alla scuola di giornalismo scientifico di Trieste, che rappresenta uno degli esempi più avanzati di divulgazione nel nostro paese, oltre che una esemplificazione paradigmatica delle possibilità che la rete offre a chi, pur senza disporre di ingenti finanziamenti, è in possesso di competenze e di spinta alla sperimentazione. Lo stesso potrebbe dirsi per la storica «Beta» (**http://www.beta.it/**), una rivista tecnica dedicata al mondo dell'informatica, che costituisce una vera e propria miniera di preziosi consigli sull'uso e sulla programmazione dei computer.

Per chi si interessa di cinema un punto di riferimento molto importante è «Tempi Moderni», una delle migliori pubblicazioni di settore presente in rete (**http://www.tempimoderni.com**). In un sito graficamente molto bello i lettori possono trovare articoli monografici dedicati a singoli registi o tradizioni filmiche, insieme a rubriche di attualità e anteprime sulla produzione cinematografica del momento e su tutto quanto riguarda il mondo del cinema.

Un'altra storica rivista on-line italiana è «Delos», un vero e proprio periodico 'cult' per gli appassionati di fantascienza (**http://www.delos.fantascienza.com**). Vi trovano spazio tutti gli aspetti di questo mondo, dalla produzione editoriale a quella cinematografica, dalla critica alla produzione creativa. Da notare che il sito offre anche la possibilità di scaricare una versione completa di ogni numero, da leggere comodamente off-line. Ricchissima è anche l'offerta di riviste letterarie, con una articolazione che va dai siti che pubblicano gli inediti di aspiranti scrittori a periodici di critica e analisi testuale più seri. In questo campo, ricordiamo «Katalibri» (**http://www.kwlibri.kataweb.it**), rivista on-line dedicata al mondo dei libri e della cultura e collegata al portale Kataweb. Da segnalare anche l'esperienza di DADA (**http://www.218ac.it/dadaasp**), un sito dedicato alla scrittura letteraria amatoriale che ha dato vita a «DadaMag», una vera e propria rivista letteraria on-line.

Un altro settore che può trarre un grande vantaggio dalla distribuzione telematica è l'editoria scientifica, ovvero tutte quelle pubblicazioni accademiche e specialistiche che si rivolgono a una utenza di ricercatori e studiosi. Internet, oltre a ridurre i costi, risolve problemi come la velocità di circolazione e la necessità di una diffusione più ampia possibile, particolarmente sentite in questo ambito editoriale. Per questa ragione un numero crescente di pubblicazioni specializzate, tra cui alcune delle più prestigiose riviste accademiche statunitensi, affianca edizioni elettroniche alle tradizionali versioni stampate. Elencarle tutte sarebbe impossibile, anche limitandosi a un singolo settore disciplinare.

Ci limiteremo a segnalare, dunque, un caso esemplare: quello di «Postmodern Culture» (titolo che viene spesso abbreviato nell'acronimo PMC), la prima rivista elettronica in assoluto (**http://jefferson.village.virginia.edu/pmc**). Fondata nel settembre del 1990, PMC è oggi una delle più autorevoli e seguite pubblicazioni di dibattito culturale, filosofico e artistico su Internet, e annovera tra i suoi collaboratori studiosi di primo piano, come John Unsworth, Stuart Moulthrup e Gregory Ulmer.

Non possiamo rendere conto in questa sede di tutti i temi che animano la rivista, ma la testata non lascia molti dubbi sul quadro di riferimento teorico: PMC è infatti un importante luogo di dibattito teorico sul postmoderno, nelle sue varie articolazioni (si va dalla critica letteraria e artistica fino alla analisi politica), con frequenti incursioni nel decostruzionismo. A questa impostazione si affianca una forte vocazione interdisciplinare, e una attenzione particolare ai fenomeni culturali legati alle nuove tecnologie. D'altra parte, molta della riflessione teorica sugli effetti sociali e culturali delle nuove tecnologie, specialmente negli Stati Uniti, proviene da ambienti postmodernisti e decostruzionisti, dove concetti come 'rete', 'comunicazione orizzontale', 'decentramento', 'testualità aperta', hanno un notevole successo.

Ma, indipendentemente dal giudizio che si attribuisce a tale orizzonte teorico, l'esperienza di PMC presenta aspetti di grande interesse. Da menzionare, ad esempio, l'uso intelligente delle possibilità comunicative offerte dall'ambiente multimediale e interattivo del Web, e la scelta di accogliere, accanto agli interventi saggistici di impianto tradizionale, sperimentazioni di scrittura creativa e di arte multimediale. La presenza tra i suoi curatori di Stuart Moulthrup, infatti, ne fa uno dei punti di riferimento dello 'sperimentalismo ipertestuale'.

Un ulteriore aspetto da segnalare è il rapporto interattivo con i lettori, che possono contribuire al dibattito sia inviando lettere (tramite la posta elettronica, ovviamente), sia proponendo contributi formali. La selezione dei contributi, come avviene nella maggior parte delle riviste scientifiche anglosassoni, si basa sul sistema di *peer review*. Un articolo proposto per la pubblicazione al comitato editoriale viene sottoposto al vaglio di alcuni esperti indipendenti. In base al giudizio di questi recensori il contributo viene accolto, scartato o rinviato all'autore perché lo revisioni ulteriormente. Ogni numero della rivista, inoltre, ospita una o più repliche o commenti agli interventi proposti nei numeri precedenti, a dimostrazione della vitalità del dibattito che la rivista riesce a suscitare.

A partire dal 1997, PMC è entrata a far parte del progetto *MUSE* realizzato dalla John Hopkins University Press (**http://muse.jhu.edu**). Si tratta di un sito che, con la sottoscrizione di un abbonamento, permette di ricercare e consultare le edizioni elettroniche di molte prestigiose riviste di ambito umanistico (ricordiamo, tra le altre «The Henry James Review», «Imagine», «The Kennedy Institute of Ethics Journal», «Philosophy and Literature», «New Literary History»).

Anche in Italia esistono alcune riviste scientifiche nate esclusivamente sulla rete. Limitandoci al campo umanistico, segnaliamo la neonata «Griseldaonline», realizzata presso l'Università di Bologna (**http://www.griseldaonline.it**), che ambisce a divenire un vero e proprio portale di letteratura. Si tratta di un progetto molto interessante che cura sia l'aspetto saggistico e critico, sia quello didattico. Da segnalare l'ottima sezione dedicata all'Informatica umanistica. Un altro progetto editoriale on-line molto interessante è «Reti Medievali» (**http://www.retimedievali.it**). Si tratta di un vero e prorio portale dedicato agli studi di medievistica, che include (assieme a molti altri contenuti, fra i quali una sezione di e-book) una pubblicazione periodica denominata «RM Rivista». Quest'ultima, organizzata secondo una periodicità semestrale, è divisa in varie rubriche che offrono differenti tipologie di contenuti: ad esempio 'Interventi' contiene brevi saggi critici; 'Saggi' ospita testi scientifici dalla struttura tradizionale, che costituiscono un patrimonio originale della rivista; è presente anche una sezione 'Ipertesti' che cerca di sfruttare le potenzialità innovative della comunicazione on-line a fini saggistici e scientifici. Non mancano naturalmente sezioni per le bibliografie di settore, recensioni e informazioni sulle varie iniziative convegnistiche e seminariali. Un aspetto interessante di «RM» è il fatto che, grazie a un accordo tra Università di Firenze (che edita formalmente il periodico attraverso la propria University Press) e Biblioteca Nazionale Centrale di Firenze, questa rivista on-line viene certificata e archiviata, come un normale giornale scientifico, dalla biblioteca, che in tal modo ne garantisce l'autenticità, la preservazione e l'accessibilità a lungo termine.

Musei in rete

La rete Internet si è dimostrata un importante veicolo per la comunicazione culturale sin dalle sue origini. Ma solo gli sviluppi dell'ultimo decennio, sia dal punto di vista tecnico (con la comparsa di tecnologie multimediali e di realtà virtuale) sia da quello della diffusione sociale, hanno reso possibile la sperimentazione di forme di comunicazione on-line del patrimonio artistico e culturale da parte delle istituzioni tradizionalmente deputate alla sua conservazione e divulgazione. Si colloca in questo contesto l'esplosione vera e propria di siti facenti capo a musei e gallerie e l'emergenza del concetto di *museo virtuale*.

Questa emergenza, in realtà, è legata a una più generale estensione delle applicazioni tecnologiche (e in particolare dei sistemi di realtà virtuale[82]) nel campo dei beni artistici e culturali, sia in fase di ricerca e scoperta sia in fase di conservazione e divulgazione, la cui trattazione tuttavia esula dai limiti di questo manuale. Nelle prossime pagine ci soffermeremo dunque sulle sperimentazioni nel campo dei musei virtuali on-line, sperimentazioni che promettono (ma, si deve rilevare, almeno per ora non sempre mantengono) di rivoluzionare l'intero sistema della comunicazione museale, sia a livello scientifico e professionale, sia a livello divulgativo.

Internet, infatti, permette a chiunque di vedere monumenti, opere d'arte e reperti senza spostarsi dalla scrivania di lavoro o di studio. Inoltre l'interattività e la struttura ipertestuale di World Wide Web facilitano l'inserimento di ogni opera nel suo contesto storico, culturale e persino ambientale, aiutando a risolvere una delle aporie in cui inevitabilmente cadono i musei reali, che raramente e solo in minima parte riescono a ricostruire tale contesto.

Naturalmente la fruizione dell'arte mediata dal computer ha anche degli evidenti limiti: si tratta di una pura simulazione, una fruizione 'depotenziata'. Fatto sta che l'utilità del rapporto tra arte e tecnologie informatiche, già dimostrato dai CD-ROM multimediali, ha trovato su Internet una importante conferma. Su Web si possono trovare ormai

[82] Le applicazioni in questo settore particolare sono state molte, e un ruolo di primo piano è stato svolto da una azienda specializzata italiana, la Infobyte, grazie anche al contributo di uno dei maggiori studiosi del settore, Francesco Antinucci. Sue sono le ricostruzioni in realtà virtuale di importanti siti archeologici e artistici come la Tomba di Nefertari in Egitto (che peraltro nel mondo 'fisico' è inaccessibile al pubblico), o le Stanze di Raffaello al Vaticano. Per informazioni si veda il sito Web il cui indirizzo è **http://www.infobyte.it**.

moltissimi siti realizzati da musei (dai più piccoli ai più importanti del mondo), gallerie, o in generale dedicati ad artisti e a movimenti artistici. E tale utilità è testimoniata anche dal fatto che in molti casi la presenza sul Web ha funzionato da ottimo strumento di promozione del museo reale, riuscendo a incrementare il numero dei visitatori.

Il concetto di museo virtuale

Come è avvenuto per le biblioteche digitali, anche nel campo dei musei virtuali si è avuta una esplosione di interesse negli ultimi anni, esplosione che ha portato alla elaborazione di una notevole mole di ricerche e studi teorici e parallelamente alla realizzazione di numerose sperimentazioni, non di rado supportate da ingenti piani di finanziamento erogati sia da enti pubblici nazionali e internazionali sia da fondazioni private[83].

Frutto di questa prolifica attività di ricerca sono numerosi tentativi di definizione del concetto stesso di museo virtuale. In generale possiamo dire che con museo virtuale si intende una collezione di risorse digitali di ambito artistico-culturale accessibile mediante strumenti telematici. Dal punto di vista dei contenuti, un museo virtuale può essere costituito da digitalizzazioni di quadri, disegni, diagrammi, fotografie, video, siti archeologici e ambienti architettonici, sia che essi costituiscano in sé e per sé beni primari, sia che invece siano delle rappresentazioni secondarie di beni e reperti primari. In questa definizione rientrano sia i sistemi informativi accessibili in modo locale (ad esempio all'interno delle sale di un museo tradizionale) o ristretto, sia risorse realizzate per essere accessibili pubblicamente mediante la rete Internet. In quest'ultimo caso, che è quello cui rivolgeremo la nostra attenzione, si parla anche di *museo virtuale on-line* o di *Web museum*.

Il numero di tali risorse su Internet è cresciuto con un ritmo vertiginoso in questi ultimi anni. Ormai la maggior parte dei musei reali di tutto il mondo, in ogni ambito disciplinare (artistico, archeologico, antropologico, tecnico scientifico) si è dotata di siti su World Wide Web. Si tratta di siti che, nella gran parte dei casi, costituiscono una 'rappre-

[83] In questo ambito una menzione speciale va fatta per la fondazione Getty, che oltre ad avere realizzato un buon sito per il *Getty Museum* (**http://www.getty.edu**), ha costituito un importante centro di ricerca dedicato al settore della digitalizzazione del patrimonio culturale.

sentazione digitale' del museo reale, e che da esso mutuano direttamente struttura e contenuti. Più rari sono i siti svincolati da istituzioni museali reali, anche se non mancano alcuni database multimediali che presentano il patrimonio digitalizzato di più musei, spesso organizzati in consorzi ed enti *no profit*.

Analizzando i molteplici siti museali dal punto di vista dei contenuti, delle tecnologie e delle interfacce, pur rilevando una notevole varietà, si possono individuare alcune caratteristiche comuni. Sul piano dei contenuti, in genere, un museo virtuale on-line è composto dalle seguenti aree (ovviamente non sempre sono presenti tutte le aree come sezioni separate del sito):

- informazioni pratiche relative all'accesso, alla collocazione, agli orari e ai servizi in loco, cui talvolta sono affiancati dei servizi di prenotazione o di acquisto a distanza dei biglietti di accesso;
- informazioni relative al museo stesso, sia dal punto di vista storiografico, sia da quello istituzionale, sia da quello logistico e spaziale (spesso corredate da mappe e fotografie);
- informazioni relative alle collezioni permanenti, costituite in genere da cataloghi e inventari tematici delle opere e dei reperti o da cataloghi logistici collegati alle mappe in pianta del museo; di norma per ciascuna opera sono fornite descrizioni catalografiche in senso stretto, notizie di commento e di spiegazione, spesso (ma non sempre, e comunque quasi mai in modo completo) corredate da immagini di varia qualità; talvolta le notizie associate ad alcune opere si espandono fino ad assumere la forma di veri e propri saggi introduttivi all'opera stessa o al suo autore;
- informazioni relative alle mostre non permanenti, di norma dotate delle medesime caratteristiche di quelle relative alle collezioni, a cui si aggiungono note relative agli scopi e ai fondamenti teorici della mostra, che possono ricalcare o riassumere il contenuto dei cataloghi a stampa;
- strumenti didattici specificamente pensati per fini divulgativi ed educativi, che aiutano a comprendere un'opera o un reperto, o a effettuarne una analisi approfondita (si tratta di risorse che sono frequenti nei musei di ambito tecnico scientifico, ma assai più rare in quelli artistici);
- sezioni dedicate alle attività di *merchandising*, talvolta sviluppate fino a essere dotate di sistemi di commercio elettronico.

Dal punto di vista tecnico, collegato direttamente alle tipologie di interfacce di navigazione, la maggior parte dei siti museali si basa su tecnologie Web standard, con immagini in formato Jpeg che comportano un degrado della qualità spesso intollerabile per una fruizione soddisfacente di opere visive; molto diffuse sono le metafore di navigazione del sito basate su mappe sensibili, utilizzate per rappresentare la topologia del museo reale. Ma non mancano esempi di siti più complessi, che adottano sistemi di catalogazione delle collezioni basati su database, e che sperimentano soluzioni di realtà virtuale con VRML (ne abbiamo fornito un esempio parlando di questa tecnologia, nella sezione del manuale dedicata alle frontiere multimediali del Web) o di visualizzazione fotografica 3D come Quicktime VR. Naturalmente le applicazioni di VR sono limitate dalla banda passante mediamente disponibile per gli utenti finali, che non permette la distribuzione di ricostruzioni di sufficiente dettaglio e livello qualitativo quali sarebbero richieste dalla comunicazione artistica e architettonica.

Si deve ricordare, d'altra parte, che il museo virtuale on-line non si pone assolutamente come alternativa al museo reale, del quale non può in alcun modo sostituire le funzioni. Piuttosto, esso va immaginato come uno strumento che affianca le tradizionali istituzioni museali nello svolgimento dei loro compiti didattici ed espositivi, oltre che come mezzo di promozione del museo stesso. La natura interattiva e ipermediale del Web, infatti, si presta a fornire agli utenti tutte quelle informazioni di contesto che facilitano la comprensione storica di un reperto o di un'opera. A questo livello anche una tecnologia di ricostruzione virtuale di basso livello come quella consentita da VRML può risultare utile per dare un'idea, ad esempio, dell'ambiente originale in cui un reperto archeologico si collocava (informazione che risulta del tutto persa nella gran parte delle situazioni espositive dei musei, dove i reperti sono in genere affastellati all'interno di bacheche o teche), o dell'aspetto originale di siti archeologici di cui oggi non restano che poche vestigia.

In questo senso, anche la stretta relazione che esiste tra musei reali e musei virtuali (vere e proprie simulazioni digitali della controparte reale) potrebbe essere tendenzialmente superata per fare luogo a siti museali virtuali nel vero senso del temine: archivi di risorse digitali che dinamicamente prendono forma e si attualizzano in rappresentazioni di un insieme di opere o di reperti che costituiscono un percorso interpretativo voluto dall'utente o progettato da un esperto. In questo modo sarebbe completamente superata la decontestualizzazione forzata cui gli oggetti depositati nelle teche sono destinati, e la conseguente impossibilità di afferrare il loro senso storico e sociale da parte del pubblico non specialista.

Naturalmente, affinché si dia uno sviluppo ulteriore nel settore dei musei virtuali, in direzione di un miglioramento della qualità visiva e dunque del livello della fruizione, occorre affrontare il problema dei diritti di riproduzione delle immagini. Infatti, come i testi, anch'esse sono sottoposte a una legislazione di tutela del copyright – che peraltro costituisce una delle maggiori fonti di introiti per gli stessi musei. Ma è indubitabile che la diffusione dell'arte e della cultura costituirà nel prossimo futuro uno dei settori di maggiore rilievo nella comunicazione telematica.

I repertori di siti museali

Come detto, il numero di siti museali presenti su Internet ammonta ormai a diverse migliaia. Il mezzo più efficiente per individuarli, oltre ai normali sistemi di ricerca, è rappresentato dai diversi repertori di siti museali presenti sulla rete. Tra questi vi sono ovviamente gli elenchi di musei virtuali o Web museum realizzati dai cataloghi sistematici generali delle risorse Web. Ma, come per le biblioteche, non mancano alcuni repertori specializzati, che sono di norma più esaustivi ed efficienti (anche se in alcuni casi si riducono a puri e semplici elenchi privi di descrizioni o di recensioni).

Il più 'antico' di tali repertori è rappresentato dalle *Virtual Library museum pages* (VLmp, **http://www.icom.org/vlmp**), promosse dall'*International Council of Museums* (ICOM), un ente *no profit* legato all'UNESCO che ha come scopo la promozione e lo sviluppo dei musei nel mondo. VLmp nasce come sezione dello storico repertorio di siti Web *WWW Virtual Library* – di cui peraltro fa ancora parte – ed è realizzato concretamente da molteplici soggetti. Il sito si presenta come un eterogeneo elenco di siti museali, mostre e archivi ordinato per aree geografiche. La strutturazione tuttavia (come spesso avviene su Internet) è piuttosto sbilanciata (ci sono categorie per alcuni paesi accanto a quelle di interi continenti). Tra le altre risorse indicate, vi è anche un elenco di repertori e siti di riferimento di ambito museale e artistico-culturale.

Un altro sito molto utile per tutto ciò che riguarda le risorse artistiche e culturali in rete è *World Wide Art Resources* (**http://wwar.com**). Le sue pagine offrono una serie di repertori, divisi per siti di artisti o a essi dedicati, siti di musei veri e propri, di mostre ed esposizioni temporanee, di gallerie private e case d'asta; ma non mancano sezioni dedicate al cinema, alla danza, all'opera, alla letteratura. Ciascun repertorio ha una organizzazione per tema o per area geografica, ed è ricercabile mediante parole chiave.

Ha invece un dominio strettamente museale il sito creato da Musée, un'altra organizzazione *no profit* statunitense dedicata allo sviluppo delle risorse culturali. *Musée on line* (**http://www.musee-online.org**), il sito ufficiale dell'ente, contiene un repertorio di siti museali con recensione. Ciascun sito incluso nel repertorio viene valutato in base a una serie di parametri che qualificano il livello dei servizi informativi ed educativi (se presenti) offerti al pubblico. Il catalogo può essere percorso in base al tipo di museo, alla sua collocazione, al nome o alla valutazione assegnata al sito. Ogni singola scheda fornisce, oltre al link diretto alla *home page* del sito, la valutazione (rappresentata mediante icone) sulla sua qualità, e una serie di informazioni di contesto. Un altro sito di riferimento utile è quello del *Museum Computer Network* (**http://www.mcn.edu**).

Chiudiamo con un cenno a una risorsa italiana, sebbene non sia dedicata ai musei virtuali, ma a quelli reali: *Museionline* (**http://www.museionline.it**). Questo sito, realizzato dalla ADN Kronos e dalla Microsoft in collaborazione con il Ministero per i Beni Culturali, è una sorta di guida on-line ai musei italiani. Si basa infatti su un database contenente indirizzi, orari, prezzi di ingresso, informazioni e descrizioni relativi a tutti i musei italiani. La consultazione dell'archivio si articola prima per ambiti tematici e poi per regioni e città (attraverso una mappa sensibile del nostro paese). Oltre ai musei in senso stretto, il sito fornisce notizie relative a mostre ed eventi culturali.

Alcuni grandi musei su Internet

Scegliere un criterio per individuare tra i tanti siti museali presenti su Internet quelli cui dedicare una breve recensione non è facile. Abbiamo infine optato per due criteri: il primo è stato quello di limitare il novero ai musei d'arte; il secondo quello di esaminare i siti di quelle istituzioni museali che godono di grande notorietà. Tali criteri, va detto, non sempre corrispondono alla qualità del servizio informativo offerto. Tuttavia, tenendo conto del poco spazio a disposizione, ci sono sembrati atti a fornire al lettore una idea della formidabile fonte di informazioni che Internet rappresenta anche in questo campo.

Iniziamo la nostra rassegna da alcuni grandi musei italiani. Va detto in generale che i siti museali realizzati dalle istituzioni del nostro paese, oltre a essere piuttosto pochi, non brillano di certo per qualità della comunicazione e per livello delle soluzioni tecnologiche adottate. Con tutta evidenza, manca ancora una cultura tecnologica e comunicativa adeguata tra i responsabili della gestione del patrimonio culturale più grande del mondo, come dimostra peraltro la mancanza di un catalogo unico informatizzato dei tantissimi tesori nascosti nei vari angoli del paese. Di conseguenza, i vari tentativi di utilizzare la rete come strumento di comunicazione museale soffrono di scarsi investimenti tanto progettuali quanto economici.

Ne è un esempio il sito di uno dei musei più famosi e ricchi del mondo, la *Galleria degli Uffizi* di Firenze (**http://www.uffizi.firenze.it**). Il sito degli Uffizi, infatti, pur essendo stato uno dei primi musei virtuali italiani, non ha avuto pressoché alcuno sviluppo successivamente alla sua prima realizzazione, sia dal punto di vista della grafica (assai rudimentale) sia da quello dei contenuti. La home page permette di accedere alle varie sezioni del sito dedicate rispettivamente a informazioni di carattere generale, alle collezioni della galleria, alla sua storia, agli ambienti e a notizie e novità. La sezione dedicata alla galleria è basata su una semplice interfaccia costituita da una mappa sensibile e da pagine dedicate alle singole sale (ma solo un parte è stata finora coperta), da cui si accede a schede (non molto esaustive) sulle opere in esse contenute. Niente più di una semplice guida turistica, se si fa eccezione per la possibilità di visitare virtualmente alcune delle sale mediante delle *movie-map* realizzate in Quicktime VR. Anche in questo caso, tuttavia, la qualità delle immagini montate è decisamente scarsa e non permette nemmeno lontanamente di fruire delle opere che si intravedono appena.

L'altra grande istituzione museale italiana (anche se formalmente collocata in uno Stato estero), i *Musei Vaticani*, è per il momento in una situazione ancora peggiore. Infatti, sebbene il sito ufficiale del Vaticano (**http://www.vatican.va**) – la cui cura grafica e strutturale, pur sobria come si conviene, è apprezzabile – abbia una sezione dedicata ai Musei, essa è ancora del tutto vuota, eccezion fatta per alcune informazioni relative ai 'Patroni delle Arti' nella sezione in lingua inglese.

Per quanto riguarda gli altri musei romani, il sito istituzionale del Comune (**http://www.comune.roma.it**) nella sezione 'Cultura' offre un elenco dei siti ufficiali dei vari musei della capitale che fanno capo direttamente all'amministrazione cittadina (tra cui i *Musei Capitolini*, il *Museo di Roma* di Palazzo Braschi, la *Galleria comunale di Arte moderna* e il *Palazzo delle Esposizioni*). Ha un suo sito anche la *Galleria Nazionale di Arte Moderna* (**http://www.gnam.arti.beniculturali.it/gnam-**

co.htm), con varie sezioni dedicate alle collezioni permanenti e alle mostre temporanee, corredate da schede introduttive e immagini di media qualità delle opere esposte. Mentre i due musei di *Galleria Borghese* e di *Palazzo Barberini* hanno un sito unificato (**http://www.galleriaborghese.it**), dotato di buone schede su opere e autori.

Un buon sito museale italiano è quello del veneziano *Palazzo Grassi* (**http://www.palazzograssi.it**). Tutte le mostre allestite negli ultimi anni hanno delle sezioni curate sia dal punto di vista della grafica sia da quello dei contenuti, anche se quasi mai sono presenti immagini e informazioni esaustive su tutte le opere. Molto ben fatto è invece il museo virtuale del *Castello di Rivoli* di Torino, uno di maggiori musei italiani di arte contemporanea (**http://www.castellodirivoli.torino.it**). La pagina principale permette di accedere alle varie sezioni informative relative al museo e alle sue attività espositive e scientifiche. La sezione sulla collezione permanente contiene la lista di tutti gli artisti esposti, e per ciascun artista viene fornita una scheda con immagini delle opere che possono a loro volta essere viste in dimensioni estese. Alle stesse schede si può arrivare anche dalla sezione 'Visita al museo', che contiene delle mappe sensibili in pianta dei vari spazi dell'edificio, corredate dall'elenco degli artisti le cui opere vi sono esposte.

Passando ai siti dei grandi musei di fama internazionale, iniziamo con quello che probabilmente è il più importante in assoluto: il *Louvre*

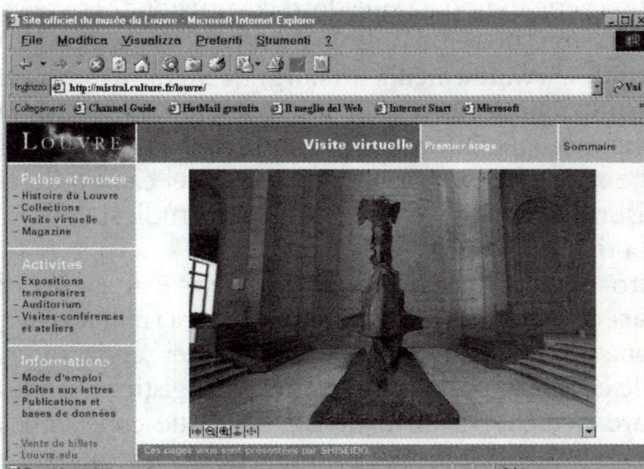

Figura 111 La rappresentazione in QTVR della *Vittoria di Samotracia* sul Web del Louvre

(**http://www.louvre.fr**). Quella parigina è stata la prima fra le grandi istituzioni museali ad affacciarsi su Internet e attualmente il suo è uno dei migliori servizi Web presenti in rete. Il museo virtuale del Louvre è articolato in numerose sezioni di cui è impossibile fornire una descrizione esaustiva. Di particolare interesse sono le sezioni 'Collections' e 'Visite virtuelle'. La prima permette di accedere alle pagine che descrivono le varie collezioni in cui è suddiviso l'inestimabile patrimonio del museo. Ciascuna di esse a sua volta porta all'elenco per secoli e nazioni delle opere, da cui finalmente si arriva alle schede dettagliate sulle opere maggiori, corredate da immagini di buona qualità. La sezione 'Visite virtuelle' consente invece di analizzare la struttura architettonica del museo e di visualizzare tutte le sale mediante una serie di immagini 3D in formato Quicktime VR realizzate con buona definizione (la funzione ingrandimento del plug-in Apple è utilizzabile quasi fino al cinquanta per cento senza perdita eccessiva di definizione).

Notevole è anche il sito realizzato dal *Centre George Pompidou* (**http://www.centrepompidou.fr**), che si articola in vari siti secondari, in conformità alle molteplici attività che hanno luogo nel famoso edificio di vetro e metallo parigino. Per quanto riguardo il tema di cui ci occupiamo in questo paragrafo, va segnalato il settore del sito dedicato al *Musée national d'art moderne*, ospitato nel Centre. Basato su una grafica piuttosto elaborata e tecnicamente avanzata, offre una notevole quantità di materiali informativi e iconografici sulle molte collezioni del museo, e una serie di notizie sulla loro costituzione. Tra le varie sezioni del sito va ricordato senza dubbio il progetto *Enciclopedie Nouveaux Media* (**http://www.newmedia-arts.org**) realizzato in collaborazione con altre istituzioni di ricerca sull'arte contemporanea. Si tratta di un archivio che raccoglie informazioni su tutti i maggiori artisti contemporanei che hanno operato sperimentazioni nel campo dei nuovi media, una risorsa decisamente preziosa per gli studiosi delle ultime tendenze nella ricerca estetica.

Un altro grande museo presente in rete è il *Prado* di Madrid (**http://museoprado.mcu.es**), il cui sito è uno tra i migliori in questa nostra rassegna per la quantità e per la qualità dei servizi offerti. Infatti, accanto alle copiose informazioni storiche e logistiche, il sito permette di effettuare ricerche su un database delle sue collezioni, fornendo chiavi come nome dell'artista, titolo dell'opera o temi, stili e correnti artistiche. La ricerca fornisce un elenco di opere da cui si può accedere alle singole schede. Queste possono essere viste in modalità semplificata o avanzata, che contiene collocazione, descrizione e immagini (selezionando il titolo si accede a una immagine in grande dimensione) dell'opera.

Passando ai grandi musei britannici, iniziamo con il sito della *National Gallery* (**http://www.nationalgallery.org.uk**). Anche qui troviamo la classica ripartizione in sezioni di informazioni generali e sezioni dedicate alle mostre temporanee e alle collezioni. Questa è suddivisa per secoli (e per ali del museo che a esse corrispondono), e permette di accedere a schede dedicate alle opere degli artisti principali esposti. Il sito del *British Museum* (**http://www.british-museum.ac.uk**) ha una struttura simile. Assai più ricco è il sito unificato delle *Tate Gallery* (**http://www.tate.org.uk**), di cui la più importante è senza dubbio quella londinese, il maggiore museo di arte contemporanea britannico. Il sito, con una grafica semplice ma raffinata, permette di accedere a informazioni sui vari musei che afferiscono alla fondazione, e a un catalogo unificato per autori che contiene schede di oltre 50 mila opere corredate di immagini in dimensioni allargate e didascalie esplicative. Inoltre è disponibile una sezione del sito che permette di acquistare on-line tutto il merchandising realizzato dalla Tate.

Per quanto riguarda l'area nordamericana, come ci si può aspettare, vi si riscontra la maggiore concentrazione di musei virtuali on-line. Tra questi spiccano i siti delle grandi istituzioni museali statunitensi. Il *Metropolitan Museum* di New York (**http://www.metmuseum.org**) ha un sito molto ben fatto in cui si distingue la sezione dedicata alla didattica, che offre informazioni su come progettare delle visite tematiche in base a varie esigenze formative, oltre a un serie di notizie e informazioni divulgative.

Molto ricco è anche il sito del *Museum of Modern Art* o MOMA di New York (**http://www.moma.org**). Nel contesto di una bella impostazione grafica sono disponibili numerose sezioni dedicate alle molteplici attività che si svolgono nel museo, alle varie mostre temporanee e alle varie collezioni di opere pittoriche, sculture, film, stampe, fotografie e di documentazione architettonica. Per ciascuna di esse sono visibili le schede di alcune opere, con commenti testuali e audio.

Ma senza dubbio il più suggestivo sito museale di ambito statunitense è il sito unificato dei musei della *Guggenheim Foundation* (**http://www.guggenheim.org**). Basato su una interfaccia animata (realizzata con la tecnologia *Flash*) esso permette di accedere alle sezioni dedicate a tutti i musei che fanno capo alla fondazione (tra cui ricordiamo il famoso *Solomon Guggenheim Museum* di New York, la *Peggy Guggenheim Collection* di Venezia e il nuovo bellissimo *Guggenheim*

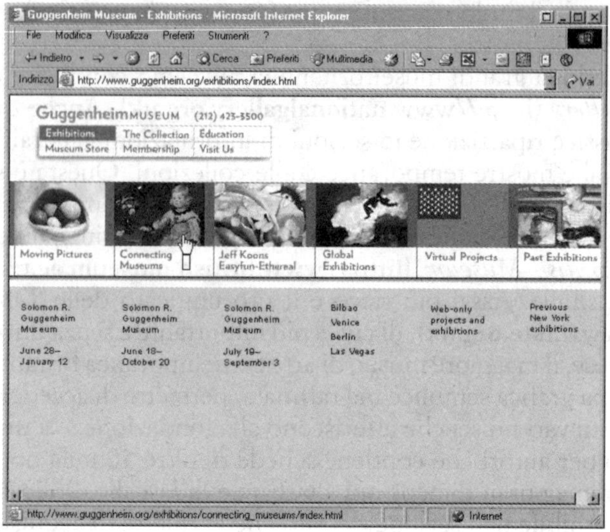

Figura 112 Le pagine del Guggenheim Museum di New York dedicate alle esposizioni

Museum di Bilbao). Ciascuna sezione è a sua volta articolata in varie pagine informative relative ai singoli musei e alle importanti mostre che vi si tengono. E alcune di esse sono delle vere e proprie opere sperimentali di *Web Art*, che uniscono informazioni referenziali sulle opere in mostra e sofisticate interfacce interattive animate.

La storia di Internet

La successione di eventi, progetti, idee e protagonisti che, nel corso di oltre trenta anni, hanno portato alla nascita di Internet e alla sua evoluzione nella forma attuale, costituisce un capitolo molto affascinante, ma anche atipico, nella storia dello sviluppo tecnologico.

Parte del fascino è legato al ruolo determinante che questa tecnologia ha svolto e sta ancora svolgendo nella cosiddetta ‘rivoluzione digitale’. In pochissimi anni, infatti, la rete da esoterico strumento di lavoro per pochi informatici è divenuta un mezzo di comunicazione di massa, che coinvolge quotidianamente decine e decine di milioni di persone in scambi comunicativi privati e pubblici, scientifici e commerciali, seri e ricreativi. Nessuno strumento di comunicazione ha mai avuto un tasso di espansione simile. Ma altrettanto affascinante è il modo in cui questa tecnologia è stata sviluppata.

E qui entra in gioco l'atipicità cui facevamo cenno. Come gran parte delle innovazioni tecnologiche nel settore delle telecomunicazioni e dell'informatica, anche le origini di Internet si collocano nel terreno della ricerca militare. E tuttavia queste sue radici sono state assai meno determinanti di quanto non sia avvenuto per altre tecnologie, e di quanto non sia attestato dalla vulgata storiografica sulla rete.

Tale vulgata vuole che Internet sia stata un frutto della guerra fredda, strappato ai suoi destini guerrafondai da un manipolo di visionari libertari *hacker* (dove a questo termine restituiamo il senso originario di esperto informatico in grado di restare giorni interi davanti allo schermo per far fare a un computer ciò che vuole). Probabilmente questa leggenda è stata in parte avallata dai suoi stessi protagonisti, e da alcuni personaggi simbolo come Bruce Sterling, il teorico del *cyberpunk*[84]. La realtà è stata diversa; pure, come tutte le leggende, anche quella appena ricordata nasconde una sua verità.

Se è vero che il primitivo impulso allo sviluppo di una rete di comunicazione tra computer distanti venne da ambienti legati all'amministrazione della difesa, la maggior parte delle innovazioni che hanno scandito l'evoluzione della rete sono nate all'interno di libere comunità di ricerca, quasi del tutto svincolate dal punto di vista professionale e intellettuale dalle centrali di finanziamento del progetto. E ciascuna di queste innovazioni, proprio perché nata in tali contesti, è divenuta subito patrimonio comune. Internet insomma è stata sin dall'origine caratterizzata da un'ampia e soprattutto libera circolazione delle idee e delle tecnologie. A questo si deve la sua evoluzione, il suo successo e la sua influenza determinante che tanto sono celebrati ai nostri giorni[85].

[84] A lui in effetti si deve una breve storia di Internet dal programmatico titolo *Free as Air, Free as Water, Free as Knowledge*, che consacra questa leggenda.

[85] Per chi è interessato ad approfondire la storia di Internet oltre i brevi cenni che forniremo in questo manuale, possiamo fornire tre riferimenti bibliografici: F. Carlini, *Internet, Pinocchio e il Gendarme*, Manifestolibri, Roma 1996, che specialmente nei suoi primi capitoli è dedicato a una ricostruzione critica della storia di Internet; specificamente dedicati alla storia di Internet sono K. Hafner e M. Lyon, *La storia del futuro*, Feltrinelli, Milano 1998 (ed. or. *Where Wizard Stay Up Late*, Simon & Schuster, New York 1996), dal taglio giornalistico, e P. Salus, *Casting the Net. From Arpanet to Internet and Beyond*, Addison Wesley, Reading (Mass.) 1995.

Semmai, il rischio di un'involuzione di questa sua natura è assai più vicino oggi. Il successo e la diffusione planetaria (anche se la visione del pianeta propugnata da queste statistiche è alquanto sbilanciata verso il nord industrializzato) hanno infatti attratto enormi interessi economici e finanziari. Tutti si affannano (spesso con ben scarso successo) a trovar modi per far soldi con Internet, e naturalmente per far soldi bisogna impedire che le risorse circolino gratuitamente. Questo non vuol dire che la rete sia necessariamente destinata a divenire una sorta di supermercato digitale globale. Né che lo sviluppo commerciale di Internet sia da considerarsi in sé un male. Ci preme solo ricordare che ciò che adesso è Internet è il prodotto della libera circolazione delle idee, della cooperazione intellettuale, della mancanza di steccati e confini. E che questo lato della rete deve continuare a esistere, affinché Internet mantenga intatto il suo fascino e il suo interesse. Per fortuna i naviganti virtuali, anche ora che sono centinaia di milioni, continuano a condividere questa convinzione.

La preistoria

Fare storia della tecnologia è attività complessa. Forte è il rischio di cadere in visioni semplicistiche, e di concedere troppo ai tentativi di *reductio ad unum*. Ma raramente lo sviluppo di una tecnologia e delle sue basi teoriche ha un andamento lineare. Soprattutto, quasi mai le sue origini sono riconducibili a un solo individuo, a un unico progetto, a un sistema teorico coerente. Se questo è vero in generale, tanto più lo è per ciò che oggi chiamiamo Internet.

Infatti alla nascita vera e propria della rete hanno contribuito diverse idee e altrettanti protagonisti, alcuni dei quali in modo indiretto. Vediamo allora di individuare quali sono state le istanze che nel loro complesso costituiscono la 'preistoria' di Internet.

Il contesto in cui si colloca questa preistoria è quello della 'guerra fredda' e della contesa tecnologica che ne derivò tra Stati Uniti e Unione Sovietica. Un evento simbolico di questa contesa fu la messa in orbita del primo satellite artificiale da parte dei sovietici, lo *Sputnik*, nel 1957. Dopo il rapido superamento del gap nucleare, questo successo della tecnologia sovietica seminò nel campo occidentale, e soprattutto negli USA, una profonda inquietudine. La sicurezza della supremazia tecnico-militare su cui era fondato l'intero sistema ideologico americano era stata duramente scossa.

Per cercare di rispondere immediatamente a questi timori, nell'ambito dell'amministrazione USA si concepì l'idea di creare un'agenzia il cui compito fosse quello di stimolare e finanziare la ricerca di base in settori che avrebbero potuto avere una ricaduta militare. L'idea circolava in varie sedi, ma in particolare fu il segretario alla Difesa Neil McElroy a convincere il presidente Eisenhower della necessità che tale agenzia fosse messa alle dipendenze del Pentagono. Oltre al vantaggio di stimolare l'attività scientifica con finalità strategiche, essa avrebbe anche avuto il ruolo di ridurre le tensioni tra le varie armi nella spartizione dei fondi dedicati a ricerca e sviluppo. Nonostante l'opposizione delle gerarchie militari, nel 1958 il Congresso approvò la costituzione e il finanziamento della *Advanced Research Projects Agency*, l'ARPA, la cui sede fu stabilita nell'edificio del Pentagono a Washington.

Appena costituita, l'ARPA indirizzò le sue attività nella ricerca aerospaziale: in fin dei conti, tutto era cominciato dalla paura suscitata dal lancio dello Sputnik. Ma quando pochi mesi dopo tutti i programmi spaziali vennero trasferiti (insieme agli ingenti finanziamenti) alla NASA, per i dirigenti dell'ARPA fu necessario trovare una nuova area di sviluppo. Tale area fu individuata nella neonata scienza dei calcolatori. Un impulso decisivo in questa direzione venne dal terzo direttore dell'agenzia, Jack Ruina, il primo scienziato chiamato a svolgere quel ruolo. Ruina introdusse uno stile di lavoro assai informale, e chiamò a lavorare con lui colleghi assai bravi ma alquanto fuori degli schemi militari. Tra questi, un ruolo fondamentale fu svolto da J.C.R. Licklider, uno dei personaggi più geniali e creativi della storia dell'informatica.

Di formazione psicologo, Lick (così lo chiamavano i suoi amici) passò ben presto a occuparsi di computer nei laboratori del MIT di Boston. Ma a differenza di tanti altri ricercatori in questo campo, il suo interesse si rivolse subito al problema delle interfacce uomo/computer e al ruolo che le macchine di calcolo avrebbero potuto avere per lo sviluppo delle facoltà cognitive e comunicative dell'uomo (ben trenta anni prima che questi concetti divenissero centrali nel settore informatico). Egli espose le sue idee al riguardo in un articolo uscito nel 1960 intitolato *Man-Computer Symbiosis*, che lo rese subito famoso. Appena giunto all'ARPA, iniziò a creare una rete di collegamenti tra i maggiori centri di ricerca universitari nel settore informatico, raccogliendo un gruppo di collaboratori che battezzò secondo il suo stile anticonformista 'Intergalactic Computer Network'. Tra i molti progetti che promosse vi furono lo sviluppo dei primi sistemi informatici basati sul *ti-*

me-sharing e sulla elaborazione interattiva. Ma in uno dei suoi memorandum apparve anche per la prima volta l'idea di una rete mondiale di computer.

Lick rimase molto poco all'ARPA. Ma il suo passaggio lasciò un segno così profondo da influenzare tutto lo sviluppo successivo di questa agenzia. E tra le tante eredità, l'idea di far interagire i computer in una rete fu raccolta da Bob Taylor, giovane e brillante scienziato chiamato dal successore di Lick, Ivan Sutherland, anche lui proveniente dal MIT.

Lasciamo per il momento la storia dell'ARPA, e dei tanti scienziati (in gran parte provenienti dal MIT) che vi hanno lavorato, per passare a un altro dei centri legati alla ricerca militare, collocato questa volta sulla West Coast: la *Rand Corporation*. La Rand era un'azienda californiana nata come costola della Douglas Aircraft, e resasi autonoma nel dopoguerra allo scopo di proseguire gli sforzi di ricerca applicata che erano stati avviati nel corso del conflitto mondiale. Gran parte dei suoi studi e ricerche erano commissionati dall'aviazione, e il settore aeronautico costituiva il dominio principale delle sue attività di ricerca e consulenza.

Nel 1959 venne assunto alla Rand un giovane ingegnere che aveva lavorato nel settore delle valvole per computer: Paul Baran. Egli fu inserito nella neonata divisione informatica, dove si mise a lavorare su un problema che da qualche tempo veniva studiato dai tecnici della Rand: come riuscire a garantire che il sistema di comando e controllo strategico dell'esercito rimanesse se non intatto almeno operativo in caso di attacco nucleare. Le reti di comunicazione tradizionali su cui si basava l'intero apparato di controllo militare, infatti, erano estremamente vulnerabili.

Lavorando su questo problema, Baran giunse a due conclusioni: la prima era che una rete sicura dovesse avere una configurazione decentralizzata e ridondante, in modo che esistessero più percorsi possibili lungo i quali far viaggiare un messaggio da un punto a un altro; la seconda, legata alla prima, era che il sistema di telecomunicazioni dovesse basarsi sulle nuove macchine di calcolo digitale, in grado di applicare sistemi di correzione degli errori e scelta dei canali di comunicazione.

Sviluppando i suoi calcoli, Baran aveva elaborato un modello in cui ciascun nodo fosse collegato ad almeno altri quattro nodi, e nessun nodo avesse la funzione di concentratore, al contrario di quanto avveniva per la rete telefonica. In questo modo ogni nodo poteva continuare a lavorare, ricevendo, elaborando e trasmettendo informazioni, anche nel caso in cui alcuni fra i nodi vicini fossero stati danneggiati. L'assenza di un nodo centrale inoltre eliminava ogni possibile obiettivo strategico, la cui distruzione avrebbe compromesso il funzionamento dell'intera rete. Oltre all'idea di una rete decentrata e ridondante, Baran ebbe anche un'altra intuizione geniale: piuttosto che inviare un messaggio da un nodo all'altro come un unico blocco di bit, era meglio dividerlo in parti separate, che potessero viaggiare attraverso vari percorsi verso la destinazione, dove sarebbero stati ricomposti. Convinto della bontà del suo progetto, intorno agli anni '60 iniziò a pubblicare vari articoli; ma le sue idee trovarono una decisa opposizione, soprattutto da parte di quella che avrebbe dovuto esserne la principale destinataria: la AT&T, monopolista delle telecomunicazioni. Dopo vari tentativi di convincere i tecnici del colosso industriale a prendere in esame il progetto, nel 1965 Baran si diede per vinto e passò a lavorare ad altri temi.

Proprio in quegli anni, in modo del tutto indipendente, un fisico inglese che lavorava al *National Physical Laboratory*, Donald Davies, era giunto a conclusioni assai simili a quelle di Baran, partendo da premesse diverse. Il suo problema, infatti, era la creazione di una rete pubblica abbastanza veloce ed efficiente da mettere a disposizione le capacità di elaborazione interattiva dei computer di seconda generazione anche a distanza, senza che le differenze di sistema operativo condizionassero la comunicazione.

La soluzione trovata da Davies si basava sull'idea di suddividere i messaggi da inviare in blocchi uniformi: in questo modo un computer avrebbe potuto gestire l'invio e la ricezione di molti messaggi contemporaneamente, suddividendo il tempo di elaborazione per ciascun messaggio in ragione dei blocchi di dati. Egli ebbe l'idea di denominare tali parti di messaggio 'pacchetto' (*packet*), e il sistema di comunicazione 'commutazione di pacchetto' (*packet switching*), alternativa alla 'commutazione di circuito' su cui si basavano i sistemi telefonici tradizionali.

Tutte queste idee e intuizioni teoriche, elaborate in sedi diverse e indipendenti, confluirono pochi anni dopo nel progetto *Arpanet*, la progenitrice di Internet.

Arpanet

Bob Taylor si era brillantemente laureato in psicologia e matematica, e aveva fatto una tesi di dottorato in psicoacustica. Aveva conosciuto Licklider nel 1963, facendo una ottima impressione sul grande scienziato, e stabilendo con lui una relazione di amicizia e di stima reciproca. Per queste ragioni il successore di Lick all'Ufficio Tecniche di Elaborazione dell'Informazione (IPTO) dell'ARPA, Ivan Sutherland (il padre della *computer graphic*), lo chiamò come suo collaboratore nel 1965. Pochi mesi dopo anche Sutherland si dimise e Taylor, a soli 34 anni, ne assunse il posto.

Entrando nella sala computer del suo ufficio, Taylor si rese conto in prima persona di quanto assurda fosse l'incomunicabilità reciproca che quelle possenti e costose macchine dimostravano. Possibile che non fosse possibile condividere risorse tanto costose, come Lick aveva più volte suggerito? Spinto da questa profonda frustrazione, si decise a sottoporre al direttore dell'agenzia, Charles Herzfeld, il finanziamento di un progetto volto a consentire la comunicazione e lo scambio di risorse tra i computer dei vari laboratori universitari finanziati dall'agenzia. Il progetto fu approvato e Taylor ebbe carta bianca: iniziò così la storia di *Arpanet*, la rete dell'ARPA.

A sua volta Taylor decise di chiamare a sovrintendere agli aspetti tecnici del progetto un giovane e geniale informatico che aveva conosciuto al MIT, Larry Roberts. Dopo un iniziale rifiuto, Roberts accolse l'invito, e si mise subito al lavoro prendendo contatto con i migliori colleghi disponibili sulla piazza, tra cui Frank Heart, il massimo esperto di elaborazione in tempo reale. Ma per molti mesi il problema di progettare una rete abbastanza affidabile e veloce da permettere l'elaborazione interattiva a distanza rimase insoluto. Finché alla fine del 1967 Roberts partecipò a una conferenza alla quale intervenne un collaboratore di Donald Davies, che illustrò il principio della commutazione di pacchetto, e fece riferimento ai lavori precedenti di Baran su questo tema: fu come trovare l'ago nel pagliaio. Nel giro di sei mesi Roberts elaborò le specifiche di progetto della rete, facendovi confluire tutte quelle idee che erano rimaste nell'aria per oltre un decennio. La rete dell'ARPA sarebbe stata una rete a commutazione di pacchetto in tempo reale; per migliorarne l'efficienza e l'affidabilità, Roberts accolse nel suo progetto una idea di Wesley Clark: piuttosto che collegare direttamente i vari grandi computer, ogni nodo sarebbe stato gestito da un computer specializzato dedicato alla gestione del traffico (battezzato *Interface Message Processor*, IMP), al quale sarebbe stato connesso il computer che ospitava (*host*) i veri propri servizi di elaborazione.

Dunque, se è vero che il progetto della rete nacque in un contesto militare, la diffusa opinione che essa dovesse fungere da strumento di comunicazione sicuro tra i centri di comando militari nell'evenienza di una guerra nucleare è frutto di un equivoco storiografico. In realtà l'obiettivo perseguito da Bob Taylor era di aumentare la produttività e la qualità del lavoro scientifico nei centri finanziati dall'ARPA, permettendo ai ricercatori universitari di comunicare e di condividere le risorse informatiche, a quei tempi costosissime e di difficile manutenzione. Parte dell'equivoco circa le origini belliche della rete deriva dal fatto che nella stesura delle specifiche Larry Roberts riprese le idee elaborate da Baran all'inizio degli anni '60.

La fase esecutiva del progetto Arpanet prese il via nel 1969. Dopo una gara di appalto alla quale parteciparono diversi grandi colossi dell'industria informatica del tempo, la realizzazione degli IMP (il vero cuore della rete) venne sorprendentemente assegnata alla *Bolt Beranek and Newman* (BBN), una piccola azienda con sede a Cambridge, la cittadina nei pressi di Boston dove sorgevano i due istituti universitari più importanti del paese, Harvard e MIT. Nel corso degli anni questa piccola società era divenuta una specie di terza università, alle cui dipendenze avevano lavorato tutti i più brillanti ricercatori di quelle grandi università. Quando le venne affidato l'appalto dell'ARPA, direttore della divisione informatica era Frank Heart. Oltre a essere un valente scienziato, Heart era anche un ottimo manager. Egli dunque assunse in prima persona la responsabilità del progetto degli IMP, creando un gruppo di collaboratori di altissimo livello, tra cui Bob Kahn, uno dei massimi teorici delle reti di computer dell'epoca, che ebbe un ruolo fondamentale nella progettazione dell'intera architettura della rete.

Il primo IMP (delle dimensioni di un frigorifero) fu consegnato alla University of California il due settembre, e fu immediatamente connesso al grande elaboratore SDS Sigma 7 della UCLA senza alcuna difficoltà. Il primo di ottobre fu installato il secondo IMP presso lo *Stanford Research Institute* (SRI), dove fu collegato a un mainframe SDS 940. Il progetto dell'ARPA si era finalmente materializzato in una vera rete, costituita da due nodi connessi con una linea dedicata a 50 Kbps. Dopo qualche giorno fu tentato il primo collegamento tra host facendo simulare al Sigma 7 il comportamento di un terminale remoto del 940: l'esperimento, seppure con qualche difficoltà iniziale, andò e buon fine, e dimostrò che la rete poteva funzionare. Nei mesi successivi vennero collegati i nodi delle Università di Santa Barbara e dello Utah.

Mentre la BBN si stava occupando dello sviluppo degli IMP, un'ulteriore fucina di cervelli si stava occupando dei problemi della comunicazione tra host e IMP, e soprattutto della comunicazione tra host, e dunque delle applicazioni che la rete avrebbe potuto supportare. L'ARPA aveva deciso che questo aspetto del progetto fosse delegato direttamente ai laboratori di ricerca delle università coinvolte: dopotutto, era un problema loro sapere che cosa fare della rete, una volta che l'ARPA l'avesse realizzata.

In quei laboratori, a quei tempi l'età media era assai bassa: i professori avevano al massimo dieci anni di più degli studenti ed erano poco più anziani dei dottorandi. Al fine di coordinare le attività, tutti i giovani ricercatori coinvolti decisero di costituire un gruppo comune, che si sarebbe riunito di tanto in tanto per esaminare il lavoro svolto, e lo battezzarono *Network Working Group* (NWG). Le riunioni del NWG assunsero subito un tono assai informale e cooperativo. Ogni idea, risorsa e strumento che veniva elaborato dai primi 'utenti-creatori' della rete entrava subito in circolo e diveniva una ricchezza comune.

Uno tra i più attivi nel gruppo era Steve Crocker, della UCLA, che ne assunse la direzione. Ben presto egli si rese conto della necessità di iniziare a mettere su carta il frutto di tante discussioni. Fu così che scrisse il primo documento ufficiale del gruppo, dedicato al problema della comunicazione tra host. Tuttavia, per non esagerare nell'ufficialità, e indicare il fatto che quel documento era solo una bozza da rifinire, Crocker decise di intitolare il suo documento *Request for Comment* (RFC), richiesta di commenti. Questa denominazione dei documenti tecnici è sopravvissuta alla sua storia, ed è usata ancora oggi per siglare le specifiche tecniche ufficiali di Internet.

Il primo risultato prodotto dal NWG alla fine del 1969 era un rudimentale sistema di terminale remoto, battezzato *telnet* (non ancora il telnet che ancora oggi è in uso, le cui specifiche risalgono al 1972). Ma questo sistema non costituiva una grande novità rispetto ai terminali dei mainframe che già erano in funzione da anni: bisognava trovare un modo per far comunicare gli host da pari a pari, un qualche insieme di regole condivise da computer diversi. Nelle discussioni venne l'idea di chiamare queste regole 'protocolli'. Dopo un anno di lavoro finalmente le specifiche per il protocollo di comunicazione tra host erano pronte: esso fu battezzato NCP (*Network Control Protocol*). Poco più tardi venne sviluppato il primo protocollo applicativo vero e proprio, dedicato al trasferimento di file da un host all'altro: il *File Transfer Protocol*.

Ma l'applicazione che forse ebbe la maggiore influenza nell'evoluzione successiva della rete fu la posta elettronica. L'idea venne per caso nel marzo del 1972 a un ingegnere della BBN, Ray Tomlinson, che provò a adattare un sistema di messaggistica sviluppato per funzionare su un minicomputer multiutente (fu lui che ebbe l'idea di separare il nome dell'utente da quello della macchina con il carattere '@'). L'esperimento funzionò, e il NWG accolse subito l'idea, integrando nel protocollo FTP le specifiche per mandare e ricevere messaggi indirizzati a singoli utenti.

Nel frattempo la rete Arpanet, come veniva ormai ufficialmente chiamata, cominciava a crescere. I nodi nel 1971 erano divenuti quindici, e gli utenti alcune centinaia. Nel giro di pochi mesi tutti coloro che avevano accesso a un host iniziarono a usare la rete per scambiarsi messaggi. E si trattava di messaggi di tutti i tipi: da quelli di lavoro a quelli personali. La rete dell'ARPA era divenuto un sistema di comunicazione tra una comunità di giovani ricercatori di informatica! Intorno alla posta elettronica crebbe anche il fenomeno del software gratuito. Infatti ben presto cominciarono ad apparire programmi per leggere i messaggi sempre più raffinati e dotati di funzionalità evolute, che venivano liberamente distribuiti mediante FTP.

A questo punto Larry Roberts decise che era giunto il tempo di mostrare pubblicamente i risultati conseguiti dal progetto, e affidò a Bob Khan l'organizzazione di una dimostrazione pubblica. L'evento ebbe luogo nell'ambito della *International Conference on Computer Communications* che si tenne nell'ottobre del 1972, e fu un successo oltre ogni aspettativa. In quella occasione si decise anche di fondare lo *International Network Working Group*, che avrebbe ereditato la funzione di sviluppare gli standard per la rete Arpanet dal precedente NWG, e ne fu affidata la direzione a Vinton Cerf, uno dei più brillanti membri del gruppo della UCLA.

Poco dopo Cerf, che nel frattempo aveva avuto una cattedra a Stanford, fu contattato da Kahn per lavorare insieme a un problema nuovo: come far comunicare tra loro reti basate su tecnologie diverse? Infatti in quegli anni erano stati avviati altri esperimenti nel settore delle reti di computer, alcuni dei quali basati su comunicazioni radio e satellitari (in particolare va ricordata la rete *Aloha-Net*, realizzata dalla University of Hawaii per collegare le sedi disperse su varie isole, le cui soluzioni tecniche avrebbero dato lo spunto a Bob Metcalfe per la progettazione di *Ethernet*, la prima rete locale). Se si fosse riuscito a far comunicare queste reti diverse, sarebbe stato possibile diffondere le risorse disponibili su Arpanet a una quantità di utenti assai maggiore, con costi molto bassi.

I due si misero a lavorare alacremente intorno a questo problema e in pochi mesi elaborarono le specifiche di un nuovo protocollo di comunicazione tra host che battezzarono *Transmission Control Protocol*.

Il TCP implementava pienamente l'idea della comunicazione a pacchetti, ma era indipendente dalla struttura hardware; esso introduceva anche il concetto di *gateway*, una macchina che doveva fare da raccordo tra due reti diverse. I risultati di questo lavoro furono pubblicati nel 1974 in un articolo dal titolo *A Protocol for Packet Network Internetworking*, in cui comparve per la prima volta il termine 'internet'.

Le ripercussioni dell'articolo di Cerf e Kahn furono enormi. Ben presto numerosi ricercatori si posero a rifinire la proposta iniziale e a sperimentarne varie implementazioni. La prima dimostrazione pubblica di un collegamento tra Arpanet, Satnet e Packet Radio Network fu fatta nel luglio del 1977, con un sistema che collegava un computer in viaggio su un camper lungo la Baia di San Francisco a uno installato a Londra. Il collegamento funzionò perfettamente e convinse la DARPA (al nome originale dell'agenzia si era aggiunto il termine *Defense*) a finanziarne lo sviluppo. Un anno dopo Cerf, insieme a Steve Crocker e Danny Cohen, sviluppò il progetto iniziale del nuovo protocollo dividendolo in due parti: TCP, che gestiva la creazione e il controllo dei pacchetti, e IP che invece gestiva l'instradamento dei dati[86]. Pochi anni dopo il TCP/IP sarebbe stato adottato ufficialmente come protocollo standard della rete Arpanet (e di tutte le reti finanziate dall'agenzia), sostituendo l'ormai datato e inefficiente NCP, e aprendo la strada alla nascita di Internet quale la conosciamo oggi.

Nel frattempo Arpanet, la cui gestione era stata affidata dalla DARPA alla *Defense Communication Agency* (DCA), continuava la sua espansione, sia come diffusione sia, soprattutto, come servizi e applicazioni che vi venivano sviluppati. Nel giugno del 1975 era stato creato il primo gruppo di discussione basato sulla posta elettronica, ospitato sull'host della DARPA e battezzato *MsgGroup*. I temi che vi si discutevano erano di ambito tecnico, ma non mancarono scambi vivaci di messaggi dedicati a fatti di attualità. Visto il successo di MsgGroup, ben presto fecero la loro comparsa altri gruppi di discussione non ufficiali ospitati sugli host universitari: si narra che il primo fu *SF-Lovers*, dedicato agli amanti della fantascienza.

Altra pietra miliare fu lo sviluppo dei primi giochi di simulazione. Il primo in assoluto fu *Adventure*, una versione digitale di *Dungeons and Dragons*, scritto in una prima fase da Will Crowther (membro del gruppo dell'IMP alla BBN) e poi rifinito da uno studente di Stanford,

[86] Per ulteriori informazioni sul funzionamento del TCP/IP si veda il capitolo 'Principi di base della rete Internet'.

Don Woods, nel 1976. Il gioco ebbe un successo inaspettato, e generò una grande quantità di traffico sull'host dello *Artificial Intelligence Laboratory* dove era stato installato. Nel 1979 Richard Bartle e Roy Trubshaw della University of Essex crearono la prima versione di un gioco di ruolo multiutente che battezzarono *Multi User Dungeons* (MUD).

Come aveva previsto Licklider ormai quindici anni prima, sulla base di un sistema di comunicazione interattivo fondato sui computer si era costituita una vera e propria comunità intellettuale.

Da Arpanet a Internet

Il successo di Arpanet nella comunità scientifica aveva dimostrato ampiamente i vantaggi che le reti di comunicazione telematiche potevano arrecare nell'attività di ricerca. Tuttavia, alle soglie degli anni '80, delle centinaia di dipartimenti di informatica del paese solo 15 avevano il privilegio (ma anche gli oneri finanziari) di possedere un nodo. Questa sperequazione era vista come un pericolo di impoverimento del sistema della ricerca universitaria. Per ovviare a tale rischio la *National Science Foundation* (NSF), un ente governativo preposto al finanziamento della ricerca di base, iniziò a sponsorizzare la costruzione di reti meno costose tra le università americane. Nacque così nel 1981 *Csnet* (*Computer Science Network*), una rete che collegava i dipartimenti informatici di tutto il sistema accademico statunitense. Ma già prima di questa iniziativa alcune sedi universitarie avevano creato infrastrutture telematiche a basso costo. Nel 1979, ad esempio, era stata creata Usenet, che collegava i computer della Duke University e della University of North Carolina, permettendo lo scambio di messaggi articolati in forum. Nel 1981 alla City University of New York venne creata Bitnet (acronimo della frase *Because It's Time Net*), che fu estesa ben presto a Yale.

Tutte queste reti, pur avendo adottato internamente tecnologie diverse e meno costose rispetto a quelle di Arpanet, potevano comunicare con essa grazie ai gateway basati sul nuovo protocollo di *internetworking* TCP/IP. Ben presto anche altri paesi del blocco occidentale iniziarono a creare reti di ricerca, basate sul medesimo protocollo (le cui specifiche, ricordiamo, erano gratuite e liberamente disponibili sotto forma di RFC; il relativo archivio era gestito sin dai tempi del NWG da Jon Postel), e perciò in grado di interoperare con le omologhe nordamericane. Intorno alla rete dell'ARPA, andava prendendo forma una sorta di rete delle reti. A sancire la nascita definitiva di tale rete intervenne nel 1983 la decisione da parte della DCA di dividere Arpanet in due rami per motivi di sicurezza: uno militare e chiuso, inizialmente battezzato *Defense Data Network* e poi *Milnet*, e uno per la comunità scientifica, che ereditava il nome originario e che non avrebbe avuto limiti di interconnessione esterna. La vecchia Arpanet poteva così divenire a tutti gli effetti il cuore della neonata Internet. Nello stesso tempo venne fondato un nuovo organismo di gestione tecnica della rete, l'*Internet Activities Board* (IAB), e tra i suoi sottogruppi l'*Internet Engineering Task Force* (IETF), cui fu affidato il compito specifico di definire gli standard della rete, compito che mantiene ancora oggi.

Parallelamente a tali sviluppi amministrativi, anche l'evoluzione tecnica della rete procedeva, raggiungendo proprio in quegli anni due tappe basilari: il 1° gennaio 1983, su decisione di DARPA e DCA, tutti i nodi di Arpanet passarono ufficialmente dal vecchio NCP a TCP/IP. Si narra che tutto filò liscio, e da un responsabile di nodo all'altro rimbalzò il messaggio "I survived the TCP/IP transition". Approfittando del clima di riorganizzazione che seguì la transizione, Paul Mockapetris, Jon Postel (che nel frattempo aveva anche definito il nuovo protocollo per la posta elettronica, il *Simple Mail Transfer Protocol*) e Craig Partridge si misero a lavorare a un nuovo sistema per individuare i nodi della rete, assai più facile da maneggiare rispetto agli indirizzi numerici IP. Nel novembre dello stesso anno, dopo alcuni mesi di lavoro pubblicarono le RFC 892 e 893 che delineavano il *Domain Name System*. Ci volle ancora un anno intero di discussioni prima che il DNS fosse accettato da tutti e messo in funzione, ma quando questo avvenne tutti gli elementi tecnici affinché la diffusione di Arpanet/Internet esplodesse erano disponibili.

A dare il via a tale esplosione fu ancora una volta la NSF. Dopo il successo dell'esperimento Csnet, l'ente federale per la ricerca si era vieppiù convinto della necessità di dotare il sistema universitario di una infrastruttura telematica ad alta velocità. Ma i fondi a sua disposizione erano del tutto insufficienti per tale obiettivo. Per ovviare a tale limite la NSF decise di coinvolgere direttamente le università nella costruzione della nuova infrastruttura. Essa si assunse direttamente l'onere di realizzare una *backbone* ad alta velocità che congiungeva i cinque maggiori centri di supercalcolo[87] del paese con una linea dedicata a 56 Kbps, battezza-

[87] Quei centri dotati cioè di costosissimi supercomputer. Per la precisione si trattava del JVNC di Princeton, del PSC di Pittsburgh, del SDSC alla UCSD, del NCSA alla UIUC, e del Theory Center alla Cornell University.

ta NSFnet. Tutte le altre università avrebbero potuto accedere gratuitamente a tale rete a patto di creare a loro spese le infrastrutture locali. Il progetto fu avviato nel 1986 ed ebbe un successo enorme. Nel giro di un anno quasi tutte le università statunitensi aderirono all'offerta della NSF, e si riunirono in consorzi per costruire una serie di reti regionali, a loro volta connesse a NSFnet. A ciò si affiancò la diffusione delle reti locali, la cui commercializzazione era appena iniziata. Come risultato il numero di host di Internet decuplicò, raggiungendo la quota di diecimila.

Ma si trattò appena di un inizio. Il successo riportato dai protocolli TCP/IP, e da tutti gli altri protocolli applicativi che su di esso si basavano, stimolò la nascita di reti di ricerca nazionali in gran parte dei paesi occidentali. E ormai anche le reti private come Decnet, Compuserve e MCI decisero di connettersi a Internet. Come conseguenza fra il 1985 e il 1988 il backbone della NSFnet dovette essere aggiornato a una rete T1 a 1,544 Mbps, e un anno dopo il numero di host superò le 100 mila unità.

A questo punto divenne evidente che la vecchia Arpanet aveva ormai esaurito la sua funzione. Tutti i nuovi accessi passavano per la più veloce, evoluta ed economica NSFnet. Inoltre la DARPA (dove non era rimasto nessuno dei grandi protagonisti della storia di Arpanet) era ormai rivolta ad altri interessi e non intendeva più spendere i 15 milioni di dollari annui per quella vecchia rete. Fu così che qualcuno (ma nessuno in particolare si assunse pubblicamente il compito) prese la decisione di staccare la spina. Nel 1989, a venti anni dalla sua nascita, il processo di smantellamento di Arpanet ebbe inizio. Tutti i siti vennero trasferiti alla rete della NSF o a qualcuna delle reti regionali. Alla fine dell'anno Arpanet aveva cessato di esistere, e il glorioso IMP numero 1 divenne un reperto in mostra alla UCLA, dove tutto era iniziato.

World Wide Web e l'esplosione di Internet

Per molti anni la rete era stata uno strumento, alquanto esoterico, nelle mani di poche migliaia di studenti e ricercatori di informatica. Alcuni di loro potevano affermare senza battere ciglio di conoscere a memoria l'indirizzo di ogni singolo host. Ma la diffusione che conseguì alla nascita di NSFnet aveva cambiato radicalmente il quadro demografico degli utenti.

Agli informatici (accademici e professionisti) si erano affiancati i fisici, i chimici, i matematici e anche alcuni rari studiosi dell'area umanistica. Senza contare che le reti universitarie iniziavano a fornire accessi anche agli studenti *undergraduate*, e a fornire informazioni amministrative attraverso i loro host. Parallelamente la quantità di risorse disponibili cresceva in modo esponenziale, e nessuno era ormai più in grado di averne contezza con il solo aiuto della memoria.

Tutte queste ragioni, che si sommavano allo spirito di innovazione e di sperimentazione che aveva caratterizzato gli utenti più esperti della rete, determinarono agli inizi degli anni '90 una profonda trasformazione dei servizi di rete e la comparsa di una serie di nuove applicazioni decisamente più *user friendly*.

Il primo passo in questa direzione fu lo sviluppo nel 1989 di un programma in grado di indicizzare il contenuto dei molti archivi pubblici di file basati su FTP, da parte di Peter Deutsch, un ricercatore della McGill University di Montreal. Il programma fu battezzato *Archie*, e in breve tempo gli accessi all'host su cui era stato installato generarono più della metà del traffico di rete tra Canada e USA. Preoccupati da tale situazione gli amministratori della McGill decisero di impedirne l'uso agli utenti esterni. Ma il software era ormai di pubblico dominio, e numerosi server Archie comparvero su Internet.

Poco tempo dopo Brewster Kahle, uno dei migliori esperti della *Thinking Machine*, azienda leader nel settore dei supercomputer paralleli, sviluppò il primo sistema di *information retrieval* distribuito, il *Wide Area Information Server* (WAIS). Si trattava di un software molto potente che permetteva di indicizzare enormi quantità di file di testo e di effettuare ricerche su di essi grazie a degli appositi programmi client. Le potenzialità di WAIS erano enormi, ma la sua utilizzazione era alquanto ostica, e ciò ne limitò la diffusione. Nel momento di massimo successo il server WAIS principale installato alla Thinking Machine ospitò circa 600 database, tra cui l'intero archivio delle RFC.

Ben più fortunata, anche se altrettanto breve, fu la vicenda del primo strumento di interfaccia universale alle risorse di rete orientato al contenuto e non alla localizzazione: il *Gopher*. Le sue origini risalgono al 1991, quando Paul Lindner e Mark P. McCahill della University of Minnesota decisero di realizzare il prototipo di un sistema di accesso alle risorse di rete interne al campus la cui interfaccia fosse basata su menu descrittivi, e che adottasse una architettura client-server (in modo da rendere possibile la distribuzione su più host del carico di indicizzazione). Il nome, ispirato dalla marmotta scavatrice simbolo dell'università, si dimostrò un'ottima scelta. Nel giro di due anni il programma (i cui sorgenti furono messi a disposizione liberamente) si diffuse in tutta la rete, arrivando a contare più di 10 mila server e divenendo l'interfaccia preferita della maggior parte dei nuovi utenti. Al suo successo contribuì notevolmente lo sviluppo di un programma che permetteva di effettuare ricerche per parole chiave su tutti i menu del *gopherspace*, *Veronica* (la cui origine si colloca nella Duke University).

Ma proprio mentre il Gopher raggiungeva l'apice del suo successo un altro sistema, sviluppato nei laboratori informatici del CERN di Ginevra, cominciò ad attirare l'attenzione della comunità di utenti Internet: *World Wide Web*.

Il primo documento ufficiale in cui si fa riferimento a questo strumento risale al marzo del 1989. In quell'anno Tim Berners Lee, un fisico in carico al centro informatico del grande laboratorio di fisica, concepì l'idea di un "sistema ipertestuale per facilitare la condivisione di informazioni tra i gruppi di ricerca nella comunità della fisica delle alte energie", e ne propose lo sviluppo al suo centro. Avuto un primo assenso si mise al lavoro sulla sua idea, coadiuvato dal collega Robert Cailliau (a cui si deve il simbolo costituito da tre 'W' sovrapposte in colore verde). Nel novembre del 1990 i due firmarono un secondo documento, assai più dettagliato, che descriveva il protocollo HTTP, il concetto di browser e server, e che rendeva pubblico il nome ideato da Berners Lee per la sua creatura: World Wide Web. Nel frattempo Berners Lee, lavorando con la sua nuova *workstation* Nextstep, un vero e proprio gioiello dell'informatica, sviluppò il primo browser/editor Web (battezzato con poca fantasia World Wide Web anch'esso). Le funzionalità di quel programma erano avanzatissime (ancor oggi i browser di maggiore diffusione non hanno implementato tutte le caratteristiche del primo prototipo), ma purtroppo le macchine Next in giro per il mondo erano assai poche.

Per facilitare la sperimentazione del nuovo sistema ipertestuale di diffusione delle informazioni su Internet, Berners Lee realizzò un browser con interfaccia a caratteri, facilmente portabile su altre architetture, e lo battezzò *Line Mode Browser*. Esso venne distribuito nel marzo del 1991 in formato sorgente attraverso alcuni gruppi di discussione. Una versione funzionante fu messa on-line e resa accessibile tramite un collegamento telnet pubblico su un host del CERN. Intanto iniziavano a sorgere i primi server Web esterni al CERN ma sempre legati al mondo della fisica nucleare. Alla fine dell'anno se ne contavano circa cinquanta.

L'interesse intorno a questa nuova applicazione iniziava a crescere, ma l'ostica interfaccia a caratteri del browser ne limitava la diffusione.

Un primo aiuto in questo senso venne nel 1992, quando Pei Wei, uno studente di Stanford, realizzò un browser grafico per X-window battezzato *WWW Viola*. Fu proprio provando Viola che Marc Andreessen, studente specializzando presso il *National Center for Supercomputing Applications* (NCSA) della University of Illinois, concepì l'idea di sviluppare un browser web grafico, insieme a Eric Bina: nacque così *Mosaic*. La prima versione per Unix X-window fu rilasciata nel gennaio 1993. Nel settembre dello stesso anno il gruppo di programmatori raccoltosi intorno a Marc ed Eric rilasciò le prime versioni per Windows e Macintosh. Mosaic fu una vera e propria rivelazione per gli utenti Internet. La semplicità di installazione e di uso ne fece una *killer application* che nel giro di pochi mesi attrasse su World Wide Web migliaia di utenti, e che soprattutto rese evidente un modo nuovo di utilizzare i servizi della rete Internet, completamente svincolato dalla conoscenza di complicate sintassi e lunghi elenchi di indirizzi. Grazie a Mosaic e alla sottostante architettura Web, Internet divenne uno spazio informativo ipermediale aperto che era alla portata di chiunque con il minimo sforzo.

Tutto ciò accadeva mentre Internet aveva già raggiunto i due milioni di host, e il backbone della NSFnet era stato portato a una banda passante di 44,736 Mbps. Ma l'introduzione del binomio Mosaic/Web ebbe la forza di un vero e proprio 'Big bang'.

Dalla fine del 1993 gli eventi si fanno ormai concitati. A fine anno Marc Andreessen lasciò il NCSA. Nel marzo dell'anno dopo incontrò uno dei fondatori della Silicon Graphics, Jim Clark, che lo convinse a fondare una società per sfruttare commercialmente il successo di Mosaic. Il nome scelto per la società in un primo momento fu *Mosaic Communication*; ma per evitare di pagare *royalties* al NCSA fu deciso di cambiarlo in *Netscape Communication*, e di riscrivere da zero un nuovo browser Web, dopo avere cooptato la maggior parte dei vecchi amici e collaboratori di Marc. Pochi mesi dopo fu distribuita la prima versione beta di *Netscape Navigator*, le cui caratteristiche innovative ne fecero quasi immediatamente l'erede di Mosaic. Il 25 maggio del 1994 si tenne a Ginevra la prima *WWW Conference* (alcuni l'hanno battezzata la 'Woodstock del Web'), seguita nell'ottobre da una seconda tenuta a Chicago. Da quei primi incontri si presero le mosse per la fondazione del W3 Consortium (la prima riunione risale al 14 dicembre 1994), una organizzazione voluta da Tim Berners-Lee al fine di gestire in modo pubblico e aperto lo sviluppo delle tecnologie Web, così come era avvenuto per tutte le precedenti tecnologie che erano state sviluppate sulla e per la rete sin dai tempi del NWG.

Ma i tempi, appunto, erano ormai cambiati profondamente. Con cinque milioni di host, tra cui 25 mila server Web (moltiplicatisi con un ritmo di crescita rapidissimo), la nuova Internet era ormai pronta a un'ennesima mutazione: da un sistema di comunicazione fortemente radicato nell'ambiente accademico stava per divenire un vero e proprio medium globale, in grado di attrarre l'attenzione anche delle grandi *corporation* private. Già da qualche anno la rigida chiusura al traffico commerciale sul backbone NSFnet era stata sostituita da un'ampia tolleranza. Il 30 aprile del 1995 la NSF chiuse definitivamente il finanziamento della sua rete, che venne ceduta a un gestore privato. Nel frattempo molte grandi multinazionali delle telecomunicazioni avevano già iniziato a vendere connettività Internet per conto proprio. Il controllo tecnico della rete rimaneva in mano alla *Internet Society*, una organizzazione *no profit* fondata nel 1992 alle cui dipendenze erano state messe IAB e IETF. Ma il peso dei grandi investimenti cominciava a farsi sentire, specialmente con l'entrata in campo della Microsoft, e con la reazione al suo temuto predominio da parte di altri attori, vecchi e nuovi, dell'arena dell'Information Technology. Il resto, l'esplosione di Internet come host, come utenti e come fenomeno mediatico, è cronaca dei nostri giorni.

Verso il futuro

Se, come abbiamo detto in apertura di capitolo, fare storia di una tecnologia è impresa complessa, predirne il futuro è un esercizio intellettuale poco saggio, ancorché assai diffuso. In questo paragrafo finale ci limiteremo quindi a descrivere alcuni processi di innovazione, in parte già avviati, che a breve termine introdurranno alcune importanti novità nell'architettura di Internet e nelle sue potenzialità.

Tali processi, ancora una volta, trovano origine principalmente in ambito statunitense. Per la precisione ci riferiamo ai due grandi programmi di ricerca *Internet2* e *Next Generation Internet*.

Internet2 è un progetto cooperativo che coinvolge attualmente oltre 150 istituzioni accademiche raccolte nella *University Corporation for Advanced Internet Development* (UCAID), diverse grandi aziende del settore informatico e delle telecomunicazioni e istituzioni federali (in particolare la NSF). NGI invece è un programma finanziato direttamente dal governo federale e gestito dalle grandi agenzie di ricerca federali come DARPA, NSF, NASA, *Department of Energy* e *National Institute of Standards and Technology*, che a loro volta collaborano con diversi centri di ricerca accademici.

A parte queste differenze giuridiche e amministrative, si tratta di due programmi complementari che hanno molteplici punti di contatto e di interscambio sia sul piano della ricerca sia su quello del finanziamento. Soprattutto, entrambi condividono le medesime finalità e individuano come destinatari i centri di ricerca universitari. Infatti, come è già avvenuto nella storia di Arpanet prima e di Internet poi, le università serviranno da luoghi deputati alla sperimentazione di una serie di nuove applicazioni che dovranno in seguito essere diffuse su scala globale.

Obiettivo generale di entrambi i progetti è lo sviluppo delle tecnologie hardware e software della rete al fine di rendere possibile la sperimentazione di servizi di rete avanzati (come le biblioteche digitali, il lavoro collaborativo, la telemedicina, il *video on demand*, la telepresenza e gli ambienti VR condivisi).

Dal punto di vista delle infrastrutture sono stati avviati due progetti di reti a banda larghissima in fibra ottica: una è il *Very High Bandwidth Network Service* (VBNS), finanziato dalla NSF e realizzato dalla MCI/Worldcom (prima del suo clamoroso fallimento, uno dei giganti delle TLC statunitensi), che in un certo senso eredita il ruolo di NSFnet. L'altra è la rete del progetto *Abilane*, sviluppato dalla UCAID nel contesto di Internet2 e parzialmente finanziato dalla stessa NSF.

Entrambi i progetti hanno sottolineato come per lo sviluppo di servizi avanzati non sia sufficiente il solo potenziamento delle linee e delle strutture hardware della rete, ma serva anche una profonda ristrutturazione nell'architettura dei protocolli. In questo ambito sono stati individuati diversi settori di intervento.

Il primo riguarda la messa a punto operativa della nuova versione del protocollo IP, battezzata *IP version 6* (Ipv6). Standardizzato nella RFC 1883 del dicembre 1995, IPv6 risolve il problema del limitato spazio di indirizzamento del vecchio IPv4 (a 32 bit) usando uno schema a 128 bit. Questa innovazione garantirà un impressionante incremento della disponibilità di indirizzi IP: secondo un calcolo approssimativo, si avranno a disposizione 665×10^{24} indirizzi per ogni metro quadrato della superficie del nostro pianeta! Ma per rendere effettivamente funzionante IPv6 saranno necessari notevoli cambiamenti nei sistemi di instradamento dei dati e nei software di gestione dei router, che dovranno essere in grado di aggiornarsi automaticamente[88].

[88] I temi cui si fa riferimento in questo capoverso saranno approfonditi nel capitolo 'Principi di base della rete Internet'.

Il secondo importante obiettivo perseguito dagli esperti che lavorano per il rinnovamento della rete è indicato dalla sigla QoS (*Quality of Service*). Si tratta di sviluppare una serie di protocolli per allocare in modo dinamico e intelligente la banda passante disponibile, in modo tale da gestire diversi livelli di servizio. In base a questi standard, ai servizi a pagamento, o a quelli che necessitano di un contatto costante (come il video in tempo reale) sarà riservata automaticamente dal sistema una quota di banda tale da garantirne il funzionamento ottimale, mentre agli altri servizi verrà allocata la banda rimanente.

Legata allo sviluppo di servizi multimediali interattivi come il traffico vocale (in alternativa alle normali linee telefoniche), le videoconferenze, il 'video on demand', è la sperimentazione di nuove tecniche di trasmissione in *multicasting*. A differenza delle attuali modalità di funzionamento del protocollo di trasferimento dati, che si basa su connessioni punto-punto per ogni singola trasmissione, il multicasting permetterebbe di stabilire connessioni uno-molti, rendendo assai più efficiente l'occupazione della banda passante. Ulteriori aree di ricerca sono quelle relative alla sicurezza delle trasmissioni, all'archiviazione permanente dei dati e alla creazione di un sistema di indirizzamento stabile delle risorse.

Sebbene entrambi i progetti dedicati allo sviluppo della 'Internet del futuro' siano radicati nel mondo della ricerca, le potenzialità commerciali aperte da queste sperimentazioni sono enormi: basti solo pensare che il 'video on demand' via Internet potrebbe sostituire almeno una parte dell'attuale programmazione televisiva (ad esempio i canali tematici, che proprio in questi anni stanno conoscendo un forte sviluppo). Ovviamente non è possibile considerare questi risultati, attualmente in fase di *work in progress*, come dati acquisiti. Le incognite economiche, tecniche, politiche che si legano a progetti di questa portata non sono, allo stato attuale delle cose, valutabili. Ma almeno negli Stati Uniti, la volontà di potenziare le risorse telematiche, che hanno avuto un ruolo strategico nel rafforzare negli ultimi anni la superiorità tecnologica del paese, è indubbia.

Resta da chiarire il ruolo che l'Europa potrà giocare in questo contesto, ruolo che si spera non sarà passivo come è avvenuto nello scorso trentennio, e il tipo di rete che questi grandi investimenti ci lasceranno in eredità. Per ora una cosa appare certa: la rete si trasformerà, anche profondamente, cambiando servizi e tecnologie, ma non scomparirà. Alla continua crescita nel numero degli utenti continuerà a corrispondere, anche in futuro, un potenziamento delle linee e dei protocolli di comunicazione.

Tecnologie

Cos'è la telematica

La parola telematica è un neologismo derivato dalla fusione di due parole: *telecomunicazione* e *informatica*. La telematica si occupa dell'uso delle tecnologie informatiche nell'ambito delle telecomunicazioni; applicazioni telematiche sono ad esempio gli sportelli Bancomat, i fax e i terminali per la lettura delle carte di credito. Le reti telematiche connettono fra loro più computer, attraverso cavi telefonici, fibre ottiche, connessioni wireless, satelliti, ecc. Su reti di questo tipo possono transitare velocemente grandi quantità di dati. I vantaggi del collegamento attraverso le reti sono molteplici. Un computer in rete può accedere alle risorse informative residenti su altri computer, può utilizzare periferiche, come stampanti o fax, collegate ad altri elaboratori, e così via.

Reti locali e reti su territorio

Esistono vari tipi di rete, dalle più piccole, che possono essere composte anche solo da due personal computer, a reti enormi, con migliaia di computer distribuiti su vaste aree geografiche.

Le reti di primo tipo, dette LAN (*Local Area Network*), realizzate cioè in sede locale – tipicamente all'interno di uno stesso edificio – nascono nella maggioranza dei casi per un uso d'ufficio (condivisione di periferiche, scambio di file da una scrivania all'altra, ecc.) e spesso non permettono alcun tipo di accesso dall'esterno.

Le reti più vaste, dette 'geografiche' o WAN (*Wide Area Network*), connettono computer spesso assai distanti l'uno dall'altro, ad esempio le varie sedi di una multinazionale. Queste reti sono, per loro stessa natura, molto più 'aperte' delle reti locali, prevedono cioè tutta una serie di procedure per accogliere nuovi elaboratori remoti: da quelli di una eventuale nuova sede, fino al computer portatile di un dipendente munito di modem o di scheda wireless.

L'estensione sul territorio è la caratteristica specifica delle reti WAN, e questo sia a livello nazionale (in Italia per esempio la rete GARR, o le reti bancarie), sia a livello continentale (per l'Europa si possono citare: EuropaNet, Ebone, Eunet) o mondiale. Alcune di queste grandi reti, ad esempio quelle bancarie, per motivi di sicurezza non hanno di norma alcun vantaggio nel cercare collegamenti con strutture esterne; ma la maggior parte delle WAN ha invece una vera e propria 'fame di connessioni'.

Le reti tendono sempre di più a connettersi l'una con l'altra, abbracciando fra le loro 'maglie' tutto il mondo. Le reti nazionali diventano parte delle reti continentali, e queste delle reti mondiali. Basta un anello di congiunzione, e i dati possono viaggiare da una rete all'altra.

Una rete di reti

Internet – o più semplicemente 'the Net', 'la rete' – è una sorta di meta-rete costituita da molte reti telematiche connesse tra loro. Non ha importanza quale sia la tecnologia che le unisce: cavi, fibre ottiche, ponti radio, satelliti, o altro. Non è neanche rilevante di che tipo siano i computer connessi: dal piccolo personal computer al grosso elaboratore, o *mainframe*. Punto di forza di Internet, e motivo del suo velocissimo espandersi, è la sua capacità di 'parlare' un linguaggio universale, adatto alla quasi totalità degli elaboratori esistenti.

Secondo le stime più recenti, si calcola che Internet colleghi più di 160 milioni di computer host (da non confondere con i computer degli utenti finali, che si stima siano ormai più di 600 milioni). Alcune delle linee di comunicazione più importanti fra quelle che compongono la rete, essendo le principali arterie attraverso le quali transita il flusso di dati, prendono il nome di 'backbone' (dorsali). Backbone sono, per esempio, le linee portanti delle imponenti reti accademiche americane NSFnet (*National Science Foundation Network*) e CSnet (*Computer Science Network*), o i cavi transoceanici che collegano le reti europee con quelle statunitensi.

Internet si basa su una struttura portante di linee dedicate (attive 24 ore su 24) ad alta velocità. Ma il mondo Internet non è riservato alle istituzioni accademiche o alle aziende che si possono permettere costose linee dedicate ad ampia banda: anzi, moltissimi utenti della rete accedono al patrimonio informativo comune tramite le normali reti telefoniche (anche l'innovativo servizio ADSL si basa in buona parte sulle infrastrutture telefoniche tradizionali), e si stanno diffondendo servizi a basso costo anche nel campo dei collegamenti wireless e – grazie alla cablatura avviata in alcune città – perfino di quelli a fibra ottica. Internet oggi ha una diffusione globale, ed è il *medium* che si è diffuso più velocemente nella storia delle comunicazioni di massa.

Come abbiamo già accennato, uno dei fattori che ha fatto la fortuna di Internet è la capacità di connettere computer, e sistemi telematici, diversi. I computer della rete parlano tutti la stessa lingua. Questa *koiné* è il protocollo di trasferimento dati TCP/IP (di cui parleremo per esteso in seguito). Gli sviluppatori del protocollo – Bob Khan e Vinton Cerf – non solo crearono un prodotto valido ed estremamente versatile, ma decisero di regalarlo all'umanità, non vincolando il software a nessuna forma di *copyright*. TCP/IP permette di far parlare fra loro milioni di computer in tutto il mondo, ma anche di connettere efficientemente le poche macchine di una rete locale. Grazie alle sue caratteristiche di economicità e versatilità, infatti, molte aziende utilizzano ormai TCP/IP anche per le proprie reti interne. Queste reti, per lo più aziendali, vengono ormai comunemente indicate con il nome di *Intranet*. Una rete Intranet, vista l'intrinseca necessità di sicurezza di una rete aziendale, è normalmente inaccessibile al comune utente Internet. Al contrario, da una Intranet si ha in genere la possibilità di navigare sulla rete delle reti.

Se una rete Intranet è dunque paragonabile a un ambiente con delle porte capaci di aprirsi solo dall'interno, le *Extranet* sono delle reti con tecnologia TCP/IP il cui scopo è connettere fra loro le reti locali di diverse aziende[1]. Anche le reti Extranet non sono di solito liberamente raggiungibili da tutti gli utenti Internet: la tecnologia usata è la stessa, ma lo scambio di informazioni riguarda i soli utenti autorizzati.

Per la trasmissione privata su linee pubbliche, come quelle di Internet, sono ormai disponibili protocolli TCP/IP compatibili, che garantiscono trasferimenti di dati ragionevolmente sicuri per le aziende o

[1] Le Extranet vengono talvolta indicate con la sigla VPN (Virtual Private Network).

istituzioni che li utilizzano e completamente invisibili per il resto degli utenti. In questo caso la tecnica di connessione prende il nome di 'tunneling'. Per coloro che volessero approfondire le questioni tecniche ricordiamo che i principali protocolli dedicati alle trasmissioni *tunneling* sono sostanzialmente due: il *Layer Two Tunneling Protocol* (in sigla L2TP) che a sua volta si appoggia su un protocollo gerarchicamente superiore, l'IPSec (*Internet Protocol Security*), e il PPTP (*Point-to-Point Tunneling Protocol*) della Microsoft.

Principi di base della rete Internet

Una delle ragioni principali del successo di Internet risiede senza dubbio nell'efficienza, semplicità di uso e convenienza delle sue basi tecnologiche. Abbiamo visto cosa sia una rete di computer in generale e quali siano le sue strutture o, per dirla con la terminologia informatica, il suo *hardware*, soffermandoci in particolare sulla struttura della rete Internet. Ma, come è noto, nel mondo dell'informatica un ruolo altrettanto importante è svolto dal livello logico, il *software*. In questo capitolo, dunque, ci soffermeremo proprio su questo livello logico della rete, e getteremo, anche da questo punto di vista, un'occhiata 'dentro la scatola'.

Non intendiamo certo fornire tutte le nozioni che troverebbero posto in un manuale tecnico sui sistemi di *internetworking*: cercheremo solamente di introdurre i principi fondamentali delle tecnologie che garantiscono a Internet di funzionare in modo efficiente e sicuro.

Questa introduzione, se per un verso risponde alle esigenze di completezza cui un manuale deve ottemperare, fornisce nondimeno al lettore alcune nozioni che dovrebbero far parte del bagaglio di conoscenze di un utente 'esperto' della rete Internet. Un bagaglio indispensabile per sfruttarne al meglio le potenzialità: sapere come funzionano le cose, infatti, permette di individuare le cause di eventuali problemi o malfunzionamenti, e, se non sempre di risolverli, almeno di dare informazioni precise a chi dovrà intervenire.

Inevitabilmente, saremo costretti a usare un certo numero di strane sigle, con le quali vengono di norma designate le tecnologie della rete. Ma a questo, probabilmente, i nostri lettori avranno già fatto l'abitudine: d'altra parte il lessico di Internet è popolato di sigle e il navigatore esperto deve rassegnarsi a conviverci. In ogni caso, la lettura di questo capitolo, come di tutti gli altri in questa sezione, non è indispensabile per utilizzare con buon successo i vari servizi che abbiamo già studiato nella prima parte del manuale. Volendo potrete perciò saltarlo, e magari tornarci quando avrete maggiore dimestichezza con il mondo di Internet.

Un linguaggio comune: il protocollo TCP/IP

Internet è uno strumento di comunicazione. Uno strumento di comunicazione tra i computer, e tra gli uomini che usano i computer interconnessi attraverso la rete. Naturalmente i due soggetti in campo, computer e uomini, hanno esigenze diverse, spesso contrastanti, che occorre tenere presenti per fare in modo che la comunicazione vada a buon fine. Le tecnologie su cui si basa Internet si sono evolute nel corso degli anni proprio per rispondere con la massima efficienza a queste esigenze.

Il primo problema in ogni processo di comunicazione è naturalmente la definizione di un linguaggio che sia condiviso tra i diversi attori che comunicano; attori che, nel caso di Internet, sono in primo luogo i computer. E i computer, come ben si sa, pur usando tutti lo stesso alfabeto – il codice binario – 'parlano' spesso linguaggi differenti e incompatibili. Fuor di metafora, computer diversi usano sistemi operativi, codici di caratteri, strutture di dati, che possono essere anche molto diversi. Per permettere la comunicazione tra l'uno e l'altro è necessario definire delle regole condivise da tutti. Questa funzione, nell'ambito della telematica, viene svolta dai *protocolli*.

Nel mondo diplomatico per 'protocollo' si intende una serie di regole di comportamento e di etichetta rigidamente codificate, che permettono a persone provenienti da diversi universi culturali di interagire senza creare pericolose incomprensioni. Protocolli sono detti anche gli accordi o i trattati internazionali. Queste accezioni del termine possono essere accolte per metafora anche nell'ambito della telematica: un protocollo di comunicazione definisce le regole comuni che un computer deve conoscere per elaborare e inviare i bit attraverso un determinato mezzo di trasmissione fisica verso un altro computer. Un protocollo dunque deve specificare in che modo va codificato il segnale, in che modo far viaggiare i dati da un nodo all'altro, in che modo assicurarsi che la trasmissione sia andata a buon fine, e così via.

Nel caso di Internet, che interconnette milioni di computer e di sottoreti, basati su ambienti operativi e architetture hardware diverse, tali protocolli debbono rispondere a esigenze particolarmente complesse. E come abbiamo visto la storia stessa della rete è stata scandita dallo sviluppo dei suoi protocolli fondamentali. Il nucleo fondamentale, l'insieme di protocolli che permettono il funzionamento di questo complesso e multiforme sistema di comunicazione telematico, viene comunemente indicato con la sigla *TCP/IP*, che è un acronimo per *Transmission Control Protocol/Internet Protocol*.

Possiamo affermare che una delle ragioni del successo di Internet risiede proprio nelle caratteristiche del suo protocollo di comunicazione. In primo luogo, il TCP/IP è indipendente dal modo in cui la rete è fisicamente realizzata: una rete TCP/IP può appoggiarsi indifferentemente su una rete locale Ethernet, su una linea telefonica, su un cavo in fibra ottica, su una rete di trasmissione satellitare... e così via. È anzi progettata esplicitamente per integrare facilmente diverse tecnologie hardware in un'unica struttura logica di comunicazione.

In secondo luogo il TCP/IP è un protocollo di comunicazione che risolve in modo molto efficiente i problemi tecnici di una rete geografica eterogenea come è Internet:

- sfruttare al meglio le risorse di comunicazione disponibili;
- permettere un indirizzamento efficiente e sicuro dei computer collegati, anche se questi sono diversi milioni[2];
- garantire con la massima sicurezza il buon fine della comunicazione;
- permettere lo sviluppo di risorse e servizi di rete evoluti e facilmente utilizzabili dall'utente.

E infine, come si è accennato, TCP/IP è un *open standard*, le cui specifiche sono liberamente utilizzabili da chiunque senza alcuna limitazione di copyright. Questo ha permesso il rapido diffondersi di implementazioni per ogni sistema operativo e piattaforma esistenti, implementazioni spesso distribuite gratuitamente o integrate in modo nativo nel sistema stesso.

Un protocollo a strati

Ciò che viene comunemente indicato come TCP/IP, in realtà, è costituito da un vero e proprio insieme di protocolli di comunicazione, ognuno con un compito specifico, organizzati in maniera gerarchica[3].

[2] In realtà, l'esplosione recente di Internet ha messo a dura prova la capacità di indirizzamento di TCP/IP; come si è accennato parlando della storia e del futuro di Internet, le proposte di revisione del protocollo prevedono un notevole potenziamento proprio di queste capacità.

[3] Il nome complessivo deriva dai due protocolli che hanno maggiore importanza: l'IP e il TCP.

In termini tecnici si dice che è un 'protocollo a livelli di servizi' (*layers of services*). Per la precisione, l'architettura TCP/IP si basa su un modello a quattro livelli:

1. *livello delle applicazioni*, che gestisce i servizi di rete per l'utente e dunque è la fonte e la destinazione finale di ogni transazione di rete;
2. *livello di trasporto*, che gestisce l'organizzazione dei dati ai fini della trasmissione e ha il compito di controllare che la comunicazione di un certo blocco di dati sia andata a buon fine, e di ritrasmettere quello che eventualmente è andato perso;
3. *livello di rete*, che gestisce l'indirizzamento dei computer e l'instradamento dei dati;
4. *livello fisico* e di *collegamento dati*, che gestisce l'uso dei cavi e l'invio dei segnali fisici sulla rete (ma non fa propriamente parte di TCP/IP).

Nell'architettura TCP/IP a ogni livello corrispondono uno o più protocolli. Durante lo svolgimento di una transazione, alla sequenza dei vari livelli corrisponde una sequenza di operazioni necessarie per la trasmissione dei dati. In fase di invio i dati partono dal livello delle applicazioni, e passano in sequenza attraverso la pila di strati; ogni protocollo riceve i dati dal livello superiore, aggiunge le informazioni di gestione che gli competono in una intestazione (*header*), e poi passa il tutto al livello inferiore, fino al livello che invia il segnale lungo il canale. In fase di ricezione avviene naturalmente il processo inverso. I dati arrivati mediante il livello fisico e il livello di rete passano al livello di trasporto che legge l'intestazione a lui destinata, ricompone il messaggio, e poi passa il tutto al livello applicativo. Naturalmente nella realtà le cose sono molto più complicate, ma questa descrizione rende l'idea. TCP/IP, insomma, può essere visto come una sorta di servizio di recapito basato su un meccanismo a scatole cinesi: al momento della spedizione i dati sono 'avvolti' in una scatola (che riporterà all'esterno alcune indicazioni sul contenuto), questa scatola viene inserita in un'altra scatola (con all'esterno un altro tipo di indicazioni), e così via. Al momento della ricezione le scatole vengono 'aperte' una dopo l'altra, ricavando da ognuna le informazioni su di essa riportate. Ogni interazione tra due computer della rete è costituita dalla confezione e dall'invio di una serie di scatole.

In realtà, come abbiamo detto, il gruppo di protocolli TCP/IP in senso stretto non si occupa della gestione diretta della infrastruttura hardware della rete. Esso, infatti, è indipendente da tale infrastruttura, e questa sua caratteristica ne ha facilitato la diffusione. Esistono dunque una serie di specifiche che descrivono in che modo ogni singola architettura fisica di rete possa interfacciarsi con il TCP/IP: ad esempio per la rete Ethernet, il tipo di rete locale più diffusa al mondo, ci sono l'*Address Resolution Protocol* (ARP) e lo *Standard for the Transmission of IP Datagrams over Ethernet Networks*. Le implementazioni software dei protocolli TCP/IP normalmente integrano queste tecnologie, e dunque permettono di creare reti Internet/Intranet su qualsiasi tipo di cavo.

Lo scambio dei dati: a ogni computer il suo indirizzo

La trasmissione dei dati e la gestione del traffico tra i vari computer in una rete TCP/IP sono governati dall'*Internet Protocol* (IP). Il protocollo IP ha il compito di impacchettare i dati in uscita e di inviarli, trovando la strada migliore per arrivare a un particolare computer tra tutti quelli connessi alla rete. Le informazioni necessarie a questo fine sono inserite in una intestazione (*header*) IP che viene aggiunta a ogni pacchetto di dati.

La tecnica di inviare i dati suddivisi in pacchetti (detti anche *datagrammi*) recanti tutte le informazioni sulla loro destinazione è una caratteristica delle reti di tipo TCP/IP, che sono dette reti a *commutazione di pacchetto*. In questo modo è possibile usare lo stesso tratto di cavo fisico per far passare molte comunicazioni diverse, sia che provengano da più persone che operano sullo stesso computer, sia che provengano da più computer collegati a quel tratto di rete. Mai nessuno occuperà un certo tratto di rete fisica per intero, come invece avviene nella comunicazione telefonica. Questa tecnica di trasmissione dei dati permette una grande efficienza nella gestione dei servizi di rete: infatti se per una qualche ragione una singola sessione di invio si interrompe, il computer emittente può iniziare un'altra transazione, per riprendere in seguito quella iniziale. E occorre ricordare che, per un computer, interruzione vuol dire pochi millesimi di secondo di inattività!

Il secondo compito del protocollo IP è l'invio dei dati per la 'retta via'. Per fare in modo che la comunicazione tra gli host vada a buon fine è necessario che ogni singolo computer abbia un indirizzo univoco, che lo identifichi senza alcuna ambiguità, e che indichi la via per raggiungerlo tra i milioni di altri host della rete. A questo fine viene impiegato uno *schema di indirizzamento* dei computer collegati in rete, che si basa su un sistema di indirizzi numerici.

Ogni computer su Internet, infatti, è dotato di un indirizzo numerico costituito da quattro byte, ovvero da quattro sequenze di 8 cifre binarie. Normalmente esso viene rappresentato in notazione decimale come una sequenza di quattro numeri da 0 a 255 (tutti valori decimali rappresentabili con 8 bit), separati da un punto; ad esempio:

151.100.20.17

Questi indirizzi numerici hanno una struttura ben definita. Come abbiamo detto Internet è una rete che collega diverse sottoreti. Lo schema di indirizzamento rispecchia questa caratteristica: in generale la parte sinistra dell'indirizzo indica una certa sottorete nell'ambito di Internet, e la parte destra indica il singolo host di quella sottorete. L'esatta distribuzione dei quattro byte tra indirizzo di rete e indirizzo di host dipende dalla 'classe' della rete. Esistono cinque classi di rete designate con le lettere latine A, B, C, D, E; di queste solo le prime tre classi sono utilizzate effettivamente su Internet. Una rete di classe A, ad esempio, usa il primo byte per indicare la rete, e i restanti tre byte per indicare i singoli nodi. Una rete di classe C invece usa i prime tre byte per indicare la rete e l'ultimo per l'host. Inoltre, poiché il riconoscimento del tipo di indirizzo viene effettuato sul primo byte, esistono dei vincoli sul valore che esso può assumere per ogni classe[4]. Per le reti di classe A i valori potranno andare da 1 a 127, per quelle di classe B da 128 a 191, per quelle di classe C da 192 a 223.

Ne consegue che possono esistere solo 127 reti di classe A, a ciascuna delle quali però possono essere collegati ben 16.777.214 diversi computer[5]. Invece le reti di classe B (due byte per l'indirizzo) possono essere 16.384, ognuna delle quali può ospitare fino a 65.534 host. Infine le reti di classe C potranno essere 2.097.152, composte da un massimo di 254 host.

Per capire meglio lo schema di indirizzamento di Internet, basta pensare alla struttura di un normale indirizzo postale. Lo scriviamo come nei paesi anglosassoni, con il numero civico prima: 2, Vicolo Stretto, Roma, Italia. Anche qui abbiamo quattro blocchi di informazioni: 'Vicolo Stretto, Roma, Italia' svolge la funzione di un indirizzo di rete, '2' corrisponde all'indirizzo del computer. Un indirizzo di classe C! Per

[4] Per la precisione il riconoscimento viene effettuato sui primi bit del primo byte. Ad esempio in una rete di classe A il primo bit deve essere 0. Dunque i numeri assegnabili vanno da '00000001' a '01111111', appunto, in notazione decimale, da '1' a '127'. In una rete di classe B i primi due bit devono essere 10; per una classe C i prime tre bit debbono valere 110.

[5] Il calcolo è presto fatto: 256 elevato al numero di byte disponibili. A questo numero va sottratto due: infatti il primo (XYZ.0.0.0) e l'ultimo (XYZ.255.255.255) indirizzo di quelli disponibili per gli host sono riservati.

trovare un'analogia con un indirizzo di classe A potremmo pensare a 'Presidenza della Repubblica, Italia'.

L'analogia con il sistema postale è in realtà molto più profonda di quanto non potrebbe sembrare. Infatti il sistema di recapito dei pacchetti di dati attraverso la rete è funzionalmente simile al modo in cui un servizio postale tradizionale organizza il recapito delle lettere (anche queste in fondo sono pacchetti di dati). Pensiamo al sistema postale: quando imbuchiamo una lettera questa arriva all'ufficio postale locale; se la lettera reca sulla busta un indirizzo di destinazione di competenza di un altro ufficio postale, sarà inviata a quell'ufficio postale, che si preoccuperà di recapitarla al destinatario. Naturalmente l'ufficio postale locale non conosce gli indirizzi di tutti gli altri uffici postali locali del mondo. Se una lettera è indirizzata ad esempio in Francia, l'ufficio locale la spedirà prima all'ufficio nazionale delle poste, che a sua volta manderà tutta la corrispondenza indirizzata alla Francia al suo omologo francese, il quale farà procedere la nostra lettera verso l'ufficio postale locale, che infine la recapiterà al destinatario.

Anche Internet funziona così. Quando infatti il protocollo IP di un computer riceve dei dati da inviare a un certo indirizzo, per prima cosa guarda alla parte dell'indirizzo che specifica la rete. Se l'indirizzo di rete è quello della rete locale, i dati sono inviati direttamente al computer che corrisponde all'indirizzo. Se invece l'indirizzo di rete è esterno, i dati vengono inviati a un computer speciale denominato *gateway* o *router* che gestisce il traffico di interconnessione (quello, cioè, diretto verso altre sottoreti), proprio come l'ufficio postale gestisce il recapito delle lettere.

Ogni router ha in memoria un elenco (detto *tabella di routing*) degli indirizzi dei router competenti per le altre sottoreti che conosce direttamente, più uno per le destinazioni di cui non ha diretta conoscenza[6]. Quando riceve un pacchetto di dati da uno dei computer della sua sottorete, il router legge l'intestazione IP, dove è segnato l'indirizzo di destinazione, e poi lo invia al router competente per quell'indirizzo, che a sua volta lo trasmetterà al computer a cui esso era destinato.

L'assegnazione effettiva degli indirizzi di rete viene curata da un organismo internazionale, l'*Internet Assigned Number Authority* (IANA), il quale a sua volta delega a enti nazionali la gestione degli indirizzi di rete nei vari paesi. In Italia tale gestione è curata dalla Registration Autho-

[6] Normalmente i router conosciuti direttamente sono su parti contigue nella topologia di rete (che non necessariamente corrisponde alla contiguità geografica).

rity italiana, che fa capo al CNR (ed è dunque funzionalmente collegata al Ministero dell'Istruzione, dell'Università e della Ricerca), in base alle indicazioni fornite dalla Naming Authority italiana (che opera in stretto rapporto con il Ministero delle Comunicazioni). Tutte le indicazioni del caso, compresi i moduli necessari alla richiesta di registrazione per nuovi nomi di dominio, sono disponibili alla URL **http://www.nic.it/RA**. Fino al 1998 questo lavoro era svolto nell'ambito del GARR[7], ma l'espansione commerciale della rete Internet sta progressivamente portando anche in Italia a uno svincolamento delle procedure centrali di gestione della rete dal solo mondo della ricerca universitaria.

Naturalmente la cura degli indirizzi di ogni singolo host è affidata ai gestori (o meglio system manager) delle varie reti. Ed è ovviamente importante che gli indirizzi assegnati ai vari host siano diversi l'uno dall'altro.

Una conseguenza del complicato (ma efficiente) schema di indirizzamento di Internet è che gli indirizzi sono limitati. Tanto per farsi una idea: gli indirizzi di classe A sono stati esauriti da molto tempo, quelli di classe B quasi, e non vengono più assegnati, quelli di classe C sono assegnati per oltre il 50 per cento. Con gli attuali ritmi di crescita di Internet si corre seriamente il rischio di esaurire entro pochi anni tutti gli indirizzi disponibili. Per questa ragione è stata sviluppata recentemente una versione evoluta del protocollo IP, denominata 'IP Next Generation' o 'IPv6', basata, come si è accennato, su un sistema di indirizzamento a 128 bit. Le possibili combinazioni sono decisamente al di là del numero di abitanti del pianeta. IPv6 permetterebbe di assegnare un IP non solo a tutti i computer del mondo, ma anche agli elettrodomestici. Il prossimo collo di bottiglia, se mai ci sarà, verrà causato da amici alieni!

Spedire dati a pacchetti

Internet, si è detto, è una rete a commutazione di pacchetto. Questo significa che i dati sulla rete viaggiano in blocchi di dimensione definita: un datagramma IP per default occupa 1.500 byte. Ma è chiaro che as-

[7] Il GARR, che sta per *Gruppo Armonizzazione delle Reti di Ricerca* (**http://www.garr.net**), è un ente che fa capo al Ministero dell'Istruzione, dell'Università e della Ricerca, e che ha il compito di gestire e sviluppare la rete scientifica e universitaria italiana. In questo periodo, il GARR sta completando la transizione dei nodi universitari italiani verso la rete 'veloce' GARR-B (la 'velocità' di cui si parla resta comunque assai inferiore a quella degli analoghi progetti statunitensi).

sai raramente i dati scambiati dagli utenti di Internet avranno dimensioni pari o inferiori a quelli dei piccoli pacchetti IP.

A ovviare a questi limiti interviene il protocollo che gestisce l'organizzazione dei dati e il controllo della trasmissione, il *Transmission Control Protocol* (TCP). Se la dimensione del blocco di dati da inviare eccede la dimensione di un singolo pacchetto (come avviene di norma) il TCP è in grado di suddividerlo, in fase di invio, in una catena di pacchetti, e di ricomporlo in fase di ricezione.

Quando il modulo TCP riceve dei dati da trasmettere da parte di una certa applicazione del livello superiore, suddivide il flusso di dati in una sequenza di pacchetti; a ogni pacchetto viene aggiunta una intestazione (*TCP header*) che ne specifica il numero d'ordine e il tipo di applicazione che lo ha prodotto. In questo modo il TCP ricevente sarà in grado di ricomporre i dati nella loro sequenza originaria e di passarli all'applicazione giusta.

Ma il TCP svolge anche un'altra importante funzione, come il nome stesso suggerisce: assicura che la trasmissione dei dati vada a buon fine, esercitando un controllo sulla comunicazione.

Per fare questo il modulo TCP del computer **A** che invia stabilisce un contatto diretto con il suo pari (*peer* in termini tecnici) nell'host **B** che riceve. La comunicazione inizia con una richiesta rivolta da **A** a **B** di prepararsi a ricevere dati. In caso di risposta positiva **A** inizia il trasferimento del primo segmento di dati, e poi attende che **B** invii un segnale di conferma di aver ricevuto tutti i dati inviati. Se questo non avviene o se **B** dichiara di avere ricevuto solo una parte dei dati inviati, **A** ritrasmette il segmento perduto.

Naturalmente questo schema semplifica il vero funzionamento delle transazioni TCP, e offre un'idea solo teorica delle comunicazioni in rete. L'essenziale è tuttavia che un meccanismo di questo tipo permette alla maggior parte delle comunicazioni su Internet di andare a buon fine; se pensate che ogni giorno avvengono in rete miliardi di transazioni, vi potrete rendere conto della efficienza e dell'importanza di questo sistema.

I nomi dei computer su Internet

Il metodo di indirizzamento numerico dell'Internet Protocol, sebbene sia molto efficiente dal punto di vista dei computer, che macinano comunemente solo e soltanto numeri, è assai complicato da utilizzare per un essere umano. Ricordare le varie sequenze numeriche corrispondenti agli indirizzi dei computer a cui ci si intende connettere può essere molto noioso, come lo sarebbe dover ricordare a memoria tutti i numeri telefonici dei nostri amici e conoscenti. Per questo sono nate le agende: se voglio telefonare a Gino, cerco sulla mia agenda, magari elettronica, il suo nome e leggo il suo numero di telefono. Pensate, poi, quanto sarebbe comodo dire al telefono "voglio telefonare a Gino" e sentire il telefono comporre da solo il numero[8]. Proprio al fine di facilitare l'impiego della rete da parte degli utenti è stato sviluppato un sistema di *indirizzamento simbolico*, che funziona in modo simile: si chiama *Domain Name Service* (*DNS*).

Attraverso il DNS ogni host di Internet può essere dotato di un nome (*domain name*), composto da stringhe di caratteri. Tali stringhe, a differenza dell'indirizzo numerico, possono essere di lunghezza illimitata. È evidente che per un utente utilizzare dei nomi simbolici è molto più semplice e intuitivo che maneggiare delle inespressive sequenze di numeri. Ad esempio, all'host 151.100.119.23 corrisponde il seguente nome: **crilet.scu.uniroma1.it**.

Come si può vedere anche i nomi sono sequenze di simboli separati da punti. Questa articolazione rispecchia la struttura gerarchica del Domain Name Service. Esso suddivide l'intera rete in settori, denominati *domini*, a loro volta divisi in *sottodomini*, e così via per vari livelli; ogni sottodominio fa parte del dominio gerarchicamente superiore: alla base della piramide ci sono i singoli host.

L'identificativo di un host riassume le varie gerarchie di domini a cui appartiene: ogni sottostringa rappresenta o un dominio, o un sottodominio, o il nome del computer. Ma l'ordine di scrittura è inverso all'ordine gerarchico! Suona complicato, ma non lo è. Vediamo più da vicino il nostro esempio.

La parte di indirizzo più a destra nella stringa indica il dominio più alto della gerarchia, nel nostro caso 'it'. In genere, il livello più alto identifica il paese o, per gli Stati Uniti, il tipo di ente che possiede il computer in questione. Gli altri livelli della gerarchia, movendosi da destra a sinistra, scendono per i vari sottodomini fino a identificare uno specifico host. Così, nel caso sopra considerato, 'uniroma1' si riferisce al dominio di rete dell'Università di Roma 1 'La Sapienza'; 'scu' si riferisce al sottodominio assegnato alla Facoltà di Scienze Umanistiche, e infine 'crilet' è il nome del singolo host, che nel nostro caso è quello del

[8] Non si tratta di una possibilità irrealistica: come sappiamo sono molti i telefoni, cellulari e non, che utilizzano il "controllo vocale".

Centro Ricerche Informatica e Letteratura. Dunque un nome simbolico fornisce all'utente dotato di un minimo di esperienza una serie di informazioni che possono essere molto utili.

Il numero e le sigle dei domini di primo livello sono fissati a livello internazionale e vengono gestiti da appositi organismi. Nell'ambito di ogni dominio di primo livello possono essere creati un numero qualsiasi di sottodomini, anche se ogni autorità nazionale di gestione del DNS può imporre delle regole particolari.

Quando il DNS è stato sviluppato, Internet era diffusa, salvo rare eccezioni, solo negli Stati Uniti. Per questa ragione la rete venne suddivisa in sei domini, le cui sigle si caratterizzavano per il tipo di ente o organizzazione che possedeva gli host e le reti a essi afferenti:

- EDU: università ed enti di ricerca
- COM: organizzazioni commerciali
- GOV: enti governativi
- MIL: enti militari
- NET: organizzazioni di supporto e di gestione della rete
- ORG: organizzazioni ed enti di diritto privato non rientranti nelle categorie precedenti, come enti privati *no profit*, associazioni, organizzazioni non governative.

Quando la rete ha cominciato a diffondersi a livello internazionale, sono stati creati altri domini di primo livello, suddivisi per nazioni: questi domini usano delle sigle che spesso (ma non sempre) corrispondono alle sigle delle targhe internazionali. L'Italia, come si può evincere dal nostro esempio, è identificata dalla sigla 'IT', l'Inghilterra dalla sigla 'UK', la Francia da 'FR', la Germania 'DE' e così via[9].

Dal punto di vista tecnico il Domain Name Service è costituito da un sistema di database distribuiti nella rete chiamati *name server*, che sono collegati tra loro. Ogni dominio e ogni sottodominio ha almeno un name server di riferimento. Quest'ultimo svolge la funzione di tradurre i nomi in indirizzi numerici per conto degli host o di altri name server. Infatti la comunicazione effettiva tra gli host avviene sempre attraverso gli indirizzi numerici. La traduzione viene chiamata tecnicamente *risoluzione*.

[9] A complicare un po' le cose ha pensato recentemente l'ICANN (*Internet Corporation for Assigned Names and Numbers*) che ha introdotto 7 nuovi domini di primo livello: **.aero**, **.biz**, **.coop**, **.info**, **.museum**, **.name**, **.pro**; altri ancora dovrebbero nascere in futuro. L'ICANN sta lanciando una politica di rivendita commerciale che porterà, anche se in maniera controllata, alla vendita (differita ad aziende private) delle assegnazioni di dominio. Per ulteriori informazioni è possibile visitare il sito **http://www.icann.org/**.

Quando un host (sollecitato da un utente o da una applicazione) deve collegarsi a un altro host che ha un determinato nome simbolico, ad esempio **crilet.scu.uniroma1.it**, chiede al proprio name server locale di tradurre il nome simbolico nel corrispondente indirizzo numerico. Il name server locale va a vedere nella sua tabella se ha l'informazione richiesta. In caso positivo risponde all'host che lo ha interpellato, fornendo il corrispondente indirizzo numerico; altrimenti chiede a un altro name server (detto name server di primo livello). La scelta di questo 'super-aiutante' è determinata dal dominio di primo livello dell'indirizzo da risolvere ('it', nel nostro caso). I name server di primo livello vengono detti *authoritative name server*. Essi possono sia rispondere direttamente, sia dirottare la richiesta a degli altri name server (questa volta di secondo livello). Il processo può continuare per vari sottolivelli, finché non viene risolto per intero l'indirizzo dell'host cercato. Intelligentemente, nel fare questo lavoro di interrogazione il nostro name server locale si annota gli indirizzi che ha conosciuto, in modo che le future richieste possano essere risolte immediatamente.

Grazie a questo meccanismo, il DNS è sempre aggiornato: infatti la responsabilità di aggiornare i singoli name server è automatica e decentralizzata, e non richiede una autorità centrale che tenga traccia di tutti i milioni di host computer collegati a Internet.

Come avviene per gli indirizzi, la gestione del sistema DNS in un dominio di primo livello viene affidata a degli enti specifici. Questi enti hanno il compito di assegnare i nomi di sottodominio e di host, curando attentamente che non esistano omonimie; essi inoltre debbono occuparsi di gestire il database principale del dominio di cui sono responsabili, e dunque di garantire il funzionamento del DNS a livello globale. In Italia l'ente che effettua la gestione del DNS primario è il medesimo che assegna gli indirizzi di rete numerici, la già ricordata Registration Authority, collegata al CNR e dunque – attraverso il MIUR – al Governo. Anche negli Stati Uniti la gestione dei nomi veniva controllata da una agenzia federale. Ma la crescita della rete e la sua commercializzazione ha fatto di questa attività tecnico-amministrativa una possibile fonte di profitto. Per questo la sua gestione è stata recentemente privatizzata e assegnata a una serie di società concessionarie, che impongono delle tariffe sulla registrazione di un nome e sulla sua associazione a un indirizzo.

Le applicazioni di rete e l'architettura client/server

Lo strato dei servizi applicativi è l'ultimo livello nell'architettura del TCP/IP. A questo livello si pongono tutte le applicazioni che producono i dati e che fanno uso dei protocolli TCP e IP per inviarli attraverso la rete. Si tratta per la maggior parte delle applicazioni e dei servizi di rete con i quali gli utenti interagiscono direttamente.

Come sappiamo, Internet offre all'utente una molteplicità di servizi e di applicazioni che facilitano l'uso della rete e lo scambio o il reperimento di informazioni. Si va dalla posta elettronica allo scambio di file, fino alla diffusione in tempo reale di informazione multimediale. Ogni singolo servizio di rete Internet si basa su un dato protocollo, specifico per quel particolare servizio. Ma come funzionano le varie applicazioni che complessivamente sono presenti su Internet?

I servizi telematici di Internet si basano su una particolare modalità di interazione, denominata tecnicamente *architettura client-server*. Con tale formula si indica in generale una applicazione informatica che è costituita da due moduli interagenti ma distinti, che collaborano tra loro per eseguire un certo compito richiesto dall'utente.

Il *client* è un programma dotato di una interfaccia che consente all'utente di specificare le richieste di reperimento, elaborazione e visualizzazione dei dati, e si occupa di reperire, richiedere e presentare i dati conservati dal *server*, di cui deve anche conoscere il nome o l'indirizzo. Quest'ultimo invece si occupa dell'archiviazione e dell'invio dei dati al client che li ha richiesti, e può a sua volta ospitare programmi per

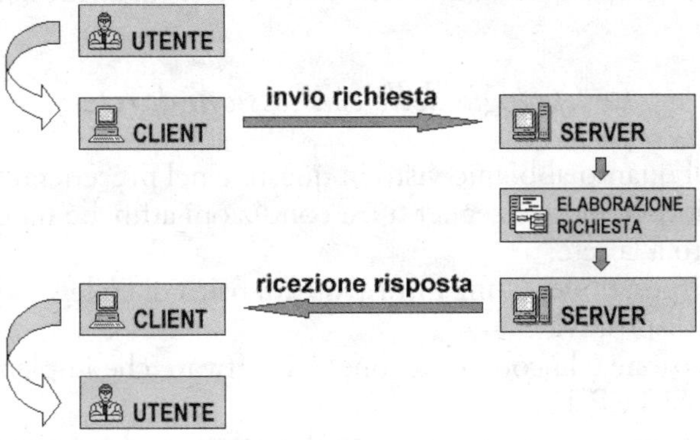

Figura 113 Schema di una transazione client-server

l'elaborazione centralizzata (ovvero 'lato server') dei dati. Durante una connessione, il client, in seguito a una azione dell'utente o a un evento programmato, invia una richiesta al server. Questo riceve la richiesta, verifica che siano soddisfatte le condizioni per esaudirla (autorizzazione all'accesso, correttezza sintattica del messaggio, ecc.), e provvede ad agire di conseguenza, inviando i dati richiesti, eventualmente dopo averli sottoposti a dei processi di elaborazione. Quando i dati arrivano al client che li aveva richiesti, essi vengono ulteriormente elaborati al fine della loro presentazione, dopodiché il sistema torna in condizione di attesa.

Normalmente client e server sono installati su macchine diverse. Il primo si trova sul computer locale utilizzato dall'utente finale (che ha quindi bisogno di conoscere il funzionamento della sua interfaccia). Il secondo si trova sul sistema remoto, e le sue operazioni sono del tutto invisibili all'utente, a meno che non si verifichi qualche errore o difetto di esercizio. Tuttavia nulla impedisce che entrambi i moduli si trovino sulla stessa macchina (questo avviene normalmente in tutte le macchine che ospitano i programmi server).

Affinché l'interazione tra client e server possa essere effettuata, è necessario che entrambi utilizzino un linguaggio comune, ovvero un protocollo applicativo. Su Internet vengono utilizzati numerosi protocolli specifici delle applicazioni, uno per ogni servizio di rete: abbiamo ad esempio il *Simple Mail Transfer Protocol* (*SMTP*) per la posta elettronica, il *File Transfer Protocol* (*FTP*) per il trasferimento di file tra host, e il protocollo su cui si basa World Wide Web, denominato *Hyper-Text Transfer Protocol* (*HTTP*). Ovviamente tutti questi protocolli applicativi debbono appoggiarsi sui protocolli di rete TCP/IP e sul DNS per poter effettivamente scambiare richieste e messaggi attraverso la rete.

La tipologia delle connessioni di rete

Alla luce di quanto abbiamo visto in questo e nel precedente capitolo, possiamo individuare le seguenti tre condizioni affinché un computer sia collegato alla rete:

- la predisposizione di una infrastruttura fisica di collegamento e dei relativi dispositivi;
- l'installazione e la configurazione dei software che implementano i protocolli TCP/IP;
- l'installazione e la configurazione dei software client e server per i servizi di rete a cui si desidera accedere o che si intende fornire.

Il conseguimento di queste condizioni richiede diverse procedure a seconda del tipo di collegamento di cui si dispone. In questo paragrafo ci soffermeremo su tali procedure da un punto di vista teorico e non operativo. Nell'appendice 'Internet da zero', i lettori interessati potranno invece trovare le istruzioni da seguire per configurare operativamente un collegamento avendo a disposizione le risorse hardware e software di cui tipicamente dispone un normale utente Internet.

Il collegamento di un computer può essere basato su diverse infrastrutture hardware. In generale, possiamo suddividere tutti questi diversi sistemi e apparati in due categorie principali:

- collegamenti permanenti
- collegamenti temporanei

La connessione permanente a Internet implicava fino a un paio di anni fa linee dedicate e còsti di investimento iniziali e di gestione piuttosto alti, in genere non alla portata del singolo utente; interessava dunque soprattutto enti e aziende, che entravano in rete come fornitori di informazioni e servizi. La diffusione dei collegamenti ADSL – di cui ci occuperemo fra breve – e quella ancor più recente dei collegamenti in fibra ottica per privati (*FastWeb*) hanno tuttavia modificato la situazione: anche se i collegamenti temporanei restano al momento lo strumento più usato per collegarsi a Internet da casa, il numero di utenti privati con collegamenti permanenti alla rete è in continua crescita.

Le connessioni temporanee restano le meno costose per chi faccia un uso occasionale di Internet, sfruttando di norma provider gratuiti e numeri di accesso a tariffe agevolate.

Collegamenti permanenti attraverso linee dedicate

Internet, abbiamo ricordato più volte, è una rete costituita da un insieme di reti interconnesse. Un collegamento permanente attraverso linea dedicata, o collegamento diretto, prevede appunto l'inserimento di un computer all'interno di una di queste sottoreti locali, o la creazione di una nuova sottorete collegata a Internet.

Nel primo caso il procedimento è abbastanza semplice. Poiché esiste già una rete connessa a Internet, è sufficiente aggiungere un computer a tale rete, e assegnare al nuovo host un indirizzo libero. Per indirizzo libero si intende uno degli indirizzi disponibili per la rete in questione non utilizzato da nessun altro host. Naturalmente questa operazione è possibile solo se il numero di computer collegati non ha esaurito il numero massimo di host consentiti. Ricordiamo che tale numero è determinato dalla classe della rete.

Nel secondo caso il procedimento è un po' più complesso. In primo luogo occorre richiedere a un fornitore di connettività abilitato (provider) la possibilità di allacciare una nuova sottorete. L'accesso normalmente viene affittato, ed ha costi variabili a seconda della larghezza di banda – ovvero della capacità dei cavi – e della classe di rete che si intende avere. In realtà attualmente sono disponibili per utenti privati solo reti di classe C, che possono ospitare fino a 254 singoli host. Se si intende collegare un numero maggiore di computer occorre dunque acquistare più reti di classe C.

In secondo luogo occorre affittare o acquistare un cavo fisico che colleghi la nuova rete a quella del fornitore di accesso scelto. Si noti che non necessariamente la funzione di fornitore di accesso e quella di fornitore di cavo coincidono. In Italia, ad esempio, la maggior parte delle infrastrutture fisiche è ancora a carico della Telecom Italia, mentre i fornitori di accesso commerciali sono diversi.

Per collegare la nuova sottorete a Internet è necessario avere un computer speciale che viene chiamato *Internet router* o *Internet gateway*. Questo dispositivo è il terminale del cavo di collegamento dedicato, ed è a sua volta collegato al *router* della rete del fornitore, già connesso a Internet. Il traffico in entrata e uscita dalla nostra rete passerà attraverso questo 'cancello'.

Le infrastrutture di rete usate nelle interconnessioni vanno dal cavo Ethernet o Token-ring, usati all'interno delle piccole sottoreti locali, fino alle dorsali nazionali o continentali in fibra ottica. Come si di-

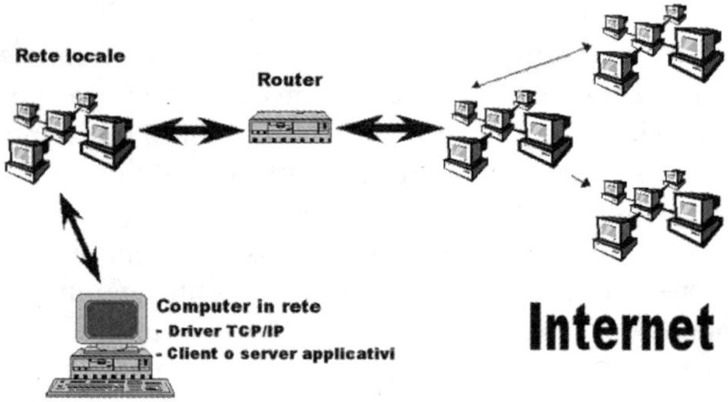

Figura 114 Schema di un collegamento diretto

ceva, i protocolli TCP/IP sono sostanzialmente indipendenti dalla tipologia dell'hardware usato nella connessione.

Dopo avere predisposto il collegamento fisico, bisognerà installare e configurare su tutti i computer che si vorrà collegare i *driver* TCP/IP (assegnando l'indirizzo IP) e i vari software client o server che si desidera utilizzare.

È possibile anche assegnare un nome di dominio ai computer, richiedendolo all'autorità competente per l'assegnazione e registrandolo presso un DNS. Di norma tutti i fornitori di connettività a terzi si occupano delle pratiche necessarie a tale fine, con costi ormai piuttosto bassi. Si noti che è possibile anche avere più di un nome di dominio per un singolo host. Infatti il DNS consente di associare più indirizzi simbolici a uno stesso indirizzo IP. In questo modo lo stesso computer può rispondere a più di un nome (es.: **www.emsf.rai.it** è uguale a **www.filosofia.rai.it**). A seconda del tipo di connettività che si possiede, è anche possibile installare e gestire un sistema di DNS locale, che effettui la risoluzione dei nomi assegnati agli host della rete.

Le operazioni di configurazione e di manutenzione di una rete non sono propriamente semplici. È necessario dunque disporre di figure professionali specifiche, gli amministratori di rete, che garantiscano la funzionalità della rete e che sappiano intervenire nel caso di problemi.

Collegamenti (permanenti o temporanei) attraverso tecnologie a banda larga

Come si è accennato, sebbene la maggior parte degli utenti 'residenziali' utilizzi ancora oggi l'accesso alla rete basato su modem e linea commutata, negli ultimi due o tre anni hanno iniziato a diffondersi anche per l'utenza privata una serie di tecnologie che sono complessivamente designate come 'tecnologie di trasmissione *broadband*', o a 'banda larga'. Con questa espressione ci si riferisce comunemente a tutti i sistemi di trasmissione dati ad alta velocità.

In generale possiamo dividere l'insieme dei sistemi di trasmissione a banda larga in due classi. La prima è costituita dai sistemi di trasmissione via cavo, che sono destinati a servire gli apparati di ricezione fissi, come i personal computer, i televisori dotati di set top box, e ogni altro genere di 'infodomestico' che la fantasia dei progettisti e dei designer industriali porterà nelle nostre case (sono già disponibili 'frigoriferi intelligenti', 'forni interattivi' e 'lavatrici controllate a distanza').

La seconda classe è costituita dai sistemi di trasmissione *wireless*, che invece sono destinati alla vasta famiglia di dispositivi di comunicazione ed elaborazione mobili, su cui torneremo più avanti.

Nella definizione generica di banda larga confluiscono sia le tecnologie che tendono ad aumentare – anche considerevolmente – le capacità delle infrastrutture preesistenti, sia tecnologie del tutto nuove, in grado di garantire altissime velocità di trasmissione. Nella prima categoria, quella – per intenderci – del potenziamento dei cablaggi preesistenti, rientrano gli standard basati sulla tecnica del *multiplexing* come il DSL (*Digital Subscriber Line*) e i suoi derivati: ADSL, CDSL, HDSL, RADSL, ecc. Il multiplexing si basa su un principio teorico molto semplice: il frazionamento di una singola linea di trasmissione in numerosi canali distinti. In questo modo i dati, scomposti in pacchetti, viaggiano parallelamente e contemporaneamente sui vari canali, sfruttando al massimo la banda passante disponibile. Appena i dati giungono a destinazione, l'intero blocco di informazioni viene riassemblato.

Questa tecnica viene sfruttata anche dai tradizionali modem analogici. Ma le tecnologie DSL sono in grado di utilizzare un *range* di frequenze assai più vasto e fisicamente separato dalla banda vocale, che rimane a disposizione per le conversazioni telefoniche. Permettono dunque di creare molti canali paralleli, con l'effetto di aumentare la velocità complessiva della trasmissione e di permettere una connessione dati permanente alla rete senza pregiudicare l'uso della linea per le telefonate vocali.

Tra le molte varianti della famiglia DSL, quella che è stata scelta per offrire servizi di rete all'utenza residenziale in gran parte del mondo – Italia compresa – è la *Asymmetric Digital Subscriber Line* (ADSL). Come si evince dal nome, si tratta di una tecnologia che consente di trasmettere informazioni digitali ad alta velocità su linee telefoniche tradizionali in modo asimmetrico: essa cioè garantisce una velocità in ricezione assai maggiore di quella in trasmissione. In teoria le velocità massime raggiungibili arrivano a 8 Mbps in ricezione e 640 Kbps in trasmissione dati. Ma la maggior parte delle offerte commerciali attualmente disponibili in Italia si posizionano sulla fascia bassa: 640 o 256 Kbps in ricezione e 128 in trasmissione.

Queste caratteristiche confermano che una tecnologia come ADSL ha lo scopo di fornire nel più breve tempo possibile e a costi competitivi un sistema di trasmissione sufficientemente veloce e ampiamente diffuso sul territorio. La natura asimmetrica e la velocità della comunicazione ADSL rispondono abbastanza bene all'esigenza di rendere più efficienti gli attuali sistemi di diffusione di contenuti utilizzati su Internet; lo *streaming* video (e cioè la trasmissione continua di flussi di dati video), ad esempio, implica la necessità di scaricare grossi quantitativi di dati a fronte di una sola richiesta di pochi bit in uscita dal nostro PC verso il mondo Internet. Ma queste stesse caratteristiche non permettono di norma, almeno con la velocità dei servizi ADSL offerti commercialmente nel nostro paese[10], di sperimentare realmente tecnologie di comunicazione interattiva più avanzate (a cominciare dal *video on-demand* e dalla televisione via rete, che richiederebbero una banda costante di almeno un paio di Mbps, e da sistemi di videoconferenza di buona qualità, penalizzati dalla ricordata asimmetria fra velocità di trasmissione e di ricezione, che limita di norma a 128 Kbps la velocità dei collegamenti in videoconferenza).

Da un punto di vista pratico, per usufruire di un accesso a Internet mediante ADSL occorre stipulare un abbonamento specifico con un provider, richiedere alla società telefonica l'installazione di un dispositivo (detto *splitter*) in grado di dividere le frequenze vocali da quelle dati utilizzate per la connessione permanente alla rete, e infine acquistare e collegare al computer uno specifico modem. Il costo medio di un abbonamento ADSL di basso livello in Italia si aggira attualmente sui 25 o 30 euro mensili.

Un'alternativa alla tecnologia ADSL, soprattutto in questa fase di transizione verso le comunicazioni ad altissima velocità, è rappresentata dalla cooperazione tra cavo telefonico tradizionale e satellite. Come sappiamo, i satelliti svolgono un ruolo centrale nelle telecomunicazioni. In particolare, fra le centinaia di satelliti orbitanti intorno al nostro pianeta, quelli dedicati alla trasmissione dati sono di norma satelliti *geostazionari*. Si tratta di satelliti posizionati a circa 40 km di altitudine, che – grazie alla sincronizzazione tra la velocità di rivoluzione del satellite e quella di rotazione terrestre – sono in grado di restare posizionati sullo stesso punto del globo terrestre, e dunque di coprire sempre lo stesso orizzonte (circa il 40% della superficie terrestre). In questo modo possono funzionare da specchi riflettenti per le onde radio, attraverso cui sono veicolate comunicazioni telefoniche, trasmissioni televisive (digitali e analogiche) e flussi di dati digitali.

Fino ad un paio di anni fa, la trasmissione e ricezione di dati via satellite interessava quasi esclusivamente i grandi gruppi di telecomuni-

[10] Fa eccezione una recente offerta della società Fastweb, che è anche l'unica a proporre all'utenza residenziale connessioni in fibra ottica.

cazioni. Ma oggi esistono delle piattaforme che permettono di fornire servizi Internet via satellite anche all'utenza residenziale. Si tratta per ora di una tecnologia ibrida, che si basa sulla 'cooperazione' tra satellite e modem tradizionale (per questo ne trattiamo in questa sezione del capitolo). Infatti, le comunicazioni che dall'utente vanno verso la rete passano – lentamente – attraverso la tradizionale linea telefonica, mentre i dati che dalla rete arrivano all'utente viaggiano, ad altissima velocità, via etere. Per ricevere le informazioni in entrata si usa una comune parabola – la stessa utilizzata per la televisione satellitare digitale – opportunamente collegata al computer mediante un'apposita scheda. La ricezione può avvenire, a seconda dell'abbonamento attivato, a una velocità variabile fra i 300 Kbps e i 2 Mbps.

Pur trattandosi di un sistema di comunicazione fortemente asimmetrico – i dati in ricezione sono sensibilmente più veloci di quelli in trasmissione – questa tecnologia è l'unica opportunità di usufruire di servizi di rete a banda larga in quelle zone dove le infrastrutture di comunicazione via cavo più avanzate (centrali di smistamento digitali e nodi ADSL) sono assenti, e dove probabilmente la fibra ottica impiegherà ancora molto tempo ad arrivare. Attraverso il satellite la ricezione ad alta velocità diventa quindi possibile anche in quelle località della nostra penisola che hanno linee telefoniche gestite da vecchie centraline analogiche.

Una tecnologia come ADSL rende molto più veloce l'accesso alla rete Internet ma, sotto molti punti di vista, rappresenta una sorta di accanimento terapeutico su un malato terminale: l'ormai obsoleto doppino in rame. E, come abbiamo visto, le comunicazioni satellitari consentono di raggiungere elevate velocità di trasmissione, ma per il momento solo in modalità unidirezionale. L'unica tecnologia di trasmissione in grado di fornire un effettivo salto qualitativo nella fornitura di servizi di rete è la fibra ottica. Nei prossimi anni, dunque, assisteremo alla graduale dismissione dei cablaggi su doppino telefonico e al tanto atteso passaggio alla fibra ottica anche nella fascia di utenza residenziale.

Questa transizione è, per il momento, solo agli inizi, sebbene in alcuni paesi (in particolare negli Stati Uniti) siano già molti gli utenti raggiunti da servizi di telecomunicazione basati su cablatura a fibre ottiche. Per ora in Italia esiste una sola azienda (la già citata *FastWeb* del gruppo *E.Biscom*) che offre connessioni in fibra ottica all'utenza residenziale, ma solo in alcune zone delle maggiori città italiane. Chi è raggiunto dal servizio (e può investire cifre che vanno dai 40 agli 80 euro mensili) può usufruire di una connessione permanente e dedicata a Internet con banda garantita di 10 Mbps. Il servizio include una serie di opzioni avanzate come il *video on-demand*, la televisione digitale, telefonia vocale illimitata.

La ricchezza di servizi e contenuti che possono essere veicolati attraverso la fibra ottica pone numerosi interrogativi circa il posizionamento di questa tecnologia rispetto agli altri sistemi di trasmissione. In prima istanza, si potrebbe pensare che almeno in alcuni casi la disponibilità di connessioni ad alta velocità via cavo possa sostituire alcune tecnologie di trasmissione via etere, soprattutto quelle satellitari.

Tuttavia, la situazione non è così semplice. Innanzitutto perché i costi del cablaggio rendono economicamente svantaggiosa la copertura di territori isolati e di zone a scarsa densità di popolazione. A meno di massicci interventi pubblici, è dunque assai improbabile che i paesi di montagna e le zone agricole siano servite da una rete in fibra ottica, almeno per i prossimi anni. Inoltre, anche i collegamenti via cavo, pur così convenienti in termini di larghezza di banda e per la capacità di garantire una piena interattività, hanno una forte limitazione: la dipendenza dalla localizzazione fisica dei cavi e delle prese per la connessione, che rende indispensabile una localizzazione fissa del computer o del ricevitore televisivo. In altri termini: le necessità dell'Internet mobile sono tali da rendere difficile ritenere che i cavi a fibre ottiche possano costituire il veicolo unico per la trasmissione in rete di contenuti digitali. È probabile dunque che l'evoluzione futura vada verso l'integrazione di tecnologie diverse (cavo, satellite, *wireless* terrestre) più che verso la vittoria schiacciante di una di esse a scapito delle altre.

L'accesso temporaneo mediante linea commutata

Fino a una dozzina di anni fa, l'utente finale che non aveva accesso ai centri di calcolo di enti e università dotate di collegamento diretto, poteva utilizzare i servizi di rete solo in via indiretta, collegandosi (via modem) a un host mediante un software di emulazione terminale, e usando i programmi di rete installati su tale macchina (esattamente come su Internet avviene con il collegamento telnet).

A partire dall'inizio degli anni '90, questo tipo di 'collegamenti mediati' è stato completamente rimpiazzato da una modalità di connessione assai più avanzata, che permette di collegare pienamente alla rete un computer anche senza disporre di linee dedicate. A tale fine sono stati sviluppati due protocolli: il *Serial Line Internet Protocol* (*SLIP*), poco efficiente e ormai in totale disuso, e – soprattutto – il *Point-to-Point Protocol* (*PPP*), attualmente utilizzato dalla maggioranza degli utenti Internet.

Il PPP permette di stabilire in modo dinamico una connessione TCP/IP piena utilizzando un collegamento di tipo 'punto/punto', che connette direttamente una macchina chiamante a un host già connesso in rete. Rientrano in questo tipo di collegamenti le linee parallele, le linee seriali e il loro successore *Universal Serial Bus* (USB). Poiché attraverso queste linee è possibile connettere un computer a una linea telefonica commutata (analogica o digitale), il protocollo PPP consente di collegare un computer alla rete anche senza disporre di una infrastruttura di rete dedicata e permanente. In effetti di norma esso viene utilizzato proprio per effettuare collegamenti Internet mediante modem e linea telefonica.

Il PPP è un protocollo che si basa su una interazione client-server. Il server PPP viene installato su un computer dotato di una connessione diretta a Internet e di una serie di modem connessi ad altrettante linee telefoniche. Esso inoltre deve avere a disposizione un certo 'pacchetto' di indirizzi IP disponibili. Il PPP infatti consente l'assegnazione dinamica degli indirizzi IP: quando un utente si collega, riceve un indirizzo che rimane assegnato al suo computer solo per il tempo della connessione. A collegamento ultimato, l'IP si libera e torna a disposizione di un potenziale nuovo utente.

Il client PPP invece risiede sul computer che 'chiede' il collegamento. Tutti i sistemi operativi moderni ne sono dotati, e dispongono di interfacce notevolmente semplificate per configurare i parametri necessari alla connessione, alla portata anche di utenti inesperti.

Esso si occupa di effettuare la telefonata al server e di gestire le tran-

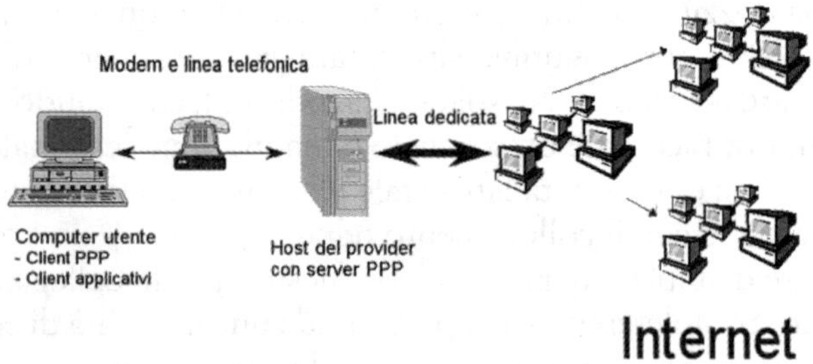

Figura 115 Schema di un collegamento PPP su linea telefonica tradizionale (linea commutata)

sazioni di autenticazione: ogni client infatti è associato a una coppia nome utente/password che gli permette di utilizzare i servizi del fornitore di accesso. Fintanto che la connessione rimane attiva, il computer chiamante diviene un nodo della rete a tutti gli effetti, con un suo indirizzo e dunque visibile dagli altri nodi. In teoria è possibile persino fornire dei servizi di rete, anche se per farlo in maniera continuativa un computer dovrebbe essere sempre in linea. Poiché il collegamento con linea commutata si paga spesso con una tariffazione a tempo[11], anche se la chiamata è urbana, mantenere aperta una connessione per periodi prolungati fa alzare i costi delle bollette. Inoltre la linea commutata viene usata anche per le normali chiamate vocali, e dunque non può essere occupata troppo a lungo.

Ma soprattutto la connessione su linea telefonica commutata presenta dei forti limiti in termini di velocità. Le linee analogiche permettono di arrivare con i modem più moderni ed efficienti (quelli dotati del protocollo V90) alla velocità teorica di circa 50 mila bps in entrata e 33 mila bps in uscita. Questi limiti, a dire il vero, si fanno sentire anche se il computer viene utilizzato per accedere ai servizi di rete. Infatti, la trasmissione di informazioni multimediali richiede lo spostamento di centinaia o migliaia di kilobyte, che, anche alle velocità massime attualmente supportate dalle connessioni via modem, obbligano ad attese molto lunghe.

Un'alternativa più efficiente alla comunicazione su linee telefoniche analogiche è rappresentata dalla già citata tecnologia ISDN (*Integrated Services Digital Network*). Si tratta di un sistema di trasmissione digitale che si basa sul normale doppino telefonico e su speciali adattatori denominati *ISDN Terminal Adaptor*, e impropriamente chiamati 'modem ISDN'. L'accesso base ISDN è costituito da una coppia di linee a 64 mila bps, che consentono anche da una utenza domestica di arrivare a una velocità massima di 128 mila bps. I costi telefonici di questo accesso sono ormai allineati con quelli delle linee analogiche in tutti i paesi europei[12].

[11] Un'eccezione sono le tariffe "flat" offerte anche in Italia da alcuni gestori di telefonia. Le tariffazioni flat non sono a tempo ma si basano su un *forfait*.

[12] Nel momento in cui scriviamo, in Italia le tariffe per le telefonate urbane via ISDN sono le stesse di quelle applicate nel caso di linee telefoniche normali, e le tariffe per alcune destinazioni interurbane e intercontinentali sono addirittura lievemente più basse, ma il canone mensile da pagare è maggiore (uguale a quello relativo a due linee telefoniche normali; d'altro canto, un collegamento ISDN consente effettivamente di usufruire di una doppia linea in ricezione e trasmissione).

La commercializzazione di ISDN ha subito molti ritardi, e il ritardo con cui è stata introdotta ha reso di fatto ISDN una tecnologia 'anziana' prima ancora che il suo impiego potesse realmente diffondersi. Come si è accennato, la nuova frontiera dei collegamenti a Internet, anche per le utenze private, è ormai rappresentata dalla banda larga. Ed è probabile che, col tempo, i collegamenti temporanei a Internet attraverso linea commutata tenderanno a divenire l'eccezione e non la regola: utili dalla casa al mare o da una stanza d'albergo, ma troppo lenti e limitati per l'uso quotidiano.

L'architettura del World Wide Web

World Wide Web tra tutte le applicazioni disponibili su Internet è quella che gode della maggiore diffusione presso gli utenti, e che rappresenta per così dire la 'punta di diamante' della rete. Per moltissimi utenti essa coincide addirittura con Internet. Se questa sovrapposizione, come sappiamo, è tecnicamente scorretta, è pur vero che la maggior parte delle risorse attualmente disponibili on-line si colloca proprio nel contesto del Web. D'altra parte, anche se consideriamo il complesso di innovazioni tecnologiche che negli ultimi anni hanno investito la rete, ci accorgiamo che la quasi totalità si colloca nell'area Web. Per queste ragioni abbiamo ritenuto opportuno dedicare un intero capitolo alla descrizione dell'architettura e dei vari linguaggi e sistemi su cui si basa il suo funzionamento.

Come abbiamo già avuto modo di ricordare, l'architettura originaria del Web è stata sviluppata da Tim Berners Lee. Alla sua opera si devono l'elaborazione e l'implementazione dei principi, dei protocolli e dei linguaggi che ancora caratterizzano questa complessa applicazione di rete. Tuttavia, quando fu concepito, il Web era destinato a una comunità di utenti limitata, non necessariamente in possesso di particolari competenze informatiche ed editoriali, e non particolarmente preoccupata degli aspetti qualitativi e stilistici nella presentazione dell'informazione. Per questa ragione nello sviluppo dell'architettura Web furono perseguiti espressamente gli obiettivi della semplicità di implementazione e di utilizzazione.

Queste caratteristiche hanno notevolmente contribuito al successo del Web. Ma con il successo lo spettro dei fornitori di informazione si è allargato: nel corso degli anni World Wide Web è diventato un vero e proprio ambiente di editoria distribuita e di fornitura di servizi avanzati. Ovviamente l'espansione ha suscitato esigenze e aspettative che non erano previste nel progetto originale, stimolando una serie di revisioni e di innovazioni degli standard tecnologici originari.

Un aspetto di questo processo di innovazione ha riguardato il potenziamento della capacità di gestione e controllo dei contenuti multimediali pubblicati su Web, e dunque dei linguaggi utilizzati per la loro creazione. In una prima fase un ruolo propulsivo in questo processo fu assunto dalle grandi aziende produttrici di browser. Nel corso degli anni '90 tanto Microsoft quanto Netscape, man mano che nuove versioni dei loro browser venivano sviluppate, introducevano innovazioni ed estensioni, al fine di conquistare il maggior numero di fornitori di servizi e dunque di utenti (infatti le nuove caratteristiche, almeno in prima istanza, erano riconosciute e interpretate correttamente solo dai rispettivi browser). Questa corsa all'ultima innovazione, se molto ha migliorato l'aspetto e la fruibilità delle pagine pubblicate su Web, ha rischiato di avere effetti devastanti sulla portabilità e accessibilità dei contenuti on-line[13]. Qualcuno in passato ha addirittura paventato una balcanizzazione di World Wide Web[14].

Per ovviare al rischio di una 'babele telematica', ed evitare che le tensioni indotte dal mercato limitassero l'universalità di accesso all'informazione on-line, nel 1994 lo stesso Tim Berners Lee promosse la costituzione del *World Wide Web Consortium* (W3C)[15]. Si tratta di una organizzazione *no profit* ufficialmente deputata allo sviluppo degli standard tecnologici per il Web che raccoglie centinaia di aziende, enti, centri di ricerca e singoli specialisti coinvolti più o meno direttamente nel settore delle tecnologie Web.

Il lavoro del W3C si articola per commissioni e gruppi operativi, che producono proposte sotto forma di bozze di lavoro (*working drafts*). Ogni proposta viene poi sottoposta a un processo di verifica e di revisione, finché non viene approvata dal consiglio generale e diventa una 'raccomandazione' (*recommendation*), alla quale è possibile far riferimento per sviluppare software. In questi ultimi anni il W3C ha prodot-

[13] Con portabilità intendiamo la possibilità di leggere i documenti Web con qualsiasi browser e su qualsiasi piattaforma.

[14] L'espressione è stata usata da David Siegel, in un articolo pubblicato su Web, nella sua home page personale all'indirizzo **http://www.dsiegel.com/balkanization/intro.html**.

[15] La storia del Web e del W3C, oltre a una serie di visioni e riflessioni sui possibili sviluppi futuri, è narrata in modo brillante dallo stesso Berners-Lee nel bel libro *L'architettura del nuovo Web*, Milano, Feltrinelli 2001.

to una lunga e articolata serie di specifiche divenute, o in procinto di divenire, standard ufficiali su Internet. Tutti i materiali prodotti dal W3C sono di pubblico dominio, e vengono pubblicati sul suo sito Web.

La maggior parte delle tecnologie di cui parleremo nei prossimi paragrafi è stata elaborata o è tuttora in corso di elaborazione in tale sede. Naturalmente la nostra trattazione si limiterà a fornire delle semplici introduzioni che non pretendono di esaurire i temi trattati. Il nostro scopo è di fornire ai lettori più curiosi e consapevoli alcune nozioni su quello che c'è dentro la scatola, e di suscitare curiosità e stimoli ad approfondire i temi trattati. A tale fine, oltre alla bibliografia, ormai sterminata, sull'argomento, rimandiamo al sito del W3C, il cui indirizzo è **http://www.w3.org**, e a quello della IETF, alla URL **http://www.ietf.org**; in entrambi i siti è possibile reperire aggiornamenti costanti, documentazione e rapporti sull'attività di innovazione e di standardizzazione.

Un secondo aspetto del processo evolutivo del Web e della sua architettura ha riguardato la capacità di fornire applicazioni e servizi avanzati on-line. Un primo passo in questa direzione è stato lo sviluppo di sistemi per la distribuzione di contenuti dinamici e interattivi. Ma negli ultimi anni l'attenzione si è concentrata sulla trasformazione del Web in una vera e propria piattaforma su cui basare lo sviluppo di applicazioni distribuite, denominate *Web application services*. A questo fine non basta disporre di linguaggi per la descrizione dei contenuti, ma occorrono anche linguaggi di programmazione, piattaforme di sviluppo, interfacce per l'interoperabilità di processi, dati e sistemi in rete.

Le ricadute economiche di queste tecnologie potrebbero essere enormi, e non a caso grandi e piccoli attori del settore I&CT (da Microsoft, IBM, Sun e Oracle in giù) hanno investito notevoli somme e risorse in questa direzione. L'affermazione di questo paradigma cambierebbe radicalmente il modo di gestire i sistemi informativi aziendali: invece di acquistare o sviluppare internamente il software e curarne la manutenzione (con tutti i costi connessi), un'azienda potrebbe affittare servizi applicativi da terze parti. Con l'avvento della banda larga anche il mercato consumer potrebbe essere coinvolto. E anche per i sistemi informativi interni il passaggio da un approccio basato sulla presenza di numerose applicazioni autonome residenti sui client a uno basato su servizi applicativi centralizzati accessibili on-line determinerebbe una notevole riduzione del cosiddetto *Total Cost of Ownership* (costo totale di possesso), oltre che una migliore gestione dell'efficienza e della sicurezza.

Infine, alcuni brevi cenni vanno senza dubbio dedicati a quella che potrebbe essere la prossima rivoluzione del Web: il *Web Semantico*.

L'idea di fondo di questa rivoluzione è semplice: dotare i sistemi di gestione delle informazioni in rete della capacità di analizzare il significato di tali informazioni, e dunque di selezionarle o confrontarle in modo semantico o di inferirne conseguenze non esplicitate. Basti pensare al funzionamento attuale dei motori di ricerca: essi si basano in massima parte su un semplice confronto di stringhe di caratteri, e su alcuni semplici trucchi di *relevance feedback*. Ma se volessimo chiedere (magari in linguaggio naturale) a un motore di ricerca «Dove posso comprare un computer da usare per elaborare grafica 3D a un buon prezzo?» tale meccanismo sarebbe del tutto insufficiente. Infatti il motore di ricerca dovrebbe in primo luogo avere la capacità di analizzare pagine Web in lingue diverse, cercando di associare a diverse stringhe di simboli uno stesso referente; poi dovrebbe avere delle regole per inferire quali caratteristiche tecniche dovrebbe ragionevolmente avere il computer per rispondere alle esigenze del richiedente; poi dovrebbe avere un modo per giudicare sensatamente il rapporto prezzo/prestazioni (ad esempio non dovrebbe scartare un'offerta conveniente solo perché il suo costo è, poniamo, di un euro superiore alla soglia del prezzo 'giusto' calcolata); e infine dovrebbe fornire una risposta, magari articolata e motivata. Dotare il Web, in quanto sistema complesso, di questo genere di facoltà 'intelligenti' è lo scopo più ambizioso del progetto Web Semantico (che, per inciso, è ancora un'idea di Tim Berners-Lee[16]).

Per raggiungere tale scopo sono necessarie numerosissime innovazioni, sia dal punto di vista tecnico, con la convergenza delle tecnologie sviluppate nell'ambito dell'Intelligenza Artificiale con quelle nate per sostenere l'architettura del Web, sia da quello dei comportamenti sociali degli utenti, poiché il progetto richiederà il contributo diffuso dell'intera comunità della rete. In particolare, il progetto Web Semantico richiede che l'informazione sia inserita in rete non più in maniera 'grezza', ma accompagnata da metainformazioni che aiutino a classificarla dal punto di vista semantico, in maniera accurata e consistente. Un obiettivo certo desiderabile ma tutt'altro che facile da raggiungere, giacché implica un cambiamento radicale nel modo in cui i soggetti fornitori dell'informazione producono, organizzano e gestiscono l'informazione da essi prodotta. Nei prossimi anni vedremo se questa sfida avrà o meno successo.

[16] Una introduzione divulgativa (e per certi versi un po' futurologica) all'idea di Web Semantico la si può trovare in Berners-Lee, *L'architettura* cit., pp. 155 sgg.

Due concetti importanti: multimedia e ipertesto

I primi argomenti che è necessario affrontare in una trattazione sull'architettura del World Wide Web sono i concetti di *ipertesto* e di *multimedia*. Il Web, infatti, può essere definito come un *ipertesto multimediale distribuito*: è dunque chiaro che tali concetti delineano la cornice generale nella quale esso e tutte le tecnologie sottostanti si inseriscono.

Ormai da diversi anni i termini *ipertesto* e *multimedia* sono usciti dagli ambiti ristretti degli specialisti, per ricorrere con frequenza crescente nei contesti più disparati, dalla pubblicistica informatica fino alle pagine culturali dei quotidiani. Purtroppo questa 'inflazione' terminologica ha ingenerato una certa confusione, anche perché in fatto di tecnologie la pubblicistica mostra spesso una assoluta mancanza di rigore, quando non ci si trova di fronte a vera e propria incompetenza.

Questo paragrafo intende fornire, in poche righe, una breve introduzione a questi concetti: alcuni minimi strumenti terminologici e teorici necessari per comprendere il funzionamento di World Wide Web.

In primo luogo è bene distinguere il concetto di *multimedialità* da quello di *ipertesto*. I due concetti sono spesso affiancati e talvolta sovrapposti, ma mentre il primo si riferisce agli strumenti e ai codici della comunicazione, il secondo riguarda la sfera più complessa della organizzazione dell'informazione.

Con multimedialità, dunque, ci si riferisce alla possibilità di utilizzare contemporaneamente, in uno stesso messaggio comunicativo, più media e/o più linguaggi[17]. Da questo punto di vista, possiamo dire che una certa dose di multimedialità è intrinseca in tutte le forme di comunicazione che l'uomo ha sviluppato e utilizzato, a partire dalla complessa interazione tra parola e gesto, fino alla invenzione della scrittura, dove il linguaggio verbale si fonde con l'iconicità del linguaggio scritto (si pensi anche – ma non unicamente – alle scritture ideografi-

[17] In realtà il concetto di multimedialità soffre di una grave indeterminazione che deriva dalla mancanza di una definizione rigorosa e concordemente accettata del concetto originale di 'medium'. Se infatti si intende per 'medium' di un determinato messaggio semplicemente il suo supporto fisico, molti strumenti normalmente considerati multimediali, come un CD-ROM, sono in realtà monomediali. La caratteristica essenziale della multimedialità, nell'uso più frequente del termine, sembra essere piuttosto l'integrazione fra *tipi di linguaggi* (o meglio, di *codici comunicativi*) diversi per genesi, struttura, e (talvolta) per supporti tradizionalmente usati. Si tratta di una tematica complessa, che necessiterebbe di un approfondimento non possibile in questa sede. Per una discussione al riguardo, rimandiamo a F. Ciotti e G. Roncaglia, *Il mondo digitale. Introduzione ai nuovi media*, Laterza, Roma-Bari 2000.

che), e a tecnologie comunicative più recenti come il cinema o la televisione. Nondimeno l'informatica – e la connessa riduzione di linguaggi diversi alla 'base comune' rappresentata dalle catene di 0 e 1 del mondo digitale – ha notevolmente ampliato gli spazi 'storici' della multimedialità. Infatti attraverso la codifica digitale si è oggi in grado di immagazzinare in un unico oggetto informativo, che chiameremo documento, pressoché tutti i linguaggi comunicativi usati dalla nostra specie: testo, immagine, suono, parola, video.

I documenti multimediali sono oggetti informativi complessi e di grande impatto. Ma oltre che nella possibilità di integrare in un singolo oggetto diversi codici, il nuovo orizzonte aperto dalla comunicazione su supporto digitale risiede nella possibilità di dare al messaggio una organizzazione molto diversa da quella cui siamo abituati da ormai molti secoli. È in questo senso che la multimedialità informatica si intreccia profondamente con gli ipertesti, e con l'interattività. Vediamo dunque cosa si intende con il concetto di ipertesto.

La definizione di questo termine potrebbe richiedere un volume a parte (ed esistono realmente decine di volumi che ne discutono!). La prima formulazione moderna dell'idea di ipertesto si trova in un articolo del tecnologo americano Vannevar Bush, *As We May Think*, apparso nel 1945, dove viene descritta una complicata macchina immaginaria, il *Memex* (contrazione di *Memory extension*). Si trattava di una sorta di scrivania meccanizzata, dotata di schermi per visualizzare e manipolare documenti microfilmati, e di complicati meccanismi con cui sarebbe stato possibile costruire legami e collegamenti tra unità informative diverse. Secondo Bush un dispositivo come questo avrebbe aumentato la produttività intellettuale perché il suo funzionamento imitava il meccanismo del pensiero, basato su catene di associazioni mentali.

La sintesi tra le suggestioni di Bush e le tecnologie informatiche è stata opera di Ted Nelson, che ha anche coniato il termine 'ipertesto', agli inizi degli anni '60. Nel suo scritto più famoso e importante, *Literary Machines* – un vero e proprio manifesto dell'ipertestualità – questo geniale e anticonformista guru dell'informatica statunitense descrive un potente sistema ipertestuale, battezzato *Xanadu*[18]. Nella utopica visione di Nelson, Xanadu era la base di un universo informativo globale e oriz-

[18] *Xanadu* è il nome del misterioso palazzo della memoria letteraria immaginato dal poeta romantico inglese S.T. Coleridge nel suo bellissimo poema *Kubla Kahn*. Nelson fu molto impressionato da questa opera e decise di usare quel nome per battezzare il suo sistema, da lui stesso definito un '*posto magico di memoria letteraria*'.

zontale – da lui definito *docuverse* (*docuverso*) – costituito da una sconfinata rete ipertestuale distribuita su una rete mondiale di computer. Il progetto Xanadu non è mai stato realizzato concretamente, nonostante i molti tentativi cui Nelson ha dato vita. Ma le sue idee sono confluite molti anni più tardi nella concezione di World Wide Web.

In questa sede non possiamo affrontare compiutamente tutti gli aspetti teorici e pratici connessi con questo tema, ma solo fornire alcuni elementi esplicativi. In primo luogo, per comprendere cosa sia un ipertesto è opportuno distinguere tra aspetto logico-astratto e aspetto pratico-implementativo. Dal punto di vista logico un ipertesto è un sistema di organizzazione delle informazioni (testuali, ma non solo) in una struttura non sequenziale, bensì reticolare.

Nella cultura occidentale, a partire dalla invenzione della scrittura alfabetica, e in particolare da quella della stampa, l'organizzazione dell'informazione in un messaggio, e la corrispondente fruizione della stessa, è essenzialmente basata su un modello lineare sequenziale, su cui si può sovrapporre al massimo una strutturazione gerarchica. Per capire meglio cosa intendiamo basta pensare a un libro, il tipo di documento per eccellenza della modernità: un libro è una sequenza lineare di testo, eventualmente organizzato come una sequenza di capitoli, che a loro volta possono essere organizzati in sequenze di paragrafi, e così via. La fruizione del testo avviene pertanto in modo sequenziale, dalla prima all'ultima pagina. Certo sono possibili deviazioni (letture 'a salti', rimandi in nota), ma si tratta di operazioni 'innestate' in una struttura nella quale prevale la linearità. Il 'lettore implicito' della maggior parte dei testi finora prodotti dalla cultra occidentale – ovvero il lettore ideale per il quale quei testi sono stati scritti – inizia a leggere il testo dall'inizio, e prosegue linearmente fino alla fine.

Un ipertesto invece si basa su un'organizzazione reticolare dell'informazione, ed è costituito da un insieme di unità informative (i nodi) e da un insieme di collegamenti (detti nel gergo tecnico *link*) che da un nodo permettono di passare a uno o più altri nodi. Se le informazioni che sono collegate tra loro nella rete non sono solo documenti testuali, ma in generale informazioni veicolate da media differenti (testi, immagini, suoni, video), l'ipertesto diventa multimediale, e viene definito *ipermedia*. Una idea intuitiva di cosa sia un ipertesto multimediale può essere ricavata dalla figura 116.

I documenti di testo, l'immagine, il file audio e il video sono i nodi dell'ipertesto, mentre le frecce rappresentano i collegamenti (*link*) tra i vari nodi: il documento di testo al centro, ad esempio, contiene cin-

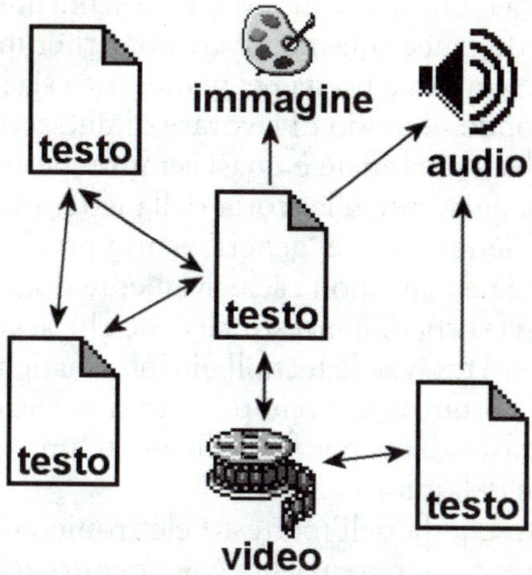

Figura 116 Lo schema di un ipertesto multimediale (ipermedia)

que link, grazie ai quali è possibile saltare ad altri due documenti, alla sequenza video, alla immagine e, infine, al file audio. Il lettore (o forse è meglio dire l'iper-lettore), dunque, non è vincolato dalla sequenza lineare dei contenuti di un certo documento, ma può muoversi da una unità testuale a un'altra (o a un blocco di informazioni veicolato da un altro medium) costruendosi ogni volta un proprio percorso di lettura. Naturalmente i vari collegamenti devono essere collocati in punti in cui il riferimento ad altre informazioni sia *semanticamente rilevante*: per un approfondimento, per riferimento tematico, per contiguità analogica. In caso contrario si rischia di rendere inconsistente l'intera base informativa, o di far smarrire il lettore in peregrinazioni prive di senso.

Dal punto di vista della implementazione concreta, un ipertesto digitale si presenta come un documento elettronico in cui alcune porzioni di testo o immagini presenti sullo schermo, evidenziate attraverso artifici grafici (icone, colore, tipo e stile del carattere), rappresentano i diversi collegamenti disponibili nella pagina. Questi funzionano come dei *pulsanti* che attivano il collegamento e consentono di passare, sullo schermo, al documento di destinazione. Il pulsante viene 'premuto' attraverso un dispositivo di input, generalmente il mouse, una combinazioni di tasti, o un tocco su uno schermo *touch-screen*.

In un certo senso, il concetto di ipertesto non rappresenta una novità assoluta rispetto alla nostra prassi di fruizione di informazioni testuali. La struttura ipertestuale infatti rappresenta una esaltazione 'pluridimensionale' del meccanismo testo/nota/riferimento bibliografico/glossa, che già conosciamo sia nei manoscritti sia nelle pubblicazioni a stampa. In fondo, il modo di lavorare di uno scrittore nella fase di preparazione del suo materiale è quasi sempre ipertestuale, così come l'intertestualità soggiacente alla storia della letteratura e allo sviluppo dei generi (dove 'letteratura' e 'generi' vanno presi nel loro senso ampio di produzione testuale, non esclusivamente dotata di valore estetico) costituisce una sorta di ipertesto virtuale che si genera nella mente di autore e lettore. Tuttavia, le tecnologie informatiche consentono per la prima volta di portare almeno in parte in superficie questo universo pre-testuale e post-testuale, per farlo diventare una vera e propria forma del discorso e dell'informazione.

L'altro aspetto che fa dell'ipertesto elettronico uno strumento comunicativo dalle enormi potenzialità è la *interattività* che esso consente al fruitore, non più relegato nella posizione di destinatario più o meno passivo del messaggio, ma capace di guidare e indirizzare consapevolmente il suo atto di lettura.

L'incontro tra ipertesto, multimedialità e interattività rappresenta dunque la nuova frontiera delle tecnologie comunicative. Il problema della comprensione teorica e del pieno sfruttamento delle enormi potenzialità di tali strumenti, specialmente in campo didattico, pedagogico e divulgativo (così come in quello dell'intrattenimento e del gioco), è naturalmente ancora in gran parte aperto: si tratta di un settore nel quale vi sono state negli ultimi anni – ed è legittimo aspettarsi negli anni a venire – innovazioni di notevole portata.

L'architettura e i protocolli di World Wide Web

Il concetto di ipertesto descrive la natura logica di World Wide Web. Si tratta infatti di un insieme di *documenti* multimediali interconnessi a rete mediante molteplici collegamenti ipertestuali e archiviati sui vari host che costituiscono Internet. Ciascun documento considerato dal punto di vista dell'utente viene definito *pagina Web*, ed è costituito da testo, immagini fisse e in movimento, in definitiva ogni tipo di oggetto digitale. Di norma le pagine Web sono riunite in collezioni riconducibili a una medesima responsabilità autoriale o editoriale, e talvolta, ma non necessariamente, caratterizzate da coerenza semantica, strutturale o grafica. Tali collezioni sono definiti *siti Web*. Se consideriamo il Web come un sistema di editoria on-line, i siti possono essere assimilati a singole pubblicazioni.

Attivando uno dei collegamenti contenuti nella pagina correntemente visualizzata, essa viene sostituita dalla pagina di destinazione, che può trovarsi su un qualsiasi computer della rete. In questo senso utilizzare uno strumento come il Web permette di effettuare una sorta di navigazione in uno spazio informativo astratto, comunemente definito *cyberspazio*.

Ma quali tecnologie soggiacciono a tale spazio astratto? In linea generale l'architettura informatica di World Wide Web non differisce in modo sostanziale da quella delle altre applicazioni Internet. Anche in questo caso, infatti, ci troviamo di fronte a un sistema basato su una interazione *client-server*, dove le funzioni elaborative sono distribuite in modo da ottimizzare l'efficienza complessiva. Il protocollo di comunicazione tra client e server Web si chiama *HyperText Transfer Protocol* (HTTP). Si tratta di un protocollo applicativo che a sua volta utilizza come base gli stack TCP/IP per inviare i dati attraverso la rete. La prima versione di HTTP è stata sviluppata da Tim Berners-Lee e ha continuato a far funzionare il Web per molti anni prima che venisse aggiornata alla versione 1.1, caratterizzata da una serie di migliorie sul piano dell'efficienza (HTTP 1.1 utilizza una sola connessione TCP per trasmettere dati e definisce delle regole per il funzionamento della cache sul lato client) e della sicurezza delle transazioni.

A differenza di altre applicazioni Internet, tuttavia, il Web definisce anche dei formati o linguaggi specifici per i tipi di dati che possono essere inviati dal server al client. Tali formati e linguaggi specificano la codifica dei vari oggetti digitali che costituiscono un documento, e il modo di rappresentare i collegamenti ipertestuali che lo legano ad altri documenti. Tra essi ve ne è uno che assume un ruolo prioritario nel definire struttura, contenuto e aspetto di un documento/pagina Web: attualmente si tratta del linguaggio *HyperText Markup Language* (HTML).

Un client Web costituisce lo strumento di interfaccia tra l'utente e il sistema Web; le funzioni principali che esso deve svolgere sono:

- ricevere ed eseguire i comandi dell'utente
- richiedere a un server i documenti
- interpretare i formati di codifica degli oggetti che costituiscono ogni singolo documento e presentarli all'utente su un determinato dispositivo di output del computer ove risiede (di norma il monitor).

I client Web vengono comunemente chiamati *browser*, dall'inglese *to browse*, scorrere, sfogliare, poiché essi permettono appunto di scorrere le pagine visualizzate. Poiché tuttavia la fruizione di una pagina Web non è riducibile formalmente alla sola visualizzazione, nei documenti tecnici si preferisce la formula *user agent*, che cattura in modo più astratto il ruolo funzionale svolto dal client.

Un server Web, o più precisamente *server HTTP*, per contro, si occupa della gestione, del reperimento e dell'invio dei documenti (ovvero dei vari oggetti digitali che li costituiscono) richiesti dai client. Nel momento in cui l'utente attiva un collegamento – agendo su un link – o specifica esplicitamente l'indirizzo di un documento, il client invia una richiesta HTTP (*HTTP request*) a un determinato server con l'indicazione del documento che deve ricevere. Questa richiesta viene interpretata dal server, che a sua volta invia gli oggetti che compongono il documento richiesto corredati da una speciale intestazione HTTP che ne specifica il tipo. Tale specificazione si basa sui codici di tipo definiti dalla codifica MIME (o *MIME type*), nata per la posta elettronica. Se necessario, il server prima di inviare i dati può effettuare delle procedure di autenticazione, in modo da limitare l'accesso a un documento a utenti autorizzati e in possesso di password.

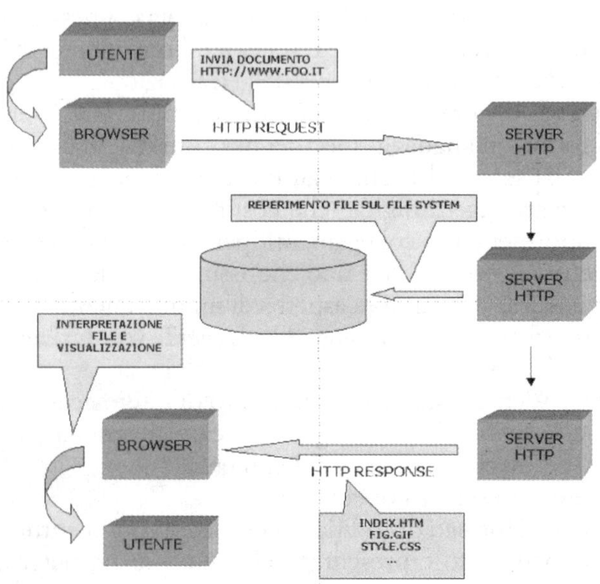

Figura 117 Lo schema di una transazione HTTP

In realtà per svolgere le sue mansioni un server HTTP può agire in due modi, a seconda che il documento richiesto dal client sia generato in modo *statico* o *dinamico*.

Un documento Web statico è costituito da una serie di oggetti digitali memorizzati in file, che vengono prodotti una volta per tutte e messi in linea a disposizione degli utenti, fino a quando il gestore di sistema non decide di modificarli o di rimuoverli. Quando il server riceve una richiesta che si riferisce a un documento statico non deve far altro che individuare sulle proprie memorie di massa i vari file di cui si compone e inviarne delle copie al client.

Un documento Web generato dinamicamente, invece, è un documento i cui componenti vengono elaborati e composti sul lato server solo nel momento in cui arriva una richiesta esplicita. Questo tipo di architettura Web, che si è evoluta notevolmente negli ultimi anni (forse ricorderete che ce ne siamo già occupati parlando di weblog), viene utilizzata nei casi in cui è necessario generare dei contenuti in maniera dinamica, in modo automatico o in risposta a una operazione interattiva effettuata dall'utente: ad esempio per aggiornare automaticamente i valori contenuti in una tabella numerica o per inviare, inseriti in un opportuno contesto, i risultati di una ricerca su un database.

Naturalmente il server Web in quanto tale non è un grado di effettuare queste elaborazioni dinamiche. Per farlo si deve appoggiare a programmi esterni o a librerie di funzioni utilizzate in modo dinamico.

Molteplici tecnologie sono state sviluppate nel corso degli anni a tale fine. La più 'rudimentale' si basa sulla cosiddetta *Common Gateway Interface* (CGI). Si tratta di un insieme di comandi e di variabili di memoria attraverso cui il server Web può comunicare con altre applicazioni e programmi autonomi. Tali programmi ricevono dal server un messaggio in cui viene richiesta una data elaborazione (ad esempio un sistema di gestione di database può ricevere la richiesta di effettuare una ricerca mediante alcune chiavi), la effettuano, e restituiscono l'output (nel nostro caso il risultato della ricerca) a un altro programma che lo codifica in un formato legale sul Web, il quale viene a sua volta restituito al server HTTP che infine provvede a inviarlo al client. L'architettura CGI insomma è un 'collante' a bassa integrazione tra applicazioni sostanzialmente autonome.

Con lo sviluppo del Web, tuttavia, sono state predisposte soluzioni più evolute e soprattutto più efficienti per generare contenuti dinamici. Queste tecnologie si basano sul potenziamento della capacità di elaborazione autonome del server HTTP – mediante l'uso di linguaggi di programmazione e di *scripting* server-side come ASP e PHP – e/o sulla integrazione tra lo stesso server Web, server applicativi e *database management system* esterni. Da questa linea di sviluppo nasce il concetto di *Web application service*, su cui torneremo più avanti.

Un'altra tipica funzione svolta dal server è la gestione di transazioni economiche, quali la registrazione di un acquisto fatto con carta di credito. Dal punto di vista tecnico questa operazione non differisce molto dalla normale consultazione o aggiornamento di un database. Ma ovviamente i problemi di affidabilità e di sicurezza in questo caso sono molto più rilevanti: per questo sono stati sviluppati dei server HTTP specializzati nella gestione di transazioni economiche sicure attraverso complesse tecnologie di cifratura di dati (anche di questo torneremo a parlare nel capitolo sulla sicurezza).

Identificare e localizzare i documenti in rete

World Wide Web è costituito da una collezione di documenti, ciascuno dei quali è formato da uno o più oggetti digitali archiviati, sotto forma di file, sugli host di Internet. Affinché tali oggetti siano individuabili e accessibili da un determinato *user agent* (di norma un browser, ma anche il modulo *spider* di un motore di ricerca), è necessario un adeguato sistema di *identificazione* e *localizzazione* delle risorse on-line, esattamente come i file archiviati nelle memorie di massa di un singolo computer sono gestiti dal *file system* del sistema operativo.

Di fatto tutti i protocolli in uso su Internet sono dotati di un qualche sistema interno per individuare e localizzare le risorse: in termini tecnici possiamo dire che ogni protocollo individua un insieme di oggetti che possono essere raggiunti associando loro un nome o un indirizzo. I nomi o indirizzi usati da un protocollo sono validi solo nell'ambito delle risorse accessibili mediante il protocollo stesso: tale ambito viene definito *spazio dei nomi*. Ogni protocollo dunque ha uno schema di denominazione che individua uno spazio dei nomi.

Se però, come avviene con il Web, un sistema può o deve accedere a risorse collocate in spazi diversi, si rende necessaria la creazione di uno spazio universale dei nomi e degli indirizzi, che permetta di identificare ogni risorsa astraendo dai requisiti tecnici di ogni singolo protocollo. Tanto più che tale spazio astratto dei nomi rimarrebbe valido anche nel caso in cui fosse modificato il modo in cui un protocollo accede alle risorse: basterebbe una modifica all'algoritmo che dal nome o indirizzo universale porta alla stringa di localizzazione effettiva del protocollo. Lo stesso potrebbe dirsi per la creazione di nuovi protocolli.

Un membro dell'insieme di nomi o indirizzi in tale spazio universale viene definito *Universal Resource Identifier* (URI). Ogni URI è suddivisa in due parti principali: uno specificatore di schema seguito da una stringa di identificazione dell'oggetto (*path*), la cui forma è determinata dallo schema (a sua volta funzione del protocollo cui è associato). Le due parti sono separate dal simbolo ':' (due punti):

```
schema : path
```

Se lo schema individua uno spazio dei nomi o degli indirizzi organizzato gerarchicamente, esso può essere rappresentato da una serie di sottostringhe separate dal simbolo '/' (barra in avanti) il cui verso va da destra a sinistra. Alcuni schemi permettono di individuare anche parti di un oggetto. In tale caso la stringa che identifica tale parte (*identificatore di frammento*) viene posta alla estremità destra del path preceduta dal simbolo '#' (cancelletto).

Al momento l'unica forma di URI che viene effettivamente utilizzata è quella denominata *Uniform Resource Locator* (URL). Una URL è una forma di URI che esprime l'indirizzo (ovvero la collocazione reale) di un oggetto accessibile mediante uno dei protocolli attualmente in uso su Internet. Per risolvere una serie di problemi legati alla natura delle URL, da alcuni anni è in fase di sviluppo una nuova forma di URI, denominata *Universal Resource Name* (URN). Una URN, a differenza di una URL, esprime il nome di un oggetto in un dato spazio dei nomi indipendentemente dalla sua collocazione fisica.

Uniform Resource Locator (URL)

Le Uniform Resource Locator (URL), come detto, sono un sottoinsieme del più generale insieme delle URI. Esse codificano formalmente l'indirizzo di ogni risorsa disponibile su Web in modo astratto rispetto agli effettivi algoritmi di risoluzione implementati in ciascun protocollo. Allo stato attuale le URL sono l'unico sistema di identificazione e localizzazione delle risorse di rete effettivamente utilizzato, sebbene ciò determini una serie di problemi sui quali ci soffermeremo nel prossimo paragrafo.

La sintassi di una URL, basata naturalmente su quella delle URI, si articola in tre parti:

- identificatore dello schema di indirizzamento, seguito dal simbolo ':';

- identificatore dell'host sul quale risiede la risorsa, espresso mediante un nome di dominio o un indirizzo IP, e preceduto da due simboli '/' (barra in avanti); se necessario (e se lo schema lo permette) esso può essere preceduto da una coppia 'username' 'password' separata dal simbolo ':' (due punti) e seguita dal simbolo '@' (a commerciale); un altro elemento opzionale che può seguire l'identificatore è l'indicatore della porta preceduto dal simbolo ':';
- stringa di identificazione della risorsa sul server (path) preceduta dal simbolo '/'; la sua interpretazione dipende dallo schema di denominazione; il simbolo '/' viene utilizzato per denotare una struttura gerarchica, con la parte a sinistra indicante il livello superiore.

Di conseguenza una URL ha la seguente forma generale (le parti tra parentesi quadre sono opzionali):

```
SCHEMA://[ username:password@] identificatore.host[ :nume-
roporta] /[ path]
```

Un esempio di URL per una risorsa Web, è il seguente:

```
http://www.liberliber.it/index.htm
```

Naturalmente ogni singolo schema di indirizzamento può presentare delle varianti a questa forma generale. Gli schemi registrati e attualmente implementati (corrispondenti ai vari protocolli in uso su Internet) sono i seguenti:

- http: per il protocollo HTTP
- ftp: per il File Transfer Protocol
- gopher: per il Gopher protocol
- mailto: per gli indirizzi di posta elettronica
- news: per i messaggi dei newsgroup NNTP
- wais: per i server WAIS
- file: per l'accesso a file locali
- telnet, rlogin, tn3270: per riferirsi a sessioni interattive in modalità terminale.

Per gli schemi http, ftp e file, la sezione del path di una URL ha una struttura gerarchica che corrisponde alla collocazione del file dell'oggetto referenziato nella porzione di *file system* visibile dal server. A ogni server infatti viene assegnato uno spazio sulla memoria di massa che inizia da una data directory (la root del server) e comprende tutte le sue sub-directory. La sezione del path di una URL seleziona la root del server mediante il primo simbolo '/' dopo l'indirizzo dell'host, e le successive sub-directory con i relativi nomi separati da simboli '/'.

Ad esempio, se la root di un server HTTP sul file system ha il path '/user/local/httpd/htdocs', la URL 'http://www.foo.it/**personal/rossi/index.html**' si riferirà al file '/user/local/httpd/htdocs/**personal/rossi/index.html**'. Con lo schema http è possibile usare delle URL relative, che vengono risolte estraendo le informazioni mancanti dalla URL del documento corrente.

Gli schemi 'mailto' e 'news' hanno una sintassi parzialmente diversa da quella generale che abbiamo visto sopra. Per la precisione una URL che si riferisce a un indirizzo di posta elettronica si presenta in questa forma:

```
mailto:identificatore_utente@identificatore.host
```

Ad esempio:

```
mailto:rossi@uniroma.it
```

Lo schema per i messaggi su server NNTP ha invece la seguente sintassi:

```
news:nome_newsgroup[ :numero_messaggio]
```

Ad esempio:

```
news:comp.text.xml:1223334
```

Si noti che a differenza degli altri schemi che indicano una collocazione assoluta della risorsa, valida ovunque, lo schema news è indipendente dalla collocazione, poiché seleziona un messaggio che ogni client dovrà reperire dal suo server locale.

La sintassi delle URL può essere utilizzata sia nelle istruzioni ipertestuali dei file HTML, sia con i comandi che i singoli client, ciascuno a suo modo, mettono a disposizione per raggiungere un particolare server o documento. È bene pertanto che anche il normale utente della rete Internet impari a servirsene correttamente.

Uniform Resource Name (URN)

Une delle esperienze più comuni tra gli utilizzatori abituali di World Wide Web è la comparsa del famigerato 'errore 404', e cioè di un messaggio che annuncia l'impossibilità di accedere a una data risorsa quando si attiva un link ipertestuale o si digita una URL nella barra degli indirizzi del browser. Che cosa è avvenuto?

Semplicemente che il file corrispondente non si trova più nella posizione indicata dal suo indirizzo. Che fine ha fatto? Può essere stato spostato, cancellato, rinominato. Il fatto è che i riferimenti in possesso dell'utente non gli permettono più di accedere al suo contenuto.

Un'esperienza simmetrica è la scoperta che il contenuto di un certo documento, di cui magari si era inserita la URL nell'elenco dei bookmark, è cambiato. Anche in questo caso la causa del problema è molto semplice: al file 'xyz.html', pur conservando lo stesso indirizzo, è stato cambiato il contenuto.

Alla radice di queste spiacevoli esperienze c'è uno dei limiti più importanti della attuale architettura di World Wide Web: il sistema di assegnazione dei nomi alle risorse informative sulla rete, e il modo in cui queste vengono localizzate. Come sappiamo, attualmente queste due funzioni sono svolte entrambe dalla URL di un documento. Il problema fondamentale è che la URL fornisce un ottimo sistema di indirizzamento (ovvero indica con molta efficienza la posizione di un oggetto sulla rete), ma un pessimo schema di assegnazione di nomi.

La fusione delle funzioni di indirizzamento e di identificazione delle risorse in una unica tecnologia si rivela un sistema inadeguato in molti altri settori. A titolo di esempio: introduce grossi problemi nello sviluppo di applicazioni di *information retrieval* sulla rete; rende molto difficile la citazione, il riferimento e la catalogazione bibliografica dei documenti presenti in rete; non permette lo sviluppo di sistemi di *versioning*, ovvero sistemi che tengano traccia dell'evoluzione dinamica di un documento, conservandone le versioni successive; complica la gestione del *mirroring*, ovvero la creazione e l'allineamento di molteplici esemplari di un medesimo documento.

Lo sviluppo di un efficiente sistema di distribuzione dell'informazione su rete geografica richiede dunque un potente e affidabile sistema di identificazione delle risorse informative. Per rispondere a questa esigenza, vari enti e organizzazioni che si occupano dello sviluppo degli standard su Internet hanno proposto la creazione di un nuovo tipo di URI, denominato *Uniform Resource Name* (URN). In realtà con questa sigla vengono indicate una serie di tecnologie, ancora in fase sperimentale, nate in ambiti diversi e caratterizzate da diversi approcci e finalità immediate. Nell'ottobre del 1995, in una conferenza tenuta alla University of Tennessee, i vari gruppi interessati hanno definito un sistema di specifiche unitarie. La convergenza prevede la compatibilità tra le varie implementazioni, pur garantendo la coesistenza di ognuna di esse. Dal 1996 la IETF, che si occupa della definizione degli standard per Internet, ha creato un gruppo di lavoro sugli URN.

Chi è interessato ad approfondire gli aspetti tecnici e gli sviluppi in corso può consultare le pagine Web di questa commissione, il cui indirizzo è **http://www.ietf.org/html.charters/urn-charter.html**. In questa sede ci limiteremo a esporre le caratteristiche generali dell'architettura URN.

Un URN è un identificatore che può essere associato a ogni risorsa disponibile su Internet, e che dovrebbe essere utilizzato in tutti i contesti che attualmente fanno uso delle URL. In generale, esso gode delle seguenti caratteristiche:

- unicità: due risorse distinte non possono avere lo stesso URN
- validità globale: un URN è indipendente dalla localizzazione della risorsa
- persistenza: una volta assegnato un URN a una risorsa esso rimarrà associato ad essa per sempre, anche se la risorsa non sarà più disponibile; nessuna altra risorsa in futuro potrà avere un URN già assegnato
- scalabilità: ogni tipo di risorsa su Internet, presente e futura, potrà avere un URN che gode delle caratteristiche elencate sopra.

Per risorsa si intende il 'contenuto' di un documento (testo, immagine, animazione, software, ecc.), o una sua particolare manifestazione: ad esempio, ogni versione di un documento in un dato formato può avere un URN. Ciascuna risorsa individuata da un URN può essere disponibile in molteplici copie, distribuite su diversi luoghi della rete: conseguentemente, a ogni URN possono corrispondere molteplici URL. Il processo di determinazione delle URL di una risorsa a partire dalla sua URN viene definito 'risoluzione'. I nomi vengono assegnati da una serie di autorità indipendenti, dette *naming authority*, che garantiscono la loro unicità e permanenza. A ogni naming authority corrisponde almeno un *Name Resolution Service*, ovvero un sistema software che effettua la risoluzione del nome[19].

I problemi che si cerca di risolvere attraverso l'introduzione degli URN sono molto rilevanti, anche se, allo stato attuale, non esiste nessuna implementazione pubblica dell'architettura URN. I processi di standardizzazione, come al solito, sono molto lenti, specialmente in un ambiente decentralizzato come Internet. Il consenso necessario alla introduzione di una tecnologia completamente nuova richiede il concorso di molti soggetti, e non di rado impone agli attori commerciali no-

[19] Si noti che l'architettura immaginata per gli URN è molto simile a quella già in funzione per il DNS, tanto che alcuni hanno proposto di unificare i due sistemi.

tevoli investimenti nella progettazione o modifica dei prodotti software. L'introduzione delle URN è, comunque, tra gli obiettivi nell'agenda del progetto *Internet II*, che coinvolge alcune grandi università statunitensi nella progettazione della rete del prossimo futuro.

Nel frattempo, è stato sviluppato un sistema che offre un'ottima approssimazione delle funzionalità di identificazione univoca dei documenti sulla rete. Si tratta delle *Persistent URLs* (PURLs), non casualmente messe a punto nell'ambito bibliotecario. Il sistema infatti nasce come progetto di ricerca sponsorizzato dalla *OCLC*, consorzio internazionale di biblioteche, di cui abbiamo parlato nel capitolo 'Biblioteche in rete'.

Il sistema PURLs, come indica il nome, si basa sull'attuale meccanismo di indirizzamento dei documenti su Web e dunque non richiede alcuna modifica negli attuali browser. In effetti una PURL è, sia dal punto di vista funzionale sia da quello sintattico, una normale URL, e può essere utilizzata negli stessi contesti (all'interno dei file HTML, nelle finestre dei browser, ecc.). Questa ad esempio, rimanda a un documento introduttivo sul tema: **http://purl.oclc.org/OCLC/PURL/SUMMARY**.

Invece che puntare direttamente verso la risorsa indirizzata, una PURL punta a uno speciale server che ospita un sistema di risoluzione (*PURL resolution service*): nell'esempio il servizio ha l'indirizzo 'purl.oclc.org'. Quest'ultimo, in base al nome della risorsa – nell'esempio /OCLC/PURL/SUMMARY/ – traduce la PURL in una vera e propria URL, e reindirizza il client verso questo indirizzo. Il meccanismo si basa su una normale transazione HTTP, detta *redirezione*.

L'effettiva localizzazione della risorsa viene determinata dinamicamente dal PURL Service. Se un documento registrato presso un sistema di risoluzione PURL viene spostato (o se cambia il nome del file corrispondente), è sufficiente cambiare l'associazione PURL-URL nel database del servizio. La PURL rimane immutata e dunque tutti i riferimenti e i link da qualsiasi parte della rete verso quel documento continuano a funzionare perfettamente. L'aggiornamento delle relazioni deve essere effettuato esplicitamente dai responsabili della manutenzione del PURL Service. È comunque possibile eseguire questa operazione anche da computer remoti, e assegnare permessi di manutenzione per particolari gerarchie di nomi.

Il primo PURL Resolution Service è stato attivato dalla OCLC nel gennaio del 1996, e si è dimostrato molto efficiente. Chi desidera vederlo in funzione può visitare l'indirizzo **http://purl.oclc.org**. Naturalmente l'efficacia effettiva di questa tecnologia richiede la disseminazione attraverso la rete del maggior numero possibile di PURL server. Per facilitarne la diffusione, l'OCLC ha deciso di distribuire, gratuitamente il relativo software, che è disponibile sul sito Web indicato sopra. Molte istituzioni, specialmente nell'ambio bibliotecario e accademico, hanno dimostrato grande interesse, e hanno iniziato a sviluppare altri servizi di risoluzione PURL.

Il sistema PURL costituisce un importante passo intermedio verso l'architettura URN. Inoltre, è ormai chiaro che la sintassi PURL sarà facilmente traducibile in forma di URN, trasformandola in uno schema di indirizzamento. Dunque coloro che oggi hanno adottato la tecnologia sviluppata dall'OCLC saranno in grado di migrare verso la tecnologia URN senza problemi.

Nel frattempo le PURL, appoggiandosi sull'attuale sistema di indirizzamento utilizzato su Internet, hanno il chiaro vantaggio di essere già disponibili, di funzionare perfettamente e risolvere la sindrome da 'risorsa non disponibile'.

I linguaggi del Web

Come abbiamo anticipato, a differenza di altre applicazioni Internet, World Wide Web, oltre ai protocolli applicativi, definisce anche dei formati specifici per codificare i documenti che vi vengono immessi e distribuiti.

I documenti che costituiscono la rete ipertestuale del Web sono principalmente documenti testuali, ai quali possono essere associati oggetti grafici (fissi o animati) e in taluni casi moduli software. In generale, comunque, struttura, contenuti e aspetto di una pagina Web visualizzata da un dato *user agent* sono definiti interamente nel documento testuale che ne costituisce l'oggetto principale.

Tale definizione attualmente si basa su uno speciale linguaggio di rappresentazione dei documenti in formato elettronico, appartenente alla classe dei *markup language* (linguaggi di marcatura), denominato *HyperText Markup Language* (HTML). La formalizzazione di HTML, effettuata da uno dei gruppi di lavoro del W3C, è oggi completamente stabilizzata e tutti i browser disponibili sono in grado di interpretarne la sintassi e di rappresentare opportunamente i documenti in base ad essa codificati.

Tuttavia, per ovviare ai numerosi limiti di HTML, lo stesso W3C ha sviluppato un (meta)linguaggio più potente e versatile per la creazione di documenti da distribuire su Web, denominato *Extensible Markup Language* (XML). Accanto a questo nuovo linguaggio sono stati formalizzati o sono in via di formalizzazione una serie di altri linguaggi che complessivamente trasformeranno l'intera architettura del Web, aumentandone capacità e versatilità. Nei prossimi paragrafi cercheremo di fornire ai lettori alcune nozioni di base sui principi e sulla natura di tutti questi linguaggi del Web.

La rappresentazione elettronica dei documenti: i linguaggi di markup

L'informatica mette a disposizioni diverse classi di formalismi per rappresentare dei documenti testuali su supporto elettronico. I più elementari sono i sistemi di codifica dei caratteri. Essi rappresentano il 'grado zero' della rappresentazione di un testo su supporto digitale, e sono alla base di tutti i sistemi più sofisticati: in linea generale ogni documento digitale è costituito da un flusso di caratteri (o stringa). Il carattere è l'unità atomica per la rappresentazione, l'organizzazione e il controllo di dati testuali sull'elaboratore.

Come qualsiasi altro tipo di dati, anche i caratteri vengono rappresentati all'interno di un elaboratore mediante una codifica numerica binaria. Per la precisione, prima si stabilisce una associazione biunivoca tra gli elementi di una collezione di simboli (*character repertoire*) e un insieme di codici numerici (*code set*). L'insieme risultante viene denominato tecnicamente *coded character set*. Per ciascun *coded character set*, poi, si definisce una *codifica* dei caratteri (*character encoding*) basata su un algoritmo che mappa una o più sequenze di 8 bit (ottetto) al numero intero che rappresenta un dato carattere in un *coded character set*.

Come alcuni lettori sapranno, esistono diversi *coded character set* – alcuni dei quali sono stati definiti da enti di standardizzazione nazionali e internazionali (ISO e ANSI in primo luogo) – che si differenziano per il numero di cifre binarie che utilizzano, e dunque per il numero di caratteri che possono codificare. Tra questi uno dei primi, e per lungo tempo il più diffuso, è stato il cosiddetto codice ASCII (*American Standard Code for Information Interchange*), la cui versione internazionale si chiama ISO 646 IRV. Esso utilizza solo 7 bit e di conseguenza contiene 128 caratteri, tra cui i simboli alfabetici dall'alfabeto anglosassone e alcuni simboli di punteggiatura.

La diffusione dei computer ha naturalmente determinato l'esigenza di rappresentare i caratteri di altri alfabeti. Sono stati così sviluppati molteplici code set che utilizzano un intero ottetto (e dunque sono dotati di 256 posizioni) e che hanno di volta in volta accolto i simboli dei vari alfabeti latini. Tra di essi ricordiamo la famiglia ISO 8859, nel cui ambito particolarmente diffuso è il code set *ISO 8859-1*, meglio conosciuto come *ISO Latin 1*. Esso contiene i caratteri principali delle lingue occidentali con alfabeti latini, ed è usato da molte applicazioni su Internet e da molti sistemi operativi.

Negli anni '90 sono state avviate due iniziative parallele per sistemare in modo definitivo (si spera) il problema della rappresentazione dei caratteri: la prima gestita dal consorzio *Unicode* (una organizzazione no-profit in cui convergono numerosi produttori di sistemi informatici), e la seconda dall'ISO. Da queste iniziative sono nati *Unicode* e *ISO 10646/UCS*, due *coded character set* che sono per fortuna perfettamente allineati (le differenze riguardano solo aspetti tecnici) e che, con qualche ragione, hanno la presunzione di definirsi 'universali'. In effetti si tratta di sistemi di codifica dei caratteri che possono adottare diverse *character encoding* basate su un numero variabile di bit: la codifica UTF-8 (la più diffusa attualmente), ad esempio, usa da uno a quattro ottetti a seconda dei sottoinsiemi di caratteri, mentre quella UTF-32/UCS4 (in un certo senso la codifica naturale per Unicode) usa sempre 32 bit. In realtà la questione di che cosa si intenda per carattere in Unicode e ISO 10646 e di come essi vengano effettivamente rappresentati nella memoria del computer è piuttosto complessa: per chi è interessato (e paziente) rimandiamo alla documentazione disponibile sul sito di Unicode (**http://www.unicode.org**). Qui ci limiteremo a dire che il numero massimo teorico di caratteri che si possono codificare con questi standard è di oltre un milione e che, attualmente, sono stati codificati oltre 95 mila caratteri, tra cui si annoverano tutte le lingue occidentali, arabe e africane, e buona parte di quelle orientali. Anche se Unicode non viene ancora utilizzato da tutti i sistemi operativi e software esistenti (solo le versioni più recenti di Windows, ad esempio, lo implementano), è molto probabile che nel futuro prossimo la sua adozione diverrà quasi universale.

La codifica dei caratteri, naturalmente, non esaurisce i problemi della rappresentazione elettronica di un documento. Se prendiamo un qualsiasi testo a stampa, già una semplice analisi ci permette di evidenziare una serie di fenomeni: la segmentazione del testo in macrounità, la presenza di titoli e sottotitoli, le enfasi, ecc. Per rappresentare su supporto informatico tutte le caratteristiche grafiche e strutturali di un documento, pertanto, vanno adottati formalismi più complessi. Tra questi vi sono i cosiddetti *markup language*, linguaggi di marcatura.

L'espressione *markup* deriva dall'analogia tra questi linguaggi e le annotazioni inserite da autori, curatori editoriali e correttori nei manoscritti e nelle bozze di stampa di un testo al fine di indicare correzioni e trattamenti editoriali, chiamate in inglese *mark-up*. In modo simile, i linguaggi di marcatura sono costituiti da un insieme di istruzioni, dette *tag* (*marcatori*), che servono a descrivere la struttura, la composizione e l'impaginazione del documento. I marcatori sono sequenze di normali caratteri e vengono introdotti, secondo una determinata sintassi, all'interno del documento, accanto alla porzione di testo cui si riferiscono.

Nel corso degli anni si sono delineate due diverse modalità di utilizzare e considerare il mark-up, che consentono di suddividere i linguaggi di markup in due tipologie:

- linguaggi di markup procedurali;
- linguaggi di markup dichiarativi o descrittivi.

I linguaggi del primo tipo (i cui testimoni più illustri sono lo *Script*, il *TROFF*, il *TEX*) sono costituiti da insiemi di istruzioni operative che indicano la struttura tipografica della pagina (il *layout*), le spaziature, l'interlineatura, i caratteri usati. Questi linguaggi sono detti *procedurali* in quanto istruiscono un dato programma circa le procedure di trattamento cui deve sottoporre la sequenza di caratteri nel momento dell'elaborazione (in gran parte dei casi la stampa o la visualizzazione su schermo).

Nei linguaggi dichiarativi, invece, i marcatori sono utilizzati per assegnare ogni porzione di testo a una certa classe di caratteristiche testuali; essi permettono di descrivere la struttura astratta di un testo e le funzioni logiche dei suoi componenti. In questo modo il mark-up viene reso indipendente da ogni particolare applicazione ed elaborazione del documento.

Il concetto di mark-up dichiarativo (insieme a numerosi altri concetti di estremo rilievo per potenziare l'elaborazione automatica di documenti testuali) è stato introdotto per la prima volta con lo sviluppo dello *Standard Generalized Markup Language* (SGML). Per la precisione, più che un linguaggio, lo SGML è un *metalinguaggio*. Esso prescrive precise regole sintattiche per definire un insieme di marcatori e le loro reciproche relazioni, ma non dice nulla per quanto riguarda la loro tipologia, quantità e nomenclatura. Questa astrazione costituisce il nucleo e la potenza dello SGML: in sostanza, SGML serve non già a marcare direttamente documenti, ma a costruire, rispettando standard comuni e rigorosi, specifici linguaggi di marcatura adatti per le varie esigenze particolari. Un linguaggio di marcatura che rispetti le specifiche SGML viene definito 'applicazione SGML' (*SGML application*).

Ideato da Charles Goldfarb negli anni '70, SGML è divenuto nel 1986 lo standard ufficiale ISO per la creazione e l'interscambio di documenti elettronici, ed è stato adottato da numerose grandi istituzioni e aziende – ma anche dalla comunità dei ricercatori interessati alle applicazioni informatiche nel settore umanistico e letterario – per la gestione di grandi basi dati documentali[20]. Ma il successo maggiore di questa tecnologia è stato senza dubbio il fatto di avere influenzato in modo diverso la definizione dei due linguaggi di riferimento per la creazione di documenti Web: l'*HyperText Markup Language* (HTML) prima e l'*Extensible Markup Language* (XML) più recentemente.

HyperText Markup Language (HTML)

HyperText Markup Language (HTML) è il linguaggio attualmente più utilizzato per dare forma ai miliardi di documenti che popolano World Wide Web. Si tratta di un linguaggio di *markup* definito mediante la sintassi SGML e orientato alla descrizione di documenti testuali, con alcune estensioni per il trattamento di dati multimediali e soprattutto di collegamenti ipertestuali.

Lo sviluppo di HTML è stato assai complesso e, soprattutto in una certa fase, piuttosto disordinato. Nella sua prima versione ufficiale, il linguaggio era estremamente semplice, e non prevedeva la possibilità di rappresentare fenomeni testuali ed editoriali complessi. Di conseguenza le sue specifiche hanno subito numerose revisioni che hanno dato origine a diverse versioni ufficiali, nonché a una serie di estensioni introdotte dai vari produttori di browser Web (in particolare, Microsoft e Netscape). Pur se in maniera un po' caotica, questi raffinamenti successivi, accogliendo le sollecitazioni provenienti da una comunità di utenti sempre più vasta e variegata, hanno progressivamente allargato la capacità rappresentazionale del linguaggio, introducendo – accanto a qualche marcatore di dubbia utilità – molti elementi utili a migliorare l'organizzazione strutturale e formale dei documenti.

[20] Il testo ufficiale dello standard ISO, commentato dallo stesso inventore del linguaggio, è nel fondamentale C.F. Goldfarb, *The SGML Handbook*, Oxford University Press, Oxford 1990. Manuali introduttivi di buon livello sono: E. van Herwijnen, *Practical SGML*, Kluwer Academic Publishers, Boston-Dordrecht-London 1994[2]; M. Bryan, *SGML: An Author's Guide to the Standard Generalized Markup Language*, Addison Wesley, Wokingham-Reading-New York 1988.

La costituzione del W3C ha permesso di standardizzare in modo definitivo il linguaggio, che è ormai finalmente stabilizzato. Nel dicembre del 1999, infatti, è stata rilasciata ufficialmente l'ultima versione, denominata HTML 4.01 (le specifiche formali sono disponibili all'indirizzo **http://www.w3.org/TR/html4**[21]).

HTML 4.01 ha accolto numerose innovazioni che erano precedentemente parte dei vari dialetti proprietari (ad esempio la tecnologia dei *frame*, che permette di suddividere la finestra del browser in sottofinestre contenenti file diversi, e le tabelle). Le caratteristiche più rilevanti di questa ultima standardizzazione sono state senza dubbio l'attenzione dedicata alla internazionalizzazione e l'integrazione del linguaggio HTML con un sistema di fogli di stile – tema su cui torneremo a breve – in modo da distinguere la struttura astratta del documento dalla sua presentazione formale. Inoltre HTML 4.01 è formalmente basato su Unicode ed è in grado di rappresentare sistemi di scrittura che hanno direzioni di scrittura diverse da quella occidentale (ad esempio in arabo e in ebraico la scrittura va da destra verso sinistra). Dunque, potenzialmente, esso permette la redazione e distribuzione di documenti redatti in ogni lingua e alfabeto e di documenti multilingua[22].

Queste caratteristiche si aggiungono agli elementi di base di HTML, che permettono di strutturare un documento e di inserire riferimenti ipertestuali e oggetti multimediali in una pagina Web. Ad esempio è possibile indicare i diversi livelli dei titoli di un documento, lo stile dei caratteri (corsivo, grassetto...), i capoversi, la presenza di liste (numerate o no). Volendo realizzare un documento ipermediale, avremo a disposizione anche marcatori specifici per la definizione dei link ipertestuali e per l'inserimento di immagini. Naturalmente le immagini non sono parte integrante del file HTML, che in quanto tale è un semplice file di testo. I file grafici vengono inviati come oggetti autonomi dal server, e inseriti in una pagina Web solo durante l'operazione di visualizzazione effettuata dal browser. I formati di immagini digitali standard su Web sono GIF, JPEG e PNG (altro standard W3C) . Si tratta di sistemi di codifica grafica in grado di comprimere notevolmente la dimensione del fi-

[21] Una traduzione in italiano delle versione precedente, la 4, sostanzialmente identica all'attuale, è disponibile all'indirizzo: **http://www.liberliber.it/biblioteca/w/world_wide_web_consortium/index.htm**

[22] Naturalmente questa definizione formale non basta a garantire l'effettiva visibilità dei documenti. È necessario che il sistema operativo su cui opera il browser e il browser stesso siano in grado di gestire Unicode e che siano disponibili sulla macchina i caratteri grafici corrispondenti.

le, e pertanto particolarmente adatti a un uso su rete. Attraverso i marcatori HTML è possibile anche specificare alcune strutture interattive come moduli di immissione attraverso cui l'utente può inviare comandi e informazioni al server e attivare speciali procedure (ricerche su database, invio di posta elettronica e anche pagamenti attraverso carta di credito!); oppure disegnare tabelle.

Un utente di Internet che desiderasse solo consultare e non produrre informazione in rete potrebbe fare a meno di approfondire sintassi e funzionamento di HTML. Attenzione, però: una delle caratteristiche fondamentali di Internet è proprio l'estrema facilità con la quale è possibile diventare protagonisti attivi dello scambio informativo. Se si vuole compiere questo salto decisivo, una conoscenza minima di HTML è preziosa. Non occorre avere timori reverenziali: HTML non è un linguaggio di programmazione, e imparare a usare le sue istruzioni di base non è affatto difficile, non più di quanto lo sia imparare a usare e a interpretare le principali sigle e abbreviazioni usate dai correttori di bozze. Per questi motivi nell'appendice 'Pubblicare informazioni su Internet' torneremo su questo linguaggio, approfondendo alcuni elementi della sua sintassi.

Extensible Markup Language (XML)

L'evoluzione di Internet procede incessantemente. La crescente richiesta di nuove potenzialità e applicazioni trasforma la rete in un continuo *work in progress*, un laboratorio dove si sperimentano tecnologie e soluzioni innovative.

Se da una parte questo processo produce sviluppi disordinati, spesso determinati da singole aziende che cercano di trarre il massimo profitto dal fenomeno Internet, dall'altra le organizzazioni indipendenti che gestiscono l'evoluzione della rete svolgono una continua attività di ricerca e di definizione di nuovi standard. Tra questi, di gran lunga il più importante è senza dubbio *Extensible Markup Language* (XML), il nuovo linguaggio di markup definito dal W3 Consortium, che sta cambiando sostanzialmente l'architettura del Web, e non solo.

Lo sviluppo di XML ha rappresentato la risposta a due esigenze in parte convergenti: in primo luogo il potenziamento delle funzionalità di gestione logica e presentazionale dei contenuti per la rete; in secondo luogo la possibilità di erogare servizi e applicazioni avanzate mediante il Web.

Sebbene la formalizzazione di HTML abbia rappresentato una importante evoluzione, tuttavia essa non forniva una soluzione adeguata per ovviare ad alcuni importanti limiti dell'architettura originale del Web. La causa di tali limiti infatti risiede nel linguaggio HTML stesso. Possiamo suddividere i problemi determinati da HTML in due categorie:

- limiti rappresentazionali;
- limiti operativi.

La prima categoria è relativa al modo in cui vengono rappresentati i documenti. La rappresentazione e la codifica dei dati sono il fondamento di un sistema di gestione dell'informazione. Da questo punto vista HTML impone notevoli restrizioni: in primo luogo si tratta di un linguaggio di rappresentazione chiuso e non modificabile; l'autore di un documento può soltanto scegliere tra un insieme prefissato di elementi, anche se la struttura formale o quella semantica del suo documento richiederebbero di esplicitarne altri, o di qualificarli in modo diverso. In secondo luogo si tratta di un linguaggio scarsamente strutturato e con una sintassi troppo 'tollerante', che non consente di modellizzare esplicitamente oggetti informativi altamente organizzati come ad esempio una descrizione bibliografica, un record di database o un sonetto petrarchesco; conseguentemente non può essere usato come formato per la rappresentazione e l'interscambio di informazioni complesse (soprattutto se attori di tale scambio sono sistemi software). A questo si aggiunge la confusione determinata dalla presenza di istruzioni orientate più all'impaginazione grafica che alla descrizione strutturale dei documenti.

Un'ulteriore limitazione riguarda la definizione dei link ipertestuali. Si potrebbe dire che questo linguaggio di codifica usurpa il suo nome. Infatti è in grado di esprimere un solo tipo di collegamento ipertestuale, unidirezionale, il quale richiede che sia l'origine sia la destinazione siano esplicitate nei rispettivi documenti. La ricerca teorica e applicata sui sistemi ipertestuali, invece, ha individuato sin dagli anni '70 una complessa casistica di collegamenti ipertestuali, che possono corrispondere a diverse relazioni semantiche.

Dai limiti rappresentazionali discendono quelli operativi, che riguardano il modo in cui autori e lettori interagiscono con il sistema. In primo luogo il controllo sull'aspetto di un documento, come abbiamo visto, è assai limitato e rigido. Una pagina Web deve essere progettata per uno schermo dotato di determinate caratteristiche, con il rischio di avere risultati impredicibili su altri dispositivi di visualizzazione o nella stampa su carta. Inoltre HTML non consente di generare dinamicamente 'viste' differenziate di un medesimo documento in base alle esigenze del lettore. Tale capacità permetterebbe, ad esempio, di produrre diverse versioni linguistiche a partire da un unico documento multilingua; oppure, in un'applicazione di insegnamento a distanza, di mostrare o nascondere porzioni di un documento a seconda del livello di apprendimento dell'utente.

E ancora, la scarsa consistenza strutturale impedisce la generazione automatica e dinamica di indici e sommari. E per lo stesso motivo si riduce notevolmente l'efficienza della ricerca di informazioni su Web. I motori di ricerca, infatti, sono sostanzialmente sistemi di ricerca full-text, che non tengono conto della struttura del documento e restituiscono riferimenti solo a documenti interi.

Per superare questi limiti, alcuni anni fa fu proposto un vero e proprio salto di paradigma: la generalizzazione del supporto su Web allo *Standard Generalized Markup Language* (SGML). L'idea di base era piuttosto semplice: HTML è una particolare applicazione SGML, che risponde ad alcune esigenze; perché non modificare l'architettura del Web per consentire di usare anche altre applicazioni SGML?

La possibilità di distribuire documenti elettronici in formato SGML avrebbe garantito ai fornitori di contenuti un notevole potere di controllo sulla qualità e sulla struttura delle informazioni pubblicate. Ogni editore elettronico avrebbe potuto utilizzare il linguaggio di codifica che maggiormente rispondeva alle sue esigenze, a cui associare poi uno o più fogli di stile al fine di controllare la presentazione dei documenti pubblicati. Questa soluzione, tuttavia, presentava non poche difficoltà:

- l'uso generico di SGML avrebbe richiesto una vera e propria ristrutturazione dell'architettura di World Wide Web;
- l'implementazione di un browser SGML generico è dal punto di vista computazionale decisamente più complessa di quella di un normale browser HTML, e peraltro comporta degli obblighi tecnici che limitano l'efficienza del trasferimento di informazioni sulla rete;
- l'uso consolidato di HTML aveva generato consuetudini e attese difficilmente modificabili.

Per superare questi ostacoli il W3C decise di sviluppare un sottoinsieme semplificato di SGML, pensato appositamente per la creazione di documenti su Web: *Extensible Markup Language* (XML)[23].

[23] La bibliografia e l'elenco dei siti Web dedicati a XML sono ormai sterminati: inutile tentare una selezione. Ci limitiamo a segnalare tra i libri in italiano l'agile e completo volume di R. Harold, W.S. Means, *XML. Guida di riferimento*, Apogeo/O'Reilly, Milano

Il progetto XML ha avuto inizio alla fine del 1996, nell'ambito della *SGML Activity* del W3C, ma l'interesse che ha attirato sin dall'inizio (testimoniato da centinaia di articoli sulle maggiori riviste del settore) ha portato il W3C a creare un apposito gruppo di lavoro (*XML Working Group*), composto da oltre ottanta esperti mondiali, e una commissione (*XML Editorial Review Board*) deputata alla redazione delle specifiche. Dopo oltre un anno di lavoro, nel febbraio del 1998 le specifiche sono divenute una raccomandazione ufficiale, con il titolo *Extensible Markup Language (XML) 1.0*, di cui è stata rilasciata una revisione nel 2000. Attualmente è in fase di approvazione una nuova versione, *Extensible Markup Language (XML) 1.1*, la quale tuttavia introduce dei cambiamenti di aspetto esclusivamente tecnico. Come di consueto tutti i materiali relativi al progetto, documenti ufficiali, informazioni e aggiornamenti, sono pubblicati sul sito del consorzio all'indirizzo **http://www.w3.org/XML**.

XML, come anticipato, è un sottoinsieme di SGML semplificato e ottimizzato specificamente per applicazioni in ambiente Web. Rispetto al suo complesso progenitore è dotato di alcune particolarità tecniche che ne facilitano notevolmente l'implementazione, pur mantenendone gran parte dei vantaggi[24]. Anche XML, infatti, è un metalinguaggio che permette di specificare in modo formale il vocabolario e la grammatica di un particolare linguaggio di marcatura, definito *applicazione XML*. Questa, a sua volta, descrive la struttura logica di una classe o *tipo* di documenti – o, in generale, di oggetti informativi. Tale struttura astratta viene specificata individuando gli elementi che la costituiscono (ad esempio: *capitolo*, *titolo*, *paragrafo*, *nota*, *citazione*, ecc.) e le relazioni che tra questi intercorrono, relazioni che possono essere di natura *gerarchica* e *ordinale*. Infatti in XML un documento viene considerato come dotato di una (e una sola) struttura ad albero.

La struttura di una classe di documenti XML può essere specificata esplicitamente mediante la definizione di una vera e propria grammatica formale, denominata *Document Type Definition* (DTD). Il formalismo per specificare la DTD è una eredità di SGML ed è comple-

2001. Per le risorse Web, oltre al sito del W3C non ci sono dubbi: da più di dieci anni un punto di riferimento irrinunciabile per tutto ciò che riguarda SGML, XML e applicazioni connesse sono le *Cover Pages*, all'indirizzo **http://xml.coverpages.org**, curate da Robin Cover.

[24] Per conseguire questo risultato alcune delle caratteristiche più 'esoteriche' di SGML sono state eliminate, sono state introdotte delle novità nella sintassi generale, ma soprattutto si è introdotto il concetto di documento *ben-formato*.

tamente stabilizzato e ampiamente adottato. Tuttavia, per ovviare ad alcuni limiti espressivi di tale formalismo, sono stati proposti numerosi formalismi alternativi, denominati *Schema Definition Language* (dove il termine 'schema' eredita le funzioni di 'tipo di documento'). Al momento, tre delle numerose proposte sembrano, per diversi motivi, presentare elementi di interesse:

- *W3C XML Schema*, il linguaggio sviluppato dal W3C e pubblicato in versione 1 nel maggio del 2001 (**http://www.w3.org/XML/Schema**);
- *RelaxNG* (**http://www.oasis-open.org/committees/relax-ng**), sviluppato da James Clark (uno dei 'guru' del settore) e supportato dall'OASIS (*Organization for the Advancement of Structured Information Standards*), un consorzio no-profit internazionale che si occupa di promuovere standard per la gestione dell'informazione e della conoscenza in ambito commerciale;
- *Schematron* (**http://www.ascc.net/xml/resource/schematron**), sviluppato da Rick Jellife, e proposto anche in sede ISO.

Senza approfondire i dettagli tecnici (piuttosto complessi), possiamo dire che primi due adottano una strategia concettualmente simile a quella della DTD, la definizione formale di grammatiche generali per i documenti, mentre il terzo si basa sull'individuazione di *pattern* (modelli) di (sotto)alberi in un documento XML, costruiti sulla base di determinati vincoli.

Una volta definito, un determinato linguaggio di markup può essere utilizzato per creare singoli documenti, che ne dovranno rispettare i vincoli grammaticali, oltre a conformarsi alle norme generali di sintassi XML. Nel documento a ciascun elemento corrisponde una coppia di marcatori. La sintassi prevede che i marcatori siano racchiusi tra i simboli di minore e maggiore. Ogni elemento viene identificato da un marcatore iniziale e uno finale (costruito premettendo una barra al nome del marcatore iniziale), a meno che non sia un elemento vuoto (che non contenga cioè sotto-elementi o testo), nel qual caso è identificato solo da un marcatore iniziale che tuttavia presenta una barra prima del carattere '>'. Un testo codificato in XML dunque ha il seguente aspetto[25]:

```
<text>
<front>
<titlepage>
```

[25] L'esempio è tratto da *L'uomo nel labirinto* di Corrado Alvaro (Mondadori, Milano 1932). La codifica è basata sulla DTD della TEI, ed è stata curata dal CRILet (**http://crilet.scu.uniroma1.it**).

```
<docauthor>Corrado Alvaro</docauthor>
<doctitle><titlepart type=’main’>L’ uomo nel
labirinto</titlepart>
<titlepart>in Il mare</titlepart>
</doctitle>
<docimprint>
<pubplace>Milano</pubplace>
<publisher>A. Mondadori</publisher>
<docdate>1932</docdate>
</docimprint>
</titlepage>
</front>
<pb n=’ 145’ />
<body>
<div1>
<head>I</head>
<p>La primavera arriv&ograve; improvvisamente; era l’ an-
no dopo la guerra, e pareva che non dovesse pi&uacute;
tornare. [ ...]</p>
```

La rispondenza tra documento e grammatica viene verificata in modo automatico da un *parser*. Un documento XML che ottempera a questa condizione viene detto *valido*. Tuttavia, a differenza di SGML, XML ammette anche l'esistenza di documenti privi di una DTD o di uno schema espliciti. Naturalmente tali documenti dovranno comunque rispettare una serie di norme sintattiche generali (che valgono cioè per ogni documento XML), dette vincoli di *buona-formazione*. Tra i vincoli sintattici di un documento *ben-formato* ricordiamo ad esempio: deve esistere un solo elemento radice; le coppie di marcatori debbono essere sempre annidate; è obbligatorio inserire i marcatori di chiusura negli elementi non vuoti; gli elementi vuoti hanno una sintassi leggermente modificata. Ciò riduce notevolmente la complessità di implementazione di un browser XML, e facilita l'apprendimento del linguaggio (le specifiche constano di venticinque pagine contro le cinquecento dello standard ISO). La semplificazione tuttavia non comporta incompatibilità: un documento XML valido è sempre un documento SGML valido (naturalmente non vale l'inverso). La trasformazione di un'applicazione o di un documento SGML in uno XML è (nella maggior parte dei casi) una procedura automatica.

XML, oltre alla sua capacità espressiva, offre una serie di vantaggi dal punto di vista del trattamento informatico dei documenti. In primo luogo, poiché un documento XML è composto esclusivamente da una sequenza di caratteri in formato Unicode, esso è facilmente portabile su ogni tipo di computer e di sistema operativo. Inoltre un testo codificato in formato XML può essere utilizzato per scopi differenti (stampa su carta, presentazione multimediale, analisi tramite software specifici, elaborazione con database, creazione di corpus linguistici automatici), anche in tempi diversi, senza dovere pagare i costi di dolorose conversioni tra formati spesso incompatibili. E ancora, la natura fortemente strutturata di un documento XML si presta allo sviluppo di applicazioni complesse. Possiamo citare ad esempio l'aggiornamento di database; la creazione di strumenti di *information retrieval* contestuali; la produzione e la manutenzione di pubblicazioni articolate come documentazione tecnica, manualistica, corsi interattivi per l'insegnamento a distanza.

L'interesse che la comunità degli sviluppatori di applicazioni e servizi Web ha dimostrato verso XML è stato decisamente superiore alle stesse aspettative del W3C, che si attendeva un periodo di transizione assai lungo verso la nuova architettura. In breve tempo le applicazioni XML si sono diffuse in ogni settore: dalla ricerca umanistica (dove una applicazione XML denominata *Text Encoding Initiative* è divenuta lo standard per la codifica e l'archiviazione dei testi su supporto digitale e per la creazione di biblioteche digitali[26]), a quella chimica (con il *Chemical Markup Language*, un linguaggio orientato alla descrizione di strutture molecolari), a quella matematica (con *MathML*, un linguaggio per la descrizione di formule e notazioni matematiche); dal commercio elettronico, alla distribuzione di applicazioni attraverso Internet; dall'editoria on-line (abbiamo già accennato ad esempio al formato OEBPS per la realizzazione di libri elettronici, basato anch'esso su XML) alle transazioni finanziarie. Ma soprattutto sin dall'inizio è stata resa disponibile una grande quantità di software (in gran parte *open source*) in grado di elaborare documenti XML: analizzatori sintattici (*parsers*), editor, browser, motori di ricerca.

Gran parte dell'interesse è dovuto al fatto che XML, oltre che come formato di rappresentazione dei dati da presentare agli utenti, può essere utilizzato come formato per lo scambio di dati e messaggi tra applicazioni software che interagiscono in un ambiente distribuito e per la progettazione di soluzioni *middleware*, trovando applicazione nell'area del commercio elettronico, del lavoro collaborativo e nella creazione di *Web services*. Si collocano in questo settore gli standard – entrambi in forma-

[26] Ne abbiamo ampiamente parlato nel capitolo 'Biblioteche in rete'. Per quanto riguarda la TEI rimandiamo al sito del *TEI Consortium* (**http://www.tei-c.org**) che si occupa di coordinare, promuovere e sviluppare il progetto.

to XML – WSDL (*Web Services Description Language*) e SOAP (*Simple Object Access Protocol*) che permettono rispettivamente di descrivere le proprietà e i metodi forniti da applicazioni Web e di strutturare e formalizzare i dati e i messaggi (nel senso che questo termine assume nella programmazione a oggetti) che essi si possono scambiare.

Tra le tante applicazioni XML, una menzione particolare merita *XHTML* (**http://www.w3.org/TR/xhtml1**). Come alcuni lettori avranno immaginato, si tratta della ridefinizione in XML di HTML realizzata dal W3C. Rispetto alla versione standard, essa si distingue per l'aderenza ai vincoli di *well-formedness* di XML, ma al contempo può essere estesa senza problemi. Lo scopo di questa versione infatti è proprio quello di facilitare la transizione degli sviluppatori di risorse Web da HTML a XML con un passaggio intermedio rappresentato da XHTML.

Gli standard correlati a XML

La definizione del linguaggio XML non ha esaurito l'attività di innovazione dell'architettura Web. Infatti, intorno al progetto XML sono stati sviluppati o sono in via di sviluppo una serie di standard ulteriori che coprono altri aspetti, non meno importanti, del suo funzionamento.

In particolare, ci riferiamo ai linguaggi per la creazione di fogli di stile CSS (*Cascading Style Sheet*), XSLT (*Extensible Stylesheet Language-Transformation*) e XSL-FO (*Extensible Stylesheet Language-Formatting Object*); ai linguaggi per la specificazione di collegamenti ipertestuali XLL (*Extensible Linking Language*) e *XPointer*; ai linguaggi per la definizione di schemi, cui abbiamo già accennato; al linguaggio SMIL (*Synchronized Multimedia Integration Language*) per la sincronizzazione di contenuti e presentazioni multimediali di flusso. Di un altro importante linguaggio XML, denominato RDF (*Resource Description Framework*), ci occuperemo invece nell'ultimo paragrafo dedicato al Web Semantico, poiché ne rappresenta le fondamenta.

Nei prossimi paragrafi cercheremo di fornire alcune brevi informazioni su questi linguaggi, senza presumere di essere nemmeno lontanamente esaustivi. D'altra parte la complessità di questi temi, oltre a richiedere interi volumi per essere affrontata, esulerebbe del tutto dagli scopi di questo manuale.

Questioni di stile

Se XML fornisce una soluzione ai problemi di rappresentazione strutturale dei dati e dei documenti, i fogli di stile offrono una risposta all'esigenza di un maggiore e più raffinato controllo sulla presentazione degli stessi.

Per lungo tempo, nell'architettura di World Wide Web, le regole di formattazione e la resa grafica di un documento sono state codificate nei browser. In questo modo, il controllo sull'aspetto della pagina da parte dell'autore è molto limitato, e si basa sull'uso di una serie di marcatori HTML *ad hoc*, introducendo inconsistenze strutturali nel documento. L'introduzione dei fogli di stile risolve entrambi i problemi poiché:

- consente una cura dettagliata del progetto grafico di una pagina Web;
- separa la specificazione della grafica dalla struttura logica del contenuto.

Il concetto di foglio di stile nasce nell'ambito delle tecnologie di *word processing* e *desktop publishing*. L'idea è quella di separare il contenuto testuale di un documento elettronico dalle istruzioni che ne governano l'impaginazione, le caratteristiche grafiche e la formattazione. Per fare questo è necessario suddividere il testo in blocchi etichettati e associare poi a ogni blocco uno specifico stile, che determina il modo in cui quella particolare porzione del testo viene impaginata sul video o stampata su carta. Ad esempio, a un titolo di capitolo può essere associato uno stile diverso da quello assegnato a un titolo di paragrafo o al corpo del testo (lo stile 'titolo di capitolo' potrebbe prevedere, poniamo, un carattere di maggiori dimensioni e in grassetto, la centratura, un salto di tre righe prima dell'inizio del blocco di testo successivo; a un blocco di testo citato potrebbe invece essere assegnato uno stile che prevede un corpo lievemente minore rispetto al testo normale, e dei margini maggiori a sinistra e a destra per poterlo 'centrare' nella pagina). Per chi usa un moderno programma di videoscrittura questo meccanismo, almeno a un livello superficiale, dovrebbe risultare familiare.

I fogli di stile facilitano la formattazione dei documenti, permettono di uniformare lo stile di diversi testi dello stesso tipo, e semplificano la manutenzione degli archivi testuali. Infatti la modifica delle caratteristiche formali di uno o più documenti non richiede di effettuare un gran numero di modifiche locali. Se, ad esempio, una casa editrice decide di cambiare il corpo tipografico dei titoli di capitolo nelle sue pubblicazioni, sarà sufficiente modificare il foglio di stile per quella porzione di testo, e automaticamente tutti i testi erediteranno la nuova impostazione grafica.

Il meccanismo dei fogli di stile si presta facilmente a essere applicato ai documenti codificati mediante linguaggi di markup derivati da SGML e XML. Questo tipo di linguaggi, infatti, si basa proprio sulla esplicitazione degli elementi strutturali di un testo attraverso i marcatori. È sufficiente dunque definire una notazione che permetta di associare a ogni marcatore uno stile. Naturalmente è poi necessario che il browser sia in grado di interpretare questa notazione, e di applicare le relative istruzioni di formattazione. Una notazione di questo tipo è un linguaggio per fogli di stile.

Anche in questo settore il ruolo del W3C è stato determinante. Il Consortium, infatti, nell'ambito dei suoi gruppi di lavoro, ha elaborato entrambi i linguaggi attualmente utilizzati per definire fogli di stile sul Web. Il primo, sviluppato inizialmente per essere utilizzato con documenti HTML e successivamente esteso a XML, si chiama *Cascading Style Sheet*. Ideato originariamente da Håkon Lie alla fine del 1994, ha avuto una prima formalizzazione nel dicembre 1996. Nel maggio del 1998 è stata rilasciata come raccomandazione la seconda versione, che ha esteso notevolmente la prima versione in molte aree. In particolare ricordiamo: il trasferimento dinamico dei tipi di carattere sulla rete, in modo tale da garantire che l'aspetto di una pagina sia esattamente quello progettato anche se l'utente non ha i font specificati sul suo sistema locale; la specificazione di appositi stili orientati ai software di conversione vocale e ai display per disabili; l'estensione delle capacità di controllo sul layout e sulla numerazione automatica di liste, titoli, ecc., e la capacità di gestire diversi supporti di impaginazione per un medesimo documento (ad esempio la visualizzazione su schermo e la stampa su carta). Il testo definitivo delle specifiche, con il titolo *Cascading Style Sheets, level 2 (CSS2)*, è disponibile sul sito Web del W3C, all'indirizzo **http://www.w3.org/TR/REC-CSS2/**. Attualmente è in corso il lavoro per la definizione di una terza versione.

La caratteristica fondamentale di CSS, dalla quale deriva il nome, è la possibilità di sovrapporre stili in 'cascata'; in questo modo l'autore può definire una parte degli stili in un foglio globale che si applica a tutte le pagine di un sito, e un'altra parte in modo locale per ogni pagina, o persino per singoli elementi HTML all'interno della pagina. Le regole per risolvere definizioni conflittuali, esplicitate nelle specifiche, fanno sì che lo stile definito per ultimo prenda il sopravvento su tutte le definizioni precedenti. In teoria, se il browser lo consente, anche il lettore può definire i suoi stili.

La sintassi CSS è molto semplice, almeno al livello base. Essa si basa sui *selettori*, che identificano gli elementi a cui attribuire un dato stile, e sulle *proprietà*, che contengono gli attributi di stile veri e propri. I selettori possono essere i nomi degli elementi, o una serie di valori di attributi, e sono seguiti dalle proprietà, racchiuse tra parentesi graffe e separate da punto e virgola. Ad esempio, per indicare che i titoli di primo livello in un documento HTML debbono usare un font 'Times' con dimensione di 16 punti tipografici in stile grassetto occorre scrivere quanto segue:

```
H1{ font-type: "Times"; font-size: 16pt; font-weight:
bold}
```

Per collegare un foglio di stile a un documento HTML sono previsti tre metodi: si può definire il foglio di stile in un file esterno, e collegarlo al file che contiene il documento HTML (mediante l'elemento <LINK>); si possono inserire le direttive CSS direttamente all'interno del file HTML, usando l'istruzione speciale <STYLE>; e infine si possono associare stili a ogni elemento usando l'attributo 'style'. Un meccanismo concettualmente simile, anche se basato su una sintassi diversa (per la precisione si utilizza una *processing instruction*) va utilizzato per associare un foglio di stile CSS a un documento XML[27].

Allo stato attuale il supporto ai fogli di stile CSS versione 1 è completo in tutti i browser di ultima generazione. Anche la seconda versione è quasi totalmente implementata, anche se non mancano le inconsistenze nel comportamento dei vari browser .

La seconda tecnologia di fogli stile proposta dal W3C è stata sviluppata nell'ambito delle attività correlate alla definizione di XML. Si tratta dei linguaggi della famiglia *Extensible Stylesheet Language*: *XSL-Transformation* (XSLT), *XPath* e *XSL - Formatting Object* (XSL-FO). Del primo è stata rilasciata la prima versione nel novembre del 1999 (**http://www.w3.org/TR/xslt**) ed è in corso di definizione la seconda (**http://www.w3.org/TR/xslt20**); lo stesso vale per XPath, che è in realtà un componente condiviso da altre specifiche XML; il terzo è stato definito in versione 1 nell'ottobre del 2001 (**http://www.w3.org/TR/xsl**).

In realtà considerare XSLT un semplice linguaggio per specificare la presentazione di un documento XML è assai limitativo. In effetti XSLT è un vero e proprio linguaggio di programmazione dichiarativo (e Turing-completo[28]) che permette di trasformare un documento

[27] Per chi è interessato, rimandiamo al documento *Associating Style Sheets with XML documents Version 1.0* (**http://www.w3.org/TR/xml-stylesheet**).

[28] Si dice che un linguaggio di programmazione è 'Turing-completo' se ha la stessa potenza computazionale di una macchina di Turing. In realtà nessun sistema computa-

XML in un altro documento XML con una struttura diversa; per la precisione la trasformazione avviene da una data struttura astratta ad albero a un'altra, che poi viene 'serializzata' in un documento XML di output. Altro elemento qualificante di XSL è il fatto che la sua sintassi si basa su XML: un foglio di stile XSL è a sua volta un documento XML ben-formato.

Il processo di trasformazione si basa sulla specificazione di una serie di regole modello (*template*) che determinano a quale nodo (o insieme di nodi) dell'albero iniziale vada applicata la trasformazione, e quale essa debba essere: ad esempio un nodo 'A' può essere trasformato in un sottoalbero con un nodo padre 'A' e due nodi figli 'B' e 'C'; i nodi 'Nome' presenti nel documento iniziale possono essere estratti, collocati in un nodo 'Indice' e ordinati, e così via. L'individuazione dei nodi oggetto del processo avviene mediante *pattern* formulati con la sintassi di XPath. Questo linguaggio, infatti, consente di costruire espressioni che selezionano uno o più nodi di un albero XML in base alla loro collocazione gerarchica, ordinale e/o al verificarsi di certe condizioni.

Una della applicazioni più immediate di XSLT (che ne giustifica il nome), è la trasformazione di un documento XML codificato con un linguaggio XML qualsiasi in un documento HTML, in modo che sia visualizzabile immediatamente da un browser Web.

Per effettuare la trasformazione, occorre utilizzare un programma in grado di interpretare ed eseguire le istruzioni XSLT, un *processore XSLT*. Ve ne sono numerosi, la maggior parte *open source*. Tra gli altri anche Internet Explorer e Netscape/Mozilla integrano al loro interno un processore XSLT. Questo significa che è possibile pubblicare sul Web documenti XML generici associati a fogli di stile XSL: essi saranno elaborati e trasformati in pagine Web 'standard' direttamente dal browser. Una strategia alternativa consiste nell'effettuare sul server la trasformazione, operazione che si può eseguire sia in modo dinamico (cioè nel momento in cui il client chiede un certo documento XML), utilizzando un *XML application server* come *Cocoon* (**http://xml.apache.org/cocoon**), sia in modo statico.

zionale reale è in senso stretto Turing-completo, poiché dovrebbe disporre di risorse di tempo e memoria potenzialmente illimitate, ma lo può essere in linea di principio. Una interessante dimostrazione della potenza computazionale di XSLT è la simulazione di una macchina di Turing mediante trasformazioni XSLT di un insieme di quintuple (che caratterizzano una MT) espresse in Turing Markup Language, realizzata da Bob Lyons (**http://www.unidex.com/turing/index.htm**).

L'ultimo esponente della famiglia, XSL-FO, infine, è un vero proprio linguaggio di formattazione. Anche XSL-FO adotta la sintassi XML. Possiamo dire che si tratta di un linguaggio di mark-up XML orientato a definire la formattazione e la presentazione grafica di un documento testuale, e a controllare il modo in cui il contenuto testuale e iconografico di un documento si dispone all'interno di una pagina. Il livello di dettaglio che si può conseguire nel controllare l'aspetto visivo di un documento è pari (almeno in teoria) a quello provvisto dai software di impaginazione professionali. Naturalmente il processo di elaborazione è assai diverso. Infatti, come alcuni lettori avranno già immaginato, l'uso di XSL-FO richiede una serie di elaborazioni *batch* che iniziano con una trasformazione XSLT: per la precisione il documento XML sorgente viene trasformato, mediante un opportuno foglio di stile XSLT, in un documento corrispondente codificato con gli elementi XSL-FO. Quest'ultimo a sua volta va sottoposto a un processore XSL-FO che lo converte in un formato adeguato alla stampa: di norma i processori XSL-FO producono file di output in formati PostScript, PDF, RTF o PCL (il linguaggio usato dalle stampanti HP).

Extensible Linking Language e XPointer

Come XML estende la capacità di rappresentare documenti sul Web, *Extensible Linking Language* è stato progettato per incrementare la capacità di creare collegamenti ipertestuali.

In un primo momento lo sviluppo di questo linguaggio è stato portato avanti in seno allo stesso gruppo di lavoro del W3C responsabile di XML; ma ben presto si è resa necessaria la formazione di un gruppo apposito, denominato 'XML Linking'.

Nel giugno 2001 è stata rilasciata la versione 1.0 dell'XML Linking Language. XLL si divide in due parti: *XLink*, che si occupa della costruzione dei link, e *XPointer*, che si occupa della individuazione delle loro destinazioni.

Per capire la distinzione funzionale tra i due prendiamo ad esempio un link espresso nella notazione HTML:

```
<a href='http://www.liberliber.it'>Vai alla Home page di
Liber Liber<a>
```

L'intero elemento *A*, inclusi attributi e contenuto, esprime formalmente un link; il tipo di elemento *A* preso indipendentemente dalla sua attualizzazione in un documento HTML è un elemento astratto di collegamento ipertestuale; il valore dell'attributo *href* (nella fattispecie una URL) è un puntatore che esprime la destinazione del link.

XLink (**http://www.w3.org/TR/xlink**) si occupa di definire gli elementi di collegamento che possono essere utilizzati in un documento XML, le loro caratteristiche e la sintassi in base alla quale vanno esplicitati. Rispetto al semplice costrutto ipertestuale di HTML, XLink costituisce un vero e proprio salto evolutivo. Esso prevede le seguenti tipologie di collegamenti ipertestuali:

- link unidirezionali semplici (come quelli di HTML)
- link bidirezionali
- link con destinazioni e origini multiple (uno a molti e molti a uno)
- link sequenziali, che identificano una collezione di documenti interrelati
- collezioni di link esterni ai documenti di origine e di destinazione.

Inoltre sono indicati dei sistemi per associare metadati ai link, in modo da qualificarli in base a tipologie (le quali permettono all'autore di predisporre diversi percorsi di esplorazione della rete ipertestuale, o al lettore di scegliere diversi percorsi di lettura) e di specificare il comportamento del browser all'atto dell'attraversamento del link.

XPointer invece specifica una sintassi formale per individuare le porzioni di un documento XML a cui un link può puntare. Attualmente le specifiche di XPointer (che sono articolate in quattro distinti documenti, raggiungibili dall'indirizzo **http://www.w3.org/XML/Linking**) sono candidate a divenire raccomandazioni.

Anche in questo caso la capacità espressiva eccede di gran lunga l'elementare meccanismo di puntamento attualmente adottato sul Web. Infatti XPointer permette di individuare specifiche porzioni all'interno di un documento, sino al singolo carattere, senza costringere a inserire delle ancore esplicite. Gran parte della sintassi di indirizzamento è quella di XPath (che è parte anche di un altro linguaggio *XQuery*, utilizzato per interrogare ed estrarre informazione da collezioni di documenti XML), anche se XPointer introduce alcune ulteriori potenzialità di selezione.

Non possiamo in questa sede soffermarci sui dettagli della sua sintassi, ma le possibilità aperte da questo meccanismo sono veramente notevoli. In primo luogo, sarà possibile specificare dei link che abbiano come destinazione punti o porzioni di un documento anche se non si ha il diretto controllo di quest'ultimo (e dunque la possibilità di inserirvi delle ancore). Ma, cosa ancora più notevole, grazie al costrutto dei link esterni di XLink e ai puntatori di XPointer sarà possibile specificare in un file separato (magari manipolabile da parte di più utenti) intere reti di collegamenti tra documenti. Insomma, grazie a questi nuovi linguaggi il Web assomiglierà molto di più all'utopico Xanadu concepito trent'anni fa da Ted Nelson.

SMIL e le presentazioni multimediali sincronizzate

Come sappiamo, il Web permette la distribuzione di informazioni multimediali tanto in modalità asincrona (come avviene con le pagine Web, i cui costituenti vengono prima inviati dal server al client e poi interpretati e visualizzati) quanto in modalità sincrona (come avviene con i protocolli di *streaming*).

In alcuni casi, tuttavia, sarebbe desiderabile poter correlare lo svolgimento nel tempo di un flusso di informazioni con la presentazione di dati inviati in modalità asincrona o, in generale, sincronizzare sull'asse temporale la distribuzione di dati on-line. Il W3C ha sviluppato e proposto un linguaggio XML che permette di realizzare proprio questa sincronizzazione: si tratta del *Synchronized Multimedia Integration Language* (SMIL). La seconda versione di SMIL è stata rilasciata in forma definitiva nell'agosto del 2001, e le specifiche sono disponibili sul sito del W3C all'indirizzo **http://www.w3.org/TR/smil20**.

SMIL è una applicazione XML che consente di integrare una serie di oggetti multimediali in una presentazione sincronizzata. Le informazioni necessarie sono espresse formalmente in un documento XML che consente di descrivere i seguenti aspetti della presentazione:

- definizione dei vari oggetti che costituiscono la presentazione;
- sincronizzazione sull'asse temporale della fruizione di ciascun oggetto rispetto agli altri;
- definizione del layout grafico e della disposizione sulla pagina degli oggetti;
- inserimento di collegamenti ipertestuali interattivi o di eventi in ogni oggetto della presentazione (inclusi i flussi video e audio).

A tale fine sono provvisti un insieme di elementi XML e di relativi attributi.

Usando questa tecnologia è possibile realizzare una applicazione in cui durante la fruizione di un video streaming compaiano immagini e testi in precisi momenti: ad esempio, le immagini di una lezione diffusa mediante un sistema di streaming possono essere affiancate da pagine Web che illustrino i concetti spiegati, esattamente come in aula un docente può fare uso di una lavagna o di una presentazione video. Non

Figura 118 Una presentazione SMIL visualizzata con RealOne Player

a caso il campo di applicazione per eccellenza di questa tecnologia è quello della formazione a distanza, sia in ambito scolastico e universitario sia in ambito professionale. Ma ovviamente le applicazioni possono essere moltissime, dalla promozione di prodotti alle conferenze on-line, dal lavoro collaborativo all'*entertainment*.

Esistono diversi client che hanno implementato SMIL (alcuni dei quali scritti in Java), ma senza dubbio il più importante è *RealOne Player*, il più diffuso software per la riproduzione di streaming video e audio su Internet, del quale abbiamo già avuto occasione di parlare.

Dare vita alle pagine Web

Una pagina Web di norma è un oggetto statico. Tutti i processi di elaborazione che sono necessari a generarla terminano nel momento stesso in cui essa viene visualizzata nella finestra del browser. Anche nel caso dei documenti dinamici la generazione del documento riposa esclusivamente sul lato server. Tuttavia negli ultimi anni sono state sviluppate diverse tecnologie al fine di aumentare le funzionalità interattive di una pagina Web.

Alcune si basano sul potenziamento intrinseco delle capacità elaborative del browser, mediante l'uso di semplici linguaggi di programmazione interpretati dal browser stesso. Questi 'linguaggi di script' (le cui istruzioni di norma sono inserite in chiaro all'interno del file

HTML) sono in grado di manipolare gli elementi che costituiscono una pagina e di assegnare loro comportamenti interattivi. Grazie a queste tecnologie è possibile realizzare delle pagine Web dotate di comportamenti dinamici e interattivi senza che sia necessario effettuare transazioni HTTP per scaricare nuovi documenti remoti.

Altre invece si basano sull'inserimento di veri e propri oggetti software all'interno di una pagina Web. Questi oggetti software – che sono componenti scritti in un vero linguaggio di programmazione e poi compilati o precompilati in formato binario – vengono eseguiti all'interno della finestra del browser (sono dunque parte della pagina Web), ma richiedono la presenza di programmi interpreti esterni. Si tratta di una estensione e generalizzazione del vecchio meccanismo dei plug-in: solo che in questo caso il plug-in è un interprete che esegue programmi, e dunque non è vincolato a una particolare applicazione. Rientrano in questo gruppo gli *applet* Java e le tecnologie COM e .NET della Microsoft, anche se il dominio di queste architetture non è limitato alla elaborazione client-side.

I linguaggi di script

I linguaggi di script si sono diffusi come strumenti di personalizzazione delle applicazioni di *office automation* da ormai molti anni. Si tratta in genere di semplici linguaggi di programmazione interpretati, in grado di manipolare alcuni elementi di un programma o di applicare procedure di elaborazione sui dati e sui documenti digitali da esso gestiti. La diffusione della programmazione orientata agli oggetti e di architetture come OLE e OpenDoc, ha reso questi linguaggi sempre più potenti ed efficienti, fino a sostituire in alcuni casi la programmazione con linguaggi compilati tradizionali.

La prima applicazione di un linguaggio di script *client-side* nel contesto del Web si deve a Netscape, con l'introduzione di *Javascript*. Si tratta di un linguaggio dotato di una sintassi in parte simile a quella del linguaggio Java (su cui ci soffermeremo a breve) e basato su una parziale architettura a oggetti e su un modello di interazione a eventi (come gran parte dei linguaggi simili).

Successivamente alla sua prima implementazione, Javascript ha subito diverse revisioni, che hanno creato grandi problemi di compatibilità, contribuendo non poco alla 'balcanizzazione' del Web. In particolare i problemi maggiori erano (e in parte sono tuttora) legati alla diversa definizione degli oggetti su cui è possibile agire nei due browser Netscape ed Explorer (che ha integrato un interprete Javascript, pur cambiando il nome al linguaggio in *Jscript*, sin dalla remota versione 3).

Fortunatamente a mettere ordine in questa situazione è recentemente intervenuta la *European Computer Manifacturers Association* (ECMA) che ha definito una versione standard di questo linguaggio – la cui diffusione presso gli sviluppatori Web è ormai enorme – denominata *ECMAScript*.

Un secondo linguaggio di script utilizzato nel contesto del Web è *VBScript*. Si tratta di una sorta di versione semplificata e adattata alla manipolazione di documenti Web del noto linguaggio di programmazione Visual Basic della Microsoft. Naturalmente VBScript viene interpretato esclusivamente da Explorer, e dunque le pagine che lo adottano come linguaggio di script sono in genere collocate su reti intranet.

A parte le differenze di sintassi e i limiti di portabilità, entrambi questi linguaggi condividono funzionalità e modalità di impiego.

In generale uno script è un piccolo programma (a limite una sola istruzione) il cui codice viene inserito all'interno di una pagina HTML o collegato ad esso, e interpretato dal browser. La funzione di queste piccole applicazioni consiste nell'introdurre estensioni all'interfaccia di una pagina Web o del browser, come pulsanti che attivano procedure, controllo del formato di dati in un campo di immissione o piccoli effetti di animazione (ad esempio, del testo che scorre nella barra di stato del browser). In questo modo è possibile aumentare le potenzialità interattive di una pagina Web senza ricorrere allo sviluppo di plug-in o di applet Java, attività che richiedono una competenza da programmatore.

HTML Dinamico e DOM

La diffusione e l'evoluzione dei linguaggi di script ha reso possibile la creazione di pagine Web interattive e l'inserimento di piccoli effetti grafici dinamici.

Ma la capacità di produrre delle pagine Web in grado di modificare totalmente il loro aspetto e la loro struttura senza interagire con il server HTTP per ricevere nuovi oggetti o un documento HTML aggiornato, è stata raggiunta solo con l'introduzione della tecnologia conosciuta con il nome di *Dynamic HTML*, o più brevemente DHTML.

In realtà DHTML non esiste come linguaggio in sé. Almeno non nel senso in cui esistono HTML, CSS o uno dei linguaggi di script. Infatti

DHTML è il prodotto della convergenza di una serie di tecnologie già esistenti, mediata da un insieme di regole che permettono di usare i fogli di stile e un linguaggio di script al fine di modificare l'aspetto e il contenuto di una pagina Web al verificarsi di un dato evento (ad esempio il click o lo spostamento del mouse, o il passare di un periodo di tempo). Il risultato consiste nella creazione di pagine Web che possono modificarsi senza essere ricaricate dal server: pagine Web dinamiche, appunto.

Le tecnologie alla base di DHTML, per la precisione, sono le seguenti:

- CSS come linguaggio per la specificazione degli stili;
- Javascript o VBScript (ma in teoria se ne possono usare anche altri, purché il browser sia in grado di interpretarli), come linguaggi di script per applicare effetti dinamici alla pagina;
- Il *Document Object Model* (DOM) che specifica una *Application Programming Interface* (API) per i documenti HTML e XML.

A dire il vero il cuore di DHTML risiede proprio nel DOM. Esso infatti fornisce una descrizione astratta del documento in termini di oggetti – o meglio, di un albero di oggetti che corrisponde alla struttura logica del documento definita dalla sua codifica HTML o XML – e di interfacce per manipolare tali oggetti: ogni elemento strutturale del documento ha una sua rappresentazione come oggetto nel DOM. Per ciascun oggetto il DOM specifica alcune proprietà, che possono essere modificate, al verificarsi di un evento (il passaggio o il click del mouse, lo scattare di un dato orario, ecc.) mediante una procedura in un determinato linguaggio, e dei metodi, ovvero delle funzioni che ciascun oggetto può effettuare e che possono essere chiamate nell'ambito di un programma. Le utilizzazioni possibili del DOM non sono limitate a DHTML. Ad esempio in ambito XML molti parser generano una rappresentazione del documento in memoria sotto forma di DOM.

La tecnologia DHTML ha due vantaggi fondamentali rispetto ai tradizionali sistemi di animazione delle pagine Web (quelli, cioè, che si basano su elaborazioni dal lato server, su plug-in o su programmazione mediante Java o ActiveX). In primo luogo permette di ottenere effetti grafici molto complessi e spettacolari in modo assai semplice. In particolare è possibile avere stili dinamici, che cambiano l'aspetto di una pagina, contenuti dinamici, che ne modificano il contenuto, e posizionamento dinamico, che consente di muovere i componenti di una pagina su tre dimensioni (ottenendo, ad esempio, pagine a strati, o effetti di comparsa e scomparsa di blocchi di testo e immagini). In secondo luogo, permette di conseguire tali effetti con una efficienza e una velocità assai superiori. Quando viene scaricata una pagina dinamica, il client riceve tutti i dati che la compongono, anche se ne mostra solo una parte; gli effetti dinamici dunque usano dati collocati nella memoria locale o nella cache e non debbono fare chiamate al server per applicare le trasformazioni alla pagina corrente. Inoltre l'elaborazione di istruzioni DHTML è assai meno onerosa dal punto di vista computazionale rispetto all'esecuzione di codice Java o ad altri sistemi basati su plug-in.

Purtroppo a fronte di questi vantaggi DHTML soffre di un grosso limite: le implementazioni di questa tecnologia che sono supportate dai vari browser (in particolare da Internet Explorer e da Netscape) sono piuttosto diverse. Così una pagina dinamica che funziona sul browser Netscape spesso non viene interpretata correttamente da Explorer, e viceversa.

Al fine di standardizzare la manipolazione dinamica di documenti, il W3C ha elaborato una versione di riferimento dell'interfaccia DOM, che fornisce un insieme di specifiche indipendenti da particolari piattaforme o da particolari linguaggi di script per manipolare gli oggetti che compongono un documento HTML o XML (**http://www.w3.org/DOM**). Nel momento in cui scriviamo sono in fase di revisione le specifiche della versione 3 del W3C DOM, mentre le varie specifiche *DOM level 2* sono divenute raccomandazioni già nel febbraio del 2000.

Java e gli applet

L'introduzione di Java da parte della Sun[29] ha rappresentato una delle maggiori innovazioni nel settore dei sistemi e linguaggi per lo sviluppo di software, soprattutto per la stretta relazione di questo linguaggio con le tecnologie Web.

Le origini del linguaggio (che inizialmente era stato battezzato *Oak*) sono molto singolari: esso fu ideato intorno al 1990 da James Gosling per essere incorporato nei microchip che governano gli apparecchi elettronici di consumo. Per molti anni è rimasto un semplice prototipo, finché intorno al 1995 la Sun ha deciso di farlo evolvere, per proporlo come linguaggio di programmazione per Internet.

Le caratteristiche che fanno di Java un linguaggio di sviluppo molto interessante sono diverse. In primo luogo esso adotta il paradigma della

[29] La Sun, una delle maggiori aziende informatiche del mondo, è specializzata nel settore dei sistemi Unix di fascia medio-alta, in cui detiene la maggiore fetta di mercato.

programmazione orientata agli oggetti (*object oriented*): in questo tipo di programmazione, i programmi sono visti come sistemi di oggetti, ognuno dotato di capacità particolari, che possono comunicare tra loro e scambiarsi dati; quando un oggetto ha bisogno di una certa operazione che non è capace di effettuare direttamente (ad esempio scrivere i risultati di un calcolo su un file), non deve fare altro che chiedere i servizi di un altro oggetto. Inoltre ogni oggetto può essere derivato da altri oggetti, ereditando da essi proprietà e comportamenti (metodi). Questo paradigma facilita molto l'attività di programmazione sia perché, in fondo, assomiglia abbastanza al nostro modo di rappresentare il mondo, sia perché permette di riutilizzare gli stessi oggetti in molte applicazioni diverse.

In secondo luogo, Java è un linguaggio di programmazione che gode di una notevole portabilità. Questa sua caratteristica deriva dalla modalità in cui un programma viene tradotto in linguaggio macchina ed eseguito. Infatti Java adotta una strategia di 'semicompilazione' in un formato binario (*bytecode*) indipendente dalla piattaforma. Il programma semicompilato viene tradotto nel linguaggio macchina specifico di una singola piattaforma (sistema operativo/processore), in fase di esecuzione da un particolare genere di interprete, detto 'macchina virtuale'.

La *Java Virtual Machine* (JVM) fornisce una rappresentazione astratta di un computer che il programma utilizza per effettuare tutte le operazioni di input e output. È poi la JVM che si preoccupa di tradurre tali operazioni in istruzioni macchina per il computer sul quale è installata, comunicando con il sistema operativo o direttamente con il processore. In questo modo un programma scritto in Java può essere eseguito indifferentemente su ogni piattaforma per cui esista una JVM, senza subire modifiche.

Una ulteriore caratteristica di Java è il fatto di essere stato progettato appositamente per lo sviluppo di applicazioni distribuite, specialmente con l'uscita delle estensioni JavaBean. Questo significa che un'applicazione Java può essere costituita da più moduli, residenti su diversi computer, in grado di interoperare attraverso una rete telematica.

Il sistema di sviluppo Java, completo di compilatore, macchina virtuale e librerie, viene distribuito gratuitamente dalla Sun per numerose piattaforme (Windows, Mac OS, Linux, Solaris). Per chi è interessato, il sito di riferimento è all'indirizzo Web **http://www.javasoft.com**[30].

[30] Sono disponibili sul mercato anche diversi ambienti di programmazione integrati commerciali, realizzati dalle maggiori aziende informatiche nel settore dei linguaggi di programmazione. Naturalmente questi sistemi commerciali aggiungono alle funzionalità

L'ultima versione del linguaggio e del relativo sistema di sviluppo (battezzato *Java 2 Standard Edition*) è la 1.4.1. Naturalmente esistono altre implementazioni di JVM, alcune delle quali *open source*, e recentemente Java è entrato anche nel settore per il quale era stato originariamente concepito, quello dei piccoli elettrodomestici di consumo: applicazioni Java sono così utilizzabili, ad esempio, su un numero crescente di telefonini cellulari, inclusa la quasi totalità dei telefonini di terza generazione (UMTS) disponibili nel momento in cui scriviamo.

Le caratteristiche tecniche di Java ne fanno un ottimo candidato a divenire la piattaforma di riferimento per lo sviluppo di applicazioni Internet, sebbene la Microsoft abbia nel corso degli anni proposto numerose architetture concorrenti[31]. Questo vale soprattutto per le applicazioni server, il settore su cui la Sun si è concentrata negli ultimi anni.

Tuttavia sin dalla sua introduzione Java è stato utilizzato anche per la creazione di applicazioni e componenti software da eseguire sul lato client. Queste versioni Web dei programmi Java, che possono essere inserite direttamente all'interno di una pagina Web, si chiamano *applet*. Ogni volta che il documento ospite viene richiesto da un browser, l'applet viene inviato dal server insieme a tutti gli altri oggetti che costituiscono la pagina. Quando il browser riceve un applet effettua una chiamata alla JVM, che si occupa di eseguire il codice. In questo modo le pagine Web possono animarsi, integrare suoni in tempo reale, visualizzare video e animazioni, presentare grafici dinamici, trasformarsi virtualmente in ogni tipo di applicazione interattiva.

Nella figura 119 vediamo un esempio di applet Java eseguito in una finestra di Internet Explorer; si tratta di un programma che simula il funzionamento di una 'macchina di Turing' (lo trovate alla URL **http://www.igs.net/~tril/tm/tm.html**)[32].

I vantaggi di questa tecnologia rispetto ai sistemi basati su plug-in (come avviene ad esempio per Flash) sono evidenti. Questi ultimi, in-

di base strumenti visuali di programmazione e di controllo (debugging) del codice, e sono rivolti ai programmatori professionisti.

[31] Meno probabile l'eventualità che Java sostituisca C++ come linguaggio di programmazione per le applicazioni *stand-alone*, sebbene anche in questo settore abbia visto una certa diffusione, specialmente dopo che le versioni più recenti hanno aumentato la velocità media di esecuzione.

[32] Una macchina di Turing, che eredita il nome dal geniale matematico inglese fondatore dell'informatica teorica, è un dispositivo ideale in grado di effettuare qualsiasi processo di calcolo per cui si possa specificare una procedura finita, ovvero composta da un numero finito di passi. La teoria delle macchine di Turing è alla base della scienza dei calcolatori digitali.

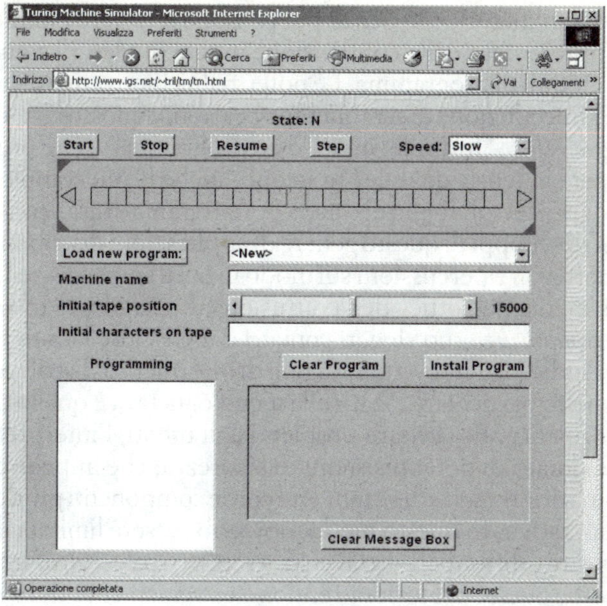

Figura 119 Un esempio di applet Java in una finestra Internet Explorer

fatti, sono delle normali applicazioni che vanno prelevate (magari direttamente da Internet) e installate appositamente. Solo allora possono esser utilizzate. E deve essere l'utente a preoccuparsi di fare queste operazioni, con le relative difficoltà. Ma soprattutto i plug-in sono programmi compilati per un determinato sistema operativo (e per un determinato browser!), e non funzionano sulle altre piattaforme: un plug-in per Windows non può essere installato su un computer Mac o Unix.

Con Java questi limiti vengono completamente superati. Infatti i programmi viaggiano attraverso la rete insieme ai contenuti. Se ad esempio qualcuno sviluppa un nuovo formato di codifica digitale per le immagini, e intende utilizzarlo per distribuire file grafici su World Wide Web, può scrivere un visualizzatore per quel formato in Java e distribuirlo insieme ai file di dati. Ogni browser dotato di interprete Java sarà in grado di mostrare le immagini codificate nel nuovo formato. Inoltre lo stesso codice funzionerebbe nello stesso modo su ogni piattaforma per la quale esista una JVM (e un browser un grado di intergire con essa).

Con l'introduzione di Java, il potere di 'inventare' nuove funzionalità e nuovi modi di usare Internet passa nelle mani di una comunità vastissima di programmatori, che per di più possono sfruttare l'immenso vantaggio rappresentato dalla condivisione in rete di idee, di soluzioni tecniche, di moduli di programma. Le potenzialità innovative di Java vanno ben oltre l'introduzione di semplici applicazioni dimostrative all'interno delle pagine Web. Un applet infatti è un programma vero e proprio, che può svolgere in teoria qualsiasi funzione, anche le più complesse: database, word processor, foglio di calcolo, programma di grafica, gioco multiutente. Gli sviluppi di questo genere di applicazioni distribuite potranno avere notevoli ripercussioni sul modo in cui il software viene utilizzato, specialmente nell'ottica della diffusione di tecnologie Intranet e del *network computing*, uno slogan coniato dal CEO della Sun Scott McNealy per indicare il nuovo paradigma di informatica distribuita.

Un aspetto particolare legato alla tecnologia Java è quello della sicurezza informatica. Per evitare problemi agli utenti, l'interprete del linguaggio è dotato di potenti sistemi di sicurezza, che impediscono a un programma di interagire direttamente con le componenti più delicate del sistema operativo. In questo modo, dovrebbe essere limitata la possibilità di scrivere e diffondere attraverso la rete pericolosi virus informatici.

In effetti, queste protezioni rendono estremamente difficile la progettazione di applet veramente dannosi – in particolare per quanto riguarda azioni come la distruzione dei dati sul nostro disco rigido o simili. Tuttavia, come ci si poteva aspettare, qualcuno ha finito per interpretare questa difficoltà come una vera e propria sfida, e la corsa alla programmazione di quelli che sono stati efficacemente denominati 'hostile applets' è iniziata. Né è mancato qualche risultato: si è visto che, nonostante le precauzioni, un applet Java può riuscire a 'succhiare' risorse dal sistema fino a provocarne il blocco. Il danno effettivo non è di norma troppo rilevante (al limite, basta spegnere e riaccendere il computer), ma naturalmente non va neanche sottovalutato, soprattutto nel caso di un accesso a Internet attraverso grossi sistemi, il cui blocco può coinvolgere altri utenti.

Le alternative Microsoft: da COM e ActiveX a .NET

Sin dalla sua prima comparsa, la piattaforma Java ha suscitato notevoli apprensioni nel gigante mondiale del software. Sebbene Microsoft abbia implementato una JVM assai presto[33], integrandola con Explo-

[33] Ma ricordiamo la polemica relativa alla non aderenza della JVM Microsoft alle specifiche standard di Java pubblicate dalla Sun, sulla quale ci siamo soffermati nelle precedenti edizioni del nostro manuale.

rer, è andata continuamente alla ricerca di una alternativa che le consentisse di estendere il suo predominio commerciale anche nel settore degli strumenti di sviluppo per le applicazioni Internet.

La prima di queste alternative è consistita nell'architettura *Component Object Model* (COM[34]) e nei controlli *ActiveX*. Il sostanziale fallimento di questa tecnologia (eccezion fatta per le applicazioni di casa Microsoft) ha comportato di fatto il suo progressivo abbandono a favore di una nuova piattaforma introdotta nel 2002 e battezzata *.NET*.

COM è l'evoluzione di OLE (*Object Linking and Embedding*), la tecnologia che permetteva ai programmi in ambiente Windows di comunicare tra loro e di creare documenti compositi[35]. Si tratta di una architettura che consente a componenti software di interagire e di scambiarsi dati e funzioni sia localmente sia in ambiente distribuito.

Questa architettura svolge un ruolo centrale nel funzionamento dei sistemi operativi più recenti e di numerosi applicativi di casa Microsoft. Ma tra le sue applicazioni si annovera anche la possibilità di incorpo-

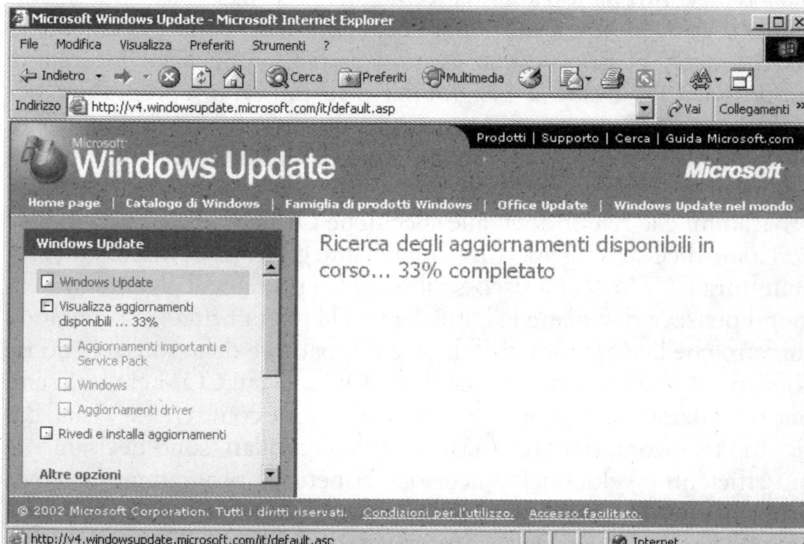

Figura 120 La schermata di Windows Update, basata su un controllo ActiveX

[34] Questa tecnologia è stata a più riprese ribattezzata: evolutasi dalla tecnologia OLE fu prima chiamata DCOM (Distributetd COM), poi COM e infine COM+.

[35] Documenti, cioè, composti da blocchi di dati generati da applicazioni diverse.

rare all'interno delle pagine Web oggetti attivi e di controllarne il comportamento e l'interazione con il browser. Tali oggetti, che sono stati battezzati *controlli ActiveX*, sono funzionalmente simili agli applet Java, ma ovviamente possono essere eseguiti esclusivamente da un browser che supporti COM, ovvero solo da Microsoft Internet Explorer.

Un controllo ActiveX può svolgere qualsiasi funzione: interpretare e visualizzare file multimediali, accedere a un database, collegarsi a un server IRC, fornire funzioni di word processing, fino a divenire un programma vero e proprio con una sua interfaccia utente. Quando Internet Explorer riceve una pagina Web che integra dei controlli, li esegue automaticamente, ereditandone i comandi e le funzioni.

Un esempio di utilizzazione di ActiveX è il sistema di aggiornamento on-line delle recenti versioni di Windows. Quando si accede al sito *Windows Update*, infatti, Internet Explorer scarica un controllo ActiveX (*Microsoft Active Setup*) che interagisce con il sistema operativo e permette di scaricare e installare gli aggiornamenti direttamente dalla rete, controllando automaticamente l'eventuale rilascio di aggiornamenti critici. Oltre a funzionare nel contesto di pagine Web, gli oggetti ActiveX possono essere eseguiti da ogni applicazione dotata di supporto COM, e cioè la maggior parte dei più evoluti programmi per la piattaforma Windows. Simmetricamente, un software dotato di supporto COM è in grado di visualizzare e modificare i documenti prodotti dalle applicazioni Office della Microsoft, e in generale da tutti i programmi che rispondono alle specifiche OLE 2.

Come dicevamo in apertura, nonostante gli sforzi di Microsoft, l'architettura COM non ha riscosso il successo sperato. Il gigante di Redmond pensava di vincere la battaglia con la piattaforma Java contando sul fatto che la maggior parte degli sviluppatori e delle software house conoscevano molto bene la tecnologia OLE, di cui COM era una semplice evoluzione, e linguaggi di programmazione come C++ e Visual Basic. Inoltre i componenti COM, essendo compilati, sono decisamente più efficienti e veloci nell'esecuzione rispetto ai programmi Java. Ma proprio la natura proprietaria di gran parte delle tecnologie COM ne ha limitato l'accoglienza. Dalla constatazione di questo fallimento nasce la nuova piattaforma orientata allo sviluppo di applicazioni distribuite realizzata ed enfaticamente presentata da Microsoft nel 2002: *.Net*[36].

[36] In verità .Net, oltre a denotare la nuova piattaforma di sviluppo Microsoft, indica anche l'intera iniziativa strategica del gigante di Redmond per proporre la sua visione delle tecnologie Internet.

Dal punto di vista strutturale e funzionale .Net è assai simile a Java. Infatti il cuore dell'intera architettura è costituito dalla *Common Language Infrastructure* (CLI), una macchina virtuale e una libreria di funzioni standard in grado di eseguire (con una tecnica detta *Just in Time Compilation*) un codice precompilato in un formato denominato *Microsoft Intermediate Language* (MSIL).

La creazione di un codice eseguibile MSIL può essere fatta a partire da programmi scritti in qualsiasi linguaggio per cui esista un compilatore .Net. La Microsoft ha realizzato sistemi di sviluppo per i seguenti cinque linguaggi, che condividono librerie di funzioni e classi di oggetti:

- C#, un linguaggio a oggetti simile al C e a Java
- Visual Basic .NET, una versione modificata del classico Visual Basic
- Managed C++, una variante del C++
- JScript .NET, una versione compilata di JScript
- ASP.NET, il linguaggio di script server side per il Web della Microsoft

Sono comunque disponibili compilatori per numerosi altri linguaggi, anche in versioni *open source*.

.NET eredita a un tempo le funzioni di COM (e di ActiveX) e quelle dei vari ambienti di sviluppo software di casa Microsoft. Permette dunque di sviluppare sia applicazioni autonome sia applicazioni distribuite e, per queste ultime, sia i moduli client sia, o meglio soprattutto, i moduli server. In effetti questa tecnologia si rivolge specificamente al mondo delle applicazioni Web e dei *Web service*, uno dei settori su cui si concentra attualmente l'attenzione del mercato.

Per quanto riguarda la piattaforma, il *Framework .Net* ufficiale per Windows 2000/XP è disponibile gratuitamente sul sito Microsoft. Ma esiste anche una implementazione *open source* dell'architettura .Net in ambiente Linux, battezzata *Mono* (**http://www.go-mono.com**).

Dai contenuti dinamici ai Web service

Come abbiamo anticipato in apertura, uno dei settori in cui le tecnologie Internet hanno visto una profonda evoluzione è quello della fornitura di servizi e applicazioni avanzate sul Web. In questo settore possiamo collocare una famiglia di soluzioni e piattaforme tecnologiche i cui confini reciproci sono alquanto sfumati:

- Sistemi per le generazione di contenuti dinamici *server side*

- Sistemi di *content management*
- Server applicativi
- *Web services*

La differenza tra queste categorie è funzionale piuttosto che tecnologica. Nelle prime due rientrano le piattaforme destinate ad automatizzare la generazione di documenti Web. Nelle seconde le piattaforme orientate alla creazioni di vere e proprie applicazioni distribuite che possono, ma non debbono necessariamente, avere interfacce utente (ad esempio molti componenti di un servizio di commercio elettronico non richiedono intervento umano, sebbene debbano cooperare).

I sistemi per la gestione dinamica dei contenuti Web

I sistemi per la generazione dinamica dei contenuti sono tecnologie che consentono di produrre pagine Web nel momento in cui un client le richiede. I documenti dunque non esistono come oggetti digitali autonomi sul server, ma vengono assemblati e codificati in HTML o XML mediante l'esecuzione sul server di procedure automatiche.

La tecnica più comune adottata in queste applicazioni si basa sull'uso di linguaggi di script interpretati ed eseguiti nativamente dal server Web o da un modulo software (detto *application server*) che si affianca ad esso.

Le più diffuse piattaforme di scripting server side sono *Active Server Pages* (ASP), implementata nei server Web Microsoft; *PHP* (un acronimo ricorsivo che sta per *PHP: Hypertext Preprocessor*), legata al server Web *open source* Apache (ma esistono diverse applicazioni che consentono di eseguire PHP anche con server Microsoft); *Cold Fusion* (il cui linguaggio si chiama *Cold Fusion Markup Language*), basata sull'omonimo application server sviluppato dalla Allaire e recentemente acquisito da Macromedia; *Java Server Pages* (JSP), un linguaggio basato su Java che viene interpretato dai vari application server Java.

In generale questi linguaggi consentono di inserire segmenti di codice all'interno di uno scheletro (*template*) di documento marcato in linguaggio HTML. Quando la pagina viene richiesta, il codice viene eseguito e il documento risultante inoltrato al client. Poiché gran parte dei contenuti viene archiviata in un database, l'esecuzione del codice consiste di norma nell'invio di uno o più query al database management system al fine di estrarne i dati rilevanti, che vengono successivamente codificati in HTML. Ad esempio, in un catalogo di prodotti on-line, le informazioni relative a ogni singolo prodotto sono di norma contenute in un database, dal quale vengono estratte e inserite all'interno di marcatori HTML.

Una soluzione alternativa si basa sull'uso di XML e sull'esecuzione di trasformazioni XSLT sul lato server. In questo caso i file XML possono essere statici o a loro volta possono essere generati dinamicamente.

Con la crescita delle dimensioni dei siti Web, queste tecniche sono state applicate anche nella creazione e gestione dei contenuti. Nascono così i sistemi di *content management* (CMS) veri e propri, che abbiamo già incontrato nel capitolo dedicato ai weblog. Tali sistemi permettono di creare maschere di inserimento dei dati basate sul Web o su applicazioni client *ad hoc*, mediante le quali gli autori aggiungono contenuti a un sito in maniera estremamente semplice, senza preoccuparsi della loro codifica in HTML o XML e della loro impostazione grafica. Inoltre i CMS forniscono servizi avanzati per la manutenzione complessiva del sito e per la gestione dei flussi di processo e delle autorizzazioni. Ormai gran parte dei grandi siti e portali (pubblici e aziendali) adottano sistemi CMS, e – come abbiamo visto – tecnologie simili si stanno rapidamente diffondendo anche nel settore del *personal publishing*.

Gli application server e i Web service

Sebbene il Web sia nato come architettura per la disseminazione di contenuti digitali multimediali, la sua rapida evoluzione ne ha reso evidente l'efficacia per la fornitura di servizi e applicazioni avanzate, sia in ambito Internet sia nel contesto di sistemi informativi aziendali in architettura intranet/extranet. La maturazione dei protocolli e dei formati di base, infatti, ha reso possibile implementare con tecnologie Web tutti quei requisiti di sicurezza, efficienza e affidabilità che tradizionalmente erano assicurati solo da piattaforme chiuse e proprietarie.

I domini in cui le applicazioni Web vengono ormai ampiamente utilizzate sono numerosi e variegati: commercio elettronico B2C e B2B, home-banking e servizi finanziari, e-government, editoria digitale, marketing e servizi post-vendita, groupware e knowledge management...

Naturalmente quando si parla di applicazioni Web non ci si riferisce solo alla gestione dei contenuti (sebbene questa attività ne sia parte integrante), ma alla esecuzione di procedure complesse, spesso delicate o, per usare il gergo degli addetti ai lavori, *mission critical*, che possono richiedere l'integrazione tra sistemi software eterogenei preesistenti.

Prendiamo ad esempio un sistema di commercio elettronico: di norma esso prevede un componente che gestisce l'interfaccia Web (il negozio on-line), a sua volta appoggiato su un database in cui sono archiviati i dati dei singoli prodotti; un componente per la gestione del magazzino che può interagire con servizi B2B dei fornitori; un componente di gestione degli ordini che si deve integrare con il sistema di fatturazione e contabilità aziendale e deve comunicare con i servizi di pagamento con carta di credito dei diversi gestori. Ciascuno di questi componenti naturalmente deve interagire, mediante una rete locale o direttamente via Internet, con uno o più tra gli altri componenti, possibilmente senza alcuna mediazione da parte di operatori umani. E inoltre può accadere (anzi di norma accade) che parte di questi componenti sia già presente in un'azienda (ad esempio il sistema per la gestione del magazzino, o quello per la contabilità); il che pone il problema, non sempre di facile soluzione, di farli interagire in modo trasparente con le nuove applicazioni.

Questa descrizione, piuttosto sommaria, ci permette di apprezzare la complessità che può nascondersi dietro l'etichetta di 'applicazione Web', e dietro servizi on-line che ormai moltissimi utenti usano comunemente. E parallelamente ci consente di comprendere perché il settore delle piattaforme software per creare e gestire servizi e applicazioni Web susciti tanto interesse tra le aziende informatiche.

Le tecnologie utilizzate a questo fine sono diverse. Nei casi in cui le architetture di sistema sono abbastanza semplici, esse si basano sui medesimi sistemi di programmazione server side che abbiamo visto nel paragrafo precedente. Ma non appena la complessità cresce sono necessarie soluzioni assai più evolute. In questa arena si gioca il confronto, cui abbiamo già accennato, tra la piattaforma Java e la nuova piattaforma Microsoft .Net.

La piattaforma Java – che gode di un vantaggio di posizione derivato dal fatto che è disponibile da diversi anni – si basa sullo sviluppo di applicazioni in linguaggio Java o JSP (dette *servlet*), che vengono eseguite da specifici server applicativi basati sull'architettura J2EE. Tra questi ricordiamo prodotti commerciali come *IBM WebShpere* e *BEA Web Logic*, e prodotti *open source* come *Tomcat* e *JBoss* (ma ve ne sono molti altri). Questi prodotti possono cooperare con diversi server HTTP, anche se spesso sono legati strettamente a uno in particolare.

Naturalmente i vantaggi e gli svantaggi di Java, su cui ci siamo già soffermati, valgono anche per queste piattaforme applicative: si tratta di sistemi multipiattaforma e, almeno in teoria, un servlet può girare indifferentemente su ciascuna di esse, indipendentemente dal sistema di base e dall'hardware utilizzato. Ma al contempo l'efficienza e la velocità di esecuzione non sono sempre adeguate, e possono variare notevolmente a seconda dell'hardware sottostante.

La piattaforma .Net, che come si è accennato è stata introdotta da Microsoft nel 2002, è invece strettamente legata ai sistemi operativi Windows di classe server. Le nuove versioni di questi sistemi, battezzati *Windows Server 2003*, integrano in modo nativo il *Framework .Net* e ne rappresentano la migliore (anche se non l'unica) implementazione. Un possibile vantaggio di .Net risiede nella capacità di supportare numerosi linguaggi di programmazione per lo sviluppo, e di poter integrare oggetti software preesistenti.

Esistono anche altre piattaforme per lo sviluppo di server applicativi: tra queste ricordiamo in particolare *Zope* (**http://www.zope.org**), una architettura completamente *open source* che si basa sul linguaggio di programmazione *Python*, particolarmente apprezzato tra gli sviluppatori per la sua eleganza e linearità.

In questa sede non possiamo approfondire i dettagli tecnici che caratterizzano queste diverse soluzioni. Prima di terminare il paragrafo, tuttavia, è opportuno soffermarci su un concetto connesso a quello di applicazione Web ma non perfettamente coincidente con esso: ci riferiamo al concetto di *Web service*.

Abbiamo visto come la creazione di servizi avanzati sul Web di norma richieda l'integrazione e l'interoperabilità tra molteplici applicazioni Web. Chiaramente se un certo servizio si basa su una architettura software sviluppata *ex novo*, nel contesto di un progetto unitario condotto da una singola struttura, il problema dell'interoperabilità può essere risolto alla radice. Ma nella realtà queste condizioni difficilmente si verificano. E in generale può succedere – e, se le previsioni degli analisti si dimostreranno giuste, sempre più spesso succederà – che una certa azienda metta a disposizione (in affitto) dei propri clienti servizi applicativi specializzati, accessibili tramite i protocolli Web.

Il concetto di Web service nasce proprio per fornire una soluzione standardizzata e di (relativamente) semplice implementazione al problema dell'integrazione tra applicazioni distribuite, sia in ambiente Intranet sia in ambiente Internet. Un Web service infatti è un'applicazione che può scambiare dati e processi con altre applicazioni basandosi sulle seguenti tecnologie standard:

- il protocollo HTTP per la comunicazione via Web;

- il linguaggio WSDL per la descrizione formale delle proprietà e dei servizi disponibili;
- XML-RPC o il più complesso e potente SOAP per la chiamata remota dei processi di elaborazione.

Poiché sia WSDL sia SOAP, il cuore dell'architettura, si basano sulla sintassi XML, questo genere di servizi è comunemente denominato anche *XML Web service*.

Tutte le maggiori piattaforme applicative, incluse ovviamente Java e .Net, implementano i protocolli per la creazione di Web service. Su questa tecnologia – considerata strategica da molti analisti – sono infatti rivolte le attenzioni di tutti i protagonisti del mercato ICT, per le ragioni su cui ci siamo già soffermati in apertura di capitolo.

Verso il Web Semantico

Chiudiamo questa nostra rassegna sull'universo complesso e articolato delle tecnologie Web con uno sguardo verso il futuro: il sogno del Web Semantico[37]. Abbiamo usato il termine sogno, anche se alcuni dei mattoni di questa idea sono già disponibili, sia perché si è ancora ben lontani dalla costruzione dell'intero edificio, sia perché, quando e se questa avverrà, si tratterà di una rivoluzione radicale del modo di interagire con e sulla rete.

Per usare le parole del suo ideatore, «the Semantic Web is an extension of the current Web in which information is given well-defined meaning, better enabling computers and people to work in cooperation»[38]. In breve, l'idea alla base del Web Semantico consiste nell'associare alle risorse informative disponibili in varie forme sul Web una descrizione formale del loro significato, cosicché un programma possa elaborare tale informazione facendosi guidare dalla sua semantica (cioè tenendo conto di che cosa essa significhi), dedurne conseguenze, e generare automaticamente nuove informazioni. Le ricadute applicative di questo progetto sono numerose, e vanno dalla creazione di motori di ricerca semantici alla individuazione di risposte a problemi e domande (del tipo di quelli che citavamo nel paragrafo introduttivo), dalla interazione mul-

[37] Sul Web Semantico le risorse Internet di riferimento sono due. La prima è la sezione ad esso dedicata nel sito del W3C, **http://www.w3.org/2001/sw**; la seconda è il sito *SemanticWeb.Org*, **http://www.semanticweb.org**.

[38] Tim Berners-Lee, James Hendler, Ora Lassila, *The Semantic Web*, «Scientific American», maggio 2001, <http://www.sciam.com/2001/0501issue/0501berners-lee.html>.

tilinguistica uomo-macchina e macchina-macchina alla creazione di applicazioni Web 'intelligenti'.

Le componenti che dovranno contribuire alla costruzione del Web Semantico sono numerose, ma le principali sono le seguenti:

- URI;
- RDF;
- ontologie formali (e relativi linguaggi);
- motori inferenziali deduttivi ed euristici.

Le URI, come sappiamo, sono le formule che consentono di identificare le risorse sulla rete. Ogni risorsa – dal singolo documento alle sue parti, a oggetti ed entità in essi menzionate, a collezioni di documenti – deve avere un suo identificativo URI, affinché possa essere univocamente individuata nello spazio informativo costituito dal Web.

Una volta che una risorsa può essere identificata, saremo in grado di esprimere su di essa asserzioni che ne descrivano il contenuto, o che esprimano ciò che noi pensiamo su tale contenuto, e in generale che ne specifichino proprietà da vari punti di vista. Queste asserzioni sono informazioni che si riferiscono ad altre informazioni, ovvero *metadati*.

Con il termine metadati (dati sui dati), come abbiamo già avuto occasione di ricordare, si indica appunto un insieme strutturato di informazioni che descrivono una o più risorse informative sotto un certo punto di vista. I metadati hanno una funzione molto importante nell'individuazione, nel reperimento e nel trattamento delle informazioni. Un classico esempio è costituito dai riferimenti bibliografici di una pubblicazione (titolo, autore, editore, ecc.). Essi in primo luogo identificano una pubblicazione e in secondo luogo sono necessari al reperimento del testo nel 'sistema informativo' biblioteca. Naturalmente, affinché i metadati siano utilizzabili non solo dagli esseri umani ma anche dai computer, è necessario che essi siano espressi in un linguaggio che sia comprensibile alla macchine, sia dal punto di vista sintattico sia da quello semantico.

È questo il fine del *Resource Description Framework* (RDF). Si tratta di un metalinguaggio dichiarativo basato sulla sintassi XML (ma sono state sviluppate altre notazioni più compatte per esprimere asserzioni RDF, come *Notation 3*, **http://www.w3.org/DesignIssues/Notation3**), che permette di rappresentare formalmente i metadati associati a una risorsa Web (dal singolo oggetto costituente una pagina a interi siti) sotto forma di asserzioni soggetto-predicato-oggetto, dove i predicati possono esprimere formalmente proprietà di e relazioni tra risorse.

L'architettura prevista da RDF si divide in due parti: la prima, denominata *Resource Description Framework (RDF) Model and Syntax*

Specification – le cui specifiche sono state rilasciate come raccomandazioni definitive nel febbraio 1999 e sono disponibili su **http://www.w3.org/TR/REC-rdf-syntax** – definisce la sintassi per descrivere i metadati associati a una risorsa in una *RDF Description*. Quest'ultima è un documento XML, costituito da una serie di dichiarazioni che associano dei valori alle proprietà che vogliamo attribuire alla risorsa (ad esempio, la proprietà 'titolo', la proprietà 'autore', ecc.). Tuttavia RDF non fa alcuna assunzione circa il vocabolario specifico delle proprietà che si possono attribuire e delle relazioni tra tali proprietà. Anzi, essa è progettata esplicitamente affinché siano gli stessi utilizzatori a definire formalmente uno schema logico di tale vocabolario, in modo tale da non imporre alcuna limitazione a priori al tipo di asserzioni esprimibili.

A tale fine occorre definire un *RDF Schema*, la seconda parte dell'architettura RDF, in base alla sintassi formale definita nel documento *RDF Vocabulary Description Language 1.0: RDF Schema* (attualmente allo stato di 'Working Draft': **http://www.w3.org/TR/rdf-schema**). Una volta che uno schema è stato definito formalmente e pubblicato, chiunque può adottarlo e utilizzarlo per costruire descrizioni RDF dei propri documenti.

Naturalmente, poiché potranno esistere numerosi schemi – basati su diverse concettualizzazioni di particolari domini, su diverse nomenclature e su diverse lingue – occorrerà un sistema per specificare le relazioni logico-semantiche (equivalenza, specificazione, generalizzazione, istanziazione, ecc.) tra i termini di un medesimo schema e soprattutto di schemi diversi. Ad esempio, in uno schema la relazione di 'autorialità' potrà essere indicata con il termine 'author' – che fa parte della classe 'creator' – in funzione di soggetto, il cui oggetto è una certa risorsa; in un altro potremmo avere che il soggetto è il testo di cui si predica che 'è scritto da' un esponente della classe 'responsabili intellettuali' caratterizzato dalla proprietà 'primario'. Evidentemente si sta parlando dello stesso insieme di individui e relazioni (dello stesso dominio), ma in modo diverso. Le ontologie formali sono un sistema ideato per definire formalmente domini concettuali e indicare in che modo essi sono espressi da schemi logici e nomenclature differenti[39].

Esistono numerosi linguaggi formali per specificare ontologie. In

[39] Il tema delle ontologie è assai vasto e la letteratura scientifica, sia cartacea sia digitale, al riguardo è sterminata. Sul Web, oltre ai siti specializzati dedicati al Web Semantico segnalati sopra, un buon punto di partenza è il sito **http://www.cs.utexas.edu/users/mfkb/related.html**, che elenca numerose risorse e progetti su questi temi.

particolare nel contesto del Web Semantico si segnalano il *DARPA Agent Markup Language* (DAML+OIL, **http://www.daml.org**), un linguaggio stabile e relativamente utilizzato, e il *Web Ontology Language* (OWL) in corso di sviluppo presso il W3C sulla base dello stesso DAML e di RDF; entrambi adottano come sintassi standard XML.

Una volta che un insieme di risorse sia stato descritto mediante asserti RDF, e che un apparato di ontologie formalizzate abbia specificato le relazioni concettuali soggiacenti a tali descrizioni, è possibile usare dei sistemi di deduzione logica automatica o di euristiche (i motori inferenziali) per elaborare tale informazione semantica, trarne conseguenze, e risolvere problemi. E dunque un agente software dotato di queste capacità inferenziali potrebbe finalmente mostrare parte di quei comportamenti 'intelligenti' cui ci hanno abituato i romanzi *cyberpunk*.

In realtà i problemi teorici – studiati da oltre cinquanta anni nell'ambito della logica, dell'informatica teorica e dell'intelligenza artificiale – e le difficoltà pratiche di implementazione associate a questo genere di applicazioni sono innumerevoli e di non facile soluzione. Inoltre l'idea del Web Semantico potrà essere messa in pratica solo se ad essa collaborerà l'intera comunità di creatori e utenti delle risorse di rete: sarebbe impensabile, infatti, cercare di associare informazioni semantiche a tutte le risorse Web con una iniziativa unica e centralizzata.

Per questi motivi, molti esperti nutrono non pochi dubbi sul fatto che l'architettura del Web Semantico – almeno nella sua versione più ambiziosa – potrà mai trasformarsi da sogno a realtà. Ma in fondo solo dieci anni fa, nei laboratori del Cern di Ginevra, anche il World Wide Web così come oggi lo conosciamo era solo un sogno nella mente di Tim Berners-Lee...

Sicurezza e privacy

La sicurezza del transito dei dati su Internet è un problema che riguarda sia la grande utenza (le reti locali o su territorio che si connettono a Internet) sia la moltitudine di navigatori che si collegano alla rete attraverso le normali linee telefoniche o attraverso collegamenti ADSL.

La distinzione tra queste due macro-categorie ci permette di identificare problematiche parzialmente distinte: l'utente medio avrà principalmente l'esigenza di garantire la propria privacy, e di evitare di 'contrarre' in rete virus pericolosi per l'integrità dei propri dati; un amministratore di sistema o di una rete locale dovrà invece tipicamente proteggersi da intrusioni esterne, e mantenere la distinzione fra la parte 'pubblica' e la parte 'privata' del proprio network.

Per quanto riguarda l'utente privato, è bene ribadire che la corrispondenza non crittografata che viaggia via Internet è potenzialmente insicura (possiamo pensare all'equivalente elettronico di una cartolina), nel senso che i gestori dei sistemi attraverso i quali transita la nostra posta (ed eventualmente anche hacker esterni che fossero riusciti ad avere accesso al sistema e ad attribuirsi lo stesso livello di autorità del suo gestore) possono, volendo, leggerne e modificarne il contenuto. A parziale limitazione di questa intrinseca mancanza di sicurezza, va detto che la mole immensa di posta elettronica che circola su Internet costituisce da sola una forte garanzia di privacy.

In ogni caso, una soluzione efficace al problema esiste, ed è rappresentata proprio dai software di crittografazione: dato che la lettera viaggia in forma binaria (e quindi come una lunga catena di zero e uno), applicarvi algoritmi di cifratura è assai semplice.

Quanto ai virus, è bene dire subito che, a patto di usare un minimo di prudenza e un programma antivirus aggiornato, 'contrarre' virus attraverso Internet non è così facile come vorrebbero i periodici allarmi diffusi al riguardo. I file di testo e i file di immagini vengono solo 'letti' da altri programmi, e non eseguiti: non possono dunque trasmettere alcun virus. Virus potrebbero invece essere contenuti (sotto forma di insiemi di macro-istruzioni) in documenti generati da programmi complessi, come Microsoft Word, Powerpoint ed Excel. Se prelevate in rete (da siti di dubbia affidabilità) documenti di questo tipo, un controllo antivirus non guasta mai. Anche particolari pagine Web possono contenere virus, sotto forma di codice 'maligno': un antivirus aggiornato è tuttavia in grado di bloccare senza troppe difficoltà questo tipo di minacce. Quanto ai file eseguibili prelevati via Web o via FTP, la garanzia migliore viene dal sito di provenienza: in genere li preleveremo infatti direttamente dai computer della casa produttrice, o da biblioteche shareware pubbliche e molto controllate. In ogni caso, una verifica antivirus prima di eseguire il file resta una buona pratica. I rischi aumentano, naturalmente, se andiamo a prelevare programmi nei newsgroup dedicati allo scambio di software o se eseguiamo senza controllo programmi ricevuti in attachment con messaggi di posta elettronica. D'altro canto, prendere un virus in questo modo vuol dire esserselo cercato!

La posta elettronica è diventata di fatto negli ultimi anni il principale meccanismo di diffusione dei virus informatici: molti virus sono in grado, una volta infettato il computer di un utente, di 'riprodursi' inviando in maniera automatica una e-mail – completa di replica del virus stesso – a tutti gli indirizzi di posta elettronica trovati nell'indirizzario dell'utente colpito (*Outlook* e *Outlook Express*, entrambi della Microsoft, sono i programmi di gestione della posta più vulnerabili rispetto a questo tipo di attacchi). Ciò significa che talvolta un virus può arrivarci – a sua insaputa – anche da un nostro corrispondente abituale, il cui computer sia stato a sua volta infettato. Occorre dunque sempre usare estrema cautela nell'eseguire attachment ricevuti via posta elettronica. Buona norma è non aprire mai i file allegati alle lettere di posta elettronica spedite da un mittente sconosciuto (o farlo solo dopo aver aggiornato il nostro antivirus), e utilizzare grande prudenza anche nel trattare gli allegati di messaggi che apparentemente provengono da un utente a noi noto, ma che hanno un testo singolare o in una lingua non utilizzata normalmente dalla persona in questione. Ricordate, in particolare, che i file eseguibili (e dunque potenzialmente più pericolosi) in ambiente Windows non sono solo quelli caratterizzati dalle abituali estensioni '.exe' o 'com', ma anche programmi con estensioni più arcane, come '.pif' o '.scr' (l'estensione degli screen saver!). Molti virus hanno la cattiva abitudine di 'simulare' un'estensione legittima (ad esempio .doc o .jpg) all'interno del nome del file, facendola seguire dall'estensione reale, corrispondente a una di quelle sopra ricordate. Così, ad esempio, potremmo trovare in allegato a uno strano messaggio proveniente da un nostro conoscente un file che si chiama 'fotografia.jpg.scr'. Attenzione: l'allegato in questione non conterrà, come saremmo portati a pensare, una fotografia in formato jpg, ma un file eseguibile dagli effetti del tutto ignoti. E nella maggior parte dei casi la presenza di questa 'doppia estensione' è indizio proprio della presenza di un virus.

Fortunatamente, la stessa Internet è anche una formidabile risorsa per procurarsi – e tenere aggiornati – programmi antivirus. E in generale nessun utente che utilizzi un computer e la rete può fare a meno di un programma antivirus aggiornato: soprattutto se il sistema operativo utilizzato appartiene alla famiglia Windows. Molte case produttrici distribuiscono programmi antivirus attraverso la rete; le più famose sono probabilmente la Network Associates/McAfee (**http://www.mcafee.com**) e la Symantec (**http://www.symantec.com**). Ricordiamo che gli antivirus vanno sempre tenuti aggiornati (di norma l'operazione di aggiornamento è effettuata automaticamente dal programma a intervalli prefissati; consigliamo – soprattutto a chi disponga di un collegamento ADSL – di impostare una verifica quotidiana degli aggiornamenti dell'antivirus), e che se si decide di utilizzare regolarmente un antivirus occorre pagare alla casa produttrice la relativa registrazione. È buona norma aggiornare con una certa frequenza anche le applicazioni utilizzate per la gestione della posta elettronica e la navigazione su Web: molti virus, infatti, si basano su 'debolezze' di questi programmi, debolezze che le case produttrici si affrettano a eliminare appena individuate.

Come si è accennato, potenzialmente a rischio sono poi le 'applicazioni distribuite', come gli applet Java o i controlli ActiveX. Tuttavia, i browser in grado di visualizzarle incorporano una serie di controlli molto stretti, e il fatto che queste applicazioni girino sempre su macchine virtuali (e quindi non siano in contatto diretto con il sistema operativo) rende più facile controllarne gli effetti. Inoltre, molti degli applet che incontreremo durante la nostra navigazione sono messi in rete da siti noti, che sono evidentemente responsabili della 'regolarità' del codice. In ogni caso, il consiglio – se non si è utenti esperti – è quello di non ridurre mai le opzioni di sicurezza sulla gestione di applet Java preconfigurate all'interno del browser.

A minacciare la sicurezza del nostro computer non sono tuttavia solo i virus. Quando siamo collegati alla rete, infatti, un malintenzionato potrebbe cercare di utilizzare le 'porte' aperte sul computer (canali logici per lo scambio di informazioni con l'esterno) per visualizzare ed eventualmente modificare i nostri file. Un compito che diviene più facile se, come accade in molte reti locali, abbiamo scelto di condividere in rete alcune delle nostre risorse (ad esempio una cartella di documenti), o se abbiamo installato sul nostro computer moduli server relativi a uno o più servizi di rete (ad esempio un server FTP o un server Web). I collegamenti permanenti attraverso ADSL sono quelli più a rischio da questo punto di vista, giacché un utente ADSL dispone spesso di un indirizzo IP fisso, e lascia comunque il proprio PC connesso alla rete per lunghi periodi di tempo.

Per dare un idea di quanto può accadere se si trascurano le opportune misure di protezione basti dire che esistono dei programmi (come *Net Bus* e *Back Orifice*), mascherati a volte da videogames apparentemente innocui, che una volta attivati rendono completamente visibili, cancellabili e modificabili tutti i file e le risorse del nostro computer: programmi e applicazioni possono essere avviati indipendentemente dalla nostra volontà; istante per istante potrebbe essere controllato tutto ciò che scriviamo; il nostro browser potrebbe essere guidato su un sito scelto da un malintenzionato nascosto nei meandri della rete. Una fondamentale norma di comportamento che aiuta a evitare queste spiacevoli situazioni è quella di non installare mai software di cui non si conosca esattamente la provenienza. Ma spesso questa precauzione non basta. Un livello maggiore di sicurezza si ottiene installando, oltre al normale antivirus, anche un software che sia in grado di proteggere il nostro PC dai possibili accessi esterni (e di bloccare gli accessi non autorizzati verso l'esterno da parte di eventuali programmi 'maligni' installati sul nostro computer). I software di questo tipo si chiamano *firewall*, e ne sono disponibili versioni 'personal' che – pur non offrendo i livelli di sicurezza richiesti a un provider Internet, a un grande server aziendale o governativo o a una banca – sono sufficienti a far dormire sonni più che tranquilli all'utente medio della rete. Esistono numerosi Personal Firewall, alcuni dei quali – come quelli Norton o McAfee – acquistabili anche insieme ai relativi pacchetti antivirus. Esistono anche firewall gratuiti o di pubblico dominio: un discreto firewall gratuito, facile da installare e accompagnato da spiegazioni d'uso assai chiare (disponibili purtroppo solo in inglese), è la versione 'light' di *Zone Alarm*, reperibile sul sito **http://www.zonelabs.com**). Del programma esiste anche una versione *Pro*, che al costo di qualche decina di dollari offre una protezione migliore e maggiori possibilità di configurazione.

Assai più complesso è il discorso sulla sicurezza di grossi sistemi e di reti locali connesse a Internet. In questo caso la protezione delle risorse informatiche è un compito professionale che va affidato a personale specializzato: di norma si può trattare dell'amministratore di rete, ma nei sistemi più complessi le figure responsabili possono anche essere molteplici. Mantenere la sicurezza informatica, infatti, è un compito assai difficile, e renderemmo un pessimo servigio al lettore se fingessimo di poter riassumere in poche righe i consigli e le istruzioni necessarie.

Per coloro che si trovassero a gestire sistemi medio-piccoli, ricordiamo comunque che è sempre buona norma disabilitare gli account 'standard' o di prova che diverse versioni dei sistemi operativi Unix e Windows creano automaticamente (e che costituiscono una facile porta di accesso per curiosi o malintenzionati). Altrettanto importante è l'acquisizione, in merito ai problemi di sicurezza, di informazioni aggiornate, dettagliate e mirate alla specifica configurazione del proprio sistema (al riguardo la rete è una ottima fonte). È inoltre opportuno installare gli aggiornamenti o *patch* rilasciati periodicamente dai produttori dei sistemi operativi: con il tempo, infatti, vengono scoperti e corretti errori nel software che lasciano margine a possibili effrazioni. Ricordate poi che è sempre preferibile la separazione logica dei computer 'aperti' a Internet e di quelli nei quali sono contenuti dati interni delicati o riservati. A tale fine possono essere utilizzati dei sistemi di firewall professionali. In ogni caso, la separazione fisica dei computer in rete e di quelli contenenti dati riservati è ovviamente il metodo che garantisce la massima sicurezza.

SSL e connessioni protette

L'affermarsi dell'abitudine di effettuare acquisti e transazioni on-line (anche da parte degli utenti italiani: sono diverse migliaia gli esercizi commerciali *made in italy* in rete, e la maggior parte delle banche italiane offre ormai sistemi di *home banking* via Internet) ha posto, come si è già accennato parlando del volto economico e commerciale della rete, il problema di scambiare informazioni su Web in maniera sicura e garantita.

Fra le tecnologie di protezione dei dati legate in primo luogo al mondo del commercio e delle transazioni on-line, tre hanno assunto il ruolo di standard principali: il protocollo SET (*Secure Electronic Transaction*) e le transazioni sicure SSL (*Secure Socket Layer*) e TLS (*Transport Layer Security*).

Il più efficiente è senza dubbio il protocollo SET, sviluppato congiuntamente da Visa e Master Card con lo specifico obiettivo di garantire la riservatezza delle transazioni con carta di credito su Internet. Esso è basato su un algoritmo di cifratura RSA a 1.024 bit[40]. Ma all'efficienza si affianca un certa complessità di implementazione, che ne ha limitato molto la diffusione. Infatti, per poter essere utilizzato, SET richiede il rilascio a ogni utente di un certificato da parte di una banca. Questa operazione avviene mediante la consegna di un software *plug-in* strettamente personale, rilasciato (di norma su floppy o CD-ROM) in singola copia, in grado di aggiungere funzionalità di borsellino elettronico ai comuni browser della rete. Quando si effettua un pagamen-

[40] RSA, dal nome degli sviluppatori Rivest-Shamir-Adleman, è un algoritmo crittografico e di autenticazione specifico per la rete sviluppato a partire dal 1977. RSA è un sistema di cifratura a doppia chiave basato su calcoli eseguiti usando come base dei prodotti di numeri primi. Impiegando numeri primi sufficientemente complessi (con molte cifre) la scomposizione risulta assai difficile. Più sono lunghi i numeri primi generati e più è alto il livello si sicurezza. Nel caso del SET viene utilizzato un RSA a 1.024 bit in grado di garantire un ottimo livello di sicurezza. Per ulteriori approfondimenti rimandiamo al sito **http://www.rsa.com**.

to il plug-in interagisce in tempo reale con il server del rivenditore che a sua volta contatta una *Certification Authority*, cioè una società abilitata a certificare che l'utente sia possessore di carta di credito (una delle più note è la VeriSign, **http://www.verisign.com**). In caso di conferma, la richiesta di pagamento viene inoltrata alla banca, che provvederà a inviare la conferma definitiva dell'avvenuta transazione. Il meccanismo funziona anche nel senso inverso: SET garantisce, infatti, anche l'identità del rivenditore al cliente, che ha così la conferma che il suo acquisto sia effettivamente avvenuto.

L'architettura SET, nonostante garantisca dei livelli di sicurezza molto elevati, non ha riscosso un grosso successo fra gli utenti e i rivenditori della rete. Come appare evidente anche dalla nostra breve descrizione, infatti, si tratta di un meccanismo piuttosto complicato, specie per l'obbligo da parte dell'utente finale di installare un software che va ritirato di persona presso un istituto bancario.

Il sistema attualmente più utilizzato per gli acquisti on-line è invece il dispositivo per effettuare transazioni HTTP sicure denominato *Secure Socket Layer* (SSL) e la sua recente evoluzione *Transport Layer Security* (TLS). Sviluppato originariamente presso i laboratori di ricerca della Netscape Communications, SSL è praticamente divenuto uno standard per le transazioni commerciali in rete ed è utilizzato anche per altri servizi che richiedono un elevato tasso di sicurezza, come l'*home banking*, i servizi per la compravendita on-line di titoli e azioni, o le reti Extranet. Attualmente l'SSL sta gradualmente cedendo il passo al più moderno TLS già supportato dai browser Internet più aggiornati.

Sia SSL sia TLS rappresentano estensioni del protocollo HTTP, e permettono di scomporre i dati inviati durante una transazione in una serie di pacchetti cifrati con un sistema a doppia chiave RSA. I pacchetti viaggiano 'sciolti' per la rete per poi venire ricomposti, decifrati ed elaborati dal computer remoto. A questa base, che ovvia alla prima grande lacuna di sicurezza del Web (il fatto cioè che il protocollo HTTP faccia circolare i dati in chiaro), SSL aggiunge un sistema di certificazione, anch'esso controllato da un servizio di *Certification Authority* capace di garantire all'utente l'identità del server remoto. Poiché SSL e TLS vengono implementati in modo nativo dai browser, la loro utilizzazione è per l'utente completamente trasparente. Quando ci si connette a un server Web che utilizza SSL/TLS, il browser automaticamente imposta la comunicazione cifrata e avverte l'utente del fatto che ci si trova in una area 'protetta'. A questo punto tutti i dati che vanno dal client al server e viceversa saranno cifrati.

Pretty Good Privacy e P3P

Pretty Good Privacy (PGP) è un programma, sviluppato da Paul Zimmermann[41] e distribuito gratuitamente in rete, con cui è possibile cifrare praticamente tutti i tipi di file, anche se questi non fossero destinati a essere inviati tramite una rete telematica. Tuttavia la sua area di applicazione più comune è la cifratura della posta elettronica, scopo per cui, del resto, PGP è nato.

Come le altre tecnologie che abbiamo visto sopra, anche PGP ricorre a un algoritmo di cifratura 'a doppia chiave' (basato su coppie di numeri primi assai alti) per garantire un livello di sicurezza quasi assoluto. Non è questa la sede per una spiegazione tecnica sul funzionamento – piuttosto complesso – di questo algoritmo. All'utente finale basti sapere che, una volta avviato, PGP è in grado di generare per noi due lunghe stringhe di caratteri: una è la nostra chiave personale; dovremo custodirla gelosamente, e non comunicarla a nessuno; l'altra è la nostra chiave pubblica, che dovremo distribuire a tutti i nostri potenziali corrispondenti. Chi volesse scriverci un messaggio 'sicuro', dopo averlo redatto in chiaro lo dovrebbe dare in pasto alla sua versione di PGP, assieme alla nostra chiave pubblica. PGP usa la chiave pubblica per crittografare il messaggio, ma attenzione: chiave pubblica e chiave privata sono legate in modo tale che un messaggio crittografato con una chiave pubblica può essere decifrato solo disponendo della corrispondente chiave privata! Ciò significa che lo stesso mittente non potrà più decifrare il messaggio che PGP ha codificato per lui. Potrà però spedircelo in tutta sicurezza: solo noi, che disponiamo della chiave privata, potremo leggerlo.

Il meccanismo può sembrare complicato (e lo è: in realtà di norma un messaggio viene crittografato due volte: con la chiave privata del mittente, il che ne assicura la provenienza, e con la chiave pubblica del destinatario, il che ne assicura la segretezza). E se la teoria non è semplice, fino a qualche tempo fa, anche la pratica, cioè l'utilizzo e la configurazione dei software deputati alla cifratura con l'algoritmo realizzato da Zimmerman, non era affatto intuitiva. In passato esisteva un solo software di criptazione, la versione DOS di Pretty Good Privacy, sulla quale si basavano una gran quantità di programmi per Windows che svolgevano la sola funzione di interfaccia facilitando così l'utilizzo del programma.

[41] E fonte per lo stesso Zimmerman di una lunga vicenda giudiziaria.

Oggi la situazione è migliorata e l'uso di PGP è diventato assai più amichevole, grazie allo sviluppo di interfacce grafiche sofisticate che si integrano direttamente con i programmi di videoscrittura e i principali client mail. L'implementazione più recente di PGP è nel momento in cui scriviamo la versione 8.0 di *PGP Personal Privacy*, che può essere scaricata dal sito della PGP Corporation, (**http://www.pgp.com/**) insieme ai manuali e a tutte le informazioni necessarie per l'utilizzo. Questo programma installa dei *plug in* capaci di aggiungere le funzionalità PGP ai principali programmi di posta (fra questi Eudora, Outlook, Outlook Express), fornendo così agli utenti di Internet uno strumento molto potente per tutelare la privacy della loro corrispondenza elettronica.

Come Zimmerman si è posto a suo tempo il problema di offrire degli strumenti a basso costo per la tutela della corrispondenza, il *World Wide Web Consortium* si è posto l'obiettivo di limitare le possibili violazioni della privacy degli utenti del Web. In effetti, siti commerciali possono utilizzare diverse tecniche per carpire informazioni sulle abitudini e i gusti dei navigatori. Più di una volta sono stati messi sotto accusa i famosi 'cookies', i biscottini della rete, piccoli file di testo posti sugli hard disk dei navigatori, che vengono letti e modificati dai web server. Attraverso i cookies, chi pubblica pagine web può riconoscere se un utente è già passato dal suo sito, da quanto tempo non si connette, quali pagine ha visualizzato, e altre informazioni similari. Certi tipi di utilizzo dei cookies possono senz'altro rappresentare forme di violazione della privacy. Va considerato però che il più delle volte quest'uso è solo funzionale al riconoscimento dell'utente per l'offerta di servizi interattivi da parte del sito (tantissime operazioni legate alla normale navigazione su Internet sarebbero impossibili senza l'utilizzo dei cookies). Per porre comunque un limite a rischi simili e offrire maggiore sicurezza ai naviganti, il W3C sta studiando un nuovo standard: il *Platform for Privacy Preferences* (P3P), che dovrebbe permettere agli utenti della rete di essere consapevoli quando ci sono effettivi rischi di violazione della privacy e offrire la possibilità di personalizzare il livello di sicurezza. Per quanti siano interessati ad approfondire questo argomento, il sito di riferimento è **http://www.w3.org/P3P/**.

Decisamente più fastidiosi dei cookies sono i cosiddetti programmi 'spyware': non si tratta di veri e propri virus, ma di programmi che si installano di norma sul nostro computer – spesso senza farcelo sapere o chiederci alcuna autorizzazione – nel momento in cui procediamo all'installazione di un qualche programma gratuito. In questi casi, abbiamo a che fare con un programma che non costa nulla in termini economici, ma che arriva accompagnato da 'fratellini' indesiderati e spesso non dichiarati, che monitorano la nostra attività e inviano informazioni (più o meno dettagliate) al riguardo al sito del loro produttore, che a sua volta presumibilmente si affretterà a rivenderle a servizi commerciali di rete.

Per rilevare e rimuovere programmi 'spyware' un ottimo strumento è rappresentato da *Ad-Aware*: un programma che esiste sia in versione gratuita (più che sufficiente per la maggior parte degli utenti) sia in versione a pagamento, e può essere scaricato dal sito della sua casa produttrice, la *Lavasoft* (**http://www.lavasoftusa.com**).

Un altro tipo di intrusi non desiderati è rappresentato dai cosiddetti programmi *dialer*, che sostituiscono al numero telefonico del nostro provider abituale quello di un servizio a pagamento, di norma tutt'altro che economico. Spesso, l'ignaro utente si accorge della sostituzione solo al momento di ricevere una salatissima bolletta telefonica (la truffa può costare anche diverse centinaia e addirittura migliaia di euro!). Talvolta i dialer dichiarano, in forma piuttosto criptica, la propria natura, e chiedono un'autorizzazione che l'utente ingenuo può dare in buona fede. Talvolta sono invece del tutto fraudolenti, e camuffano la richiesta di autorizzazione in forme capaci di trarre in inganno anche utenti abbastanza esperti. Per fortuna, esistono anche in questo caso ottime contromisure: ad esempio il programmino gratuito *StopDialers*, scaricabile alla pagina **http://www.akapulce.net/socket2000/stopdialer.asp**.

Posta elettronica: cifratura e firme digitali

Se PGP ha rappresentato a lungo, e rappresenta tuttora, un ottimo sistema per cifrare la posta elettronica, bisogna dire che i più recenti client di posta forniscono degli strumenti di cifratura interni piuttosto efficienti e versatili. Grazie ad essi programmi come Outlook, Outlook Express e il modulo mail di Netscape 7.0 sono in grado sia di cifrare il contenuto dei messaggi sia di certificare la provenienza di un messaggio (confermando inequivocabilmente l'identità del mittente).

La possibilità di certificare l'identità del mittente attualmente viene utilizzata per evitare che il nome di un utente venga speso sulla rete a sua insaputa (è infatti estremamente semplice mandare una e-mail a nome di un'altra persona: basta impostare adeguatamente le preferenze del client di posta elettronica). Ma nel prossimo futuro essa potrà trovare applicazione sia nel contesto del commercio elettronico sia nei rapporti con la pubblica amministrazione[42]. Per quanto riguarda la cifratura, essa può essere utile in tutte quelle occasioni in cui è necessario far viaggiare in rete informazioni riservate (a questo proposito ricordiamo che le e-mail viaggiano da un mail server all'altro in chiaro).

Lo standard su cui si basano gli strumenti crittografici interni dei software di posta elettronica si chiama S/MIME (*Secure Multi-Purpose Internet Mail Extensions*)[43]. Anch'esso adotta il più volte menzionato algoritmo di cifratura a doppia chiave RSA. Tuttavia, poiché i numeri primi generati sono limitati a cifre di 40 bit, il livello di sicurezza ottenibile non è elevatissimo.

La prima cosa da fare per utilizzare questi strumenti è ottenere da una *Certification Authority* un certificato (o 'ID digitale') che contiene, opportunamente codificate, le nostre chiavi pubblica e privata. Si tratta di una operazione che viene gestita direttamente dal programma. Una volta ottenuto il certificato, il software è in grado di utilizzarlo in modo automatico per firmare e cifrare le nostre e-mail e per gestire le mail cifrate o firmate dai nostri corrispondenti. Anche queste operazioni sono completamente trasparenti per l'utente, che dovrà limitarsi a indicare se vuole firmare o cifrare un dato messaggio.

Nei prossimi paragrafi vedremo in dettaglio come configurare e utilizzare gli strumenti di cifratura interni dei tre client di posta più diffusi: Outlook Express, Outlook, e il modulo mail di Netscape 7.0.

Come ottenere un ID Digitale

Un certificato o ID digitale, come detto, contiene la coppia di chiavi (una pubblica e una privata) associate univocamente a un dato utente. Tale ID viene generato da un servizio abilitato di certificazione (o *Certification Authority*, CA), il cui server si adatta automaticamente ai software che lo richiedono (infatti i client Microsoft e quelli Netscape impiegano dei formati leggermente diversi). La più nota CA è la già citata VeriSign (**http://www.verisign.com**).

Per ottenere un ID occorre effettuare una procedura di registrazione che coinvolge sia il client di posta elettronica sia il browser Web.

[42] Ricordiamo a tale proposito che l'Italia ha recentemente elaborato una legislazione sulla firma digitale che è tra le più avanzate del mondo e che permette di attribuire valore legale ai documenti digitali.

[43] In alternativa alcuni software utilizzano protocolli come PGP/MIME, o OpenPGP.

Poiché durante questa procedura si ha una forte interazione fra i due software, è necessario impostare opportunamente il browser predefinito del sistema: se si utilizza un programma e-mail Microsoft è necessario avere come browser predefinito Explorer; lo stesso vale per il modulo mail di Netscape che va utilizzato necessariamente insieme a Netscape 7.0. Vediamo ora il dettaglio della procedura di registrazione con i tre client più usati.

Con *Outlook XP* è necessario compiere i seguenti passi:

1. Selezionare dal menu 'Strumenti' la voce 'Opzioni';
2. Selezionare la linguetta della scheda 'Protezione';
3. Premere il pulsante 'Ottieni ID digitale' che avvierà Internet Explorer;
4. Dalla finestra di Explorer selezionare il server CA desiderato (ad esempio VeriSign);
5. Seguire le istruzioni nelle pagine Web inviate dal server (ci verrà chiesto di scrivere alcuni nostri dati personali come nome e cognome, la data di nascita, l'indirizzo e-mail, ecc.; molte CA prevedono inoltre un pagamento a fronte del servizio di fornitura dell'ID digitale);
6. Aspettare il messaggio di conferma del server CA con l'abilitazione del certificato;
7. Aprire il messaggio di conferma e seguire le istruzioni accluse (VeriSign ad esempio invia una mail in formato HTML con un apposito bottone 'Installa' che porta a compimento in modo automatico l'installazione dell'ID).

Molto simili sono le operazioni da effettuare per ottenere un ID digitale mediante *Outlook Express*:

1. Selezionare dal menu 'Strumenti' la voce 'Account';
2. Selezionare la linguetta della scheda 'Posta elettronica';
3. Selezionare l'account per cui si vuole ottenere un ID;
4. Premere il pulsante 'Proprietà';
5. Selezionare la linguetta della scheda 'Protezione';
6. Permere il pulsante 'Ottieni ID digitale';
7. Da questo punto in poi le operazioni da compiere sono le medesime del caso precedente.

Se si utilizza *Netscape 7.0*, infine, i passi da seguire sono i seguenti:

1. Selezionare nella finestra 'Help' del browser l'opzione 'Security Center';
2. Sotto la voce 'Get a Digital Certificate Here' (sulla destra dello schermo) selezionare 'Personal ID' e poi 'Enroll Now';

3. Seguire le istruzioni fornite attraverso il browser dal server CA;
4. Attendere l'e-mail del server CA e seguire le istruzioni.

A questo punto i nostri programmi di posta sono abilitati a mandare messaggi cifrati e/o firmati.

Come firmare i messaggi e spedire o ricevere messaggi cifrati

Utilizzando le chiavi contenute negli ID digitali, i programmi di posta elettronica sono in grado spedire e ricevere messaggi cifrati e firmati. Il seguente quadro sinottico mostra le varie operazioni che i software possono compiere e quali chiavi vengono utilizzate per ciascuna di esse:

Azione da compiere	Chiave usata	Di chi?
Spedire un messaggio firmato	Chiave privata	Di chi spedisce
Autenticare un messaggio firmato ricevuto	Chiave pubblica	Di chi spedisce
Spedire un messaggio criptato	Chiave pubblica	Del ricevente
Decifrare un messaggio criptato	Chiave privata	Del ricevente

Per spedire un messaggio firmato con Outlook XP è sufficiente premere il pulsante 'Opzioni' nella finestra del modulo di scrittura della posta, e aggiungere il segno di spunta alla casella 'Aggiungi la firma digitale al messaggio in uscita'. Con Outlook Express 6, invece, occorre selezionare dalla finestra per spedire l'e-mail il menu 'Strumenti' e poi la voce 'Firma digitale'. Chi utilizza Netscape 7.0, infine, sempre dal modulo mail, deve selezionare 'Compose', premere il pulsante a forma di freccetta verso il basso accanto all'icona con il lucchetto ('Security') e selezionare 'Digitally Sign this message'.

La spedizione di un messaggio cifrato a un dato utente richiede invece la conoscenza della sua chiave pubblica (come si evince dal quadro sinottico). A tale fine è necessario avere ricevuto in precedenza un messaggio del nostro corrispondente contenente la sua firma digitale e aver inserito il mittente nella rubrica del client mail. Per effettuare quest'ultima operazione – con tutti i programmi presi in considerazione in questa sede – è sufficiente fare un click con il tasto destro del mouse sul campo del mittente e selezionare l'opzione 'aggiungi alla rubrica'. Oltre ai normali dati personali, nella rubrica viene memorizzata anche la chiave pubblica del mittente.

A questo punto, per spedire un messaggio cifrato con Outlook XP basta selezionare il destinatario dalla rubrica, premere 'Opzioni' nella finestra di composizione e selezionare 'Crittografa contenuto e allegati del messaggio'. Con Outlook Express 6, si preme 'Nuova mail', e in seguito dal menu 'Strumenti' la voce 'Crittografia'. Con Netscape, dalla finestra 'Compose' occorre scegliere la solita freccetta accanto all'icona con il lucchetto e selezionare l'opzione 'Encrypt this message'. Simmetricamente, se desideriamo ricevere posta cifrata dovremo prima inviare ai nostri corrispondenti una e-mail con allegata la firma digitale (abbiamo appena visto come si fa).

La decifrazione delle e-mail criptate, infine, avviene automaticamente: l'utente non deve far altro che controllare – come fa abitualmente – la sua posta: i messaggi decifrati saranno opportunamente segnalati mediante una piccola icona nell'elenco dei messaggi ricevuti.

Attenzione: ricordiamo che i messaggi cifrati viaggiano in maniera sicura dal mittente al destinatario, ma – a meno di non prendere precauzioni ulteriori o di non cancellarli appena scritti o letti – possono essere ritrovati in chiaro da chiunque abbia accesso al computer sul quale sono stati composti o ricevuti.

PICS e il controllo dei contenuti

Uno dei problemi relativi a Internet che sembrano maggiormente appassionare la pubblicistica è il controllo dell'accesso ai siti Web in base al loro contenuto. La ragione per cui questo controllo viene da più parti evocato è il pericolo che soggetti a rischio (bambini o comunque minori) possano accedere a pagine Web che potrebbero arrecare turbamento, come siti contenenti materiali pornografici o violenti. Nonostante le periodiche campagne di stampa al riguardo, l'incidenza percentuale di questi materiali rispetto al totale delle risorse disponibili su Web è piuttosto bassa. Tuttavia è innegabile che molti siti pornografici siano facilmente raggiungibili, anche a causa dei numerosi 'trucchetti' da essi utilizzati per ottenere visibilità nei principali motori di ricerca. Ma esigenze di controllo simili sono state espresse anche da (troppo?) zelanti manager, che intendono limitare le occasioni di 'distrazione telematica' dei loro dipendenti.

La soluzione al problema proposta con maggiore frequenza è l'introduzione di sistemi di controllo di tipo legislativo sui contenuti della rete. Indipendentemente dalla posizione ideologica che si può assumere nei confronti della censura – pratica che gli autori di questo manuale comunque disapprovano – l'idea di un controllo autoritario sui contenuti della rete si scontra con la sua struttura tecnica, che permette di superare qualsiasi sistema di controllo o impedimento esterno. Ad esempio non è facile bloccare l'arrivo di informazioni da paesi che non applicano restrizioni legali, a meno di impedire del tutto l'accesso alla rete (come purtroppo avviene talvolta in paesi controllati da regimi autoritari).

Una soluzione alternativa alla censura delle fonti è l'uso di sistemi di filtri che agiscano sul lato client, impedendo l'accesso a determinati contenuti da parte di soggetti non autorizzati. Come è noto, nel mondo dell'informatica uno dei problemi più difficili da risolvere è l'interpretazione semantica dei contenuti da parte degli elaboratori[44]. Per ovviare ai limiti 'cognitivi' degli attuali computer, dunque, e implementare un sistema di valutazione del contenuto dei siti Web, l'unica strada percorribile è quella del vaglio dei materiali pubblicati da parte di operatori umani.

Su questo principio si basa la *Platform for Internet Content Selection* (PICS), sviluppata dal W3 Consortium, e rilasciata come *recommendation* alla fine del 1996. Sul sito del W3C, all'indirizzo **http://www.w3.org/PICS/** sono disponibili le specifiche ufficiali e altre informazioni su questa tecnologia.

PICS è un sistema che permette di associare etichette valutative alle pagine Web[45]. Ogni etichetta, mediante una sintassi formalizzata, fornisce una valutazione (*rating*) del contenuto della pagina in base a una determinata classificazione, ed è *univocamente* associata alla pagi-

[44] Per la verità alcuni studi, che non hanno comunque prodotto standard validi, sono stati fatti basandosi sul riconoscimento delle immagini (tecnologia attualmente in continuo sviluppo): sono stati implementati software che, in base a studi statistici sui materiali pubblicati su pagine Web con contenuti pornografici, inibiscono la visualizzazione di immagini con determinati *pattern* di colori e forme. Altri esperimenti sono stati fatti in alcuni ambienti chat. La tecnica era quella di inibire automaticamente la pubblicazione di parole poste all'indice, arrivando a paradossi come quello di vietare conversazioni che utilizzano parole come "seno" che potrebbero, per esempio, essere intese nell'accezione scientifico/matematica (seno e coseno)!

[45] Normalmente le etichette PICS sono inserite all'interno di un file HTML. Tuttavia è possibile anche usare un servizio di etichettatura (*label bureau*) dinamico, che invia etichette su richiesta. Questo facilita la gestione del sistema di classificazione e aumenta le garanzie rispetto a possibili manomissioni delle etichette, rese comunque difficili dalla presenza di firme digitali cifrate. L'idea che sta alla base di questa proposta è simile a quella del famoso 'V-chip', introdotto negli Stati Uniti per controllare l'accesso dei bambini alla televisione. Ogni trasmissione televisiva trasporta anche delle informazioni sulla natura del contenuto trasmesso. Il V-chip, opportunamente programmato, può bloccare la ricezione di determinate categorie di programmi, impedendone la visione. Si è tuttavia rilevato che con tutta probabilità saranno i figli ad insegnare ai genitori come programmare il V-chip!

na per la quale è stata rilasciata[46]. Le etichette PICS possono essere usate da apposite applicazioni o direttamente dai browser per filtrare le informazioni in arrivo dalla rete. Tali applicazioni sono in grado di confrontare l'etichetta del documento in arrivo con un insieme di criteri di valutazione indicati dall'utente: se la valutazione indicata risponde ai criteri prescelti, la ricezione della pagina viene autorizzata; in caso contrario, l'accesso alla pagina viene impedito.

L'aspetto positivo di questa tecnologia è che non esiste una autorità centrale che censura o approva il contenuto di un sito su World Wide Web. Il sistema si basa interamente sull'autocontrollo e sulla responsabilizzazione dei gestori di siti, degli autori di pagine Web e degli utenti. Le etichette PICS, infatti, possono essere assegnate in due modi: con il *self-rating*, chi pubblica un sito applica autonomamente i marcatori PICS; con il *third-party rating*, i marcatori vengono apposti da specifiche agenzie indipendenti abilitate a svolgere questa funzione (*Rating Agency*) su esplicita richiesta dei responsabili dei singoli siti. Un importante servizio di rating è quello dell'*Internet Content Rating Association* (ICRA). Si tratta di un osservatorio indipendente finanziato da un gruppo di aziende e organizzazioni, tra cui lo stesso W3C, la Microsoft, IBM, AOL e Yahoo!. Per avere informazioni, o richiedere una valutazione, si può visitare il sito Web **http://www.rsac.org/**.

Le etichette PICS, come detto, possono essere utilizzate sia da appositi software che si interpongono tra il client Web e il pacchetto di accesso alla rete, sia direttamente dai browser. Tanto Internet Explorer quanto Netscape hanno la capacità di riconoscere i marcatori PICS e, a seconda delle impostazioni dell'utente, controllare l'accesso ai siti durante la navigazione.

L'amministrazione delle restrizioni di accesso con il browser Microsoft si effettua mediante la scheda 'Contenuto' nella finestra di configurazione delle 'Opzioni Internet'. Il pulsante 'Attiva' mette in funzione il sistema di controllo; il pulsante 'Impostazioni' invece ne consente la configurazione. Sia l'attivazione sia l'impostazione delle restrizioni sono protette da una password. Quando la restrizione è attiva, il browser impedisce l'accesso a ogni pagina priva di etichette PICS. Le pagine etichettate vengono invece confrontate con il sistema di classificazione del servizio RSACi[47].

[46] Questo significa che ogni minima variazione della pagina invalida l'etichetta.

[47] La scala RSACi (*Recreational Software Advisory Council Internet*) seleziona i siti secondo una serie di dettagliati parametri che suddividono i possibili contenuti scabrosi in quattro categorie: linguaggio, scene di nudo, sesso, violenza.

Non solo computer

La rete senza fili

Possiamo immaginare Internet come un vero e proprio universo fatto di informazioni, un insieme di mondi dove le distanze geografiche vengono annullate e le informazioni circolano liberamente senza dogane o confini. Per accedere a questo "universo parallelo", fino a qualche tempo fa le strade erano poche e obbligate: linea telefonica, modem e computer, o costose connessioni dedicate, accessibili solo alle università e alle grandi industrie. Oggi, come abbiamo visto, gli strumenti che permettono di accedere alla rete si sono moltiplicati. ISDN e soprattutto ADSL rappresentano valide (e più efficienti) alternative al canonico collegamento via modem e linea commutata, e si sono sviluppate anche tecnologie wireless, che permettono di accedere senza fili e con minori limiti fisici all'universo informativo della rete.

Le connessioni wireless possono dividersi sostanzialmente in tre categorie:

- quelle *via satellite*, in cui però, almeno nel caso delle offerte disponibili per utenti privati, l'assenza di fili riguarda al momento solo la ricezione dei contenuti attraverso la parabola: il collegamento di quest'ultima alla scheda-decoder ospitata sul computer rimane di norma un collegamento fisico, e anche l'invio delle richieste al server avviene in genere in maniera tradizionale, via modem;
- quelle cosiddette *WiFi* o 'd'ambiente', che prevedono la copertura di un determinato ambiente – ad esempio un ufficio – attraverso una stazione di trasmissione collegata alla rete e denominata *wireless access point*; i vari computer utilizzeranno, al posto dei cavi, apposite schede di ricezione e trasmissione dati via radio per comunicare con l'access point;
- quelle effettuate collegando il computer alla rete attraverso un telefonino cellulare dotato dell'apposita interfaccia, o direttamente attraverso un telefonino cellulare fornito della capacità di navigare in rete.

Le reti WiFi (basate sulla classe di protocolli IEEE 802.11) sono sicuramente una delle novità più interessanti degli ultimi anni, e si stanno moltiplicando in maniera esponenziale; la loro diffusione permetterebbe – se esistesse una specifica volontà politica al riguardo – di realizzare vere e proprie aree di connettività aperta, anche piuttosto ampie (vi sono già esperimenti interessanti che prevedono una copertura attraverso reti WiFi di condomini, quartieri e addirittura piccoli paesi). Tuttavia, la connettività WiFi al di fuori di situazioni 'controllate' (un'azienda, un aeroporto, un campus universitario...) è spesso percepita – purtroppo – come un rischio: un rischio per i provider, che preferiscono vendere connettività a singoli utenti e comunque in una situazione garantita da procedure di autenticazione assai rigide; un rischio per la sicurezza dei dati, giacché una rete locale accessibile via WiFi potrebbe essere soggetta ad attacchi da parte di malintenzionati dotati di un portatile con scheda per il collegamento wireless e in grado di operare all'interno dell'area di copertura della rete; un rischio dal punto di vista del controllo di comportamenti illegali, giacché una rete WiFi configurata per accettare connessioni anonime, o le cui procedure di sicurezza siano state superate, può costituire un ottimo punto di partenza per utenti interessati a muoversi in rete in maniera libera da vincoli e controlli.

In realtà, volendo, molti di questi problemi potrebbero essere superati, soprattutto se si fosse disposti a rinunciare al disegno comunque impossibile e vagamente inquietante di un controllo e di una rintracciabilità totale degli accessi alla rete. Ma di fatto la diffusione delle reti WiFi è guardata con un certo sospetto da diversi governi e dalle grandi aziende. Che non riusciranno a bloccarne la diffusione, ma potranno probabilmente regolamentarla in senso restrittivo: nelle 'sale VIP' dei maggiori aeroporti internazionali avremo probabilmente poche difficoltà a collegare a Internet il nostro portatile o il nostro palmare, magari pagando un apposito canone di abbonamento, mentre compiere la stessa operazione dal giardino sotto casa potrebbe risultare assai meno agevole.

La telefonia mobile è indubbiamente l'altra 'nuova frontiera' del *wireless*; e si tratta di un settore nel quale sigle, standard sempre nuovi, servizi (a pagamento) dalle promesse sempre più mirabolanti sembrano sprecarsi. Ciascuno di noi ha sentito almeno una volta pronunciare sigle come WAP, GPRS o UMTS, magari senza comprenderne veramente il significato e soprattutto il loro vero rapporto con Internet. Vediamo di esaminare insieme, brevemente, alcune di queste tecnologie.

Già alcuni anni fa qualcuno fra i più sofisticati telefonini GSM era dotato di modem e poteva connettersi ai server dei gestori di telefonia mobile acquisendo dati con tecnologia TCP/IP e usufruendo del protocollo WAP per navigare in rudimentali ipertesti. Oggi la maggior parte dei telefonini di 'fascia bassa' permette comunque la navigazione su siti WAP. Lo standard WAP (*Wireless Application Protocol*) permette di realizzare (tristissimi) mini-siti Web, quasi interamente testuali, e in genere di usabilità decisamente scarsa (anche per la necessità di adattarli ai minuscoli display a cristalli liquidi di telefonini sempre più miniaturizzati). Inizialmente WAP è stato venduto come lo strumento per eccellenza per navigare in Internet con il telefonino. La delusione di coloro che hanno provato a sperimentare questi surrogati di Internet è pari solo allo scoramento derivante dal considerare il rapporto qualità/prezzo di questi servizi.

Sebbene il WAP – limitato anche dalla larghezza di banda possibile attraverso il normale sistema GMS, che non poteva superare la velocità di 9.600 bps – si sia rivelato sostanzialmente un fallimento (in verità non molto difficile da prevedere: nel nostro piccolo, lo avevamo fatto anche noi nella precedente edizione di questo manuale), le compagnie telefoniche non si sono scoraggiate, e sono passate alla commercializzazione del GPRS. Acronimo di *General Packet Radio Services*, il GPRS permetterebbe, con un calcolo del tutto teorico, di raggiungere velocità superiori ai 96.000 bps; in pratica tuttavia in Italia i gestori difficilmente permettono navigazioni GPRS più veloci di 28.800 bps[48].

Il GPRS rappresenta indubbiamente un progresso rispetto al GSM, ne sfrutta gli standard di trasmissione e le infrastrutture, ma utilizza altri protocolli software. Dopo il primo standard cellulare, l'etacs, sono arrivati i GSM, i telefonini di seconda generazione (2G). Il GPRS, evoluzione della seconda generazione, ma non ancora terza, viene comunemente indicato con la sigla 2.5G. Il GPRS si basa su un meccanismo di *pay per bit* piuttosto che sulla canonica tariffazione a tempo. Questa particolarità, che da un lato tranquillizza l'utente che non ha più il terrore del tempo che passa e della bolletta che lievita, in Italia non si è trasformata in un vantaggio per gli utenti; i gestori di telefonia mobile italiana, infatti, hanno presentato delle formule commerciali per la connettività GPRS che presentano dei costi ancora troppo elevati. I te-

[48] Il limite teorico della velocità di trasmissione raggiungibile con la tecnologia GPRS è di 171,2 Kbps. GPRS sfrutta le normali frequenze GSM (900 Mhz o 1.800 Mhz). Mentre GSM utilizza singole frazioni (time slot) di canali da 200 Mhz impiegandole interamente per una singola conversazione, il GPRS accoppia 4 degli otto time slot dei canali da 200 Khz per la ricezione dati e 2 per la trasmissione. Con le tecniche di compressione dei protocolli GPRS per ognuno degli 8 canali in cui si divide la banda base di 200 Khz si può raggiungere la velocità di 14.4 Kbps. In futuro, si può ipotizzare, che saranno attivate delle reti GPRS in grado di unire 8 canali in ricezione e 8 in trasmissione sfiorando il limite fisico dello standard con connessioni da 115.2 Kbps.

lefonini attualmente disponibili, GPRS classe 10, riescono a navigare e a far navigare (qualora ad essi si colleghino computer portatili o palmari) accoppiando 4 linee – o meglio *time slot* – in ricezione e 2 in trasmissione.

L'esordio del GPRS non è stato dei più felici: da un lato, la navigazione diretta da telefonino è ostacolata dalla ricordata povertà dei siti WAP e dall'ostinata (e incomprensibile) scelta di sacrificare la leggibilità del display alle dimensioni sempre più ridotte dei telefonini stessi. Dall'altro, l'uso dei telefonini GPRS come modem per il collegamento wireless alla rete di computer portatili e palmari è ostacolato da procedure troppo complesse e costi troppo elevati. È possibile che la situazione cambi con la sempre maggiore diffusione di computer palmari con connettività GPRS integrata e la nascita degli *Smart Phone*[49]. Ma nel frattempo si è già affacciata sul mercato una nuova tecnologia, che promette prestazioni assai migliori: l'UMTS, sistema telefonico di terza generazione (3G). I lettori probabilmente ricorderanno le aste statali plurimiliardarie – era ancora tempo di lire – bandite per la vendita delle relative concessioni.

UMTS è uno standard di comunicazione dati studiato ormai da un decennio dall'ITU (*International Telecommunications Union*), e in particolare dal gruppo di lavoro internazionale IMT-2000. La definizione di questo standard è stata un successo enorme, visto che alla complessa opera di standardizzazione hanno partecipato praticamente tutti gli operatori di comunicazione mobile, satellitare e radio-televisiva, nonché molti produttori di hardware e software, aziende statali ed enti di ricerca di tutto il mondo. La sigla UMTS sta per *Universal Mobile Telephone System.* L'appellativo di 'universale' deriva dalla caratteristica di riuscire a integrare, in maniera del tutto trasparente per gli utenti, infrastrutture di comunicazione via etere, sia cellulari sia satellitari, e via cavo. UMTS arriva a un *transfer rate* di oltre 2 Mbps, sia in ricezione sia in trasmissione, e permette di fruire del servizio sull'intera superficie del pianeta, anche se si è in movimento. UMTS si basa su un reticolo strutturato di frequenze che vanno dai 1.900 ai 2.200 Mhz. La sua introduzione richiede però una radicale trasformazione degli standard di radiotrasmissione e dei sistemi di assegnazione dei canali etere. Le norme di trasmissione dati per l'UMTS sono state elaborate dall'UTRA (*UMTS Terrestrial Radio Access*), e prevedono la divisione del-

[49] Gli Smart Phone sono dei telefonini che integrano nativamente anche tutte le funzioni di un computer palmare.

le tradizionali celle di telefonia mobile in una gerarchia di sottocelle: nell'ordine, macro-celle, micro-celle, pico-celle, e micro-pico-celle. La velocità di trasmissione varia a seconda della collocazione dell'utente sul territorio e quindi della cella di riferimento. In un futuro per ora ancora lontano si può ipotizzare che, grazie all'integrazione di connettività satellitarie e radio terrestre, tutto il pianeta sarà coperto da macrocelle che garantiranno una velocità minima di 144 Kbps. La velocità del trasferimento dati aumenterebbe man mano che le celle concentriche si infittiscono (tipicamente nei centri abitati) e il massimo di *transfer rate* (che come detto è di 2 Mbps) sarà raggiungibile nelle zone coperte da pico-celle.

L'offerta commerciale di servizi UMTS è stata avviata in Italia a inizio 2003 da parte della compagnia specializzata *3*, che si è aggiudicata la relativa asta pubblica. Fra fine 2003 e inizio 2004 (anche sulla base del successo o insuccesso commerciale dell'offerta di *3*), è prevedibile che offerte di terza generazione arriveranno anche dagli altri gestori di telefonia mobile.

La strategia commerciale di *3*, molto aggressiva, si basa più sulla possibilità di effettuare videotelefonate e di inviare con semplicità messaggi multimediali che sulla connettività veloce alla rete. I telefonini utilizzabili con il servizio *3* includono tuttavia un mini-browser Web, in grado di navigare non solo su siti WAP ma anche e soprattutto su normali siti Web, purché realizzati utilizzando un HTML di base e ottimizzati per le piccole (ma non più claustrofobiche) dimensioni dei display dei telefonini, diventati nel frattempo a colori. Anche la possibilità di scaricare filmati, e quella di eseguire direttamente sul telefonino programmini Java (ad esempio giochi) prelevati dalla rete, potrebbero rivelarsi armi vincenti. *3* ha speso moltissimo sia in campagne pubblicitarie, sia nella distribuzione quasi sotto costo dei 'videofonini' abilitati al servizio. Questi costi – e quelli di aggiudicazione dell'asta UMTS – dovranno evidentemente rientrare a spese degli utenti: una scommessa non da poco, che presuppone una larga diffusione dei servizi UMTS e un largo gradimento da parte del pubblico. Per determinare il successo – tutt'altro che assicurato – di questa scommessa occorre che l'offerta di servizi, non solo nel campo delle videotelefonate ma anche in quello delle applicazioni Internet, sia effettivamente utile e innovativa, e occorre probabilmente individuare altre 'killing application' oltre a quella che si ritiene offra la videotelefonia. Tenendo conto che in molti casi le reti WiFi possono costituire una alternativa a basso costo alle connessioni UMTS. Occorre anche, probabilmente, una evoluzione dal lato delle interfacce:

una nuova generazione di telefonini tutto-display, di dimensioni più larghe e squadrate, adatti a un uso visualmente meno sacrificato delle possibilità offerte dall'Internet mobile.

Dal PC alla console?

Come già detto, non è solo tramite il computer che è possibile accedere a servizi di rete. Qualche anno fa si era ipotizzata la possibilità della diffusione di *network computer*, terminali poco potenti e poco versatili, esplicitamente dedicati alla navigazione su Internet. Oggi, dopo il sostanziale fallimento commerciale dell'esperimento network computer, appaiono altre tendenze, sebbene non ancora perfettamente delineate e certe. Se si dovesse fare una scommessa su quali saranno gli strumenti che potranno in futuro rappresentare un'alternativa di massa al personal computer per accedere a Internet e in particolare al Web, si potrebbe puntare probabilmente su un'evoluzione dei decoder televisivi e delle attuali *console* per videogame. Come si è accennato altrove, le principali case costruttrici di console (Sony e Microsoft) prevedono già la possibilità di far navigare le loro *game machine* in rete per poter accedere ad aree ludiche collettive. Dobbiamo quindi immaginare quale potrebbe essere l'impatto sul mercato di una macchina semplicissima da mettere in funzione (nessuno ha mai dovuto affrontare il problema dell'"installazione" di una console), con la quale si possano vedere DVD, leggere DVD-ROM, ascoltare musica, giocare in locale o in rete interagendo con altri giocatori remoti, navigare sul web, il tutto attraverso lo schermo di un normale televisore.

Dietro a questo successo annunciato, vediamo anche qualche pericolo di tipo culturale. Per esempio, lo stereotipo che vede in tutti i giovani appassionati di videogiochi dei veri e propri esperti di computer inizia a vacillare. Molti fra i videogiocatori più giovani, infatti, si fermano oggi al banale e acritico utilizzo della console, mentre le generazioni precedenti per giocare si dovevano impegnare a installare driver, utilizzare *crack*, scambiarsi informazioni in rete, e così via. Il fatto che si vada verso una semplificazione tecnologica può sicuramente allargare la sfera degli utenti della rete, ma può anche ridurre la loro capacità operativa, e talvolta anche la loro capacità critica.

Anche se nasceranno macchine più specializzate e più semplici, il personal computer è comunque, e rimarrà ancora per diverso tempo, il mezzo più efficiente e più diffuso per navigare in Internet. Investire del tempo per comprendere al meglio i suoi meccanismi di funzionamento, le sue caratteristiche hardware e software, le sue potenzialità di strumento per la produzione, l'elaborazione, la gestione e la condivisione di informazione, è dunque sicuramente vantaggioso. Guardare in avanti, e prevedere il futuro delle nuove tecnologie, è sempre difficile: per sperare in qualche successo, occorre conoscere bene il proprio presente e (molto spesso) anche il proprio passato. Giacché in ogni caso, quale che sia il futuro di Internet, la conoscenza delle tecnologie, degli strumenti per la comunicazione di rete, delle strategie più efficaci per il loro uso, rappresenta l'unica vera arma a disposizione degli utenti per garantire che la rete stessa resti libera, aperta e culturalmente produttiva. È anche per questo che ogni anno, non senza fatica, ci ritroviamo a scrivere gli aggiornamenti di questo libro e a pubblicarne gratuitamente in rete il testo. Conoscere e far conoscere la rete significa avere la garanzia che Internet rimarrà a lungo un luogo d'incontro libero e democratico.

Appendice A

Internet da zero

In questa appendice ci occupiamo brevemente del primo e più pratico tra i problemi che ogni nuovo utente si trova a fronteggiare: come ci si connette a Internet? Che computer serve, a chi ci si deve rivolgere per ottenere l'accesso alla rete?

Innanzitutto: cosa serve a una persona che voglia collegarsi a Internet da casa propria, utilizzando una normale linea telefonica, senza optare per soluzioni di norma più veloci ma tecnicamente più complesse come ADSL, connettività su fibra ottica, connettività satellitari o wireless? Fondamentalmente, cinque cose:

- una linea telefonica
- un computer
- un modem (l'apparecchio che permette al computer di comunicare attraverso la linea telefonica)
- un fornitore di connettività (o Internet provider), cioè un servizio privato o pubblico che disponga di un computer collegato permanentemente alla rete, e al quale sia possibile accedere via modem. Il computer del fornitore di connettività costituirà un po' la nostra porta di accesso a Internet
- uno o più programmi installati sul computer, capaci di controllare il modem, di garantire il corretto flusso di dati in ingresso e in uscita, e di rendere possibili le operazioni che desideriamo compiere in rete (ad esempio scrivere messaggi di posta elettronica, visualizzare pagine Web, ecc.).

La linea telefonica costituisce il canale di comunicazione tra il computer e la rete. Quando vorremo collegarci a Internet 'telefoneremo' (o meglio, lo farà il modem, controllato dal computer) a un numero indicatoci dal nostro fornitore di connettività. All'altro capo del filo risponderà un altro modem, collegato al computer del provider. I due computer (il nostro e quello remoto) inizieranno a 'dialogare' – un po' come accade quando si stabilisce una connessione fra due macchine fax

– e dopo aver effettuato il 'login' (dopo esserci cioè fatti riconoscere fornendo il codice utente e la password che avremo ottenuto al momento dell'abbonamento) potremo iniziare a navigare nella rete. Per chiudere il collegamento, non dovremo fare altro che 'abbassare la cornetta del telefono': anche in questo caso penserà a tutto il modem, in risposta a un nostro comando via computer.

Questo quadro sommario dovrebbe, speriamo, fornire una idea generale del funzionamento di un collegamento 'casalingo' a Internet e dei dispositivi da esso richiesti. Nei prossimi paragrafi cercheremo di chiarire con maggiore dettaglio i vari elementi che lo compongono.

La linea telefonica

La linea telefonica è, con tutta probabilità, l'elemento meno problematico tra quelli richiesti per connettersi a Internet: ogni lettore ne avrà sicuramente a disposizione una o più, sia a casa sia in ufficio. Qualora tuttavia ci si trovasse nella condizione di dovere (o volere) acquistare una nuova linea, è bene sapere che l'offerta del nostro gestore telefonico prevede due opzioni: la tradizionale linea analogica (*Public Switched Telephone Network*, PSTN) e la linea digitale ISDN (*Integrated Services Digital Network*).

Ricordiamo che ADSL, su cui ci soffermeremo brevemente in seguito, non è un terzo tipo di linea telefonica, ma una nuova modalità di trasmissione dati sul più vecchio tipo di linea (PSTN). ADSL offre connessioni assai più veloci di quelle disponibili utilizzando un tradizionale modem, e, per quanto possa apparire paradossale, non è compatibile con le più recenti linee digitali ISDN.

Qualche tempo fa l'alternativa ISDN era valida per tutti coloro disposti a spendere qualche lira in più in cambio di maggiore velocità su Internet. Ora con l'avvento dell'ADSL le cose sono un po' diverse, e gli euro in più da spendere per le linee ISDN appaiono assai meno giustificati: chi preferisse compiere i primi passi in rete utilizzando una connessione a bassa velocità potrà trovare più conveniente usare un normale modem e una 'vecchia' linea PSTN, che garantisce in qualunque momento la possibilità di un 'upgrade' a ADSL. ISDN – che offre la possibilità di arrivare alla velocità di connessione di 128 Kbps – può rappresentare una valida alternativa solo per quegli utenti che vogliano navigare su Internet a velocità superiori ai 56 Kbps (raggiungibili con i normali modem analogici) e abitino in un comune italiano non raggiunto dai servizi ADSL.

Il computer

Dire con esattezza quali siano le caratteristiche ideali di un computer che deve essere utilizzato per accedere a Internet non è facile. Alcuni servizi di base, come lo scambio di posta elettronica, il trasferimento di file (FTP) o il collegamento in modalità terminale a sistemi remoti, sono accessibili quasi con qualsiasi computer. La navigazione su Web pone qualche esigenza in più; ma – magari utilizzando un browser 'leggero' come *Opera* e rinunciando alla visualizzazione ottimale di siti molto 'spinti' dal punto di vista dei contenuti multimediali – moltissimo può essere fatto anche con computer non di ultima generazione. In effetti, la navigazione su Internet non è di norma troppo 'esosa' in termini di risorse hardware (lo è assai meno, ad esempio, di quanto non accada con i videogiochi più recenti...): a patto di disporre di un computer realizzato negli ultimi quattro o cinque anni, la velocità del collegamento alla rete è molto più importante di quella del microprocessore. Naturalmente, un computer più recente e veloce offrirà prestazioni migliori, soprattutto negli usi più avanzati come il video streaming, e sarà quasi obbligatorio per applicazioni specifiche come i videogiochi in rete con grafica tridimensionale (ma anche in questo caso il collegamento dovrà essere di velocità adeguata).

Chi invece pensa di acquistare un nuovo computer, sia esso PC o Apple Macintosh, non ha nulla da temere: i moderni sistemi operativi sono tutti predisposti per l'accesso a Internet, basta solo sincerarsi che nell'acquisto del nuovo hardware venga incluso anche un modem.

Il modem

Che cosa è

Il termine 'modem' deriva dall'unione delle parole 'modulatore' e 'demodulatore'. Il modem è infatti un apparecchio che codifica e trasforma (modula) dati binari, le lunghe catene di zero e uno con le quali opera il computer, in impulsi elettromagnetici veicolabili attraverso una normale linea telefonica. Un modem è ovviamente in grado di compiere anche l'operazione inversa, ovvero decodificare (demodulare) gli impulsi elettromagnetici ricevuti dalla linea telefonica, traducendoli nella forma binaria comprensibile per il computer. In sostanza un modem è un congegno che permette a un computer di 'parlare' e di 'ascoltare' attraverso una comune linea telefonica.

Spesso – anche se impropriamente – si parla di 'modem' anche a proposito dei 'terminal adapter' utilizzati per navigare mediante una linea ISDN. Un tipo particolare di modem, diverso da quelli utilizzati per i normali collegamenti analogici su linea commutata, è necessario anche per i collegamenti ADSL.

Come sceglierlo

I modem si possono dividere in tre categorie: interni, esterni e PC Card. I modem interni sono schede alloggiate all'interno del computer. Nel contenitore schermato (*cabinet* o *chassis*) che contiene le parti vitali di un personal computer (CPU, disco rigido, memoria RAM, ecc.) sono predisposti dei ricettori per schede hardware, comunemente chiamati 'slot'. Negli slot si possono inserire, ad esempio, schede video (per il controllo di ciò che appare sul monitor), schede audio (per il controllo degli altoparlanti e del microfono eventualmente connessi al computer), e anche, appunto, schede modem.

Un modem esterno invece è un dispositivo autonomo dal personal computer e si connette ad esso in genere tramite un cavo USB o, per i modelli meno recenti, un cavo seriale (un cavo dove i bit viaggiano uno di seguito all'altro: 'in serie').

Il modem PC Card è una piccola scheda portatile – le sue dimensioni sono paragonabili a quelle di una carta di credito – che normalmente viene utilizzata su computer portatili o palmari che non hanno il modem integrato di serie (i computer portatili più recenti hanno comunque quasi sempre un modem integrato).

Se ci vogliamo orientare nella scelta del modem adatto per le nostre esigenze, consideriamo che un modem esterno è di norma preferibile a uno interno, anche per la possibilità di trasportarlo e di collegarlo con facilità a diversi computer. Usando un modem esterno si evita poi di occupare uno degli slot, lasciandolo libero per altre eventuali necessità, e si riduce il rischio di conflitti hardware fra le schede installate. Inoltre sul frontale di un modem esterno è presente in genere una serie di spie luminose, che tengono aggiornato l'utente sulle operazioni svolte dall'apparecchio (ricezione, trasmissione, stato della linea); queste spie non sono di norma presenti in un modem interno (anche se taluni programmi permettono di visualizzare sullo schermo una loro 'simulazione').

Dal canto suo, un modem interno non occupa spazio (sebbene anche i modem esterni siano di norma molto poco ingombranti), è più economico, e consente comunicazioni più veloci nel caso in cui la porta seriale del computer sia particolarmente lenta (i computer recenti sono comunque tutti dotati di porte seriali veloci o di porte USB).

Il modem PC Card è sicuramente consigliabile per chi utilizza un computer portatile dotato di porte PC Card che non abbia già il modem integrato nello *chassis*. Bisogna tenere presente però che un modem di questo tipo è in genere più caro. È bene, inoltre, controllare il tipo di porte PC Card del computer: se si trattasse di un portatile un po' datato, potrebbe non essere compatibile con gli ultimi standard per questa categoria di schede.

Oltre alla tipologia (interno, esterno, PC Card), un parametro molto importante per la scelta è la velocità con cui il modem riesce a ricevere e a trasmettere dati (tale velocità si misura solitamente in 'baud'). Senza entrare troppo nel dettaglio, è chiaramente preferibile acquistare un modem veloce. Questo infatti può permettere un sensibile risparmio sulla bolletta telefonica, e velocizzare almeno in parte le nostre navigazioni. I modem attualmente in commercio sono normalmente tutti omologati con standard V. 90; tenete presente comunque che difficilmente raggiungeranno velocità superiori ai 50.000 bps (bit per secondo), anche se vengono commercializzati con il marchio '56K' (56 mila bit per secondo).

Bisogna inoltre ricordare che alcuni modelli possono apparire lievemente più cari rispetto ad altri apparecchi della stessa tipologia e con uguale velocità, perché danno in più la possibilità di trasformare il nostro computer in una segreteria telefonica con caselle vocali (*voice modem*). Un'opzione che può essere utile per chi svolge attività commerciali, ma che è in genere di scarso interesse per un utente comune.

Sicuramente ha un valore aggiunto la scelta di un modem dotato di memoria *Flash*: un particolare tipo di microprocessore che può essere riprogrammato anche dall'utente, e che permette quindi di aggiornare il modem, dotandolo dei protocolli di ricezione/trasmissione dati più evoluti.

Il provider

I provider che offrono servizi di accesso a Internet attraverso linea telefonica commutata o attraverso linea ISDN sono moltissimi, e la scelta dipende in gran parte da preferenze personali, ed eventualmente dal comune in cui ci si trova. In genere la connessione alla rete è gratuita[1], e si paga (con tariffa a tempo o forfetaria, secondo il contratto telefonico prescelto) solo la telefonata al provider. Tenete presente che molti provider offrono numeri unici di accesso sul territorio nazionale, con tariffe spesso ridotte rispetto a quelle delle normali telefonate urbane. Consultate anche le proposte delle molte compagnie telefoniche che dispongono di offerte 'abbinate' per telefonia e connettività Internet: permetteranno spesso un risparmio non solo sui costi della connessione alla rete, ma anche su quelli delle vostre telefonate!

La configurazione dell'accesso a Internet

Le versioni più recenti di tutti i principali sistemi operativi (da Windows ME, Windows XP e Windows 2003 a Mac OSX, fino alle principali distribuzioni di Linux) offrono ormai per la connessione a Internet procedure guidate semplici e dettagliate. Sarebbe inutile – e molto oneroso in termini di spazio – riprenderle passo passo in questa sede, come avevamo fatto nelle versioni precedenti di questo manuale quando le procedure da seguire erano assai più complesse e gli strumenti di aiuto e orientamento assai meno efficaci. I pochi elementi 'variabili' rispetto alle procedure guidate dipendono di norma da dati (nome utente, password, indirizzo del DNS, gateway, indirizzo IP se si dispone di un indirizzo IP statico, indirizzi di POP e SMTP server) che ci dovranno essere forniti dal nostro provider, e che variano da provider a provider. Il consiglio, dunque, è quello di rivolgersi innanzitutto alle sezioni dell'Help in linea del nostro sistema operativo relative alla connessione a Internet, e all'*help desk* del nostro provider.

[1] Fa eccezione, fra i provider più noti, *Mc-Link* (**http://www.mclink.it**), che però offre ai propri utenti una serie di servizi aggiuntivi di alto livello.

Le connessioni ADSL

Come abbiamo accennato parlando di banda larga, ADSL (*Asymmetric Digital Subscriber Line*) è una tecnica di trasmissione appartenente alla famiglia xDSL, che consente di raggiungere velocità di trasmissione elevate attraverso il 'frazionamento' virtuale della linea telefonica in più canali distinti, usati in parallelo. Negli ultimi due anni, ADSL ha fatto in Italia passi da gigante, e sono ormai disponibili offerte di connettività ADSL da parte di numerosi provider (ma non tutti i comuni italiani sono coperti dal servizio[2]). Anche in questo caso, è difficile dare suggerimenti; tenete però presente che le offerte si differenziano non solo relativamente alla velocità di connessione offerta (con offerte di 'fascia bassa' che per le utenze private non professionali prevedono di norma 320 o 256 Kbps in entrata e 64 Kbps in uscita, e offerte di fascia alta che possono arrivare a 1,2 Mbps in entrata e 256 Kbps in uscita) ma anche relativamente alla 'banda minima' garantita. La velocità pubblicizzata dai provider è infatti quella massima consentita (sull'ultimo tratto del collegamento, quello che va dal provider all'utente), ma il suo raggiungimento effettivo può risultare difficile – soprattutto nelle ore 'di punta' – se il provider utilizza le proprie linee per un numero troppo alto di utenti.

Tenete anche presente che alcune offerte ADSL prevedono l'assegnazione all'utente di un indirizzo IP fisso, altre di un indirizzo IP temporaneo, altre ancora di un indirizzo IP 'cieco'. L'indirizzo IP fisso è preferibile se si desidera installare sul proprio computer programmi server, in particolare server Web o FTP; l'indirizzo IP temporaneo rappresenta una soluzione accettabile per l'uso quotidiano della rete da parte di utenti senza particolari esigenze, mentre l'indirizzo IP 'cieco'[3]

[2] Il centralino telefonico di zona, per poter supportare ADSL, deve essere digitale ed avere installata una scheda DSLAM (*DSL Access Multiplexor*) necessaria per la gestione di più linee ADSL. Sul sito di Telecom Italia Network è possibile consultare la lista aggiornata dei comuni italiani raggiunti dal servizio ADSL. Un altro problema dell'ADSL è la forte deperibilità del segnale: per avere delle buone prestazioni da una linea ADSL è necessario che la nostra postazione casalinga non disti più di 3 km dalla centralina di smistamento telefonica.

[3] Un indirizzo cioè non visibile dall'esterno: in sostanza, il computer dell'utente dotato di IP cieco diviene parte di una rete locale gestita dal provider, e riceve da Internet le informazioni richieste non direttamente ma attraverso la mediazione del server che gestisce le rete locale. L'IP cieco è utilizzato in particolare dalle connessioni FastWeb (l'utente può in questo caso richiedere l'assegnazione temporanea di un IP effettivo, ma – almeno al momento in cui scriviamo – si tratta di un servizio aggiuntivo a pagamento, con costi piuttosto alti).

può presentare problemi qualora si volessero usare programmi di *instant messaging*, chat o videoconferenza – e naturalmente programmi server – che di norma richiedono l'identificazione dell'utente attraverso un indirizzo IP pubblico.

Per quanto riguarda il modem da utilizzare, i collegamenti ADSL richiedono – come già accennato – un modem specifico. Spesso i modem ADSL vengono dati in comodato d'uso dal provider che fornisce la connettività; valutate però i costi di questa opzione: se il costo del noleggio del modem risultasse troppo alto, potrebbe convenire acquistarlo. Ricordate comunque di non avventurarvi nell'acquisto di un modem ADSL senza prima aver verificato che il modello sia fra quelli testati dal vostro provider, e per i quali il provider stesso offra (in genere nella sezione di help all'interno del proprio sito) chiare istruzioni di configurazione. La configurazione di un modem ADSL può infatti rivelarsi tutt'altro che semplice, e i provider hanno spesso la pessima abitudine di mostrarsi infastiditi dalle richieste di istruzioni e chiarimenti da parte degli utenti che hanno avuto l'ardire di comprare il modem autonomamente, senza approfittare dei più rilassanti (e più costosi) pacchetti 'tutto compreso'. Va anche ricordato che vi sono diverse tipologie di modem ADSL: per il collegamento con il vostro computer alcuni utilizzano una porta USB, altri richiedono una scheda di rete (offrendo in genere in cambio una maggiore versatilità di configurazione). Se si possiede e si desidera collegare contemporaneamente alla rete più computer (ad esempio un computer fisso e uno portatile, o i computer di diversi membri della famiglia), converrà acquistare un modem ADSL che offra anche le funzionalità di router: esso permetterà di realizzare con una spesa abbastanza ridotta una rete locale. Ricordate anche di personalizzare sempre la password standard fornita per la configurazione del vostro modem ADSL. Esso diventa infatti il punto di accesso al vostro computer o alla vostra rete locale, ed è dunque 'visibile' dall'esterno: un utente malintenzionato potrebbe modificarne la configurazione. Molti utenti (e purtroppo anche molti produttori di modem-router ADSL) non si rendono conto di quanto il modem ADSL sia delicato per la sicurezza di una rete locale. Dal lato positivo, va detto che i migliori modem-router ADSL includono anche veri e propri firewall, che – una volta attivati e correttamente configurati – possono migliorare considerevolmente le vostre difese anti-intrusi.

Le connessioni in fibra ottica (FastWeb)

Come si è già ricordato, in questo momento *FastWeb* (**http://www.fastweb.it**) è di fatto il solo operatore italiano a proporre all'utenza residenziale privata un'offerta di cablatura Internet a fibra ottica. In realtà, l'offerta FastWeb prevede l'accesso a Internet attraverso fibra ottica (con la ragguardevole velocità di 10 Mbps, raggiungibile di fatto però solo su una porzione abbastanza ristretta della rete) per le sole zone già cablate, e cioè alcuni fra i quartieri delle maggiori città. Per le zone raggiunte da ADSL ma non dalla cablatura, FastWeb propone invece una connessione ADSL comunque piuttosto veloce.

Chi si trova in una delle zone coperte dalla cablatura FastWeb avrà probabilmente già ricevuto – o riceverà al momento in cui la cablatura avrà raggiunto il suo quartiere – un depliant con le relative offerte commerciali. Va tenuto presente che l'attivazione della cablatura richiede alcuni lavori anche 'fisici' sull'abitazione o sul condominio dell'utente: occorre infatti installare nell'edificio una centralina, e portare la cablatura ai singoli appartamenti. La cablatura Fastweb può essere utilizzata sia per la telefonia sia per la connessione a Internet, e offre servizi aggiungivi sotto forma di canali televisivi digitali via cavo, video on-demand e addirittura un 'videoregistratore virtuale' per la registrazione di programmi televisivi su server remoto. A fronte di questi servizi, decisamente appetibili, i problemi che possono presentarsi all'utente – prescindendo dalla ricordata necessità di intervento per l'installazione della centralina – sono sostanzialmente di tre tipi: innanzitutto, i servizi Fastweb prevedono un canone mensile non proprio indolore (ma va considerato che il canone copre anche la telefonia vocale); in secondo luogo, il servizio ha sofferto e in parte continua a soffrire dei problemi di 'rodaggio' tipici di una nuova tecnologia: alcuni utenti hanno così lamentato, soprattutto nelle fasi di avvio del servizio, difficoltà nella comunicazione telefonica (in particolare: se per un qualche motivo le linee dati sono intasate, il nostro telefono potrà risultare non raggiungibile); in terzo luogo, gli indirizzi IP forniti da FastWeb – a meno di non pagare una cifra aggiuntiva per un indirizzo IP effettivo, disponibile comunque al momento solo su base oraria – sono 'ciechi', con i limiti conseguenti che abbiamo già discusso nel paragrafo precedente. Gli utenti FastWeb sono insomma un po' nella condizione di pionieri: sono i primi in grado di sperimentare da vicino le potenzialità più avanzate offerte da una connessione alla rete davvero a banda larga; ma come si sa la vita dei pionieri – ancorché ricca di soddisfazioni – non è sempre facile. Anche per questo, può aiutare l'indirizzo **http://www.fastwebnet.org**: si tratta di un sito non ufficiale, creato da utenti FastWeb che si scambiano informazioni (e qualche utile trucco) sul funzionamento del servizio.

Appendice B

Pubblicare informazioni su Internet*

Uno degli aspetti innovativi di Internet è la facilità con la quale è possibile non solo reperire, ma anche diffondere informazione. L'utente occasionale della rete tende spesso a limitare questa possibilità ai casi più ovvi: posta elettronica, messaggi a liste e newsgroup. L'universo di World Wide Web è visto solo come oggetto di fruizione: la sua 'costruzione' è considerata appannaggio di un gruppo ristretto di 'esperti' del computer, capaci di dominare le esoteriche istruzioni di HTML, XML e degli altri linguaggi utilizzati attualmente per creare le pagine ipermediali della grande ragnatela mondiale.

Le ragioni per le quali la diffusione di informazioni attraverso WWW è talvolta ritenuta fuori dalla portata di un utente ordinario sono fondamentalmente due. Da un lato, i linguaggi per creare pagine Web appaiono complicati; dall'altro, per pubblicare una (o più) pagine su World Wide Web è necessario disporre dell'accesso a uno dei server collegati permanentemente alla rete. E il termine 'server' tende ad evocare un supercomputer inaccessibile, una macchina circondata da tecnici in camice bianco e lontana anni luce dal personal computer poggiato sulla scrivania di casa.

Come il lettore avrà forse già intuito, entrambi questi pregiudizi sono infondati. HTML, XML e altri non sono 'linguaggi di programmazione', ma degli assai più semplici 'linguaggi di marcatura', e se possono suonare egualmente astrusi alle orecchie di un profano, la realtà è assai diversa: come si è già accennato in questo manuale, un linguaggio di marcatura è concettualmente assai vicino, ad esempio, alle convenzioni adottate da un correttore di bozze per 'marcare' del testo da stampare in corsivo o in grassetto; se vogliamo, le stesse sottolineature che molti di noi utilizzano per evidenziare passi e sezioni del testo che stan-

* Questa appendice è stata scritta da Marco Calvo.

no leggendo sono una forma di marcatura. Uno degli obiettivi di questo capitolo è fornire a chiunque voglia 'vedere dentro la scatola', e provare a preparare documenti 'Internet-ready', gli strumenti di base per farlo: con un minimo di pazienza e di curiosità, si tratta di un compito alla portata di tutti, soprattutto considerando la progressiva moltiplicazione dei programmi di videoscrittura capaci di salvare direttamente un documento in uno dei formati adatti al Web.

Quanto ai server, non sono inaccessibili né concettualmente né praticamente; molte delle macchine che sono dietro alle complicate URL della rete sono in tutto analoghe a quelle che abbiamo sulla scrivania – e quand'anche così non fosse, per pubblicare una pagina in rete non c'è alcun bisogno né di possedere, né di saper usare un server: basta disporre di un po' di spazio sul suo disco rigido. Spazio che molti fornitori di connettività saranno felici di affittarci, a prezzi a volte poco più che simbolici o addirittura gratuitamente.

Insomma: mettere informazioni su World Wide Web è facile, economico e – se possiamo permetterci un'osservazione valutativa – anche 'politically correct': perché si contribuisce a rendere la rete patrimonio collettivo, si allarga l'offerta informativa, e si evita di lasciarla unicamente nelle mani della grande industria e (anche questa è in fondo un po' una casta!) dei 'guru' dell'informatica.

Affittare spazio macchina o realizzare un proprio server?

Supponiamo dunque di aver deciso di compiere il grande passo: o perché abbiamo deciso noi stessi di cimentarci con HTML (nella pagine che seguono vedremo che l'operazione è alla portata di tutti), o perché, in qualità di responsabili di una ditta, di una associazione, o semplicemente dell'organizzazione di un convegno, desideriamo una 'vetrina' in rete per la nostra offerta informativa (e magari anche per la nostra offerta di beni e servizi). Da dove cominciare?

Una prima decisione che dobbiamo prendere è se affittare spazio macchina da qualcuno, o allestire in proprio un nostro server. Vediamo di capire esattamente qual è la differenza concettuale (ed economica) fra le due alternative.

Affittare spazio macchina

Affittare spazio macchina vuol dire, come si è accennato, 'noleggiare' una porzione del disco rigido di una macchina connessa alla rete, per pubblicarvi le nostre pagine Web. Normalmente, si tratterà della macchina del nostro fornitore di connettività[1], o di uno dei tanti 'Web space provider' sparsi per la rete. Facciamo un esempio pratico, e supponiamo di voler inserire in rete un insieme di pagine, illustrazioni e informazione varia (magari un file sonoro, o un catalogo di prodotti completo di modulo d'ordine). Queste pagine potrebbero essere tranquillamente realizzate da noi sul computer di casa o dell'ufficio: come vedremo, gli strumenti per farlo sono alla portata di chiunque; oppure potrebbero essere realizzate da una società di servizi ingaggiata allo scopo, e capace di assicurare al nostro sito un elevato livello di progettazione informativa e grafica. Naturalmente, sarà importante che il server che ci ospita sia facilmente raggiungibile dagli utenti della rete, disponga cioè di linee-dati sufficientemente ampie in rapporto alla quantità di persone che vi accedono. Non ha invece importanza la sua collocazione fisica: sia che si trovi in Italia, sia che si trovi, ad esempio, negli Stati Uniti, accederemo al server con una connessione via Internet, cioè – come è tipico della rete – a costi indipendenti dalla distanza.

Consulteremo dunque le offerte relative al noleggio spazio macchina di un certo numero di fornitori. Tenete conto che alcuni, oltre a far pagare lo spazio su disco rigido (si parte di solito da almeno 500 Kb), fanno pagare una certa quota anche per il traffico generato (pagheremo cioè di più, quante più persone 'visitano' il nostro sito). In genere, il pagamento a traffico avviene per scaglioni di 50, 100 o 200 Mb mensili di dati e costituisce una buona ragione, assieme alla velocità di trasferimento, per tenere 'leggere' le nostre pagine. Non comporta comunque un aggravio di costi eccessivo – tanto più che corrisponde al nostro 'successo' in rete.

Quanto dobbiamo preventivare di spendere? È difficile fornire cifre esatte. Spesso, un individuo o un'associazione no-profit possono inserire un certo numero di pagine gratis o con forte sconto presso il proprio fornitore di connettività, a patto che il traffico generato non sia eccessivo: in Italia, MC-link (**http://www.mclink.it/**), Agorà (**http://www.agora.stm.it/**), Aruba (**http://www.aruba.it/**) e Tiscali (**http://webspace.ti-**

[1] La quasi totalità dei provider che vendono abbonamenti a Internet, a richiesta, noleggia anche 'spazio macchina' per pagine HTML.

scali.it/) ad esempio, mettono a disposizione un servizio di questo tipo. Geocities di Yahoo! (**http://it.geocities.yahoo.com/**) è una delle 'comunità telematiche' più note e offre il proprio spazio gratuitamente, a patto di accettare alcune condizioni (p. es. il logo di Geocities in ogni pagina). Per avere un elenco aggiornato di siti e provider che offrono servizi di questo tipo, basterà ricorrere, al solito, a Yahoo! (**http://www.yahoo.it/**), fornendo come criterio di ricerca 'hosting di siti Web'.

I prezzi per servizi commerciali sono naturalmente più alti; tuttavia, con una cifra annua che parte (a seconda della quantità di materiale inserita in rete, dei servizi offerti, ecc.) da circa duecento euro[2] si dovrebbe essere in grado di inserire in rete un sito completo, piuttosto elaborato e con un traffico abbastanza sostenuto. I prezzi di un fornitore italiano sono a volte leggermente più elevati di quelli praticati sul mercato americano[3], ma il vantaggio di 'trattare' nella nostra lingua (specie se non si ha grande familiarità con l'uso della rete) e di figurare all'esterno come sito italiano possono rendere comunque utile la maggiore spesa.

Oltre ad affittare (e riempire) lo spazio macchina, dobbiamo anche decidere con che tipo di indirizzo renderci 'visibili' all'esterno. Normalmente, se il nostro fornitore di spazio Web ha un indirizzo del tipo 'fornitore.it' e la nostra ditta si chiama, poniamo, 'Pippo S.r.l.', le nostre pagine saranno raggiungibili all'indirizzo 'http://www.fornitore.it/pippo'. Questo tipo di indirizzo, tuttavia, è tipico degli spazi Web concessi gratuitamente. Non sarebbe più prestigioso (e facile da ricordare) un indirizzo del tipo 'http://www.pippo.it'? Probabilmente sì – e per averlo non è nemmeno necessario disporre di un proprio server: è sufficiente registrare il dominio (in Italia presso la Registration Authority italiana, **http://www.nic.it/RA/**) e associarvi, creando un cosiddetto *virtual host*, la porzione (directory) di disco rigido noleggiata. Due pratiche più semplici di quello che può sembrare, delle quali si occuperà volentieri (ma non gratis) il nostro fornitore di spazio Web, oppure la società alla quale abbiamo affidato la realizzazione delle pagine.

[2] Da queste cifre sono naturalmente esclusi i costi di progettazione e realizzazione grafica del sito, che se ci si affida a professionisti del settore possono essere anche piuttosto alti (ma la qualità delle nostre pagine ne trarrà notevoli benefici).

[3] Questo soprattutto a causa della politica tariffaria Telecom Italia, che offre i suoi servizi agli Internet provider (alcuni dei quali in regime di monopolio) a prezzi anche 8 volte più elevati rispetto a quelli praticati in altri paesi.

Attivare un proprio server

Se affittare spazio macchina è così facile, quand'è che conviene invece 'mettersi in casa' un server? Intuitivamente, in tutti i casi nei quali l'informazione da immettere in rete è davvero molta, e vogliamo controllarla direttamente, oppure quando disponiamo di una connessione permanente (ad esempio tramite ADSL) e vogliamo divertirci con un server. Una grande industria, una banca, un ente di ricerca vorranno probabilmente disporre di un proprio insieme di server interni per motivi di sicurezza, di prestigio, ma anche e soprattutto di comodità (anche tenendo conto della possibilità di utilizzare tecnologie Internet per collegamenti di rete interni, tra le varie sedi dell'azienda, realizzando così delle *Intranet* o delle *Extranet*).

Tenete conto, comunque, che la realizzazione e la gestione di un server Internet, quando deve essere garantita la professionalità, hanno costi ben superiori a quelli dell'affitto di spazio macchina. E questo non tanto per il costo delle macchine, quanto per la necessità di disporre di personale qualificato per configurarle e farle lavorare. Se invece l'intento è ludico o didattico, e non importa se di tanto in tanto si combinano pasticci che rendono 'invisibile' il sito Internet per qualche tempo, ci si può divertire spendendo poco o nulla (specialmente se si adottano tecnologie open source in ambiente Linux).

Per farsi una idea di massima, si consideri che una connessione diretta a Internet da 640/128 Kb in ADSL con un IP fisso[4] – il minimo consigliabile – ha un costo annuo di circa millecinquecento euro, che un computer di potenza sufficiente a gestire un server ha un costo che parte dai due-tremila euro, che il prezzo del software non dovrebbe superare i duemila euro (o poche decine di euro se si lavora in ambiente Linux) e che la consulenza di un amministratore di sistema esperto può costare anche cinque-seicento euro al giorno.

Doveroso ribadire che queste sono cifre assolutamente indicative e che non tengono conto di numerosi fattori. Infatti, per un verso non si è parlato dei gruppi di continuità, che assicurano il funzionamento delle apparecchiature anche in caso di black-out, delle unità di backup per la sicurezza dei dati, dei 'load balancer' che distribuiscono il lavoro su più

[4] Come già spiegato in 'Lo scambio dei dati: a ogni computer il suo indirizzo', sezione 'Tecnologie', l'indirizzo IP serve a identificare in modo univoco un computer collegato alla rete Internet. Un server Web che voglia funzionare con continuità deve disporre di almeno un indirizzo IP fisso, ovvero di un indirizzo che non cambia ogni qualvolta il server si disconnette e riconnette a Internet.

server quando il traffico dati è particolarmente intenso, ecc. Dall'altro verso non si è tenuto conto che uno studente che voglia semplicemente fare un po' di pratica con un server può tranquillamente usare un vecchio computer (perfino la prima generazione di Pentium ha potenza di calcolo sufficiente) e licenze open source, che abbattono sensibilmente i costi.

Che tipo di informazione si vuole diffondere

Naturalmente, un fattore importante nella scelta fra affittare spazio macchina e realizzare un proprio server – e anche nella scelta fra realizzare da soli le proprie pagine o affidarsi ad esperti – è rappresentato dal tipo di informazioni che si vogliono diffondere. Vediamo brevemente tre esempi: mettere in rete un sito personale, mettere in rete il sito di una associazione e, infine, vendere o promuovere beni e servizi attraverso la rete.

Mettere in rete la propria home page

Siamo nel caso più semplice: in genere, un sito personale è per definizione autocostruito (anche perché probabilmente si tratta della realizzazione sulla quale desideriamo avere il controllo più diretto e puntuale), e salvo qualche appassionato di informatica, nessuno penserebbe mai di acquistare un server per questo scopo. Un sito relativamente semplice, che abbia funzione di promozione e di presentazione del proprio lavoro (curriculum, link ai siti connessi con la propria attività e con i propri interessi, qualche foto, ecc.), occuperà relativamente poco spazio, diciamo 1 Mb. Spesso, se si lavora presso un ente o un'azienda che dispongono di un proprio sito Internet, una pagina di questo tipo potrà essere tranquillamente ospitata (è consuetudine, ad esempio, che le università e gli enti di ricerca offrano ai propri dipendenti e collaboratori spazio per la presentazione della loro persona e del loro lavoro). Se non troviamo ospitalità 'in casa', potremo rivolgerci ad alcuni siti Internet che ospitano gratuitamente, a scopo promozionale, pagine personali non troppo complesse; una lista la trovate su Yahoo!, alla URL **http://it.dir.yahoo.com/Affari_e_economia/Prodotti_e_servizi_per_aziende__B2B_/Servizi_Internet/Servizi_Web/Hosting_di_siti_Web/Pagine_Web_gratuite/**. Altrimenti, come si è detto poc'anzi, l'hosting di pagine personali è offerto a prezzi poco più che simbolici da molti fornitori di connettività.

Realizzazioni più impegnative

Il sito di un'associazione o comunque di una iniziativa no-profit è, nella maggior parte dei casi, un esempio un po' più complesso. Presumibilmente vorremo informare sulla storia e gli scopi dell'associazione, rendere disponibili i verbali delle riunioni, i programmi dei convegni, e magari anche un'edizione elettronica del bollettino mensile. È poi buona norma di 'netiquette' inserire sempre, in un sito di questo tipo, una pagina di rimandi alle altre risorse reperibili in rete sullo stesso argomento.

La decisione se realizzare autonomamente o far realizzare ad altri le pagine relative a un sito di questo tipo dipenderà in gran parte dalla nostra disponibilità di tempo e dalla nostra confidenza con i linguaggi del Web; per una realizzazione più curata, tuttavia, sarà preferibile rivolgersi a degli esperti: tenete presente, infatti, che accanto alla padronanza dei linguaggi per il Web, la realizzazione di pagine 'professionali' presuppone ormai articolate competenze di impaginazione, di programmazione e di grafica.

Quanto invece alla scelta fra l'affitto di spazio macchina e la realizzazione di un proprio server, in un caso quale quello delineato la prima soluzione rimane la più economica e la meno problematica. Se poi, anziché di un'associazione privata, si trattasse ad esempio di un dipartimento universitario o di un organismo pubblico, la soluzione privilegiata sarebbe probabilmente quella dell'ospitalità delle pagine, nel primo caso presso i server dell'università (o della facoltà), e nel secondo presso i server dell'ente di appartenenza o di un ente pubblico connesso.

Vendere beni e servizi attraverso la rete

La realizzazione di una vera e propria impresa commerciale in rete può essere un compito ben più complesso. Ad esempio, potremmo voler collegare direttamente il database degli articoli giacenti in magazzino con un catalogo accessibile via Internet (e magari predisporre dei meccanismi automatici di sconto per gli articoli che superassero una certa giacenza), e potremmo voler accettare direttamente ordini attraverso carta di credito, con la conseguente necessità di disporre a livello di server dei protocolli necessari a transazioni sicure (attraverso la crittografazione automatica degli ordinativi). Avremo probabilmente bisogno di un servizio assistenza che possa comunicare via posta elettronica con i clienti, e della garanzia di un controllo totale sui tempi di funzionamento (e di eventuale malfunzionamento) del server. Nei casi più sofisticati, l'allestimento di un proprio server avrebbe i suoi vantaggi: si noti che non dovremmo necessariamente installare la macchina presso la nostra sede, con conseguenti spese di cablaggio e connessione, ma potremmo anche farla ospitare da un Internet provider. In sostanza, anziché affittare una porzione del disco rigido di proprietà dell'Internet provider (in casi del genere si parla di *hosting*), affitteremmo lo spazio fisico in cui installare una nostra macchina, la connettività che le garantisce visibilità su Internet, e la competenza dei tecnici che la sorvegliano e la fanno funzionare (in casi del genere si parla di *housing*).

Non è detto, comunque, che la vendita di beni e servizi attraverso la rete non possa essere condotta – a costi bassissimi – attraverso il semplice noleggio di spazio macchina (hosting): se volessimo limitarci a rendere disponibile un catalogo di prodotti non sterminato, e un modulo di ordinazione, potremmo anche in questo caso ricorrere tranquillamente a un server altrui. Gli spazi che Internet mette a disposizione per i 'negozi personali' sono notevolissimi, e i costi di gestione sono indubbiamente molto, molto più bassi di quelli di un negozio reale (per non parlare del fatto che il nostro negozio virtuale è raggiungibile in pochi secondi da qualunque località nel mondo).

Costruire una pagina per World Wide Web

I prossimi paragrafi intendono fornire una breve introduzione alla realizzazione di pagine da inserire su World Wide Web. Come noto, a tale fine viene per lo più utilizzato uno speciale linguaggio denominato *HyperText Markup Language* (HTML), ovvero 'linguaggio per la marcatura degli ipertesti'[5].

Sviluppato inizialmente da Tim Berners Lee (l'inventore del Web), HTML ha subìto una veloce evoluzione che ha determinato, nel corso degli anni, il diffondersi di diverse versioni del linguaggio, a cui si sono affiancate una serie di estensioni introdotte unilateralmente dalle maggiori aziende produttrici di browser. Tali estensioni fuori standard,

[5] HTML, a sua volta è una particolare applicazione di un potente metalinguaggio orientato alla descrizione di complesse strutture documentali, lo *Standard Generalized Markup Language* (SGML), di cui ci siamo occupati nel capitolo 'L'architettura del World Wide Web'.

e spesso mutuamente incompatibili tra i vari browser, hanno complicato non poco la vita di chi doveva creare pagine per il Web. Negli ultimi anni tuttavia i produttori dei principali browser (a partire dalla versione 5 per quanto riguarda Internet Explorer, e a partire dalla versione 6 per quanto riguarda Netscape) si sono convinti dell'utilità di rispettare gli standard, e finalmente l'evoluzione del World Wide Web è tornata nell'alveo della razionalità.

A luglio 2003 il linguaggio di marcatura ufficialmente raccomandato dal W3C (World Wide Web Consortium) è quello denominato XHTML 1.0[6] (una riformulazione di HTML 4.01[7] in XML). Tuttavia la quasi totalità degli editor per il Web lavora con il diffuso (e stabile) HTML 4.01. Inoltre tutti i browser più recenti condividono la capacità di interpretare in modo coerente la maggior parte delle istruzioni specificate in questo standard. Le istruzioni che illustreremo nelle pagine seguenti si riferiranno perciò a HTML 4.01.

Prima di procedere, tuttavia, è opportuno fare alcune precisazioni: la realizzazione di pagine Web non eccessivamente sofisticate è alla portata di tutti; basta affrontare con un po' di buona volontà lo studio dei fondamenti del linguaggio HTML. Il discorso è diverso se si intende fornire un vero e proprio servizio informativo, con pagine complesse e complessi effetti grafici. In questo caso è necessario avere competenze specifiche, oltre a una conoscenza approfondita di HTML e, magari, di linguaggi come ASP, PHP, Java e Javascript. Se si perseguono risultati professionali o editoriali, è dunque meglio rivolgersi a esperti, oppure – avendone la possibilità – formarsi una competenza specialistica nel campo. In quest'ultimo caso, come detto, le pagine che seguono forniranno gli strumenti di base, ma non pensate di imparare i segreti dell'HTML così in fretta! Ci sono molte istruzioni delle quali non parleremo e molti punti che andrebbero approfonditi o integrati. Se intendete perfezionare la vostra conoscenza di queste tecniche dobbiamo quindi rimandarvi alla manualistica specifica, parte della quale si trova sulla rete stessa (in qualche caso anche in italiano). Come al solito, piuttosto che lasciare un elenco di indirizzi, vi consigliamo di fare un salto alla pagina di Yahoo! dedicata a World Wide Web[8]. Le voci 'Authoring', 'HTML' e 'Information and documentation' contengono miriadi di rimandi a que-

[6] Anche se appare imminente il rilascio di XHTML 2.0.

[7] All'indirizzo **http://www.liberliber.it/biblioteca/w/world_wide_web_consortium/** è disponibile una traduzione in italiano delle specifiche relative all'HTML 4.0.

[8] L'indirizzo preciso è **http://www.yahoo.com/Computers_and_Internet/Internet/World_Wide_Web/**.

sto tipo di risorse. Numerosi sono anche i libri dedicati al tema: basta fare un salto in libreria e dare una occhiata agli scaffali riservati ai testi di ambito informatico. Tuttavia si tratta nella maggior parte di traduzioni che arrivano in Italia con un ritardo notevole, e che spesso non rispecchiano una situazione in continua evoluzione.

Il nostro primo documento HTML

La prima cosa da fare per dare vita al nostro primo documento HTML è imparare a compiere due operazioni fondamentali, che la maggior parte degli utenti di un computer conosce. Ovvero:

1. creazione di una cartellina (o *directory* che dir si voglia) nell'hard disk del nostro computer. Qui memorizzeremo i nostri esercizi. Ovviamente andrà bene qualsiasi nome, ad esempio: 'esercizio'. Per ulteriori informazioni sulla creazione di cartelline nel vostro computer, fate riferimento alla manualistica a corredo del vostro sistema operativo;
2. creazione di un semplice documento di testo, ad esempio con il programma 'Blocco note' fornito di serie con Windows (gli utenti di altri sistemi operativi come Macintosh, Linux, ecc. potranno usare un qualsiasi altro editor di testo). Il documento andrà memorizzato all'interno della cartellina appena creata e gli andrà assegnato un nome a scelta, con estensione .htm o .html: ad esempio 'prova.htm'.

A questo punto disponiamo di un documento di testo (vuoto) di nome 'prova.htm', memorizzato all'interno della cartellina 'esercizi'. A sua volta la cartellina sarà contenuta nel vostro hard disk. Il *path*, ovvero il percorso di memorizzazione del documento, se utilizzate un sistema operativo Microsoft, potrebbe perciò essere il seguente:

```
C:\esercizi\prova.htm
```

Il path si legge in questo modo: 'C:' identifica il vostro hard disk, ovvero l'unità di memorizzazione principale del vostro computer. Per semplificare il concetto, e comparando il path a un semplice indirizzo postale tipo 'città, via, abitazione' (la città contiene la via, la via contiene l'abitazione), potremmo comparare l'hard disk C: alla città. La barra '\' costituisce un semplice separatore; la sua funzione è separare fra loro i vari componenti di un path.

'esercizi' indica il nome della cartellina destinata a contenere i nostri esperimenti in HTML. Rimanendo nella metafora dell'indirizzo postale, potremmo dire che la cartellina costituisce la via. Infine 'prova.htm' identifica il documento (*file* in gergo informatico) da poco creato. La nostra abitazione, nella metafora dell'indirizzo postale.

Prima di proseguire, sarà bene soffermarci un momento su questi nuovi termini e prenderci familiarità, perché ricorreranno spesso nelle pagine a seguire:

- *path*: come abbiamo appena detto, è il percorso di memorizzazione di un documento. Quando abbiamo bisogno di recuperare un documento (una lettera, una immagine digitale, un suono, ecc.) dobbiamo conoscerne il path, ovvero l'indirizzo, né più, né meno;
- *cartellina* (o *directory*): è il contenitore dei documenti. Così come nei nostri uffici usiamo le cartelline in plastica o cartone per raccogliere i nostri fogli di carta, così in gergo informatico usiamo le cartelline (o directory) del nostro computer per raccogliere ordinatamente tutti i nostri documenti elettronici (o *file*, per usare un termine più diffuso e preciso);
- *file*: il nostro documento di testo di nome 'prova.htm' è un file. Anche una immagine è un file. Un suono, un disegno 3D, un filmato; tutti questi sono file.

Un po' di razionalità nella struttura del proprio sito Internet: la classificazione gerarchica

Quando si crea un sito Internet, anche molto semplice, si costruisce un sistema informativo nel quale i vari file (documenti, immagini, suoni...) interagiscono fra loro. Ad esempio, un documento HTML potrebbe richiamare un altro documento HTML, e questo potrebbe a sua volta richiamarne un terzo oppure potrebbe richiamare una immagine.

Per fare in modo che i siti Internet rimangano gestibili, occorre archiviare i nostri documenti con un minimo di razionalità, secondo uno schema intuitivo. Possiamo ad esempio organizzare i contenuti del nostro sito in strutture di directory e sub-directory (o 'cartelle' e 'sottocartelle' che dir si voglia) adatte a resistere nel tempo, sul modello delle strutture ad albero studiate dalla biblioteconomia.

Quando ad esempio abbiamo a che fare con informazioni per le quali la data è un elemento rilevante (come i comunicati stampa, le novità, ecc.) può essere una buona idea ricorrere a strutture del tipo 'sezione/argomento/anno/mese/documento'. In un esempio pratico potremmo avere: 'bollettino/comunicatistampa/2003/febbraio/notizia.htm'. Chi si trovasse a manutenere un archivio di comunicati stampa così organizzato, impiegherebbe pochi secondi a individuare un comunicato stampa dell'aprile 1998.

Più in generale, è sempre una buona pratica archiviare le informazioni in strutture tipo 'sezione/sotto-sezione/sotto-sotto-sezione/ecc.', adottando la cosiddetta *classificazione gerarchica*, una tecnica che consente sia di contenere la complessità dell'albero di navigazione, sia di esprimere numerose e precise categorie, utili a una archiviazione rigorosa e di facile gestione.

Ma come funziona nella pratica la classificazione gerarchica? Utilizziamo come esempio un particolare tipo di classificazione gerarchica, assai usato in ambito bibliotecario: la *classificazione decimale*. In sintesi, questa tecnica di archiviazione consiste nel suddividere le informazioni in categorie (o sezioni), in numero non superiore a dieci[9], salvo poi eventualmente suddividerle in altre sotto-categorie (di nuovo, in numero non superiore a dieci) qualora le prime dieci non fossero sufficienti ad archiviarle in modo opportuno.

La figura 121 semplificherà il concetto. Si noti che per esigenze di spazio, non verranno raffigurate dieci categorie, ognuna delle quali suddivisa in altre dieci e così via (già al secondo livello lo schema dovrebbe con-

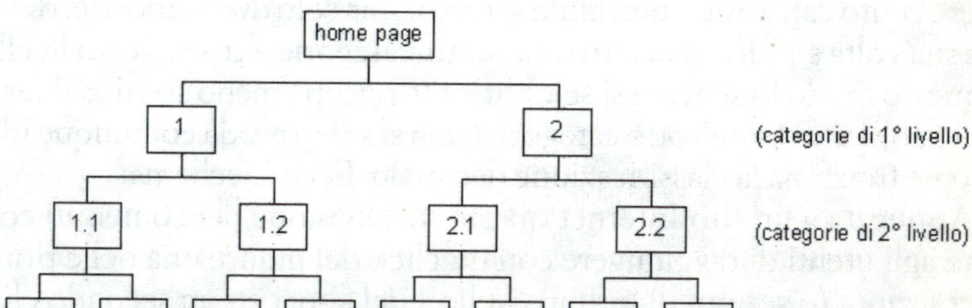

Figura 121 Per esigenze di spazio lo schema non è a base 10, ma a base 2. I riquadri contenenti una sola cifra (*n*) rappresentano il primo livello della struttura, i riquadri contenenti due cifre (*n.n*) il secondo, i riquadri contenenti tre cifre (*n.n.n*) il terzo. Applicata a un sito Internet, questa struttura pone a livello zero la home page, al primo livello le categorie (o sezioni) principali, tipicamente presenti nei menu di navigazione, ai livelli successivi le sotto-categorie. Non vi sono limiti teorici al numero di livelli che una struttura del genere può contenere, ma molto difficilmente in un sito Internet occorre superare il quinto

[9] Questa classificazione si dice "decimale" proprio in virtù del fatto che ogni ramificazione non può essere composta da più di dieci categorie.

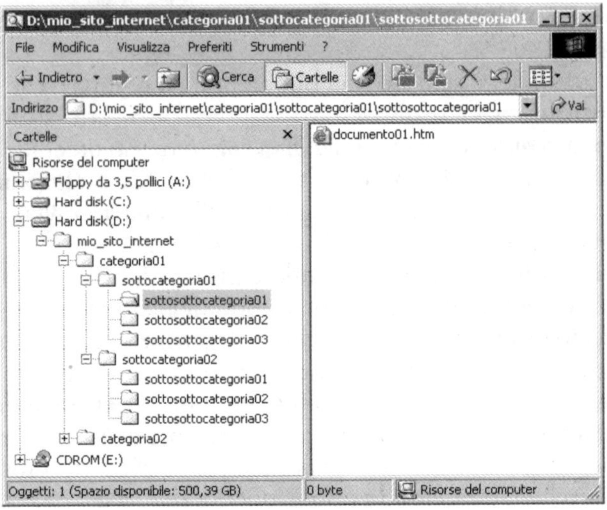

Figura 122 Una struttura ad albero, così come la rappresenta il programma 'Gestione Risorse', fornito con Microsoft Windows

tenere cento categorie e ben mille al terzo), ma solo due categorie, ognuna a sua volta suddivisa in altre due sotto-categorie e così al terzo livello. In questo modo lo schema si semplifica (e occupa meno spazio: al terzo livello abbiamo "solo" otto categorie), ma si spera renda comunque idea di come funziona la classificazione decimale. Ecco lo schema:

Applicata a un sito Internet questa suddivisione dei contenuti consente agli utenti di raggiungere con un click del mouse una delle prime dieci sezioni (o sezioni di 'primo livello') del sito, con un secondo click gli utenti potranno raggiungere una delle cento sotto-sezioni dipendenti dalle prime dieci. Con appena cinque click del mouse gli utenti potranno già muoversi tra ben centomila sezioni.

Il vero punto di forza di questa struttura, tuttavia, è nella sua capacità di nascondere la propria complessità: a ogni click del mouse l'utente ha di fronte a sé solo dieci sezioni (o 'categorie' che dir si voglia), rendendo così molto più semplice la scelta.

Un esempio pratico di questo tipo di classificazione è offerto dal sito Internet *Yahoo!*, anche se il noto sito americano non rispetta rigorosamente il limite di dieci categorie.

Tradotto in directory e sottodirectory, potremmo avere un sito Internet strutturato come riportato dalla figura 122.

HTML: alcuni concetti di base

Una volta stabilito in quale struttura archiviare i nostri documenti, concentriamoci sul linguaggio con il quale crearli. HTML, si è detto, è un linguaggio 'di marcatura': un linguaggio cioè costituito da un insieme di istruzioni (che definiamo *tag* o *marcatori*) che vanno inserite all'interno del documento che si intende comporre. Tali istruzioni informeranno il browser, ad esempio, su quale parte del testo sia un titolo, quale parte vada interpretata come un link ipertestuale, in che punto della pagina vadano visualizzate le immagini (e quali immagini occorra visualizzare), e così via. In termini tecnici i marcatori descrivono gli elementi di cui un documento è composto.

Sia il testo, sia i marcatori vanno memorizzati nel semplice formato ASCII. Se ad esempio stiamo utilizzando un qualsiasi word processor per creare pagine HTML, dobbiamo ricordarci di salvare il file in modalità 'solo testo', e non nel formato proprietario del word processor utilizzato. Un documento HTML è dunque un unico file codificato in ASCII che include sia il contenuto che vogliamo far visualizzare al browser, sia le istruzioni usate per spiegare al programma *come* elaborare quel contenuto. Ad esempio:

```
<h1>Questo è un titolo</h1>
<p>La parola che segue è in <strong>neretto</strong></p>
```

Come si può evincere dall'esempio precedente, per distinguere i marcatori HTML dal contenuto testuale vero e proprio si usa un particolare artificio sintattico: ogni istruzione (come già detto, talvolta le istruzioni HTML vengono chiamate anche marcatori o tag... usiamo tutti i termini, così da abituarci) deve essere racchiusa fra parentesi acute, in questo modo:

```
<marcatore>
```

Ci sono due tipi di elementi nel linguaggio HTML. Il primo tipo assegna ad una data stringa o blocco di testo una particolare funzione. È un po' come se si dichiarasse: questo è un titolo, questo è un paragrafo, questo è un link, e così via. Gli elementi di questo tipo vengono rappresentati con due marcatori: un marcatore all'inizio della stringa o del blocco di testo cui ci si riferisce, e uno alla fine. L'identificatore del marcatore finale è uguale a quello iniziale, solo è preceduto dal carattere '/', in questo modo:

```
<marcatore>testo cui si riferisce il marcatore</marcatore>
```

Gli elementi del secondo tipo, invece, non si riferiscono ad un blocco di testo, bensì individuano dei punti specifici del documento oppure descrivono delle operazioni che il browser deve effettuare: ad esempio, inserire una immagine, o disegnare una linea, o ancora spezzare una riga. Questi elementi, ovviamente, non hanno bisogno di un marcatore di chiusura.

Molti elementi HTML prevedono l'aggiunta di attributi. Può capitare, ad esempio, di voler inserire nel nostro documento una riga di separazione, ma di volerla di uno spessore particolare. In tale circostanza, all'interno del marcatore (<hr>, nel caso specifico) specificheremo – separato da uno spazio – l'attributo size="5". L'aspetto finale del tag sarà perciò <hr size="5">. In generale la sintassi per inserire degli attributi nei marcatori è la seguente:

```
<marcatore nomeattributo="valore">
```

Un elemento può avere anche molteplici attributi, ognuno con un suo valore. Il valore degli attributi è normalmente contenuto tra apici singoli o doppi; apici che possono essere omessi se il valore non contiene degli spazi bianchi, ma che è comunque sempre consigliabile utilizzare.

Le lettere accentate e il concetto di 'entità'

Un ultimo aspetto preliminare che occorre conoscere per la creazione di documenti in HTML riguarda le lettere accentate e i caratteri speciali. Tutti i browser Web con interfacce grafiche sono in grado di visualizzarli. Ma per essere trasmessa e ricevuta correttamente da qualunque server e client, su qualsiasi piattaforma, una pagina HTML dovrebbe limitarsi a usare la sola codifica ASCII standard, che non contiene nessuna delle lettere accentate.

Il linguaggio HTML fornisce un costrutto sintattico (ereditato da SGML) che permette di superare questa limitazione: le *entità*. Una entità è sostanzialmente una sequenza di caratteri ASCII standard che equivale a un carattere non presente in quell'insieme. Anche per identificare le entità si usano due caratteri delimitatori, uno all'inizio e uno alla fine: la e commerciale (&), e il punto e virgola (;). Tra questi due delimitatori possono occorrere un numero qualsiasi di caratteri. In allegato alle specifiche di HTML 4.01 sono stati distribuiti due elenchi di entità standard per i caratteri degli alfabeti latini e per i caratteri speciali.

I nomi delle entità standard per i caratteri sono stati creati con un artificio molto semplice e comodo da ricordare: il carattere stesso, cui si aggiungono le stringhe 'grave' per indicare la versione con accento grave, 'acute' per indicare la versione con accento acuto, 'uml' per indicare la versione con Umlaut, e così via. La distinzione tra maiuscolo e minuscolo è rilevante. Queste sono le entità per i caratteri accentati dell'ortografia italiana:

à	à
è	è
é	é
ì	ì
ò	ò
ù	ù
À	À
È	È
É	É
Ì	Ì
Ò	Ò
Ù	Ù

Ed ecco alcuni caratteri speciali che possono tornare utili (da notare che le virgolette, i simboli di maggiore e minore e la '&' richiedono un carattere speciale, per non essere confusi con parte di istruzioni HTML):

©	©
®	®
>	>
<	<
&	&
"	"

Per assicurarsi che una pagina Web venga visualizzata correttamente da qualsiasi browser, è sempre opportuno sostituire le lettere accentate con le corrispondenti entità carattere. Quando le digitate, non dimenticate il punto e virgola finale: indica al browser dove finisce la sequenza di controllo! I migliori editor HTML hanno dei meccanismi di traduzione automatica da carattere esteso a entità[10]. In caso contra-

[10] Alcuni editor più recenti, come FrontPage, invece di ricorrere alle entità carattere, in alcuni casi memorizzano le lettere accentate e i caratteri speciali nel set denominato ISO 8859-1, ovvero nel set di caratteri attualmente più diffuso. Per dichiarare al browser

rio la cosa più comoda è scrivere il testo normalmente e poi operare le sostituzioni con la funzione 'search and replace' presente in tutti gli editor e i wordprocessor degni di questo nome; volendo, si potrà creare una apposita macro.

Gli elementi fondamentali per la creazione di un documento Web

Dopo aver visto i concetti di base che sono sottesi alla codifica HTML, vediamo alcuni degli elementi fondamentali che servono a realizzare una semplice pagina Web.

La macrostruttura del documento HTML

Ogni documento HTML 4.01 deve iniziare con la stringa: <!DOCTYPE HTML PUBLIC "-//W3C//DTD HTML 4.01 Transitional//EN" "http://www.w3.org/ TR/html4/loose.dtd">, e deve essere racchiuso dentro un elemento radice che lo identifica come tale. Tale elemento radice viene rappresentato dalla coppia di marcatori <html> (il tag iniziale) e </html> (il tag finale).

Un altro aspetto che caratterizza tutti i documenti HTML è la loro macrostruttura, che è articolata in due sezioni: l'intestazione (una sorta di frontespizio elettronico), codificata con il marcatore <head>, seguita dal corpo, il contenuto vero e proprio, codificato con il marcatore <body>. Di conseguenza ciascun documento HTML 4.01 avrà la seguente forma:

```
<!DOCTYPE HTML PUBLIC "-//W3C//DTD HTML 4.01 Transitio-
nal//EN" "http://www.w3.org/TR/html4/loose.dtd">
<html>
<head>
... qui l'intestazione del documento da impaginare ...
</head>
<body>
... qui il contenuto del documento
</body>
</html>
```

questa scelta, gli editor di questo tipo aggiungono la seguente istruzione nelle pagine HTML: <meta http-equiv="Content-Type" content="text/html; charset=iso-8859-1">.

L'elemento <title>

All'interno della intestazione deve essere inserita la stringa: <meta http-equiv="Content-Type" content="text/html; charset=iso-8859-1">, che indica il set di caratteri utilizzato dal documento[11]. Può inoltre essere inserito l'elemento <title> che contiene il titolo 'esterno' del documento. Questo titolo non viene visualizzato all'interno della pagina Web, ma compare nella barra superiore della finestra del browser; inoltre, viene normalmente utilizzato come voce nella lista dei bookmark dei principali browser. Per questo va scelto con una certa oculatezza: né tanto lungo da non entrare nella barra del browser e nel menu dei bookmark, né tanto corto da essere incomprensibile. Ecco come può apparire l'intestazione di un documento HTML:

```
...
<head>
<meta http-equiv="Content-Type" content="text/html;
charset=iso-8859-1">
<title>Titolo del documento</title>
</head>
...
```

L'elemento <body>

Di seguito all'intestazione deve essere inserito il corpo del documento, identificato dal marcatore <body>, come nel seguente esempio:

```
<body>...</body>
```

Il testo del documento va inserito tra questi due marcatori, con annessi tutti gli altri marcatori con i quali si vorrà descriverne la struttura e la forma. L'elemento '<body>' prevede alcuni attributi che analizzeremo in seguito.

Per proseguire in questa nostra introduzione, ed evitare di essere troppo astratti, cominciamo a realizzare subito una semplice pagina Web: la pagina personale di un ipotetico sig. Mario Rossi. Vi suggeriamo per il momento di *non* ricorrere a editor specifici per l'HTML, così come sconsiglieremmo l'uso della calcolatrice a chi volesse imparare le addizioni. Usate piuttosto dei semplici editor di testo, o dei word-processor, con l'accortezza però di salvare i file in modalità 'solo testo'. È bene sottolineare quest'ultimo punto: è infatti un errore comune non

[11] Uno dei set di caratteri ('charset') più utilizzato in Europa è l' ISO 8859-1.

badare, le prime volte, al formato di memorizzazione del file. Con alcuni editor (come il *Blocco note* di Windows) non è necessario badare al formato di memorizzazione, in quanto salvano sempre in modalità solo testo. Un altro aspetto cui è bene badare è l'estensione che si assegna al nostro file: di norma un file che contiene un documento HTML deve avere un nome che termina con '.htm' oppure con '.html'.

Cominciamo, dunque, a comporre la nostra pagina digitando quanto segue:

```
<!DOCTYPE HTML PUBLIC "-//W3C//DTD HTML 4.01 Transitio-
nal//EN" "http://www.w3.org/TR/html4/loose.dtd">
<html>
<head>
<meta http-equiv="Content-Type" content="text/html;
charset=iso-8859-1">
<title>La prima pagina Web di Mario Rossi</title>
</head>
<body>
<h1 align="center">Home page di Mario Rossi</h1>
<p>Questa &egrave; la mia prima pagina in HTML.</p>
</body>
</html>
```

A questo punto, memorizziamo il file assegnandogli un nome a nostra scelta. Ad esempio, scegliamo il nome 'prova.htm'. Certo non è molto fantasioso, ma faremo meglio in seguito... Quindi avviamo il no-

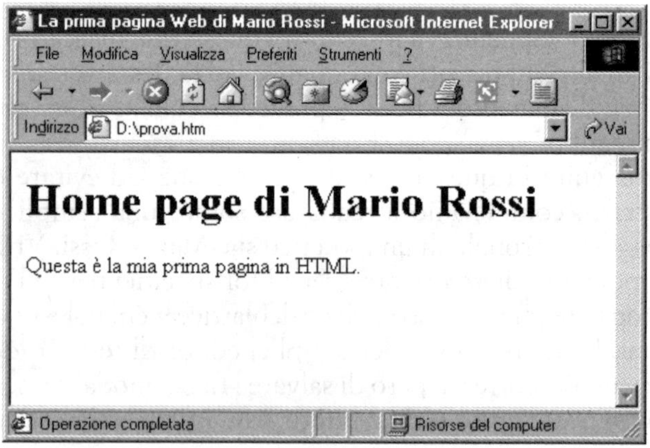

Figura 123 Il file 'prova.htm' così come viene visualizzato da Internet Explorer

stro browser e, con i comandi opportuni[12], apriamo il file che abbiamo appena memorizzato. La nostra prima prova avrà l'aspetto che vediamo nella figura 123.

Si noti che, come previsto, ciò che abbiamo scritto fra i marcatori <title> e </title> non è comparso all'interno della pagina, bensì sulla barra superiore del browser, e che nel riquadro principale è comparso tutto ciò che abbiamo scritto tra i due marcatori <body> e </body>. Nel nostro documento abbiamo inoltre inserito altri due elementi su cui ci apprestiamo a soffermarci.

Gli elementi per i titoli interni

All'interno di ogni documento di norma compaiono dei titoli, che possono essere articolati su vari livelli gerarchici (titolo di sezione, titolo di capitolo, titolo di paragrafo, ecc.). Gli elementi per codificare questi titoli interni hanno un marcatore della forma <h*n*>. In HTML sono disponibili sei diversi livelli di titoli: <h1> è il livello più alto e <h6> il più basso. Il primo viene solitamente utilizzato per marcare il titolo di un capitolo, o di una sezione importante, e i successivi per indicare sottosezioni progressivamente più piccole. Il titolo <h6> di norma si usa per identificare una nota a piè di pagina, una dichiarazione di copyright o altro testo che non si vuole in grande evidenza.

Per esaminare l'uso di questi marcatori, modifichiamo il nostro file 'prova.htm' nel modo seguente, e verifichiamone l'effetto con un browser:

```
<!DOCTYPE HTML PUBLIC "-//W3C//DTD HTML 4.01 Transitio-
nal//EN" "http://www.w3.org/TR/html4/loose.dtd">
<html>
<head>
<meta http-equiv="Content-Type" content="text/html;
charset=iso-8859-1">
<title>La prima pagina Web di Mario Rossi</title>
</head>
<body>
<h1 align="center">Home page di Mario Rossi</h1>
<p>Questa &egrave; la mia prima pagina in HTML.</p>
<h1>Intestazione di primo livello</h1>
<h2>Intestazione di secondo livello</h2>
```

[12] I comandi possono variare a seconda della versione e del programma in nostro possesso. Di solito il comando è semplicemente 'open file' oppure 'apri documento'.

```
<h3>Intestazione di terzo livello</h3>
<h4>Intestazione di quarto livello</h4>
<h5>Intestazione di quinto livello</h5>
<h6>Intestazione di sesto livello</h6>
</body>
</html>
```

Come si vede, è possibile inserire più titoli all'interno della pagina, anche dello stesso livello. Tutti i marcatori di questi titoli interni supportano un attributo che permette di specificare l'allineamento del testo. Il nome dell'attributo è 'align', e i valori possibili, che specificano il tipo di allineamento, sono:

- center
- left
- right

A titolo di esempio, modifichiamo il primo '<h1>' aggiungendo l'attributo appena visto:

```
<h1 align="center">Home page di Mario Rossi</h1>
```

L'elemento <p>

In qualsiasi documento, di norma, insieme ai titoli c'è del testo 'normale'. Nella stampa su carta, il testo viene diviso in blocchi, i capoversi (che gli inglesi chiamano *paragraph*), al fine di dividerlo in unità concettuali e aumentarne la leggibilità. Anche un documento HTML può essere diviso in capoversi: a tale fine va utilizzato l'elemento <p>.

L'effetto visivo di questa istruzione è quello di inserire un 'ritorno a capo' e una riga vuota nel testo a video. Si noti che dopo ogni titolo <h*n*> il browser va a capo automaticamente. Prima di andare avanti, facciamo un esperimento che ci mostrerà una peculiarità dell'HTML. Nel vostro file prova.htm aggiungete le seguenti righe:

```
<p>Questa riga</p><p>appare spezzata.</p>
<p>Quest'altra
riga, invece,
appare scritta tutta
di seguito
nonostante gli a capo.</p>
```

Salvate il file prova.htm e ricaricatelo con il vostro browser. Ecco cosa vedrete:

```
Questa riga
```

```
appare spezzata.
Quest'altra riga, invece, appare scritta tutta di segui-
to nonostante gli a capo.
```

HTML visualizza i capoversi separandoli in funzione dell'istruzione <p> e non degli 'a capo' che dovessimo inserire nel nostro file. Anche il marcatore <p> può avere degli attributi di tipo 'align'. <p align="right">, ad esempio, sposterà a destra il capoverso.

Un altro marcatore che riguarda la gestione dei salti di linea è
 (che sta per *break*). La sua funzione è quella di provocare un 'ritorno a capo' senza introdurre una riga vuota e senza interrompere l'unità concettuale del capoverso (e nemmeno la sua impaginazione; ovvero un capoverso allineato a destra, ad esempio, continuerà ad essere allineato a destra, fino al marcatore </p>, anche se contiene uno o più <br>).
 non ha un marcatore di chiusura in quanto indica semplicemente il punto in cui intervenire. Ricorrendo a più marcatori <br> in sequenza si possono creare delle spaziature verticali.

Le liste

Oltre ai normali capoversi, in un documento possono comparire anche elenchi ordinati di voci, o liste. Tali liste possono essere numerate (a ogni voce della lista è assegnato automaticamente un numero progressivo) o non numerate (ogni voce della lista è preceduta da un pallino). HTML provvede una serie di elementi per inserire liste all'interno di pagine Web.

La sintassi per le liste non numerate è la seguente:

```
<ul>
<li>prima voce</li>
<li>seconda voce</li>
<li>terza voce</li>
</ul>
```

L'elemento <ul> (*unordered list*) identifica la lista come tale, ed ha un marcatore iniziale, che va posto all'inizio della lista, e uno finale che la chiude. Ogni voce della lista va codificata con l'elemento <li> (*list item*) anch'esso dotato di entrambi i tag di apertura e chiusura. L'aspetto a video di questo tipo di liste è il seguente:

- prima voce
- seconda voce
- terza voce

Le liste numerate si costruiscono nello stesso modo, ma il tag di apertura è <ol> (*ordered list*) e quello di chiusura, ovviamente, </ol>. All'interno, ancora una serie di elementi <li>. Ecco la sintassi e quindi l'aspetto a video di queste liste:

```
<ol>
<li>prima voce</li>
<li>seconda voce</li>
<li>terza voce</li>
</ol>
```

1. prima voce
2. seconda voce
3. terza voce

Proseguiamo nella costruzione della nostra pagina Web, per verificare delle possibili applicazioni pratiche delle liste e, contemporaneamente, verifichiamo che cosa succede se le 'annidiamo', ovvero se includiamo una lista in un'altra:

```
<!DOCTYPE HTML PUBLIC "-//W3C//DTD HTML 4.01 Transitio-
nal//EN" "http://www.w3.org/TR/html4/loose.dtd">
<html>
<head>
<meta http-equiv="Content-Type" content="text/html;
charset=iso-8859-1">
<title>La prima pagina Web di Mario Rossi</title>
</head>
<body>
<h1 align="center">Home page di Mario Rossi</h1>
<p>Questa &egrave; la mia prima pagina in HTML.</p>
<h3>Il mio tempo libero</h3>
<ul>
<li>letteratura</li>
<li>cinema (qui sotto la classifica dei miei film preferiti)
       <ol>
       <li>Blade Runner</li>
       <li>Oltre il giardino</li>
       <li>Delicatessen</li>
       </ol></li>
<li>sport</li>
</ul>
</body>
</html>
```

Notate che sotto la voce 'cinema', e prima di chiudere la lista principale, abbiamo inserito una *ordered list*, con una breve classifica. Questa seconda lista appare leggermente spostata a destra: si tratta di un semplice artificio di scrittura che usano anche i programmatori per migliorare la leggibilità del file sorgente.

Le liste sono uno strumento abbastanza sofisticato, che possono essere controllate mediante alcuni attributi. In particolare, alle liste numerate (o *ordered list*, identificate dal tag <ol>) è possibile associare i seguenti attributi:

type="*x*"

dove *x* può assumere uno dei seguenti valori:

1 numerazione normale (impostazione standard)
I numeri romani.
i numeri romani minuscoli
a lettere minuscole
A lettere maiuscole

start="*n*"

dove *n* è un numero qualunque. Con questo attributo, è possibile far partire la numerazione della lista dal numero che vogliamo.

Questi due attributi possono essere applicati contemporaneamente. Ad esempio <ol type="I" start="6"> produce una lista numerata mediante numeri romani il cui primo elemento ha l'indice 'VI'.

Un terzo tipo di lista è la lista di definizioni (*definition list*), codificata con il marcatore <dl>. Essa è composta da una serie di coppie termine-definizione, codificati rispettivamente mediante gli elementi <dt> e <dd>. Usiamo una lista di questo tipo per inserire nella nostra pagina delle informazioni relative alle nostre attività professionali:

```
<dl>
<dt>Scuola di Giornalismo di Perugia</dt>
<dd>insegno l' applicazione delle nuove tecnologie alla
professione di giornalista</dd>
<dt>Laterza</dt>
<dd>in collaborazione con alcuni colleghi ho scritto un
manuale su Internet</dd>
<dt>RAI</dt>
<dd>ho progettato il sistema informativo della trasmis-
sione Media/Mente</dd>
</dl>
```

Nella figura 124 vediamo l'effetto al video (è stato anche aggiunto un titolo, con <h3>Il lavoro</h3>).

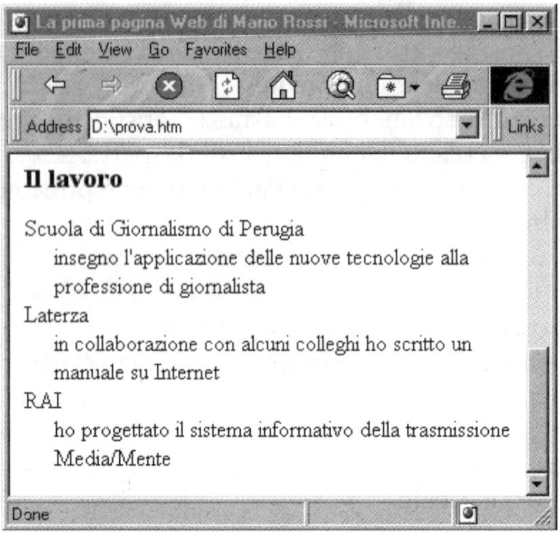

Figura 124 Ecco l'aspetto di una *definition list*

Gli stili di carattere

Molto spesso è necessario evidenziare dei segmenti testuali per portarli con maggiore enfasi all'attenzione del lettore. Per fare questo nella stampa tradizionale, e di conseguenza nei word processor, si usano i cosiddetti stili di carattere: corsivo, grassetto, sottolineato. HTML dispone di due tipi di stili di carattere: stili logici e stili fisici. I primi sostanzialmente permettono di specificare quale sia la funzione 'logica' di una data sequenza di caratteri, mentre i secondi servono piuttosto ad indicare come tale sequenza vada resa tipograficamente (o a video). I principali marcatori HTML per gli stili logici sono i seguenti:

- <strong>...</strong>: testo molto rilevante (viene reso di norma in **grassetto**)
- <em>...</em>: testo enfatizzato (viene reso di norma in *corsivo*)
- <cite>...</cite>: testo citato (viene reso di norma in *corsivo*)
- <address>...</address>: indirizzo (viene reso in *corsivo* o in **grassetto** con un carattere piccolo, oppure impaginato a sinistra).

Ecco invece i marcatori più noti per gli stili fisici:

- <b>...</b>: **grassetto**
- <u>...</u>: <u>sottolineato</u>
- <i>...</i>: *italico o corsivo*

- <big>...</big>: carattere più grande
- <small>...</small>: carattere più piccolo

Gli 'stili logici' sono considerati preferibili rispetto agli 'stili fisici' perché sono indipendenti dalla 'materia scritta' e rispondono dunque meglio alla filosofia di base propria di un linguaggio di marcatura 'logico' come SGML, che privilegia l'indipendenza dallo strumento di visualizzazione usato. Ad esempio '<strong>Testo da evidenziare</strong>' produce in genere un testo in grassetto, ma potrebbe produrre su browser diversi un testo evidenziato in modi alternativi (ad esempio in grassetto italico, o in reverse, o colorato in rosso...). Inoltre, in linea di principio un'istruzione <strong> potrebbe essere usata anche per spiegare a un sintetizzatore vocale (es. per la lettura di testi a non vedenti) di leggere le pagine utilizzando un volume più alto o una determinata inflessione di voce.

Gli stili possono essere sommati; ad esempio, per ottenere un testo corsivo neretto si può scrivere:

```
<b><i>Questa riga è in neretto e corsivo</i></b>
```

Una precisazione ulteriore va fatta per lo stile sottolineato. La sottolineatura è in genere utilizzata dai browser per segnalare visivamente il testo 'attivo' attraverso il quale, agendo col mouse, si può seguire un legame ipertestuale. Il testo attivo è marcato in genere anche da un colore particolare, ma qualcuno potrebbe non avere il monitor a colori. Di conseguenza è meglio evitare il sottolineato.

Le righe orizzontali

L'elemento <hr> ha lo scopo di inserire una linea orizzontale fra blocchi di testo o immagini all'interno di una pagina Web. Si tratta di un marcatore che non richiede tag di chiusura. Alcuni attributi applicabili sono:

size="*n*"
: dove *n* indica lo spessore della riga (es.: <hr size="5">);

noshade
: serve a eliminare l'effetto 'ombra' della linea (es.: <hr noshade>);

width="*n*% | *n*"
: regola la larghezza della riga, sia in percentuale, relativamente alla larghezza dello schermo, sia in assoluto, in pixel (es.: <hr width="50%"> oppure <hr width="250">);

align="left | center | right"
allinea la riga rispettivamente a sinistra, al centro e a destra, ad es.: <hr align="right" width="80%"> (gli effetti di questo attributo, ovviamente, sono visibili solo se la linea ha una larghezza inferiore al 100% dello schermo).

L'elemento <div>

Quando si vogliono riunire insieme più elementi all'interno di un contenitore strutturale unico, al fine di specificarne caratteristiche comuni, si può usare l'elemento generico <div>. Molte delle sue funzioni sono relative a tecniche avanzate di creazione delle pagine Web (l'applicazioni di stili CSS o l'introduzione di effetti dinamici) che esulano da questa trattazione.

Una situazione semplice nella quale questo elemento può venire utile è quando si desidera definire l'allineamento rispetto ai margini della pagina di più elementi contemporaneamente. A tale fine si può usare l'attributo 'align'. La sintassi è molto semplice, come mostra il seguente esempio:

```
<div align="center">
<h1> ... </h1>
<p> ... </p>
...
</div>
```

In questo caso tutti gli elementi sarebbero centrati rispetto ai margini. Le versioni meno recenti di alcuni browser non riconoscono il comando <div>. In questo caso per centrare dei blocchi può essere usato il tag <center>, che però *non fa parte* delle specifiche HTML ufficiali. Alcuni impaginatori, per assicurare la massima compatibilità alle proprie pagine, li inseriscono entrambi. Ad esempio:

```
<div align="center"><center><p>Prova</p></center></div>
```

Sfondi e dimensionamento dei caratteri

Prima di vedere come si inseriscono tabelle, link ipertestuali e immagini, esaminiamo alcune istruzioni che permettono di ottenere un controllo maggiore sull'aspetto della pagina Web. Si tratta di comandi non necessariamente riconosciuti da tutti i browser (ma sicuramente lo sono dai principali e più diffusi).

Gli attributi dell'elemento <body>

Il primo gruppo di istruzioni sono degli attributi che possono essere aggiunti all'elemento <body> per specificare l'aspetto del testo e dello sfondo in una pagina Web. Eccoli in sequenza:

background="file-grafico"
: permette di indicare un file grafico (in formato GIF o Jpeg) che viene inserito sullo sfondo della pagina; se l'immagine è più piccola rispetto alla pagina, essa viene automaticamente duplicata e affiancata alle sue copie come mattonelle su una parete

bgcolor="#colore RGB"
: permette di assegnare un colore allo sfondo

text="#colore RGB"
: indica il colore del testo all'interno della pagina

link="#colore RGB"
: indica il colore dei link

vlink="#colore RGB"
: indica il colore dei link già seguiti

alink="#colore RGB"
: indica il colore dei link mentre si attivano con il mouse

Ad esempio:

```
<body bgcolor="#FFFFFF" text="#990000" link="00FF00"
vlink="#00AA00" alink="#FFFF00">
```

fa sì che lo sfondo sia bianco, il testo rosso scuro, i link (cioè le parole 'cliccabili') verdi, i link *visited*, cioè già visitati, verde scuro e i link attivi (*active link*) gialli.

I primi due attributi sono mutuamente esclusivi: o si definisce un colore o una immagine di sfondo. Nel secondo caso, ovviamente, dobbiamo precedentemente provvedere a creare, oppure a prelevare da qualche archivio, l'immagine usata per lo sfondo. Quando si ricorre a un simile accorgimento, si consideri che la leggibilità del testo impaginato può diminuire, specie se i colori dell'immagine non contrastano sufficientemente con quelli usati per i caratteri. Se dunque nella nostra pagina vogliamo inserire un'immagine di sfondo scriveremo quanto segue:

```
<!DOCTYPE HTML PUBLIC "-//W3C//DTD HTML 4.01 Transitio-
nal//EN" "http://www.w3.org/TR/html4/loose.dtd">
```

```
<html>
<head>
<meta http-equiv="Content-Type" content="text/html;
charset=iso-8859-1">
<title>La prima pagina Web di Mario Rossi</title>
</head>
<body background="stucco.gif">
..
</body>
</html>
```

Ed ecco il risultato a video:

Figura 125 Allo sfondo di colore uniforme si è sostituita una immagine che vuole ricordare una parete stuccata

Per quanto riguarda la specificazione dei colori, di norma occorre utilizzare l'indice RGB del colore che si intende applicare (si noti che questa sintassi va utilizzata con tutti gli altri attributi deputati a indicare il colore di un elemento HTML). RGB sta per *Red, Green, Blue*, i tre colori fondamentali che, come noto, miscelati opportunamente producono tutti i colori dello spettro. Nella codifica RGB a ogni colore fondamentale viene affidato un valore di intensità in una scala che va da 0 a 255. Per motivi strettamente informatici, la specificazione degli indici RGB avviene in notazione numerica esadecimale (una notazione che ha base 16, e utilizza le dieci cifre della notazione decimale più le lettere fino alla F, ovvero: 0 1 2 3 4 5 6 7 8 9 A B C D E F, dove B, ad esempio, vale 11, e F vale 15).

Sembra complicato, ma vediamo come risolvere il problema nella pratica. Immaginiamo di voler ottenere, per il nostro sfondo, un bianco. Tornando indietro con la memoria ai nostri studi scolastici[13], ricorderemo che il bianco si ottiene con la somma di tutti i colori dell'iride. Nel nostro caso perciò dovremo assegnare ai nostri tre indici (red, green, blue) il massimo valore, che nella notazione esadecimale si scrive FF (255), cioè: <body bgcolor="#FFFFFF"> (FF per il rosso, FF per il verde, FF per il blu). Volendo ottenere il nero, ovvero la sottrazione di tutti i colori, assegneremo ai nostri tre indici il valore più basso (zero, 00 in esadecimale), quindi: <body bgcolor="#000000">. Ancora, sapendo che il giallo è ottenuto con la somma di rosso e verde, scriveremo: <body bgcolor="#FFFF00">. Volendo ottenere, infine, un giallo più pallido, aggiungeremo un po' di blu nella nostra tavolozza elettronica, passando da 00 a 77: <body bgcolor="#FFFF77">.

Vi sembra ancora complicato? Niente paura, fortunatamente ci sono diverse scappatoie. Una consiste nel ricorso a editor di pagine Web come Macromedia Dreamweaver o Microsoft FrontPage, che includono strumenti per la traduzione dei colori in codici esadecimali, oppure a programmi appositamente realizzati, come *Color Manipulation Device*, o infine a programmi di grafica come *Paint Shop Pro*, *Corel Photo-Paint* o *BME* (per Macintosh), grazie ai quali è sufficiente un click del mouse sul colore desiderato per vedersi restituire il suo valore numerico. L'altra scappatoia consiste nel ricorso al nome per esteso del colore, secondo questo elenco:

- Aqua (celestino)
- Black
- Blue
- Fuchsia
- Gray
- Green
- Lime (verde chiaro)
- Maroon
- Navy (blu mare)

[13] Ricordate il disco di Newton? Si trattava di un disco con sopra dipinti in proporzioni uguali tutti i colori dell'iride. Facendo ruotare il disco, i colori sparivano, si "fondevano" per la persistenza sulla nostra retina, e costituivano il bianco.

- Olive (verde oliva)
- Purple
- Red
- Silver (grigio chiaro)
- Teal
- White
- Yellow

Ad esempio, <body bgcolor="yellow"> produrrà uno sfondo giallo canarino. Quest'ultima soluzione è decisamente la più semplice, ma riduce a 16 il numero di colori che possiamo adottare (contro i 16 milioni della notazione esadecimale).

Dove trovare i programmi che abbiamo citato? Per prelevare una copia di Color Manipulation Device (shareware Windows), la URL è **http://www.meat.com/software/cmd.html**; per prelevare una copia di Paint Shop Pro (shareware Windows): **http://www.jasc.com**; per ulteriori informazioni su Corel Photo-Paint (commerciale Windows): **http://www.corel.com/**; per prelevare una copia di BME (freeware Macintosh): **http://www.softlogik.com/**. Se siete nell'imbarazzo della scelta, consigliamo l'ottimo Paint Shop Pro. Per gli editor di pagine Web vedere in seguito il capitolo 'Web editor'.

Prima di chiudere questo paragrafo, due consigli. In primo luogo, prestate molta attenzione alla scelta dei colori: c'è infatti il rischio di rendere la pagina illeggibile. In secondo luogo evitate di scegliere per lo sfondo immagini troppo 'pesanti' (che cioè occupano troppa memoria): intasano inutilmente la rete, e rallentano la visualizzazione della pagina.

Il dimensionamento dei caratteri

Il secondo gruppo di istruzioni che è utile analizzare permette di controllare la dimensione dei caratteri. Abbiamo già visto che gli elementi per i titoli provocano un cambiamento di dimensione del font. Le istruzioni che elenchiamo ora danno la possibilità di avere un controllo molto più raffinato della dimensione del carattere, e permettono di ottenere effetti grafici molto particolari. Naturalmente questi marcatori contravvengono a tutti i principi del markup funzionale... ma l'occhio vuole la sua parte!

La dimensione del carattere in un documento HTML può essere espressa in termini assoluti o relativi. Nel primo caso (termini assoluti) si usa il seguente marcatore:

```
<font size="n">testo</font>
```

Dove ‘n’ è un numero che va da 1 a 7, ad es.: <font size="4">testo</font>.

La dimensione normale del font è 3. Dunque se si usano gli indici 1 o 2 si ottiene un font ridotto rispetto al testo normale, mentre con 4, 5, 6 e 7 si ottiene un font ingrandito.

Per esprimere la dimensione del font in termini relativi si usa la seguente marcatura:

```
<font size="+/- n">testo</font>
```

In questo caso *n* può variare da –2 a +4. Miscelando queste varie direttive è possibile ottenere effetti come questo:

```
<font size="+4">C</font><font size="+3">I</font><font
size="-1">A</font><font size="+2">O</font>
```

che producono:

CIAO

La dimensione normale, espressa in termini assoluti, può essere modificata con il marcatore <basefont size="n"> inserito subito dopo l’istruzione <body>. Questa istruzione ha effetto su tutto il documento, non ha bisogno di tag di chiusura, e influisce sulle eventuali direttive di font relative. Se, ad esempio, diamo <font size="+1"> ad una parola in un documento con basefont pari a 3 (cioè lo standard), avremo dei caratteri più piccoli rispetto alla stessa parola, cui viene applicato il medesimo tag <font size="+1">, ma con basefont pari a 4. Un po’ di esercizi saranno utili per familiarizzare con il meccanismo del dimensionamento relativo. È infine facile verificare che, in seguito a un basefont, anche il range di valori utili del dimensionamento relativo può variare. Ad esempio, con basefont uguale a 4, il range va da –3 a +3 (e non più da –2 a +4).

Incorporare immagini

World Wide Web è un sistema di pubblicazione multimediale. Questo significa che è possibile inserire in un documento informazioni non testuali, anche se il grado di integrazione di queste informazioni varia in base al loro tipo. Ad esempio, i browser Web possono gestire direttamente solo alcuni formati di file grafici, come il formato GIF o il formato JPEG.

L'elemento che svolge la funzione di includere un'immagine all'interno di un testo ha la seguente sintassi:

```
<img src="file-grafico">
```

Ad esempio:

```
<img src="tigre.gif">
```

Questo elemento non ha bisogno di un marcatore di chiusura poiché non marca una zona di testo, ma segnala solo la posizione in cui inserire una immagine. Il valore dell'attributo *src* può essere o il pathname[14] del file grafico, se questo è presente nello stesso computer del file HTML, o la URL corrispondente a un file grafico contenuto in un qualsiasi host di Internet (es.: <img src="http://www.e-text.it/immagini/tigre.gif">).

Normalmente tutti i file che compongono una pagina Web risiedono nel disco rigido della medesima macchina. Il pathname del file grafico va espresso in relazione alla collocazione del file HTML. Se, ad esempio, entrambi sono collocati nella stessa directory, basterà specificare come valore di *src* solo il nome del file, in questo modo: <img src="tigre.gif"> (è consigliabile, specialmente per i meno esperti, fare in questo modo le prime volte). Altrimenti si dovranno specificare anche i nomi delle directory (o 'cartelle') in modo relativo a quella in cui si trova il file HTML, separati dalla barra (/)[15]. In questo modo potremo realizzare siti Web più ordinati, nei quali ad es. le immagini siano conservate in directory separate.

Facciamo qualche esempio pratico per chiarirci le idee. Immaginiamo che il file HTML sul quale stiamo lavorando (prova.htm) si trovi nella directory 'testi' e l'immagine da inserire (tigre.gif) in una directory 'immagini' contenuta all'interno di 'testi', come dalla figura 126.

Il path in tal caso sarà 'immagini/tigre.gif'. Ovvero abbiamo indicato al browser di 'entrare' nella directory 'immagini' e di cercare lì il file grafico.

[14] Il nome del file, preceduto dal percorso completo per arrivarvi, 'navigando' all'interno delle directory del disco rigido.

[15] I lettori che sono abituati ai file system DOS o Unix non avranno difficoltà a capire come digitare i pathname. Gli utenti DOS però dovranno fare attenzione ad usare la barra in avanti (/), e non la classica barra indietro (\) richiesta dal DOS.

```
c:\ (questa è la directory di root del nostro computer)
└── testi (directory)
      ├── prova.htm (file HTML)
      └── immagini (directory)
            └── tigre.gif (file grafico)
```

Figura 126 In una struttura come questa, la sintassi del comando <img> contenuto in prova.htm è <img src="immagini/tigre.gif">

```
c:\ (questa è la directory di root del nostro computer)
├── testi (directory)
│     └── prova.htm (file HTML)
└── immagini (directory)
      └── tigre.gif (file grafico)
```

Figura 127 In una struttura come questa, la sintassi del comando <img> contenuto in prova.htm è <img src="../immagini/tigre.gif">

Immaginiamo ora una situazione diversa. Le directory 'testi' e 'immagini' sono allo stesso livello gerarchico (cioè 'immagini' non è più contenuta all'interno di 'testi'). Come dalla figura 127.

Questa volta il path – partendo da 'prova.htm' – sarà '../immagini/tigre.gif'. Ovvero abbiamo prima indicato al browser di uscire dalla directory 'testi' (con '../') e poi gli abbiamo detto di 'entrare' nella directory 'immagini'.

Ovviamente, nel caso in cui la struttura fosse più ramificata, è sufficiente da un lato fornire le ulteriori sub-directory (es.: <img src="immagini/natura/felini/tigre.gif">), dall'altro risalire tante volte quante necessario (es.: <img src="../../../immagini/tigre.gif">).

È anche possibile fornire dei pathname assoluti, iniziando il percorso dalla directory di root. In tal caso, il path dell'esempio riportato in figura 126 si scriverebbe <img src="/testi/immagini/tigre.gif">, e quello dell'esempio riportato in figura 127 <img src="/immagini/tigre.gif">. Come avrete notato, ciò che ha reso assoluti i path è stato il carattere '/' inserito all'inizio.

Di solito è meglio evitare i path assoluti, sia perché legano le nostre pagine HTML in modo rigido al computer che le ospita, sia perché ci costringono a ricrearne la struttura all'interno del nostro PC.

Per il nostro file 'prova.htm' adottiamo l'indirizzamento più semplice, collochiamo l'immagine 'tigre.gif' nella stessa directory di 'prova.htm' e aggiungiamo perciò la seguente riga:

```
<img src="tigre.gif">
```

Gli attributi di <img>

Il tag <img> dispone di svariati attributi. Vediamo i principali:

align="left | right | top | bottom | middle | ecc."

L'attributo 'align' influenza la disposizione dell'immagine rispetto al testo che la precede e la segue. Ad esempio 'align="left"' fa sì che l'immagine si collochi alla sinistra del testo. La figura che segue aiuterà a capire meglio la funzione dell'attributo:

Figura 128 Le funzioni dell'attributo *align*

Da notare che se si vuole centrare una immagine nello schermo, non si deve ricorrere all'attributo 'align', ma si deve inserirla in un capoverso centrato (es.: <p align="center"><img src="tigre.gif"></p>) oppure in una sezione centrata (es.: <div align="center"><img src="tigre.gif"></p>).

width="*n* | *n*%" e height="*n* | *n*%"

Gli attributi 'width' e 'height' servono ad indicare le dimensioni in pixel dell'immagine: ad esempio <img src="tigre.gif" width="296" height="181">. Sono molto utili perché consentono ai browser di ridurre drasticamente il tempo che trascorre tra la visualizzazione di tutte le immagini contenute nel documento (che tipicamente richiede più tempo) e la visualizzazione del testo. Occorre quindi cercare di indicare sempre le dimensioni delle immagini; molti programmi per la creazione di pagine HTML, quali *FrontPage* o *Netscape Composer*, sono fortunatamente in grado di calcolare e inserire automaticamente queste cifre per conto nostro.

Se agli attributi 'width' e 'height' vengono forniti valori 'errati', ad esempio si scrive che una immagine larga 200 pixel è invece larga 400, il browser allarga l'immagine fino al valore indicato, come 'stirandola'. Non è necessariamente un errore: ad esempio, un metodo per ottenere delle righe colorate nello schermo consiste nell'inserire una immagine di 2 pixel per lato, del colore desiderato, e stirarla alla larghezza opportuna.

A 'width' e 'height' possono essere forniti anche valori percentuali. Ricollegandoci con l'esempio precedente: <img src="quadratino.gif" width="50%" height="2"> fa sì che l'immagine 'quadratino.gif' (un minuscolo quadrato rosso di appena 2 pixel per lato) si allarghi fino al 50% dello schermo, diventando, in sostanza, una riga rossa.

alt="descrizione"

L'attributo 'alt' ha lo scopo di inserire una descrizione dell'immagine (es.: <img src="tigre.gif" alt="Una tigre">). Tale descrizione viene visualizzata dai browser mentre l'immagine viene prelevata; si sostituisce alle immagini se il browser ne ha disabilitato il prelievo automatico e, infine, appare sullo schermo ogni qualvolta il puntatore del mouse si porta sull'immagine. L'attributo è molto utile anche ai browser non grafici, come quelli per MS-DOS, o quelli utilizzati dai non vedenti.

border="*n*"

Quando una immagine è associata a un altro documento (è cioè diventata ipertestuale, vedremo in seguito come si fa), appare circondata da una cornice. L'attributo 'border' ne determina lo spessore in pixel (es.: <img src="tigre.gif" border="2">). È possibile fare in modo che tale cornice non venga visualizzata: basta assegnare il valore zero all'attributo 'border' (es.: <img src="tigre.gif" border="0">).

lowsrc="*file-grafico*"

Questo attributo è particolarmente utile con le immagini di grandi dimensioni, che possono richiedere molti secondi o addirittura minuti per essere prelevate. Con 'lowsrc' possiamo far sì che il browser, mentre preleva l'immagine principale, ne visualizzi un'altra, con il medesimo soggetto, ma molto più veloce da scaricare perché meno definita o con un minore numero di colori (es.: <img src="tigre.gif" lowsrc="tigre-l.gif">).

hspace="*n*" e vspace="*n*">

Abbiamo visto che con 'align' possiamo spostare l'immagine a sinistra e a destra del testo; abbiamo anche visto però che il testo è immediatamente adiacente all'immagine, in modo antiestetico. Con 'hspace' e 'vspace' possiamo determinare la distanza in pixel tra l'immagine e il testo (es.: <img src="tigre.gif" align="left" hspa-

ce="10" vspace="5"). La distanza in senso orizzontale è determinata da 'hspace' (*horizontal space*), quella in senso verticale da 'vspace' (*vertical space*).

Inserire dei link

I link in una pagina Web sono aree attive del testo che ci permettono, con un click del mouse, di saltare a un documento collegato. La prima cosa che occorre decidere è dunque quale parte del testo si vuole rendere attiva, e poi inserire il marcatore per definirla come tale. La sintassi è la seguente:

```
<a href="url del documento di destinazione">testo atti-
vo</a>
```

La 'a' del tag sta per *anchor*, e l'attributo 'href' sta per 'riferimento ipertestuale', e contiene la URL completa del documento di destinazione. Aggiungiamo nella nostra pagina 'prova.htm' un link ipertestuale, modificando la riga contenente '<li>letteratura</li>' in:

```
<li>letteratura (visita la <a href="http://www.liberli-
ber.it">biblioteca telematica</a> di Liber Liber</li>
```

Da adesso in poi, è sufficiente un click su 'biblioteca telematica' per collegarsi all'indirizzo Internet '**http://www.liberliber.it**'. Con il medesimo semplice meccanismo, possiamo inserire link ad altri documenti presenti sul nostro stesso sito, e addirittura a punti specifici di un documento. La specificazione del path per richiamare un documento all'interno del nostro stesso sito segue le stesse norme viste per le immagini. Quindi:

<a href="mario.htm">testo cliccabile</a>
: si usa quando il file 'mario.htm' si trova nella stessa directory nella quale è memorizzato il file che contiene il link ('prova.htm' nel nostro caso).

<a href="biografia/mario.htm">testo cliccabile</a>
: si usa quando il file 'mario.htm' si trova in una sub-directory ('biografia' nel nostro caso) di 'prova.htm'.

<a href="../mario.htm">testo cliccabile</a>
: si usa se il file 'mario.htm' si trova nella directory superiore rispetto a quella che contiene 'prova.htm'.

<a href="../biografia/mario.htm">testo cliccabile</a>

si usa se il file 'mario.htm' si trova in una directory ('biografia' nel nostro caso) che è gerarchicamente allo stesso livello di quella che contiene 'prova.htm'.

Per inserire il link a un punto specifico di un altro documento (o anche a un punto specifico del documento che si sta leggendo) è necessario ricorrere preventivamente a un altro attributo dell'elemento <a>, cioè 'name="testo"' (es.: <a name="start"></a>). La funzione dell'attributo 'name' è quella di assegnare un nome a una parte del documento, così che in seguito vi si possa far riferimento. Facciamo subito un esempio pratico, e assegnamo il nome 'start' alla parte iniziale del nostro file 'prova.htm':

```
<!DOCTYPE HTML PUBLIC "-//W3C//DTD HTML 4.01 Transitio-
nal//EN" "http://www.w3.org/TR/html4/loose.dtd">
<html>
<head>
<meta http-equiv="Content-Type" content="text/html;
charset=iso-8859-1">
<title>La prima pagina Web di Mario Rossi</title>
</head>
<body bgcolor="#FFFFFF" text="#990000">
<a name="start"></a>
<h1 align="center">Home page di Mario Rossi</h1>
<p>Questa &egrave; la mia prima pagina in HTML.</p>
ecc.
```

Ora è possibile riferirsi alle prime righe del file 'prova.htm' con il nome 'start'. La sintassi per riferirsi alla parte di testo chiamata 'start' è la seguente: 'URL del file che contiene il riferimento interno' + '#' + 'nome assegnato al riferimento interno'. Ad esempio:

```
<a href="prova.htm#start">testo cliccabile</a>
```

Il meccanismo è lo stesso se la URL si riferisce a un altro sito. Ad esempio:

```
<a href="http://www.liberliber.it/support/index.html#
iscrizione">testo cliccabile</a>
```

Oltre che definire link tra documenti di World Wide Web, l'elemento <a> può essere usato anche per inserire una URL di tipo 'mailto' che permetterà ai futuri visitatori della nostra pagina di inviarci dei messaggi di posta elettronica. Questa la sintassi: 'mailto:' + 'indirizzo e-mail'. Ad esempio:

```
<a href="mailto:rossi@liberliber.it">Fai click qui per
scrivermi</a>
```

Prima di proseguire, diamo un'occhiata al nostro file 'prova.htm' così da ripassare alcuni degli ultimi comandi visti:

```
<!DOCTYPE HTML PUBLIC "-//W3C//DTD HTML 4.01 Transitio-
nal//EN" "http://www.w3.org/TR/html4/loose.dtd">
<html>
<head>
<meta http-equiv="Content-Type" content="text/html;
charset=iso-8859-1">
<title>La prima pagina Web di Mario Rossi</title>
</head>
<body bgcolor="#FFFFFF" text="#990000">
<a name="start"></a>
<h1 align="center">Home page di Mario Rossi</h1>
<p>Questa &egrave; la mia prima pagina in HTML.</p>
<h3>Il mio tempo libero</h3>
<ul>
<li>letteratura (visita la <a
href="http://www.liberliber.it">biblioteca
telematica</a> di Liber Liber)</li>
<li>cinema (qui sotto la classifica dei miei film prefe-
riti)
<ol>
<li>Blade Runner</li>
<li>Oltre il giardino</li>
<li>Delicatessen</li>
</ol></li>
<li>sport</li>
</ul>
<h3>Il lavoro</h3>
<dl>
<dt>Scuola di Giornalismo di Perugia</dt>
<dd>insegno l'applicazione delle nuove tecnologie alla
professione di giornalista</dd>
<dt>Laterza</dt>
<dd>in collaborazione con alcuni colleghi ho scritto un
manuale su Internet</dd>
<dt>RAI</dt>
<dd>ho progettato il sistema informativo della trasmis-
sione Media/Mente</dd>
</dl>
<hr width="80%" align="center" noshade>
<p><img src="tigre.gif" width="296" height="181"
alt="Foto di una tigre" hspace="10" vspace="5"
align="left"><font size="+1" color="#000000">Testo qual-
siasi, testo qualsiasi testo qualsiasi testo qualsiasi
testo qualsiasi testo qualsiasi testo qualsiasi testo
qualsiasi testo qualsiasi testo qualsiasi testo qualsia-
```

```
si testo qualsiasi testo qualsiasi testo qualsiasi testo
qualsiasi testo qualsiasi testo qualsiasi testo qualsia-
si testo qualsiasi testo qualsiasi testo qualsiasi testo
qualsiasi testo qualsiasi testo qualsiasi testo qualsia-
si testo qualsiasi testo qualsiasi testo qualsiasi testo
qualsiasi testo qualsiasi testo qualsiasi testo qualsia-
si testo qualsiasi testo qualsiasi testo qualsiasi testo
qualsiasi.</font></p>
<p align="center"><a href="prova.htm#start">Fai click
qui per tornare in cima al documento.</a></p>
<p align="center"><a
href="mailto:rossi@liberliber.it">Fai click qui per
scrivermi.</a></p>
</body>
</html>
```

Ecco il risultato a video delle ultime righe in HTML:

Figura 129 Un click sulla penultima riga ('Fai click qui per tornare in cima al documento') sposta in alto la finestra del browser, un click sull'ultima riga ('Fai click qui per scrivermi') consente invece l'invio di una e-mail all'indirizzo specificato

Le tabelle

Il linguaggio HTML fornisce una serie di elementi che servono a inserire tabelle all'interno dei documenti. Oltre a servire in tutti i normali casi in cui è necessario presentare dei dati in formato tabulare, le tabelle HTML sono usate anche per la composizione di gabbie grafiche all'interno delle quali disporre testo e grafica di una pagina Web. Grazie alle tabelle, infatti, il testo si può organizzare su più colonne, si possono creare zone con sfondi di colore diverso, e molto altro.

Una tabella viene codificata mediante l'elemento <table>, ed è composta da una serie di righe, segnalate medianate l'elemento <tr>, a loro volta articolate in celle, il cui elemento è <td>. Per capire meglio il meccanismo, creiamo una semplice tabella di una sola riga e due colonne. Ecco la sintassi:

```
<table>
<tr><td>prima cella</td><td>seconda cella</td></tr>
</table>
```

Ed ecco il risultato a video:

prima cella	seconda cella

Per vedere meglio come funziona, aggiungiamo subito un attributo a 'table', così che il bordo della tabella diventi visibile, e cambiamo <table> in <table border="1">. Ecco il risultato a video:

prima cella	seconda cella

Vediamo ora come aggiungere una seconda riga:

```
<table border="1">
<tr><td>prima cella</td><td>seconda cella</td></tr>
<tr><td>prima cella della seconda riga</td>
<td>seconda cella della seconda riga</td></tr>
</table>
```

Queste righe di codice vengono visualizzate nel modo seguente:

prima cella	seconda cella
prima cella della seconda riga	seconda cella della seconda riga

Notiamo alcune cose. Innanzitutto il testo appare attaccato al bordo sinistro delle singole celle, inoltre queste ultime, senza la necessità di ulteriori istruzioni, si sono automaticamente allargate così da contenere il testo senza andare a capo.

Vediamo nel dettaglio i singoli tag utilizzati, e poi i numerosi attributi applicabili:

<table>

ogni tabella inizia con <table> e, come ormai dovrebbe apparirci intuitivo, si chiude con </table>. Il tag dispone dei seguenti attributi:

border="*n*" (es.: <table border="1">)

come abbiamo già potuto verificare, rende visibile il bordo della tabella. Il valore *n* è in pixel.

cellpadding="*n*" (es.: <table cellpadding="10">)

è lo spazio tra il bordo della tabella e il testo contenuto all'interno delle celle.

cellspacing="*n*" (es.: <table cellspacing="5">)

è la distanza tra una cella e un'altra.

width="*n* | *n*%" (es.: <table width="100%"> oppure <table width="250">)

la larghezza della tabella relativamente allo schermo, espressa con i valori percentuali, oppure in assoluto, in pixel.

height="*n* | *n*%" (es.: <table height="80%"> oppure <table height="100">)

come width, ma relativamente all'altezza della tabella.

bgcolor="*#rrggbb*" (es.: <table bgcolor="#FF0000"> oppure < table bgcolor="red">)

determina il colore di sfondo della tabella. La sintassi di *rrggbb* è la medesima vista per attribuire colori allo sfondo del documento o ai caratteri. In alternativa ai valori esadecimali si possono anche qui usare i nomi dei colori, in inglese (red, green, ecc.). Questo tag è riconosciuto solo dalle versioni più recenti dei browser.

<tr>

è l'abbreviazione di *table row*, e determina l'inizio di una riga di una tabella. Si chiude come al solito con </tr>. Questi i due attributi applicabili:

align="left | center | right" (es.: <tr align="right">)

left, center e right (rispettivamente: sinistra, centro, destra) indicano l'allineamento orizzontale di tutte le celle presenti nella riga.

valign="top | middle | bottom" (es.: <tr valign="bottom">)

top, middle e bottom (rispettivamente: in alto, al centro, in basso) riguardano l'allineamento verticale di tutte le celle presenti nella riga.

<td>

si può usare solo all'interno di <tr></tr> e determina l'inizio e la fine di una singola cella. Anche questo tag dispone di alcuni attributi. Eccoli:

align="left | center | right" (es.: <td align="center">)

analogamente a quanto avviene per <tr>, left, center e right indicano l'allineamento orizzontale, ma non di tutte le celle presenti nella riga, bensì delle sole celle in cui sono presenti.

valign="top | middle | bottom" (es.: <td valign="top">)

top, middle e bottom riguardano l'allineamento verticale della singola cella.

nowrap (es.: <td nowrap>)

fa sì che il testo contenuto nella cella non vada a capo (può quindi accadere che la cella diventi più larga dello schermo).

width="*n* | *n*%" (es.: <td width="50%"> oppure <td width="80">)

determina la larghezza della singola cella. Se ad esempio in una tabella con due celle si vuole che abbiano entrambe la stessa larghezza, si potrà scrivere in ognuna <td width="50%">. Se le celle sono quattro scriveremo <td width="25%">, e così via.

bgcolor="*#rrggbb*" (es.: < table bgcolor="#FF0000"> oppure < table bgcolor="red">)

questo attributo lo abbiamo già visto applicato all'intera tabella. Inserendolo all'interno di un <td> facciamo in modo che cambi solo il colore di sfondo della cella che lo contiene. Questo attributo è riconosciuto solo dalle versioni più recenti dei browser.

rowspan="*n*" (es.: <td rowspan="2">)

fa sì che una cella risulti alta *n* celle, dove *n* è un qualsiasi numero intero (es.: 2).

Per maggiore chiarezza, vediamo una tabella in cui una cella ha l'attributo 'rowspan="2"':

```
<table border="1">
<tr><td rowspan="2">prima cella, alta quanto
due</td><td>seconda cella</td></tr>
<tr><td>seconda riga, con una sola cella</td></tr>
</table>
```

Eccone l'aspetto a video:

<table border="1"><tr><td rowspan="2">prima cella, alta quanto due</td><td>seconda cella</td></tr><tr><td>seconda riga, con una sola cella</td></tr></table>

Da notare che nella seconda riga è stata creata una sola cella. Questo perché la prima cella, della prima riga, è alta quanto due celle, ed ha reso una eventuale seconda cella della seconda riga del tutto inutile! È facile confondersi le idee; prima di proseguire, se non vi è tutto chiaro, fate qualche altra prova (ad esempio, provando a costruire una tabella con una cella alta quanto tre celle[16]).

colspan="*n*" (es.: <td colspan="2">)

fa sì che una cella risulti larga *n* celle, dove *n* è un qualsiasi numero intero (es.: 2). Per maggiore chiarezza, vediamo anche nel caso di 'colspan' un esempio concreto:

```
<table border="1">
<tr><td colspan="2">prima cella, larga quanto
due</td></tr>
<tr><td>seconda riga, prima cella</td><td>seconda riga,
seconda cella</td></tr>
</table>
```

A video, queste righe di codice produrranno il seguente risultato:

<table>
<tr><td colspan="2">prima cella, larga quanto due</td></tr>
<tr><td>seconda riga, prima cella</td><td>seconda riga, seconda cella</td></tr>
</table>

Come vedete, nella prima riga è stata creata una sola cella, larga quanto le due celle della seconda riga, prese insieme. Se non siamo riusciti a confondervi abbastanza le idee, provate a creare una tabella che produca a video un risultato di questo tipo[17]:

<table>
<tr><td rowspan="2">prima cella,
alta due righe</td><td colspan="2" align="center">prima riga, seconda cella (centrata)</td></tr>
<tr><td>seconda riga, prima cella</td><td>seconda riga, seconda cella</td></tr>
</table>

Ora che abbiamo visto come funzionano le tabelle, sfruttiamole per disporre diversamente le ultime due righe della nostra pagina 'prova.htm'. Ecco, a titolo di ricapitolazione, il file 'prova.htm' per intero, comprese le ultime modifiche:

[16] In tal caso dovete costruire una tabella di 3 righe. La prima riga dovrà contenere due celle – di cui una alta quanto 3 –, e la seconda e la terza riga, invece, dovranno contenerne una sola.

[17] In realtà è meno complicato di quello che sembra. La prima riga contiene due celle. La prima di queste due celle ha l'attributo rowspan="2", la seconda ha gli attributi colspan="2" e align="center". Anche nella seconda riga ci sono due celle, e senza nessun attributo particolare.

```
<!DOCTYPE HTML PUBLIC "-//W3C//DTD HTML 4.01 Transitio-
nal//EN" "http://www.w3.org/TR/html4/loose.dtd">
<html>
<head>
<meta http-equiv="Content-Type" content="text/html;
charset=iso-8859-1">
<title>La prima pagina Web di Mario Rossi</title>
</head>
<body bgcolor="#FFFFFF" text="#990000">
<a name="start"></a>
<h1 align="center">Home page di Mario Rossi</h1>
<p>Questa &egrave; la mia prima pagina in HTML.</p>
<h3>Il mio tempo libero</h3>
<ul>
<li>letteratura (visita la <a href="http://www.liberli-
ber.it">biblioteca tele-matica</a> di Liber Liber)</li>
<li>cinema (qui sotto la classifica dei miei film prefe-
riti)
<ol>
<li>Blade Runner</li>
<li>Oltre il giardino</li>
<li>Delicatessen</li>
</ol></li>
<li>sport</li>
</ul>
<h3>Il lavoro</h3>
<dl>
<dt>Scuola di Giornalismo di Perugia</dt>
<dd>insegno l'applicazione delle nuove tecnologie alla
professione di giornali-sta</dd>
<dt>Laterza</dt>
<dd>in collaborazione con alcuni colleghi ho scritto un
manuale su Inter-net</dd>
<dt>RAI</dt>
<dd>ho progettato il sistema informativo della trasmis-
sione Media/Mente</dd>
</dl>
<hr width="80%" align="center" noshade>
<p><img src="tigre.gif" width="296" height="181"
alt="Foto di una tigre" hspace="10" vspace="5"
align="left"><font size="+1" color="#000000">Testo qual-
sia-si, testo qualsiasi testo qualsiasi testo qualsiasi
testo qualsiasi testo qual-siasi testo qualsiasi testo
qualsiasi testo qualsiasi testo qualsiasi testo qualsia-
si testo qualsiasi testo qualsiasi testo qualsiasi testo
qualsiasi testo qualsiasi testo qualsiasi testo qualsia-
si testo qualsiasi testo qualsiasi testo qualsiasi testo
```

```
qualsiasi testo qualsiasi testo qualsiasi testo qualsia-
si testo qualsiasi testo qualsiasi testo qualsiasi testo
qualsiasi testo qualsiasi testo qualsiasi testo qualsia-
si testo qualsiasi testo qualsiasi testo qualsiasi testo
qualsiasi.</font></p>
<table border="0" width="100%">
<tr>
<td align="left"><a href="prova.htm#start">Fai click qui
per tornare in cima al documento</a></td>
<td align="right"><a
href="mailto:rossi@liberliber.it">Fai click qui per
scri-vermi</a></td>
</tr>
</table>
</body>
</html>
```

Alcuni elementi secondari

Come già detto, queste poche pagine sull'HTML non hanno la pretesa di essere esaustive; ci sono molti elementi e attributi di HTML che non abbiamo esaminato, per non parlare di tecnologie avanzate come i fogli di stile, la programmazione con i linguaggi di script, o il Dynamic HTML.

Di seguito elenchiamo brevemente alcuni altri elementi secondari di HTML, rimandandovi per gli altri alla letteratura specifica, parte della quale anche disponibile on-line[18].

Elementi secondari per il formato dei caratteri

_{testo}

utilizzato per marcare dei caratteri come pedici. Ad esempio, 'H₂O' appare così: H_2O

^{testo}

utilizzato per marcare dei caratteri come apici. Ad esempio, '12³' appare così: 12^3

<tt>testo</tt>

da *typewriter*, visualizza i caratteri a spaziatura fissa

[18] Due indirizzi utili sono: **http://werbach.com/barebones/it_barebone.html**, un completo elenco di comandi HTML con relative – sintetiche – spiegazioni in italiano (le spiegazioni di solito non sono più lunghe di una riga). Ideale per chi già conosce i fondamenti dell'HTML, ma ha bisogno di un efficiente memorandum. E poi **http://www.ncsa.uiuc.edu/General/Internet/WWW/HTMLPrimer.html**, una buona guida all'HTML scritta da Marc Andreesssen, in inglese.

Elementi secondari per i blocchi di testo

```
<pre>testo</pre>
```

da '*preformatted*', serve a rendere il testo a video così come è scritto, e con un font a spaziatura fissa: inoltre se all'interno del testo *preformatted* c'è un codice di ritorno a capo, questo è reso anche a video (contrariamente a quanto avviene di solito in HTML, dove è necessario un tag <p> oppure <br> per ottenere un ritorno a capo). Il comando 'pre' ha un attributo:

width="*c*" es.: <pre width="80">

dove *c* indica il numero di caratteri oltre il quale il browser deve inserire comunque un codice di ritorno a capo

<blockquote>testo</blockquote>

indica le citazioni, rendendole graficamente come capoversi con un rientro sia a sinistra, sia a destra (di solito il tag è utilizzato più in virtù del suo effetto a video che del suo significato)

<nobr>testo</nobr>

disattiva l'a capo automatico dei browser

<wbr>

indica un 'a capo' all'interno del testo marcato con <nobr>

Il meta-elemento <meta>

Un ultimo elemento cui facciamo breve cenno è <meta>. Si tratta di un elemento che va inserito nell'intestazione (<head>) di un documento e serve a inserire nel documento metainformazioni e istruzioni di vario tipo, che in genere riguardano l'intero documento, e che non vengono visualizzate direttamente dal browser. In genere riguarda applicazioni piuttosto avanzate ed esoteriche di HTML. Facciamo solo un esempio: l'inclusione di informazioni che riguardano l'autore del documento stesso. La sintassi da usare è la seguente:

```
<meta name="AUTHOR" content="nome e cognome">
```

Ad esempio:

```
<meta name="AUTHOR" content="Mario Rossi">
```

Il risultato del tag non appare a video (serve semplicemente a indicare l'autore della pagina Web), ma può essere ad esempio utilizzato dal browser o dai motori di ricerca, al fine di estrarre informazioni relative all'autore del documento.

Web editor

Sebbene un documento HTML possa essere editato con un semplice editor di testo, usare degli strumenti più specifici permette spesso un notevole risparmio di tempo e fatica. E di tali strumenti, oggi, ne esistono molti e molto avanzati. In generale possiamo distinguere tre categorie di editor HTML: editor di documenti orientati al codice, editor di documenti *WYSIWYG* ('What You See Is What You Get', cioè 'ciò che vedi è ciò che ottieni') ed editor di siti.

Gli editor 'orientati al codice' sono stati i primi ad apparire sul mercato, permettono di evitare la digitazione di ogni singolo marcatore grazie a pulsanti o menu a tendina, ma non si discostano molto come impostazione di lavoro dalla scrittura manuale dei vari tag. Il testo appare misto ai marcatori HTML, ed ha perciò un aspetto poco familiare per il neofita. Per quanto ormai gli editor *WYSIWYG* vadano per la maggiore, questi prodotti 'orientati al codice' trovano ancora una ragione di esistere perché sono di norma più leggeri e veloci nella manipolazione di documenti di grandi dimensioni e consentono un controllo minuto sul contenuto della pagina.

Grazie agli editor HTML con modalità *WYSIWYG*, invece, si potrebbero addirittura creare pagine HTML senza conoscerne la sintassi. Infatti il codice resta invisibile all'utente, che interviene sul documento come se lavorasse con un moderno word processor. I migliori editor *WYSIWYG* consentono anche un intervento diretto sul codice.

Gli 'editor di siti' sono per lo più una evoluzione degli editor *WYSIWYG* di maggior successo. Un editor di questa fascia non solo è in grado di velocizzare la creazione di documenti HTML, ma si preoccupa anche di verificare l'integrità dei link tra i documenti che si stanno editando e il resto del sito. Un editor di sito, ad esempio, nel caso in cui si decidesse di cambiare il nome a un file (ad esempio una immagine), ripristinerebbe automaticamente tutti i collegamenti ipertestuali a quella immagine contenuti nel sito.

Forniamo qui di seguito un elenco di alcuni programmi che, nelle categorie appena ricordate, si segnalano per potenza e facilità d'uso. Alcuni di questi editor sono shareware; vi ricordiamo che lo shareware può sopravvivere come valida (ed economica) alternativa alla distribuzione commerciale solo se si rispetta il patto morale di inviare la quota di registrazione.

Netscape Composer

Uno dei primi editor *WYSIWYG* è stato quello incluso in *Netscape* sin dal 1996. La versione più recente di questo programma, chiamato *Netscape Composer*, è inclusa nella suite di *Netscape Communicator* (**http://www.netscape.com**). Dal punto di vista delle funzionalità offerte, *Netscape Composer* non ha la pretesa di gestire siti complessi, ma ha dalla sua parte il facile utilizzo e l'essere fornito gratuitamente.

Macromedia Dreamweaver

Macromedia Dreamweaver è attualmente il programma per la creazione di siti più evoluto e potente, scelto da molti 'addetti ai lavori'. Un po' meno facile da usare di FrontPage (altro leader di mercato), è tuttavia un editor di documenti Web estremamente sofisticato, segue abbastanza strettamente le specifiche W3C, e consente un controllo sul codice delle pagine assai preciso. La gestione della grafica è sofisticata, supporta in modo nativo le animazioni vettoriali e interattive create con Macromedia Flash e Macromedia Director. Consente l'inserimento di animazio-

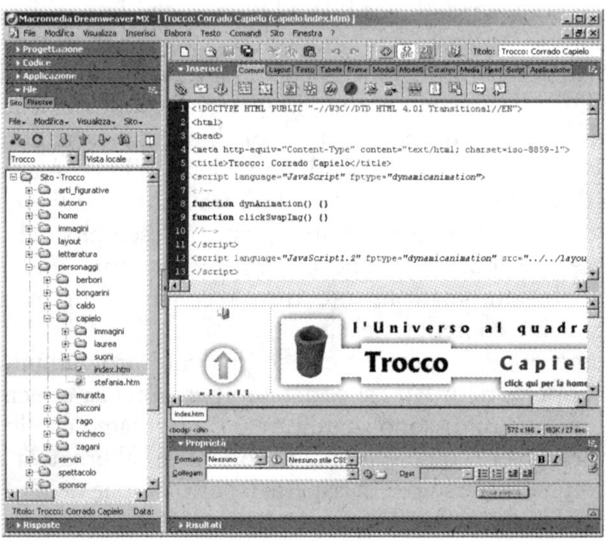

Figura 130 Macromedia Dreamweaver

ni in Dynamic HTML, e include alcuni accorgimenti che aiutano a realizzare dei siti Internet accessibili anche ai portatori di handicap. Grazie ai 'template', è possibile impaginare tutta una serie di pagine in base a scelte predeterminate, e quindi modificarle in blocco semplicemente intervenendo sul template di riferimento.

Tra le numerose funzioni, vale la pena citare la gestione siti, grazie alla quale è possibile memorizzare anche i parametri di accesso ai server 'pubblici', quelli dove spediamo le nostre pagine HTML una volta che sono complete (risparmiandoci la fatica di recuperarli a ogni modifica di una pagina o ad ogni aggiunta).

Tra i difetti, dobbiamo elencare una formattazione del codice piuttosto pasticciata: il programma non gestisce correttamente i rientri, le tabulazioni e gli spazi. Il che, se da un lato non inficia il funzionamento del codice stesso, dall'altro ne complica la lettura e appesantisce inutilmente le pagine.

Il sito Internet dove cercare altre informazioni è **http://www.macromedia.com/it/software/dreamweaver/**.

Microsoft FrontPage

Si tratta probabilmente di uno degli editor *WYSIWYG* più utilizzati. È in grado di gestire frame e form, CSS e Dynamic HTML. Importa documenti di Microsoft Office (Word, Excel, ecc.) e altri tipi di file (testi in RTF, ASCII, immagini, ecc.) in modo abbastanza efficiente. Consente di lavorare sia in modalità *WYSIWYG*, sia in modalità HTML. Volendo, a partire dalla versione 2000 di FrontPage è possibile disabilitare il controllo automatico della sintassi HTML, così da consentire senza problemi l'introduzione di istruzioni non standard (come i comandi ASP, le procedure Javascript, ecc.).

Molto utile alla gestione di grandi siti Internet la possibilità di rinominare un file, o una cartella, e di vedere modificarsi automaticamente tutte le pagine che facevano riferimento a quel file (o a quella cartella) dal vecchio nome al nuovo. Una procedura guidata aiuta la pubblicazione delle pagine, sia verso un comune server Internet, sia verso un server compatibile con le cosiddette *FrontPage extensions*. In tal ultimo caso è possibile creare molto facilmente pagine con un motore di ricerca interno; è possibile inserire contatori degli accessi e, infine, è possibile collegare le proprie pagine HTML a database di vario tipo (Access, SQL server, ecc.). Quest'ultima funzionalità, che comunque richiede una certa esperienza, è di solito molto apprezzata quando si devono allestire siti Internet molto complessi, con archivi, cataloghi, listini e quant'altro.

FrontPage è uno dei pochi editor HTML disponibili anche in lingua italiana. Apprezzabile la condivisione degli strumenti di correzione di Office; in questo modo gli utenti della suite Microsoft potranno effettuare il controllo degli errori di battitura con le stesse modalità apprese con Word e con gli altri programmi Office.

Il sito di riferimento per ulteriori informazioni è: **http://www.microsoft.com/italy/office/frontpage/**.

Adobe GoLive

Erede, se così si può dire, di *PageMill*, il cui sviluppo è stato abbandonato, *GoLive* è la risposta Adobe a FrontPage e Dreamweaver. Il programma nasce per piattaforma Macintosh, ma è disponibile anche per Windows. Si giova di una ottima interfaccia utente e di comode ed evolute soluzioni per l'inserimento di immagini e link.

Analogamente a FrontPage e Dreamweaver, non si limita a fornire gli strumenti per la creazione delle pagine HTML, ma consente una vera e propria 'gestione del sito Internet', verificando la correttezza dei collegamenti ipertestuali, fornendo procedure guidate per la pubblicazione e molto altro. Come FrontPage è molto attento alle tecnologie Microsoft (supporta bene i comandi ASP, include un editor VisualBasic, ecc.), così GoLive spiana la strada agli utenti Mac (supportando in modo nativo *QuickTime*, consentendo l'uso – su server specifici – degli *Apple WebObjects*, ecc.).

Per ulteriori informazioni, fare riferimento al sito Internet: **http://www.adobe.com/products/golive/**.

Altri editor HTML

Fortunatamente il panorama dei programmi dedicati alla creazione di pagine HTML è abbastanza vasto, così da coprire tutte le esigenze. Per un elenco dei prodotti disponibili, costantemente aggiornato, fate rifimento a: **http://dir.yahoo.com/Computers_and_Internet/Software/Internet/World_Wide_Web/HTML_Editors/**. Qui di seguito, citiamo alcuni dei più noti.

BBedit

BBedit è il text editor più usato in ambiente Macintosh. È completamente programmabile ed ha specifici comandi per inserire marcatori HTML. La URL per il download (si tratta di un software shareware) e per ulteriori informazioni è **http://www.barebones.com**.

HotDog Professional

HotDog Professional è un programma shareware, per Windows. Merita una citazione in quanto è stato uno dei primi editor HTML ad avere funzioni avanzate, ed è perciò divenuto l'editor testuale preferito da molti impaginatori esperti. La URL per ulteriori informazioni è: **http://www.sausage.com**.

Guanta

È un ottimo sistema di sviluppo per il web freeware (cioè gratuito) per l'ambiente grafico Unix KDE. Gira perfettamente anche su *Linux*, il sistema Unix per computer con processori Intel distribuito gratuitamente su Internet. Appartiene alla categoria degli editor orientati al codice.

Appendice C

Internet e l'11 settembre – un caso di studio*

L'11 settembre 2001 ha rappresentato anche per Internet una data di importanza capitale. Non tanto perché – come è invece accaduto per le relazioni geopolitiche internazionali – gli avvenimenti dell'11 settembre abbiano cambiato il volto della rete: le funzionalità e gli strumenti offerti da Internet erano il 12 settembre 2001 gli stessi del 10 settembre. A cambiare – in parte nelle more dell'emergenza, in parte nelle settimane e nei mesi successivi – è stata invece la percezione da parte degli utenti delle caratteristiche e delle potenzialità di Internet come strumento di comunicazione di massa. È cambiato dunque, almeno in parte, il modo di usare la rete, e sono cambiati, almeno in parte, modelli e stili della comunicazione di rete. L'esplosione di un fenomeno come quello dei weblog, ad esempio, è stata indubbiamente influenzata da un momento nel quale ciascuno (e soprattutto gli utenti statunitensi) ha percepito con chiarezza di vivere avvenimenti di portata storica, davanti ai quali si presentava immediata l'esigenza di 'dare testimonianza', informarsi, discutere. E dopo l'11 settembre è diventata centrale, probabilmente per la prima volta, una dimensione della rete che certo esisteva anche prima ma che aveva raramente sollecitato un'attenzione o una riflessione specifica: quella di Internet come luogo e deposito di memoria collettiva.

Va anche considerato che, nonostante la natura globale e transnazionale della rete, gli Stati Uniti non sono certo per Internet una nazione fra le altre: la rete è nata negli Stati Uniti, e negli Stati Uniti prima e più che altrove è diventata strumento collettivo di comunicazione: colpendo – con la città di New York – il cuore degli Stati Uniti, i tragici avvenimenti dell'11 settembre hanno in qualche modo colpito qualcosa di molto simile al 'centro' della rete, per quanto improprio risulti il parlare di centro a proposito di una struttura programmaticamente distribuita e decentralizzata come Internet.

* Questa appendice è stata scritta da Gino Roncaglia.

Per questo insieme di motivi, ci è sembrato utile includere in questo manuale qualche considerazione sull'11 settembre in rete: il modo nel quale Internet è stata utilizzata durante e dopo quella tragica giornata rappresenta non solo un 'caso di studio' particolarmente interessante, ma anche un aiuto per capire le funzionalità comunicative e il ruolo sociale ormai assunto della rete.

Abbiamo diviso questa appendice in quattro sezioni: la prima è dedicata al funzionamento delle infrastrutture di rete in una situazione di emergenza, e discute il modo in cui Internet ha 'reagito' nelle ore immediatamente successive all'attacco terroristico: si è parlato spesso di un vero e proprio 'blocco per congestione' della rete nelle sei o sette ore successive agli attentati, ma come vedremo la realtà è assai più complessa e articolata. E, probabilmente, è anche in grado di insegnarci qualcosa.

La seconda sezione è dedicata al progressivo emergere, nei giorni, nelle settimane e nei mesi dopo l'11 settembre, di nuove tipologie di siti e di modelli comunicativi. Esamineremo alcune di queste tipologie e ci interrogheremo sulla loro evoluzione di medio e lungo periodo, soffermandoci anche sul consolidamento, nei mesi successivi e poi durante e dopo gli interventi militari statunitensi in Afghanistan e in Iraq, di alcune funzionalità 'di servizio' della rete, legate al progressivo trasformarsi dell''emergenza terrorismo' in fattore permanente che richiede specifiche forme di preparazione e *awareness*.

La terza sezione è dedicata a Internet come 'terreno di scontro', e a una breve discussione delle minacce di cyberterrorismo legate agli avvenimenti dell'11 settembre.

La quarta sezione discute l'aspetto di Internet forse più radicalmente mutato in conseguenza degli avvenimenti dell'11 settembre: la rete come deposito di memoria collettiva.

Il funzionamento delle infrastrutture e dei servizi di rete in una situazione di emergenza

Un aeroplano si è schiantato sul World Trade Center. Mi spiace non poter linkare a nient'altro che alla pagina principale della CNN, ma non ci sono ancora pagine informative complete al riguardo. L'aeroplano si è schiantato sull'edificio circa sei minuti fa, stando a quanto dice la televisione. Siamo circa sessanta isolati a nord, e possiamo vedere il fumo sulla skyline.

Sono le 5:58 del mattino, ora del Pacifico, le 8:58 a New York. Questo intervento, inviato pochissimi minuti dopo l'impatto del primo aereo contro il World Trade Center e firmato 'Karen', apre su *Metafilter* (**http://www.metafilter.com/mefi/10034**) una lunghissima catena di messaggi che seguiranno minuto per minuto l'evolversi della giornata. È un intervento già indicativo: la fonte informativa primaria è la televisione, attraverso la quale Karen segue gli avvenimenti. La funzione di Internet è diversa: innanzitutto, la rete permette a Karen – e a tutte le migliaia di persone che in una forma o nell'altra scriveranno in rete nelle ore successive da New York e Washington (e non solo) – di portare immediatamente una testimonianza personale ("possiamo vedere il fumo sulla skyline"). Inoltre, la rete compare da subito come strumento per l'approfondimento delle notizie, anche di quelle di strettissima attualità, attraverso la consultazione e il confronto di fonti informative diverse ("mi spiace non poter linkare ad altro che alla pagina principale della CNN": la prima preoccupazione di Karen, accanto a quella di fornire l'informazione primaria, è evidentemente quella di *fornire link*; il non poterlo fare, pur se a pochi istanti dall'avvenimento, è motivo di frustrazione).

Cosa è successo a Internet, nei minuti e nelle ore immediatamente successivi all'attentato? Per molti utenti, la prima esperienza è stata quella di una sorta di 'blocco da sovraccarico' della rete: un numero sterminato di persone ha cercato di collegarsi ai principali siti informativi, rendendoli di fatto quasi irraggiungibili: già un'ora dopo gli attentati, e per le cinque o sei ore successive, i siti della CNN, del «New York Times», ma anche – ad esempio – quelli di «Repubblica» in Italia, di «Le Monde» in Francia, e così via, si sono rivelati incapaci di fronteggiare l'enorme numero di richieste. "Davanti alla prima, vera emergenza della sua storia, Internet è crollata", hanno scritto alcuni[1]. La realtà però è assai diversa, e assai più complessa. Proviamo ad ascoltare un'altra voce, quella di Mike Daisey, che scrive sul suo sito Web alle 13.52 dell'11 settembre:

Sto scrivendo queste righe dal centro di New York. Paradossalmente, non ho alcun modo per contattare nessuno tranne che attraverso la mia connes-

[1] Per l'Italia, si veda ad es. S. Cui, *11 settembre 2001: è crollato il sogno di Internet?*, **http://www.e-jus.it/db/data/Internet_Twin_Tower_13-10-01.htm**: «Il grosso fallimento di Internet come strumento per raccontare i fatti è stato [...] dimostrato dalla paralisi subita dai più importanti siti d'informazione».

sione wireless ad alta velocità alla rete: i telefoni non funzionano, e l'elettricità in quest'area è intermittente. Alla fine, i media potranno raccontare ciò che è successo meglio di quanto non possa fare io, ma posso dire subito che c'è stata sicuramente un'enorme perdita di vite umane. Il cielo è nero di cenere, la gente è nel panico e fugge terrorizzata. Non ho mai visto nulla di simile. È assai difficile respirare, anche con la bocca coperta: le strade sono invase dalla cenere portata dal vento, che brucia gli occhi. Sembra la fine del mondo[2].

Per Daisey, poco dopo il crollo delle due torri, Internet non è uno strumento inutile perché paralizzato dal sovraccarico di richieste. Al contrario, è il solo strumento di comunicazione funzionante. Come si spiega questo paradosso?

La risposta è nella struttura stessa della rete. Internet, sappiamo bene, non è una struttura rigida e centralizzata. Nasce dall'intreccio di reti e sottoreti dalle caratteristiche fisiche anche molto diverse, percorse da canali di comunicazione interconnessi e ridondanti ma anche funzionalmente indipendenti. Il blocco di alcune linee, il sovraffollamento di alcuni fra i siti più noti, non può paralizzare la rete nel suo complesso. E così, nelle ore immediatamente successive agli attentati, "mentre i principali siti informativi risultavano congestionati, il traffico si indirizzava verso siti alternativi, come *Slashdot.com*, che offrivano riassunti ottenuti attraverso il copia e incolla di informazioni ricavate dai siti commerciali. Si è trattato di qualcosa di simile a una raccolta collaborativa di informazioni, nella quale molti raccoglievano e pubblicavano voci e notizie: come risultato, questi siti offrivano a ogni utente l'accesso a più fonti informative di quante egli avrebbe potuto reperire da solo"[3]. Il sito di Mike Daisey rappresenta così una delle molte voci di un quadro informativo che non dipende più da pochi siti 'centrali' di riferimento – quelli dei grandi network informativi, che risultano irraggiungibili – ma piuttosto dalla creazione collaborativa e spontanea di punti di raccolta alternativi, di 'mirror', di reti di rimandi tutti funzionali allo sforzo comune di sapere cosa stia succedendo e di cominciare a rifletterci sopra. È la natura stessa della rete ad aiutare: "Internet è nata per questo tipo di attacchi. Non si poteva raggiungere nessuno telefonicamente, ma Internet ha continuato a funzionare. Oggi i sistemi di *instant messaging* sono stati una risorsa indispensabi-

[2] **http://www.mobylives.com/Daisey_report.html**.

[3] Da un articolo del *Washington Post,* originariamente in rete all'indirizzo **http://www.washtech.com/news/software/12454-1.html**, ora non più disponibile.

le. Questo è ciò per cui la rete è nata. Il tempo di guerra." Lo scrive a fine giornata Caron Merrill, della Hurwitz Inc. di Boston[4].

Nessuna paralisi della rete, dunque, ma risposte diverse da parte di servizi, sottoreti, siti diversi. In generale, il sovraccarico di traffico ha paralizzato i siti 'centrali' di riferimento (con un effetto molto simile a quello degli attacchi informatici di tipo 'denial of service': i server sono sovraccarichi di richieste e non riescono ad esaudirle) e ha fortemente penalizzato la comunicazione basata su contenuti multimediali complessi, più 'pesanti' in termini di byte. Mentre funzionalità come l'e-mail e i sistemi di instant messaging hanno retto bene, dimostrandosi meno vulnerabili della stessa rete telefonica. E lo stesso Web ha dimostrato una immediata capacità di reazione, affidata alla ricerca, raccolta e duplicazione spontanea dell'informazione, disseminata su una ragnatela di siti spesso interconnessi, 'poveri' dal punto di vista multimediale, non gravati da grafica complessa, banner pubblicitari, animazioni.

Anche i siti commerciali, del resto, hanno adottato immediate contromisure. Nel giro di poche ore, ad esempio, il sito della CNN decide di abbandonare la sua veste abituale – piuttosto 'pesante' – a favore prima di un articolo riassuntivo corredato di una foto, poi di una semplice raccolta di 'strilli' (collegati ipertestualmente ad articoli essenziali e privi di orpelli grafici) raccolti sotto il titolo 'America under attack' assieme a una singola immagine, fortemente compressa (ma cambiata ogni pochi minuti) e impaginata in modo che il suo eventuale mancato caricamento non pregiudichi la visualizzazione del resto della pagina. Il peso della home page della CNN è così ridotto a meno di un decimo di quello abituale, con un deciso incremento nella capacità del server di soddisfare richieste[5].

Almeno alcune fra le lezioni da trarre da quanto accaduto in rete nella tragica giornata dell'11 settembre dovrebbero risultare abbastanza evidenti da quanto abbiamo esposto finora.

Innanzitutto, in una situazione di emergenza sono fondamentali i sistemi di comunicazione più rapidi, più decentrati e a minor richiesta di banda: a cominciare da e-mail e sistemi di instant messaging. Per evitare che questi sistemi siano penalizzati da sovraccarichi nella comunicazione

[4] *Ibid.*

[5] Cfr. **http://www.infoworld.com/articles/hn/xml/01/09/11/010911hncnn.xml** e, per farsi un'idea anche visiva delle 'pagine d'emergenza' create dalla CNN, **http://www.interactivepublishing.net/september/browse.php?co=CNN#**.

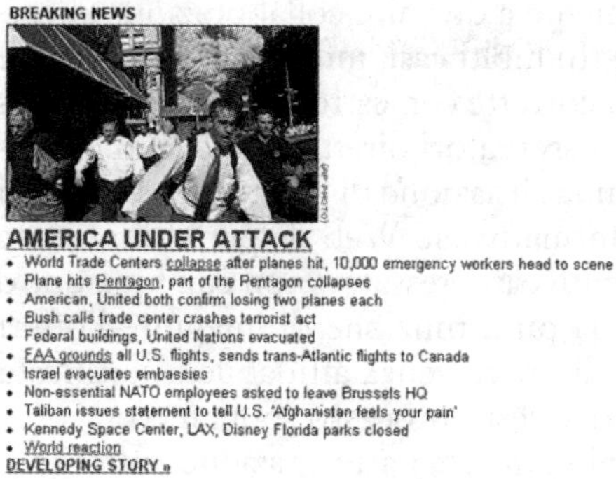

Figura 131 Sono le 12.34 dell'11 settembre: la home page del sito CNN ha rinunciato a ogni appesantimento grafico

via Web, è importante che siano gestiti da computer diversi rispetto a quelli nei quali sono installati server Web. In particolare, i mail server di strutture sensibili dovrebbero sempre risiedere su macchine indipendenti.

In secondo luogo, i principali siti informativi, ma anche i siti di riferimento nell'ambito della pubblica amministrazione, dovrebbero tutti disporre della possibilità di passare, con brevissimo preavviso, dall'impaginazione 'normale' a una impaginazione di emergenza. Una impaginazione spartana e priva di ogni orpello grafico, capace di risparmiare la maggior quantità possibile di banda.

In terzo luogo, se – come ci si poteva aspettare – risulta pienamente confermato il ruolo fondamentale della ridondanza dell'informazione come strumento per far fronte alle situazioni di crisi, assai meno ovvio era che questa ridondanza potesse essere almeno in parte 'costruita' collaborativamente nel momento del bisogno. L'11 settembre ci ha insegnato che questa costruzione collaborativa di ridondanza, associata alla realizzazione di una vera e propria rete di nodi informativi alternativi capaci di funzionare anche come filtri e concentratori di notizie, costituisce una risposta immediata e quasi naturale della rete a una situazione di improvvisa emergenza. Naturalmente, una reazione spontanea di questo tipo comporta inevitabilmente problemi di attendibilità e verifica delle fonti, e può rappresentare il terreno di coltura ideale per leggende di rete di ogni genere (che non sono certo mancate in occasione dell'11 settembre). A mitigare almeno in parte questo problema è però la confortante constatazione che proprio la collaborazione spontanea nella raccolta e nello scambio di informazioni tende quasi automaticamente a divenire collaborazione anche nella *verifica* delle notizie inviate. In molti casi, informazioni inesatte e voci incontrollate sono state così corrette con estrema rapidità dai messaggi di altri utenti, non di rado osservatori diretti degli eventi in corso. È possibile ipotizzare che in una situazione di emergenza la partecipazione diretta allo scambio informativo su Web da parte di portavoce delle principali agenzie governative interessate – non con funzione di censura o di controllo ma con la pura funzione di integrare l'offerta informativa fornendo notizie di provenienza affidabile e certificata – possa aumentare l'efficienza di questo processo spontaneo.

L'11 settembre questa partecipazione 'ufficiale' è mancata, ed in effetti un'altra lezione importante riguarda proprio i siti più rilevanti da questo punto di vista. Il funzionamento dei principali siti governativi statunitensi nelle prime ore dell'emergenza è stato infatti tutt'altro che soddisfacente, non solo per problemi di disponibilità di banda:

> Mentre un insieme di canali informativi lavorava sensa sosta, un altro insieme chiave di canali ha smesso quasi completamente di funzionare. Lo sviluppo concitato degli avvenimenti a New York e Washington ha portato martedì a un'apparente paralisi della *governance*, almeno nel caso dei siti Web delle agenzie governative. L'evacuazione dello staff dagli edifici chiave ha di fatto lasciato non presidiati i canali informativi. Solo la *U.S. Federal Emergency Management Agency* (FEMA: **http://www.fema. gov**) è apparentemente rimasta operativa e con la capacità di reagire agli eventi, mentre per ore il sito della Casa Bianca ha continuato a mostrare un comunicato del giorno precedente, sulle preoccupazioni del presidente Bush per l'economia nazionale. Solo verso mezzogiorno è stata inserita una breve dichiarazione del Presidente, e una dichiarazione appena più lunga è stata aggiunta ancora più tardi, nel pomeriggio[6].

Evidentemente, anche i più sensibili fra i siti centrali della pubblica amministrazione statunitense non prevedevano – o non sono stati capaci di attivare – procedure decentrate di gestione ed aggiornamento delle proprie pagine Web. Una realtà paradossale, considerando che la possibilità di 'delocalizzazione' fisica dei siti e delle loro strutture di gestione è uno dei principali e più noti vantaggi offerti dalla rete!

Infine, un'ulteriore lezione specifica che si può trarre riguarda la formazione dell'utenza. Chi l'11 settembre si è limitato a cercare (invano) di collegarsi a pochi siti 'di riferimento', sovraccarichi e di fatto paralizzati, oltre a contribuire all'intasamento delle linee e al sovraccarico dei

[6] **http://www.firstmonday.org/issues/issue6_12/blakemore/**.

siti contattati ha sicuramente avuto un'immagine della rete ben diversa rispetto a chi invece ha avuto la capacità di seguire percorsi meno scontati, e trovare risorse informative meno affollate. E, se passiamo all'utenza 'attiva' che ha in un modo o nell'altro vissuto direttamente gli avvenimenti dell'11 settembre, chi ha avuto la capacità di usare la rete come canale per condividere le proprie esperienze e le proprie informazioni ha potuto contribuire a un processo probabilmente senza precedenti: la costruzione collettiva e distribuita di una rete di informazioni certo disordinata e sovraccarica, ma come abbiamo visto dotata anche di meccanismi spontanei di filtraggio e aggregazione delle notizie. Un ruolo ben diverso da chi ha reagito all'emergenza attaccandosi a un telefono spesso ostinatamente muto. In entrambi i casi, per utilizzare con vantaggio le potenzialità di Internet occorre evidentemente una qualche forma di consapevolezza delle caratteristiche comunicative della rete.

Naturalmente, le considerazioni che abbiamo svolto e le indicazioni che ne abbiamo tratto sono fortemente influenzate dalla natura specifica degli avvenimenti dell'11 settembre. In particolare, va tenuto conto che la reazione della rete a quei drammatici avvenimenti è stata condizionata da alcuni fattori specifici:

- forte localizzazione geografica dell'emergenza;
- fase più acuta della crisi limitata a un arco temporale abbastanza ristretto;
- disponibilità nell'area direttamente interessata di ottime infrastrutture di rete e di un largo bacino di utenti;
- danni assai limitati alle infrastrutture di rete;
- prevalenza di una funzione informativa generica rispetto alla vera e propria comunicazione di emergenza.

Occorre evidentemente chiedersi se, e come, la variazione di uno o più fra questi parametri possa modificare il quadro di riferimento: un esercizio non facile, che ha sicuramente impegnato negli ultimi mesi – e probabilmente continua a impegnare – numerosi esperti di Internet e numerose agenzie governative, non solo negli Stati Uniti.

Dal superamento dell'emergenza alla crescita di una serie articolata di risorse e servizi di rete

Finora ci siamo occupati della reazione della rete nelle primissime ore successive agli attentati. Una reazione in gran parte spontanea e non organizzata, che, a fronte dell'estrema difficoltà nel contattare i siti informativi 'di riferimento', ha visto l'uso di una pluralità di risorse – dalla posta elettronica ai sistemi di instant messaging, dai siti personali a una rete di siti-aggregatori come Metafilter e Slashdot – finalizzate all'obiettivo fondamentale di scambiare informazioni (e reazioni emotive). Durante tutta la fase dell'emergenza la fonte informativa primaria ha continuato ad essere la televisione, ma la rete ha avuto la funzione di affiancare alla verticalità e unidirezionalità dell'informazione televisiva un quadro più corale e articolato degli avvenimenti, offrendo inoltre una valvola di sfogo per reazioni individuali, che – raccolte in centinaia e centinaia di forum, siti personali e stanze chat, rimbalzate da persona a persona attraverso posta elettronica e sistemi di instant messaging – si avviavano a diventare reazione collettiva.

Nelle giornate successive, alla funzione primaria di commento a caldo e scambio di informazioni si sostituisce progressivamente una costellazione articolata di altri obiettivi, e cominciano a svilupparsi tipologie specifiche di siti e di risorse collegati alla gestione della crisi. Innanzitutto, lo sforzo di rafforzamento dei server e di 'alleggerimento' delle pagine, accompagnato dal naturale esaurirsi del 'picco' iniziale di accessi, porta al ritorno prepotente dei siti informativi di riferimento, che in tutta la settimana successiva all'11 settembre ricevono un numero record di contatti ma risultano comunque di norma accessibili. Scompare dunque la necessità di creare siti-collage in grado di offrire mirror spontanei per la distribuzione delle notizie di stretta attualità. Non scompare però l'esigenza degli utenti di commentare le notizie e gli avvenimenti, e di segnalare agli altri i commenti e le reazioni percepiti come più validi. Forum, siti di comunità e un gran numero di siti personali diventano così strumenti di filtraggio collaborativo di informazioni e commenti. Una funzione che, come abbiamo visto, è strettamente legata al modello-weblog: modello che – se non nasce certo l'11 settembre – conosce proprio a partire da quegli avvenimenti una vera e propria esplosione. Possiamo dunque dire che una delle risorse che escono vincenti, a livello di rete, dalla crisi dell'11 settembre è rappresentata proprio dai weblog, e in particolare dai weblog di commento e da quelli di rassegna e segnalazione: strumenti flessibili, di immediata e facile gestione, capaci di raccogliere attorno a sé comunità di lettori talvolta piccole, talvolta sorprendentemente larghe, ma comunque partecipi e interconnesse.

Compaiono però anche siti di altro tipo. Innanzitutto, siti dedicati alla raccolta di testimonianze (scritte, fotografiche o filmate) degli avvenimenti: ma su di essi torneremo in chiusura di questa appendice.

Poi, quelli che potremmo chiamare siti-tributo, dedicati in primo luogo alle vittime degli attentati, ma spesso anche all'eroismo dei pompieri, dei passeggeri dei voli dirottati (e in particolare del volo 93), e di chi nell'inferno dei World Trade Center ha aiutato altri a fuggire e a sopravvivere. Talvolta lineari e toccanti, più spesso retorici e sovraccarichi (immagini a tutto schermo, musiche patriottiche, animazioni, in singolare contrasto con l'essenzalità della comunicazione nella fase dell'emergenza), questi siti affiancano al ricordo delle vittime una funzione di mobilitazione e compattamento. Attorno ad essi nasce una proliferazione spontanea di materiali: filmati amatoriali costruiti attraverso il montaggio di immagini televisive e temi patriottici (la bandiera che sventola, l'immagine di monumenti-simbolo o del volto del Presidente, in alcuni casi, significativamente, immagini dell'esercito e di azioni militari) e accompagnati da colonne sonore spesso autoprodotte; slideshow e animazioni Flash costruite attraverso il montaggio di fotografie trovate in rete[7]; l'interessantissimo fenomeno delle cosiddette *memorial songs*, canzoni di commemorazione scritte da musicisti professionisti e dilettanti, e messe a disposizione in rete attraverso meccanismi come quello dei 'webring'[8].

In alcuni casi, questi siti sembrano scivolare verso un'estetica del dolore e della riscossa segnata da un certo cattivo gusto: è il fenomeno che la rivista in rete *Salon* (**http://www.salon.com/**) ha opportunamente battezzato *Kitschification* dell'11 settembre[9]. In altri, si passa dalla celebrazione al vero e proprio *merchandising* patriottico, con la vendita on-line di magliette, berretti, tazze, portacenere dedicati per lo più all'eroismo dei pompieri di New York[10]. Un fenomeno che accompagnerà anche, nei mesi successivi, l'intervento in Afghanistan, la caccia a Bin Laden e l'intervento in Iraq (quando fra i mille oggetti di pessimo gusto in vendita on-line compariranno anche i pupazzi parlanti di Saddam Hussein e del suo ministro dell'Informazione[11]). Per

[7] Si veda ad esempio **http://www.politicsandprotest.org**, l'esempio forse più indicativo delle molte celebrazioni realizzate in Flash. Qualche eccesso retorico non risparmia il sito commemorativo del Dipartimento di Stato (**http://usinfo.state.gov/topical/pol/terror/album/newyork/homepage.htm**), oggetto di un'interessante recensione di Wired News (**http://www.wired.com/news/conflict/0,2100,49067,00.html**).

[8] Per averne un'idea si veda la pagina **http://jborum.crosswinds.net/webring.html**.

[9] L'articolo, assai interessante, è all'indirizzo **http://www.salon.com/news/feature/2002/01/25/kitsch/index_np.html**.

[10] Un esempio alla pagina **http://www.cafepress.com/cp/store/store.aspx?storeid=libertyart**.

[11] Cfr. **http://herobuilders.com/vilacfig1.html**.

un certo periodo, in vendita compaiono anche numerosi nomi di dominio legati ai fatti dell'11 settembre[12].

Una vera e propria esplosione di popolarità investe poi, nelle settimane e nei mesi successivi l'11 settembre e anche per l'influsso degli attentati all'antrace, un'altra tipologia di siti già ben radicata in rete. Ci riferiamo ai siti dedicati ai pericoli NBC e alla protezione e difesa personale. Siti in genere amatoriali, talvolta seri ma assai più spesso collegati alla moda del 'survival' (e alla vendita dei relativi gadget, dalle maschere antigas alle razioni alimentari di emergenza), alle cosiddette 'conspiracy theories', a movimenti di estrema destra favorevoli alla libera circolazione delle armi.

Decisamente più interessanti sono le molte tipologie di siti 'di servizio'. Alcuni legati ad agenzie e istituzioni pubbliche, che dopo la *débâcle* del primo giorno tornano in rete con decisione e dedicano pressoché tutti sezioni speciali agli avvenimenti dell'11 settembre e all'emergenza terrorismo. Altri, opera di società e istituzioni private. Compaiono così siti dedicati all'assistenza psicologica e al superamento dello stress emotivo causato dagli attentati (in particolare per quanto riguarda i bambini, alle cui reazioni sono dedicate decine di siti), siti che offrono agli insegnanti di ogni ordine e grado materiali e piani di lezione per la discussione in classe degli avvenimenti, siti dedicati alla 'emergency awareness' e alla preparazione della popolazione civile a eventuali altri attentati[13], siti (moltiplicatisi durante l'intervento in Afghanistan, e in alcuni casi gestiti direttamente da comunità islamiche statunitensi) dedicati agli aspetti religiosi del conflitto e a una presentazione delle dottrine religiose islamiche. Anche i siti dedicati all'analisi strategica e geopolitica della situazione internazionale[14], di norma frequentati da un pubblico piuttosto ristretto e specializzato, conoscono nei mesi successivi all'11 settembre e all'intervento in Afghanistan, e ancora nel periodo precedente e seguente l'intervento in Iraq, una esplosione di accessi. Mentre proprio in occasione dell'intervento in

[12] La pagina, non più disponibile, era all'indirizzo **http://www.flight93.com/**.

[13] Il principale di questi siti, che riprende abbastanza esplicitamente modelli comunicativi che erano stati propri di molti siti 'amatoriali' sui pericoli NBC e sulle strategie di sopravvivenza, è stato inaugurato recentemente dal *Department of Homeland Security* ed è raggiungibile all'indirizzo **http://www.ready.gov/**.

[14] Fra i più noti ricordiamo *Stratfor* (**http://www.stratfor.com/**), sito di 'strategic forecast' che proprio a seguito dell'esplosione di accessi che ha seguito l'11 settembre ha deciso di offrire abbonamenti privati (con prezzi assai più accessibili di quelli riservati ai clienti 'professionali') ai propri bollettini informativi.

Iraq si moltiplicano i siti di discussione politica, da destra e da sinistra, sulle scelte dell'amministrazione statunitense, e in particolare – spesso dall'interno dei college universitari – i siti di impostazione pacifista. Ma l'analisi delle reazioni di rete alla seconda guerra irachena, analisi che sarebbe certo anch'essa di estremo interesse, ci porterebbe ben oltre i limiti tematici e cronologici che ci siamo prefissi in questa sede.

Anche Internet diventa terreno di scontro?

Un discorso a parte merita l'uso della rete come possibile canale di comunicazione fra i terroristi e come 'terreno di scontro' nella guerra al terrorismo. Un tema complesso, che affronteremo qui in maniera necessariamente assai sommaria, ma che non può mancare in una discussione sulle conseguenze in rete dei fatti dell'11 settembre.

In effetti, dopo l'11 settembre si è scritto molto (con poche certezze) sull'uso che gli stessi terroristi islamici avrebbero fatto o starebbero facendo di Internet come strumento di comunicazione interna, di diffusione di materiali e di proselitismo verso l'esterno. È difficile pensare che questo uso non vi sia: le possibilità comunicative e di copertura offerte dalla rete sono troppo appetibili per non essere sfruttate. Molto più problematico – nonostante le frequenti enfatizzazioni della stampa – è stabilire quali ne siano effettivamente le dimensioni e le modalità. Ci sono pochi siti abbastanza noti, che spariscono e riappaiono con regolarità, a indirizzi sempre nuovi, impegnati a diffondere materiali e documenti collegati al terrorismo islamico; si tratta comunque di siti che nella maggior parte dei casi sembrano usati prevalentemente con scopo propagandistico o di rivendicazione, più che strettamente organizzativo. Molti altri siti islamici radicali sono più stabili, ma i documenti politici e religiosi che diffondono – anche se assai duri verso l'Occidente e in particolare verso gli Stati Uniti – non possono comunque essere considerati di diretta matrice terroristica. Del resto, è ragionevole presumere che, più che su Web, le eventuali comunicazioni 'coperte' avvengano in codice e sfruttando i sistemi di chat e di instant messaging più frequentati, nei quali il gran numero di utenti e l'estrema difficoltà di un monitoraggio sistematico rendono più facile il mascheramento. In questi casi, fra l'altro, il monitoraggio automatico da parte di sistemi 'intelligenti' non è di grande aiuto: codici anche semplici e l'accortezza di evitare parole e nomi 'sensibili' bastano spesso a renderlo inefficace. Non vi è dubbio, comunque, che operazioni specifiche di *intelligence* siano avvenute, dopo l'11 settembre, anche in rete.

Sono anche mancati, finora, gli atti eclatanti di cyberterrorismo che alcuni esperti si aspettavano. In effetti, per la sua struttura distribuita, la rete offre una notevole resistenza a questo tipo di attacchi, e col crescere della sua complessità l'immagine dell'hacker isolato o del gruppo supersegreto di cyberterroristi capaci da soli di mettere in ginocchio una nazione tende a diventare sempre più una finzione letteraria o cinematografica[15]. Né vi sono prove che, come talvolta sostenuto, alcuni virus diffusi nel periodo successivo agli attentati (e comunque ben lontani dal rappresentare una minaccia alla rete nel suo insieme) fossero effettivamente legati a episodi di cyberterrorismo. Questo non vuol dire, naturalmente, che gli attacchi a singoli siti e a singole strutture di rete non siano avvenuti: più che di vere e proprie 'cyberwar' di larga scala, si è trattato però di cyberguerre locali e semi-private. Nelle parole del *National Infrastructure Protection Center*, l'agenzia governativa statunitense nata in primo luogo proprio per la protezione delle infrastrutture di rete,

> Dopo gli attacchi terroristici dell'11 settembre 2001 la speculazione sulla possibilità di cyber-attacchi ha portato ad ipotizzare azioni di varia portata, da scaramucce di basso livello a una vera e propria 'cyberwar'. Di fatto, ciò che si è visto finora può essere collocato nella gamma bassa dello spettro. Si è assistito ad azioni sia a favore sia contro gli Stati Uniti. Tuttavia, gli effetti di queste azioni non sono stati particolarmente gravi. Nel valutare questi avvenimenti, le analisi di tendenza indicano che la minaccia di attacchi informatici remoti contro le reti e i siti statunitensi resta di basso livello. Comunque, questa minaccia è maggiore di quanto non fosse prima dell'11 settembre[16].

Fra gli attacchi 'di basso livello' va sicuramente menzionato il fenomeno del cosiddetto 'Patriotic Hacking': ovvero gli attacchi da parte di membri della comunità hacker statunitense, nell'immediato post-11 set-

[15] Una considerazione più seria merita semmai il rischio di attentati ad alcune strutture *fisiche* della rete: mettere fuori uso in maniera mirata alcuni server e alcune backbone non potrebbe certo paralizzare completamente il funzionamento di Internet, ma potrebbe creare comunque un bel po' di guai, soprattutto se ad essere colpiti fossero basi di dati e sistemi di comunicazione economica e finanziaria o legati alla pubblica amministrazione. La consapevolezza di questi rischi ha spinto negli ultimi anni a creare vere e proprie politiche di ridondanza e gestione distribuita dei dati più sensibili.

[16] Il passo è tratto dal documento *Cyber Protests Related to the War on Terrorism: The Current Threat*, del *National Infrastructure Protection Center*: **http://www.nipc.gov/publications/nipcpub/cyberprotests1101.pdf**.

tembre e nelle more degli interventi in Afghanistan e in Iraq, a siti percepiti come 'vicini al nemico':

> Quasi tutti i siti pro-talebani sono stati hackerati subito dopo gli attacchi dell'11 settembre, e obbligati alla chiusura. I siti che appoggiavano il governo talebano [...] sono stati estromessi dal web o attraverso un bombardamento di e-mail o per iniziativa autonoma dei provider che li ospitavano. [...] Gli hacker hanno così sostituito alla home page del sito Web ufficiale del governo talebano, all'indirizzo **http://www.afghan-ie.com/**, una pagina che onorava le vittime del World Trade Center[17].

Anche sul fronte opposto hanno naturalmente operato gruppi di hacker, come *Gforce Pakistan* che ha rivendicato l'hackeraggio di numerosi siti indiani e statunitensi[18].

Battaglie ancor più private sono avvenute, e continuano ad avvenire, nelle centinaia di chat room dedicate a temi di attualità e in particolare alla situazione del mondo islamico e del Medio Oriente. Scambi di insulti e di proclami fra utenti statunitensi e utenti provenienti da paesi islamici sono all'ordine del giorno, e testimoniano indubbiamente di un clima preoccupante di scontro abbastanza generalizzato. Si tratta, probabilmente, di un fenomeno che meriterebbe una qualche analisi[19]. Dal punto di vista delle strutture di rete, tuttavia, questi scambi polemici non sono troppo diversi dai quotidiani scambi di 'flames' occasionati dai più diversi pretesti, e non rappresentano certo una minaccia.

Internet come deposito della memoria

Per concludere, può essere interessante soffermarsi brevemente su un aspetto delle reazioni di rete ai fatti dell'11 settembre che ci sembra

[17] Da un articolo della rivista in rete *Read Me*, originariamente in rete all'indirizzo **http://journalism.fas.nyu.edu/opensource/readme/index.php?art_id=96&page=1** e ora non più disponibile.

[18] L'intervista a un membro di Gforce Pakistan è in rete alla pagina **http://www.srijith.net/indiacracked/interviews/gforce.shtml**.

[19] Così come, su tutt'altro piano, un'analisi specifica meriterebbe senz'altro l'impressionante presenza in rete dei giovani iraniani: centinaia e centinaia di stanze chat e di weblog che testimoniano un entusiasmo per gli strumenti di rete ben lontano dagli anatemi ufficiali pronunciati al riguardo dal regime di quel paese. Nella crescita delle rivendicazioni democratiche degli studenti iraniani, la rete ha dunque un ruolo tutt'altro che secondario, forse sottovalutato dagli osservatori.

particolarmente interessante. Per la prima volta, la memoria collettiva di un fatto storico di portata così rilevante sembra affidata in primo luogo alla rete. Uno sforzo di raccolta e archiviazione di testimonianze, immagini, filmati che sembra nascere in maniera largamente spontanea, ma che ben presto si organizza attorno ad alcuni siti di riferimento. Siti che tuttavia conservano quasi sempre, programmaticamente, la connotazione collaborativa che li ha visti nascere.

Così, ad esempio, il sito **http://www.interactivepublishing.net/september/** raccoglie, grazie al contributo volontario di decine di utenti che – percependo l'eccezionalità dei fatti dell'11 settembre – avevano salvato sul proprio disco rigido le home page dei principali siti di informazione, 'istantanee' delle home page di oltre 250 siti di tutto il mondo, acquisite spesso a brevi intervalli di tempo nelle quarantotto ore comprese fra la mattina dell'11 e la mattina del 13 settembre. E una raccolta in parte analoga è offerta dal sito *Internet Archive* – un prezioso strumento di conservazione della memoria storica della rete, e una delle più interessanti e discusse iniziative nel campo dell'archiviazione di risorse digitali – all'indirizzo **http://september11.archive.org/** (l'indirizzo generale del sito è **http://www.archive.org**).

Ma se in questi casi la rete conserva – come è naturale aspettarsi – la *propria* memoria, ancor più significativo è l'esempio del sito *Television Archive*, all'indirizzo **http://www.televisionarchive.org**. Ad essere raccolte sono qui ore ed ore di trasmissioni televisive, registrate da numerose emittenti, non solo statunitensi, a partire in qualche caso da mezz'ora prima degli attentati e fino al giorno successivo. La conservazione minuto per minuto delle sconvolgenti 'dirette' di emittenti nazionali e locali di tutto il mondo, dagli Stati Uniti all'Europa, dalla Russia alla Cina, dal Giappone al Sudamerica, e la loro raccolta in un'unica sede aperta alla consultazione (i filmati sono disponibili in formato streaming, e di norma ne esiste sia la versione ottimizzata per collegamenti via modem sia quella, di migliore qualità, adatta a connessioni più veloci), rappresenta probabilmente un unicum nel panorama della archiviazione di trasmissioni radiotelevisive. E non a caso il sito, nato come iniziativa amatoriale ma ora sponsorizzato da numerose università e da istituzioni del calibro dello Smithsonian Institute, comprende una sezione di articoli accademici relativi all'analisi dei materiali televisivi raccolti. Materiali che anche in questo caso sono di fonte eterogenea: in alcuni casi, le stesse compagnie televisive; in altri, utenti privati che hanno reagito agli avvenimenti premendo il tasto di registrazione sul proprio videoregistratore, e che hanno in seguito inviato al sito le videocassette così ottenute.

Ai tre esempi che abbiamo ricordato se ne potrebbero affiancare molti altri: gli 'speciali' nei quali i siti Web di molti quotidiani hanno raccolto – e conservato – articoli e interventi ma anche la riproduzione delle prime pagine delle edizioni su carta; le registrazioni – tutte disponibili in rete – delle comunicazioni di servizio della polizia e dei vigili del fuoco di New York durante le prime, drammatiche ore dell'emergenza; le raccolte di testimonianze e le interviste a testimoni oculari dei fatti, e – di nuovo – gli innumerevoli siti dedicati al ricordo delle vittime.

Ognuno di questi esempi aggiunge un tassello a una gigantesca operazione spontanea di conservazione della memoria che ha trovato nel Web la sua sede immediata e naturale. Ma anziché soffermarci separatamente su ciascuno di essi – e sui molti altri che si potrebbero ricordare – è forse arrivato il momento di offrire l'indirizzo di qualche metarisorsa che possa offrire un accesso organizzato alla documentazione disponibile in rete sull'11 settembre e alle diverse tipologie di siti nati sulla scia di quegli avvenimenti. Ricordiamo così la preziosa raccolta sistematica di risorse realizzata dall'Università dell'Arizona alla pagina **http://www.u.arizona.edu/ic/humanities/september11/pages/** e quelle, anch'esse utilissime, disponibili agli indirizzi **http://www.webpan.com/msauers/911/wtc.html** e **http://www.academicinfo.net/usa911.html**. Navigando fra le centinaia di siti elencati in tali pagine, ed eventualmente consultando qualcuna delle molte altre ricerche dedicate agli usi di Internet durante e dopo l'11 settembre[20], il lettore interessato avrà modo, volendo, di proseguire autonomamente l'esplorazione del tema che abbiamo cercato di affrontare in questa appendice, e di verificare (o mettere in dubbio) sia le scelte che abbiamo operato, sia le conclusioni che ci è sembrato di poterne trarre.

[20] Una bibliografia abbastanza ampia è contenuta nell'articolo di M. Blakemore e R. Longhorn *Communicating Information about the World Trade Center Disaster,* comparso nella rivista in rete *FirstMonday* (**http://firstmonday.org/issues/issue6_12/blakemore/index.html**).

Appendice D

Glossario

Quello che segue è un glossario minimo comprendente alcuni fra i termini più frequentemente utilizzati nel mondo di Internet, accompagnati dall'indicazione delle pagine di questo manuale in cui essi vengono più direttamente discussi. Il rigore linguistico e tecnico è stato in parte sacrificato alla semplicità e alla sintesi.

Glossari più completi e dettagliati sono disponibili in rete; consigliamo in particolare di dare un'occhiata a quelli in inglese raggiungibili alle URL **http://www.whatis.com**, **http://www.pcwebopedia.com** e **http://www.zdwebopedia.com**, o a quelli in italiano alle URL **http://www.archimede.interbusiness.it/internet/dizionario/webdiz.htm**, **http://corsi.euroframe.it/dsi/TASTIERA.html**, **http://www.knet.it/userdir/glossari.html** e **http://www.geocities.com/Vienna/Strasse/3000 /dictionary.html**.

Termine	Significato

:-) Questo simbolo, chiamato anche 'Smile', rappresenta una faccina sorridente ruotata di 90° ed è utilizzato nella comunicazione scritta in rete (posta elettronica, conferenze, chat, ecc.) per indicare il tono scherzoso di un'osservazione. Viene digitato usando i due punti, il trattino orizzontale e la parentesi chiusa, o solo i due punti e la parentesi chiusa.
Ulteriori informazioni: 111-112, 250.

ActiveX Tecnologia che consente di sviluppare e distribuire oggetti software in ambienti di rete, sviluppata dalla Microsoft. Viene utilizzata per inserire funzionalità interattive avanzate nelle pagine Web e per creare applicazioni distribuite su Internet.
Ulteriori informazioni: 574-577.

ADSL *Asimmetrical Digital Subscriber Line*. Tecnologia di trasmissione digitale dei dati su normali linee telefoniche, in grado di per-

mettere uno scambio di dati a velocità che possono arrivare fino a 9 Mbps in ricezione e fino a 640 Kbps in trasmissione. Il collegamento a Internet attraverso linee ADSL è molto più veloce di quello attraverso tradizionali linee analogiche o ISDN (vedi).
Ulteriori informazioni: 520-521, 609, 614-615.

agenti Programmi 'intelligenti' in grado di svolgere con una certa autonomia compiti quali la ricerca di informazioni in rete, ecc.
Ulteriori informazioni: 245-247.

aggregatori Programmi o siti in grado di raccogliere e visualizzare le notizie fornite da più feed RSS (vedi) selezionati dall'utente.
Ulteriori informazioni: 291-294.

applet Programma Java (vedi) di norma inserito in una pagina Web e interpretato dal browser.
Ulteriori informazioni: 572-574.

Archie Strumento per la ricerca dei file contenuti all'interno dei server FTP su Internet.
Ulteriori informazioni nelle precedenti versioni di questo manuale, disponibili in rete all'indirizzo **http://www.laterza.it/internet/** e p. 494.

Arpanet Rete telematica realizzata nel 1969 dall'*Advanced Projects Research Agency* (ARPA), una agenzia del Dipartimento della Difesa del governo USA. È stata la progenitrice di Internet.
Ulteriori informazioni: 483-493.

ASCII *American Standard Code for Information Interchange*. Uno dei codici più diffusi per la rappresentazione dei simboli numerici e alfabetici, rilasciato dall'ANSI (American National Standard Institution) alla fine degli anni '60. Nel codice ASCII, ad esempio, il carattere 'a' appare a un computer come una sequenza di bit che ha valore decimale pari a 65. Il carattere 'b' è pari a 66, ecc. fino a un massimo di 127 simboli. L'ASCII non prevede le lettere accentate.
Ulteriori informazioni: 546-547.

attachment File 'allegato' a un messaggio di posta elettronica.
Ulteriori informazioni: 76, 103.

Avatar Alter ego digitale di un utente Internet, dotato in genere di un nickname (nomignolo) e di un aspetto grafico, che lo rappresenta in ambienti interattivi 2D o 3D.
Ulteriori informazioni: 258, 261-262.

B2B *Business-to-Business*. Nell'ambito del commercio elettronico, transazioni commerciali in rete fra azienda e azienda, e tipologia di siti e portali dedicati a tale tipo di transazioni.
Ulteriori informazioni: 320-323.

backbone 'Dorsale': tratto di rete ad alta velocità che raccoglie e veicola il traffico di numerose sottoreti nazionali o locali di Internet.
Ulteriori informazioni: 492-493, 501.

banda larga Detta anche *broadband*: connessione a Internet attraverso linee ad alta velocità. Il termine è di norma usato, forse un po' impropriamente, per velocità superiori ai 256 Kbps, e identifica dunque anche le connessioni ADSL. In realtà, un vero collegamento a banda larga si ha solo con velocità superiori ai 2 Mbps.
Ulteriori informazioni: 519-523.

BBS *Bulletin Board System*. Sistema telematico – tipicamente amatoriale – che costituisce una sorta di bacheca elettronica. Le BBS erano diffuse in Italia fra la seconda metà degli anni '80 e l'inizio degli anni '90. Alcune fra le BBS principali si sono trasformate in provider (vedi).
Ulteriori informazioni: 113, 359.

biblioteca digitale Raccolta di testi elettronici resi disponibili integralmente (full-text) attraverso la rete.
Ulteriori informazioni: 189, 385, 400-421.

blog Contrazione di *weblog* (vedi).

bookmark Marcatore o indirizzo conservato, su nostra richiesta, dal programma di navigazione, per permettere di tornare in future occasioni su siti e risorse per noi di particolare interesse. I bookmark (chiamati 'Preferiti' da Internet Explorer) sono spesso organizzati in categorie personalizzabili.
Ulteriori informazioni: 28, 37-38.

broadband Vedi *banda larga*.

browser Programma per la visualizzazione dei documenti multimediali che costituiscono il World Wide Web. I due browser più diffusi tra gli utenti della rete sono 'Internet Explorer' e 'Netscape'.
Ulteriori informazioni: 21-46.

canali (channels) Pagine informative distribuite attraverso tecnologie di information push (vedi), ricevibili automaticamente dall'utente attraverso particolari client. La tecnologia dei canali è stata progressivamente sostituita dallo strumento più flessibile rappresentato dai feed RSS (vedi).
Ulteriori informazioni: nelle precedenti versioni di questo manuale, in rete all'indirizzo **http://www.laterza.it/internet/**.

chat Sistema di comunicazione in tempo reale che permette a più utenti di scambiarsi brevi messaggi scritti, emulando una conversazione o chiacchierata.
Ulteriori informazioni: 139-147.

client Programma che, interagendo con un modulo remoto (server), permette a un utente di accedere a servizi e risorse distribuiti sulla rete. La funzione del client è di norma limitata alla presentazione dei dati all'utente, e talvolta all'esecuzione di semplici procedure di manipolazione di tali dati.
Ulteriori informazioni: 175, 515-516, 535-536.

CMS *Content Management System.* Sistema per la gestione dei contenuti di un sito Web, permette di separare i contenuti (gestiti attraverso database) dall'impaginazione grafica del sito, e offre specifici ambienti – utilizzabili di norma anche via Web – per la scrittura e la pubblicazione dei contenuti stessi.
Ulteriori informazioni: 270-272, 578-579.

Creative Commons Tipo particolare di licenza utilizzata per la gestione dei diritti su contenuti digitali. È di norma utilizzata da parte degli autori per consentire una libera distribuzione dei contenuti da essi prodotti, conservandone tuttavia la paternità intellettuale.
Ulteriori informazioni: XVII.

CSS *Cascading Style Sheets.* Linguaggio per la specificazione di fogli di stile (vedi) utilizzabili con documenti HTML o XML.
Ulteriori informazioni: 560-561.

DHTML *Dynamic HTML.* Non si tratta di un vero e proprio linguaggio di marcatura, ma piuttosto dell'insieme degli strumenti e delle funzionalità che consentono di realizzare pagine HTML comprendenti elementi e caratteristiche dinamiche. Alla sua base vi è l'uso dei fogli di stile CSS, di linguaggi di script e di modelli astratti (DOM) della struttura logica della pagina e degli oggetti che ne fanno parte.
Ulteriori informazioni: 568-570.

dialer Programmino in grado di sostituire al numero di telefono utilizzato normalmente per il collegamento via modem a Internet un numero di telefono a pagamento. Rappresenta spesso lo strumento di vere e proprie truffe.
Ulteriori informazioni: 594.

DivX Formato video in grado di garantire una forte compressione dei dati, permette di distribuire in rete contenuti video di buona qualità senza una richiesta esorbitante in termini di bit. È un po' l'equivalente di MP3 per il video.
Ulteriori informazioni: 58.

DNS *Domain Name Service.* Sistema che consente di assegnare nomi simbolici agli host di Internet, suddividendo la rete in sezioni logi-

che ordinate in modo gerarchico denominate *domini* (vedi). Un nome simbolico ha la seguente forma: www.pippo.it.
Ulteriori informazioni: 511-514, 519.

DOM *Document Object Model*. Strumento per la descrizione astratta della struttura logica di un documento XML o DHTML e degli 'oggetti' informativi che ne fanno parte, nonché del comportamento di tali oggetti.
Ulteriori informazioni: 568-570.

dominio Sezione logica della rete Internet identificata da un nome e costituita da una o più sottoreti. Il nome del dominio è parte dell'indirizzo simbolico di un computer.
Ulteriori informazioni: 507-514.

download Il prelievo di un file (ad es. via FTP) da un computer remoto.
Ulteriori informazioni: 160-174, 204-207.

DRM *Digital Right Management*. Strumenti per la gestione dei dritti d'autore relativi a contenuti digitali.
Ulteriori informazioni: 448-453.

e-book Libro elettronico. Il termine viene spesso riferito sia ai dispositivi hardware di lettura, sia ai testi elettronici codificati per essere utilizzati su tali dispositivi, o comunque letti attraverso un software con funzionalità specifiche di visualizzazione e annotazione del testo.
Ulteriori informazioni: 424-455.

e-commerce Commercio elettronico. Vendita di beni o servizi mediante sistemi telematici, in particolare mediante siti Web specializzati.
Ulteriori informazioni: 317-334.

e-mail Electronic mail, posta elettronica. Servizio di rete che consente agli utenti lo scambio di messaggi testuali in maniera asincrona.
Ulteriori informazioni: 66-107.

Extranet Reti con tecnologia TCP/IP il cui scopo è connettere fra di loro in maniera protetta reti locali geograficamente lontane.
Ulteriori informazioni: 502-503.

FAQ *Frequently Asked Questions*. Una collezione di risposte alle domande più frequenti su un certo tema (l'uso di un certo software, le regole da seguire in un gruppo di discussione, ecc.) diffuse su Internet.

feed RSS Vedi *RSS*.

firewall Programma in grado di controllare l'uso delle porte di un computer, bloccando richieste di dati non autorizzate provenienti

dall'esterno, e richieste di accesso a Internet da parte di programmi non autorizzati installati sul computer protetto.
Ulteriori informazioni: 330-331, 588-589.

firma digitale Codifica di un file attraverso l'uso di un meccanismo di cifratura a doppia chiave che consente di identificare in maniera univoca e sicura il mittente.
Ulteriori informazioni: 79-80, 304-307, 594-598.

flame Una guerra di flame ('fiammata') è una serie di messaggi polemici (se non violenti) che vengono scambiati tra utenti di liste e conferenze. Ne abbondano le conferenze non moderate.
Ulteriori informazioni: 111-112.

Flash Tecnologia per la realizzazione di animazioni su Web, introdotta dalla Macromedia. Nella più recente versione MX consente anche la gestione di streaming video all'interno delle animazioni. Il player per la visualizzazione delle animazioni Flash viene scaricato – dietro autorizzazione dell'utente – la prima volta che se ne incontra una.
Ulteriori informazioni: 50-51.

fogli di stile Elenco di direttive che determinano le modalità di visualizzazione di un documento Web da parte del browser, espresse in una notazione specifica che viene chiamata linguaggio per fogli di stile. CSS e XSL (vedi) sono due linguaggi per fogli di stile usati sul Web.
Ulteriori informazioni: 558-563.

freeware Software distribuito in modo gratuito.
Ulteriori informazioni: 161.

FTP *File Transfer Protocol*. Protocollo per il trasferimento dei file che consente agli utenti Internet di prelevare o depositare file da o su computer remoti.
Ulteriori informazioni: 160-173.

GIF *Graphic Interchange Format*. Formato grafico compresso molto diffuso su Internet. Può visualizzare un massimo di 256 colori contemporaneamente.
Ulteriori informazioni: 550, 650.

gopher Strumento per l'organizzazione gerarchica e la distribuzione in rete delle informazioni, ormai pressoché abbandonato a favore del Web.
Ulteriori informazioni nelle precedenti versioni di questo manuale, disponibili in rete all'indirizzo **http://www.laterza.it/internet/** e alle pp. 494-495.

GPRS *General Packet Radio Services*. Standard per la trasmissione dati attraverso sistemi di telefonia cellulare di seconda generazione, consente – nelle sue implementazioni da parte dei principali operatori italiani – il raggiungimento di velocità di connessione attorno ai 28.800 bps (sono comunque teoricamente possibili velocità anche maggiori).
Ulteriori informazioni: 602-604.

hacker Nell'accezione originale erano gli esperti di computer e i programmatori provetti, che talvolta si divertivano a ficcare il naso nei computer altrui, con una sorta di codice deontologico che proibiva di fare danni. Nel corso degli anni il termine è stato progressivamente usato per indicare i pirati informatici veri e propri.

host Computer connesso alla rete in modo permanente, in genere (ma non necessariamente) in grado di 'ospitare' risorse. Spesso il termine è utilizzato con lo stesso significato di 'server' (vedi).
Ulteriori informazioni: 511-514, 625.

HTML *HyperText Markup Language*. Il linguaggio con il quale si codificano i documenti che costituiscono il World Wide Web (vedi).
Ulteriori informazioni: 545-553, 618-669.

HTTP *HyperText Transfer Protocol*. Protocollo alla base del World Wide Web, che regola l'interazione tra i client Web (browser) e i server che gestiscono ed inviano i documenti.
Ulteriori informazioni: 534-538.

ICQ Diffuso programma di *instant messaging* (vedi).
Ulteriori informazioni: 148-150.

indirizzo IP Identificativo numerico unico associato a ogni singolo computer connesso a Internet. Normalmente, quando il collegamento a Internet avviene attraverso una linea telefonica, l'indirizzo IP è assegnato temporaneamente al momento del collegamento e viene 'richiamato', per essere assegnato a qualcun altro, al momento in cui il collegamento finisce (indirizzo IP dinamico).
Ulteriori informazioni: 507-510.

information push Vedi *push*.

instant messaging Sistema che permette, una volta definita una lista di corrispondenti, di essere informati della loro eventuale presenza in rete, e – volendo – di interagire con loro in tempo reale, scambiando file, avviando una sezione chat e utilizzando altri servizi di interazione sincrona e asincrona.
Ulteriori informazioni: 147-150.

Intranet Rete locale che – pur non essendo necessariamentre accessibile dall'esterno – fa uso di tecnologie Internet.
Ulteriori informazioni: 361, 502.

ipertesto Sistema di organizzazione di informazioni testuali basato su una struttura non sequenziale in cui ogni unità informativa è collegata ad altre mediante uno o più link (vedi). Per estensione si dice anche delle singole implementazioni di documenti digitali organizzati in modo ipertestuale.
Ulteriori informazioni: 193-195, 255-256, 530-534.

IRC *Internet Relay Chat*. Strumento per la realizzazione di chat (vedi) attraverso Internet. IRC è suddiviso in numerosissimi canali tematici, detti anche 'stanze'.
Ulteriori informazioni: 139-147.

ISDN *Integrated Services Digital Network*. Standard di comunicazione utilizzato per la trasmissione di informazione in formato digitale attraverso linee telefoniche. Un collegamento ISDN offre in genere due linee utilizzabili indipendentemente (per voce o dati), capaci di trasferire dati ciascuna alla velocità di 64 Kbps, eventualmente accoppiabili per raggiungere una velocità di 128 Kbps.
Ulteriori informazioni: 525-526, 609.

Java Linguaggio di programmazione sviluppato dalla Sun per realizzare applicazioni distribuite in rete ed evolutosi fino a divenire una vera e propria piattaforma informatica.
Ulteriori informazioni: 570-574.

Javascript Linguaggio di scripting introdotto da Netscape per l'inserimento all'interno di pagine Web di procedure (spesso interattive) eseguite direttamente dal browser.
Ulteriori informazioni: 567.

Jini Linguaggio di programmazione derivato da Java sviluppato dalla Sun Microsystem. Jini facilita l'integrazione fra computer e periferiche (stampanti, scanner, modem, ecc.). Le potenzialità di Jini potrebbero facilitare lo sviluppo di una nuova generazione di elettrodomestici intelligenti capaci di essere controllati tramite Internet.

JPG, JPEG Formato grafico molto diffuso su Internet. Riduce l'occupazione di spazio delle immagini mediante una efficiente compressione (regolabile) che introduce una progressiva perdita di definizione. Può visualizzare fino a 16 milioni di colori, ma ad alti tassi di compressione riduce la qualità dell'immagine.
Ulteriori informazioni: 550, 650.

linguaggio di markup o marcatura Linguaggio informatico che per-

mette di segnalare, attraverso marcatori o tag, le caratteristiche logiche di un documento e delle sue parti: ad esempio, la funzione di titolo svolta da una determinata porzione di testo. I marcatori possono essere usati da appositi software per elaborare il documento (ad esempio per visualizzarlo sul monitor). HTML (vedi) è un linguaggio di markup.
Ulteriori informazioni: 546-549.

link Collegamento ipertestuale fra unità informative su supporto digitale.
Ulteriori informazioni: 193-195, 552, 563-565.

lista di distribuzione postale Vedi mail-list.

listserver Programma per la gestione automatizzata di una lista di distribuzione postale (vedi), ospitato da un server in rete.
Ulteriori informazioni: 107-110.

login La procedura di accesso a un computer o a un servizio informativo remoto.

mailbox Casella postale di un utente, ospitata in genere dal server del provider (vedi) che gli fornisce accesso a Internet. La mailbox ospita temporaneamente i messaggi di posta elettronica a noi indirizzati, in attesa che essi vengano scaricati sul nostro computer attraverso un programma client.
Ulteriori informazioni: 66-69.

mail-list, mailing-list Lista di utenti interessati allo scambio di informazioni su un argomento comune, utilizzando la posta elettronica. Ogni messaggio spedito alla lista viene distribuito automaticamente a tutti gli utenti che ne fanno parte. La lista è gestita da un *listserver* (vedi).
Ulteriori informazioni: 107-112.

MIME *Multipurpose Internet Mail Extensions*. Formato per la codifica, la trasmissione e la gestione di informazione binaria attraverso la posta elettronica o i newsgroup.
Ulteriori informazioni: 129-130, 536.

modem Dispositivo che permette a un computer digitale di comunicare anche attraverso linee di trasmissione analogiche (come quelle telefoniche tradizionali) mediante un processo denominato modulazione e demodulazione del segnale.
Ulteriori informazioni: 610-612.

motore di ricerca Programma in grado di indicizzare automaticamente informazione e rendere possibili ricerche da parte degli utenti sulla relativa base di dati.
Ulteriori informazioni: 190-192, 220-238.

MP3 *MPEG Audio Layer 3*. Standard di compressione dati audio in grado di offrire una qualità paragonabile a quella dei normali CD pur riducendo a circa un dodicesimo di quella originale la dimensione dei relativi file. Le piccole dimensioni del file MP3 rendono facile trasferirli attraverso Internet, ed hanno determinato la recente, grande popolarità di questo formato.
Ulteriori informazioni: 60-62.

MUD *Multi-User Dungeon*. Versioni Internet del noto gioco di ruolo. Si tratta di ambienti multiutente basati su descrizioni ed interazioni testuali.
Ulteriori informazioni: 257-262.

.NET Nome assegnato dalla Microsoft all'insieme delle sue tecnologie Internet di ultima generazione, e in particolare all'ambiente di sviluppo che consente di creare applicazioni di rete (sia autonome sia distribuite) ottimizzate per l'ambiente Windws, nelle loro componenti client e server.
Ulteriori informazioni: 574-577.

netiquette Net-etiquette. Il 'galateo' della rete, ovvero le serie di norme di comportamento che è bene seguire nelle interazioni interpersonali su Internet.
Ulteriori informazioni: 111-112.

network computer Computer 'nato per la rete', con funzionalità locali (hard disk, software locale) limitate, ma in grado di utilizzare direttamente software di rete (ad esempio, programmi Java).
Ulteriori informazioni: 574, 606.

Newbie Uno dei termini utilizzati, talvolta in senso scherzoso, talvolta in senso spregiativo, per identificare i 'novellini', coloro che usano Internet da poco.
Ulteriori informazioni: 119, 146.

newsgroup Gruppo di discussione tematico accessibile attraverso Internet. La partecipazione a questo tipo di conferenze è aperta a tutti e avviene attraverso specifici programmi (detti *newsreader*).
Ulteriori informazioni: 113-133.

OPAC *On-Line Public Access Catalog*. Catalogo (di norma di una biblioteca) accessibile pubblicamente attraverso la rete.
Ulteriori informazioni: 187, 201-202, 385-398.

Open Archive Archivio di contenuti digitali, utilizzato soprattutto in ambito accademico per la libera distribuzione di testi ed articoli garantendo il controllo della loro paternità intellettuale, delle moda-

lità di deposito e distribuzione, e talvolta (attraverso sistemi di valutazione dei contenuti) della loro qualità.
Ulteriori informazioni: 421-423.

P2P *Peer-to-Peer.* Categoria di strumenti che consentono lo scambio diretto di file e informazioni fra due utenti, senza la mediazione di un server centrale. Strumenti P2P sono molto utilizzati, ad esempio, per lo scambio di file musicali in rete.
Ulteriori informazioni: 174-181, 326-327.

PDF *Portable Document Format.* Diffuso formato per la gestione di documenti elettronici, sviluppato dalla Adobe. I documenti in formato PDF vengono creati col programma *Acrobat*, e permettono di conservare una impaginazione professionale e costante, indipendentemente dalla piattaforma su cui il documento viene letto. Per la lettura di un documento PDF occorre il programma *Acrobat Reader*, distribuito gratuitamente dalla Adobe.
Ulteriori informazioni: 51-53, 438-442.

PGP *Pretty Good Privacy.* Software per la crittografazione di messaggi personali molto diffuso in rete.
Ulteriori informazioni: 314-315, 592-594.

PICS *Platform for Internet Content Selection.* Tecnologia utilizzata per associare a una pagina o a un sito Web etichette che ne descrivono il contenuto. Le etichette PICS possono essere utilizzate da un browser opportunamente configurato per inibire l'accesso a determinate tipologie di documenti in rete (ad esempio, siti pornografici).
Ulteriori informazioni: 268-269, 344-345, 598-600.

plug-in Moduli software che integrano le funzioni dei browser, e permettono la gestione di formati di file non standard.
Ulteriori informazioni: 46-49, 567.

POP Accezione 1: *Post Office Protocol.* Protocollo per la gestione della posta elettronica che consente a un client e-mail di prelevare i messaggi dalla mailbox (vedi) dell'utente.
Ulteriori informazioni: 71-72.
Accezione 2: *Point Of Presence.* Punto di presenza di un fornitore di accesso a Internet.
Ulteriori informazioni: vedi *provider.*

portal, portale Sito Internet che offre una 'porta d'ingresso' alla rete ricca di servizi per gli utenti, link, notizie di attualità, strumenti di ricerca, proponendosi come guida e pagina di partenza per la navigazione sul Web.
Ulteriori informazioni: 356-383.

PPP *Point to Point Protocol*. Protocollo avanzato per il collegamento a Internet su linea commutata, usato comunemente dalla utenza domestica di Internet.
Ulteriori informazioni: 523-525.

prompt Il carattere (o l'insieme di caratteri) che indica che il computer è pronto a eseguire un comando.

provider Società o istituzione che fornisce (gratuitamente o a pagamento) l'accesso a Internet.
Ulteriori informazioni: 608-609, 613.

proxy server Programma (e per estensione il computer su cui esso risiede) in grado di conservare una copia locale di pagine e risorse di rete, permettendo di recuperarle con maggiore rapidità di quanto possibile attraverso la connessione al sito originale.
Ulteriori informazioni: 29-30.

push Tecnologia che consente l'invio di dati ed informazioni a un utente collegato a Internet, senza che l'utente stesso abbia dovuto richiederli singolarmente. I canali push sono progressivamente sostituiti dai più flessibili feed RSS (vedi).
Ulteriori informazioni: nelle versioni precedenti di questo manuale, in rete all'indirizzo **http://www.laterza.it/internet/**.

QuickTime Formato video introdotto dalla Apple, permette anche la gestione di video streaming. Il player per la visione dei relativi filmati è disponibile gratuitamente sul sito Apple.
Ulteriori informazioni: 58-59.

RDF *Resource Description Framework*. Sintassi astratta che consente di associare informazioni descrittive (es. autore, titolo, soggetto ecc.) a risorse e documenti pubblicati sul Web (o metadati), in modo che siano utilizzabili direttamente da applicazioni a software.
Ulteriori informazioni: 583-585.

Real Video, Real Audio Formati video e audio proprietari, sviluppati dalla Real, in grado di permettere una forte compressione dei dati e uno streaming audio e video (vedi) di buona qualità anche con velocità di collegamento relativamente basse.
Ulteriori informazioni: 55-58, 463-464.

RSA Dal nome degli sviluppatori Rivest-Shamir-Adleman, è un algoritmo crittografico e di autenticazione specifico per la rete sviluppato a partire dal 1977.
Ulteriori informazioni: 590.

RSS *Really Simple Syndication* (o *Rich Site Summary*, o ancora *RDS Site Summary*). Standard per la creazione di flussi (*feed*) informati-

vi in XML, in grado di offrire in modo strutturato e indipendente da particolari scelte di impaginazione le notizie comparse su un sito. Le notizie così fornite potranno essere riprese da altri utenti o da altri siti (*syndication*).
Ulteriori informazioni: 291-294.

server Programma che gestisce, elabora e fornisce dati a moduli client (vedi). Si dice anche di computer che ospitano risorse e servizi di rete.
Ulteriori informazioni: 175, 271, 515-516, 536-537, 621-622.

SGML *Standard Generalized Markup Language.* Un potente metalinguaggio per la codifica dichiarativa dei testi. HTML (vedi) è una sua applicazione.
Ulteriori informazioni: 548-549.

shareware Software che può essere prelevato e provato gratuitamente ma che prevede, dopo un certo periodo d'uso in prova, un pagamento.
Ulteriori informazioni: 161, 204-207.

Shockwave Tecnologia sviluppata dalla Macromedia per aggiungere alle pagine Web effetti di animazione e oggetti multimediali. Per la visualizzazione di queste pagine, è necessario un apposito plug-in (vedi).
Ulteriori informazioni: 49-50.

sidebar Termine utilizzato da Netscape per indicare una barra laterale scorrevole, posta a sinistra della finestra principale del browser e in grado di visualizzare contenuti in maniera indipendente. Può funzionare da ausilio alla navigazione, ospitando ad esempio strumenti di ricerca o indici di contenuti informativi.
Ulteriori informazioni: 38-39.

sito Termine generale con il quale un insieme di pagine Web la cui responsabilità autoriale o editoriale è attribuita a un unico soggetto singolo o collettivo.
Ulteriori informazioni: 534-535.

SMIL *Synchronized Multimedia Integration Language.* Linguaggio di marcatura, basato su XML (vedi), che permette di specificare una presentazione costituita da flussi di informazioni multimediali di tipo diverso (testo, immagini statiche, suoni, video), che vengono integrate e sincronizzate al momento della ricezione.
Ulteriori informazioni: 565-566.

SMTP *Simple Mail Transfer Protocol.* Protocollo che controlla l'invio di messaggi di posta elettronica su Internet.
Ulteriori informazioni: 71-72.

spam, spamming Lo *spamming* è uno dei fenomeni più fastidiosi di Internet: consiste nell'invio di una stessa e-mail, contenente di solito pubblicità, a centinaia, se non a migliaia di persone, puntando sul fatto che la posta elettronica è gratuita. Oltre a violare la netiquette e a saturare la rete con messaggi inutili, lo *spamming* in Italia viola la legge 675/96 sulla tutela delle persone e di altri soggetti rispetto al trattamento dei dati personali. Il termine deriva da 'Spam', una marca statunitense di carne in scatola.
Ulteriori informazioni: 105-107.

SSL *Secure Socket Layer.* Standard per la trasmissione cifrata di dati. Viene normalmente impiegato sul Web per garantire gli acquisti tramite carta di credito.
Ulteriori informazioni: 590-591.

streaming audio (e video) Tecnologie che permettono la trasmissione continua e progressiva di flussi di informazione audio (e video), consentendo la realizzazione di vere e proprie 'stazioni trasmittenti' in tempo reale su Internet.
Ulteriori informazioni: 53-60, 463-464.

syndication Offerta di contenuti informativi, messi a disposizione degli utenti per essere prelevati ed eventualmente ridistribuiti. Su Web, avviene spesso attraverso *feed RSS* (vedi).
Ulteriori informazioni: 291-294.

TCP/IP *Transmission Control Protocol/Internet Protocol.* Insieme di protocolli che stanno alla base di Internet e che consentono lo scambio di dati tra i computer in rete.
Ulteriori informazioni: 489-490, 502, 504-516.

TEI *Text Encoding Initiative.* Insieme di specifiche SGML e XML (vedi) per la marcatura logica e strutturale di testi elettronici (e in particolare di testi letterari).
Ulteriori informazioni: 404, 406, 557.

telnet Protocollo di collegamento che consente a un computer di divenire un terminale a caratteri di un computer remoto. Il comportamento del terminale è determinato dall'emulazione utilizzata (es.: VT100, ANSI, ecc.).
Ulteriori informazioni: 181-184, 389.

UMTS *Universal Mobile Telephone System.* Standard per la comunicazione dati capace di integrare, in maniera trasparente per l'utente, infrastrutture di comunicazione via etere, sia cellulari sia satellitari, e via cavo. Permette velocità di trasferimento dati fino a 2 Mbps,

sia in ricezione sia in trasmissione, e costituisce la tecnologia utilizzata per la telefonia mobile di terza generazione.
Ulteriori informazioni: 160, 604-606.

upload L'invio di un file (ad es. attraverso FTP) verso un computer remoto.
Ulteriori informazioni: 160-174.

URL *Uniform Resource Locator*. Sistema con il quale si specifica formalmente la collocazione delle risorse su Internet. È una sorta di indirizzo elettronico. La URL del sito Internet dell'associazione culturale Liber Liber, ad esempio, è **'http://www.liberliber.it'**. Le URL sono un sottoinsieme delle più generali URI (*Universal Resource Identifier*).
Ulteriori informazioni: 539-545.

virtual library Vedi *biblioteca digitale*.

virus Programma in grado di danneggiare i dati e le applicazioni di un computer.
Ulteriori informazioni: 103-105, 586-588.

VRML *Virtual Reality Modelling Language*. Linguaggio utilizzato per la creazione di oggetti e ambienti tridimensionali su Internet.
Ulteriori informazioni: 63-66.

VT100 Emulatore di terminale utilizzato da quasi tutti gli host accessibili via telnet (vedi).
Ulteriori informazioni: nelle versioni precedenti di questo manuale, in rete all'indirizzo **http://www.laterza.it/internet/**.

WAP *Wireless Application Protocol*. Standard per la realizzazione di siti Web (assai scarni ed essenziali) destinati ad essere visualizzati attraverso telefoni cellulari. È giunto recentemente alla versione 2.0, ma ha avuto presso gli utenti un successo assai inferiore alle attese.
Ulteriori informazioni: 602-603.

Web TV Il nome può designare sia piccoli ed economici network computer (vedi) atti a permettere la navigazione Internet attraverso lo schermo di un televisore, sia servizi informativi in grado di fornire attraverso Internet programmi video grazie alla tecnologia dello streaming video (vedi).

Webcasting Trasmissione unidirezionale (dall'emittente a tutti i destinatari che sono sintonizzati, se ve ne sono) di informazione – tipicamente, informazione audio o video – attraverso Internet. È la tecnologia usata dalle 'televisioni' e dalle 'radio' che trasmettono in rete.
Ulteriori informazioni: 53-60, 463-464.

weblog Tipologia particolare di siti, in genere – ma non necessariamente – personali, costruiti a partire da messaggi (*post*) organizzati cronologicamente, con i più recenti in testa, e gestiti di norma attraverso un apposito sistema di *Content Management* (CMS) che semplifica la scrittura e la pubblicazione dei messaggi stessi.
Ulteriori informazioni: 269-296.

WiFi Tecnologia di collegamento wireless basata sulla classe di protocolli IEEE 802.11; consente la realizzazione di reti locali nelle quali i computer sono collegati fra loro (e a un *access point* che garantisce il collegamento a Internet) via radio.
Ulteriori informazioni: 601-602.

Windows Media Formato video proprietario, sviluppato dalla Microsoft, in grado di permettere una forte compressione del video e audio-video streaming (vedi) di buona qualità anche con velocità di collegamento relativamente basse. Il termine indica anche l'insieme di tecnologie associate alla registrazione e riproduzione di tale formato video.
Ulteriori informazioni: 58, 62-63.

wireless Collegamento via etere ('senza cavi') per la trasmissione dati.
Ulteriori informazioni: 601-606.

WWW *World Wide Web*. Enorme e proteica collezione di documenti multimediali organizzata in una struttura ipertestuale distribuita su milioni di host Internet.
Ulteriori informazioni: 19-21, 402, 493-497, 526-585.

XLL *Extensible Linking Language*. Linguaggio evoluto per la specificazione di complessi collegamenti ipertestuali all'interno di documenti XML (vedi).
Ulteriori informazioni: 563-565.

XML *Extensible Mark-up Language*. Meta-linguaggio di markup sviluppato appositamente per la distribuzione di documenti su Web. È un sottoinsieme di SGML (vedi).
Ulteriori informazioni: 551-566.

XSL *Extensible Stylesheet Language*. Linguaggio evoluto per la specificazione di fogli stile (vedi) e di procedure di trasformazione applicabili a documenti XML (vedi).
Ulteriori informazioni: 561-563.

ZIP Popolare formato per la compressione di file. La compressione e decompressione dei file 'zippati' avviene attraverso un apposito programma, come PkZip o Winzip.
Ulteriori informazioni: 168.

Bibliografia

AA.VV., *We've Got Blog*, Perseus Publishing, Cambridge (Mass.) 2002.

Abruzzese, A. - Dal Lago, A., *Dall'argilla alle reti. Introduzione alle scienze della comunicazione*, Costa & Nolan, Ancona-Milano 1999.

Antinucci, F., *Computer per un figlio. Giocare, apprendere, creare*, Laterza, Roma-Bari 2001.

Antinucci, F., *La scuola si è rotta. Perché cambiano i modi di apprendere*, Laterza, Roma-Bari 2001.

Bentivegna, S., *La politica in rete*, Meltemi, Milano 1999.

Bentivegna, S., *Politica e nuove tecnologie della comunicazione*, Laterza, Roma-Bari 2002[2].

Berners-Lee, T., *L'architettura del nuovo Web*, Feltrinelli, Milano 2001.

Berners-Lee, T. - Hendler, J. - Lassila, O., *The Semantic Web*, in «Scientific American», maggio 2001; <**http://www.sciam.com/2001/0501issue/0501berners-lee.html**>.

Bettetini, G. - Gasparini, B. - Cittadini, N., *Gli spazi dell'ipertesto*, Bompiani, Milano 1999.

Biolghini, D., *Comunità in rete e Net Learning: innovazione dei sistemi organizzativi e processi di apprendimento nelle comunità virtuali*, Etas, Milano 2001.

Blood, R., *The Weblog Handbook*, Perseus Books, Cambridge (Mass.) 2002.

Bonaiuto, M. (a cura di), *Conversazioni virtuali. Come le nuove tecnologie cambiano il nostro modo di comunicare con gli altri*, Guerini e Associati, Milano 2002.

Boscarol, M., *Ecologia dei siti Web*, Hops Libri, Milano 2003.

Briggs, O. - Champeon, S. - Costello, E. - Patterson, M., *Cascading Style Sheet (CSS): Fogli di stile per il web*, Hoepli Informatica, Milano 2002.

Bruno, A., *Comunità virtuali*, Jackson libri, Bresso 2002.

Bruno, P., *Le parole della rete*, Mondadori, Milano 2001.

* La Bibliografia raccoglie i libri a stampa citati nel corso del testo o comunque suggeriti come letture integrative e di riferimento. L'edizione citata è quella effettivamente utilizzata dagli autori.

Bruno, P., *Il cittadino digitale*, Mondadori, Milano 2002.
Cagle, K., *Professional XSL*, Wrox Press Ltd., Birmingham 2001.
Carlini, F., *Internet, Pinocchio e il Gendarme*, Manifestolibri, Roma 1996.
Carlini, F. *Lo stile del Web. Parole e immagini nella comunicazione di rete*, Einaudi, Torino 1999.
Carlini, F., *Divergenze digitali. Conflitti, soggetti e tecnologie della Terza Internet*, Manifestolibri, Roma 2002.
Castells, M., *La nascita della società in rete*, Università Bocconi, Milano 2002.
Castells, M. - Viviani, S., *Galassia Internet*, Feltrinelli, Milano 2002.
Castro, E., *HTML per il World Wide Web con XHTML e CSS*, Pearson Education Italia, Milano 2003.
Ciotti, F., *Manuale XML per le scienze umane*, Laterza, Roma-Bari, in corso di stampa.
Ciotti, F. - Roncaglia, G., *Il mondo digitale*, Laterza, Roma-Bari 2000.
Colombo, F., *Confucio nel computer*, Nuova ERI-Rizzoli, Milano 1995.
Cremascoli, N. - Gualdoni, M., *La lavagna elettronica. Guida all'insegnamento multimediale*, Laterza, Roma-Bari 2000; in rete all'indirizzo **http://www.laterza.it/laterza/libri-online/cremascoli/cremascoli.htm**.
Daconta, M.C. - Obrst, L.J. - Smith, K.T., *The Semantic Web: a guide to the future of XML, Web services, and knowledge management*, Wiley Pub., Indianapolis 2003.
Danesh, A. - Mehrassa, A. - Lau, F., *Internet e sicurezza. Rendi sicuro il tuo computer e proteggi la tua privacy online*, Jackson Libri, Milano 2002.
Davies, J., - Fensel, D. - Van Harmelen, F., *Towards the semantic web: ontology-driven knowledge management*, J. Wiley, Chichester-Hoboken 2003.
De Biase, L., *Il mago d'Ebiz. Libertà, velocità, comunità. Percorsi nella rivoluzione internettiana*, Fazi, Roma 2000.
De Biase, L., *Edeologia. Critica del fondamentalismo digitale*, Laterza, Roma-Bari 2003.
Di Corinto, A. - Tozzi, T., *Hacktivism. La libertà nelle maglie della rete*, Manifestolibri, Roma 2002.
Diodati, M. - Fornari, G., *Internet per le pubbliche amministrazioni*, Buffetti editore, Roma 2000.
Di Rocco, E. ("La Pizia"), *Mondo Blog*, Hops Libri, Milano 2003.
DuCharme, B., *XML: the annotated specification*, Prentice Hall, Upper Saddle River 1999.
Eletti, V. (a cura di), *Che cos'è l'e-learning*, Carocci, Roma 2002.
Fensel, D., *Spinning the semantic Web: bringing the World Wide Web to its full potential*, MIT Press, Cambridge (Mass.) 2003.
Ferri, P., *La rivoluzione digitale. Comunità, individuo e testo nell'era di Internet*, Mimesis, Milano 2001.
Ferri, P., *Teoria e tecniche dei nuovi media. Pensare e lavorare nell'epoca della rivoluzione digitale*, Guerini e Associati 2002.
Fierli, M., *Tecnologie per l'educazione*, Laterza, Roma Bari 2003.

Fiormonte, D. (a cura di), *Informatica umanistica: dalla ricerca all'insegnamento. Atti del convegno "Computer, literature and philology", Roma 1999-Alicante 2000*, Bulzoni, Roma 2003.

Fleming, J., *Web navigation. Il design delle interfacce web*, Hops Libri, Milano 2000.

Floyd, M., *Costruire siti Web con XML*, Tecniche Nuove, Milano 2000.

Gambari, S. - Guerrini, M., *Definire e catalogare le risorse elettroniche*, Editrice Bibliografica, Milano 2002.

Ghislandi, P., *Oltre il multimedia*, Franco Angeli, Milano 1995.

Gigliozzi, G. - Ciotti, F., *Introduzione all'uso del computer negli studi letterari*, Bruno Mondadori, Milano 2003.

Goldfarb, C.F., *The SGML Handbook*, Oxford University Press, Oxford 1990.

Goldfarb, C.F. - Prescod, P., *XML handbook*, Prentice Hall, Upper Saddle River 2002.

Gomez-Perez, A. *et al.*, *Knowledge engineering and knowledge management: ontologies and the semantic Web. 13th international conference, EKAW 2002, Siquenza, Spain, October 1-4, 2002: proceedings*, Springer, Berlin 2002.

Grimaldi, R., *Le risorse culturali della rete*, Franco Angeli, Milano 2003.

Guercio, M., *Archivistica informatica. I documenti in ambiente digitale*, Carocci, Roma 2002.

Gulbransen, D., *XML schema*, McGraw-Hill Italia, Milano 2002.

Hafner, K., *The Well: A Story of Love, Death and Real Life in the Seminal Online Community*, Carroll & Graf, New York 2001.

Hafner, K. - Lyon, M., *La storia del futuro*, Feltrinelli, Milano 1998 (ed. or. *Where Wizard Stay Up Late*, Simon & Schuster, New York 1996).

Harel, D., *Computer a responsabilità limitata: dove le macchine non riescono ad arrivare*, Einaudi, Torino 2002.

Harold, E.R., *XML: il linguaggio che rivoluzionerà il Web*, Tecniche Nuove, Milano 2000.

Harold, E.R. - Means, W.S., *XML. Guida di riferimento*, Apogeo/O'Reilly, Milano 2001.

Himanen, P. *et al.*, *L'etica hacker e lo spirito dell'età dell'informazione*, Feltrinelli, Milano 2001.

Hjelm, J., *Creating the semantic Web with RDF: professional developer's guide*, Wiley, New York 2001.

Holman, G.K., *Definitive XSLT and XPath*, Prentice Hall, Upper Saddle River 2002.

Horstmann, C.S., *Concetti di informatica e fondamenti di Java 2*, Apogeo, Milano 2000.

Horton, I., *Java 2 SDK 1.4*, Apogeo, Milano 2002.

Johnson, S., *Interface culture. How new technology transforms the way we create and communicate*, HarperEdge, San Francisco 1997.

Kay, M., *XSLT: programmer's reference*, Wrox Press Ltd., Birmingham 2001.
Krug, S., *Don't make me think!*, Hops Libri, Milano 2001.
Landow, G., *L'ipertesto. Tecnologie digitali e critica letteraria*, Bruno Mondadori, Milano 1998.
Laufer, R. - Scaletta, D., *Texte, Hypertexte, Hypermedia*, PUF, Paris 1995[2].
Livingston, D., *CSS e DHTML*, Tecniche Nuove, Milano 2002.
Longo, B., *La nuova editoria. Mercato, strumenti e linguaggi del libro in Internet*, Editrice Bibliografica, Roma 2001.
Lughi, G., *Parole on line. Dall'ipertesto all'editoria multimediale*, Guerini e Associati, Milano 2001.
Maiocchi, M. - Quintarelli, S., *Internet per l'azienda*, Edizioni Il Sole 24 Ore, Milano 2000.
Manera, G. - Metitieri, F., *Dalla email al chat multimediale. Comunità e comunicazione personale in Internet*, Franco Angeli, Milano 2000.
Maragliano, R., *Nuovo manuale di didattica multimediale*, Laterza, Roma-Bari 2002[7].
Mari, L., *Accesso a database via Web*, Apogeo, Milano 2001.
Mari, L., *Atomi & bit: le ragioni del digitale e del multimediale*, Guerini, Milano 2002.
Martinago, E. - Pasteris, V. - Romagnolo, S., *Sesto potere. Guida per giornalisti, comunicatori aziendali, formatori nell'era di Internet*, Apogeo, Milano 1997.
Masi, M., *L'autore nella rete. Creatività e proprietà intellettuale nell'editoria multimediale*, Guerini e Associati, Milano 2000.
Megginson, D., *Structuring XML documents*, Prentice Hall, Upper Saddle River 1998.
Metitieri, F., *Comunicazione personale e collaborazione in rete. Vivere e lavorare tra email, chat, comunità e groupware*, Franco Angeli, Milano 2003.
Metitieri, F. - Ridi, R., *Biblioteche in rete. Istruzioni per l'uso*, Laterza, Roma-Bari 2003 (nuova ed.); disponibile anche in rete all'indirizzo **http://www.laterza.it/bibliotecheinrete/**.
Minuti, R., *Internet et le métier d'historien*, PUF, Paris 2002.
Newcomer, E., *Understanding Web services: XML, WSDL, SOAP, and UDDI*, Addison Wesley, Boston 2002.
Nielsen, J., *Web usability*, Apogeo, Milano 2000.
Numerico, T. - Vespignani, A., *Informatica per le scienze umanistiche*, Il Mulino, Bologna 2003.
Otegem, M.V., *XSLT: guida completa*, Apogeo, Milano 2002.
Paccagnella, L., *La comunicazione al computer*, Il Mulino, Bologna 2000.
Pawson, D., *Xsl-Fo*, O'Reilly, Sebastopol 2002.
Pisanelli, D., *Il medico in rete*, Laterza, Roma-Bari 1999; in rete all'indirizzo **http://www.laterza.it/laterza/libri-online/pisanelli/pisanelli.asp**.

Pozzi, P. - ENEA, *Commercio elettronico e XML: scenari, tecnologie, applicazioni*, Franco Angeli, Milano 2001.
Rheingold, H., *Comunità virtuali*, Sperling & Kupfer, Milano 1994 (ed. or. *The Virtual Community. Homesteading on the Electronic Frontier*, Addison Wesley, Reading [Mass.] 1993; edizione riveduta The MIT Press, Cambridge [Mass.] 2000).
Rheingold, H., *Smart Mobs. The Next Social Revolution*, Perseus Publishing, Cambridge (Mass.) 2002.
Roncaglia, G., *Libri elettronici - problemi e prospettive*, in «Bollettino AIB», n. 4/2001, pp. 7-37.
Russo, P. - Sissa, G., *Il Governo elettronico*, Apogeo, Milano 2000.
Sala, V., *E-book. Editoria elettronica*, Apogeo, Milano 2001.
Sala M. - Vincenti M., *Manuale del diritto di Internet*, La Tribuna, Milano 2003.
Salus, P., *Casting the Net. From Arpanet to Internet and Beyond*, Addison Wesley, Reading (Mass.) 1995.
Schmelzer, R., *XML and web services unleashed*, SAMS, Indianapolis 2002.
Sciuto, D., *Introduzione ai sistemi informatici*, McGraw-Hill Italia, Milano 2002.
Simone, R., *La terza fase. Forme di sapere che stiamo perdendo*, Laterza, Roma-Bari 2002.
Staglianò, R., *Giornalismo 2.0. Fare informazione al tempo di Internet*, Carocci, Milano 2002.
Stoll, C., *Miracoli virtuali. Le false promesse di Internet e delle autostrade dell'informazione*, Garzanti, Milano 1996.
Tidwell, D., *Xslt*, O'Reilly, Beijing 2001.
Thurow, S., *Search Engine Visibility*, New Riders, Indianapolis 2003.
Torvalds, L. - Diamond, D., *Rivoluzionario per caso. Come ho creato Linux solo per divertirmi*, Garzanti, Milano 2001.
Toschi, L., *Il linguaggio dei nuovi media*, Apogeo, Milano 2001.
Tosi, E. (a cura di), *Il codice del diritto dell'informatica e di Internet. Normativa nazionale e comunitaria*. La Tribuna, Milano 2003[4].
Trentin, G., *Dalla formazione a distanza all'apprendimento in rete*, Angeli, Milano 2003.
Turkle, S., *La vita sullo schermo*, trad. it., Apogeo, Milano 1996.
Usher, J. *et al.*, *New media and the humanities: research and applications. Proceedings of the first seminar: Computers, literature and philology, Edinburgh, 7-9 September 1998*, Roma-Oxford 2002.
van Herwijnen, E., *Practical SGML*, Kluwer Academic Publishers, Boston-Dordrecht-London 1994.
Visciola, M., *Usabilità dei siti web*, Apogeo, Milano 2000.
Wallace, P., *La psicologia di Internet*, Raffaello Cortina, Milano 2000.
Weinberger, D., *Arcipelago Web*, Sperling & Kupfer, Milano 2002.

Williams, S., *Codice libero. Free as in Freedom: Richard Stallman e la crociata per il software libero*, Apogeo, Milano 2003.
Williamson, H., *La guida completa: XML*, McGraw Hill Italia, Milano 2002.
Zhong, N. - Liu, J. - Yao, Y., *Web intelligence*, Springer, Berlin-New York 2003.

Indice